虚构的古希腊文明

——欧洲"古典历史"辨伪

董并生 著

山西出版传媒集团
山西人民出版社

图书在版编目（CIP）数据

虚构的古希腊文明：欧洲"古典历史"辨伪／董并生著．—太原：山西人民出版社，2015.6（2023.12重印）

ISBN 978-7-203-09037-3

Ⅰ．①虚… Ⅱ．①董… Ⅲ．①文化史—研究—古希腊 Ⅳ．①K125

中国版本图书馆CIP数据核字（2015）第098764号

虚构的古希腊文明：欧洲"古典历史"辨伪

著　　者：	董并生
责任编辑：	王新斐
装帧设计：	谢　成
出 版 者：	山西出版传媒集团·山西人民出版社
地　　址：	太原市建设南路21号
邮　　编：	030012
发行营销：	0351-4922220　4955996　4956039　4922127（传真）
天猫官网：	https：//sxrmcbs.tmall.com　电话：0351-4922159
E－mail：	sxskcb@163.com　发行部
	sxskcb@126.com　总编室
网　　址：	www.sxskcb.com
经 销 者：	山西出版传媒集团·山西人民出版社
承 印 厂：	山西出版传媒集团·山西人民印刷有限责任公司
开　　本：	720mm×1010mm　1/16
印　　张：	34.25
字　　数：	630千字
版　　次：	2015年6月　第1版
印　　次：	2023年12月　第5次印刷
书　　号：	ISBN 978-7-203-09037-3
定　　价：	68.00元

如有印装质量问题请与本社联系调换

目 录

序　言　"文明"的唯一性 / 001
前　言 / 001
引　言　西方"古典时代"来去匆匆 / 001

第一章　"古希腊"概念向壁虚造 / 001
　第一节　"希腊古文献"为后世伪造 / 001
　第二节　为什么说传世"古希腊"文献不可信呢？/ 032
　第三节　"古希腊"的真实情况 / 052

第二章　古希腊三大名著质疑 / 065
　第一节　《荷马史诗》为后世炮制 / 065
　第二节　西方"历史之父"希罗多德《历史》纯属虚构 / 093
　第三节　史学名著《伯罗奔尼撒战争史》显系杜撰 / 115

第三章　西方古典学"雅典"概念层累造成——16至18世纪以"雅典"为核心的"古希腊"概念之演化 / 147
　第一节　文艺复兴时期，只有"古罗马"，没有"古希腊" / 147
　第二节　早期东方之旅 / 150
　第三节　17世纪70年代法国人及英国人"发现雅典"之旅 / 154
　第四节　"古雅典"及"古希腊"概念出笼："百年游历，八重虚构" / 161
　第五节　古希腊民主的起源——18世纪中期开始的"托古建制" / 187
　第六节　18世纪20年代大批伪希腊铭文出世 / 195
　第七节　雅典帕特农神庙之来历 / 197

第八节　抬高"古希腊",打压"古罗马" / 200

第四章　西方学统核心历史概念重重虚构 / 203

第一节　雅典的学园神话 / 204
第二节　杜撰"希腊化时代"概念是构建西欧中心论的重要一环 / 210
第三节　虚构"亚历山大里亚学术中心" / 223
第四节　拜占庭"古希腊手稿" / 228
第五节　阿拉伯哲学与经院哲学 / 232
第六节　关于"古希腊奥运会" / 261

第五章　只有罗马城邦,没有罗马帝国——古罗马只有故事,没有历史 / 269

第一节　古罗马早期纯属虚构 / 270
第二节　古罗马中期捕风捉影 / 275
第三节　"永恒之都"——后世对古罗马城的神化 / 282
第四节　古罗马晚期历史 / 294
第五节　东罗马帝国:君士坦丁大帝的故事 / 302
第六节　罗马帝国的历史是怎样构造出来的 / 308
第七节　所谓的"罗马法"实际上并不存在 / 322

第六章　古印欧语系——西方学统中的弥天大谎 / 329

第一节　古印欧语系的来历 / 329
第二节　国外学者对古印欧语系假说的质疑 / 334
第三节　古印欧语系难圆其说 / 338

第七章　西方古典历史对"西欧中心论"形成的影响——以黑格尔的"世界历史观"为例 / 355

第一节　黑格尔的"东方观" / 355
第二节　黑格尔的"欧洲观" / 367
第三节　黑格尔的"历史辩证法" / 380

第八章　西方学者构建"古典学"之编年 / 389
　　第一节　前古典学时期 / 389
　　第二节　古典学时期 / 393

第九章　余论：是"文艺复兴"还是"中学西被"？/ 405
　　第一节　"文艺复兴"概念及中古欧洲的状况 / 405
　　第二节　文艺复兴及其后欧洲绘画风格及技法与中国的关系 / 416
　　第三节　西学源于中国 / 434

结语　严格说来，西方并无"文化" / 491

主要参考文献 / 503

序言 "文明"的唯一性

林 鹏

西方在海外扩张的历史大约经历了五百年。由起初欧洲列强轮番兴起的时代，到英、法、德争霸，经过20世纪两次世界大战及战后超级大国间冷战、苏联解体，世界进入以"西方文化"为背景的全球一体化时期。其间，从大约17世纪70年代到18世纪70年代的100年间，逐渐形成了西方扩张主义的理论基础——"欧洲中心主义"，而"欧洲中心主义"则建立在西方的"古典历史观"，即"希腊主义"基础之上。

1840年鸦片战争之后，中国开始承受来自西方扩张主义的压力，由外部世界的侵入，引发了中国社会内部的剧烈震荡。其间，中国文化逐渐从抵御西学的"夷夏之辨"，退守到"中体西用"，几乎要被"全盘西化"。

1915年开始的"新文化运动"本质上是一种"向西运动"。"西"者，"西学"也，无论"民主"还是"科学"，无论"资本主义"还是"共产主义"，都是"西学"的表现形式。而"西学"实际上也植根于"希腊主义"。

我们发现，"西学"在起源过程中大量引进了来源于中国文化的内容。例如，最初出现于法语中的"文明"（Civilisation）概念就来源于中国文化。

现代学术界将"文字"的出现，作为衡量"文明"产生的核心标准。

"文明"一词最早见于中国，《周易·文言》："天下文明"是其用例。"文"指"文字"，指"斯文"。"斯文"者，自尧、舜、禹，经汤、文王、周公至孔子的文化传统之谓也。"明"指"昌明"，"斯文"因"文字"而"昌明"于"天下"就是"天下文明"的含义。这也是"文明"一词的本来意义。

在欧洲，"文明"（Civilisation）一词出现于18世纪中期的法语中，最早由路易十六时期法国财政部长安内-罗贝尔-雅克·杜尔哥（Anne-Robert-Jacques Turgot）使用。法国在17、18世纪时为在欧洲传播"中国文化"的中心，路易十五被称为"中国的皇帝"，法国自诩为"文明"的传教士。

虚构的古希腊文明——欧洲"古典历史"辨伪

杜尔哥是政治经济学的创始人,与源于中国的法国经济学"重农学派"成员广泛接触,可以说"文明"一词最早由杜尔哥使用,绝非偶然。

欧洲"文明"(Civilisation)概念来自于中国文化的影响。古人云:"天不生仲尼,万古如长夜",说的是孔子的"斯文"照亮了历史。孔子的斯文传统不仅照亮了中国历史,孔子的理性观念也照亮了欧洲大陆,所谓欧洲"启蒙运动"是也。"启蒙运动"者,以孔子"理性之光"照亮黑暗的"神权欧洲"之谓也。

"文字"指书面语言系统,完整的文字具有形、音、义三个要素。汉字就是这样一种"文字",而且是全世界唯一一种起源于上古的、原生的、至今依然在使用的"文字"。西方诸语言的书面记录是一种被称为"拼音字母"的形式,不具备"字形"要素,在"音声"中寻"意义",算不上是完整形态的"文字"。加以欧洲历史上使用纸张时间甚晚,之前缺乏书面语言的载体,因而到18世纪末才有了"文明"(Civilisation)的概念。

此外,我认为"文明"还有另一个标准。

"文明"的"文"是"文字"的"文",这个毫无疑问。另外,中国还有一个概念,叫作"文以载道",光有"文字"没有"载道"不行。除了有"文字",还必须看使用该"文字"记载了怎样的"文献"。

举例来说,埃及"象形文字"其实是图画文字,里面"载"了什么"道"呢?西方学者说发现了古埃及的《死者之书》。然而,遗憾的是《死者之书》非但没有"载道",且是实际上并不存在这样一本书;该书是19世纪德国一位30岁左右的年轻人卡尔·理查·列卜修斯(1810—1844)编造出来的。再如西亚地区发现的"楔形文字"泥板文书等。这类"文书"中根本没有类似中国古代群经、诸子、史籍等各类文献的内容。换句话说,用"文以载道"的标准来衡量,找不到"道"的影子。没有"载道"就谈不上"文明"。

对古埃及象形文字与古巴比伦楔形文字的"释读",是西方学者们在19世纪开始的。与其说是"释读",不如说是"破译",或者毋宁说是"猜谜",而找到破译这些文字"钥匙"的人,实际上并不是什么学者,大多是些二三十岁的愣头青。

法国人商博良是"破译"古埃及象形文字的第一人,当时32岁(1822),"破译"方法为"猜谜";首位"破译"西亚楔形文字的人是德国人,名叫格罗特芬德,当时27岁(1802);而英国人罗林森25岁(1835)时又一次独立"破译"了楔形文字。商博良开始研究古埃及学时据说是年仅11岁的儿童。整个学术界对于古埃及象形文字的研究就建立在这样一位法国小伙子"猜谜"的基础之上。格罗特芬德是德国一名中学数学教师,据传有一次打赌说他能够破译古波斯楔形文字,然后琢磨一下就"破译"出来了。罗林森既不是学者,也不是教授,当时只是一名被派往波斯的英国年轻军官,出于一时的兴趣就轻而易举地"破译"了古波斯与古巴比伦的楔形文字,并将其译文及论文发表于《皇家亚洲学会杂志》。19世纪这两位欧洲青年,在文字学"形、音、义"三要素中,只顾及字音,模拟假定"音值",通过与伪书《希罗多德历史》中若干人名的发音进行比对,用"破译"或"猜谜"的方法,将消失了千年,乃至几千年的三种古代语言或方言准确无误地完全揭示出来,形成了近代西方的"东方学"基础。然而,以中国学术的标准来衡量,建立在这样基础之上的"东方学"可信度甚低;同时,《皇家亚洲学会杂志》是西方早期"东方主义"的刊物,是为英国殖民政策服务的工具,缺乏学术性,不足为凭。其实,在17世纪也曾有过类似方法,不过"破译"对象为"神秘"的汉字。如柏林一位学者缪勒(Andreas Müller)声称于1667年11月18日发明了所谓的"中文之钥"(Clavis Sinica),运用他的"方法",可以非常方便地掌握汉字。当时在学术界引起极大反响,相信他的大有人在,包括德国著名哲学家莱布尼兹。假设汉字是一种灭绝了的文字,想来一定可以通过"中文之钥"完全"破译"出来。缪勒生前对其"发现"秘不示人,据说临死前将"中文之钥"及其他手稿都销毁了……

再举一个例子。一位名叫雅克·德·摩根的法国人于20世纪初(1901年12月)"发现"了一件"世界级文物",即举世闻名的《汉谟拉比法典》石碑。该法典碑刻为楔形文字(一种断绝了的古拼音字体),据说距今年限约3700年,使用语言为古巴比伦语(早已失传),释读方法也是"破译"(而非考释),可"释读"比例达百分之百,现代人能够毫无障碍地释读几千年前完全不同语言并且久已失传了的残碑,其中文字3500行,法律条文282条,对刑事、民事、贸易、婚姻、继承、审判制度等都做了详细的规定,从其所"记载"的内容来看竟然是19世纪的观念(概念体系),而且该石碑是反映"古巴比伦文明"经济与社会状况的唯一记录……

从上述情况,我们可以大致领略所谓"破译"古埃及象形文字及西亚楔形文字的性质。以考古学常识来说,普通人一看也知道《汉谟拉比法典》是假古董,欧洲学者们硬要将其说成国宝,实在匪夷所思。当代美籍巴勒斯坦学者爱德华·萨义德揭露了西方近代"东方主义"的实质:出于殖民利益的需要,19世纪西方学者们通过"编定文本"的方法,虚构了概念化的"东方世界",目的是为了支配与控制东方世界各民族。"东方历史"在欧洲原来可以被如此这般猜谜、破译、杜撰出来……

15世纪以前欧洲没有文明。1827年1月31日歌德在谈到中国的一部长篇小说时说,"中国人有成千上万这类作品,而且在我们的祖先还生活在森林里的时候就有这类作品了",就反映了这种情况。

欧洲的基督教不是原生的"文明"。近代欧洲"文明"是在纸张及印刷术传到欧洲之后才开始的。只有不断更替的不同族群及其所操的不同语言,没有纸张,不能将语言记录下来,如何可能积累文化?没有文化积累的过程,也就不可能有"文明"。

从天下文献源流来说,属于原生的、达到了"文以载道"标准的文明有两支,一支是中华文明,以儒学为代表;另一支是印度文明,以佛教为代表。

在世界范围内,只有原生的中国典籍原汁原味地保存至今。而作为印度文明的代表,以1193年最后一座佛教寺院那烂陀寺被伊斯兰军队焚毁为标志,佛教从印度历史上永久消失了。古印度没有统一的民族与语言,佛陀说法使用摩揭陀土语,佛经结集为文字在佛陀身后,据说最初结集使用巴利文,而汉译佛经则大多来自梵文。古印度原文典籍贝叶书很少流传下来;现存佛教典籍,除少量梵文、巴利文残卷外,大部分以汉文译本及藏文译本的形式被完整保存下来。

有人会说,在佛教之前不是有"吠陀文明"吗?事实上,所谓古印度"吠陀文明"是19世纪初前后出现的概念,也属于近代西方的"东方主义"范畴。欧洲人在经营印度殖民地过程中,鉴于"古希腊文明"根基浅薄,出于为自己寻觅古老优种"祖先"的需要,虚构"雅利安人入侵"的故事,编造了"印欧语系"的学术谎言。《梨俱吠陀》等吠陀文献的年代无法确定。据说这类文献起初以"口传"方式流传,形成"文字"的历史甚晚。现存《梨俱吠陀》由"天成体"写成,而"天成体"出现于13世纪初。说梵文在三千余年前一经出现、就非常完备,至今没有多少变化,显然违反语言演变的一般规律。将《梨俱吠陀》等吠陀文献断定为公元前1500年至公元前1000年之间的说法出自殖民主义学者马克斯·缪勒的猜测,并无科学依据;后来找出土耳其波加兹科易(Boghaz Keui)等地据说是公元前14世纪的某些"泥板文书",说这些"泥板文书"上有"雅利安"君王的名字,用以支撑马克斯·缪勒的立论。由上文所述欧洲人对西亚"泥板文书"楔形文字的"释读"建立在"猜谜"的基础上,可知其对土耳其"泥板文书"内容的"释读"亦缺乏严肃性,不足凭信。

中国古代文献卷帙浩繁、规模宏大。试举明代文献数端为例:如由皇家所编《永乐大典》(汇集文献七八千种,正文22 937卷、目录60卷,分装成11 095册),

佛家的官、私刻《大藏经》(少者6 300余卷,多者达12 600余卷)①,道教的《正统道藏》及《万历续道藏》(计5 485卷)②等皇皇巨典,不一而足。其他经、史、子、集四部各类文献,各种典章制度,各家诗词、文集,各州道府县地方志等等,数不胜数。这才是真正人类文明的大宗遗产。同时期的欧洲,除了写在羊皮上与《圣经》相关的几页"书册"之外,没见到有什么可称"文献"的东西。

中华文明与外部世界相接触,表现出来的是像"鉴真渡东海,郑和下西洋"那样传播文化、传播和平的"王道思想"。而以"欧洲中心主义"意识形态为基础,打着"科学"、"民主"、"自由"、"人权"旗号的扩张主义所表现出来的是"霸道主义"。今天以"西方扩张主义"为背景的"全球一体化"带来一系列严重问题。表面看来,如今的"霸道主义"横行天下,不可一世;历史表明,"霸道主义"凭借其政治、经济、科技、军事实力,可以横行一时,但都好景不长。而以"仁者无敌"理念为基础的"王道思想"则根本不同。"王道思想"的基本内涵包括:中庸,民本,孝道,仁德,礼让(修养、怀柔、文化),义利之辨,和而不同,成人之美,扶危济困等核心价值观念。

我认为,与"王道思想"相较量,"霸道主义"终将败下阵来。历史的天平向以"仁者无敌"为核心理念的"王道思想"倾斜。换句话说,可以制衡"西方扩张主义"的唯有"仁者无敌"的"王道思想"。

山西人民出版社于2015年出版《虚构的古希腊文明》一书具有特殊意义。从新文化"西向运动",到传统文化"向东回归",到2015年恰好是100周年。经过百年轮回,人们看到一个古老文明从救亡图存,到文化上自我否定;从追逐"四个现代化",到提出"中华民族伟大复兴"目标的轮回过程。

值此新文化运动100周年之际,本书作者以大量事实为依据,提出"古希腊文明虚构论",从源头上系统地揭穿了"西方文化"的假面,揭示出"文艺复兴"以来欧

---

① 以明代官私刻佛教《大藏经》为例。官刻三种:《洪武南藏》〔全藏678函,收经1 600部,7 000余卷;洪武五年(1372)敕令开刻,至洪武三十一年完成雕版,历时27年〕、《永乐南藏》〔计636函,收经1 610部,6 331卷;明成祖敕令雕印,始刻于明成祖永乐十年(1412),完成于永乐十五年(1417)〕、《永乐北藏》〔计636函,收经1 615部,6 361余卷;永乐八年(1410)敕令雕印,历时30年〕;私刻一种:《嘉兴藏》(计正藏210函,续藏90函,又续藏43函,2 090部,12 600余卷;万历十七年开雕,历时二百余年完成)。

② 明代刊刻道教总集有《正统道藏》〔计480函,5 305卷;明成祖即位之初敕令编撰,明英宗正统九年(1444)始行刊版,于正统十年(1445)校定付印〕、《万历续道藏》〔计32函,180卷;明神宗万历三十五年(1607)命第五十代天师张国祥续补〕。

洲学者们虚构"古希腊文明"过程的大致轮廓,揭露了"欧洲中心主义"的本质,发人深省、引人深思。

作者提出,欧洲近代"文明"来源于中国。无论是西方的"科学",还是"哲学"、"艺术",其源头都在中国。欧洲在近代"文明"形成的过程中,为了隐瞒其真实来源,虚构了"古希腊文明"的概念;并以此为基础,杜撰了西方"古典学术传统",为其"欧洲中心主义"服务。

本书考述内容尚属初步成果,所提出的论点未必全部成为定论,或者毋宁说本书考述内容是对 18 世纪下半叶以来"古希腊文明"定论的全面质疑。相信本书的出版,对于人们反思百余年来的中国历史及五百余年的欧洲历史,彻底解构三百年来的"欧洲中心论",重新认识"中华民族伟大复兴"的责任与使命,具有现实意义与历史意义。

20 世纪英国著名历史学家汤因比研究过全世界二十六种"文明"的生灭,提出了"中华文明救世论"①,近年有人据此提出"中国文明的独一性"②。

我认为,与其说"中国文明的独一性",不如说是"文明的唯一性";而这唯一的"文明"就是"中华文明"。概而言之,"文明"的标准应当是:第一,要有真正的"文字",而文字必须具有形、音、义三项要素;第二,有了文字,还需要"文以载道",未能"载道",就算不上真正的"文明";第三,既称"文明",必须照亮历史,唯有"中华文明"曾经照亮历史,并为人类的未来指明了方向。

西方的"东方主义"与"希腊主义"相表里,一并构成"欧洲中心主义"的内核与幔帐。常言道"去伪存真",佛教云"破邪显正";在破除虚构的"希腊主义"之际,连同"东方主义"一并剪除,才能廓清迷雾,彻底解构"欧洲中心主义";也唯有如此,才能完全彰显"中华文明"的光辉。

---

① 1973 年英国著名历史学家汤因比在回答日本文化界著名人士池田大作所提问题时说:如果有来世,"我愿意生在中国。我觉得,中国今后对于全人类的未来将起到非常重要的作用。得以转世为中国人,我想自己可以做某种有价值的工作。"汤因比进一步补充说:"如果我将来生在中国,要是在那未来的时代,世界还没有融合起来,我就致力于使它融合。假如世界已经融合,那我就努力把世界从以物质为中心转向以精神为中心。" 池田在总结他和汤因比的谈话时提到:"汤因比博士对于中国在广大地域多民族融和、协调,一贯保持一个文明的这种悠久历史刮目相看。他还清晰地论述了中华文明精神遗产的优秀资质,预言今后中国将成为融合全人类的重要核心。"

② 见德国比勒费尔德大学社会学博士刘涛:《汤因比学说与独一无二的中国文明》(2013)。

现在应该到了正本清源,以中华文明"仁者无敌"的"王道思想"为圭臬,为人类和平乃至"天下太平"(平天下)做出贡献的时候了。这正是"中华文明唯一性"的题中应有之义。

2014年12月于太原东花园

前　言

西方"古典历史"是指"古希腊"与"古罗马"的历史,而"古典学"一词则特指从 18 世纪开始以公元前 480 年—公元前 323 年"古希腊"及奥古斯都时期的"古罗马"(公元前 1 世纪至公元 1 世纪)为研究对象的"西方学统"。

西方"古典历史"植根于西方的"古典学"。西方"古典学"依托于"古希腊"的"古典时代"概念,而"辉煌、神圣的古希腊"的概念,在本质上形成于 18 世纪后半叶至 19 世纪期间。18 世纪后半叶德国的新古典主义(Neoclassicism)思潮就是基于这种"古希腊"的概念,一时间在西方有"不懂德语就不能研究古希腊"之说。实际上这正是西方殖民主义意识形态的伴生物和"西欧中心论"的典型表现。

不仅如此,欧洲历史上的"文艺复兴"的概念,本质上也是 19 世纪西方学者们的"创造",再加上 19 世纪他们以貌似科学的"比较语言学"方法提出并兜售的"古印欧语系"假说,进而以之为基础,建构了"西欧中心论"的世界历史观。

复兴中华文化,不认清西方"古典历史"的本来面目则易为其所惑,落入文化转基因的危险境地。本书试图通过证明"古希腊"、"古罗马帝国"概念以及"古印欧语系"假说的虚构性,通过揭示"西方学统"的重重疑窦,釜底抽薪,从根本上解构"西欧中心论"的历史学基础。

师友林明先生经常对笔者说:"西方其实并无文化,古希腊除了是个地名什么都不是","古希腊、古罗马的所谓历史大多都是后世好事者编造的故事","文艺复兴,一个死了上千年的传统,怎么可能说复兴就得以复兴?"为了求证,笔者带着重重疑团,在涉猎西方历史文献及相关史学著作时留意于此,结果发现,林明先生所见非常准确。于是笔者对西方虚构"古典历史"的问题进行了初步梳理,以期系统揭露西方"古典历史"的虚伪性。

"古希腊"没有独立的文献载体,不可能有所谓"古希腊"手稿传世

早期独立的古文明都有独特的文献载体,如:中华文明(甲骨文、金文、简帛)、

古印度文明(贝叶)、古埃及文明(莎草纸)、古巴比伦文明(泥板)等。而所谓的"古希腊"则没有独立的文献载体。

曾于 1909—1931 年间担任大英博物馆馆长、图书馆首席馆员的弗雷德里克·乔治·凯尼恩(1863—1952)在《古希腊罗马的图书与读者》中主张,自公元前 6 世纪以降,在希腊土地上普遍使用的书写材料是纸草。他的根据是希罗多德所著《历史》中的一段话。①

凯尼恩所指那段话为:"伊奥尼亚人从古时便把纸草称为皮子,因为在先前由于缺乏纸草,他们是使用山羊和绵羊的皮子的。而甚至到今天,还有许多外国人是在这样的皮子上写字的。"②

然而,被西方人尊为"历史之父"的希罗多德的唯一"传世"的著作《历史》原来是一部伪书。(详见本书第 2 章第 2 节考述)

凯尼恩在《古希腊罗马的图书与读者》中还列举了许多莎草纸古典文献的例子,然而凯尼恩本人就是最早伪造"古典纸草文献"的嫌疑人,其所述内容不足为信。(参见本书第 1 章相关内容)

西方"古典时期",可能作为文献载体的两种材质,一种是埃及出产的"莎草纸",另一种是所谓的"羊皮纸"。"莎草纸"在欧洲的绝大多数气候条件下难以保存。在古希腊的气候条件下,莎草纸保存不到几十年就会发霉、粘连,不可能有片纸流传下来。在埃及,所谓古代莎草书卷只限于墓葬中发现的残卷。③而羊皮纸出现的时间只能是在公元前 2 世纪以后。④况且,羊皮纸成本高。抄写一部《新约圣经》大约需要 300 张羊皮⑤,《新约圣经》翻译成中文约为 22.5 万字,而《旧约圣经》翻译成中文为 70.5 万余字,是《新约圣经》字数的三倍多,《新约圣经》用 300 张羊皮的话,《旧约圣经》就需要 900 张羊皮,新旧约合计则需要 1200 张以上的羊皮。用羊皮纸

---

① 见[英]弗雷德里克·乔治·凯尼恩:《古希腊罗马的图书与读者》中译本,第 105 页,浙江大学出版社,2012 年 8 月。

② [古希腊]希罗多德:《历史》中译本第 1 版下册,第 370 页,商务印书馆,1959 年 6 月。

③ 参看[美]乔治·萨顿:《希腊黄金时代的古代科学》中译本,第 30 页,大象出版社,2010 年 5 月。

④ 参看[美]乔治·萨顿:《希腊黄金时代的古代科学》中译本,第 30 页,大象出版社,2010 年 5 月。

⑤ "哥腾堡活字版印刷术发明时,第一套书,就是用欧洲自制纸与羊皮纸印的新约圣经,据说每本用 300 张小羊皮。"陈大川:《纸由洛阳到罗马》,第 98 页,财团法人树火纪念纸文化基金会,2013 年 10 月第 1 版。

大量保存文献,就是大国皇家也未必有那个财力,何况小小城邦。

实际上,羊皮纸不是纸,莎草纸也只是草

"羊皮(parchment)和犊皮(vellum)是西方国家较长使用的书写材料。Parchment这个词指用羊皮做成的书写材料,译成'羊皮纸'是不恰当的,因为不是纸,可否译成'羊皮片'。英文中的parchment,法文作parchemin,均指羊皮板写成的文件,导源于Pergamum,本是小亚细亚米西亚(Mysia)的古代城市名。……羊皮板后来成为欧洲主要书写材料之一,甚至文艺复兴后印刷术西传时还用以印刷书籍。我们在西方大图书馆里仍可以看到甚至16世纪至17世纪时的'羊皮板'写本。……与'羊皮板'一起在西方广泛使用的还有'莎草片'(papyrus),将这个西方词译成'莎草纸'同样是不恰当的,因为它也不是纸。"①

从加工流程来看,"莎草片"没有任何蒸馏、化合的过程,只是简单地进行整形处理,还是"草"本来的形态。

"纸莎草纸的传统制法是:首先剥去纸莎草的绿色外皮,留下髓部,并割成薄片,放入水中浸泡几天,捞出后用木槌敲打,压去水分,重复多次,把薄片两端切齐,一条条横向并排铺开,然后在上面纵向排开,并用石块压紧,挤出糖质黏液,使草片相互黏结起来。晾干以后,用象牙或者贝壳磨平草片的表面,就成了纸莎草纸。"②

埃及的这种莎草片实际上并不稀奇,在欧洲人没有来到美洲前的几百年间,美洲的玛雅人和阿兹特克人用树皮做成薄片,用以书写文字画,叫huun或amatl。其方法是将树皮剥下后,除去有色外表皮,将其内皮撕成2.54厘米(1英寸)宽的长条,放在锅内加草木灰煮沸。再在平板上纵横交错地叠起,用槌打在一起成为薄片,干燥以后以石磨光。现在墨西哥的奥托米印第安人(Otomi Indians)还用此法作树皮片,用作书写材料。

太平洋上如夏威夷、斐济、日本北海道、印度尼西亚、中国台湾等广阔地区的土著居民,也用树皮借锤毡法打制成薄片,通称为tapa。夏威夷人称kapa,意思是捶打。印第安人的huun或amatl,太平洋岛屿上土著人的tapa或kapa,在制造方法及取材上大同小异,可统称之为"树皮毡"。③

---

① 潘吉星:《中国造纸史》,第43页,上海人民出版社,2009年11月。
② 孙宝国、郭丹彤:《论纸莎草纸的兴衰及其历史影响》,载《史学集刊》2005年7月第3期。
③ 潘吉星:《中国造纸史》,第45页,上海人民出版社,2009年11月。

美国造纸专家的鉴定

"美国造纸专家兼纸史家亨特到现场考察了莎草片、huun 及 tapa 的制造方法后,得出正确的结论是,这三者在技术上是属于同一范畴,虽然均可作书写材料,但没有一个可谓之为真正的纸。"①

中国造纸专家潘吉星对莎草片的体验

"1981 年笔者旅居弗吉尼亚州时,曾得到一枚用传统方法制成的莎草片,表面不平滑,需涂一层白粉后才能在上面画彩色画。"②

这种莎草片质地薄脆易碎,稍微折叠就会破损,甚至难以承受陆路运输的颠簸。③

纸草片和羊皮板用什么笔、墨写画?

"黑墨水用碳的沉积物制造,如从油灯头或锅底上刮下来的烟灰,用木炭和烧过的骨头研磨成精细的碳粉。无论用什么东西制成碳,都要混合一种阿拉伯胶之类的黏合剂,即一种阿拉伯树的水溶性树液。把这种混合物晒干,制成小块。在准备写字的时候,就用湿润的笔在墨水块上刷一刷。文士们也常使用红墨水,那是铁的氧化物、红赭石或者其他土壤中的矿物质制作的。"④

"最早用来在纸莎草纸上写字的笔更像是小号油画刷,用生长在沼泽中的灯芯草或小植物制成。这些笔的长度不同,通常在 15 到 45 厘米之间(6 到 15 英寸)。文士们把笔的一端嚼松,露出其中细小的纤维,将其制成纤维的刷子。……新约时代,人们用芦苇削成尖头的管状笔。"⑤

我们知道,任何植物材料都会碳化。无论在何种植物材料上施以何种颜料,都会随着时间的推移,在几十年间逐渐褪色、劣化、解体、澌灭,何况是一种"质地薄脆易碎,稍微折叠就会破损"的材料。无论是埃及的莎草片,还是印第安人的 huun 以及太平洋诸岛土著民族的 tapa,在其上涂以何种植物或矿物的墨汁或颜料,在自然条件下,都不可能长期保存。中国纸"纸寿千年"人们可以理解,而西方的"千

---

①潘吉星:《中国造纸史》,第 45 页,上海人民出版社,2009 年 11 月。
②潘吉星:《中国造纸史》,第 44 页,上海人民出版社,2009 年 11 月。
③参看孙宝国、郭丹彤:《论纸莎草纸的兴衰及其历史影响》,载《史学集刊》,2005 年 7 月,第 3 期。
④[美]斯蒂芬·米勒、罗伯特·休伯:《圣经的历史——〈圣经〉成书的过程及历史影响》中译本,第 29 页,中央编译出版社,2008 年 3 月第 1 版。
⑤[美]斯蒂芬·米勒、罗伯特·休伯:《圣经的历史——〈圣经〉成书的过程及历史影响》中译本,第 30 页,中央编译出版社,2008 年 3 月第 1 版。

年纸草"却无论如何也解释不通。

莎草片开始被发现大约在拿破仑攻略埃及的80年之后，相当于蒙森晚年时代；在此之前，整个西方学术界并不知道有莎草片的存在。例如伏尔泰或吉本的著作中都没有莎草纸的踪影。在此之前，说到"纸"就是"中国纸"，将"羊皮片"混同为"纸"的概念，称之为"羊皮卷"。

无论是1793年纸草文献现身赫库兰尼姆[①]，还是古罗马时期涉及莎草纸制作方法的文献——普林尼的《自然史》等，都是后世所伪造。曾任大英博物馆馆长、图书馆首席馆员的弗雷德里克·乔治·凯尼恩（1863—1952）是最早涉嫌制造伪"莎草纸文献"的西方学者之一。[②]

当代美国科技史权威学者乔治·萨顿认为古希腊人的文字载体为石刻

"如果文字只能刻在石头上（很明显，在希腊这种情况持续了数个世纪），它的范围就只能局限于记录被认为非常重要的事情。文学作品太长，难以刻在石头或金属上。"[③]

然而，人们只见过大量的古希腊石刻摹本，没有见过石刻原物，而那些大量的石刻摹本是在17世纪前后被炮制出来的。（参见本书第3章第6节相关内容）

古希腊本无文字

古希腊本无文字，从商业民族腓尼基那里借来了字母，据为己有，形成了"希腊字母"，而腓尼基字母则来源于古叙利亚语及古埃及象形文字。与其说是"希腊字母"，毋宁说是"闪米特字母"。

"尽管学者们尝试过，他们还是无法忽略以下事实，即希腊字母看起来像闪米特字母，发音也非常相似，大多数还有相应的名称。如：alpha/ālep（牛）；bēta/bêt（房屋），等等。这些字母在晚期迦南语中有明显的意义，而在希腊语中则没有意义。"[④]

后世所见古希腊语，是埃及亚历山大城的"标准希腊语"

"标准希腊语"，也叫"共通语"，是一种所谓"希腊化时代"的人造语言，流行于以埃及亚历山大里亚为中心的亚、非地区。

"古希腊共通语是后亚历山大时代希腊科学和学术所使用的语言，其时的科

---

① [德]维拉莫威兹：《古典学的历史》中译本第1版，第130页，三联书店，2008年6月。
② 炮制所谓亚里士多德《雅典政制》的就是此人。
③ [美]乔治·萨顿：《希腊黄金时代的古代科学》中译本，第29页，大象出版社，2010年5月。
④ [美]马丁·贝尔纳：《黑色雅典娜·构造古希腊1785—1985》中译本，第358页，吉林出版集团，2011年7月。

学和学术中心已不是雅典,而是尼罗河畔的亚历山大城。"①

"标准希腊语"得以流传下来,因其为基督教所使用

尽管没有哪一种说法认为基督教起源于希腊,但它们却一致偏爱使用希腊语。"标准希腊语"是传播福音以及早期教会最初使用的语言,新的宗教信仰最初也是在讲希腊语的海外犹太人中间传播。

实际上,犹太人用"标准希腊语"创作《新约》很自然,"标准希腊语"用希腊字母,而希腊字母借用自腓尼基字母。而且在希腊借用腓尼基字母(公元前8世纪中期)之前,以色列人和犹太人就已经用腓尼基字母进行创作了。

《新约》如此,《旧约》也如此。希腊语的《希伯来圣经》《七十士译本》成为当时最权威的圣经版本,并且被犹太人广泛运用于耶路撒冷以外的地区以及之后的基督教运动中。

所谓"标准希腊语"并非希腊语

后世所称"希腊化时代","亚历山大东征"本身也是后世所编的故事。而所谓"希腊字母",本来名字是"腓尼基字母",属于西亚文化的范畴,因而西亚人使用"希腊字母"不足为怪。伊朗人用"希腊字母";大夏语用"希腊字母";创作《新约》时,犹太人也用"希腊字母"。不仅在亚洲,欧洲人也拿"希腊字母"来标注自己的方言,如高卢(法国)人用"希腊字母"。(详见本书第4章第2节相关内容)

美国学者马丁·贝尔纳很震惊地发现,希伯来语与腓尼基语彼此听得懂,发现希伯来语和希腊语之间存在大量相似的地方。没有理由认为希腊语和希伯来语中有着大量相似声音和相似意义的重要词汇不是从迦南语或腓尼基语进入希腊语的,多达四分之一的希腊语词汇可以追溯到闪米特来源……

如果真有古希腊语,一定是方言,并没有流传下来

公元前5世纪到公元前4世纪所谓"古典时代"在希腊半岛所使用的古希腊语是各种不同的方言,并没有流传下来。《荷马史诗》所使用的语言是一种人工语言,在现实中并不存在。所谓古希腊语发音系统是16世纪荷兰文学家伊拉斯谟新造的。

据说古希腊地区有20种以上的方言。其中,著名的有四大方言:伊奥尼亚希腊语、爱奥尼亚希腊语、阿尔狄亚—塞浦路斯希腊语及多利希腊语。

---

① [英]阿诺德·汤因比:《人类与大地母亲》中译本,第260—261页,上海人民出版社,1992年1月第1版。

"事实上,我们并不知道四种主要的方言是在什么时间以及在什么地方形成的,也不很清楚这种方言的差异与在这个变幻不定时期里许多分散的希腊小社会在文化上认同自己的方式有着怎样的关系。"①

19世纪希腊复古主义败坏了希腊"口语"

"近代希腊语与西方口语很相似,也强调重音,而不强调音节。它还创立了一种相似的重音诗体,即所谓的'主节律',与古代希腊韵文迥然不同。近代希腊的重音诗体是11世纪巴西尔二世的史诗——与《罗兰之歌》相似的拜占庭史诗——的载体。但是,如果说11世纪的《罗兰之歌》是西方各种活语言的方言文学之父,其影响经历900年仍长盛不衰,那么,同时代的这首拜占庭史诗却由于东正教世界复兴了古代希腊语言和文学而被阉割,丧失了原本应有的使命。甚至法国和威尼斯口语文学所提供的榜样,也不能刺激出具有自身特色的希腊口语文学。

"希腊文化在东正教世界的复兴发生在东正教文明与西方基督教社会发生长期接触之前。19世纪,当希腊东正教徒对西方的态度从蔑视和敌视转变为赞扬和欢迎时,这种文化交流本来可能会把近代希腊语言从僵死的希腊文化幽灵中解放出来。但是,希腊人很不幸地从同一个西方源泉吸收了民族主义的毒汁,结果,19世纪的希腊人更强烈认为,他们的语言与古希腊语一脉相承,他们祖先的东正教文明附属于希腊文明。这些风马牛不相及的历史联系使他们乞灵于语言复古主义,硬在自己的母语中塞进大量的古希腊词汇、变音和语法,从而败坏了母语。在语言文学领域,西方文化的特色本来是利用生动的口语作为文学表达手段,而希腊人对现代西方文化的"接受"却产生了相反的结果,不是解放而是束缚现有的希腊活语言。"②

莎草片不可能承载古典文献,羊皮卷则为中世纪教会所垄断

在中国纸传入之前,欧洲中世纪用羊皮卷抄录文献,基本上限于基督教会和修道院,除了《旧约》、《新约》及相关内容的书籍之外,很少有其他文献。教会与修道院都是严格禁锢人们思想、排斥异端学说的场所,怎么可能有大量的教士、修女在上千年的时间内对于自己不懂的东西不断进行抄写、传承呢?

所谓"古希腊手稿"缺乏可信的流传著录

在欧洲中世纪千余年间不见的"古希腊手稿",于文艺复兴时期突然大量出

---

① [英]保罗·卡特里奇:《剑桥插图古希腊史》中译本,第55页,山东画报出版社,2005年2月。
② [英]阿诺德·汤因比:《历史研究(插图本)》中译本,第412页,上海人民出版社,2005年4月第1版。

现。从所谓古希腊时期，到希腊化时期，再到拜占庭帝国，拜占庭帝国灭亡后又回流到西欧的过程，却没有可信的流传著录；经叙利亚语、阿拉伯语重重翻译而来之说也不可靠；即使真有"古希腊手稿"，也不可能大量流传下来。

"辉煌的古希腊"，在考古学上得不到证明

在1837—1886年短短50年间，欧美各国各种雅典考古专门研究机构纷纷成立，不遗余力地致力于"古希腊考古学"，然而，至今看不到有什么重大考古成果发表。轰动一时的，都是像发现特洛伊遗址那样哗众取宠的东西。特洛伊遗址在亚洲土耳其境内，他们随意指认一处遗址，冠以"特洛伊"的名字，实际上与古希腊古典时代毫不相干。

今日所见所谓雅典古建筑，多出于18世纪法国、英国工程师所绘的图纸，最辉煌的雅典卫城帕特农神庙，为19世纪末20世纪初新建。1933年帕特农神庙已经在当时的条件所能允许的情况下被修复到据认为是大约250年前的样子。而斯巴达城所在地，则出于17世纪旅行者的随意指认。

所谓古文物中最可以引为证据的古希腊画瓶都不是通过科学发掘出土的，基本上都是从文物贩子手上收购而来。后世所排古希腊画瓶谱系，没有地层学上的证明。

今天所见大量的古希腊铭文，实际上很少有实物，都是些摹本。17世纪法国宫廷派法兰西学院富尔蒙教士（Abbé Fourmont）到奥斯曼帝国。在1年左右的时间内，这位富尔蒙先生就将收集誊写的近3000册古希腊铭文带回了法国，并说雅典看上去就像是一座取之不尽、刻满铭文的大理石矿。后世的研究建立在这样的铭文基础之上，没有实物对照，缺乏科学性。

虚构故事是西方历史科学的基本方法

如上所述，在15世纪之前，西方由于没有方便记载语言的工具，加上没有长期的史学传统，于是在有了造纸工业之后，首先得到发展的就是毫无顾忌开始争相编造故事的传统。在历史学的范畴之内，欧洲就形成了捕风捉影的风气。

西方当代著名历史学家汤因比在总结"西方历史科学的基本方法"时，出于无奈，不得不将虚构故事作为西方历史科学的基本方法。"第三种方法是通过虚构的形式把那些事实来一次艺术的再创造。……历史也采取虚构故事的办法。"①

---

① [英]汤因比：《历史研究》中译本上册，第54—55页，上海人民出版社，1966年6月第2版。

以亚历山大大帝的历史为例:"世界就是通过这些传说了解亚历山大的,就像它通过《伊利亚特》了解海伦和阿基里斯一样。无论在东方还是西方,对于大多数人来说,传说中的亚历山大就是真实的亚历山大。亚历山大的传说四处传播,在24种语言中已经收集了80多个传奇版本。"①

因为没有真正的文献基础,结果西方古典历史就只有故事,没有历史。(详见本书各章节相关内容)

19世纪西方历史学倚赖比较语言学

西方历史学在18世纪"讲故事"的模式下没有出路,于是在19世纪发明了比较语言学,这样西方历史学就由此变成了"历史科学"。

通过比较语言学方法对语音系统、语言形态、语法和语汇进行比较。原则上,在有亲缘关系的两种语言之间,各种差异都应该能够得到合乎情理的解释,也都对应着系统的演变。以比照法得出的构拟,结果仅是理论上的假设。

萨义德《东方学》指出:"语言学家和解剖学家都旨在探讨那些在自然界无法直接获取或观察的事物;一副骨骼和一张肌肉线描图,与语言学家纯粹通过假想建构起来的闪语和印欧语原型一样,都是实验室和图书馆的产物。"

显然,这不过是一个在实验室里的运算模式,从其实践来看,古印欧语系和"闪语"都是比较语言学在语言学实验室里虚构出来的概念。

先入为主是比较语言学的典型方法

比较语言学的核心是一个数学算式,通过统计各语种在其基本语汇100词(后来是200)中与所比照语种同源的词语所占的百分比来推算语言划分的年代。用一两百个单词进行比对,发现有百分之二三十的单词有相似者,即断言两者同出一源,然后定义为希腊语源,树立为专业权威,并以之衡量天下,为"西欧中心论"造势。同样的发音,一定是希腊语为源头,其他语言为末流。

"层累地造成的中国古史"观源于西方古典学

中国学者都熟悉近代古史辨派"层累地造成的中国古史"观。然而,岂知为了否定中国古代历史真实性的"层累地造成的中国古史"观原来是西方古典历史学的工具,为的是以19世纪新造的传说,否定15世纪以来形成的老的传说。

19世纪20年代,英国剑桥大学引进德国古典学,其间英国学者康诺普·瑟沃

---

① [美]乔治·萨顿:《希腊黄金时代的古代科学》中译本,第613页,大象出版社,2010年5月。

尔说:"随着时间的推移,这些故事的数量似乎在不断增加,让人们了解的细节也愈加详细。但年代愈是久远,我们能听到的这类故事就愈少,直到如果我们查阅《荷马史诗》的话,完全找不到这类故事的踪迹。"①

原来这是康诺普·瑟沃尔为否定古希腊源于东方文明的种种传说,塑造纯正古希腊种族的形象,从而为构建"西欧中心论"服务的。(详见本书第3章、第4章相关内容)

文艺复兴时期的"古希腊"概念

文艺复兴首先是,也许从来就是罗马的,当时对意大利产生影响的主要是古罗马的民族历史,并没有所谓"古希腊"的影子。希腊作为政治实体始于19世纪。"辉煌的古希腊"概念是18、19世纪西欧学者们的虚构。

16世纪,称呼希腊地区的名称五花八门,希腊地区属于东方(雷旺达),当时对希腊地区的称谓有:亚该亚、索非亚、鲁梅里、'希腊-戈莱西亚'(Ellada-Grecia)等。

在16世纪的英语、法语中,"希腊人"一词为通用名词,意指"骗子"。(详见本书第3章相关内容)

"发现雅典"之旅始于17世纪70年代

16—17世纪,西方开始了具有深远历史意义的"东方之旅",正是"东方之旅"启动了西方世界的成长,而"东方之旅"的目的地并不包括希腊。发现美洲比发现雅典大约早了两个世纪。

"发现雅典"之旅始于17世纪70年代,在此后的100年间,欧洲人,主要是法国人和英国人通过"百年游历,八重虚构",终于将雅典从一个不知名的小镇,推崇为古典历史时期的首都,使之与罗马及耶路撒冷并驾齐驱,并最终后来居上,居于世界古典历史之首席地位。

对于其虚构手法,这里举一个例子:

重重虚构——"指鹿为马",将天主教主题画作改名为《雅典学院》

欧洲文艺复兴时,意大利"艺术三杰"中年龄最小的拉斐尔曾经画过一幅名为《雅典学院》(*The School of Athens*)的画,反映的是古典时期学派林立、相互切磋的景象。这是如今普通的说法,人人都信以为真,尤其是中国的学者,对其顶礼膜拜,不遗余力。

---

① C. Thirlwall(1835,第一卷,p.64)。

其实，拉斐尔的这幅画挂在梵蒂冈教皇办公室的走廊，原本是用来为天主教装点门面、表现天主教传教内容的一幅画作。该画创作于1509—1510年，将其称为《雅典学院》则是在17世纪末，确切地说该画是在1698年之后才被命名为"雅典学院"的，距其创作完成经过了差不多190年……

该画名称"雅典学院"(Georgiod'Atene)的确定，与贝洛里发表于1695年的一篇文章首次提到标题"雅典学院"有关。①

不懂汉字就难以彻底揭穿古希腊之伪

当代意大利著名古典历史学家莫米利亚诺说，在他年轻时的那些令人尊敬的圈子里，人们普遍认为不懂德语就不能学习古希腊历史。我们似乎可以补充一句：不懂汉字就难以彻底揭露古希腊之伪。为什么这么说呢？

欧洲的各种书面语言只是一种拼音记录，以汉字为坐标进行对比的话，文字必须具有形、音、义三个方面的基本要素，而欧洲诸语言只是不同的语音记录而已，缺乏字形的要素，因此严格说来拼音字母不算文字。

人类先有语言，后出现文字。迄今为止，只有一部分民族进入了有文字阶段；有些民族则通过字母对语音进行记录，形成了书面语言。记载《旧约》《新约》的希伯来语、拉丁语及希腊语就是这种书面语言。

汉字由于具有字形的特点，并且自汉代以来就有编撰大型字典、辞典的传统，有绵延不断的训诂学传统，因而可以在时间跨度几千年、地域跨度上万里的范围内进行传播，发生歧义的机会较少。

对于记录语音的书面语言而言，因它没有字形，缺乏"望文生义"的功用，只能"音中寻义"，而且因其跨种族、跨地域、跨时代的特点，其稳定性与传承性要差得多。西方各书面语言由于没有字形，因而要准确传达其语言的含义，就需要大量的定义和概念限定词义，这样就离不开词典。而希腊古文字学起步甚晚，以伯尔那·孟福孔《希腊古文字学》问世为标志，希腊古文字学首创于1708年。在此之前缺乏词典的条件下，要想准确地传达古希腊语拼音词句的含义几乎不可能。

举例来说，在有了纸张之后，15世纪英语在其形成过程中，不同英语方言之

---

① 参阅英格丽德·罗兰(Ingrid Rowland)撰写的《雅典学院的知识背景：在朱流斯二世的罗马中探寻神医》，选自马西亚·霍尔(Marcia Hall)主编的《拉斐尔的〈雅典学院〉》，剑桥，1997年，第150页以及注释第56。哈里·B.古特曼的文章《拉斐尔壁画〈雅典学院〉中的中世纪成分》(期刊《思想史》第2卷第4期，1941年10月，420—429页)(详见本书第3章第4节"百年游历，八重虚构")。

间相互间看不懂对方写在纸面上词句的含义。其他欧洲诸语言也都一样。因而,某种拼音文字语言,在跨种族、跨地域、上千年时间条件下可以被传承,无疑是一种神话。

16世纪拉丁文不能转译的哲学概念举例

"让我们试试把16世纪法语在表达中所没有的大部分概念翻译成拉丁语。'绝对'(Absolu),拉丁文的absolutus意思是'结束'、'完成',仅此而已,没有哲学上的用法。'抽象'(Abstrait),拉丁文的abstractus意思是'孤立'或者'心不在焉'。西塞罗无疑会提出一种'专门折磨人的玩意儿'(Quod cogitatione tantum percipitur)。这样说也对,也不对。……对于'相对'(relatif)来说也是一样,翻译成pertinensad?可能是另一个意思了,后期罗马帝国及中世纪拉丁语中relativus只有一种语法上的意义。"①

翻译思想概念的前提是掌握所翻译思想的内容

"我们要注意的是,要想翻译一种思想,你首先必须掌握它;而在这方面,掌握一种思想的标志,就是字词。在通俗法语中所没有的字词,你怎么用拉丁语去表示呢?而且说到底,如果严格说,我们可以用一个长长的句子来表达'决定论'所表示的意思——好心的高尔泽(Goelzer)在他的《法语-拉丁语辞典》中便在努力这样做——那是因为我们,19世纪和20世纪的法国人,我们上过哲学课,我们的老师在把哲学的字词传达给我们的同时,也把这些字词所表达的概念教给了我们。可是,16世纪的人既没有读过哲学专业,也没有读过数学专业,他们根本没有办法通过解释来翻译这一概念。单靠他们自己的努力,'决定论'这个共有的、常用的而且几乎是通俗的概念,这个我们从16岁的时候便毫不费力地就知道的概念,在他们来说却是永远得不出来的,因为这需要不止一个人的努力。"②

古诗云:"不识庐山真面目,只缘身在此山中。"对于当代西方人来说,由于没有对真正的文字承载文献功能的切身体会,因而对于15世纪前后在欧洲被大量炮制出来的所谓古文献缺乏一个参照物,就难以理解和接受其全盘造假的事实,或者甚至反过来怀疑起了中国古代文献的真实性。

现代西方学者陶醉在从19世纪开始出版的各种有关"古典学"及"东方学"的

---

① [法]吕西安·费弗尔:《十六世纪的无信仰问题》中译本,第494—495页,商务印书馆,2012年6月。

② [法]吕西安·费弗尔:《十六世纪的无信仰问题》中译本,第495页,商务印书馆,2012年6月。

著作之中,单举 19 世纪有关近东的著作,就有 6 万本之多。①

而西方古典学方面著作的数量一定大大多于西方的"东方学"著作。然而,"19世纪的史学家们所讨论的绝大多数问题,大多数是在 18 世纪设定的框架中进行。"②问题不在古典学著作数量的多少,而在于其原始资料是真是伪;原始资料既伪,建立在伪史料基础上的研究著作一定如滚雪球一般,滚得越大就离真相越远。

认识了汉字,并通过汉字了解了中国历史,了解了中国出现甲骨文、金文、竹简帛书、刻石文字、宣纸麻纸等书写材料载体,了解了中国历代的史官制度,了解了各种文体如经疏注释、诸子百家、诗词歌赋、骈文散文、箴铭颂赞、论说诏策、章表记序等,了解了中国有各种类书、丛书,如《太平御览》《古今图书集成》《永乐大典》《四库全书》《道藏》《佛藏》等,了解了中国有历代经籍志、艺文志、大量的官私目录、版本校勘之学,了解了中国古代字体有真草隶篆,等等,了解了数不胜数的古文献产生与传承的诸多条件。了解了这些中国文献学常识之后,依此为参照系,我们拿来去与西方所谓的古典文献对比一番,就容易发现原来在西方,这些古文献赖以存在的条件一概没有,既没有文字的演变历史、历史文献制度,也没有文献的载体,有的只是从西亚、北非借来的一套拼音字母。我们再寻找那些所谓西方古文献的来历,就会发现那不过像是在捕捉一个语音现象中的虚幻泡影。

罗马帝国于 476 年崩溃,是一个大谎言

公元 476 年是奴隶社会与封建社会的分界线,换句话说,476 年是上古史与中古史的分界线。公元 476 年是一个什么样的年份呢?历史学家们说那一年是罗马帝国崩溃的标志年。

为了安排辉煌的古典时代的结束,于是编造这么一个谎言,说从此世界历史进入了千年黑暗,而事实上,那一年什么也不曾发生。(详见本书第 5 章相关内容)

西罗马帝国其实并不存在,只有罗马城邦,没有罗马帝国。近代学者以并不存在的西罗马帝国之灭亡作为世界史分期的界限,苏联历史学家进而说西罗马帝国灭亡标志着奴隶社会的结束和封建社会的开始,中国学者又将此说法奉为圭臬……

作为近代西方法律样板的罗马法,其实并无根据

从罗马法对近代世界的影响来看,罗马法的基本精神、罗马法的绝大部分内

---

① 参看杰拉德·德朗提:《欧洲的诞生:神话·理念·现实》中译本,第 142 页,台湾新北市广场出版,2012 年 8 月。

② 晏绍祥:《古典历史研究史》上册,第 72—73 页,北京大学出版社,2013 年 11 月第 1 版。

容,逾千古而犹存,对后世尤其是近代文明产生了极大影响。

然而,没有人真正见过《十二铜表法》。后世所谓的罗马法实际上不过是所谓的东罗马皇帝查士丁尼组织编纂的一部《民法大全》,而这部《民法大全》内容博杂,实际上是一部伪书。我们知道,真正在历史上存在的法律一定有何时公布、适用范围怎样、何时做过修订、何时废止、何时被新的法律所取代的演变过程。而这部《民法大全》平面展开,只有系统,没有历史时间概念,不过是由许多伪书攒凑起来的一个大杂烩。(详见本书第5章相关内容)

西方文献现有中译文资料,足以证明西方古典历史之伪

在19世纪西方对中国历史、文化下结论的时候,西方学者所掌握的中国文献资料非常有限。比如黑格尔在其《历史哲学》中对中国历史进行全盘否定的时候,其所掌握的中国文献资料,除了耶稣会士翻译的一点点不准确的资料之外,竟然倚重的是一部明代三流小说《玉娇梨》。(详见本书有关黑格尔《历史哲学》的章节)如今我们对于西方古典历史作一个初步的评价,就文献资料来说,无论在质的方面,还是量的方面,早已大大超过了当时西方对中国历史下结论时所占有的文献状况。

举例来说,作为古典历史基本典籍的所谓古典文献原典都有了中译本,如《亚里士多德全集》《柏拉图全集》《伊里亚特》《奥德赛》《工作与时日》《神谱》《古希腊悲剧戏剧全集》《希罗多德历史》《伯罗奔尼撒战争史》《色诺芬希腊史》《埃涅阿斯纪》《罗马帝国的崛起》《塔西佗编年史》《塔西佗历史》《阿庇安罗马史》《圣奥古斯丁天主之城》《罗马帝国衰亡史》,等等。(详细内容请参看本书后附主要参考书目)

尤其是有部分西方开明学者开始揭露造假欧洲"文艺复兴"、"东方学"、古希腊"雅利安模式"等古典历史著作的中译本。如:[英]孟席斯《1434:中国点燃意大利文艺复兴之火》中译本、[美]爱德华·萨义德《东方主义》中译本修订版、[美]马丁·贝尔纳《黑色雅典娜:构造古希腊 1785—1985》中译本等,也有内容虽然不是直接揭露造假古希腊的,却对于揭露该问题提供了有益的资料和线索,如[希腊]娜希亚·雅克瓦基《欧洲由希腊走来》中译本,为我们提供了大量资料和线索。因而可以说现有中译本初步具备了系统揭露西方伪造古典历史的文献条件。

然而,遗憾的是上列对西方古典历史进行质疑的著作,只是局部地对伪造古典历史提出了一些有限的怀疑,从总体上来说,还是在维护以古希腊为代表的虚假古典历史的存在。

我们参考了上述所谓的古典文献及西方学者的研究著作,以考据学的方法,钩沉索隐,在蛛丝马迹中为系统揭露西方伪造古典历史提供线索,以期唤起学界同人共同关注这一严重问题。

本书筚路蓝缕,体例草创,采取以相关各类学术著作引文为主的形式,一方面力图避免主观,就所考述内容标明来历,便于读者一一复案;另一方面也含有表彰中外学者之见解,兼示不敢掠美之意。

笔者并不奢望以一人一时之力能够轻易廓清数百年之迷雾,推翻盘踞在中华民族头上已逾百年、根深蒂固的西方伪学统,能够起到抛砖引玉之效果则幸甚。貌似庞大的西方学统建立在虚构的古希腊概念之上,相信通过有志复兴中华文化同人之共同努力,一旦将古希腊及古罗马帝国之概念彻底解构,西方伪学统就会在顷刻间土崩瓦解。

本书主题涵盖内容广泛,在取舍时难免挂一漏万。本书所述内容、观点错误在所难免,还望读者不吝指正。

引言　西方"古典时代"来去匆匆

古典学是 19 世纪以德国为中心在欧洲形成的关于西方历史上所谓古典时代的知识的学问。

希腊古典时代指公元前 5 世纪至公元前 4 世纪的古希腊鼎盛时期①，大体上与从苏格拉底经柏拉图到亚里士多德三位哲人的生卒年限相重合。

苏格拉底（前 469—前 399）

柏拉图（约前 427—前 347）

亚里士多德（前 384—前 322）

三位哲人中柏拉图的著作全部被保存下来，亚里士多德的著作有约 1/3 现存，苏格拉底的著作虽然没有传下来，但从柏拉图和亚里士多德的著作中可以得知其概略。

从时间上讲，苏格拉底之前哲学的著作文本，既不成体系，也基本没有保留下来，而"从公元前 3 世纪以后，希腊哲学里实际上就没有什么新东西了"②。

换句话说，这个所谓的古典时代就是从苏格拉底时突然出现，而到了亚里士多德后就瞬间完全消失了。

从地域上讲，古典时代的文献都集中在上千个古希腊聚落中的一个——雅典城邦。不仅今天所见到的古希腊文献几乎全部来自雅典，就是所谓考古学发现的绝大部分铭文也集中在雅典，流传下来的政论性演说词、法庭讼词也几乎全部出自雅典……

"公元前 5 世纪……我们大部分资料来源都出自雅典。……我们今天认为的

---

① 参见［英］保罗·卡特里奇：《剑桥插图古希腊史》中译本，第 8 页，山东画报出版社，2005 年 2 月。

② ［英］罗素：《西方哲学史》中译本上卷，第 279 页，商务印书馆，1963 年 9 月第 1 版。

'古典希腊遗产',就大多出自雅典人。"①

"就希腊大陆而论,文献主要出自雅典,或者与雅典有密切关系的作家。"②

"铭文大都刻在石板、石柱、陶罐等坚硬、耐久的物体上,故易保存下来。……总的来看,希波战争前的铭文甚少。古典时代铭文数量大增,但大多集中在雅典。"③

"有些铭文为事后追记……其中有些很可能靠不住……有些铭文甚至完全是伪造的。"④

"演说既是希腊社会的产物,又是希腊社会的反映。现今流传下来的演说辞,几乎全部出自雅典。"⑤

这样一来,被称为奇迹的希腊古典时代,就聚焦在公元前5世纪—前4世纪雅典的时空点上。

18、19世纪名人对古典时代评论的例子

爱德华·吉本:"雅典在赢得波斯的战争之后,接纳爱奥尼亚的哲理与西西里的修辞,研究学问成了这个城市祖传的遗产。居民不过三万多个男性,在单独一代人的短暂期间之内,凝聚而成的盖世天才,那是需要无数的世代和百万计的人类才能产生。"⑥

雪莱说:"人类形式和人类心灵在希腊达到完美的境地,这种完美将它的形象加诸那些无可指责的作品,它们的残肢断臂都使现代艺术感到绝望;这种完美生成永不止息的冲动,通过一千种或显或隐的运动,为人类的生存提供条件,使人类愉悦,直至人类不复存在。"⑦

黑格尔说:"亚里士多德详述了全部的人类概念,把它们加以思考,他的哲学是包罗万象的。……最多地把握了现象;他确实地表现出自己只是一个思想着的观察者,他考虑了宇宙的一切方面。"⑧

马克思认为,只有在希腊,个体才从群体割断了脐带,从一个生物人变成了政

---

①[英]尼古拉斯·杜马尼斯:《希腊史》中译本,第39页,东方出版中心,2012年4月第1版。
②黄洋、晏绍祥:《希腊史研究入门》,第78页,北京大学出版社,2009年8月第1版。
③黄洋、晏绍祥:《希腊史研究入门》,第79页,北京大学出版社,2009年8月第1版。
④黄洋、晏绍祥:《希腊史研究入门》,第83—84页,北京大学出版社,2009年8月第1版。
⑤黄洋、晏绍祥:《希腊史研究入门》,第72页,北京大学出版社,2009年8月第1版。
⑥[英]爱德华·吉本:《罗马帝国衰亡史》中文全译本第4册,第77页,吉林出版集团,2008年4月第1版。
⑦转引自[美]马丁·贝尔纳:《黑色雅典娜》中译本,第261页,吉林出版集团,2011年7月。
⑧[德]黑格尔:《哲学史讲演录》中译本第2卷,第282页,商务印书馆,1960年第1版。

治动物。马克思始终热爱古希腊,所以完全接受流行的观点,认为希腊在其每一个侧面,都与它之前的所有文明本质上不同,比它们高等。但是,正如同雪莱显然做过的那样,马克思超越了这一点,声称希腊高踞于它的后代之上。这一声称带来了一个问题,因为它使得希腊违反了进步的潮流。①

总而言之,18、19世纪古典学将古典时期雅典的学术成就推高到人类知识登峰造极的境地,标榜在一个小镇里一两代人时间内,完成了全人类需要几千年才可能完成的事业,称为奇迹。

被称为奇迹的这些古希腊文献是从哪里来的呢?

---

① 参见[美]马丁·贝尔纳:《黑色雅典娜》中译本,第266页,吉林出版集团,2011年7月。

第一章 "古希腊"概念向壁虚造

第一节 "希腊古文献"为后世伪造

1.所谓"希腊古文献"的来源(以亚里士多德著作为例)

1997年1月中国人民大学出版社出版了10卷本约300万字的《亚里士多德全集》中译本。中文版的《亚里士多德全集》来源于19世纪中叶由德国柏林科学院编辑的《亚里士多德全集》标准本。

19世纪德国柏林科学院《亚里士多德全集》"标准本"

苗力田在中文版《亚里士多德全集》序言中说:"标准本的《亚里士多德全集》是由柏林科学院授命,在伊曼努尔·贝克尔(Immanuel Bekker)主持下编辑的。全书共5大卷,从1831到1870年历经40年才最后完成这一巨著。……这部《亚里士多德全集》的出版被认为给亚里士多德研究奠定了新基础。这个版本是从最优秀和最古老的手稿中整理出来的,以亚里士多德为名的全部著作的合集。"

《亚里士多德全集》"标准本"的构成

《亚里士多德全集》"标准本"为五卷本,其中第一、二卷是亚里士多德著作的古希腊语原文,第三卷是文艺复兴时期的拉丁文译本,第四卷是由布兰迪斯(C.A.Brandis)汇编的亚里士多德著作的注释,第五卷包括由罗泽(V.Rose)汇编的亚里士多德著作的残篇,以及由鲍尼兹(H.Bonitz)编的索引。[①]

"标准本"成了后世各种《亚里士多德全集》版本的主要蓝本

"在贝克尔版之后,西方各国的古典学者们对亚里士多德著作做进一步的加

[①] 汪子嵩、范明生、陈村富、姚介厚:《希腊哲学史》第1卷,第113页,人民出版社,1988年1月第1版。

工、订正、诠释的工作，出版了各种文本的版本，如《托布奈丛书》(Teubner Series, 1868—1961)、《牛津古典本文》(Oxford Cl Assical Texts, 1894—1968)、希法对照的《布德丛书》(Budé Series, 1926—1968)、希英对照的《洛布丛书》(Leob Series, 1926—1966)，不过这些版本都是以贝克尔版为基础的。此外，学者们还收集了亚里士多德已散失的著作的残篇，并加以出版。"①

中文版《亚里士多德全集》的编排依照德国"标准本"

"由于亚里士多德的著作中缺乏显明的客观标志，使人可以确定其写作时代的顺序，所以，在这里所用的方法，也许是能从亚里士多德著作中找到某种依据的、唯一可行的方法。在我们的译本里，也无可选择，无可创新，只能依照标准本的办法，按贝克尔的顺序和页码来编排。"②

这个花了40年时间，从最古老的手稿中整理出来的标准本所依据的所谓古老的手稿疑点重重，不仅来历不明，载体晚出，而且流传可疑，实际上并没有所谓手稿的实物流传下来。（详见后文考述）

从本书考述的情况来看，德国是伪造古希腊文明的大本营，19世纪中叶则是集中伪造古希腊文明的时期，《亚里士多德全集》"标准本"于此时出笼，也算是"实至名归"了。

而从现存亚里士多德著作的古本情况来看，实际上都是些印刷品。

现存亚里士多德著作主要古本都印在中国纸上

亚里士多德著作古本大多是拉丁语版，有些有阿威罗伊(Averroës)的评注，有些没有，有关情况请参见克莱布斯《科学和医学古版书》中的第82号至第97号作品。据哈佛学院图书馆藏本，所有古本中最重要的是由奥尔都·马努齐于1495—1498年在威尼斯出版的亚里士多德著作的希腊语初版，该书为5卷对开本，共6册。版权页的内容包括威尼斯元老院授予的特权，禁止其他人出版同一版本。据哈佛学院图书馆藏本，巴塞尔的出版商们总是与威尼斯的出版商进行竞争，因此，鹿特丹的伊拉斯谟和西蒙·格里诺伊斯(Symon Grynaeus)编辑了一套新的亚里士多德著作全集，由巴塞尔的倍倍尔于1531年印刷，该书为两卷，对开本，一般装订成一册。据哈佛学院图书馆藏本，希腊语本由弗里德里希·西尔堡(1536—1596)重编，并在法兰克福(Frankfurt)出版(11 vols., 1584—1587)。第一个附有拉丁语翻译

---

① 苗力田：《亚里士多德全集》中文版序言，中国人民大学出版社，1997年。
② 苗力田：《亚里士多德全集》中文版序言，中国人民大学出版社，1997年。

第一章 "古希腊"概念向壁虚造

的选集1590年在里昂问世。①

追寻一下以上这些著作的出处才知道，原来各种文本的亚里士多德的著作，被当成国宝保存于世界各地图书馆的最古老的版本，基本上都是使用来自中国的纸张（工艺）、使用中国的印刷技术印制出来的，而中国纸及印刷技术在欧洲的出现甚为晚近。

欧洲使用纸张的开始

"欧洲引进造纸术是在文艺复兴前夕。在这以前，中世纪欧洲主要以羊皮及莎草片为书写材料。自从阿拉伯世界造纸后，将其输出到欧洲，欧洲人才用上纸。"②

"从纸张到印刷术。纸也来自遥远的中国，伊斯兰国家是向西传播路上的中间站。最早的纸坊于12世纪出现在西班牙，但欧洲的造纸工业要到14世纪初才在意大利建立。……欧洲的印刷业在1440至1450年间业已形成。"③

"当雕刻工人采用另外一项中国技术在木块或铜盘上制作镜像图画，并用它来生产诸多相同的木版画和雕版画的时候，印刷技术下一阶段到来了。接下来是在盘子或木块上添加一些句子来解释图画。最后，活字被设计出来，每个微小的雕刻活字代表一个字母，可以和其他活字一起构成单词、句子、一整页文字，然后再次组合并重新使用。这项重要的发明在15世纪40年代发展得尽善尽美。"④

在标准本之外的《亚里士多德全集》中，除了来自上述这些印在中国纸上的新古董之外，有没有其他载体的古文献呢？有。例如1890年被意外发现的纸草纸文本《雅典政制》。然而，仔细分析一下就不难发现，所谓《雅典政制》的纸草纸文本，不过是由于实在找不到"希腊古文献"实物，当学术界发现了有一种纸草可以作为文献载体之后，由英国学者伪造出来的假古董。（详见后文考述）

在欧洲流传中国纸张及印刷术普及之前，欧洲千余年间并没有所谓"古希腊文献"的影子。当时，羊皮纸为稀有资源，主要用于教会文献的抄录；至于所谓埃及纸草纸，从其特性及历史情况来看，根本就不足以承载所谓古典文献，今日人们所能见到的纸草纸文献，也基本上都是些摹本。

---

① 详见[美]乔治·萨顿：《希腊黄金时代的古代科学》中译本，第599—605页，大象出版社，2010年5月。
② 潘吉星：《中国造纸史》，第517页，上海人民出版社，2009年11月。
③ [法]费尔南·布罗代尔：《15至18世纪的物质文明、经济和资本主义》中译本第1版第1册，第468—470页，三联书店，1992年11月。
④ [美]罗宾·W.温克、L.P.汪德尔：《牛津欧洲史》中译本第1卷，第120页，吉林出版集团，2009年4月第1版。

《亚里士多德全集》"标准本"被称为现代版本

"最重要的现代版本是由伊曼纽尔·贝克尔(Immanuel Bakker, 1785—1871)编辑的,并在柏林科学院(the Academy of Berlin)的赞助下出版,该书附有拉丁语翻译(5 vols., quarto; Berlin, 1831—1870),贝克尔的页码标注方式在以后的几乎所有版本中都保留了下来。"①

从上述情况来看,伊曼纽尔·贝克尔(Immanuel Bakker)主持编辑的标准本《亚里士多德全集》是从最古老的手稿中整理出来的,而这些手稿实际上我们见不到;今天可以见到的所谓亚里士多德著作古本都是些印刷品,实际上伊曼纽尔·贝克尔并没有使用。后世为了将这些印刷品说成是真正的古本,于是将伊曼纽尔·贝克尔编辑的标准本《亚里士多德全集》说成是现代版本。

2.亚里士多德著作的三个系统

那么这些印在中国纸上的大量所谓亚里士多德名下的著作,究竟是怎样出笼的呢?

亚里士多德在历史上不断转换面目。不同历史时期看到的亚里士多德形象完全不同。亚里士多德名下的著作在历史上大致来说有三个系统:第一是鲜为人知的、早期在亚氏身后若干个世纪曾经流传的系统。第二是欧洲中世纪时从阿拉伯语转译成拉丁语的系统。第三是15世纪前后在佛罗伦萨为中心的地区收集、抄录、翻译的系统。另外,还有一些其他时空点零星被发现的作品。

对应其文献来源的三个系统,亚里士多德形象有三次大的变换。现在我们看到的《亚里士多德全集》的内容,基本上是以第三系统为主体、吸收了包括第二系统部分内容及个别其他零星发现的内容的集合体。换句话说,《亚里士多德全集》中所展现的内容,基本上是15世纪后出现的新面孔。

亚里士多德著作的第一系统

第一个系统,即早期流传的亚里士多德的著作完全失传了。这些失传的著作是以下一些内容:《欧德谟篇》《格吕洛斯篇》《论公正》《劝勉篇》《论哲学》等。"在许多个世纪中,亚里士多德的声望在很大程度上都是建立在它们基础之上的。"尽管这些"著作失传了,但它们的残篇以及古代文献对它们的提及相当多,足以使我们评价它们的内容。"②

---

①详见[美]乔治·萨顿:《希腊黄金时代的古代科学》中译本,第600页,大象出版社,2010年5月。

②[美]乔治·萨顿:《希腊黄金时代的古代科学》中译本,第591页,大象出版社,2010年5月。

第一章 "古希腊"概念向壁虚造

《欧德谟篇》是一篇讨论灵魂不朽的对话。《劝勉篇》是一篇为塞浦路斯的王子塞米松而写的专题著作,劝勉他学习哲学,并且用哲学的观点来看待生活。……西塞罗以《哲学的劝勉》为题编了一个拉丁语的改写本……而且西塞罗的版本给圣奥古斯丁(活动时期在5世纪上半叶)留下了深刻的印象……

"从残篇来判断,业已失传的亚里士多德最长的著作是3卷本的《论哲学》这一专著。亚里士多德回到了七哲和早期德尔斐铭文的沉思之上,例如'认识你自己',他在第1卷中说明了他的学说永世轮回的观念,在第2卷中他批判了柏拉图的形相,在第3卷中他概述了一种拜星神学。在这第3卷中,他设想灵魂就像天体那样被赋予了自发的和永恒的运动,每一个灵魂都有自己的意志……"①

对于这批最早流传的亚里士多德的著作,"除了在三四个世纪中它们所获得的重要地位和它们后来神秘的消失外,我们没有太多的迷惑。情况仿佛是这样的,一个闻名了数个世纪的亚里士多德后来突然被另外一个完全不同的亚里士多德取代了。最令我感到疑惑的是老亚里士多德的黯然失色。当他的作品享有一定的声望时,肯定会有许多抄本再现其每一部著作;但所有这些早期著作都消失了,我们甚至连一本完整的文本也没有,怎么会是这样呢?"②

亚里士多德第三系统的文献在流传过程中的传奇经历

亚里士多德名下第三个系统的文献,在亚氏身后没有见过流传,也没有见过为人称引,或者说对于15世纪前的欧洲没有发生过任何影响。

于是,为了给这批文献的来源找个出处,就编造了这批文献在流传过程中的传奇经历,并由此派生出所谓的"亚历山大利亚图书馆"等一系列近似神话的故事。

"在亚里士多德去世以后,他的各种文件成了他的朋友和继承者塞奥弗拉斯特的财产。塞奥弗拉斯特没有像我们可能料想的那样把它们捐赠给他自己的继承者或吕克昂学园,而是赠给了他的侄子斯凯普希斯的纳留(Neleus of Scepsis)。无论如何,纳留似乎对它们并不关心,他的继承人把其中的一部分卖给了托勒密-菲拉德尔福(公元前285—前247年在位),后者当时正在建设亚历山大图书馆。他们自己的国王佩加马的阿塔罗斯(公元前269—前197年在位)那时正在修建与之竞争的佩加马图书馆,由于害怕其余的手稿会被阿塔罗斯没收,这些继承者

---

① [美]乔治·萨顿:《希腊黄金时代的古代科学》中译本,第592—593页,大象出版社,2010年5月。
② [美]乔治·萨顿:《希腊黄金时代的古代科学》中译本,第594页,大象出版社,2010年5月。

们就把其余的所有手稿藏在一个洞里。

"过了一段时间之后,特奥斯的阿佩利孔在经过的时候听说了那笔珍藏,他正在为一家雅典的私人图书馆收集图书,于是他设法获得了它们。这位阿佩利孔是一个漫步学派的成员,同时也是一个富有的藏书家。他的情况除了苏拉围攻和雅典遭到洗劫(前84)前不久去世之外,其他我们一概不知。

"苏拉买走或夺走了亚里士多德的手稿,并且把它们运到了罗马。此后不久(公元前72年)卢库卢斯俘虏了一名绰号为提兰尼奥的希腊语法学家,并且把他带到罗马,委托他整理阿佩利孔的藏书。提兰尼奥是一个受到过西塞罗和斯特拉波夸奖的能干的学者,但他似乎只为亚里士多德的手稿编了目录或对它们进行了描述。"①

传说的另一个版本

"待亚里士多德逝世,他的吕克昂学园以及他的书斋,为其继承人泰奥弗拉斯图斯掌管了34年以上。……泰奥弗拉斯图斯卒岁约在公元前287年,他将他自己和亚里士多德的藏书都传给弟子纳琉斯,纳琉斯把这些文献全部移至特洛阿德的故里斯克博息。数年后,此镇向阿塔利得朝称臣,其主上约在公元前230年开始筹建珀伽摩的大图书馆,希望能够与托勒密在亚历山大城的图书馆相抗衡。纳琉斯的后人将书籍藏在地窖中,以待良机将之安全运送出国。这些文献即如此在他们的保护下经过了150年,约公元前100年时,经由忒奥斯的阿佩理孔带出,送与雅典保存。

"在公元前86年,雅典被苏拉攻陷,这些文献又从雅典转送至罗马,在那里被学者们翻阅,这其中包括冉尼奥、安德洛尼库斯等,但由于长期疏于护理,文献的许多部分变得不可卒读。而在阿佩理孔经手后所制作的副本,在无知的辨读和修补下,变得面目全非了。"②

全部卖给亚历山大城的传说

"阿特纳奥斯无意中说起亚里士多德传至纳琉斯的全部都被卖与托勒密二世,来充实亚历山大城图书馆,据称这位君王得到超过1000部亚里士多德著作的册页或卷帙。"③

---

① [美]乔治·萨顿:《希腊黄金时代的古代科学》中译本,第594—595页,大象出版社,2010年5月。

② [英]约翰·埃德温·桑兹:《西方古典学术史》第3版中译本第1卷上册,第100页,上海人民出版社,2010年10月第1版。

③ [英]约翰·埃德温·桑兹:《西方古典学术史》第3版中译本第1卷上册,第101页,上海人民出版社,2010年10月第1版。

第一章 "古希腊"概念向壁虚造

正如俗话所说的"为了圆一个谎言,必须再造十个谎言"那样,为了证明这批假古董的来历,又编造了亚历山大图书馆的神话。

亚历山大图书馆的神话

亚历山大里亚城位于埃及尼罗河口,公元前332年由马其顿国王亚历山大征服埃及后所建。亚历山大死后,亚历山大帝国一分为三,由其部将托勒密接掌亚历山大里亚城后,组建了托勒密王朝。

这么一位蛮族的武将,听了一位法勒戎地方名叫德米特里乌斯的谋士在埃及首都建立图书馆的建议(约前295),于是就在短短几年间建成了历史上最宏大的图书馆,成就了人类最伟大的文化工程。据说当时建了一大一小两座图书馆,较大的那座图书馆据说长达6公里,是一座建筑巨无霸。建成之后,作为世界最大的文化中心存在了700年之久……

"关于该图书馆的藏书数量,据说法勒戎的德米特里乌斯(约前285)答复皇室审查时声称已经有20万部钞本,此后不久就把这一数字增加到50万部。……在公元前1世纪中叶,总数据言曾一度达70万卷。"①

于是,"到通用纪年(公元)开始的时候,亚历山大里亚成为西方传统中的文本中心文化的发祥地。"②

神话还在继续

公元640年圣诞节前,阿拉伯人占领了亚历山大里亚,缪斯伊恩图书馆主管祈求阿拉伯占领者放过亚历山大里亚这个图书馆。这个请求被奏报给了哈里发,哈里发回复说:"如果这些书的内容与《古兰经》相一致,我们就不需要,有《古兰经》已经足够了。相反,如果它们的内容与《古兰经》不符,就没有必要留着它们。继续前进,销毁它们。"这些书被用来作为火炉的燃料扔在公共浴室里。这些古卷化为火焰,为亚历山大里亚烧热水足有6个月之久。只有亚里士多德的作品逃过了这一劫。③

"一部一部用纸或羊皮制成的书被分配给了全城4000家浴室,其数量是如此

---

① 参看[英]约翰·埃德温·桑兹:《西方古典学术史》第3版中译本第1卷上册,第119—124页,上海人民出版社,2010年10月第1版。
② 埃莫克:《亚历山大大帝》,伦敦和纽约:泰晤士&哈得逊出版社,2001/2002年,第8页;转引自[英]彼得·沃森:《人类思想史——浪漫灵魂:从以赛亚到朱熹》中译本,第321页,中央编译出版社,2011年5月第1版。
③ [英]彼得·沃森:《人类思想史》中译本,第427页,中央编译出版社,2011年5月第1版。

巨大,这种珍贵的燃料竟然在 6 个月时间里还没有烧完。"①

为何只有亚里士多德的作品逃过了这一劫呢？要不说是神话呢,逃不过这一劫,那么 15 世纪伪造希腊文献时如何说得通！造一个亚历山大图书馆的神话,原来是为了给亚里士多德著作的来历做出安排……

这批没有被烧掉的亚里士多德手稿,又被辗转到拜占庭,并在 1453 年拜占庭被土耳其帝国攻占时,神奇般地再次躲过劫难,流传回西欧。在拜占庭帝国的废墟上,诞生了西欧的新世界。

"在拜占庭帝国的最后一夜中,有一些人趁乱登上拉丁人的战舰,逃到了克里特、摩里亚、爱奥尼亚群岛和威尼斯。一艘热那亚商船保留了它在那最后一夜的乘客名单,上面有六名巴列奥略皇族的人、两个科穆宁皇族、两个拉斯卡利斯皇族,以及一些次要的贵族。这些人和其他许多拜占庭人携带着古代的珍贵文献流亡到西欧各国,使得生活在天主教神权世界的人们重新看到了柏拉图、亚里士多德、亚历山大、恺撒,以及其他古代希腊和罗马的光辉思想。在这些思想的影响下,人性战胜了神性,希腊人的理性光明照穿了教皇和封建制度所构成的重重帐幕,给西欧带去了文艺复兴之光。"②

"1453 年君士坦丁堡被土耳其人攻陷,从而有大批避难者流入,他们带来的不仅仅是他们自己研究古典希腊的学问,还有古代作家珍贵的书稿。他们的知识以及他们所带来的书稿受到罗马和佛罗伦萨的欢迎。"③

亚里士多德著作的第二系统

"当日尔曼民族在西方已经获得了前此属于罗马帝国的土地,并且他们所征服的东西现在已经有了牢固的定形的时候,在东方则出现了另一种宗教,即回教。……回教在外表的力量方面,以及在精神的繁荣方面,都迅速地达到了它的顶点,在回教中,哲学连同各种艺术都有很灿烂的表现,……他们在文化方面的进步,大大地超过了西方。"④

西方大学的前身是阿拉伯世界清真寺旁边的伊斯兰学校。⑤

---

① [英]爱德华·吉本:《罗马帝国衰亡史》中译本下册,第 398 页,商务印书馆,1997 年 2 月第 1 版。

② 见维基百科"拜占庭帝国"。

③ [英]安东尼·肯尼:《牛津西方哲学史》第 2 卷,吉林出版集团有限公司。

④ [德]黑格尔:《哲学史讲演录》中译本第 3 卷,第 252 页,商务印书馆,1959 年 12 月第 1 版。

⑤ 参看[英]孟席斯:《1434:中国点燃意大利文艺复兴之火》中译本,91—92 页,台湾远流,2011 年 5 月版。

第一章 "古希腊"概念向壁虚造

通过由阿拉伯文转译、经中世纪欧洲经院哲学所了解的亚里士多德作品属于第二系统,主要限于逻辑学方面。其传播途径比较复杂,兹略引述如下:

13世纪亚里士多德的新面孔

"中古西欧对于希腊文献的知识,是通过将希腊原著的阿拉伯文译本再转译成拉丁文而获得的。"①

"13世纪见证了对亚里士多德著作认知范围更为深远和更为重要的发展过程。……亚里士多德长期以来受到叙利亚和阿拉伯地区人士的研究,有关他的学问,曾经从君士坦丁堡传至东方,又随阿拉伯人的征伐路线散播于非洲滨海地域,从西班牙进入西方世界,继而到达法兰西。但是,9世纪前半叶在巴格达完成的那些阿拉伯译本,直到12世纪中期才以拉丁文的形式传播到巴黎。"②

黑格尔说:"阿拉伯人主要是通过落到他们统治之下的叙利亚人(西亚细亚人)得知希腊的哲学。叙利亚人是有希腊的文化教养的,并且形成了希腊国家的一部分。在叙利亚,在安提阿,特别是在贝鲁特和以得撒,有很大的学术机关。叙利亚人构成了希腊哲学和阿拉伯哲学之间的连接点。叙利亚文甚至在巴格达也是人民通用的语言。"③

"希腊作品的叙利亚文译本原来已经有了,这些译本又被翻译成阿拉伯文,或者从希腊原本翻译成阿拉伯文。哈伦·阿尔-拉希德在位时期任命了一些住在巴格达的叙利亚人,这些作品就是由于哈里发的要求而由他们翻译成阿拉伯文的。……大马士革人约翰尼·麦苏爱活着的时期是阿尔-拉希德(生于公元786年)、阿尔-马孟(833)和阿尔-摩塔瓦克尔(847)在位时期……阿尔-拉希德任命他把希腊作品从叙利亚文翻译为阿拉伯文……贺奈因像他的老师约翰尼一样,同时又是一个基督徒,属于阿拉伯的爱巴地族;他自己学习了希腊文,并且把很多作品翻译成阿拉伯文和叙利亚文,例如尼可劳的《亚里士多德哲学大全》,托勒密、希波克拉底、伽伦等人的作品。另外一个人是伊本·阿达,一个伟大的辩证派学者,曾被阿布尔法来引用过。在希腊作品中,这些叙利亚人所翻译的几乎都是亚里

---

① 参看《东方人译述希腊著作考》,收入《维尔绍档案的文献附录》(1888),No5;以及《图书馆中央导报》增刊,V(1889)§§1—23;又见 Traube《演说及论文集》,ⅱ 87—89。

② [英]约翰·埃德温·桑兹:《西方古典学术史》第3版中译本第1卷下册,第528—529页,上海人民出版社,2010年10月第1版。

③ [德]黑格尔:《哲学史讲演录》中译本第3卷,第252页,商务印书馆,1959年12月第1版。

士多德的作品,以及后来对于亚里士多德作品的评注,并不是阿拉伯人自己翻译这些作品。"①

以上引文大体勾勒出了亚里士多德第二个系统文献流传的基本情节。

亚里士多德三个系统的文献相比较而言:

第一个系统质朴无华、数量少、著作性质原始,竟完全失传;第二个系统限于逻辑学方面,从希腊文经叙利亚文、阿拉伯文等重重翻译,辗转译成拉丁文献传世,作品水平不高,其作伪情况容待本书后文专门讨论;第三个系统内容驳杂,出现时间最晚,量大传广,恒为引用。

第三系统是怎样出炉的?何时?何地?其动机与目的何在?

3.西方有一个伪造历史的传统

波斯战争前的古典历史是神话,斯巴达的法制史是文学作品

"直到波斯战争时的古典历史,以及后来各个时期依据传统建立起来的有关这段历史的结构,本质上是一种神话思维的产物。有关斯巴达(Sparta)的法制史是希腊化时期的一首诗,它所集中描写的来喀古(Lycurgus)——有关他的传记,我们有详尽的记述——最初可能是塔伊格图山(Mount Taygetus)的一个并不重要的地方神。"②

古典时代西方人头脑里从来没有想到过对故事和史实作任何原则性区分

"古典世界对历史这个词的理解,我们可以从这样一个事实看出来,那就是有关亚历山大的传奇文学对严肃的政治史和宗教史,甚至于它们的史实,都产生了最强烈的影响。古典人的头脑里从来没有想到过对历史作为一种故事和历史作为文献做出任何原则性的区分。直至罗马共和国末期,当瓦罗(Varro)想把那正从人们的意识中迅速消失的宗教稳定下来时,他把神——对它们的崇拜被国家一丝不苟地遵从着——分为'确定的'和'不确定的'两大类:一类是我们对之还有所知的,一类是尽管官方崇拜仍未中断,却已名存实亡的。

"事实上,瓦罗时代罗马社会的宗教,亦即歌德甚至尼采(Nietzsche)所纯真地复现过的诗人的宗教,主要是希腊化文学的产物,和当时已经没人能理解的古代实践几乎全无关系。

---

① [德]黑格尔:《哲学史讲演录》中译本第3卷,第254—255页,商务印书馆,1959年12月第1版。

② [德]奥斯瓦尔德·斯宾格勒:《西方的没落》导言,商务印书馆,1963年1月第1版。

"蒙森(Mommsen)明确地界定了西欧人对这类历史的态度,他说,'罗马的历史学家'——特别地指塔西佗——'是这样一种人,他们所说的东西最好是省略掉,而那必须要说的东西又被他们省略了。'"①

"前梭伦时代的希腊人什么也没有传下来,没有留下一个年份,没有留下一个真实的姓名,没有留下一件确实的事件。结果我们仅知的后来的历史就不甚恰当地变得十分重要了。但对于埃及,从公元前3000年甚至更早一些时候开始,我们就掌握了许多国王的姓名,甚至他们确切的统治日期;对于这些,新王国时期(the New Empire)必定全都知道。如今,那些伟大的法老们的遗体躺在我们的博物馆里,其面目仍然依稀可辨,已经成为那永生意志(the will to endure)令人唏嘘的象征。在阿美尼赫特三世(Amenemhet Ⅲ)金字塔的光耀夺目、琢磨如镜的花岗石塔顶上,我们今天仍能读到这样的词句:'阿美尼赫特仰望着旭日之美景。'而在另一面,我们读到:'阿美尼赫特的灵魂比猎户座还要高,它与下界同在。'这真是对死之大限(Mortality)和纯然的现在的胜利,它彻底地是非古典的。"②

犹太教祭司造假

"如果犹太祭司假造了记录——众所周知在每一个世纪,祭司们都倾向于因虔诚而造假——希伯来史学家们也不具备评判的手段来发现假造的记录。"③

基督教教会继承了这一传统

"伪造赝本和添章加句的情形,在基督教初期屡见不鲜。犹太教徒跟基督教徒之胆大妄为,两方面彼此也不分上下。犹太教徒假托俄尔浦斯的口气来谈亚伯拉罕、摩西及其十戒,或假托荷马的口气来谈第七日创造完毕的情形,基督教徒却先把故事占为己有,然后又从他们那方面尽力伪造《旧约》希腊译文,好拿经文做根据来反对犹太人。"④

欧洲中世纪伪造历史举隅
——以英国伪造民族英雄阿瑟的历史为例

"杰弗里的作品写于1130年,不仅开启了阿瑟传说,而且以各种看似合理的方式宣称这段传说是历史。杰弗里的作品是否具备事实基础并不影响人们对它的

---

① [德]奥斯瓦尔德·斯宾格勒:《西方的没落》导言,商务印书馆,1963年1月第1版。
② [德]奥斯瓦尔德·斯宾格勒:《西方的没落》导言,商务印书馆,1963年1月第1版。
③ [意]莫米利亚诺:《现代史学的古典基础》中译本第1版,第23页,华东师范大学出版社,2009年6月。
④ [法]伏尔泰:《哲学辞典》1867年版中译本上册,第347页,商务印书馆,1991年10月。

兴趣。他清楚知道当时人们期待的是什么样的历史，而他的聪明才智显然足以让叙事免于受到史料支配的危险，而又能写出一部详细的历史给读者。……杰弗里并未宣称自己是作者，他说他自己只是把牛津会吏长沃尔特(Walter)交给他的一本非常古老的书从威尔士语翻译成拉丁文。实际上并没有证据证明这本书真的存在。……一般认为，虽然书中含有威尔士传说与系谱的轨迹，部分来自口述传统，但本质上仍属杰弗里的创作。……它声称填补了不列颠历史知识的重要漏洞。"①

"阿瑟的历史证据十分薄弱，但他的传说……却是一种历史事实。它深刻影响甚或支配了许多不列颠人对过去的想象，包括英格兰人，特别是从12世纪到17世纪。之后，人们对于历史与传说的差异更敏锐，但又倾向于不去理会这样的怀疑，于是阿瑟这个角色在19世纪变得举足轻重。在杰弗里之后，阿瑟与他的王后桂妮薇儿(Guinevere)的遗骨于1191年被格拉斯顿伯里的僧侣发现，而阿瑟与他的骑士成了新兴骑士精神的中心，连带也出了一些次传说，发展于法国与日耳曼地区，激励了以阿瑟圆桌武士为蓝本的中古时代骑士勋章的建立，如14世纪爱德华三世创立的嘉德勋章。……到了15世纪，托马斯·马洛里爵士的《阿瑟之死》赋予英格兰读者阿瑟传说古典的形貌……16世纪时，阿瑟的原型是都铎宫廷崇拜的对象，都铎王室成员有时带有一种威尔士人的自觉，亨利七世的长子在受洗时被命名为阿瑟。到了17世纪，米尔顿构思以阿瑟为主题的史诗未果。……维多利亚时代的想象把效忠之臣区分成绅士浪漫的阿瑟与较亲民的阿尔弗雷德；维多利亚时代最伟大的诗人曾以阿瑟传说为题材，而这位诗人受洗时被命名为阿尔弗雷德，可以说是恰到好处。"②

"阿瑟是伟大的国王与军事领袖，他的性格举止比较近似于恺撒与查理曼，而非后日的游侠骑士。……阿瑟的宫廷位于乌斯克(Usk)河畔的卡尔雷翁(第九卷)，它的壮丽无可比拟，成为各地骑士景从的对象。阿瑟征服高卢之后，也在巴黎建立宫廷。"③

"比杰弗里晚了半个世纪的纽伯格的威廉(William of Newburgh)说道：《不列

---

①［英］约翰·布罗：《历史的历史：从远古到20世纪的历史书写》中译本，第229—230页，广西师范大学出版社，2012年7月第1版。

②［英］约翰·布罗：《历史的历史：从远古到20世纪的历史书写》中译本，第228—229页，广西师范大学出版社，2012年7月第1版。

③［英］约翰·布罗：《历史的历史：从远古到20世纪的历史书写》中译本，第232页，广西师范大学出版社，2012年7月第1版。

颠诸王史》完全是虚构的。"①

中世纪伪造文献的著名案例

罗伦佐·瓦拉(1407—1457)写成于1440年的《论伪造君士坦丁的赠予》论文,揭露了《君士坦丁的赠予》是伪造文献,是8世纪在教皇宫廷编造的赝品,目的是为了向世俗政权提出要求。批判作为教皇要求干预西欧和意大利世俗政权依据的文件,在瓦拉的论文中发展成为对教皇保持世俗政权依据的总批判。

教廷为了回击瓦拉的著作出版问世,编写了一篇学术性反驳文章——《罗伦佐·瓦拉对抗君士坦丁的赠予》,它以被发现的希腊文本《君士坦丁的赠予》为根据,希腊文本中没有瓦拉用来批判的那些字句。然而,《君士坦丁的赠予》翻译成希腊文仅仅是11世纪出现的,而且又是以相应的方法加工成的。②

伪造历史有时竟成了一种虔诚

欧洲中世纪曾盛行过大量的伪造……有许多赝品包括在历史里。弗列辛根的奥托与其他编年史家提到过并被其中许多人认为真实无疑的《君士坦丁的赠与》便是一例。另如,著名的850年左右在法兰西北部某地制定的《伪称伊西多尔的教皇法令》以及其他对史学起了不小影响的不少伪造品也是如此。

寺院常常炮制一些文书,并且使之成为真正的文书形式

"有时这是由于他们深信这种文书曾经存在过,有必要把它们复制出来。例如,英国政府在对寺院和个人的某些土地所有权和豁免权进行频繁的检查时期,便出现了无疑是伪造的文书。……有时……虽然十分清楚不曾有过这种文件,但为了维护一定的财产利益仍然要把它制造出来。法庭面对这些伪造品经常是一筹莫展。

"某些研究者认为,《伪称伊西多尔的教皇法令》的杜撰与其说是有意识的伪造,不如说是一种历史的臆想。该法令的炮制者曾伪造出60封教皇的书信(从克里门到米尔恰迪斯),虽然实际上当时教皇的书信连一封也不曾遗留下来。他还在此后时期炮制出35封教皇的书信。这一切在很大程度上都与作者的世界观有联系……他完全相信,这一切本身都理应实现,所以他伪造这些书信。从历史学家角度来看,这种手段是不允许的。它们明显地说明,为了适应政治,其中包括神权政治的倾向性,中世纪的作者包括教会的代表者,毫无顾忌地以笃信宗教的谎言来

---

① [英]约翰·布罗:《历史的历史:从远古到20世纪的历史书写》中译本,第234页,广西师范大学出版社,2012年7月第1版。

② 详见[俄]叶·阿·科斯敏斯基:《中世纪史学史》中译本,第59—65页,商务印书馆,2011年9月。

伪造历史。

"这不仅是对《伪称伊西多尔的教皇法令》的作者而言,我们在历史中可以找到许多类似的伪造品。例如,托马斯·阿奎那曾采用了以希腊宗教会议的法令集和证明教皇绝对权力的希腊教会之父们的作品中的引文,并使其流传,可能他并不知道这些引文是伪造品,并不知道它们是由某个拥护教皇权力并企图以此支持这教皇权的人所为。借助托马斯·阿奎那的权威,这些引文后来竟作为真实的文件被广泛地使用着。

"此外,中世纪还产生了大量小型的伪造品,它们是由于某一寺院、主教区或其他集团的利益而被杜撰出来的。这使历史的记述中不断掺入伪造。一些历史的伪造具有劝善性质,然后是如诗的想象性质。……"①

"在中世纪……虔诚的编年史家们,置身修道院的图书宝藏内,怡然自得,他们从不停下来对文献的价值加以考虑,只是把过去史料中的错误也一起抄到他们的著作中去了。当时,伪造经典之风很盛,但揭穿赝品的方法却还没有发明。凡是用文字记录的事件都被深信不疑地接受了下来,而人们由于承认传统,就更加相信事件的真实性了。"②

西方近代历史是从杜撰、伪造开始的

"人们探讨文艺复兴时代,往往很自然地从佛罗伦萨开始,因为佛罗伦萨曾在250年间(1300—1550)光辉地表现了意大利文化。……最早的佛罗伦萨历史是由一大堆传说、语言、杜撰和谬误组成的。佛罗伦萨最早的历史著作似乎是圣萨诺姆的《佛罗伦萨事记》从1125年写起,至1231年突然中止,连最后一个句子都没有写完。其次是一位不知名的人写的一部编年史,名叫《城市起源编年史》(*Chronica De Origine Civitatis*)。原作似乎是用拉丁文从罗马帝国写起的。但是现有的版本却是部分用拉丁文、部分用意大利文写的。……所记最后年代是1321年,即但丁逝世的那年。

"佛罗伦萨的档案中还有其他一些早年无名氏编写的编年史手稿,这些手稿或多或少都是相互抄袭的,或者抄自同一个来源,因而很少可信之处。早期佛罗伦萨历史著作更严重的缺点是充满伪造。数百年来,人们以为《从建城至1281年的

---

① [俄]叶·阿·科斯敏斯基:《中世纪史学史》中译本,第40—41页,商务印书馆,2011年9月。

② [英]乔治·皮博迪·古奇:《十九世纪历史学与历史学家》中译本,第67—68页,商务印书馆,1989年第1版。

佛罗伦萨史》(Historia Fiorentina Dall' Edificazione di Fiorenza Per Insino Dall' 1281)是'佛罗伦萨绅士'李嘉达诺·马尔斯皮尼的作品,并认为带诺·康派尼的《佛罗伦萨史》(1280—1313)是微拉尼以前的著作,但是现在我们才知道这两部著作都是伪造的。另一部臭名远扬的佛罗伦萨史是马提奥·斯皮涅利·达·乔文那左的《日志》,业已证明这部书是16世纪伪造。这些伪造的作品是为了向15、16世纪佛罗伦萨某些家族虚荣献媚的。为了证明他们的世袭古老,有必要捏造微拉尼以前的"史实";最好的办法就是杜撰一部旧有编年史。"①

"更重要的著作是利塔伯爵的《望族》,其中第一编专述斯福尔扎家族,于1819年出版。他死于1852年,在这以前,他已写完百余个名门望族的历史,其中有维斯孔蒂家族、伊斯特家族、美第奇家族、贡扎加家族和本蒂伏利奥家族。在利塔以前,意大利的家史都是一些伪造的东西。"②

15世纪史书造假举隅

列奥那多·布鲁尼在十二卷本的《佛罗伦萨人民史》中,叙述了吉安诺·德拉·贝拉是怎样把大多数人民聚集在一起以后发表了长篇讲话。讲话长达两页纸的篇幅,从头到尾是想象出来的。③

"古希腊碑铭"的基础——16世纪法兰西学院造假

"我们必须提到一个人,这个人非常勤奋地、充满激情地考察了每一个时期的纪念碑,不过在很大程度上他也是一位伪造者。这个人就是皮鲁·利哥里奥(Pirro Ligorio)(1530—1586)……他所提供的真实材料里混杂着大量伪造的材料。……在任何一个时代都存在书面形式伪造的铭文,其中一些伪造是极端无知的,比如从圣母玛利亚的拉丁文信件到墨西拿城的拉丁文信件(CIL×1042)都是如此;不

---

① "马尔斯皮尼著作校勘工作的开创者是瑟斐·博卡斯特;他和哈特维格和黑格尔有效地整理了马尔斯皮尼和带诺·康派尼的著作。昔蒙认为两人的著作真实性是成问题的,但他还是利用了它们。杰出的意大利文学史家得·桑克提在他的《意大利文学史》(最早于1871年问世)中认为他们是可靠的历史家,这是情有可原的。但是在这个年代——他们被揭露以后70年——得·桑克提的英译本(纽约,1931年)还重复这种捏造(比较第1卷,79—80,131—44,155,216),特别因为书中的序言是得·桑克提的学生和近代最伟大的历史学者贝奈戴托·克罗齐先生写的,就令人诧异了。"[美]J.W.汤普森:《历史著作史》上卷第2册,第790—792页,商务印书馆,1988年5月第1版。

② [英]乔治·皮博迪·古奇:《十九世纪历史学与历史学家》中译本下册,第679—680页,商务印书馆,2011年7月第1版。

③ 详见[俄]叶·阿·科斯敏斯基:《中世纪史学史》中译本,第52页,商务印书馆,2011年9月。

过其中一些伪造也极有天赋。我们《集成》(Corpus)中伪造的项目数以千计,甚至一些在石头上伪造的铭文也为人所知了。……以书面形式、文雅艺术形式进行伪造一直在持续不断,这方面最后一位代表或许是勒诺曼(François Lenormant),即使当他的伪造行为被曝光后,他仍旧是法兰西学院的成员。勒诺曼在欺骗了他的同胞之后,为自娱自乐,他又伪造了日耳曼人的东西,也曾一度取得成功。……他的伪造物仍为古文物研究者所依赖……"①

大批所谓希腊铭文如此出笼

法国富尔蒙教士作为一个外国人,到了土耳其统治下的欧洲土耳其(希腊在当时的名称),在短暂的旅行中,一次誊写所得就是三千册铭文。

(详见本书第3章第6节相关内容)

法拉里斯、苏格拉底等的书信均系伪作

本特利是18世纪最有权威、最为博学的学者之一。"在一本接近600页的大书中,本特利专门分析了法拉里斯的书信。他根据历史学、文献学和文学背景,分析了书信的内容,指出:'他们是用错误的希腊方言写成的。它们所提到的人和城市,在真正的法拉斯里死后的200多年里,仍然保持繁荣,而书信中的引文,来自要比这个西西里僭主晚几百年的诗人。'文章的风格,'一点都不强劲、生动、华丽,反而虚假和浅薄'。所以,书信的作者不过是个书呆子,与那个手执宝剑、统帅百万臣民的僭主根本不协调。作为例证,本特利指出,书信中提到的芬提亚城,是在这位僭主死后近300年才建立的;另外一个城市阿拉萨虽然建立时间稍早,但也是在法拉里斯死后的140年左右才建立。书信中出现的那个科林斯陶工,则生活在僭主死后的120年左右。书信中所说的墨西拿城固然建立颇早。但此前它的名字是赞克列,在僭主死后60年才改名墨西拿。书信中所用的某些话语,例如'像松树那样将你根除'、'话语不过是行动的影子'等,出现的时间也都晚于所谓的法拉里斯。本特利还证明,法拉里斯统治的阿格里真特为多利安人城邦,理应使用多利安人方言,可是这封书信使用的居然是阿提卡方言。'如果把这些东西综合起来,我应该说它们不过是一堆常识的拼凑,缺乏来自行动和环境的生命和精神。'他用同样的方法,证明当时流传的所谓地米斯托克利、欧里庇得斯、苏格拉底的书信,也均系伪作。"②

---

① [德]维拉莫威兹:《古典学的历史》中译本,第44—45页,三联书店,2008年6月第1版。
② 晏绍祥:《古典历史研究史》上册,第38页,北京大学出版社,2013年11月第1版。

第一章 "古希腊"概念向壁虚造

里奇尔学派的文本批判

弗里德里希·里奇尔(Friedrich Ritschl,1806—1886)

"就里奇尔学派而言,文本批判是至高无上的,拉赫曼和马德维希也抱有类似的偏见,更不用说克贝(Cobet)了,赫尔德的特性也是如此。结果,学术研究越来越接近于推测修正了。古典学遭到了肢解,通常是古典学的基础与古典学的主要内容完全分离了,把先前的全部著作当作欺骗的东西而加以抛弃的行为在迅猛地继续下去。对'语言学方法'(via ac ratio)的依赖达到毫无限制的程度,许多人把这种方法视作灵丹妙药:只要在这种方法的帮助下,每一个藏有珍宝的房间的大门都会轻易地打开。不幸的是这种黄金时常是赝品,最糟糕的是这些谬误对学术发展所带来的负面影响难以消除。因此,对一个问题的评估是相当慷慨的,人们会在期刊上,甚至在文本中提出上千种猜测,这种现象在那时是正常的。这种删记现象(Athetesis)在悲剧诗人、西塞罗的著作中泛滥起来。荷兰人皮特鲁·霍夫曼-皮尔卡姆(Petrus Hofman-Peerlkamp)曾把赫拉斯的著作重新加以改造以适合自己的逻辑观念,他现在则发现一些热情的模仿者。"①

随意改写古典作品

"他们既完全缺乏历史感,也缺乏可能性。他们所拥有的持久信念是要进入他人的内心世界;但是这些人几乎不能花时间让自己去熟悉他们所研究对象的言辞,就急忙修正著作了。他们唯一的借口是那古老的信念:古典文学的绝对完美仍旧是不可动摇的。因此当他们在这些著作发现大量他们不能钦佩的东西时,他们就得出结论说存在一些错误,这些错误需要治疗——假如需要的,就用烙烫,也可以用刀。"②

古代拉丁文献全伪论

西方历史上有人曾经指出:晚期中世纪拉丁文献全部是伪造的!

哈德恩(1646—1729)提出一种理论,认为晚期中世纪的全部拉丁文献都是伪造的。③这种理论"把全部著作都当作伪造的实践活动"。④

这种"古代拉丁文献全伪论"是一种真知灼见;当然,全伪不仅仅限于拉丁文献,所谓"古希腊文献"何尝不是全伪呢!

---

①[德]维拉莫威兹:《古典学的历史》中译本,第178—179页,三联书店,2008年6月第1版。
②[德]维拉莫威兹:《古典学的历史》中译本,第179页,三联书店,2008年6月第1版。
③[德]维拉莫威兹:《古典学的历史》中译本,第83页,三联书店,2008年6月第1版。
④[德]维拉莫威兹:《古典学的历史》中译本,第226页,三联书店,2008年6月第1版。

虚构的古希腊文明——欧洲"古典历史"辨伪

"古希腊文献"并不存在

西班牙奥维耶多大学教授、拉丁文专家哈维尔·马丁内斯（Javier Martínez）主编，书名《伪造和假的古典文学》（*Fakes and Forgers of Classical literature*）。现将该书部分内容摘录如下：①

自从一开始，西方古典文学已是问题缠身，手稿和复制的真实性都很可疑，乃至是伪造和杜撰的。

在1556年，阿诺德·费罗努斯（Amoldus Ferronus）把罗马时代的希腊作家普鲁塔克的部分文字，从希腊原版翻译成拉丁文。此乃似是而非，他竟创造了希腊文原版著作。

尼罗斯（Nilus of Ancyra，拜占庭主教，死于公元430年），这个不确定的历史和文学人物的作品，已经被大量欺诈性地伪造成古典著作。

《奥古斯都史》（*The Historia Augusta*），是一部造假的杰作。

安东尼奥·格瓦拉（Fray Antonio guevara）出版《马可·奥勒留》，中译书名"沉思录"。他声称，他亲自从佛罗伦萨图书馆里发现原版，并且翻译出来的。这本"黄金宝书"畅销于16世纪的欧洲，但实际上，这是安东尼奥·格瓦拉根据他自己的想象伪造的，几乎全无原始文献支持。

许多基督教原著，包括神谕问答，都是大约在基督第三纪元填补和杜撰的。

毕达哥拉斯文集应该受到质疑，……他的可疑的信件显示，存在着伪毕达哥拉斯理论的问题。……透过文字这面镜子可以看出真相，即毕达哥拉斯教条和他本人作为神秘人物差不多都是伪造的。

……有些缺乏真实性的文字，被人汇编成为古希腊埃斯库罗斯和狄摩西尼的文集。

欧里庇得斯的悲剧《瑞索斯》（*Rhesus*）的真实性的问题已经暴露出来。

希罗多德在著述中许多劝导段落中的文字技巧，相对于当时流行的希腊韵律，似乎这位历史学家有些愚蠢的模仿。

……从全球和理论透视来看。拉丁文的历史传记的真实性值得研究。……拉丁文本的作者署名和编写日期都成问题，很难作为文学史的篇章。

奥奈西克里图斯（Onomacritus 古希腊诗人、神谕学家）是第一个被造假的人物。

---

①由英籍学者诸玄识先生提供并翻译为中文。

为了宣传意图,在早期基督教父作者群中模仿和伪造阿波罗预言。

分析从公元 2 至 4 世纪对异教思想的抄袭,这个过程被编撰技巧和个人注释所融合。①

17 世纪人们对古典历史的怀疑

"17 世纪下半叶,人们普遍开始用怀疑的眼光重新审视古希腊史、古罗马史和《圣经》史,历史学家频频被斥责为编写神话的人。文艺复兴和宗教改革的传统则加剧了这种情况,因为根据这两大运动的传统,历史学家不再把自己看作客观的学者……"②

4. "文艺复兴"时期伪造古文献集中出笼及近代学者造伪举例

"随着 15 世纪的到来,人们开始有了很多新发现,有了用抄写方法系统地制作出的许多丛书,从希腊文翻译过来的作品也有迅速的增加。注:大家都知道,伪造作品的事当时是很普遍的。复古的热情由此变成无赖之徒牟利或娱乐的东西。"③

事实上,15 世纪所谓的人文主义者,其实也是造伪历史的同伙。"他们很少引证史料,时而掩盖史料而加进自己的猜想。"④例如,"一位 16 世纪的人文主义者卡洛·西戈尼奥(Carlo Sigonio)'发现'了西塞罗一部失传的作品,其实该作品是他自己创作的。"⑤

文艺复兴的第三阶段公然仿造经典

"文艺复兴的第三阶段是仿造经典文献。在这方面,桂冠应属于拜占庭历史学家。从 11 世纪起,他们在复兴被废弃的古希腊文时找到了自己的文学表达手段。在 15 世纪这种文体的最后一批应用者之中,东正教历史学家尼科拉斯(拉奥尼克斯)·卡尔科康第拉斯和克里托波乌洛斯(克里托乌洛斯)把这种以假乱真的做法

---

①详见 Javier Martínez: *Fakes and Forgers of Classical literature*, Ediciones Clásicas[Madrid],2011。

②[美]孟德卫:《奇异的国度:耶稣会适应政策及汉学的起源》中译本,第 25 页,大象出版社,2010 年 4 月第 1 版。

③[瑞士]雅各布·布克哈特:《意大利文艺复兴时期的文化》中译本,第 203 页,商务印书馆,1979 年 7 月第 1 版。

④[俄]叶·阿·科斯敏斯基:《中世纪史学史》中译本,第 152 页,商务印书馆,2011 年 9 月第 1 版。

⑤[英]彼得·伯克:《文艺复兴(第 2 版)》中译本,第 39 页,北京大学出版社,2013 年 2 月第 1 版。

推到了极端荒谬的地步。"①

如果说西方教会是长期伪造古文献的大本营，如 17 世纪的教会论争暴露出来的那样，那么作为 15 世纪人文主义支持者的私人图书馆就是集中造伪古文献的大窝点。

希腊学术主要限于佛罗伦萨，时间是在 15 世纪及 16 世纪初

它始终也没有像拉丁学术那样普遍，部分原因是因为研究这种学问有极大的困难，另一方面是更主要的原因，是罗马人的优越感和对希腊人的本能的憎恨……佩脱拉克和薄伽丘对于希腊文化的认识虽然肤浅，但他们所起的推动作用是强有力的，不过并没有对他们同时代的人立刻发生影响。另一方面，对希腊文学的研究，约在 1520 年就和有学问的希腊流亡者最后一个侨居地的消失而一起停业了。②

上面引述的这部著作初版于 1860 年，正是欧洲构造古希腊历史传统的黄金时期，然而从中也能看出以下三点：

(1) 所谓古希腊学术在地域上限于意大利的佛罗伦萨；
(2) 在时间上限于 15 世纪及 16 世纪初；
(3) 当时对与佩脱拉克和薄伽丘同时代的人并没有产生影响。

据此线索，我们将所调查案件的时空范围缩小。

14 世纪佛罗伦萨人口大约有 10 万人，在当时的欧洲属于超大城市，与威尼斯、巴黎同一规模，而米兰、热那亚、巴塞罗那只有 5 万人口，伦敦 4 万人口。

从 14 世纪开始，佛罗伦萨等城市开始有商人或手工业者出身的暴发户出现。其中美第奇家族就是从一个乡村纺织工起家，经历三代人，从雇工开始崛起为银行家及君主，最终攫取了佛罗伦萨的统治权，成为佛罗伦萨的实际统治者。就是这个美第奇家族，在当时的特大城市佛罗伦萨，开了 3 家私人图书馆。③

当时所谓特大城市，按现在标准不过是个小镇而已。难怪马可·波罗之前于威尼斯讲述自己在中国许多百万人口城市的经历时被揶揄为"马百万"呢。

这个美第奇家族，大概在攫取权力的过程中尝到了"知识就是权力"的甜头。

---

① [英] 阿诺德·汤因比：《历史研究（插图本）》中译本，第 409 页，上海人民出版社，2005 年 4 月第 1 版。

② [瑞士] 雅各布·布克哈特：《意大利文艺复兴时期的文化》中译本，第 211—212 页，商务印书馆，1979 年 7 月第 1 版。

③ 参看 [美] 罗宾·W.温克、L.P.汪德尔：《牛津欧洲史》中译本第 1 卷，第 103—111 页，吉林出版集团，2009 年 4 月第 1 版。

第一章 "古希腊"概念向壁虚造

在一个小镇上建了三家私人图书馆,收藏了大批失传了上千年的完好无损的古抄本。那么,许多的古抄本是从哪里来的呢?如果是莎草纸作为载体,在希腊或罗马的气候条件下,几十年就会霉变、粘连、变质、废弃,这在今天不过是人人知道的常识。

欧洲首家开放的图书馆(美第奇图书馆)馆藏手稿来历之一

在15世纪初的佛罗伦萨人文主义者中,最杰出的一位人物是尼克洛·尼克利,他是年轻的柯西莫·德·美第奇叔伯般的朋友。尼克利比柯西莫大25岁,他在整个欧洲搜寻古代手稿,尼克利养成了在他的图书室里制作许多罕见的手稿副本的习惯。他不能得到的那些手稿,会被他借来,以便抄写里面的内容。

令人啼笑皆非的是,就是这种非独创的行为,让尼克利留下了最有独创性和持久性的影响:很明显,他抄写手稿形成的独特的向前倾斜的手写体,在他死后,最终被意大利第一台打印机采纳——成为著名的斜体字。

1437年在尼克利去世时,他把他的800份手稿藏书赠给了柯西莫。400份尼克利收藏的手稿,将成为美第奇图书馆的精髓,图书馆是柯西莫在1444年最后搬进在拉尔大街的美第奇宫时建筑的。与此同时,柯西莫通过自己的收集,使手稿数量增加,并成为欧洲首家全面公开的图书馆。[1]

原来,主要的手稿炮制者之一就是这位尼克洛·尼克利。

柯西莫·美第奇雇用抄写员制作抄本

"有一阶段,他雇用了45个抄写员,两年间,他们制造出了超过200本的手稿。柯西莫会把尼克利余下的手稿与他私人收集的手稿,展出于威尼斯的圣乔吉奥·马吉奥罗修道院建的图书馆里。"[2]

"当时柯西莫·美第奇急于为他心爱的团体——费埃苏来山麓的巴底亚修道院,建立一个藏书室,他派人去请维斯帕西雅诺,维斯帕西雅诺劝他放弃一切买书的想法,因为那些有价值的书是不容易买到的,所以不如利用抄书手。所以柯西莫和他商定一天付给他若干钱,由维斯帕西雅诺雇用45名抄书手,在22个月之内交付了200册图书。要抄写著作的目录由尼古拉五世亲笔写出送给柯西莫。教会传道书籍和教堂合唱用书自然在这个目录中占主要地位。

"抄写的字迹是前一世纪已经开始使用的美丽的近代意大利字体,它使那个时代的书籍看起来非常美观。教皇尼古拉五世、波吉奥、吉安诺佐·曼内蒂、尼科

---

[1] 参看[美]保罗·斯特拉森:《美第奇家族》中译本,第67—69页,新星出版社,2007年6月第1版。

[2] [美]保罗·斯特拉森:《美第奇家族》中译本,第69页,新星出版社,2007年6月第1版。

洛·尼科利和其他有名的学者,他们自己都写一手好字,并且希望看到好字,也不能容忍其他恶劣的字迹。那些附带的装饰,即使其中没有精细画,也是饶有风趣的;这特别可以从洛伦佐的手抄本中看到,这些抄本在字行的开始和结尾都有浅淡而美丽的花体字。"①

美第奇图书馆馆藏手稿来历之二

"在尼克利雇来为他在欧洲各处收集手稿的代理人中,最成功的代理人是波格吉奥·布雷奇奥里尼。尽管他具有探求知识的高尚情操,但他仍然会采取不光彩的手段获得他想要的东西。……当他在满是灰尘的修道院地下室里偶然发现不熟悉的密窖时,他也不惜借助披风里面的秘密口袋。

"没有人是真正的智者,在意大利背后,知识运动得到了进一步推动,寻得者得到了过于慷慨的酬金。……

"在布雷奇奥里尼的发现中,有整个一窖被遗忘的古代手稿,这是在瑞士圣盖伦修道院塔楼的土牢里发现的。他最著名的发现是在1417年的时候,那是由公元1世纪古罗马作家卢克莱修所著《物性论》的全部手稿。自古罗马帝国灭亡,这部手稿就已经遗失,人们是通过其他著作简短的引文才广泛知道的。

"在佛罗伦萨,布雷奇奥里尼把卢克莱修的这个手稿交给了尼克利,在那里,尼克利用他一丝不苟的斜体手迹,抄了一份副本——非常幸运,自从布雷奇奥里尼找到的手稿丢失后,我们知道的有关它的所有内容都出自尼克利的手抄本。

"这一年,伴随着这个奇迹的发现,布奇奥里尼去了英国,长达4年,希望能得到进一步的发现,可是,非常令人失望,由于潮湿气候的影响,已经找到的那么多的手稿已经发霉而无法阅读。

"在他返回意大利时,他很高兴能再次加入为教皇的服务工作,这为他提供了继续搜寻手稿和创造自己作品的条件。

"柯西莫雇用了安柯那的西里亚斯,一个有名的古董商。柯西莫派西里亚斯去君士坦丁堡、圣地(指巴勒斯坦)和埃及进行贸易考察,在这期间,还要求他寻找手稿。

"就像爱德华·吉本描述的那样:'他的财富都献给了为人类的服务事业;他立

---

① [瑞士]雅各布·布克哈特:《意大利文艺复兴时期的文化》中译本,第209—210页,商务印书馆,1979年7月第1版。

即与开罗和伦敦通信;一批印第安香料和希腊的书籍,经常在同一艘船上运输。'"①

上述美第奇图书馆是典型的炮制古代手稿的窝点,在短时间内制造了大批古代手稿,是后世所见所谓"古希腊文献"的主要来源之一。

另外一个古代手稿炮制中心是16世纪的巴黎,始作俑者是耶稣会士的学术团体。"耶稣会士在巴黎建立了自己的学术团体,他们的中心是克勒芒协会,该协会搜集了大量的手稿藏书,尤其是来自麦茨及附近的修道院,来自兰斯甚至科比尔(科比尔的全部图书已交给本笃派的热曼修道院)。有这样一个问题,这些耶稣会士从16世纪中叶才开始刚刚出现于法国,那么他们的这些古老的手稿是从哪里得到的。……依帕佩勃罗什看来,从7世纪算起,没有任何一个文献原本得以保存下来。他推测说,文献愈是接近古代,就愈有根据认为它是伪造的。"②

19世纪晚期学者造伪的范例:《雅典政制》神秘现身

话说历史到了1891年,大英博物馆突然出版了一本纸草书摹本,说是在埃及发现的,现保存在大英博物馆中。英国考古学家和语言学家弗雷德里克·乔治·凯尼恩(1863—1952)对它进行了编辑,这就是《雅典政制》的初版。

据说亚里士多德曾对158个希腊政体进行了比较研究,最重要的大概就是雅典的政体,这是唯一传承至今的政体。"全部纸草书的摹本于1891年由大英博物馆出版。"③

我们知道,基于纸草书的特性以及气候条件,纸草书非常难以保存,现存的古代莎草纸书卷只限于墓葬中发现的一些残卷。这回倒应景,需要什么发现什么,而且是完整的古希腊著作,正好还是"欧洲中心论"者们最想得到的内容,不禁令人拍案叫绝!

造伪嫌疑人:弗雷德里克·乔治·凯尼恩

1863年1月,出生于伦敦;

先后就读于温彻斯特公学和牛津大学新学院;

1883年毕业后,入牛津大学麦格达伦学院(Magdalen College);

---

① [美]保罗·斯特拉森:《美第奇家族》中译本,第70—72页,新星出版社,2007年6月第1版。

② 参见[俄]叶·阿·科斯敏斯基:《中世纪史学史》中译本,第157—159页,商务印书馆,2011年9月。

③ 参看[美]乔治·萨顿:《希腊黄金时代的古代科学》中译本,第597页,大象出版社,2010年5月。

1889年，成为大英博物馆助理馆员；

1891年，27岁时发表《雅典政制》摹本，附有序言和注释；

1898年，晋升为写本部副部长；

1903年，凯尼恩公布为柏林皇家科学院修订的《雅典政制》版本；

1909—1931年，担任大英博物馆馆长、图书馆首席馆员；

1912年，被封为爵士；

1913年，担任古典学会会长；

1917年，兼任英国人文与社会科学院院长；

1918年，兼任英国皇家艺术学院古代史教授；

1919年，兼任希腊学研究会会长；

1920年，凯尼恩的《雅典政制》最后版本在牛津发表；

1931年，退休；

1932年，为伦敦大学国王学院进行了3场专题讲座，并将3场讲座内容结集为《古希腊罗马的图书与读者》出版；

1950年，《古希腊罗马的图书与读者》第2版（增订）出版；

1952年，去世，享年89岁。

《雅典政制》出现于1880年

英译者拉克汉在其所作《雅典政制》英文版序言中说："这些有关政制的论著，在亚里士多德著作的古代书目中，据说有158部。……到了中世纪，这些论著在《亚里士多德全集》中已经无存，直到50年前为止，近代学者所见到的只有后来作家所做的许多引证和引文而已。

"但在1880年，在埃及沙漠中曾发现了两小页破损颇多的纸草，后来经学者鉴定，这两页纸草就是从所有政制论著中最重要的一部——《雅典政制》的抄本中来的。这两页纸草，现在存于柏林博物馆。古文字学家认为它们是公元4世纪的东西。"①

大英博物馆助理馆员发现《雅典政制》全本

"10年之后，图书馆管理人刻泥喻（F. G. Kenyon）在不列颠博物馆从埃及得到的纸草卷中认出有4页是几乎包括全文的抄本。这几页纸草两面都写着字。正面是埃及赫尔摩波利斯城（Hermopolis）附近一个庄园管理人狄底穆斯（Didymus）

---

① [古希腊]亚里士多德：《雅典政制》中译本，第1页，商务印书馆，1959年8月第1版。

第一章 "古希腊"概念向壁虚造

当昧斯琶西阿努斯(Vespasianus)第10年和第11年,即公元78和79年,为他的主人厄辟马库斯(Epimachus)保存的一些收支账目;背面便是亚里士多德的论文。它没有开头部分,因而此书的第一页是空白的,这说明它是从业已破损的该文抄本转抄来的;最后一卷是十分破碎的断片。论文的各部分是由不同的人手抄写的,一共有4人。据说,由字体可以看出,抄本的年代当在公元100年左右。"①

经过近1800年的"莎草片"文献可以完全释读绝无可能

1890年凯尼恩发现《雅典政制》全本,"由字体可以看出,抄本的年代当在公元l00年左右",就是说这份"莎草片"文献已经有1790年的历史了。

这可能吗?完全不可能。我们知道"纸寿千年"的常识,中国纸是迄今为止人类历史上最理想的文字载体,按照质地最好的中国纸来说,也不过保持千余年而已,何况是一种质地薄脆易碎的"莎草片"呢!

更有甚者,该"莎草片"两面都写着字,而亚里士多德的《雅典政制》是写在背面!

这位当时大约27岁的图书管理员凯尼恩,居然在近1800年"莎草片"的背面完全释读出属于不同民族、不同语言的古代方言的拼音的含义,真是奇迹中的奇迹! 不过,太神奇了的话,就不免露出马脚。

这位《雅典政制》炮制者弗雷德里克·凯尼恩,凭借这项成绩,后来担任了大英博物馆馆长、图书馆首席馆员(1909),古典学会会长(1913)以及希腊学研究学会会长(1919)。

细节上《雅典政制》存在问题举隅

《雅典政制》作者"自以为曾批判应用他所引用的作品(VI., XVIII.4, XXVIII.);可是他自己所用的年代和在细节上的正确性却已经被人反驳,例如关于珀西斯特拉图斯的时代,关于塞密斯托克利斯在公元前462年之出现于雅典(XXV.3)。"②

《雅典政制》所述政治体制纯属乌托邦

从"莎草片"《雅典政制》内容来看,里面充满了现代的概念,如:宪法制度、公民权利(第8页),政党政治(第18页),民主宪法、陪审法庭(第13页),民主政治(第24页),氏族和胞族(第29页),五百人议会(第30页),人民领袖、人民群众(第35页),弓箭手、骑士(第33页),取之于民用之于民(第36页),爱国公仆、守法公民、为国效劳、公民义务(第38页),决议案、修正案、公共安全、委员、主席、动

---

① [古希腊]亚里士多德:《雅典政制》中译本,第2页,商务印书馆,1959年8月第1版。
② [古希腊]亚里士多德:《雅典政制》中译本,第4页,商务印书馆,1959年8月第1版。

议、付诸表决、违法法案、申诉、传讯、程序(第 39 页)、五千人集团(第 40 页)、抽签选举(第 41 页)、会计检查、司令官、骑兵司令(第 42 页)、宪法权利(第 48 页)、公有财产、大赦、法庭答辩(第 49 页)、人民执掌政府、宪法改革、公平合理(第 51 页)、公民权、公民在十八岁时在他们村社的名簿中登记(第 52 页)、上诉(第 56 页)、最高权力、民众会、主席团(第 57 页)、注销、拍卖(第 58 页)、市场监督(第 61 页)、主席团书记、列席(第 65 页)、法定年龄(第 68 页)、刑事案件、民事案件(第 69 页)、故意杀人、非故意杀人(第 70 页)、提起公诉、不法程序弹劾(第 71 页)、投票否决(第 72 页)、信任投票(第 73 页)、投票箱(第 76 页),"人民大众的权力一直在增长,人民使自己成了一切的主人。"(第 52 页)等等,俯拾即是。

令人哭笑不得的是,《雅典政制》的造伪者,将雅典民主制度推向了极端,设计出了需要每天开会的议事会,"议事会实际上除假日外每日开会"。更有甚者,为了限制权力,选举出来的总主席需要一天一换,"主席团有一个总主席,由抽签选出:他任期一日一夜,不得延长,也不得再度任职。"①

《雅典政制》的消息来源于另一部伪书

"《雅典政制》在亚里士多德全部著作中的地位,我们是由《尼科马库斯伦理学》那部书的结尾一节中得知的。"②

而《尼科马库斯伦理学》是在亚里士多德名下的一部伪书。简单来说,第一,《尼科马库斯伦理学》来历不明;第二,《尼科马库斯伦理学》抄袭《中庸》等中国文献的内容,一望可知。③

5.亚里士多德名下大量著作的真伪

被翻译成中文的这 300 万字所谓亚里士多德全集的著作,其实仅仅是亚里士多德名下作品的一小部分。苏联历史学家伯德纳尔斯基说:"亚里士多德留下了丰富的著述遗产,他的论著浩繁(其数目难以确定,约为 400 种到 1000 种)。"④

据说 13 世纪培根见过的亚里士多德著作仅希腊文版《博物志》就有 50 卷之

---

① [古希腊]亚里士多德:《雅典政制》中译本,第 54—55 页,商务印书馆,1959 年 8 月第 1 版。
② [古希腊]亚里士多德:《雅典政制》中译本,第 1 页,商务印书馆,1959 年 8 月第 1 版。
③ 参考[古希腊]亚里士多德:《尼科马库斯伦理学》中译本相关内容,商务印书馆,2003 年 11 月第 1 版。
④ 见[苏联]伯德纳尔斯基:《古代的地理学》中译本,第 82 页,商务印书馆,1986 年 8 月第 1 版。

第一章 "古希腊"概念向壁虚造

多。"罗杰·培根(约1214—1294)主张读亚里士多德应直接看原文,并郑重宣布他曾见过希腊文的亚里士多德50卷本的《博物志》,即普林尼所提到过的那部。"①

依公元2世纪传记作家第欧根尼·拉尔修在其《著名哲学家传》中保存的目录所载,亚里士多德名下著作就有164种400余卷,共计445270行。现在我们能够见到的只有47种。1831年,柏林科学院授命伊曼努尔·贝克尔(Itmanuel Bekker)编辑《亚里士多德全集》,历经40年,到1870年完成,是为《亚里士多德全集》贝克尔标准本。90年后,又有奥托·吉冈(Otto Gigon)的新版《亚里士多德全集》,是在贝克尔标准本的基础上又新增了最近几十年所发现的亚里士多德著作的残篇,尤其是《雅典政制》一书。汉译本《亚里士多德全集》即依据Bakker—Gigon古希腊原文标准本编译而成,它完全按照国际惯例进行页码编排,按学科门类依次分为10卷。

《亚里士多德全集》中文版出版前言等所列亚氏著作目录

"罗德岛的安德罗尼科(活动期间在公元前1世纪上半叶)在为亚里士多德著作的第1版做准备,安德罗尼科的这一版是奠基性的,所有其他版本都是直接或间接从它那里衍生出来的。"②

按照《亚里士多德全集》中文版出版前言所引2世纪传记作家第欧根尼·拉尔修在其《著名哲学家传》中保存的目录所载说法的比例,亚里士多德著作字数当在1000万字以上。如果按照苏联历史学家伯德纳尔斯基的说法,其著作在1000种的话,按照上述比例其字数当在6000万字以上,即使那样还未必包含罗杰·培根曾见过希腊文版的亚里士多德50卷本的《博物志》。

这些大量存在的所谓"亚里士多德著作"可信吗?

21世纪的美国史学家不相信

"文艺复兴与科学的关系是荒谬的。人文主义者收集各种古典文献……也有亚里士多德的全部著作。他们用近乎对待神明的态度对待这些文献,认为它们在权威性和准确性上近乎《圣经》。他们的批判能力没有用来验证这些文献或古典作家的真实性,而是用来构筑该文献的权威版本。"③

---

① [英]约翰·埃德温·桑兹:《西方古典学术史》第3版中译本第1卷下册,第55页,上海人民出版社,2010年10月第1版。
② [美]乔治·萨顿:《希腊黄金时代的古代科学》中译本,第595页,大象出版社,2010年5月。
③ [美]罗宾·W.温克、L.P.汪德尔:《牛津欧洲史》中译本第1卷,第117页,吉林出版集团,2009年4月第1版。

20世纪美国著名科技史家乔治·萨顿不相信

"这些著作是可信的吗?这个问题比它初看上去更复杂一些,……如果问题涉及的是文字的原创作者——每一篇是由谁写的,那么,由亚里士多德本人写的大概很少。"①

19世纪"西方中心论"的核心人物黑格尔不敢说自己相信

"至于亚里士多德原稿的命运,从传说看来,似乎我们实在不可能或者极少希望得到了他真正的不被损坏的著作,对于它们的真实性怀疑一定会发生,而且我们还应该很惊奇,看到它们还很像现在这样流传到我们。"②连作为"西方中心论"祖师爷的黑格尔也认为传世的亚里士多德著作不靠谱。然而,实际上使用起来,还是硬着头皮按照亚里士多德著作都是真的来做判定。

17世纪来自炮制古代手稿大本营——教会内部的爆料

17世纪时,天主教的老教派本笃派与耶稣会发生争论,互相揭发造伪的情况,如"耶稣会士阿尔杜昂(1646—1709)在著作中研究古代作家报道真实性的问题,他得出一个反常的结论,宣布一切古代的传统都是伪造的,在古希腊的作家中,只有荷马和希罗多德是可信的。……阿尔杜昂断言,这一切都是本笃派修士为夸耀自己的修士团而炮制出来的。宗教会议文件像教父们的著作一样,纯粹是伪造的文件……"③

"饱学的耶稣会徒哈杜因甚至认为古代世界的历史是13世纪的修道士编造出来的,他们是修昔底德、李维与塔西佗的著作的真正作者。"④

有谁在相信?

被全盘西化了的中国学者们坚信,因为西学已经变成了自己崇拜的对象。

谁在坚持?

美国教育部:出于国家利益,美国掌管意识形态的部门对于文艺复兴源于古希腊说七十年如一日坚持不懈。

---

①[美]乔治·萨顿:《希腊黄金时代的古代科学》中译本,第597页,大象出版社,2010年5月。
②[德]黑格尔:《哲学史讲演录》中译本第2卷,第278页,商务印书馆,1960年第1版。
③详见[俄]叶·阿·科斯敏斯基:《中世纪史学史》中译本,第160页,商务印书馆,2011年9月。
④[英]乔治·皮博迪·古奇:《十九世纪历史学与历史学家》中译本上册,第86页,商务印书馆,2011年7月。

西欧中心论者及学术界:学术界承全盘西化的余绪,迷信西学,对古希腊这一传统顶礼膜拜,成了僵化的意识形态。

谁不再坚持?

一些20世纪以后的有良知的西方著作逐渐开始不同程度地放弃古希腊这一传统,已经开始或多或少(犹抱琵琶半遮面)地不再把古希腊作为西方历史的源头。

随手举几个例子,如:

《欧洲史》(欧洲历史教科书,由法国德尼兹·加亚尔等14位欧洲作者1993年合著)

《牛津欧洲史》([美]罗宾·W温克、[美]L.P.汪德尔)

《欧洲思想史》([奥]弗里德里希·希尔)等等。

西方意识形态

"对意大利文艺复兴的研究于20世纪30年代取得了巨大进展,当时欧洲学者们为了躲避纳粹来到美国,并且毕生致力于文艺复兴领域。在研究中,他们将注意力集中在人文主义者身上,并发现了导致世界主义产生的世俗主义的发端和他们正在自己的世界中千方百计地寻找的学术宽容。

"文艺复兴,一个世俗主义和人文主义的时代,其观念正以独特的力量回响于一个能够在大学课程和高中课堂上来阐释自身文明的国度里。70年后,它继续塑造着数以百计的美国大学的课程设置。"[①]

今天学术界对西方文化如此顶礼膜拜

"众所周知,古希腊文明是西方文明的源头之一,也是人类精神文明的宝贵财富,而古希腊哲学作为古希腊文明的精华对于西方文明乃至世界文明都产生了极其深远的影响。在古希腊哲学漫长的发展历程中,亚里士多德哲学占据着重要的位置。亚里士多德不仅是有史以来最伟大的哲学家之一,而且是有史以来最伟大的思想家和科学家之一。黑格尔曾经说:'如果真有所谓人类导师的话,就应该认为亚里士多德是这样一个人。'马克思称亚里士多德是'古代最伟大的思想家',恩格斯亦称之为'古代最博学的人物'。在人类思想史上,亚里士多德第一个以科学的方法阐明了各学科的对象、简史和基本概念,并把混沌一团的科学分门别类。他一方面为科学奠定了注重经验和实验的基本原则,另一方面亦提出了公理化体系

[①] [美]罗宾·W.温克、L.P.汪德尔:《牛津欧洲史》中译本第1卷,第3页,吉林出版集团,2009年4月第1版。

的理想。在某种意义上说,亚里士多德是许多学科——逻辑学、物理学、心理学、生物学、伦理学、政治学、诗学,等等——的奠基人。他以他渊博的知识、闳深的智慧对古希腊哲学作了全面的概括、总结和发展,使古希腊的思辨传统在他那里臻于极致。在他篇幅浩繁、内容丰富、分析缜密的著作之中集中体现了古希腊哲学爱智慧、尚思辨、为学术而学术的'学以致知'的精神,从而成为当之无愧的古希腊哲学的集大成者。由此可见,汉译10卷本《亚里士多德全集》对于我们研究亚里士多德哲学思想,并进而把握西方文明的源头,具有何等重要的意义。"①

6.一名医学学生以一人之力炮制出柏拉图的全部著作

亚里士多德著作既是如此被炮制出来,作为其老师柏拉图的著作如何呢?

不仅如法炮制,方法后出转精。不同的是由于美第奇偏好柏拉图,于是竟由其一家独造、一手炮制出来。柏拉图的著作在欧洲历史近千年不见踪影,居然在短短时间内于15世纪的美第奇私人别墅中完整地再现出来!

直到12世纪中叶,在柏拉图的全部著作中,西方的博学之士也只知道《蒂迈欧篇》,因此,柏拉图对于他们来说只不过是,或主要是《蒂迈欧篇》的作者。②

更确切地说,在大约1156年《美诺篇》和《斐多篇》翻译出版以前,哈尔基狄不完整的《蒂迈欧篇》的译本一直是拉丁语中唯一可以找到的柏拉图的著作。③

然而,不见了近千年的大量的柏拉图著作,竟然在15世纪全部被找到并完全翻译出来了。

翻译者是谁?

洛伦佐·德·美第奇将拜占庭的希腊学者带到佛罗伦萨,建立了柏拉图研究院,欧洲人和拜占庭人在那里研究柏拉图文集,并将其中的大部分译成拉丁语。④

美第奇曾将翻译柏拉图著作的任务委托给马西利奥·费西诺(1433—1499),一个转变为古典主义者的医学院学生。⑤

---

① 来自网络对《亚里士多德全集》中译本的推介。
② [美]乔治·萨顿:《希腊黄金时代的古代科学》中译本,第534页,大象出版社,2010年5月。
③ [美]乔治·萨顿:《希腊黄金时代的古代科学》中译本,第528页,大象出版社,2010年5月。
④ [美]罗宾·W.温克、L.P.汪德尔:《牛津欧洲史》中译本第1卷,第105页,吉林出版集团,2009年4月第1版。
⑤ [美]罗宾·W.温克、L.P.汪德尔:《牛津欧洲史》中译本第1卷,第111页,吉林出版集团,2009年4月第1版。

第一章 "古希腊"概念向壁虚造

这位马西利奥·费西诺(Marsilio Ficino),在下面所引不同著作中的译名,又作"马斯利奥·菲奇诺"、"玛斯利奥·菲西诺"、"马西利乌斯·菲奇诺",都是同一人物。

翻译(炮制)地点在哪里?

马斯里奥·菲奇诺(马西利奥·费西诺),一个医生的儿子,生于1433年。最初,他学了医学,与此同时还学习了希腊语。柯西莫极其渴望阅读柏拉图著作,但是没找到令人满意的译作。因此,事实上他聘用了菲奇诺,并把他安顿在穆杰洛庄园的一个小屋子里,在那里,他为柯西莫把柏拉图的所有对白译成拉丁文。①

翻译(炮制)时间?

1453年君士坦丁堡陷落,16年后柏拉图著作出笼。

"科西莫·德·美第奇(Cosimo de'Medici)委任他的宫廷哲学家玛斯利奥·菲西诺(马西利奥·费西诺)(Marsilio Ficino)翻译了柏拉图的所有著作。这项工作于1469年完成,同年科西莫的孙子伟大的洛伦佐(Lorenzo the Magnificent)成为美第奇家族的首领。洛伦佐在他新建的劳伦兹亚那图书馆收集希腊手稿,像以前教皇尼古拉五世和他的继任者曾经在重新修建的梵蒂冈图书馆做过的一样。"②

炮制柏拉图著作者,利用古埃及伪书赫尔默斯手稿作支撑

"早在文艺复兴运动的初期,赫尔默斯手稿的发现,使得希腊智慧与埃及智慧的相互关联成为人们津津乐道的中心议题。

"马西利乌斯·菲奇诺(马西利奥·费西诺)翻译的柏拉图著作的拉丁文版本所引出的故事,在当时家喻户晓并极具典型意义:这位来自佛罗伦萨的文人及文艺复兴运动柏拉图主义的重要代表人物,推迟了公众翘首期待的希腊哲学家首部翻译著作的出版,为的是腾出时间来翻译赫尔默斯的14篇散文手稿。他之所以优先翻译他刚从马其顿发现的这些手稿,正是因为它们能够帮助人们更好地理解柏拉图的著作。"③

"赫尔默斯手稿"并非古埃及法老的作品,而是后世文人的伪作

"然而,赫尔默斯以及形形色色的赫尔默斯思潮所遭致的抨击,则更富有戏剧性。早在17世纪初,艾萨克·卡索邦(Isaac Casaubon)就明确指出,赫尔默斯别有用心和反复推敲的作品,其实不过是基督教早期亚历山大城新柏拉图主义文人为

---

① [美]保罗·斯特拉森:《美第奇家族》中译本,第73页,新星出版社,2007年6月第1版。
② [英]安东尼·肯尼:《牛津西方哲学史》第二卷,吉林出版集团有限公司,2010年8月。
③ [希腊]娜希亚·雅克瓦基:《欧洲由希腊走来》中译本,第152页,花城出版社,2012年3月。

了满足自身不可告人的目的而随意捏造的基督教伪作罢了：按照文学及语言的内在标准判定，这些作品的时间划段，一下子就摧毁了赫尔默斯传统在其长达两个世纪的发展中所凭靠的基础。

"在此，我们将不厌其烦地逐字复述第一位系统研究'赫尔默斯说'的历史学家弗朗西斯·耶兹(Frances Yates)的证词：

"'……艾萨克·卡索邦在1614年对赫尔默斯作品的时间划段，即认定它是基督教产生之后的作品，而非某个古代埃及法老的作品。……'（弗朗西斯·耶兹《乔丹诺，布鲁诺和赫尔默斯传统》，第398页）"①

作为学医学的一名学生，马西利乌斯·菲奇诺（马西利奥·费西诺）学了点当时的希腊口语，就可以翻译2000年前古希腊文哲学著作，进而翻译古埃及神学著作。同一人翻译古埃及"赫尔默斯手稿"既伪，炮制古希腊柏拉图著作岂能独真？

一个不见了近千年的大量柏拉图著作，就这样，在15世纪一个小镇的私人别墅内，由暴发户起家的僭主——柯西莫·美第奇授意一名医学院的学生马斯里奥·菲奇诺（马西利奥·费西诺）一次性全部炮制出来了。

古典时代为什么是柏拉图师徒及苏格拉底这三个人呢？

原来中世纪时期曾流行有关亚历山大的传说，而西方人崇尚武力，特别服膺马其顿蛮王亚历山大大帝，认为他是第一位统一了大半个地中海周边地区的大英雄。于是构造自己学统时自然想到亚历山大的老师亚里士多德也就不难理解了。而柏拉图又是亚里士多德的老师，于是，将大量制造出来的文献都归于这师徒二人名下。

第二节 为什么说传世"古希腊文献"不可信呢？

1. 古希腊没有独立的文献载体

早期独立的古文明都有独立的文献载体，如：中华文明（甲骨文、金文、简帛）、埃及文明（莎草纸）、巴比伦文明（泥板）、古印度文明（贝叶）等。而所谓的古希腊没有独立的文献载体。

---

① [希腊]娜希亚·雅克瓦基：《欧洲由希腊走来》中译本，第154页，花城出版社，2012年3月。

2.古希腊没有统一的语言,字母的使用也不统一

当时,其实并不存在统一的所谓古希腊语。"这个语言社区的一大特点是,直到公元前 2 世纪它一直处于不统一的状态。"①

"荷马史诗使用的语言,是德国人所称的 Kunstsprache,即一种人为雕饰的混合书面语,从来没有在诗歌朗诵之外的场合使用过。"②

一般认为古希腊语中有:伊奥尼亚希腊语、爱奥尼亚希腊语、阿尔卡多-塞浦路斯希腊语、多利安希腊语等。其书写系统有采用从仿自腓尼基字母的"希腊字母",而阿尔卡多-塞浦路斯希腊语则采用"字音体系"。③

古希腊当时的字母表也不统一。"雅典人采用米利都使用的爱奥尼式字母表,而不是自己的雅典式字母。"④

"在希腊历史的早期(始自公元前 8 世纪),仍有很多不同方言青睐的语言变体,同时意大利大部分殖民地的城市都欣赏西方字母表,在西方字母表中,H 表示送气辅音[aitch],X 并不表示[ks],字母 Θ、Ξ、Φ、ψ、Ω 不再使用,但 F 和 O 则保留下来了。这都被意大利字母吸收了,但是,与以往一样,在单一的书写系统出现之前,这些字母都拥有各种方言版本(南阿尔卑斯语、伊特鲁斯坎语、奥斯坎语、翁布里亚语、法利斯坎语、梅萨皮安语的字母都源于拉丁字母)。"⑤

古希腊存在不同的方言、不同的字母表,如果有真的古希腊文献传世,理应是不同方言、不同字母形式的文献才对。

3.古希腊没有文字档案、文献资料,是一种"口传文明"

"雅典政府很大程度上是一种本质上口传文明的产物。政治中的大量工作总是由相互交谈的政治家完成的,但民主政治常要求正式辩论和决定有某种形式的

---

①[英]尼古拉斯·奥斯特勒:《语言帝国——世界语言史》中译本,第 210 页,上海人民出版社,2011 年 5 月第 2 版。

②[英]保罗·卡特里奇:《剑桥插图古希腊史》中译本,第 49 页,山东画报出版社,2005 年 2 月。

③[英]保罗·卡特里奇:《剑桥插图古希腊史》中译本,第 49—55 页,山东画报出版社,2005 年 2 月。

④[英]尼古拉斯·奥斯特勒:《语言帝国——世界语言史》中译本,第 215 页注,上海人民出版社,2011 年 5 月第 2 版。

⑤[英]尼古拉斯·奥斯特勒:《语言帝国——世界语言史》中译本,第 215—216 页注,上海人民出版社,2011 年 5 月第 2 版。

公共记录,某种类似美国国会记录或法国议会档案之类的东西。

"在雅典,这类东西完全缺失,曾经在公民大会和议事会中的发言消散于空气中,只给我们留下了伯里克利葬礼演说的修昔底德版本,德摩斯提尼(Demos-thenes)关于他本人英雄行为的叙述,以及诸如阿里斯托芬(Aristophanes)《公民大会妇女》那样的对政治生活的漫画式描绘,我们需要从它们中间重构真正说过的话。作为一个非常健谈的民族,雅典人对言行的书面记录少有兴趣,欠发展的技术不利于常规文件的保存,兴趣的缺乏同样不利于技术的改进,除凿在石头上的铭文外,没有真正的政府议程记录幸存。

"尽管现存的记载,修昔底德历史中报道的"演说",柏拉图有关苏格拉底审判的版本,普鲁塔克(Plutarch)几百年后撰写的道德化传记具有二手特性,但他们中的大多数试图通过几乎纯口头的媒体,来重现雅典政治生活的现实。只是在最近,考古学家们才开始搜寻并分析实物性资料,尝试厘清关键问题。

"在罗马共和国以及法国革命时代,在文艺复兴时期的意大利和18世纪的不列颠,雅典民主政治的历史都是通过阅读古人的作品,以及近代早期累积起来的玄思加以重构的,后者本身又是以这些作品为基础的,就好像用一个接一个的书面话语来重新捕捉最初本是口头的现象。"[1]

"历史"是具有古希腊词源的英文词之一,它的原意是"问询",其引申义为"讲述过去的故事",正是在这个意义上,西塞罗授予希罗多德"历史之父"的称号。而另一位历史学家修昔底德则完全避开了这个词,把自己的活动归诸"记述"。[2]

《荷马史诗》是"口传",希罗多德《历史》是"问询",修昔底德《伯伦奔尼撒战争史》是"记述"。无论"问询"还是"记述","问询"用口问、用耳听,"记述"的"述"也主要是口述,慢慢适应将"口传"或者"问询"的内容抑或"口述"的内容用拼音笔录下来,就形成了著名的《荷马史诗》、希罗多德《历史》和修昔底德《伯罗奔尼撒战争史》三部著作。这就是古希腊全部著名历史著作。

这三部历史著作的共同特征是"口传",都没有文献作依托。

因为古希腊本来没有文字,从腓尼基借来字母,也只是语音的记录。既没有文献载体,也不习惯于使用拼音,一时间哪可能有文献的积累。于是就有了"口传文

---

[1] [美]珍妮弗·托尔伯特·罗伯兹:《审判雅典——西方思想中的反民主传统》中译本导言,吉林出版集团,2011年12月。

[2] [英]保罗·卡特里奇主编:《剑桥插图古希腊史》中译本,第16页,山东画报出版社,2005年2月。

明"一说。

值得注意的是,这三部著作中,《荷马史诗》作于小亚细亚,讲的是土耳其特洛伊城的故事。希罗多德是波斯人,其《历史》主要讲埃及、波斯的事。虽然也讲到了波斯与希腊地区之间的战争,但由于当时所谓的希腊地区由1000多个互不统摄的独立城邦或聚落构成,没有统一的政体,因而也没有希腊的概念。

而修昔底德《伯罗奔尼撒战争史》,虽然讲述的是希腊地区独立城邦间的战事,那也是雅典联盟与斯巴达联盟之间的事(为了战争临时结盟),勉强叫作古希腊史也别扭。(上述三部著作其实都是伪书,见本书专章考述)

司马迁读万卷书,行万里路。"究天人之际,通古今之变",才是史家应有的才质。而荷马、希罗多德、修昔底德都没有书读,也不曾"究天人之际",更不"通古今之变"。三人里面,只有希罗多德勉强算是"行万里路",但所记录的也多是道听途说,而修昔底德甚至连途说也没听说过。

马其顿国王亚历山大,终于占领了古希腊。随后,他还南征北伐,攻城略地,占领了波斯、埃及、阿拉伯,曾一度攻打到印度。然而,历史到了这位亚历山大大帝那里,也还是没有历史,只有传说。

"世界就是通过这些传说了解亚历山大的,就像它通过《伊里亚特》了解海伦和阿基里斯一样。无论在东方还是西方,对于大多数人来说,传说中的亚历山大就是真实的亚历山大。亚历山大的传说四处传播,在24种语言中已经收集了80多个传奇版本。"①

古希腊本无文字,从商业民族腓尼基那里借来了字母,据为己有,形成希腊拼音,而腓尼基字母则来源于古叙利亚与古埃及。其过程类似于日语的假名与韩语的拼音,来源于汉字,不过是汉字的音标而已。

4.18世纪初才有了希腊古文字学,15世纪的人不可能读懂2000年前希腊文字

"伯尔那·孟福孔(1655—1741)是希腊古文字学的首创者,他不仅查明了主要的希腊文字,教给历史家们会读它们,而且采用了据手稿的字体准确地断定年代的新原则。……孟福孔的主要著作是《希腊古文字学》(1708)。"②

在那以前没有人懂得希腊古文字,所谓译自古希腊文献的内容,统统不可靠。

---

① [美]乔治·萨顿:《希腊黄金时代的古代科学》中译本,第613页,大象出版社,2010年5月。
② [俄]叶·阿·科斯敏斯基:《中世纪史学史》中译本,第167页,商务印书馆,2011年9月。

对于不懂得的东西,如何进行翻译?在尚未有希腊古文字学的时代,在甚至连专业的历史学家都不具备读懂古希腊文的条件下,说那些大批的抄书者可以任意地将大量古希腊文献忠实地抄写并传承下来,根本没有可能性。

5.15世纪操英语的英国人之间相互看不懂对方的英文,2000年后操希腊语的希腊人岂能读懂古希腊文?

"在英语史界人们依然在争论,10、11世纪诺曼人入侵之前,英语究竟有多一致。但没有疑义的是,当14、15世纪英语恢复使用的时候……现存的文学作品通过其自身的各种特点,向我们展示了当时作家的语言词汇的风格。那个时期,所有的作品都是手抄形式的,重要的文件都用拉丁语书写,所以国内其他地区的人是否能读懂一部作品,对作品本身而言或许并不重要。如果一部作品希望为各地的读者所理解,那就会有人来改写它的方言。就像《世界的运行者》的作者在改写《圣母升天》时所做的一样。它由南部英语写就,我已将其化为我们自己的语言——北部人的话语因为我们无法阅读其他的英语。(Cursor Mundi, *Assumption of Our Lady*, II.51-4)

杰弗里·乔叟在14世纪80年代用伦敦英语创作了诗歌《特洛伊罗斯和克里希德》。在结尾处他写道:我们所说、所写的英语如此迥异,所以我祈求上帝,使我不致误写你,也不误读你,只因忽视语言差异。无论你在何地阅读或歌唱,愿你都能通晓,我这古语所含的意义。(Chaucer, Troilus and Criseide, v, II.1793-9)"①

这是音标文字的共同规律。"不仅仅是英语,同一时期内,西欧其他语种,特别是法语、西班牙语、德语等至少在发音上与英语截然不同的语言,都经历了几乎相同的变化过程。"②

6.后世翻译者对于"古希腊文献"完全理解,不合常理

作为古拉丁文的前身的伊特拉斯坎文字,"到目前为止,上万件伊特拉斯坎的书写文物当中,只有大约200多个文辞的意思可以被了解。"③

如果是真文物就如同上述情况那样,由于时过境迁,后世对残存资料只能作

---

① [英]尼古拉斯·奥斯特勒:《语言帝国——世界语言史》中译本第2版,第425—426页,上海人民出版社,2011年5月。
② [英]尼古拉斯·奥斯特勒:《语言帝国——世界语言史》中译本第2版,第428页,上海人民出版社,2011年5月。
③ 王明嘉:《字母的诞生》第1版,第226页,台北积木文化,2010年9月。

一部分释读,而如今传世的所谓古希腊文献在2000年后居然近乎百分之百可以读懂,并翻译成拉丁文。就连中国汉字3000多年从未间断,从《说文解字》以下历代都有大批字典的存在,对于甲骨文字的释读也仅认出一小部分,何况是并无六书形体的方言拼音,完全不合乎情理。

7. "古希腊文献"中不可能有后世才出现的概念

在"古希腊文献"中大量存在后世才可能有的概念,如传世的所谓亚里士多德著作,包括数学、天文学、物理学、地理学、动物学、生物学、比较解剖学、生理学、胚胎学、植物学、地质学、矿物学、医学、生态学、伦理学、政治学、修辞学、诗学等,几乎涵盖了近、现代基础科学的所有门类,然而从这些文献所使用的术语以及其所反映的概念内容来说,一望可知其非当时古希腊的文献。

举例来说:亚里士多德《政治学》

"只需看看希腊名声良好的诸邦,以及分布在整个居住世界的人群,马上就可以想清楚这一点。在寒冷地带居住的人群和欧洲各族的居民都生命力旺盛,但在思想和技术方面则较为缺乏,所以他们大多都过着自由散漫的生活,没有什么政体组织,也缺乏统治邻人的能力。亚细亚的居民较为聪明而且精于技巧,但在灵魂方面则惰性过重,故大多受人统治和奴役。至于希腊各族,正如位于这些地方的中间地带一样,兼具了二者的特性。

"因为希腊人既生命力旺盛又富于思想,所以既保持了自由的生活又孕育出了最优良的政体,并且只要能形成一个政体,它就具有统治一切民族的能力。希腊各族之间也有着与前面同样的差别,有些人性情单一,有些人则很好地结合了上述两种能力。"①

这里,亚里士多德谈论范围及于整个世界,用"希腊各族"概念与"欧洲各族"及"亚细亚居民"的概念进行对照;然而我们知道当时既不存在"欧洲"的概念,也不存在"亚洲"的概念、甚至连"希腊"的概念也不存在。

生物学的例子

"现在来读一读他对鲶鱼繁殖习性的记述:鲶鱼产卵于浅水之中,一般是靠近树根或芦苇附近。鱼卵会粘住那些根茎,并且附着于其上。'雌鱼产卵后就游走了。雄鱼则留下来守卫鱼卵,它要赶走那些可能偷吃鱼卵或鱼苗的小鱼。因此,它要这

---

① [古希腊]亚里士多德:《政治学》中译本(Politika 据 W.D.Ross《牛津古典文本》),苗力田:《亚里士多德全集》中文版第9卷,第243—244页,中国人民大学出版社,2009年5月。

样连续守护 40 或 50 天,直到幼鱼长大到足以自己逃脱其他鱼对它们的攻击时为止。渔民可以说出它守卫在哪里,因为为了挡走小鱼,它有时会在水中急速游动,并发出某种低沉的隆隆声。渔民们知道它会认真地尽父母之责,于是就在浅水处把网拖到水中植物的根部,鱼卵就附着在这里,当仍在守护幼鱼的雄鱼猛咬路过的小鱼时,就可以用鱼钩捕捉到它。即使它觉察到鱼钩,它仍会坚守它的职责,甚至会用牙齿把鱼钩咬碎。'

"亚里士多德对鲶鱼的叙述没有得到相信,因为西欧的鲶鱼并不以这种方式照顾它们的幼鱼,不过路易斯·阿加西斯(1807—1873,瑞士 19 世纪博物学家)发现,美洲的鲶鱼证实了这一叙述。"①

古希腊人如何可能对美洲的物种进行描述?

胚胎学的例子

"乔治·亨利·刘易斯于 1864 年所写的著作是对亚里士多德的科学思想最早的翔实研究之一。……他谈到《论动物的生殖》时是这样说的:……这一著作有时往往与许多先进的胚胎学家的思考旗鼓相当,有时甚至更胜一筹。……过去两个世纪从哈维到克利克(Kölliker)的工作所提供的解剖学数据会证明这位有先见之明的学者的诸多观点。……哈维这位现代生理学的奠基者……在解剖学方面,他的研究在少数细节上超过了亚里士多德;但在哲学方面,他的研究不如后者。这位讲英语的评论者毫不犹豫地认为,亚里士多德的《论动物的生殖》的地位,高于在大约 2000 年之后的 1651 年出版的他那杰出同胞的著作!"②

生物的地理分布观念

"亚里士多德不仅熟悉我们今天所谓的地理生物学或生物地理学,他还具有一定的生态学知识;他不但了解生物与其物理环境的关系,而且还了解生物与其生物环境的关系,等等。"③

这种情况在亚里士多德著作中俯拾即是,古希腊如何可能有近代科学的概念体系?

---

① [美]乔治·萨顿:《希腊黄金时代的古代科学》中译本,第 672 页,大象出版社,2010 年 5 月。

② [美]乔治·萨顿:《希腊黄金时代的古代科学》中译本,第 674—675 页,大象出版社,2010 年 5 月。

③ [美]乔治·萨顿:《希腊黄金时代的古代科学》中译本,第 680 页,大象出版社,2010 年 5 月。

8. 所谓亚里士多德的文献中，什么学科都有，唯独没有历史学

古希腊既没有律历，也没有纪年，因而也不可能有历史学。历史学著作造假难度较高。

以古希腊中最著名的希罗多德《历史》与修昔底德《伯罗奔尼撒战争史》为例来说，西方人最推崇的两部古典时代名著，其中找不出明确的年、月、日的记载。

公元纪年的说法在17世纪后半叶才开始导入历史学，18世纪之后在西方才逐渐开始普及，西方历史的年代都是其后追记的。（详见本书第2章第3节）

9. "古希腊手稿"的传承不可信

从所谓古希腊时期，到希腊化时期，再到拜占庭帝国，拜占庭帝国灭亡后又回流到西欧的过程，没有可信的传承谱系。"古希腊手稿"本来没有，即使有也不可能大量流传下来。（参看本书第4章第4节）

抄手稿作业不容易

"手抄书籍起码是一件单调乏味的工作，有可能还是件痛苦的差事。……10世纪时期的诺瓦拉的利奥（Leo of Novara）则抱怨，三个手指书写的时候，背部弯曲、肋陷腹中，整个身体痛苦不堪。……12世纪，圣特隆（Saint-Trond）修道院的教士长花了整整一年才抄完了一首弥撒升阶圣歌，包括从羊皮纸的准备到最后的修饰和音乐符号的确定。"①

用羊皮抄手稿费用昂贵、需设专门税项

例如"圣奥尔本修道院为了雇佣抄写员专门设了一种特别的什一税，这足以维持至少一名固定的抄写员。

"这一时期的书都由羊皮纸制成，纸草在中世纪早期已不再普遍使用，而纸又尚未从东方引进。羊皮纸由粗糙的羊皮或精细的羊羔皮精心制作而成，然后切割叠成刀并用尺子划上线。"②

修道院不可能抄录教外著作

在欧洲的中世纪，用文字对文献进行记载，基本上限于欧洲的基督教会和修

---

① [美]查尔斯·霍默·哈斯金斯：《十二世纪文艺复兴》中译本，第47页，上海三联书店，2012年6月第2版。

② [美]查尔斯·霍默·哈斯金斯：《十二世纪文艺复兴》中译本，第49页，上海三联书店，2012年6月第2版。

道院,而教会与修道院都是严格禁锢人们思想、排斥异端学说的场所,怎么可能有大量的教士在上千年的时间内对于自己不懂的东西不断进行抄写、传承呢?

"公元4世纪到5世纪间,纸莎草纸已经基本上被人们所放弃,羊皮纸书开始成为起主导作用的书写材料。但到11世纪教皇本尼迪克特三世还用纸莎草纸来书写诏书,只不过这仅仅是发思古之幽情,显示尊贵而已。纸莎草纸文献彻底从欧洲消失了。为保存纸莎草纸文献,欧洲早期僧侣们的主要工作之一就是把纸莎草纸上的文献转抄到羊皮纸上。不幸的是,在基督教会主导文化教育的情况下,'有关基督教的著作受到重视,而有关异教的著作则遭到忽视。于是重新抄写的过程,实际上演变成一个严格审查的过程。凡是《圣经》之外的著作,统统被毁掉,而只有那些与《圣经》有关的著作,才能被加以收录。'"①

中世纪修道院及大教堂的抄本目录

中世纪的读书识字为教会和修道院所垄断,教会、修道院是当时图书抄本的唯一阵地,其内容基本上都是基督教方面的教义、仪轨、宗教知识等,并没有所谓古典著作的踪影。下面举几个例子。

圣皮埃尔·勒·维夫修道院图书书单(20册)

"1123年,桑斯(Sans)的圣皮埃尔·勒·维夫(Saint-Pierre-le-vif)修道院院长阿诺尔德(Arnold)制作了一份列有20册图书的书单,这些图书是他任职27年时间里手抄而成的,用以代替被大火焚毁的图书馆,其中包括14册关于圣经和宗教礼仪的书籍,第一本是《摩西五经》,单独成册,'以便减轻教友们阅读整部《圣经》的负担';以格里高利、奥古斯丁和奥里金(Origen)为代表的早期拉丁教父的著作以及以教士长保罗(Paul)的《伦巴底史》(Lombard History);基督徒在耶路撒冷(Jerusalem)对异教徒的光辉战争史、圣地见闻录以及以少量圣徒传记为代表的历史著作。"②

圣戈德哈德修道院手稿目录及波布勒修道院抄本(16册/44册)

"希尔德斯海姆的圣戈德哈德修道院院长弗雷德里克(Frederick)(1136—

---

① [B. Farrington. Science and Politics in the Ancient World [M]. London:Oxford University Press, 1939.](P45)"世界上从来没有发生过这样的事情,数量庞大的文献遭到如此彻底的毁灭。"[T. K. O sterreich. Possession Demoniacaland Other,among Primitive Races,Antiquity,the Middle Ages,and Modern Times[M].London:Kegan Pant,1930.(P160)]孙宝国、郭丹彤:《论纸莎草纸的兴衰及其历史影响》,载《史学集刊》2005年7月第3期。

②[美]查斯·霍默·哈斯金斯:《十二世纪文艺复兴》中译本,第54页,上海三联书店,2012年6月第2版。

1151年在位)开列了16本"非常严谨的羊皮纸书稿",即3本格里高利的《职业道德》、8本讲道和读经讨论会籍要、3本圣徒传记以及《圣经》的2个部分。波布勒(Poblet)修道院的44本手抄本几乎都是宗教仪式用书。"①

富尔达修道院藏书(85册)

"富尔达修道院的85本书到目前为止也都是宗教礼仪用书和早期拉丁教父著作,蒙特卡西诺的属地福尔米(Formis)的圣安吉罗(St. Angelo)的藏书也几无二致,它的143册图书藏量多赖20本赞美诗篇、9本列队行进礼仪书和9本应答轮唱书填充,此外还有4本医书、1本碑文集和1本寓言集。"②

中世纪除修道院及大教堂之外,未见有私人藏书

"截至目前,我们还只是谈论了修道院和大教堂这些机构的图书馆,因为它们在12世纪显然最为重要。对于当时的学生或教士为什么竟然没有藏书,目前尚未找到任何根本性的原因;但是个人藏书这样的例子几无记载,除非藏书后来捐给了修道院或大教堂。"③

中世纪的所谓图书馆,其实不过是一个衣柜或书柜

"人们在谈论一个中世纪的图书馆时,并非指一个特定房间,更非一幢特定的建筑。通常用以指称图书馆的一个词是 Armarium,意思是衣柜或书柜,这就是当时的图书馆了。它通常设在教堂里,后来通常设在修道院的凹壁内,墙上有书架。……而且最早的修道院图书目录上只有几册图书。"④

中世纪欧洲图书上百册有吹牛之嫌

"图书馆越大,藏书种类也就越多。1084年之前,图勒(Toul)有270册图书,既有宗教类也有古典类,其中一本大部头著作是基督教徒和异教徒诗人的代表作;在1200年左右,科尔比的242册手抄本图书的题材分布与上述修道院的藏书几乎雷同。

"1122—1123年,米歇尔斯堡(Michelsberg)的242册手抄本中有1本撒拉逊

---

① [美]查尔斯·霍默·哈斯金斯:《十二世纪文艺复兴》中译本,第54页,上海三联书店,2012年6月第2版。

② [美]查尔斯·霍默·哈斯金斯:《十二世纪文艺复兴》中译本,第54—55页,上海三联书店,2012年6月第2版。

③ [美]查尔斯·霍默·哈斯金斯:《十二世纪文艺复兴》中译本,第55页,上海三联书店,2012年6月第2版。

④ [美]查尔斯·霍默·哈斯金斯:《十二世纪文艺复兴》中译本,第45—46页,上海三联书店,2012年6月第2版。

虚构的古希腊文明——欧洲"古典历史"辨伪

人的数学著作、2本希腊人的数学著作和今天仍收藏于班堡的里歇尔的《历史》一书原稿,这就足够时髦的了。

"圣阿芒的102册藏书中许多是医书;同样,医学在达勒姆大教堂有很重要的地位,它那藏有546册图书的图书馆肯定是中世纪后期最大的图书馆之一。"①

上列图勒(Toul)有270册图书,米歇尔斯堡(Michelsberg)的242册手抄本,圣阿芒的102册藏书,达勒姆大教堂有藏546册图书的图书馆等,动不动就有上百册图书之说,实际上大有吹牛之嫌。

当代英国学者爆料,15世纪时英国皇家图书馆藏书总共6册(其中3册是从女修道院借来的),同时期欧洲富商人私人图书馆只有藏书12册……(参看本书第9章第1节相关内容)

12世纪是伪造盛行的时期之一

"12世纪,伴随档案的增加、诉讼的增长以及文学技能的发展而来的是另外一个后果,就是出现了大量赝品。……何况,'伪造始终是一门受人青睐的职业,而且它在具备造假必需的文学技能的任何时代都很流行。'……12世纪是伪造最疯狂的时期。……另一方面,标有12世纪日期的后世伪造文件与12世纪无关……"②

文艺复兴时期、获得古代手稿的概率很低

"关于手稿和藏书的增加方式,我们也有很多这方面的见闻。买到一部古代的手稿,里边包括一个古代作家或稀有的或唯一完整的或唯一存在的原本自然是一种意外的幸运。"③

15世纪的抄书手

"在以抄书为职业的人们当中,那些懂希腊文的人地位最高,他们特别被加以'写本人员'的光荣称号。他们的人数总是有限的,而他们所得的报酬却很高。其余的人仅仅被叫作抄书手。他们一部分是以这种职业为生的办事员;一部分是学校教师和贫苦的读书人,希望增加一些收入;一部分是修士,乃至是修女,他们认为这种工作是上帝所嘉许的。

---

① [美]查尔斯·霍默·哈斯金斯:《十二世纪文艺复兴》中译本,第55页,上海三联书店,2012年6月第2版。

② [美]查尔斯·霍默·哈斯金斯:《十二世纪文艺复兴》中译本,第58—59页,上海三联书店,2012年6月第2版。

③ [瑞士]雅各布·布克哈特:《意大利文艺复兴时期的文化》中译本,第208页,商务印书馆,1979年7月第1版。

"在文艺复兴的早期,这种职业抄书者很少而且是不可靠的,佩脱拉克就曾经对他们工作上的无知和拖沓提出过激烈的指责。在15世纪中,他们的人数多起来了,也获得了更多的关于他们职业上的知识,但在工作的精确性上,他们始终没有达到过老修士们那种谨严认真的程度。他们似乎是以一种不愉快的、敷衍塞责的态度来从事自己的工作,他们很少在抄本下面署名,一点也看不出他们对于这样一个有益于人类的事业有高兴的心情或自豪感,而在同一时期的法文和德文的手抄本中却具有这种精神,常常使我们感到惊奇。"①

罗马的抄书手大多是"野蛮人"

"更奇怪的是,在尼古拉五世时代,在罗马的抄书手大多数是德意志人或法兰西人——意大利的人文主义者所说的'野蛮人',大概也就是那些在教廷寻求照顾并借此以维持生活的人。"②

既没有什么古代手稿的来源,而所谓的抄书手又是些文化不高的"野蛮人",怎么可能将所谓的古希腊、古罗马的大批手稿抄录下来并使之流传于后世呢?

10.传世"古希腊文献"的来历

12世纪文艺复兴"吸收了从西班牙、西西里、叙利亚、非洲和君士坦丁堡传入的阿拉伯学识。"③

"和300年后的意大利文艺复兴一样,12世纪的文艺复兴也从两个主要源泉汲取生命力:一是西方拉丁世界已有的知识和思想,二是从东方涌入的新科学和新文化知识。不同的是,15世纪的文艺复兴主要表现在文学领域,而12世纪的文艺复兴更多表现在哲学和科学领域。"④

12世纪之后修道院之"教科书"

"总体而言,12世纪图书馆的藏书既有新抄本,也有许多老抄本。……这些馆藏图书目录,在12世纪大约有60种,但是并非总能对我们的研究提供很大帮助;

---

① [瑞士]雅各布·布克哈特:《意大利文艺复兴时期的文化》中译本,第208—209页,商务印书馆,1979年7月第1版。
② [瑞士]雅各布·布克哈特:《意大利文艺复兴时期的文化》中译本,209页,商务印书馆,1979年7月第1版。
③ [美]查尔斯·霍默·哈斯金斯:《十二世纪文艺复兴》中译本,第198页,上海三联书店,2012年6月第2版。
④ [美]查尔斯·霍默·哈斯金斯:《十二世纪文艺复兴》中译本,第198页,上海三联书店,2012年6月第2版。

因为它们一般仅仅是抄写本扉页上粗略的一览表，没有任何日期标记，通常还附有很难令人满意的内容介绍，原因是当时把古典著作一概统称为'教科书'（libri scholastici）。"①

可以这样来理解，后世所谓的古典著作，部分是由 12 世纪前后存于修道院中的"教科书"敷衍而来。

所谓传世的亚里士多德的著作，与其说是以古希腊的历史现实为背景，毋宁说是以 15 世纪的南欧、波斯、西亚、埃及、印度、中国等全部知识为背景。

兹举 17 世纪传入中国的耶稣会教科书或讲义为例：

《寰有诠》

"波尔杜曷后学傅汎际译义，西湖存园寄叟李之操答词，刻于崇祯元年（1628）论宇宙之书也，共六卷，原本系葡国高因盘尔耶稣会士课本，译本不过节译意义，非直译也。"②

《名理探》

"远西耶稣会士傅汎际译义，西湖存园寄叟李之操答词，刻于崇祯四年（1631）李子去世之后一年也。名理探者，西文 Logica，译音为逻辑学，译义为论理学，是哲学之一份，伦次人之思想、判断、推理，与以一定之规则者也。译本是依据高因盘利 Univérsité de Coimbre 耶稣会士哲学讲义本，1611 年在日耳曼出版。原书拉丁文，分上下两编，上编分为五公论，即宗、类、殊、独、依及十伦论，下编论三段法等。"③

本来是耶稣会的教材，却被说成是传入中国的亚里士多德著作

"由傅泛际（Franciscus Furtado, 1587—1653）译义、李之藻（1545—1630）达辞的《寰有诠》。本书原是葡萄牙科因布尔（Coimbre）耶稣会大学使用的课本，而内容却是亚里士多德自然哲学中的《论天》一书。"④

其次，"由傅泛际译义、李之藻达辞的《名理探》……根据 1611 年日耳曼出版的科因布尔耶稣会大学的哲学讲义译出，但内容却源于亚里士多德的逻辑学。"⑤

这里与其说是天主教会的教科书使用了古希腊亚里士多德著作，毋宁说是将

---

① [美]查尔斯·霍默·哈斯金斯：《十二世纪文艺复兴》中译本，第 51 页，上海三联书店，2012 年 6 月第 2 版。
② 徐宗泽：《明清间耶稣会士译著提要》，第 197 页，中华书局，1989 年影印版。
③ 徐宗泽：《明清间耶稣会士译著提要》，第 193 页，中华书局，1989 年影印版。
④ 黄见德：《西方哲学东渐史》第 1 版上册，第 86 页，人民出版社，2006 年 8 月。
⑤ 黄见德：《西方哲学东渐史》第 1 版上册，第 87 页，人民出版社，2006 年 8 月。

当时流传的耶稣会教科书托名亚里士多德更为合理。

"亚里士多德由于表达风格紧凑、简单明了而又系统,因而吸引着深爱手册和教科书的中世纪时代,几乎哲学和科学的每一个领域的手册和教科书都挂上了亚里士多德的大名。"①

11.耶稣会士中文"证道故事"与所谓《伊索寓言》

明末耶稣会士在华布道的"证道故事"

耶稣会士入明布道,以天主教文献不敌儒学经典及佛经之规模,于是使用寓言、故事的形式展开布教活动,在几十年间,居然形成几百种相关书籍。不料这批书籍却成了后来西方人伪造"古希腊文献"的渊薮。

明末耶稣会士在中国布道七十余年

耶稣会士在明末布道七十年,其间译、著中文书籍约有 450 种。②

明末耶稣会士"以寓言为教"

"早在 1583 年罗明坚和利玛窦抵达广东之际,'以寓言为教'(fabula docet)就已交付日课,布道时故而多是以寓言为喻的情形。李嗣玄(fl.1645)所记福州传教时期的艾儒略,金尼阁的《况义》似乎随手一册……"③

寓言之定义:虚构的言谈

"寓言(fabula)乃泽维尔的伊希朵(Isidore of Seville)所谓'虚构的言谈'(loquendae fictae),而寓言之所以为虚构,原因在这种故事系凭空捏造而得,伊希朵以'言谈'称之,因为寓言源出口语。"④

"寓言的拉丁语义乃'虚构'(fabula),本身除了动物寓言外,兼指神话与一般虚拟性的故事,所以何尝不可以入史?"⑤

---

① [美]查尔斯·霍默·哈斯金斯:《十二世纪文艺复兴》中译本,第 243 页,上海三联书店,2012 年 6 月第 2 版。

② 参看李奭学:《中国晚明与欧洲文学——明末耶稣会古典型证道故事考诠》,第 10 页、第 46 页,三联书店,2010 年 9 月第 1 版。

③ 参看李奭学:《中国晚明与欧洲文学——明末耶稣会古典型证道故事考诠》,第 89 页,三联书店,2010 年 9 月第 1 版。

④ 李奭学:《中国晚明与欧洲文学——明末耶稣会古典型证道故事考诠》,第 49 页,三联书店,2010 年 9 月第 1 版。

⑤ 李奭学:《中国晚明与欧洲文学——明末耶稣会古典型证道故事考诠》,第 188 页,三联书店,2010 年 9 月第 1 版。

所谓伊索寓言的德墨催版本

"我们今天所知最早的伊索故事集,乃公元前4世纪德墨催(Demetrius of Phalerum)的散文本《伊索寓言》。培理(Ben Edwin Perry)的研究显示,这本语言集乃当时雄辩家的参考手册,专供举证与取材之用(BP,xiii)。"①

德墨催版本实际上没人见过

"希腊上古的伊索故事集如今荡然无存,我们可见的早期伊索寓言都是罗马人演绎德墨催的结果。"②

《伊索寓言》版本的"罗马三脉"

"1世纪费卓士(Phaedrus)的拉丁文本《伊索寓言书》与巴柏里(Babrius)的希腊诗体《伊索寓言诗》。4世纪时,亚维奴(Avianus)又用拉丁牧歌体重写巴柏里,费章士版本也经人重编而形成风行一时的罗穆斯本《伊索》(Romulus)。后世的各种《伊索寓言》——包括利玛窦等耶稣会士在欧洲教育机构中所接受者——大多便由费卓士/罗穆斯与巴柏里/亚维奴这两条《伊索》祖脉演化形成。话虽如此,上古晚期仍有第三条《伊索》线脉可寻,此即现代学界所谓的奥古斯都本《伊索寓言》(Augustana)。这个本子多数用希腊文散体写成,祖本难考,或为2世纪之作。奥古斯都本虽然罕用于上古材料,上述《伊索》三脉一经会通,倒也形成中古动物语言型证道故事的主要源泉。"③

"罗马三脉"不靠谱

"罗马三脉在内容上的分歧,本身甚为吊诡,暗示寓言的形态无从捉摸。"④

寓言和神话都是杜撰

"本质上,寓言和一般所谓神话(mythos)实可交涉互通,要之都经杜撰而成⑤,有别于常态观念下的史传。……有趣的是,文艺复兴以前博雅教育的这条脉络,到了晚明耶稣会士手中,纷纷开花结果,而且汇为一流,变成证道艺术的部分凭借,

---

① 李奭学:《中国晚明与欧洲文学——明末耶稣会古典型证道故事考诠》,第50页,三联书店,2010年9月第1版。

② 李奭学:《中国晚明与欧洲文学——明末耶稣会古典型证道故事考诠》,第53页,三联书店,2010年9月第1版。

③ 李奭学:《中国晚明与欧洲文学——明末耶稣会古典型证道故事考诠》,第53页,三联书店,2010年9月第1版。

④ 李奭学:《中国晚明与欧洲文学——明末耶稣会古典型证道故事考诠》,第55页,三联书店,2010年9月第1版。

⑤ 参见孙红梅:《伊索寓言在中国》,硕士论文,北京大学,2001,23页。

而其首先表现便在'神话'之借为证道故事。"①

故事新编早于如实复述

"明末耶稣会史上,故事新编的现象出现得远较《伊索寓言》的如实复述为早。会士自编喻道新戏目的在说明教义或开示教众,利玛窦的《天主实义》便是这种风气的始作俑者。"②

《伊索寓言》晚于故事新编,实际上,所谓《伊索寓言》不过是后世欧洲人将各种在埃及、印度、阿拉伯、中国等地曾经流行的故事,归在了伊索的名下,结集而成的一部伪书。

先有金尼阁《况义》,后有《伊索寓言》

耶稣会来华传教士出于传教的需要,于明天启五年(1625),用中文编写了一本小册子,在西安刊行,由法国耶稣会士金尼阁口授,中国天主教徒张赓笔传,取名为《况义》,共收寓言小故事38则,正编22则、补编16则,全书6000余字。③

一般研究者都以为该书是《伊索寓言》最早的中文节译本。然而,天启年间刻本已佚,如今只有抄本传世。④

为何说它是《伊索寓言》的中文节译本呢?

原来,据说法国国家图书馆有两种《况义》版本,其中之一封面上写有"伊索寓言选集"字样。

"其一有拉丁文书目《伊索寓言选集》(*Selectae Esopi Fabulae*),封面上又书'金尼阁神父所译的某些伊索寓言'(*Quaedam Aesopi Fabulae a Patre Trigault*)。见戈宝权著作,407—409页。"⑤

中国学者强调《况义》是《伊索寓言》,说是由金尼阁"写成或译出","殆为伊索寓言"。(同上第320、第76页)究竟是"写成"还是"译出"呢?"殆为"也是不确定的语气。

---

①李奭学:《中国晚明与欧洲文学——明末耶稣会古典型证道故事考诠》,第193页,三联书店,2010年9月第1版。

②李奭学:《中国晚明与欧洲文学——明末耶稣会古典型证道故事考诠》,第94页,三联书店,2010年9月第1版。

③参看黄兴涛、王国荣编:《明清之际西学文本(50种重要文献汇编)》第1册,第355页,中华书局,2013年4月第1版。

④参看李奭学:《中国晚明与欧洲文学——明末耶稣会古典型证道故事考诠》,第320页,三联书店,2010年9月第1版。

⑤李奭学:《中国晚明与欧洲文学——明末耶稣会古典型证道故事考诠》,第76页,三联书店,2010年9月第1版。

实际上，与其说先有一个古希腊的《伊索寓言全集》，再据以译出《伊索寓言》选本《况义》，毋宁说，是金尼阁神父为了布教编纂了《况义》，之后才被托名为古希腊奴隶伊索创作的《寓言》，最终被扩编为《伊索寓言全集》。

《况义》使用儒学概念、收入柳宗元的作品

巴黎所藏《况义》全文本分正编与补编两部分，其中正编22篇，补编16篇。正编"义曰"部分，间或采用儒学的概念，如第二篇"义曰：治人以刑，不如以德"，为《论语》"为政以德，譬如北辰，居其所而众星共之"，"道之以政，齐之以刑，民免而无耻。道之以德，齐之以礼，有耻且格"的政治理念。补编中包括《罴说》、《蝜蝂传》两篇唐代柳宗元的作品。①怎么可以说这是古希腊的《伊索寓言》呢？

《况义》中收有来自印度的故事

例如《况义》的第3则故事《三友》，就是一则来自印度的故事。"《三友》风行于中世纪的欧洲圣坛，但其始也，则不在欧洲中古，而在七八世纪的小亚细亚。其时圣若望达马瑟'撰'有希腊文本《巴兰与约撒法》一书，述印度王子约撒法在圣徒巴兰开示下改宗基督，而劝化过程中巴兰所述的五个最重要的比喻故事里，《三友》赫然居一(BI，190—199)。中世纪拉丁文的《三友》各本，其实都是根据若望的原本辗转重译或改写而成，是以彼此间差异不大。

"约撒法既为印度王子，那么《巴兰与约撒法》莫非原生印度？答案正是。若望所传，不但其拉丁文译本风靡罗马公教的世界，希腊文原本更是席卷东方教会，中世纪迄20世纪前夕，影响力仅次于《圣经》。证道故事之所以广收《三友》，原因也是在此。"②

明末耶稣会士所述证道故事与佛经故事关系微妙

耶稣会士创作时，或用类似佛教《百喻经》文体(如《况义》)，而其某些所谓古典故事，则有袭用汉译佛典故事情节者。

"明末耶稣会士为布教而译写的西方古典证道故事——尤其他们以为系出古典的某些故事——之中，有部分和汉译佛典的关系微妙，若有重叠，从而在中国宗教史、翻译史与文学史上形成了一个不能算小的讽刺。"③

---

① 参看黄兴涛、王国荣：《明清之际西学文本(50种重要文献汇编)》第1册，第355页、358页，中华书局，2013年4月第1版。

② 李奭学：《中国晚明与欧洲文学——明末耶稣会古典型证道故事考诠》，第334页，三联书店，2010年9月第1版。

③ 李奭学：《中国晚明与欧洲文学——明末耶稣会古典型证道故事考诠》，第316页，三联书店，2010年9月第1版。

最典型的是《况义》的第2则故事《南北风相争》。这篇故事所使用的文体,是典型的佛教中文譬喻类文献的文体:

"南北风争论空中。北风曰:阴不胜阳,柔不胜刚,叶焦花萎,百物腐生,职汝之由。我气健固,收敛归藏,万命自根,尔无与焉!南风答曰:阴阳二气,各有其分,备阴偏阳,两不能成。若必觭胜,我乃南面,不朝不让,是谓乱常。南言未毕,北号怒曰:勿用虚辩,且与斗力。乃从空俛地曰:幸有行人,交吹其衣,不能脱者,当拜下风。南风不辞,北乃发飑,气可动山。行人增凛,紧束衣裘,竟不能脱。于是南风转和,温煦热蒸。道行者汗浃,争择荫而解衣矣。北风语塞,怅悔而去。"①

"金尼阁和张赓所为,与其说是'不自知'师法佛教,还不如说两人心中于佛门譬喻的汉译早有认识,是以沿袭其体。"②

来华耶稣会士第一人利玛窦所述证道故事也有出自佛经者

如利玛窦所述《空井喻》云:

"尝有一人,行于旷野,忽遇一毒龙欲攫之,无以敌,即走,龙便逐之至大阱,不能避,遂匿阱中,赖阱口旁有微土,土生小树,则以一手持树枝,以一足踹微土而悬焉;俯视阱下,则见大虎狼张口欲禽之,复俛视其树,则有黑白虫许多,龁树根欲绝也,其窘如此;倏仰而见蜂窝在上枝,即不胜喜,便以一手取之,而安食其蜜,却忘其险矣;惜哉食蜜未尽,树根绝,而人入阱为虎狼食也。"③

这篇《空井喻》实际上是来源于唐代僧人义净(635—713)所译《佛说譬喻经》。该文如下:

如是我闻:

一时薄伽梵,在室罗伐城逝多林给孤独园。尔时世尊于大众中,告胜光王曰:"大王,我今为王略说譬喻,诸有生死味着过患,王今谛听,善思念之。乃往过去,于无量劫,时有一人,游于旷野,为恶象所逐。怖走无依。见一空井,傍有树根,即寻根下,潜身井中。有黑白二鼠,互啮树根;于井四边,有四毒蛇,欲螫其人;下有毒龙。心畏龙蛇,恐树根断。树根蜂蜜,五滴堕口,树摇蜂散,下螫斯人。野火复来,烧然此树。"

王曰:"是人云何,受无量苦,贪彼少味?"

---

① 黄兴涛、王国荣编:《明清之际西学文本(50种重要文献汇编)》第1册,第357—358页,中华书局,2013年4月第1版。

② 李奭学:《中国晚明与欧洲文学——明末耶稣会古典型证道故事考诠》,第334页,三联书店,2010年9月第1版。

③ 朱维铮:《利玛窦中文著译集》,第456页,复旦大学出版社,2007年10月1版。

尔时世尊告言："大王！旷野者喻于无明长夜旷远。言彼人者喻于异生，象喻无常，井喻生死，险岸树根喻命，黑白二鼠以喻昼夜，啮树根者喻念念灭，其四毒蛇喻于四大，蜜喻五欲，蜂喻邪思，火喻老病，毒龙喻死。是故大王。当知生老病死，甚可怖畏，常应思念，勿被五欲之所吞迫。"

尔时世尊重说颂曰：

旷野无明路　人走喻凡夫
大象比无常　井喻生死岸
树根喻于命　二鼠昼夜同
啮根念念衰　四蛇同四大
蜜滴喻五欲　蜂螫比邪思
火同于老病　毒龙方死苦
智者观斯事　象可厌生津
五欲心无着　方名解脱人
镇处无明海　常为死王驱
宁知恋声色　不乐离凡夫

尔时胜光大王闻佛为说生死过患，得未曾有，深生厌离，合掌恭敬，一心瞻仰，白佛言："世尊！如来大慈，为说如是微妙法义。我今顶戴。"佛言："善哉善哉！大王！当如说行，勿为放逸。"时胜光王及诸大众。皆悉欢喜。信受奉行。

明末耶稣会士捏造历史

"戴奥吉尼士、苏格拉底和亚历山大每每在世说中行我们所不能行，言我们所不能言。我们一旦体认及此，理智上自觉或不自觉就会师之法之，奉为圭臬。问题是：这些人虽然是历史实人，他们在世说中的言行却是经过明末耶稣会士'假捏而得'，正是修辞的开花结果。"①

戴奥吉尼士，就是著名哲学家第欧根尼（Diogenea，前412—323）。所谓古希腊伟大人物们，如第欧根尼、苏格拉底和亚历山大的故事，原来都是由明末耶稣会士们捏造而得！

第欧根尼白天打灯笼的故事

希腊犬儒哲学家戴奥吉尼士的故事。他曾在白天打着灯笼，人问其故，对曰："欲寻诚实之人。"对3世纪史家迪莪吉倪（Diogenes Laertius）来讲，这个故事真而又

---

①李奭学：《中国晚明与欧洲文学——明末耶稣会古典型证道故事考诠》，第192页，三联书店，2010年9月第1版。

真,是个典型的历史轶事,可以视同传记(LEP,6.41)。然而在罗马作家费卓士笔下,同一史事却经改编,摇身变成了伊索式的寓言,连原来的传主都已改为伊索本人。①

所谓犬儒哲学家始见于来华耶稣会士中文文献,本故事在罗马作家费卓士笔下,摇身一变成了伊索式寓言,传主也成了伊索本人,这是欧洲人在虚构"伊索的寓言"过程中更晚的文本。

第欧根尼与"犬儒"概念

"西方古人中,戴奥吉尼士和世说生成的关系最深。他不仅在历史上开创用世说性金言教学的传统,并且投身变成此一文类最主要的角色之一。高一志对他情有独钟,《励学古言》和《达道纪言》收录的相关世说不少。后书且有片段述及其人癖性与犬儒称号之由来。'是士嘲诮而善为谀,故众以犬称之。或问故,答曰:凡有与我者,我媚之;不与我者,我吠之;不善者,我龁之。'"②

由此可知,西方所谓"犬儒"的概念,实际上是来自中文。"犬"即狗,"儒"指儒生,"犬儒"概念起源一定是在耶稣会士了解了儒学之后,以此揶揄、影射儒学,谓不如天主教之真之正也。

西方古典历史学不过是虚构的文学而已

"史家在'文直'与'事赅'之外,务必'不虚美,不隐恶'。在西方上古,这种观念却非必然,因为修西地底斯(Thucydides,c.460–c.399 BCE)或利瓦伊(Livy,59BCE–AD17)等史家本来就不分史实与修辞,驯至文艺复兴结束以前,历史在西方乃属某种意义下的文学形式……

"上文所称的'文学性',部分涵意实为'虚构性',往往有赖修辞来促成。倘用现代术语更精确地说,明末耶稣会所传世说的虚构性,每每即见于会士为历史编造情节(emplot)的文本特质(textuality)中,语言游戏或游戏语言经常是构成要素之一。"③

---

①注:BP,290—291。类似的情况还可见诸奥古斯都本《伊索》;其中《戴奥吉尼士和秃头者》与《旅行中的戴奥吉尼士》两条,论者从来都以史实视之。详见李奭学:《中国晚明与欧洲文学——明末耶稣会古典型证道故事考诠》,第132页,三联书店,2010年9月第1版。

②吴相湘编:《天主教东传文献三编》[共6册],2:737,台北,台湾学生书社,1984。李奭学:《中国晚明与欧洲文学——明末耶稣会古典型证道故事考诠》,第160—161页,三联书店,2010年9月第1版。

③李奭学:《中国晚明与欧洲文学——明末耶稣会古典型证道故事考诠》,第133页,三联书店,2010年9月第1版。

12.虚构历史原来是西方历史科学的基本方法

在西方虚构历史渊源有自,对此西方人自己心知肚明。

英国历史学家保罗·卡特里奇主编《剑桥插图古希腊史》中谈到有关文献的章节时说:"我们并不想废弃看上去似乎是真实的谎言。"①

在中世纪炮制出炉托名柏拉图的《理想国》中就有这样的话:"因为我们不知道古人的真实情况,所以尽可能接近于真实的近似虚构难道不是有用的吗?"

当代西方史学家汤因比将其总结为西方历史科学的基本方法:"第三种方法是通过虚构的形式把那些事实来一次艺术的再创造。……历史只同人类生活中的一部分事实而并非同全部事实有关;在另一方面,除了记录事实,历史也采取虚构故事的办法。"②

看了西方历史科学的上述方法,不知中国读者做何感想?与中国史学原则"无征不信,实事求是"相较,其间岂能以道里计?!

西方自古以来既没有史官制度,也没有史学传统,更没有史德的观念,西方的所谓史学作品都是作者个人的喜好行为,写历史者当小说写,读历史者当小说看,读者只拿来消遣,并不当真,于是可以随心所欲,造假也就成了家常便饭。

第三节 "古希腊"的真实情况

人们不禁要问,真实的古希腊情况究竟是怎样的呢?古典时期究竟是什么样的时代?当时的社会环境如何?雅典又是怎样的地方?完成这样伟业的是怎样的人群?当时的人群操何种语言?知识积累状况如何?

1.考古学告诉我们的状况

从近年考古学成果来看,古希腊地区当时由"上千个分散的,往往是迥然不同的社会"构成。

"一些现代的古希腊研究人员,尤其是在国际联盟和联合国等国际组织兴起以来的研究人员,为古希腊没有能凭借其共同的文化基础形成城市间长期的团结关系而气馁。……人们估计,希腊世界分散着超过1000个彼此独立、互不相同的

---

① [英]保罗·卡特里奇:《剑桥插图古希腊史》中译本,第47页,山东画报出版社,2005年2月。
② [英]汤因比:《历史研究》中译本上册,第54—55页,上海人民出版社,1966年6月第2版。

第一章 "古希腊"概念向壁虚造

社会。"①

"研究古希腊的史学家们令人羡慕,他们不得不深入考虑上千个分散的、往往是迥然不同的社会。它们位于整个地中海、黑海周边地区,具有不同的环境和历史条件。"②

"希腊从来没有能够为自己建立起民族的政治历史的传统,简单的理由是他们从来没有在政治上统一过。"③

这些城邦居民来自不同族群,既无统一的政治体制,也无统一的语言

"这个语言社区的一大特点是,直到公元前2世纪它一直处于不统一的状态,在公元前第2000年和第1000年的初期,希腊人在南巴尔干和爱琴海海岸线及附近小岛形成了许多小社区,很多社区被海和山隔离开来,到他们开始发展特色经济的时候,他们的区域面积肯定还是很小的。"④

2.19 世纪的历史知识

"希腊全境是千型万态的海湾,这地方普遍的特质是划分为许多小的区域,……我们在这个地方碰见的是山岭、狭窄的平原、小小的山谷和河流;这里并没有大江巨川,没有简单的平原流域;这里山岭纵横,河流交错,结果没有一个伟大的整块。……希腊到处都是错综分裂的性质,正同希腊各民族多方面的生活和希腊精神善变化的特征相吻合。……希腊历史在开始的时候,便显示为一半土著和一半外族移民的交互混合。……在希腊我们所遇见的种族中,我们很难说哪一族是原来的希腊人,哪一族是从远方移入。……这些部落便在迁徙觅居的状态中,时常互相掠夺、打劫。那位明敏的修昔底德斯说道:'一直到现在,奥查利安·罗克里亚人、埃托利亚人和阿刻内尼亚人都还保持着他们古代的生活方式,就是那携带武器的风俗,也作为他们昔日掠夺习惯的遗迹而被保留下来。'……所以,当时的希腊是处于骚扰、不宁、掳掠的状态中,而它的多数部落不断地迁徙。"⑤

---

① [英]保罗·卡特里奇:《剑桥插图古希腊史》中译本,第7页,山东画报出版社,2005年2月。

② [英]保罗·卡特里奇:《剑桥插图古希腊史》中译本,第25页,山东画报出版社,2005年2月。

③ [意]莫米利亚诺:《现代史学的古典基础》中译本第1版,第109页,华东师范大学出版社,2009年6月。

④ [英]尼古拉斯·奥斯特勒:《语言帝国——世界语言史》中译本,第210页,上海人民出版社,2011年5月第2版。

⑤ [德]黑格尔:《历史哲学》中译本,第233—235页,上海书店,1999年9月第1版。

"比这些开始具有更多历史性的,便是外国人的来临;传说告诉我们这些外国人在怎样建立各个国家。雅典城是由一位埃及人栖克洛普斯创立的,但是这个人的历史渺不可考。……尤其重要的人是卡德马斯,他从腓尼基来,把发音的文字传入了希腊;希罗多德斯说,这种文字原来是腓尼基所发明的,他引了所有的古代铭刻文字来证实他的说法。据传说所称,卡德马斯是建立底比斯的人。我们这样看到许多文明民族的殖民情状,这些民族就文化来说,都超过了当时的希腊人。……这些外国人又因为建造了炮垒和创立了宫室,而替希腊建立了若干固定的中心地点,在亚各里斯地方,古代的炮垒便构成了那里的城墙。"①

概括来说,古代希腊,地形复杂,聚落星布,其间虽云小国寡民,然异族杂处,居民尚争,遂致劫掠成风,嗜杀成性,迁徙殖民,战争频仍,不遑宁处。

传说中希腊城邦起源于外国人,雅典城由埃及人创立,卡德马斯从腓尼基来,把发音文字传入希腊。

3.19世纪西方学者戈比诺对希腊人构成的分析

(1)古希腊人——被黄色原则所修正的雅利安人,但白人实质上占主导地位,还有一些闪米特契合。

(2)土著居民——充满了黄色成分的斯拉夫人和凯尔特人。

(3)色雷斯人——雅利安人与凯尔特人和斯拉夫人的混种。

(4)腓尼基人——黑色闪米特人。

(5)阿拉伯人和希伯来人——血统非常不纯的闪米特人。

(6)非利士人——可能在血统上更纯洁的闪米特人。

(7)利比亚人——几乎算得上黑色含米特人。

(8)克利特人和其他海岛居民——与非利士人相似的闪米特人。②

如此混杂的人种构成,在人类历史上实属罕见。

所谓古希腊人并不是一个族群。"希腊人"这个称呼来源于罗马人,其实指的是从优卑亚岛和比奥提亚来的殖民者

"公元前4世纪侵略希腊的外族是希腊北部边境上的马其顿国王腓力。然而,在以前的1000年里,其他文化地区总是将不同的希腊人看成是一个民族。……因为外族人了解希腊人的途径仅仅是他们正巧碰上的一个部族的名字。希腊人共有

---

① [德]黑格尔:《历史哲学》中译本,第236—237页,上海书店,1999年9月第1版。
② [美]马丁·贝尔纳:《黑色雅典娜》中译本第1版,第330页,吉林出版集团,2011年7月。

第一章 "古希腊"概念向壁虚造

的名字——赫勒尼斯(Hellenes)从来没有被外部人所知。"

"波斯人认为希腊人是庾那(yauna)人,因为他们碰上了爱奥尼亚希腊人,在《荷马史诗》中这个部族叫作雅沃尼斯(Iáwones),是根据历史记载最早的希腊人。

"在希腊世界的另一端,罗马人认为希腊人是格雷人。他们见到从优卑亚岛(Euboea)和比奥提亚(Boeotia)来的殖民者,这些希腊人在意大利建起了一座新城市塞穆(后来被罗马人称为库迈),事实上,'格雷人'这个称呼是为了纪念比奥提亚的一个小镇格雷亚。'希腊人'这个称呼来源于拉丁语的格雷库斯,这是格雷人形容词形式,代替了'格雷人'这种称呼。"①

4.古希腊地区人们使用什么语言

当时的所谓古希腊地区,处在西亚、北非民族与北方蛮族之间的边缘地带,居住着来自不同种族或民族的人群,这些人群操不同的语言,其中部分语言分别引进了不同的注音标识书写系统。

雅典人不是古希腊人,所操语言不是希腊语

希罗多德说,雅典人本来是佩拉斯吉人,"而多利安人才是古希腊人"②。

"他坚称佩拉斯吉人的语言不是希腊语,其根据是达达尼尔海峡上的两个城市据信是佩拉斯吉人的,但其语言是外国的。"③

"希罗多德的观点似乎得到现代发现的支持,在利姆诺斯岛发现了一个墓碑,上面的语言类似伊特鲁里亚语,有充分的理由相信,他所指的达达尼尔海峡上的城市也说安纳托利亚语。"④

传说中希腊古城邦多由外来民族所创立,雅典城是埃及人建立。"雅典城是由一位埃及人栖克洛普斯创立的。"⑤

"雅典的创建者凯克洛普斯(栖克洛普斯)是埃及人的传说很可能流行于希罗多德的时代。"⑥

"现在称之为希腊的地方被佩拉斯吉人占据时,雅典人,一个佩拉斯吉人的民

---

①[英]尼古拉斯·奥斯特勒:《语言帝国——世界语言史》中译本,第206页,上海人民出版社,2011年5月第2版。
②[美]马丁·贝尔纳:《黑色雅典娜》中译本,第62页,吉林出版集团,2011年7月第1版。
③[美]马丁·贝尔纳:《黑色雅典娜》中译本,第62页,吉林出版集团,2011年7月第1版。
④[美]马丁·贝尔纳:《黑色雅典娜》中译本,第62页,吉林出版集团,2011年7月第1版。
⑤[德]黑格尔:《历史哲学》中译本,第236页,上海书店出版社,1999年9月第1版。
⑥[美]马丁·贝尔纳:《黑色雅典娜》中译本,第62页,吉林出版集团,2011年7月第1版。

族,被称为 Kranaoi。在凯克洛普斯(木西克洛普斯)统治时,他们的名字是 Kekropidai(凯克洛普斯之子)。厄瑞克透斯(Erechtheus)继位时,他们把名字改为雅典人。"①

5.雅典的国土面积

雅典是上千个希腊城邦中一个,位于阿提卡半岛。古阿提卡面积不超过 80 平方公里,北依 Kitheronas 山麓,三面环海。

城邦的概念

"城邦不仅包括一个城市中心区（在随后的几个世纪里它常常由坚固的围墙护卫着）,还包括方圆数英里的农村地区,那里星散着各式各样的小型聚居点。城邦的居民可以住在城市中心也可以住在村落或是孤立的农舍。"②

"古典时代,希腊世界的城邦大约有 1500 个。"③

"阿提卡半岛"方圆约 80 平方公里

"阿蒂卡(阿提卡)是一个方圆不超过 80 平方公里的半岛。"④

古阿提卡指以雅典为中心,突入爱琴海的三角形半岛的地域,北部边界是半岛北部现代希腊语称作 Kitheronas(古希腊语:Kithairon)的著名山麓,全长约 16 公里,山麓以北即维奥蒂亚。

80 平方公里什么概念?

大体相当于人口稠密的珠江三角洲地区的一个小镇的面积。(如广东省中山市东升镇面积为 79.2 平方公里)

雅典城邦只是阿提卡半岛的一部分,小镇中的一个聚落中心而已,著名的考古遗址雅典卫城就是这样一个小城堡。雅典城邦被限制在这样的一个狭窄的自然地理环境中。

对比:中国广东省中山市东升镇

东升镇现辖高沙、裕民、同乐、东升、兆龙、利生、同茂、东城 8 个社区居民委员会,新胜、益隆、坦背、白鲤、太平、胜龙 6 个村民委员会,人口 7.02 万,流动人口

---

① Herodotos,Ⅷ.44. 转引自[美]马丁·贝尔纳:《黑色雅典娜》中译本,第 62—63 页,吉林出版社集团,2011 年 7 月第 1 版。
② [美]托马斯·R.马丁:《古希腊简史》中译本,第 67 页,上海三联书店,2011 年 12 月第 1 版。
③ 黄洋、晏绍祥:《希腊史研究入门》,第 227 页,北京大学出版社,2009 年 8 月。
④ [美]时代－生活图书公司:《民主的曙光·古雅典》中译本,第 9 页,山东画报出版社,2001 年 9 月。

5.09万,总面积79.2平方公里。

东升镇是珠江三角洲极为普通的一个镇,土地面积与雅典所在地阿提卡半岛好有一比,一个不足80平方公里,一个79.2平方公里。那么,雅典在阿提卡半岛就像是东升镇镇政府所在地,所不同的是一个处于大江三角洲的开阔地带,一个处于多山半岛的封闭区域。

6.雅典的人口规模

在今天西欧的教科书中,雅典城邦鼎盛期的人口规模如下:

"在伯里克利时代的雅典,大约有15万自由公民(包括家庭成员),12万奴隶,约4万外国侨民。"①

孟德斯鸠谈论古希腊雅典人口

18世纪孟德斯鸠在《论法的精神》谈到古希腊雅典公民为两万人,但这不是雅典的总人口。孟德斯鸠的这一说有其来历,《论法的精神》原书有注解谈到雅典的总人口,但是在不同的中译本之间翻译有出入。1961年张雁深译本是43.1万人,而2012年许明龙译本作7.1万人。

张雁深译本:"当雅典很显赫地称霸四邻的时候,同它很可耻地遭受奴役的时候,它所拥有的兵力是一样的。当它防卫希腊反抗波斯的时候,当它和拉栖代孟争帝国的时候,当它进攻西西里的时候,它的公民是两万人。当狄米特里乌斯·法列累乌斯稽核它的人口就如同人们在市场上数奴隶一样的时候,它的公民是两万人。(注:计公民两万一千人,异邦人一万人,奴隶四十万人,见雅蒂乃乌斯:《食事大全》,第6卷)"②

许明龙译本:"雅典无论是在显赫地称霸于四邻或是在屈辱地遭受奴役的时候,都拥有同样的兵力。在它保卫希腊抗击波斯时,在它与斯巴达争夺帝国时,在它进攻西西里时,都只有两万公民。当德米特里乌斯如同在市场上检点奴隶的数量一样核查雅典的人口时,雅典有两万公民。(注:公民两万一千人,异邦人一万人,奴隶四万人。参阅阿泰奈(Athénée),《哲人宴享》,第6章)"③

---

①[法]德尼兹·加亚尔等:《欧洲史》中译本,第74页,人民出版社、海南出版社,2010年7月第1版。

②[法]孟德斯鸠:《论法的精神》张雁深中译本上卷,第21页,商务印书馆,1961年11月第1版。

③[法]孟德斯鸠:《论法的精神》许明龙中译本上卷,第32页,商务印书馆,2012年5月第1版。

显然，张雁深译本应该是正确的，"奴隶四十万人"，许明龙译本少了一位数。孟德斯鸠另一本书在与罗马人口对照中，对雅典的居民人口作了明确的陈述，"雅典的居民是四十三万一千人"。

"在国王被驱逐之后不久罗马所进行的人口调查，以及在法列拉的狄米特留斯在雅典所进行的调查中，我们看到两个城市居民的数目几乎是相等的：罗马的居民是四十四万，雅典的居民是四十三万一千人。不过罗马进行人口调查正是在它的全盛时代，而雅典进行人口调查时，它已经完全腐化了。我们看到，罗马的成年公民是它的居民人数的四分之一，而在雅典，成年公民只占二十分之一弱。"①

雅典城邦究竟有多少人口呢？

"根据公元3世纪的文献，雅典的奴隶曾经达到四十万人。"②

今天中国学者有坚持雅典奴隶40万人之说者："至于奴隶人数40万人，即使被高估了，但也不会高出太多。"③

按照传抄下来的古代数据，古希腊城邦曾有大量的奴隶，其中如阿提卡：40万奴隶；厄基纳：47万奴隶；科林斯：46万奴隶。

对此，西方学者不大相信："这些数字意味着这些国家拥有难以置信的高密度人口。"④

"成年男性公民仅占阿提卡全部人口的15%左右，大概也就是20万人中的3万人。"⑤

"公元前480年，当斯巴达与雅典为抵抗波斯人的入侵而一度携手时，雅典有大约30000名公民。"⑥

依上所述，大概可归纳为三种说法：

一说50—60万人（奴隶40万人，加上非奴隶人口10—20万）

一说31万人（15万公民，12万奴隶，4万外侨）

---

① [法]孟德斯鸠：《罗马盛衰原因论》中译本，第13页，商务印书馆，1962年5月第1版。
② 吴于廑：《古代的希腊和罗马》，第49页，三联书店，2008年5月。
③ 厉以宁：《希腊古代经济史》上编，第361页，商务印书馆，2013年6月第1版。
④ [英]保罗·卡特里奇：《剑桥插图古希腊史》中文版，第191页，山东画报出版社，2005年2月第1版。
⑤ [英]保罗·卡特里奇：《剑桥插图古希腊史》中文版，第101页，山东画报出版社，2005年2月第1版。
⑥ [英]阿诺德·汤因比：《人类与大地母亲》中译本，第215页，上海人民出版社，1992年1月第1版。

一说 20 万人（公民占 15% 约 3 万，总人口约 20 万人）

50—60 万人是什么概念？

超过今天国际上人口最稠密的地区，如今天香港和新加坡那样的人口密度。

人口密度比较：

阿提卡：6875 人 / 平方公里

香　港：6420 人 / 平方公里

新加坡：6430 人 / 平方公里

阿提卡人口为 31 万人的情况下，远远高于今天中国人口最稠密的地区上海：

阿提卡：3875 人 / 平方公里

上　海：2931 人 / 平方公里

阿提卡人口为 20 万人的情况下，人口密度高于今天北京的一倍以上：

阿提卡：2500 人 / 平方公里

北　京：1037 人 / 平方公里

中国为世界上的人口大国，珠江三角洲是今天中国人口最稠密的地区之一。

珠江三角洲人口密度为 832 人 / 平方公里，其中核心地带广州市的人口密度为 1277 人 / 平方公里，东升镇人口密度为 1529 人 / 平方公里。

古阿提卡土地面积与东升镇相仿，仅为香港土地面积 1/13 弱。一般来说，古典时代与今天相比，不仅人口非常稀少，而且人口的平均寿命也短，因战乱等非正常死亡的概率很高。

因此可以断言：即使土地面积相仿，古希腊时期的雅典，连上全部阿提卡半岛的人口，决不会多过今天广东省东升镇。事实上，在近代奥斯曼统治时代后期，雅典人口不过 1 万人左右。

我们知道，希腊地区土地贫瘠，自然资源贫乏，尤其是像阿提卡半岛这样的地方，在所谓古希腊时期，依其农业经济形态来说，不可能有太多的生产剩余，不会有大批奴隶，也不会有自由民的概念，不会比奥斯曼统治时代后期的自然条件更优越，其人口规模也不会超过奥斯曼统治后期的 1 万人。

今日希腊中部的维奥蒂亚，面积约 3000 平方公里，大约是古代阿提卡面积的 37 倍，而人口仅有 11.5 万。

维奥蒂亚，希腊历史地理区，位于希腊中部，北界弗西奥里斯区，南临科林斯湾，西为福基斯区，东滨埃维亚湾，面积 3211 平方公里，人口 11.5 万。埃利孔山（海拔 1748 米）把本区分为两部分，北部平原有基菲索斯河灌溉。南部平原受阿索普斯河灌溉。维奥蒂亚产小麦、玉米、烟草、油橄榄等，主要城市莱瓦贾，在希腊军事、艺术、政治历史上颇有名。

7.雅典的政治形态

公民会议（全体公民构成，九天一届，每次有五六千人出席）

五百人会议（由 10 个部落每年选举一次，每个部落选出 50 人）

执政官（每部落以 50 名会议成员为天然执政官，轮值期为一年的 1/10）

办公地点：政治集会广场

"公民会议是民主政治的灵魂和喉舌，在雅典，正常情况下公民会议每九天开会一次，在会议上做出各种决定，每个男性公民从 18 岁起便可参加会议，在会上发言，并参加投票表决。……有五六千人出席并非罕见。……要讨论的问题，都事先由五百人会议准备。

"这个会议由五百人组成，每年在雅典的 10 个部落（城邦的下一级行政区划）选举一次，每个部落选出 50 人，每一部落的 50 名会议成员共同履行会议的行政职能，轮值期为一年的 1/10。他们都有执政官的名义。他们在雅典的主要广场政治集会广场和公职人员一起主持治理城市。"①

"人们倾向于忽视这样一个事实，即希腊人同其他地方的人一样，必须吃饭。"②

雅典一个小镇，本来没有多少人口，却动辄聚集五六千人，美其名曰"公民会议"。十几亿人的大国，几千年的历史，也只是开过一两次"七千人大会"，而雅典一个小镇，公民却不事生产，"公民会议"九天一届，五六千人集体务虚，常务机构"五百人会议"，年年选举，天天开会，夜以继日，热闹非凡、不亦乐乎！

希腊人之间无休止的争斗植根于利己主义

"阿提卡的利己主义给雅典带来了一连串的灾难，它反复犯同样的错误，……引起希腊文明的衰落。……我们必须寻找他们身上那种根深蒂固的、自私愚蠢的利己主义的心理原因。"③

众所周知，除了极端的自私之外，古希腊的另一个特点就是善于"诡辩术"。用

---

① [法]德尼兹·加亚尔等：《欧洲史》中文版，第 75 页，人民出版社、海南出版社，2010 年 7 月第 1 版。

② [英]保罗·卡特里奇：《剑桥插图古希腊史》中文版，第 33 页，山东画报出版社，2005 年 2 月第 1 版。

③ [英]阿诺德·汤因比：《历史研究（插图本）》中译本，第 148 页，2005 年 4 月第 1 版。

中国话说,"诡辩术"就是"巧言令色",结果自然是"鲜矣仁!"那些诡辩都是基于极端的私利,一群人聚在一起为自己争利,就是"言不及义"。

雅典卫城不过是一座普通的古城堡

这座著名的雅典卫城"实际上到1831年,它才不再被当作堡垒使用,3年后,希腊国王奥托(Otho)坐在帕特农神庙的一个饰有橄榄枝、爱神木和桂枝的宝座上,正式为卫城的重建举行了开工典礼。"①

雅典所在的阿提卡半岛,先是受到波斯帝国的攻击,后来被马其顿所征服。公元前86年又遭罗马将军苏拉摧毁,不久并入罗马版图。公元5世纪西罗马灭亡后,依托于东正教的拜占庭帝国治下。公元1453年拜占庭帝国为土耳其所灭,又归于奥斯曼帝国。

"在奥斯曼统治时代后期,雅典的人口仅1万多,城市中建有36座教堂、清真寺和1座伊斯兰修道院,参观的西方游客经常往来于城市中。"②

希腊王国定都雅典

为什么将一个小镇定为新独立的希腊王国的首都呢?

原来出于构造"西欧中心论"的需要,19世纪的西方人利用了15世纪以后大量出现的伪造文献,致力于锻造作为西方文化源头古希腊的概念。

19世纪为西方人构造古希腊概念的黄金时代,1834年"奥托的摄政府考虑到雅典在西方人心目中的地位,以及维持西方大国支持的重要性,决定把首都设在雅典。"③

欧洲大国"投桃报李"

"大多数人达成一致的是……作为新希腊的首都,雅典必须更加欧洲化。主要的设计者——德国的设计师莱奥·冯·克伦茨(1784—1864)确定,'雅典的设计工作属于欧洲事务。'新城市……主要集中于如今宪法广场、协和广场和古罗马神庙的中轴线一带。……到19世纪70年代,现代雅典的雏形已经日益明显。城市中有林荫大道、广场(宪法广场、协和广场)、科学院、国家图书馆、王宫(扎皮翁宫)、贝丹大酒店,以及公园和广场。……泛雅典娜体育场……"

打造新的古希腊概念,是出于构建"西欧中心论"的需要。

---

① [英]保罗·卡特里奇:《剑桥插图古希腊史》中译本,第254页,山东画报出版社,2005年2月第1版。

② [英]尼古拉斯·杜马尼斯:《希腊史》中译本,第184页,东方出版中心,2012年4月第1版。

③ [英]尼古拉斯·杜马尼斯:《希腊史》中译本,第184页,东方出版中心,2012年4月第1版。

雅典城邦是建设起来了,没有人口怎么办?

雅典一个地方人口不够,于是先搞一个联合城市,然后再引进移民。"雅典-比雷埃夫斯联合城市的人口从1860年的47 750人升至1890年的15万人。……来到城市中心的新移民中有很大一部分是年轻男性,他们有很高的荣誉感,但却有暴力倾向,尤其是在雅典。"①

8. 希腊城邦的经济形态

经济上落后的希腊公社除了在贫瘠的土地上种植粮食以及在葡萄园的一点收成之外,最主要的就是输出雇佣军。

"无论是希腊中心地区还是海外,大多数希腊城邦仍是由一些经济上自给自足的小的农业公社组成。也有少数城邦开始生产一些专门的产品,以供出口去交换外国的粮食,在与那些他们既无法征服也不能殖民的国家的人民的贸易中,他们得以创造另一种生活方式。这些专门化的出口业务之一,便是输出希腊雇佣军。

早在公元前7世纪,希腊雇佣军输入埃及,便已经引起人们的注意。公元前6世纪,米蒂利尼的希腊诗人阿尔凯奥斯的一个兄弟,就在尼布甲尼撒的军队里充当雇佣军。经济上落后的希腊公社不仅出口,而且也只能出口雇佣军。"②

古典时代、前古典时代、希腊化时代希腊地区始终战乱频繁

"在约公元前750年以后的250年间,……一个城邦内部不同的社会阶层与政治派系之间互相残杀。在开始于公元前750年的新的历史时期里,希腊人相互之间就像他们在迈锡尼时代同样的残酷无情。"③

"崇奉城邦制的公民们,怀着刻骨的仇恨彼此征战。……在后亚历山大时代就像前亚历山大时代一样,希腊世界由于缺乏最终局面而始终战乱频繁。"④

---

① [英]尼古拉斯·杜马尼斯:《希腊史》中译本,第188—189页,东方出版中心,2012年4月第1版。

② [英]阿诺德·汤因比:《人类与大地母亲》中译本,第211页,上海人民出版社,1992年1月第1版。

③ [英]阿诺德·汤因比:《人类与大地母亲》中译本,第213页,上海人民出版社,1992年1月第1版。

④ [英]阿诺德·汤因比:《人类与大地母亲》中译本,第250—251页,上海人民出版社,1992年1月第1版。

9.雅典的人口构成

构成雅典人口的是些什么样的人呢?

"所有的公民都属于139个德莫或村庄之中的一个。这些村庄构成了雅典城邦,其中最大的一个德莫是阿卡奈。在雅典城内有5个德莫,另有10个或15个坐落于与之紧密相连的周边郊区。一些德莫非常小,比如位于法勒农港口正南面的哈利摩斯,在公元前4世纪中叶时,它的公民人数大约仅有70或80个。然而,大量的雅典人像狄卡奥波利斯一样,居住在阿提卡乡下的村庄里。"①

原来雅典名义上虽然称为城邦,实际上,其人口构成不过是原始部落的村民而已。除了这些本地村民之外,再加上一些奴隶及外国侨民就是雅典城邦的实际状态。

为了编造古代雅典经济繁荣的神话,不惜编造一个小镇拥有40万奴隶的故事,要不然,在生产力低下、落后的蛮荒之地,在一个小镇里如何维持每9天开一次参加人数达五六千人规模的"公民会议"?也不知道一个小镇哪里有那么多议题?对比一下,才知道中华古国"无为而治"理念的高明。

雅典公民不事生产,于是就编造出几十万奴隶为其进行生产。不想,这样一来,在一个远古的荒村的人口密度,居然超过了现代化大都市高楼林立的新加坡、中国香港;就算有新加坡、中国香港那样遍地几十层的高楼大厦,也容不下阿提卡那样高密度的人口,最后故事编得连西方学者自己也觉得过意不去了。

为这个小镇编造这么多人口出来,一方面是为了支撑"公民会议"的规模,另一方面也是为了圆成"雅典学园"的神话。要不然柏拉图、亚里士多德办"学园",谁来上学呀?

---

① [英]保罗·卡特里奇:《剑桥插图古希腊史》中译本,第121页,山东画报出版社,2005年2月第1版。

第二章　古希腊三大名著质疑

作为西方文明源头的《荷马史诗》(《伊里亚特》、《奥德赛》)、西方"历史之父"希罗多德的《历史》及著名史学家修昔底德的《伯罗奔尼撒战争史》,被称为古希腊三大名著。

然而,我们从这些古希腊名著的版本、流传状况、所使用的语言、作品所反映的古代社会生活状况、作品的故事梗概、作品中对年代的记述等方面的情况提出系统的质疑。本章对这三部作品,分别采用了不同的辨伪方法。

第一节　《荷马史诗》为后世炮制

1.版本问题:《荷马史诗》哪里来?

最初的传说认为《荷马史诗》是盲诗人荷马个人的作品。另一说认为,荷马不是一个人,荷马史诗的形成经历了许多世纪。

"荷马是一位盲诗人"说出自伪书《伯罗奔尼撒战争史》

"关于荷马诗颂《阿波罗颂》(*Homeric Hymn to Apollo*),修昔底德曾明确地指出此诗是一首 prooímion[序歌][1],述说人以第一人称出现,并确认自己是来自基俄斯岛的盲歌手,自己的歌会在将来赢得众人的赞许(《阿波罗颂》172—173);这首颂诗的歌手声称自己不是别人,正是荷马,正是享誉天下的荷马诗歌的作者。依照这首序歌来看,以第一人称说这些话的演述者并不仅仅代表着荷马:他就是荷马。"[2]

"最初,有一则神话讲述的是荷马本人制作了荷马诗篇。而与此神话相关联的一个隐喻是,一位大师级的工匠制造出了技艺精湛的一部杰作。尔后,还有一些关

---

[1]《伯罗奔尼撒战争史》3.104.4—5。
[2] [匈]格雷戈里·纳吉:《荷马诸问题》中译本,第114页,广西师范大学出版社,2008年6月。

于后荷马式的诗歌再造神话。"①

另一说：荷马史诗出于集体创作，来源于伪书——品达《奥林匹克颂诗》

"在品达的诗歌中，prooímia［序歌］被再现为'荷马的后代们'的演唱；Homērídai［荷马立达］即'荷马之子'，这一称谓被用于基俄斯岛同一世系的史诗吟诵人，他们将自己的血统追溯到一名叫 Hómēros 荷马的祖先那里。"②

"其中最引人注目的隐喻来自后期关于一个原型书面文本的种种故事，说的是这个文本支离破碎地流散为不同的段落，后来经由一位文化英雄的创举，即刻间便被再度整合为一体了。正如我已经论述过的那样，这一隐喻就是我们现在所熟知的庇西特拉图修订本这一概念的雏形。"③

"对'庇西特拉图修订本'这一概念提出质疑，就影响深远而论，一直以来都以戴维森（J. A. Davison）的一篇文章为魁首……他提及一种'泛雅典娜文本'（a Panathenaic text），以参证方法说明了《伊里亚特》和《奥德赛》的'文本'曾被有规律地加以演述，正如我们已经看到的那样，在雅典的泛雅典娜赛会上的演述。"④

斯巴达版本神话

"第一个故事来自斯巴达，中心大意是讲一个零零落落的文本，散佚四处，遍及操希腊语的各个地方，然后又纯属偶然地在一个特定的时间和地点，被一位取信于社会司法体制的智者一下子就重新结集起来，这位智者就是立法者利库尔戈斯（Lycurgus）。根据普卢塔克（Plutarch）在其《利库尔戈斯传》中记述的这个故事来看，利库尔戈斯带到斯巴达的荷马诗篇，是他从史诗演述人的一脉传人那里得到的，这些演述人都属于克里奥菲鲁斯家族（Kreophyleioi），他们是萨莫斯岛的克里奥菲鲁斯（Kreophylos of Samos）的后代。在古风时期的斯巴达，萨莫斯岛的克里奥菲鲁斯所具有的权威性似乎超过了另一地方的史诗演述者，也就是因传承荷马诗篇而饮誉的基俄斯岛的荷马后代（the Homeridai of Chios）。正如亚里士多德在其残篇中所言，荷马诗篇是利库尔戈斯带到斯巴达的，在他游历萨莫斯岛的时候，从克里奥菲鲁斯的后代那里得到了它。有关荷马诗篇，普卢塔克还说，利库尔戈斯从克里奥菲鲁斯的后代那里接手之后，就'把它们写了下来'，亦即 egrácato；尔后，他又将它们'组合编订'起来。普卢塔克的相关记述理当一字不差地征引如下：

---

① ［匈］格雷戈里·纳吉：《荷马诸问题》中译本，第 126 页，广西师范大学出版社，2008 年 6 月。
② ［匈］格雷戈里·纳吉：《荷马诸问题》中译本，第 114 页，广西师范大学出版社，2008 年 6 月。
③ ［匈］格雷戈里·纳吉：《荷马诸问题》中译本，第 126 页，广西师范大学出版社，2008 年 6 月。
④ ［匈］格雷戈里·纳吉：《荷马诸问题》中译本，第 127 页，广西师范大学出版社，2008 年 6 月。

"鉴于这些史诗的盛名在希腊人中间已经不再那么熠熠辉煌了,而且其中的若干部分已然被部分地占有了[动词kéktēmai],一直以来荷马诗篇都散落在四方,只是偶然地被带往各地,因而正是利库尔戈斯率先使荷马诗篇遐迩闻名。"①

雅典版本神话

"根据策策斯(Tzetzes)《希腊轶事》(*Anecdota Graeca* 1.6,ed. Cramer)的记述,某一位奥诺马克利托斯,就是我们刚刚看到希罗多德描述过的那位神谕诗整理者(《历史》7.6.3),当时是庇西特拉图执政时期委任的监管整理荷马诗篇的四人小组成员之一。在此之前,荷马诗篇是散落在四处的……②在艾利安(Aelian)的《历史杂集》(*Varia Historia* 13.14)中有一段集中的叙述,讲到立法者利库尔戈斯将荷马诗篇带到斯巴达的情况,这与后来庇西特拉图将《伊里亚特》和《奥德赛》传入雅典的相关记述形成了鲜明的对比。在西塞罗(Cicero)的《论演说家》(*De Oratore* 3.137)中可以看到这个故事最简明的版本:庇西特拉图作为'七贤'之一,当时被认为有如此的渊博学识和雄辩之才,以至于'据说他是第一个将以前零乱无章的诗篇,整理为我们现在所拥有的整齐有序的荷马卷册'的人。雅典人最初接受有关《荷马史诗》的这些推测性记述,后来又得到了柏拉图《希帕尔科斯》的声援,其中的故事声称当时是希帕尔科斯——庇西特拉图的儿子,把荷马诗篇传入雅典的。我们所面对的这一建构的雏形,已然在古典学者中间成为众所周知的'庇西特拉图修订本说'。"③

"'庇西特拉图修订本'的故事可以解释为一个神话,它打上了庇西特拉图家族进行政治攫用的明显标记。尤其引人注目的是,普鲁塔克和西塞罗对利库尔戈斯和庇西特拉图的记述之间有着彼此类似的描述。利库尔戈斯,这位斯巴达的立法者,将荷马诗篇带给了他的共同体;而庇西特拉图被描述为'七贤'之一,他也同样将荷马诗篇带给了雅典人的共同体。这里,我重述我早期做出的一项分析性结论:古希腊关于立法者的种种神话,无论他们是否是历史人物,这些人物都往往被

---

①[匈]格雷戈里·纳吉:《荷马诸问题》中译本,第94—96页,广西师范大学出版社,2008年6月。

②注:Allen[1924:233]认为策策斯这些消息的来源是阿特诺多罗斯[Athenodorus],即帕伽马图书馆的馆长。注意在《希腊诗选》[Greek Anthology 11.442]中也有记载:"是我将荷马的诗歌汇集到了一起,此前人们到处在传唱的这些诗篇散落在四方";亦见保萨尼阿斯的《希腊纪事》[*Pausanias* 7.26.13]。转引自[匈]格雷戈里·纳吉:《荷马诸问题》中译本,第947页。

③[匈]格雷戈里·纳吉:《荷马诸问题》中译本,第97—98页,广西师范大学出版社,2008年6月。

当作整个习惯法的创制者来加以重新建构……在艾利安的记述中，无与伦比的立法者与僭主庇西特拉图之间的相似性是显而易见的，就像利库尔戈斯将萨摩斯岛克里奥菲鲁斯后代们演述的荷马诗篇带给了斯巴达人，并因此而声名鹊起一样；而庇西特拉图家族则是因为将基俄斯岛荷马后代们演述的《荷马史诗》带给了雅典人，从而赢得了声望。"①

"根据这个故事的雅典版，荷马诗篇是在现在被称之为'泛雅典娜法令'的语境中定型的。在这一语境中，'史诗吟诵人'在《伊里亚特》和《奥德赛》的演述中是不被允许厚此薄彼地选择自己喜爱的某些史诗吟诵片段的，因而'史诗吟诵人'必须一位接一位地按顺序来演述史诗的叙事（柏拉图《希帕尔科斯》228b 和第欧根尼·拉尔修《明哲言行录》1.57）。"②

"希帕尔科斯（Hipparkhos）……他在公众场合干过许多漂亮的事儿来展示他的智慧（sophía），尤其是作为将荷马的诗歌话语（épē）带到（komízō）这方土地[雅典]来的第一人，他还强迫'史诗吟诵人'在泛雅典娜赛会上按顺序完成这些话语，通过接替的方式，就像他们'史诗吟诵人'今天甚至还在做的那样。"③

所谓《荷马史诗》正式版本，其实只是一个假说

"庇西特拉图（Pisistratus 或 Peisistratus），雅典僭主（公元前 560—前 527 年），以其鼓励体育竞赛和对文学的贡献而闻名。他曾编定《荷马史诗》的正式文本，被称为'庇西特拉图校订本（Pisistratean recension）'。"④

"有关'庇西特拉图修订本'这一概念的简要回顾及其基本资料的概述，见 Allen 1924:225—238。亦见 N 1990a:21—22 注 20。Janko（1992:29）针对这一概念，提供了非常有用的主题研究文献目录，而他个人的立场是'荷马文本的存在早于庇西特拉图时期'。该著的第 32 页，与这份文献目录一道提供了早期学者的看法，即'庇西特拉图修订本'是一种假说，是帕伽马的学者发明的。"⑤

"没有证据支持将《伊里亚特》和《奥德赛》假定为创作，假定为文本及其书写下来的结果。"⑥

---

①[匈]格雷戈里·纳吉：《荷马诸问题》中译本，第 98—99 页，广西师范大学出版社，2008 年 6 月。

②[匈]格雷戈里·纳吉：《荷马诸问题》中译本，第 99 页，广西师范大学出版社，2008 年 6 月。

③[匈]格雷戈里·纳吉：《荷马诸问题》中译本，第 108 页，广西师范大学出版社，2008 年 6 月。

④[德]维拉莫威兹：《古典学的历史》中译本，第 176 页，三联书店，2008 年 6 月。

⑤[匈]格雷戈里·纳吉：《荷马诸问题》中译本，第 98 页，广西师范大学出版社，2008 年 6 月。

⑥[匈]格雷戈里·纳吉：《荷马诸问题》中译本，第 90 页，广西师范大学出版社，2008 年 6 月。

罗马时代文本制作：抄写员的身份——奴隶

"公元前150年以降的那个时代,文本'标准化'的新尺度,折射出来的并非是亚历山大学术的权威,而是其他因素——包括由那种极简主义的准编辑技术带来的增长,这对手抄本的大规模商业复制来说是必需的。与此相关的问题是,我们可能会注意到,西利的考证表明'人们可以一举多得,让一个奴仆坐在那里大声地诵读一个文本,而让其他众多的奴仆坐在他的周围并将他们听到的书写下来'。阿提库斯(T. Pomponius Atticus)是罗马时代一位成功的出版商,据说被他雇用下来的人被描述为'最好的诵读者和人数最多的抄写员'(涅波斯《阿提库斯传》,*Nepos Life of Atticus* 13.3)"①

拉丁文本的来历

据说出自意大利文艺复兴的"圣人"之手。

"如人们所熟知的,佩脱拉克拥有并以有如宗教的虔诚态度小心地保存着一部自己不能读的希腊文荷马诗集。《伊利亚特》和《奥德赛》的全部拉丁译文,在佩脱拉克的建议和薄伽丘的帮助下,由一个卡拉布里亚的希腊人里昂吉奥·彼拉多完成了。"②

佩脱拉克是文艺复兴的旗手,一个意大利人,自己不懂希腊文,又从哪里得来希腊文《荷马史诗》的呢?完全是一个无头案。

这部希腊文《荷马史诗》又是如何翻译成拉丁文的?如上所引,据说是在薄伽丘的帮助下,由一个希腊人翻译的。薄伽丘也是文艺复兴的旗手之一。

另一说:《荷马史诗》由美第奇家族的家庭教师被称为"小荷马"的意大利诗人安吉洛·波利齐亚诺在16岁时翻译成拉丁文。

"安吉洛·波利齐亚诺(Angelo Poliziano,1454—1494)也译作波利提安(Politian)。他是意大利的诗人和人文主义者。他于16岁时把荷马的著作译成拉丁文,被称为"小荷马"。他曾任美第奇家族的家庭教师,并在佛罗伦萨大学讲学,写有许

---

① [匈]格雷戈里·纳吉:《荷马诸问题》中译本,第133页,广西师范大学出版社,2008年6月。

② 参看佩脱拉克《书信集》,夫拉卡塞提版,第18卷第2页,第24卷第12页,改订本25页。夫拉卡塞提意大利文译本第4卷,第92—101页及第196页以下的注释,柏拉图时代以前荷马的作品译文片断,亦见于此。……大家都知道,伪造作品的事当时是很普遍的。复古的热情由此变成无赖之徒谋利或娱乐的东西。见文学史中论阿尼乌斯·维特尔波的文章。[瑞士]雅各布·布克哈特:《意大利文艺复兴时期的文化》中译本,第202—203页,商务印书馆,1979年7月第1版。

多抒情诗。"①

可以断言，16 岁的意大利人可以翻译的东西，一定不是真的古希腊文。就算是文艺复兴时期的"圣人"薄伽丘也不可能懂得古希腊文，自己不懂如何帮助别人翻译？

实际上，当时没有人懂得古希腊文，因为在所谓荷马时代到古典时期的古希腊，只有方言，并没有所谓通用古希腊文的存在。如果是真的古希腊文，那一定是某种古希腊方言，而古希腊方言并没有传下来。即使传下来了，今天的人们也不可能懂。后世见到的所有所谓的古希腊抄本，其实都是通用古希腊文，是创作《新约》所使用的、以西亚北非为中心的一种书面语言。

西方学术界如何解释这种情况呢？

干脆说《荷马史诗》从来就没有失传过，或者说，几千年间一直都存在。根据是据说公元 6 世纪的一本书中谈到过这方面的情况。

"荷马和欧里庇得斯的著作从没有消失，因此，古老的系统继续存在，不过变得越来越平淡无奇罢了，这点可以在 6 世纪最有影响的教师乔治·邱尔波斯库斯（Georgius Choeroboscus）的著作中得到充分地证明。"②

我们知道，中国考据学有个概念"孤证不立"，单凭某一本书并不足以得出结论，况且该著作本身也未必不是一部伪书。

对《荷马史诗》的迷信

"事实上，已经有人说过，单荷马一人的著作就包括了艺术和学问的全部——说他的著作就是一部百科全书。参阅《科得路斯·乌尔塞斯全集》，讲演第 13 篇末尾。我们在几位古代作家的作品中也的确发现了与此相同的见解。

"以下就是科德路斯·乌尔塞斯的一段话③：'所以请即放心。我要为你讲授希腊文学。尤其是荷马的圣作，宛如拿骚所说的，诗人的口从荷马的大作中亦即从永久的源泉中得到诗神的水的涵濡，你可以从荷马学到文法，从荷马学到医学，从荷马学到天文，从荷马学到神话，从荷马学到历史，从荷马学到风俗人情，从荷马学到哲学家的理论，从荷马学到军事艺术，从荷马学到烹调，从荷马学到建筑，从荷马学到管理城市的方法。总之，笃学的人所能希求的任何美好、任何高尚的事物，

---

①［瑞士］雅各布·布克哈特：《意大利文艺复兴时期的文化》中译本，第 57 页，商务印书馆，1979 年 7 月第 1 版。

②［德］维拉莫威兹：《古典学的历史》中译本，第 6 页，三联书店，2008 年 6 月。

③讲演第 13 篇，赞扬自由艺术颂；《全集》，1506 年，威尼斯版，第 38 页。

你都可以在荷马的作品中很容易地找到。'专讲荷马作品的'讲演'第 7 和第 8 篇(《全集》第 26 页以下,第 1034 栏)内容主旨相同。"①

2.语言问题:《荷马史诗》所使用之语言为人造语言

说起《荷马史诗》的来历,首先要问,它是用什么语言写成的呢?

希腊语大概可以分成几种情况:

①现代希腊语

②标准希腊语

③古典希腊语

④古希腊方言

据说古希腊地区有 20 种以上的方言。其中,著名的有四大方言:

方言 1:伊奥尼亚希腊语

方言 2:爱奥尼亚希腊语

方言 3:阿尔卡多 - 塞浦路斯希腊语

方言 4:多利安希腊语

"现代希腊语"属于斯拉夫语族

现代希腊人属于斯拉夫人种,所操希腊语属于斯拉夫语族,据说有 70 种方言。

"标准希腊语"属于所谓的"闪含语"

标准希腊语所谓"希腊化时代"所流行的书面语言,该语言以埃及亚历山大城为中心。《新约》的创作所使用的就是这种语言,实际上与所谓"闪含语"相近。

"古典希腊语"(虚构的语言)

以雅典方言为基础,为所谓古典著作所使用的语言。(实际上不存在)

"古希腊方言"(也许存在,但无人知晓)

后世对于古希腊方言的说法,只是后来人们的推测,实际上并没有人对于所谓古希腊方言有确实的了解。

希腊本土怎样被划分为四个部落并不清楚

"希腊本土后来怎样被划分为著名的四个部落[即伊奥利亚人(Aeolians)、阿

---

① [瑞士]雅各布·布克哈特:《意大利文艺复兴时期的文化》中译本,第 272 页注,商务印书馆,1979 年 7 月第 1 版。

卡亚人(Achaeans)、多利亚人(Dorians)、爱奥尼亚人(Ionians)]的是极为不清楚的。其中的一个名字,伊奥利亚人,很可能是作为整个部族的集合名称;另外一个部落阿卡亚人,当然是荷马所使用的名字;另外两个,多利亚人和爱奥尼亚人,从来就只是来表示整个民族的一个部分的名称,尽管随着时间的推移,它们获得了两种不同的习俗、思想和语言的重要含义。那个著名的谱系表告诉我们,海伦(Hellen)的儿子是埃俄罗斯(Aeolus)、多洛斯(Dorus)和克苏托斯(Xuthus),克苏托斯的儿子是伊翁(Ion)和阿开俄斯(Achaeus),这完全是毫无价值和前后矛盾的。这说明了希腊的人种学所存在的一些特殊的困难。"①

"事实上,我们并不知道四种主要的方言是在什么时间以及在什么地方形成的;也不很清楚这种方言的差异,与在这个变幻不定时期里,许多分散的希腊小社会在文化上认同自己的方式有着怎样的关系。"②

《荷马史诗》所使用的是上述语言中哪一种呢?

欧洲人爆料:《荷马史诗》使用的语言是一种人工书面语!

"《荷马史诗》使用的语言,是德国人所称的 Kunstsprache,即一种人为雕饰的混合书面语,从来没有在诗歌朗诵之外的场合使用过。"③

"按照旧式的颇遭诟病的方言区分方式,古希腊语被分成爱奥里斯方言、伊俄尼亚方言、多利斯方言和叙事诗语言四种,前三种表示实有的民族使用的语言,最后一种的名称则是人们赋予它的,'叙事诗语言'代表的这种语言,也同样是人们制造出来的。无论伊俄尼亚人、爱奥里斯人还是多利斯人都不说这种语言……这种语言富于韵律、擅长感情表达,是一种用来表现英雄故事的工具,它的结构复杂……具有固定的修辞,受到六音步等叙事诗韵律的制约。"④

《荷马史诗》所使用的语言,原来在现实中从来不曾存在过!

---

① [瑞士]雅各布·布克哈特:《希腊人和希腊文明》中译本,第59页,上海人民出版社,2012年4月第2版。

② [英]保罗·卡特里奇:《剑桥插图古希腊史》中译本,第55页,山东画报出版社,2005年2月第1版。

③ [英]保罗·卡特里奇:《剑桥插图古希腊史》中译本,第49页,山东画报出版社,2005年2月第1版。

④ 译自 G. Murray,《古希腊文学史》(A History of Ancient Greek Literature,London,1911),第27页。[古希腊]阿波罗尼俄斯:《阿尔戈英雄纪·译文》中译本译者前言,第14页,华夏出版社,2011年1月。

所谓古希腊语发音系统是 16 世纪新造的

正是这位 16 世纪荷兰文学家"埃拉斯穆斯开创了一种'最纯正'的古希腊语发音系统。"①

《荷马史诗》两部著作:《伊里亚特》的主人公是阿喀琉斯,《奥德赛》的主人公是奥德修斯。有趣的是,《荷马史诗》最主要的两位主人公的名字,都不是希腊语。

"其实,希腊神话中存在的大量非希腊语,主要是神名和地名。法国年鉴学派代表人物费尔南·布罗代尔指出:'……荷马笔下的一些英雄人物的名字也不是希腊语言,如阿喀琉斯、奥德修斯,这是何等的悲哀!'"②

3.欧洲有一个编造史诗时代,"荷马"为其中之一,并不特别

罗马史诗《埃涅阿斯纪》:"特洛伊"故事的续篇

"埃涅阿斯传说——还是让我们给这个千变万化的神话故事起个好听的名字吧,长久以来不断整合翻新,却从未形成过一个罗马与特洛伊之间、准确地说是特洛伊与罗马之间关系的坚强核心,交将所有承认和接纳这一关系的人紧密团结在一起——就像最早的古代史诗版本那样,它始终是个帝国传说。这个传说的存续,与徘徊在西罗马帝国众王国上空的幽灵密不可分。更有甚者,特洛伊传说和罗马的神圣使命,造就的不仅是故事和书籍;它们还为大小宫廷源源不断地提供有力证据,演变成了君主帝王幕后指使的、宫廷史记和宫廷绘画的御用工具。埃涅阿斯传说漫长的演化过程——从第一任罗马帝王到 16 世纪'帝国继承者',尤其是卡洛勒斯五世及菲利普二世最后的辉煌,在玛丽·唐纳最新的研究著作中得到了淋漓尽致的表现。"③

罗马史诗《埃涅阿斯纪》经久不衰。"维吉尔的这篇诗是西方非宗教文学中一部重要著作。在印刷术发明后不久,差不多五百年间,每年都有一本印行。在那以前,它大概是欧洲最著名的非宗教书籍。从罗马时代迄今,没有任何书像它这样继续出名。"④

---

① [希腊]娜希亚·雅克瓦基:《欧洲由希腊走来》中译本,第 77 页,花城出版社,2012 年 3 月。
② 王倩:《20 世纪希腊神话研究史略》第 1 版,第 64 页,陕西师范大学出版总社有限公司,2011 年 3 月。
③ [希腊]娜希亚·雅克瓦基:《欧洲由希腊走来》中译本,第 165 页,花城出版社,2012 年 3 月。
④ [古罗马]维吉尔:《埃涅阿斯纪》中译本,杰克逊·奈特序言,第 13 页,吉林出版集团,2010 年 4 月第 1 版。

法国史诗《法兰西亚德》(1572):主角为特洛伊血统的法兰克斯

"当时大量问世的新史诗作品,也验证了人们对中世纪族谱史料的无法割舍,其中最典型的就是龙萨(Ronsard)的《法兰西亚德》(1572)。众所周知,这部作品的主角正是拥有特洛伊血统的法兰克斯。"①

4.《荷马史诗》流行之初,逊色于另一部伪诗《奥西恩》(《芬戈尔》)

推动18世纪德国浪漫主义运动的是两套英雄史诗,一套是《荷马史诗》,另一套是《奥西恩》(即《芬戈尔》)。当时认为《奥西恩》这部史诗比《荷马史诗》更好。据称该史诗是3世纪诗人奥西恩创作的。《奥西恩》1762年出版后,在半个世纪内一直是欧洲阅读最广泛的诗歌。拿破仑远征埃及时还携带了这本书。

然而,这部推动欧洲浪漫主义文学运动的史诗《奥西恩》原来是一部伪书。造伪者是名叫詹姆斯·麦克弗森(James MacPherson)。

"芬格尔诗,传说是三世纪爱尔兰英雄芬格尔(Fingal 或 Finn,又作 Find)之子欧辛(Ossian)歌颂他父亲及其扈从为了抵御外侮、保卫祖国而战死的英勇事迹所做的史诗,在民间流传很广,又名欧辛诗。"②

"一个种族最为纯洁的两个本质被视为是语言和民歌。作为声音它们属于时间,而非空间。它们不是稳定的,而是移动的;如果不是'活着'的话,它们被视为传达感情,而非理性。而且,它们不仅是整个种族的表达,而且是这个种族最典型、最有活力的阶段,即'童年'或原始阶段的表达。所以在此我们聚焦于民歌和民谣。

"在对歌谣、史诗及其与民族关系的关注中,德国运动背后的主要推动力来自英国,或者更确切地说,来自苏格兰。1707年与英格兰联合的法案,1715年和1745年打败老觊觎王位者及其儿子漂亮王子查利(Bonnie Prince Charlie),以及苏格兰高地的盖尔人文化遭到破坏,迫使旧的民族主义进行了重大的重新调整。说英国的上层阶级苏格兰人很快发展了一种对民族主义的安全的文学升华,其中有对素朴的、落后的、遥远的东西的崇拜以及对失落的纯真的恋旧。对此,主要的艺术表现是真正的或新近制造的民谣或民歌。

"这一运动最有影响力的产品显然是詹姆斯·麦克弗森(James MacPherson)伪

---

① [希腊]娜希亚·雅克瓦基:《欧洲由希腊走来》中译本,第164页,花城出版社,2012年3月。
② [法]伏尔泰:《哲学辞典》上册中译本,第110页译者注,商务印书馆,1991年10月第1版。

造的盖尔语全套史诗,据称是3世纪诗人奥西恩所作,主题是他父亲的英雄事迹。《奥西恩》1762年出版,虽然很快被揭露为伪作,但它在出版后半个世纪内一直是欧洲阅读最广泛的诗歌。拿破仑远征埃及时携带了这本书。在《奥西恩》之前,珀西(Percy)主教出版了他的《英诗辑古》。这一真正苏格兰和英格兰边界民谣的集子也在整个欧洲影响广大,尤其是在德国,这个集子激励赫尔德倡导了收集和出版民歌的新运动。民歌运动与歌德发起的小说狂飙运动结合到了一起[德语中小说叫Romane,'浪漫主义'(Romanticism)一词即得名于此]。

"在18世纪晚期的多数时间里,奥西恩被视为比荷马要更好。……在罗马,希腊式教育总是从荷马开始。"①

"较之物质遗产,更成功的也许要数其他(非文物收藏的)'荒诞不经的遗产':一些新的爱好虽然早已有之,此时才被公认是真实可信以及更适合于思想及情感表达的,这就是大众民歌。基尔泰行吟诗人奥西安(Ossian)就是此类风尚的极端代表性人物。这位虚构的诗人在18世纪下半叶所释放的魅力以及他所引起的赞美,促成了近几个世纪以来最大的文学欺瞒之一,且赢得了公众的普遍认可和喜爱。"②

两部伪书同时流行于18世纪,《荷马史诗》后来居上。

5.《荷马史诗》或因袭西亚、北非同类作品

《荷马史诗》与西亚《吉尔伽美什史诗》的相似性

"伯克哈特发现了《奥德赛》与《吉尔伽美什》(Gilgamesh)之间的相似性……M.L.韦斯特(M.L.West)1997年写成的《赫利孔山的东方面孔:希腊诗歌和神话中的西亚元素》(*The East Face of Helicon: West Asiatic Elements in Greek Poetry and Myth*)。韦斯特确定了两者之间的大量交叠之处,比如,《吉尔伽美什》和《伊利亚特》

---

①[美]马丁·贝尔纳:《黑色雅典娜》中译本,第184—185页,吉林出版集团,2011年7月。

②注:公元3世纪的北方诗人奥西安的《芬戈尔》以及其他诗作,由詹姆斯·麦克弗森(James Macpherson)于1762—1763年间陆续出版,并在全欧大获全胜。然而,当时却无一人对此骗局提出质疑:奥西安的手稿不过是出版商的捏造。参阅柯斯蒂·斯蒙苏里(Kirsti Simonsuuri)的《荷马的天赋:18世纪早期希腊史诗的观念》,剑桥,1979年,第108—119页。在此值得提到歌德在《少年维特之烦恼》中的一句话:"奥西安夺走了荷马在我心中的位置"。此语引自雨果·胡奴(Hugh Honour)的《新古典主义》,哈蒙兹沃思,1983年,第64页(1968年首版)。[希腊]娜希亚·雅克瓦基:《欧洲由希腊走来》中译本,第168页,花城出版社,2012年3月。

之间,《吉尔伽美什》和《奥德赛》之间,还有萨福(Sappho)和巴比伦诗歌之间。"①

关于《吉尔伽美什史诗》

在19世纪中叶,由大英博物馆的乔治·史密斯从亚述古都尼尼微亚述巴尼拔墓里的泥板图书馆中发掘出土了一部古老的史诗,共11块泥板,计约3600行;后来,史诗内容又为第12块泥板补全。很大一部分泥板现存于德国首都柏林的远古及古代历史博物馆[Museum für Vor- und Frühgeschichte(Berlin)]。

苏美尔学家S. N. Kramer,第一个把苏美尔传说部分破译。到20世纪20年代,所有泥板已基本复原,译注也基本完成,包括中译本。

这部史诗名为《吉尔伽美什史诗》,据考证最早来源于苏美时期的第三乌尔王朝(前2150—前2000年),以楔形文字写成,其后又流传发展至古巴比伦时期,公元前2000年早期出现了最早的阿卡德版本。

公元前1300年—前1000年,由法师(excortist)Sin-liqe-unninni编写完成标准阿卡德版本,到公元前600年渐渐传到小亚细亚。

《吉尔伽美什史诗》的发现

"《吉尔伽美什史诗》泥板首次面世于19世纪中期。1839年,英国人奥斯丁·亨利·雷亚德(Austen Henry Layard)在美索不达米亚平原勘察时,发现了尼尼微和尼姆鲁德(Nimrud)遗址。

1849—1853年,土耳其·波斯国界委员会委员罗夫特斯(W K Loftus)在瓦尔卡(Ten el-Warka)发掘出一段古城墙,同时出土了一些泥板,里面包含了《吉尔伽美什史诗》残片。

1853年,雷亚德的同事霍姆兹德·拉萨姆(Hormuzd Rassam)在尼尼微发掘出了亚述巴尼拔图书馆遗址,出土了大量楔形文字泥板,《吉尔伽美什史诗》的泥板就包括其中。这批《吉尔伽美什史诗》泥板就是所谓的标准版本《吉尔伽美什史诗》。

史诗原来共计12块泥板,共约3600行,这批泥板中所保存的内容大概相当于原文的一半,藏于大英博物馆。"②

《奥德赛》为埃及《死者之书》的希腊版

"《奥德赛》的场景主要位于希腊西面,而据论证,希腊人在公元前8世纪末殖民西西里和意大利南部之前不可能了解地中海中部地区。我认为,将这部史诗看

---

① [英]彼得·沃森:《人类思想史浪漫灵魂:从以赛亚到朱熹》第1版,第238—239页,中央编译出版社,2011年5月。

② 参看李晶硕士学位论文:《吉尔伽美什史诗译释》,厦门大学,2008年。

作埃及《死者之书》的希腊版在许多方面都是有用的,在埃及和希腊宇宙论中,日落处的西部诸岛都与地狱和死者的灵魂王国相联系。"①

"希腊城邦比较小,经常很穷,它们的民族诗人是荷马,荷马的英雄史诗与18世纪浪漫主义对北方民谣的激情契合很好,而多数北方民谣极其血腥,像《伊利亚特》一样。这里和语言一样,我们看到希腊和北欧之间的特殊关系。"②

6.《荷马史诗》是希腊神话主要来源之一,而希腊神话晚出

古希腊诸神来源于埃及、西亚,主神宙斯即阿蒙、朱庇特,而雅典娜是埃及女神奈斯,阿波罗则来源于小亚细亚。

希腊人缺乏对神的敬意,只有畏惧。希腊诸神无恶不作,分明是山妖,哪里像天神。希腊诸神起源于北非、西亚,却住在希腊国土的一座山上(实际上在马其顿之北)。诸神在罗马、埃及为天神,抄袭到希腊变成了山神,很可能受日耳曼山妖的影响。希腊诸神与罗马诸神一一对应,而希腊诸神比罗马诸神更详尽、具体,诸神谱系越详尽说明越晚出。

举例来说:宙斯

"但是朱庇特,万神之主,岂不是从幼发拉底河直到台伯河之间各个民族共有的一个名字?那就是最初罗马人那里的约夫(Jow)、约维斯(Jovis),希腊人那里的宙斯(Zeus),腓尼基人、叙利亚人、埃及人那里的耶和华(Jehova)。"③

阿蒙神庙

"埃及境内底比斯(卡纳克,Karnak)的阿蒙纳斯(Ammonas)神庙与圣所建造于第十二王朝之时。埃及人崇拜阿蒙神为诸神之王,描绘其形象作公羊头状,或者是一个带有公羊角的男子状。在献给阿蒙的神庙内,祭司们会豢养一头公羊,他们认为这头羊便是神的一种表现形式。另外还有将阿蒙描绘成如下形状的:他头上覆盖着一支太阳的光盘,并且有两根长长的羽毛。

"古代希腊人认为宙斯和阿蒙是同一位神,而称之为'宙斯–阿蒙纳斯'。他的崇拜传至希腊,特别是传到了马其顿地区的派利恩(Pellene)以及皮奥夏地区的底比斯一带。

---

① [美]马丁·贝尔纳:《黑色雅典娜·》中译本,第71页,吉林出版集团,2011年7月。
② [美]马丁·贝尔纳:《黑色雅典娜:构造古希腊1785—1985》中译本,第169页,吉林出版集团,2011年7月。
③ [法]伏尔泰:《哲学辞典》1867年版中译本下册,第434页,1991年10月第1版。

虚构的古希腊文明——欧洲"古典历史"辨伪

"阿蒙还出现在了克里特的神话之中。据说阿蒙统治着克里特岛并娶了瑞亚为妻,不过后来瑞亚抛弃了阿蒙,转而嫁给了她的兄弟克洛诺斯。

"在古代,阿蒙神谕所的神使是最重要的预言者之一。他们从阿蒙神雕塑的诸多不同的位置以及鸟儿的飞行、树叶发出的沙沙声,或者是从一道泉水潺潺流动的声响中获得阿蒙神的启示信息。值得一提的是古希腊城邦会派遣使者从祭司们那里接受阿蒙神的预言。亚历山大大帝曾对该神谕所做过一次历史上很著名的访问,在那里他被当作宙斯-阿蒙纳斯之子而受到接待。"①

阿蒙神的儿子亚历山大

"亚历山大大帝显然认为自己是阿蒙神的儿子。他在征服埃及后,前往沙漠,去咨询阿蒙神在利比亚绿洲锡瓦的伟大神示所。神示所告诉亚历山大他是阿蒙神的儿子,这解释了为什么从那以后亚历山大的硬币上将他展示为带角的阿蒙神。"②

雅典娜来自埃及

雅典娜是埃及女神奈斯,非常古老的战争女神,崇拜地在 Delta,智慧女神,保护杜米特夫,鳄鱼神索贝克之母。

希罗多德《历史》称,欧赛埃司族认为雅典娜女神来自埃及,是波塞东和妥里托尼司湖神的女儿,后来离开波塞东,投靠宙斯。

"邻接着玛科律埃司人的是欧赛埃司人,他们和玛科律埃司人中间隔着一条妥里通河,他们住在妥里托尼司湖的岸上。玛科律埃司人把长发留在头的后面,但欧赛埃司人则是留在前面。他们对雅典娜神每年举行一次祝祭,在祝祭的时候,他们的少女分成两队,相互用石头和木棒交战,据他们说这样做是遵照他们祖先的方式来崇敬当地那个我们称之为雅典娜的女神。因伤致死的少女则被称为假处女。在女孩子们开始交战之前,全体人民总是先把最漂亮的女孩子选出来,给她戴上科林斯的头盔和穿上希腊的全幅甲胄,然后使她登上战车,在整个湖岸上奔行。在希腊人住到他们的近旁来之前,他们用什么武器装备他们的女孩子我说不清楚,但是我认为这武器是埃及的,因为我认为希腊的盾和头盔都是从埃及来的。至于雅典娜,他们说,她是波赛(塞)东和妥里托尼司湖的女儿,而由于某种原因和父

---

① 见[希腊]索菲娅·N.斯菲罗亚:《希腊诸神传》中译本,第 31 页,国际文化出版公司,2007年 11 月。

② [美]马丁·贝尔纳:《黑色雅典娜:构造古希腊 1785—1985》中译本,第 99 页,吉林出版集团,2011 年 7 月。

亲闹翻了,于是她便投到宙斯那里去,宙斯于是收留她为自己的女儿。"①

阿波罗来自小亚细亚

"成为最典型希腊神灵的阿波罗,最初就来自于小亚细亚。"②

希腊的诸神来源于埃及及西亚

"几乎所有神的名字都是从埃及传入希腊的。我的研究证明,它们完全是起源于异邦人那里的,而我个人的意见则是,较大的一部分则是起源于埃及的。除去我前面所提到的波赛东和狄奥司科洛伊,以及希拉、希司提亚、铁米斯、卡利铁司和涅列伊戴斯这些名字之外,其他的神名都是在极古老的时候便为埃及人所知悉了。我这样讲,是有埃及人自己说的话为依据的。他们说他们不知道名字的那些神,我以为除去波赛东之外,都是希腊人从佩拉司吉人那里才知道了名字的。至于波赛东这个名字,则他们是从利比亚人那里知道的。在古代的一切民族当中,只有利比亚人一直在崇奉这个神,而且也只有这个民族从一开头便有这样一个名字的神。"③

以上所引《希罗多德历史》为伪书,实际上所谓古希腊神话出现的时间要晚得更多。

希腊人讲的故事很多、很荒谬

"在某种程度上,还是出现了对事物现状的一种自觉。传统最初是游吟诗人和神话编造者的领地,后来被称为'散文纪事家'(logographers)的人取代。他们专门搜集各个地区和民间的神话传说,修昔底德曾说,他们写了很多东西,其目的是为了愉悦听者而非阐明事实。后来,我们在斯特拉波的著作中也看到:'旧作家描述了很多从未发生过的事情,他们是在神话编造者的谎言中长大的。'他说这句话与米利都的赫卡泰乌斯(Hecataeus)有关,赫卡泰乌斯可能是最重要的散文纪事家;但赫卡泰乌斯自己在斯特拉波之前500年就曾经这样写道:'希腊人讲的故事很多、很荒谬。'在公元前4世纪的时候,第一个敢于把希腊人的普遍历史与世界的其他地方联系起来的人是厄福洛斯(Ephorus),他有充足的理由从多利亚人的入侵开始讲起。"④

---

① [古希腊]希罗多德:《历史》中译本上册,第335—336页,商务印书馆,1959年6月第1版。
② [英]凯伦·阿姆斯特朗:《轴心时代——人类伟大宗教传统的开端》中译本,第115页,海南出版社,2010年5月。
③ [古希腊]希罗多德:《历史》中译本上册,第133页,商务印书馆,1959年6月第1版。
④ [瑞士]雅各布·布克哈特:《希腊人和希腊文明》中译本,第60—61页,上海人民出版社,2012年4月第2版。

治丝益棼——胡乱改编、自由编造、尽情杜撰

"因为神话把以下所有这些东西都包裹在其精致和闪亮的面纱之中，包括对大地和宇宙的看法，宗教和诗歌，对世界的无意识的观察，以及从生活中提取出的经验。从中产生的图像都被当作一种包含着最遥远时代的某种情形的东西接受下来，不过这种东西是以一种非常自由和易于变形的方式被记录下来的。在对事物起源的描述是如此众说纷纭的情况下，胡乱改编和前后矛盾是不可避免的，也没有什么大惊小怪的。而且，自由编造就是用来解决这一困境的办法，尤其是在谱系的事情上。每个阶段的创作者，即使他们声称自己是多么的规规矩矩，一直是神话的一位学徒，用一种神话的方式看待一切；而此外，他们用一种完全有别于现代世界的方式尽情地杜撰和编造。"①

7.德国考古学家如此发掘特洛伊

施利曼7岁时想入非非，想见神话古城特洛伊

特洛伊本来只是一座神话中的城市，就好像《西游记》里的花果山。可是，德国出了一个有志少年，从小梦想见到这座神话中的城市。

"在19世纪最后25年内，施利曼的发现从根本上改变了对早期希腊历史的论述。7岁时，施利曼看到特洛伊城大火的图画，就想参观这个古城的遗址，并说道，那里的堡垒不会全部消逝的。10岁时，他写了一篇关于特洛伊战争的拉丁文论文。他父亲的穷困使他不得不在14岁时自谋生活，直到34岁他才开始学习希腊文。41岁时，他变为富翁，因而放弃了营业。"②

施利曼发现特洛伊，他的缺点只有学者才知道

"1870年，他开始发掘希萨里克即特洛伊城遗址；1874年，他出版了《特洛伊城古迹考》。学术界嘲笑他，因为他天真地想指实《伊利亚特》诗篇中所描写的东西和建筑物。他认为这诗篇是实录，他还混淆了那些累积起来的不同地层。他的发现引起了全世界的兴趣，而他的缺点只有学者才知道。"③

---

① [瑞士]雅各布·布克哈特：《希腊人和希腊文明》中译本，第60页，上海人民出版社，2012年4月第2版。

② [英]乔治·皮博迪·古奇：《十九世纪历史学与历史学家》中译本下册，第737页，商务印书馆，2011年7月第1版。

③ [英]乔治·皮博迪·古奇：《十九世纪历史学与历史学家》中译本下册，第737—738页，商务印书馆，2011年7月第1版。

"他的缺点只有学者才知道"是什么意思？就是说学者们明知那是假的。

发掘考古现场简直像是开挖苏伊士运河

"谢里曼雇用了120名民工,命令他们尽量挖宽、挖深,从小山的这一端挖到那一端,挖出了一道130英尺长的坑,简直像是把蛋糕一下从中间切开,看看里边夹的是什么心子。有人这样讥讽道：'他简直是在挖苏伊士运河,哪里像是在考古现场发掘！'"①

特洛伊的证据：火烧石墙

在谢里曼去世后,威廉在西沙里克遗址上继续探察,并成功定位了特洛伊Ⅵ的部分遗迹。这是谢里曼的民工尚未破坏掉的部分。

他发现了一堵大型石墙,找到了特洛伊Ⅵ早已被烧毁的证据。威廉宣告,这才是真正的特洛伊。现代考古学家已经证实了他对年代的推算：特洛伊Ⅰ可追溯到大约公元前3000年；特洛伊Ⅱ（谢里曼认为的特洛伊）,公元前2500年至前2200年；特洛伊Ⅵ,公元前13世纪（《伊里亚特》史诗中所描述的年代）；特洛伊Ⅷ,亚历山大大帝在公元前4世纪所来到的这座希腊城市；特洛伊Ⅸ,最上地层,是古罗马的新特洛伊（新伊利昂）城。②

何以见得该遗址就是特洛伊城遗址呢？因为该遗址有火烧的痕迹,而按照神话传说,特洛伊城曾经遭到过火烧。

谢里曼晚年自己承认,他所发现的遗址不是《荷马史诗》中的特洛伊

推算各地层所属年代的主要权威,是威廉·多朴菲尔德。他在1882年被谢里曼雇用来监督发掘工程进展。据他断言：从最下层的最古老的特洛伊Ⅰ,向上数到最上层的新近地层特洛伊Ⅸ,整个废墟遗址由9个不同地层构成。其中,谢理曼认为特洛伊Ⅱ就是《荷马史诗》中提到的特洛伊所在的地层。但威廉认为,真正的遗址比谢里曼在此之前估计的要古老的多；而且,《荷马史诗》中早已描述过的特洛伊,即公元前13世纪的特洛伊,会在新近得多的地层,即特洛伊Ⅵ中找到。虽然谢里曼大为吃惊,但他最后还是接受了威廉耐心收集的证据,认为有这样的可能性,即他所发现的宝藏可能不属于普里阿摩斯国王。在他去世之前,他承认他所发现

---

①吕贝克·斯特夫等：《废墟的真相——寻找失落的城邦：考古的黄金时代》,海南出版社,1999年9月。

②吕贝克·斯特夫等：《废墟的真相——寻找失落的城邦：考古的黄金时代》,海南出版社,1999年9月。

的艺术珍品可能比普里阿摩斯在位的年代要早 1000 年。①

特洛伊遗址分为 46 层,其中一层可能是《荷马史诗》中的特洛伊

"在西沙里克工作的下一位考古学家是美国人,名叫卡尔·布勒根。此人在 1932 年来到这里。他的发掘方法体现了 20 世纪新的科学的考古学态度,即慢慢地、仔细地测量,记录,照相,然后才搬走所发现的东西。在谢里曼和威廉所遗留下的未被发掘过的小丘地区,布勒根获取了大量关于特洛伊Ⅲ、Ⅳ、Ⅴ的资料。像他的前辈谢里曼和威廉一样,他对证实《荷马史诗》中的特洛伊最感兴趣。他把威廉划分的 9 个地层进一步分成 46 层。他断定特洛伊Ⅶ地层当中的一层最有可能是传奇中的特洛伊。"②

在 9 层考古地层中找不到,就再细分为 46 层。岂知析之愈精,逃之愈巧,就算在 46 层之内寻找,也不过是"断定"为"可能",不亦惑乎?

发现"迈锡尼"

"他在特洛伊的工作遭到土耳其政府的阻挠,于是他转移注意力于迈锡尼,在那里他发现古代国王的坟墓,其中藏满黄金及其他饰品。在拍给希腊王的一个电报里,他宣布他已找出阿加米农及其家属的坟墓。但经过仔细研究后才看出,他所发现的古物并不属于同一时代,而且这些遗骸的数目与性别也与传说不符。然而,他所发现的究竟是阿加米农的还是其他国王的遗骸这一问题无关紧要,因为他毕竟已揭示出一个消逝了的文明。下一步,他在奥科美那斯又发现了所谓米尼亚斯宝库,并挖出迈锡尼附近的提林斯城堡。1890 年,当施利曼逝世时,他已名满天下。

"在 20 年内,他使 3 个城市出土,揭示了迈锡尼文明,并给考古学研究以一个无可估计的推动。他对希腊满怀着浪漫的依恋感情:他娶希腊女子为妻;他的儿子命名为阿加米农,他的女儿为安德洛玛刻,但他缺少进行科学发掘工作所需要的训练和耐心。他认为迈锡尼人就是荷马诗篇中的亚该亚人。

"后来,还是由其他学者来指出,迈锡尼文明是属于前荷马时代的,并由他的晚年同事多普费尔德来证明,赫克脱和阿溪里的城是第 6 个而非第 2 个城。"③

---

① 吕贝克·斯特夫等:《废墟的真相——寻找失落的城邦:考古的黄金时代》,海南出版社,1999 年 9 月。

② 吕贝克·斯特夫等:《废墟的真相——寻找失落的城邦:考古的黄金时代》,海南出版社,1999 年 9 月。

③ [英]乔治·皮博迪·古奇:《十九世纪历史学与历史学家》中译本下册,第 738 页,商务印书馆,2011 年 7 月第 1 版。

随便在近东或地中海岛上找个遗址,就说那是神话中的某某遗址非常容易;就如同在中国找一处有花果山水帘洞景致的地方,然后说这就是美猴王孙悟空的遗址是一个道理。

8.特洛伊出名因维吉尔《埃涅阿斯纪》,非因《荷马史诗》

"特洛伊,这座西方人熟悉的古城,在16、17世纪受到旅行者的大肆追捧。然而,这首先应当归功于维吉尔以及所谓的传奇族谱,而非荷马及其史诗。"①

"伏尔泰则认为维吉尔高于荷马……"②

"假如不充分意识到特洛伊在基督教世界以及在传说和文学传统中的崇高地位,我们也就无法理解千方百计去维护一个虚构特洛伊的真实目的。"③

9.贬低维吉尔、推高荷马

18世纪抬举荷马的是由于欧洲信念的抬头

"众所周知,维吉尔及其作品在中世纪就占据了近乎神话的中心地位;尽管文艺复兴对其进行了较为客观的修正,且连带引发了西方社会对荷马的关注,但他仍旧不失其象征性作用。当时,维吉尔在偏爱程度上没有被他的希腊原型所超越,相反,完全根据《荷马史诗》(拉丁版)标准评定他所拥有的罗马叙事诗人最高典范的头衔,直接导致了人们在阅读荷马原著时的大失所望。

"到了18世纪初,有关两位伟大诗人的认识出现了戏剧性的变化。那些原先被误以为是荷马的缺点(低俗和粗陋),现在则备受赞美,被誉为了优点、美德以及手法简洁、心灵纯真和体魄健硕的真实表现。相比之下,维吉尔的那种被视为最高典范的细腻风格,现在却被当作了'被动模仿'的榜样以及庸俗风雅和恶俗趣味的标志。维吉尔的'陨落',到底在多大程度上归咎于对其叙事素材历史真实性的怀

---

①注:特洛伊地区在古代时期旅行中占据显著地位。从公元1世纪至6世纪,它直接关系到该城在罗马起源传说中的地位。正像朱里安·凯撒大帝赐予伊利翁城(特洛伊后来的名称。——译者)的众多特权那样,它所赢得的无数荣誉使之成了罗马帝国的拜谒地,而伊利翁的居民则变成了职业导游。参阅莱昂内尔·卡森(Lionel Casson)的《古代世界之旅》,巴尔的摩,1994年,第256—257页(1974年首版。1995年希腊文版)。[希腊]娜希亚·雅克瓦基:《欧洲由希腊走来》中译本,第127页,花城出版社,2012年3月。
②[俄]科瓦略夫:《古代罗马史》中译本下册,第44页,上海书店出版社,2011年8月第1版。
③[希腊]娜希亚·雅克瓦基:《欧洲由希腊走来》中译本,第128页,花城出版社,2012年3月。

疑，对此还未作过详细分析。尽管如此，我们仍有兴致对如下二者之间的关系即有关古代史诗的讨论和有关古罗马帝国的对话，尤其是对有关埃涅阿斯创建罗马的公开批驳作一番审视。

"总而言之，维吉尔从一流诗人地位上的陨落，让我们清楚地看到，这个将维吉尔捧上天的世界正面临着巨大困境，也使得我们不得不将这一事实并入彻底背离拉丁中世纪文艺复兴世界的轨迹之中。"①

贬低维吉尔、推高荷马并非孤立的、单纯的文学事件，实际上它与"打压罗马、抬高希腊"的欧洲历史运动密切相关。（参看本书第3章第8节）

10.说荷马时代在公元前9世纪，与史诗中描述的情况不符

"地中海人死后都实行土葬；但是荷马笔下的英雄却用火葬；他们使用铁器，而较早的希腊人民却使用青铜器。"②

希腊没有骑兵，也没有战车，重武装步兵显然也是后世虚构的产物。

古罗马有标枪、投枪，没有弓箭；古希腊不存在，也不可能会有弓箭。《荷马史诗》中的使用弓箭的场面等，都是后世接触东方世界之后才可能了解的事物。

当代西方学者也不得不承认晚近发现的早期爱琴海遗迹与东方传统的一致性。"19世纪末期，海因利希·施里曼和亚瑟·伊文思爵士使原先不为人所知的文明遗迹重见天日。尽管特洛伊、迈锡尼和克诺索斯的名字在《荷马史诗》里早已熟知，但考古发掘表明，青铜时代的爱琴海社会与近东社会而不是后来的希腊，有更多的共同之处。"③

考古学所见到的所谓"荷马时代"为青铜时代，而《荷马史诗》中却大量的对铁器进行描述，存在着显著的时空错位。

所谓古希腊的音乐，实际上来自中国

"中国音乐和希腊音乐两相比较之下，有如下三点，第一，中国音乐与希腊音乐同为单音音乐；第二，中国音乐与希腊音乐均为从五声进至七省；第三，中国与希腊古代均极注重音乐的谐和原理，并提倡一种音乐的世界观。"④

---

① [希腊]娜希亚·雅克瓦基：《欧洲由希腊走来》中译本，第170页，花城出版社，2012年3月。
② [英]W.C.丹皮尔：《科学史》中译本第1版，第41—42页，商务印书馆，1975年9月。
③ 理查德·奥弗里：《泰晤士世界历史》第5版中译本，第66页，希望出版社、新世纪出版社，2011年8月第1版。
④ 朱谦之：《中国古代乐律对于希腊之影响》，第29页，音乐出版社，1957年版。

"晓得中国七音调组织,和古代希腊,即毕太哥拉所发明的七音阶调全同,又知道希腊七音阶调乐制的起源,在纪元前600年左右,而我国则远在纪元前1200年左右,那么希腊乐律所受中国的影响,便很容易明白了。"①

其实,哪里有什么纪元前600年的古希腊,不过是15世纪之后的欧洲人在编造伪古希腊故事时,将来自中国的音乐改头换面,说成是古希腊的古董。

另一处,朱著的结论是:"京房六十律受毕太哥拉影响。"②

其实,应该反过来说,是后人伪造古希腊音乐时,盗用京房(汉代)的方法,将其安在了古希腊毕太哥拉的头上。伪古希腊音乐为中国音乐的翻版,翻版时连七弦琴也说成是古希腊古已有之。

七弦琴称古琴,亦称瑶琴,是中国最古老的弹拨乐器之一。古琴在孔子时期就已盛行,至少有3000年以上历史。自古有"昔伏羲作琴"、"神农作琴"之说。《诗经·关雎》:"窈窕淑女,琴瑟友之"中的'琴',就是七弦琴的前身。唐诗有云:"泠泠七弦上,静听松风寒。古调虽自爱,今人多不弹。"说的正是这种古老的七弦琴。

《荷马史诗》中,在奥林波斯山的神仙会上也亮出了这种七弦琴。"宴会上还有阿波罗持有的漂亮的七弦琴,和用美妙歌声相和的文艺女神们。……"③

西方古典"乐神神话"出自《尚书》

"西方古来荷马式的乐神神话一共有三条,重要的角色也有三位,分别是奥菲斯(Orpheus)、亚利翁(Arion)和安菲恩(Amphion)。终《圣经直解》全书,乐神故事见引者凡二,其一我确定是奥菲斯的神话,因为下引文中'阿弗阿'(Orfeo)一名应为其南欧从西班牙到意大利的俗语形式。

"古书寓言曰:'上古有讴翁,名阿弗阿,其声清亮,善抚乐器。禽兽闻乐,相率争先,跃舞而从。'④

"第二条的内容和上引相去不远……

"古贤设寓言曰:'上古有讴者,清响绝唱,精巧抚琴,飞走者闻声弗自禁,相续而从。'⑤

"我们并比而观,这两条神话型证道故事的主角都善歌,说是其声'清亮'或

---

① 朱谦之:《中国古代乐律对于希腊之影响》,第41页,音乐出版社,1957年版。
② 朱谦之:《中国古代乐律对于希腊之影响》,第48—53页,音乐出版社,1957年版。
③ 罗念生、王焕生:《伊里亚特》中译本,第27页,人民出版社,1994年11月。
④ 吴相湘编:《天主教东传文献三编》(共6册),台湾学生书社,1984年。
⑤ 吴相湘编:《天主教东传文献三编》(共6册),台湾学生书社,1984年。

'清响'。两条故事也都指角色工乐器,后者甚至标出专擅者为'琴',想来系阿波罗好用的七弦琴(lyra),因为无论奥菲斯、亚利翁或安菲恩,在荷马神话的记载中,俱以擅奏此琴或其延衍的竖琴(harp)而闻名。阳玛诺的刻画有一点更妙:乐器或琴声一发,一个故事说'禽兽……跃舞而从',另一个则'飞走者……相续而从',有如《尚书》里夔奉舜命典乐,在'击石拊石'之后,'百兽率舞'。"①

按:以上第一则故事来自《尚书·舜典》:"於!予击石拊石,百兽率舞。"第二则故事所本为:《尚书·益稷》:"箫韶九成,凤凰来仪。"

明末耶稣会来华传教士以张居正的《四书直解》为汉语教科书,而这些来华耶稣会士能接触到当时流行的张居正另一解经著作《尚书直解》也是情理中事。于是,在布教工作的过程中将《尚书》中的典故,改编成为"证道故事",辗转传回欧洲,就成了所谓希腊神话的乐神故事。

11.《荷马史诗》被有组织的造伪者大量抄入各种伪书

《荷马史诗》不仅晚出,而且被有组织的造伪者大量抄入各种伪书以作为《荷马史诗》古已有之的证据。如在伪书希罗多德《历史》、《伯罗奔尼撒战争史》中分别多次提到荷马。(关于这两本伪书的情况,见本书下面章节)

这里再举一个例子:耶稣会士在编造伪中国文献时,也将古希腊与荷马的内容塞入其中,鲁公子对孔子弟子说:"您教我读过希腊文,您又教我读过荷马。"先做假,再以假为真,以"假真"证明"真假"为"真",三人市虎,众口一词,遂弄假成真,乍一看煞有介事,实际上是重重虚构。②

罗素说:"关于荷马的一切全都是推测。"③

"荷马问题继续有一种不可抗拒的吸引力,但肯定的结果还是未能确定。霍姆斩钉截铁地说,'我们将永远不会知道:荷马曾否存在过,他是什么人,或者他写了什么。'沃尔夫所定的《荷马诗篇》写成文字的世纪太晚了,而拉克曼关于它是歌谣汇定集这个理论,也同样站不住脚。安德鲁·兰格重申《荷马诗篇》的统一性的立场,而吉尔伯特·墨莱却从相反的观点上来生动地描述希腊叙事诗的兴起过程。贝拉尔根据地理知识和对腓尼基人的探索,写了一篇关于奥德赛诗篇的有启发性的

---

①李奭学:《中国晚明与欧洲文学——明末耶稣会古典型证道故事考诠》,第232—233页,三联书店,2010年9月第1版。

②《孔子弟子与鲁公子对话录》。

③[英]罗素:《西方哲学史》中译本第1版上卷,第32页,商务印书馆,1963年9月。

概述。"①

《荷马史诗》犹如梦幻泡影,西方学者忙于雾里看花。

12.《荷马史诗》的炮制方法示例

伏尔泰所讲故事:"谈荷马的一段"

一位佛罗伦萨的文人,为人心思正直,兴趣高雅。有一天他在彻斯特菲尔德②先生书斋里跟一位牛津大学教授和一位苏格兰人在一起。这位苏格兰人赞扬芬格尔诗③,据他说,是用威尔士语写的,威尔士语中还有一部分是下布列塔尼语。他高声说道:古代的作品是何等优美呀!芬格耳诗两千年来世代相传,直到现今,从未走样;真正的美,感人之力是多么雄厚啊!于是他便对在座的人诵读芬格尔诗开端这一段。

"居库林④坐在杜拉城墙边一棵枝叶扶疏的树下,他的长矛靠在一块绿茵葱翠的山石上,盾牌放在脚下草地上。他的心里回忆着他在战争中杀死的英雄大卡尔巴。菲提尔生的摩兰——大西洋的尖兵在他面前出现。

"摩兰对他说:'站起来,站起来,居库林,我看见苏阿兰的兵船了,敌人可不少呀,有好多英雄在海面的黑浪上前进。

"蓝眼睛的居库兰反驳他说:'摩兰,菲提尔的儿子,你总是发抖;你害怕,就以为敌人人数多。说不定是荒山国王到于林平原来援助我的。''不是,摩兰说,是苏阿兰自己来了。他像冰崖一样高大,我看见他的旗枪了,好似风中摇动的高大苍松;他的盾牌有如初升的明月;他坐在海滨一块崖石上,就像一朵乌云遮盖了一座山岗。'"

牛津大学教授于是说:啊!这才真是荷马的风格哩;但是更令我喜欢的是我在这里边感觉到滔滔不绝的希伯来卓越口才。我觉得好像是在读一段段的美丽诗篇:

"你必然治理你用铁杖给我们制服了的各个国家。你必然如同窑匠制造陶器

---

①[英]乔治·皮博迪·古奇:《十九世纪历史学与历史学家》中译本下册,第746页,商务印书馆,2011年7月第1版。
②彻斯特菲尔德(1694—1773),英国政治家和作家。代表作有《致儿辈书》,文笔极为优美。与孟德斯鸠很友好。——译者
③芬格尔诗,传说是三世纪爱尔兰英雄芬格尔(Fingal 或 Finn,又作 Find)之子欧辛(Ossian)歌颂他父亲及其胤从为了抵御外侮保卫祖国而战死的英勇事迹所做的史诗,在民间流传很广,又名欧辛诗。——译者
④居库林(Cuchulin),芬格尔诗中人物。——译者

一样把它们摔碎。"①

"你必然会敲碎恶人们的牙齿。"②

"大地震撼了,山的根基也摇动了,因为主怒恼山岳,他抛下了冰雹和火炭。"③

"他住在太阳里边,他从太阳里出来如同丈夫下了床。"④

"上帝必然会敲碎他们嘴里的牙齿,必然粉碎他们的臼齿;他们必然像流水一样消逝,因为上帝张弓射他们;还没有等到荆棘长到杏树一般高,他们必然就被上帝的怒火生吞了。"⑤

"到了晚上,列邦必然转回来,饿得像狗一样;而你,主啊,你必定要嗤笑他们,你要把他们消灭净尽。"⑥

"主的山是一座层峰叠岭的山;你们为什么要瞅那些重重叠叠的山峰呢?主说:我要抛弃巴珊;我把它扔到海里去,好叫你的脚染上鲜血,好叫你的群狗的舌头舔它们的血。"⑦

"把你的嘴大大张开,我必然把它填满。"⑧

"求你叫列邦像车轮一样永转不息,叫他们像风前麦稭,像焚烧树林的火,像燃烧山岭的火焰;你必然用狂风追赶他们,你的忿怒必使他们不知所措。"⑨

"他要在列邦中审判,他使列邦遍地成为废墟;他必然要在许多国土打破仇敌的头。"⑩

"拿你的婴孩摔在磐石上的,那人便有福!"等等。⑪

那位佛罗伦萨人,很留神地听了博士背诵诗篇和苏格兰人高声吟咏芬格尔诗,老老实实说他并没有被这些亚洲形象大大感动,他说对于维吉尔朴素而高雅的风格更为爱好。

---

①见《旧约·诗篇》第 2 篇第 9 句。
②见《旧约·诗篇》第 3 篇第 8 句。
③见《旧约·诗篇》第 18 篇 7 句和 13 句。
④见第 19 篇第 5 句。
⑤见《旧约·诗篇》第 58 篇 6 句和 7 句。
⑥见《旧约·诗篇》第 59 篇 14 句和 6 句。
⑦见《旧约·诗篇》第 68 篇 15、16、22、23 各句。
⑧见《旧约·诗篇》第 81 篇 10 句。
⑨见《旧约·诗篇》第 83 篇 6—13 句。
⑩见《旧约·诗篇》第 110 篇第 6 句。
⑪见《旧约·诗篇》第 137 篇第 9 句。

苏格兰人听了这一席话，气得脸发青，牛津教授直耸肩膀表示轻视，但是彻斯特菲尔德先生却微笑表示赞同，鼓励了佛罗伦萨人。

那位佛罗伦萨人头脑发热起来，觉得有人支持他，便对他们说：列位先生，再没有比夸张自然更容易的了，模拟自然却是最难的事。我有点像意大利所谓"Improuisatori"（即兴诗人）的那类人，可以用这种东方风格的韵文跟诸位一连谈上八天，不费一点劲；因为用猫猫虎虎的韵文，形容词也老是离不开几个字，来做艺术夸张，来连篇累牍地谈战斗，来描绘一些噩梦，这一点也不难。

"谁？您！"教授对他说，"您可以即席做一篇史诗吗？"

"不是像维吉尔作品那样一篇韵律正确像样子的史诗，"意大利人辩解说，"是一篇随意做出、不求工整的诗文。"

苏格兰人和牛津人都说："我看您未必能成。"

"好吧，就请给我出个题吧"，佛罗伦萨人争辩说。

彻斯特菲尔德先生便给他出了布阿阶战役中的胜利者，胜利后奠定和平的"黑王子"①这个题。

即兴诗人凝思了一下，便开始念道：

阿尔比翁的缪斯②，统辖英雄的神明，

请跟我一齐来歌咏，

一不歌咏一个人难解的闲气，

对他的朋友与敌人而生；

二不歌咏列位神明轮流宠爱的英雄；

三不歌咏对那座久攻不破的城堡的围攻；

四不歌咏传说英雄芬格耳的异勋奇功；

歌咏的是那一位英雄既谦恭又勇猛，

他那些真正的战功，

他把国王们锁在牢中，

却对败敌极其尊崇。

---

① 即十四世纪英王爱德华三世之子爱德华，封为威尔士亲王，因身着黑色盔甲而得名。英法百年战争中，在法国中部布阿阶一役获胜，并生俘法王老好人约翰。

② 阿尔比翁（Albion）是古代法国诗人用以指称英国的名词，由拉丁文 albus（白色）演变而来，因英国沿海崖石色白，因而得名。缪斯（Musai），希腊神话中九位文艺科学女神合称。阿尔比翁的缪斯，即英国的诗神。

英国战神乔治已经从天而降,
他坐下神骑吓跑了面前一群里摩簪勇猛雕鞍,
就好像一群咩咩哀鸣的母绵羊和那些温柔羔羊,
看见森林里蹿出了吓人的狼,
挤做一团,急忙往羊圈里躲藏,
狼眼炯炯发亮,长毛直竖血口大张,
涎沫横流,呲牙咧嘴,威胁着这群羊。

圣马丹①保护居民在杜莱纳富饶地方,
日尼薇②——赛纳马恩河一带人民奉为慈祥的女神仙,
德尼斯③双手抱头似人又似神模样,
他们见那乔治飞凌万里长空威严且雄壮,
个个吓得战战兢兢心里发慌。
他头戴金盔钻石晶莹,明亮辉煌,
昔日里天国耶路撒冷曾用这钻石铺饰广场;
正当光明星球④和它妹子⑤每日里转动四十转,
她又用温柔的青光把黑夜来照亮,
人们便看见乔治飞临头顶上。

他手擎骇人的神枪,
曾经是,在开天辟地的辰光,
半人半神的米沙埃耳用来杀伤
世界和造物主永世仇敌的那支枪。
一群天使环绕在宝座近旁,

---

①圣马丹(Saint Martin)法国杜尔地区的主教,士兵出身,以慈善闻名。
②日尼薇(Sainte Geneviève)巴黎市的护城神。传说在匈奴入侵法国时,她曾显灵保护巴黎。
③德尼斯(Saint Denis)高卢的圣徒,巴黎第一任主教。传说他殉教被杀,首级落地,他亲自用双手捧起。
④即太阳。
⑤即月亮。

从他们神背上落下最美丽的羽翎纷纷飘扬,
飘扬在战神乔治的金盔上方,
金盔四周飞翔着那恐怖、战争把人杀伤,
还有那无情的报复和那死亡,
死亡结束了可怜的人类一切灾殃。
这战神又好像一颗彗星一样,
彗星风驰电掣,穿越群星轨道使群星惊慌,
在它远远后方留下了一道道青光,
对软弱的人类预示了若干君王和国家的陨亡。

他立马在沙伦特河岸上。
他的兵器响声铿锵,
一直冲上朱庇特和萨图恩①所统治的穹苍,
他前进两步,来到了那些地方,
在那儿,宽宏大量的爱德华的儿子②
等待着不屈不挠的菲利普·德·瓦卢阿的儿郎③。

佛罗伦萨人用这种调子谈了有一刻多钟。他的话,脱口而出,就像荷马说的,比冬天下的雪还更密更多;然而他的话并不是冷冰冰的,倒好像独眼巨怪在响声叮当的铁砧子上锻打朱庇特的雷电时飞迸出来的火花。④

他的两位反对派只好止住他的话,承认他出乎他们意料之外,的确出口成章,能大量使用伟大形象,而且还能求助于天、地和地狱;但是他们都认为把温情与悲痛融合到崇高感情里去的艺术才是达到登峰造极的境界。

牛津教授说:例如,有什么比看到朱庇特跟他妻子在伊达山⑤上睡觉更有道德

---

①萨图恩(Saturne),罗马神话中朱庇特之父。
②即黑王子。
③即法国国王老好人约翰。
④罗马神话传说独眼巨怪(Ies cyclopes)被关在埃特纳(Etna)火山下,在工匠祖师火神与铁神伏尔甘(Volcanus)的作坊里青铜砧上为主神朱庇特锻炼雷电。
⑤伊达山(Lemont Ida),在希腊克里特岛,希腊罗马神话中,传说天后朱诺在这座山上接待万神主神朱庇特。

感,同时又更有肉感的呢?

于是彻斯特菲尔德先生便发言了,他说道:各位先生,对不起,请允许我也来加入争论。在古希腊时代,或许认为一位神明跟他的妻子在一座大山上睡觉是件很有趣的事,但是我却丝毫看不出来这里面有什么很微妙、很引人入胜的地方。我也必然同你们意见一样,认为那条令评论家和摹拟家喜欢称之为爱神带的围巾是一幅动人的形象,但是我总是想不通这原来是一个催眠的东西,也想不通朱诺①怎么会想到接受万神之主的抚爱来使他入眠。这真是一个有趣的神,这么轻易地就乖乖睡着了。不瞒你们说,我年轻的时候,叫我安眠可没有这么容易。我不知道叫朱诺对朱庇特说这话:"您若一定要亲近我,咱们一块上天到您的住宅去,那是伏尔甘②修建的,屋门关得很严,什么神也闯不进去",是否高雅宜人、饶有趣味,是否机智和端庄。

我也不懂朱诺恳求令朱庇特安睡的睡神怎么会是一位那么清醒的神。这位睡神一会儿就从利姆诺斯岛和伊姆罗兹岛来到伊达山,从两个岛上同时出发可真漂亮。从那儿他又乘上一辆马车,马上又追赶希腊舰队。他寻找尼普顿③,把尼普顿找到了。他哀求这位海神让希腊军在这一天获胜后,他又迅速地飞回利姆诺斯岛。我从来也没见过这么淘气的睡神。

总之,倘若在一篇史诗里必须谈跟谁睡觉,老实说我倒是百倍地更喜欢阿耳辛娜跟罗日尔④、阿尔米德跟雷诺⑤的幽会。

来,亲爱的佛罗伦萨人,请您给我读阿里奥斯托⑥和塔索⑦的这两首令人叫绝

---

① 朱诺(Juno 或 Junon)罗马神话中的天后,主神朱庇特的妻子,即希腊神话中的赫拉(Hera)。掌管婚姻和生育,保护妇女。诗人们都把她描写得高傲、妒忌和喜欢报复。

② 伏尔甘(Volcanus),罗马神话中掌管火与铁的神,即希腊神话中的赫菲斯托斯(Hephaistos)。因天生丑陋,被母后朱诺从奥林波斯山巅扔下,堕落利姆诺斯(Lemnos)岛上,因摔伤腿瘸;在埃特纳山底开设打铁作坊,监督独眼巨人锻铁。能建筑神庙,制作各种武器和金属用品,被人奉为工匠祖师。

③ 尼普顿(Neptunus)罗马神话中的海神。朱庇特的兄弟。他在海底宫殿里圈着几匹金鬃马,供他在海上驾车巡游。

④ 阿耳辛娜(Alcine)、罗日尔(Roger)是阿里奥斯托的叙事诗《疯狂的奥兰多》中的主要人物。

⑤ 阿尔米德(Armide)跟雷诺(Renaud)是塔索的史诗《耶路撒冷的得救》里的主要人物。

⑥ 阿里奥斯托(Ludovico Ariosto,1474—1533),意大利文艺复兴时期伟大诗人。《疯狂的奥兰多》就是他的代表作。

⑦ 塔索(Torquato Tasso,1544—1595),意大利文艺复兴时期大诗人。代表作《耶路撒冷的得救》,以 1096 年第一次十字军东征为题材,反映文艺复兴时期人文主义与宗教思想的冲突。

的诗歌。

佛罗伦萨人没有推辞。彻斯特菲尔德先生非常愉快。苏格兰人在这时候又念芬格耳诗,牛津大学教授读荷马,于是众人皆大欢喜。

人们最后得出结论说,凡是摆脱一切成见、体会到古人和今人的才德、鉴赏他们的美、认识他们的缺点并能加以原谅的人都是幸福的。①

以上我们从版本、语言、史诗题材、神话、时代特点、考古、历史等方面对《荷马史诗》的虚构性进行了系统揭示。在本节的例子里,我们可以领略伪造《荷马史诗》的可能形式;在早于伏尔泰的时代,欧洲的造假者们有足够的才智来炮制类似《荷马史诗》的作品……

第二节 西方"历史之父"希罗多德《历史》纯属虚构

对于西方"历史之父"希罗多德的唯一著作《历史》,西方人其实并不相信。我们以"西欧中心论"的教父——黑格尔为例,看他怎么说。

"任何民族和先前的世界历史民族杰出的时候,通常被看作是那个民族历史的第二时期。希腊人的世界历史的接触,便是和波斯人的接触;在这里边,希腊表现得最为光荣。米太战争的发动,乃是由于爱奥尼亚各城市对波斯人的反抗,雅典人和耶利多里人作各城市的后援。雅典人之所以要卷入这个漩涡的特殊原因,乃是由于庇士特拉妥斯的儿子在雅典企图再握政权而失败了,于是从希腊逃到了波斯王那里。'历史之父'——希罗多德斯——对于这几次米太战争留下了辉煌的描写,我们现在讲到希腊历史的第二个时期,不需要再来多考究这些战争。"②

黑格尔研究历史为何对他的学生们讲"不需要再来多考究这些战争"了呢?我们知道,希罗多德《历史》的主题是描写波斯与希腊之间战争,即"希波战争史"的。然而,从希罗多德《历史》的内容来看,所谓的"希波战争"本质上完全是虚构。

1.波斯大军被描述成一支阵容庞大的万国联军

让我们看一下波斯大军克谢尔克谢斯元帅出征雅典时的阵容。

---

① [法]伏尔泰:《哲学辞典》中译本上册,第110—118页,商务印书馆,1991年10月第1版。
② [德]黑格尔:《历史哲学》中文版,第264页,上海书店,1999年9月第1版。

先罗列一下构成这支联军陆军的国家或民族：
波斯人
美地亚人
奇西亚人
叙尔卡尼亚人（里海人）
亚述人
迦勒底人
巴克妥利亚人
斯奇提亚人
印度人
阿里亚人
帕尔提亚人
花拉子米欧伊人
粟格多伊人
健达里欧伊人
迪达卡伊人
卡斯披亚人
萨朗伽伊人
帕克壮耶斯人
乌提欧伊人
米科伊人
帕利卡尼欧伊人
阿拉伯人
埃西欧匹亚人
东方埃西欧匹亚人（从日出的方向那一面来）
利比亚人
帕普拉哥尼亚人
里巨埃斯人
玛提耶涅人
玛利安杜尼亚人
叙利亚人

普里吉亚人
阿尔美尼亚人
吕底亚人
美西亚人
色雷斯人
披西达伊人
卡贝列斯人
米吕阿伊人
莫司科伊人
提巴列诺伊人
玛克罗涅斯人
摩叙诺依科伊人
玛列斯人
科尔启斯人
科尔启斯人
阿拉罗狄欧伊人
撒司配列斯人

红海岛上部落

派欧尼亚人
埃欧尔地亚人
波提阿人
卡尔奇底开人
布律戈依人
披埃里亚人

马其顿人

佩莱比亚人
埃尼耶涅斯人
多罗披亚人
玛格涅希亚人

阿凯亚人等①

当时所知道的全世界民族几乎全部参加了进攻雅典的波斯联军(甚至包括当时不存在的民族)。

检验一下联军部队

先看陆军：

波斯人

"他们头上戴着称为提阿拉斯的软毡帽,身上穿着五颜六色的带袖内衣,上面有像鱼鳞那样的铁鳞,腿上穿着裤子。他们没有一般的盾牌,而用的是细枝编成的盾,盾的背面挂着他们的箭筒。他们使用短枪、长弓、芦苇制成的箭,此外还有挂在右胯腰带地方的短剑。他们的统帅是克谢尔克谢斯的妻子阿美司妥利斯的父亲欧塔涅斯。"②

美地亚人

"美地亚人的装束是和波斯人的装束一样的。他们的将领是出身阿凯美尼达伊家的提格拉涅斯。"③

奇西亚人

"奇西亚人的装束和波斯人相同,但是他们不戴软毡帽,而是戴着头巾。他们的将领是欧塔涅斯的儿子阿纳培司。"④

叙尔卡尼亚人(他们住在里海的东南岸)

"叙尔卡尼亚人的装备和波斯人一样。他们的将领是美伽帕诺斯,这个人后来成了巴比伦的太守。"⑤

亚述人

"头上戴着青铜的头盔,是人们用青铜以一种难于形容的异邦样式编成的。他们带着埃及式的盾牌、枪和短剑,此外还有安着铁头的木棍;他们穿着亚麻的胴甲。希腊人称这些人为叙利亚人,但异邦人则称他们为亚述人。"

迦勒底人。

"他们的将领是阿尔塔凯耶斯的儿子欧塔司佩斯。"

---

①[古希腊]希罗多德：《历史》中译本下册,第493—540页,商务印书馆,1959年6月第1版。
②[古希腊]希罗多德：《历史》中译本下册,第493页,商务印书馆,1959年6月第1版。
③[古希腊]希罗多德：《历史》中译本下册,第493页,商务印书馆,1959年6月第1版。
④[古希腊]希罗多德：《历史》中译本下册,第493页,商务印书馆,1959年6月第1版。
⑤[古希腊]希罗多德：《历史》中译本下册,第493页,商务印书馆,1959年6月第1版。

巴克妥利亚人

"巴克妥利亚人头上戴的和美地亚人头上戴的极为相似。他们带着本国制造的藤弓和短枪。"①

斯奇提亚人

"属于斯奇提亚人的撒卡伊人戴着一种高帽子,帽子又直又硬,顶头的地方是尖的。他们穿着裤子,带着他们本国自制的弓和短剑,此外还有他们称之为撒伽利司的战斧。这些人虽是阿米尔吉欧伊斯奇提亚人,却被称为撒卡伊人,因为波斯人是把所有斯奇提亚人都称为撒卡伊人的。巴克妥利亚人和撒卡伊人的将领是大流士和居鲁士的女儿阿托撒之间所生的儿子叙司塔司佩斯。"

印度人

"印度人穿着木棉制的衣服,他们带着藤弓和安着铁头的膝箭,这就是他们的装备。他们是配置在阿尔塔巴铁斯的儿子帕尔纳扎特列斯的麾下出征的。"

阿里亚人

"阿里亚人是装备着美地亚弓的,但是在所有其他方面都和巴克妥利亚人一样。他们的将领是叙达尔涅斯的儿子西撒姆涅斯。"

帕尔提亚人,花拉子米欧伊人、粟格多伊人、健达里欧伊人和迪达卡伊人

他们的"装束和巴克妥利亚人的装束一样。帕尔提亚人和花拉子米欧伊人的将领是帕尔那凯斯的儿子阿尔塔巴佐斯;粟格多伊人的将领是阿尔泰欧斯的儿子阿扎涅斯;健达里欧伊人和迪达卡伊人的将领是阿尔塔巴诺斯的儿子阿尔杜庇欧斯。"

卡斯披亚人

"卡斯披亚人穿着皮裘,他们带着国产的藤弓和短刀。他们的将领是阿尔杜庇欧斯的兄弟阿里奥玛尔多斯。"

萨朗伽伊人

"萨朗伽伊人由于穿着染色的袍子而十分引人注目。他们穿着高到膝盖的靴子,带着美地亚的弓和枪。他们的将领是美伽巴佐斯的儿子培伦达铁斯。"

帕克壮耶斯人

"帕克壮耶斯人也穿着皮裘,他们带着本国制的弓和短剑;他们的将领是伊塔米特列斯的儿子阿尔塔翁铁斯。"

---

① [古希腊]希罗多德:《历史》中译本下册,第494页,商务印书馆,1959年6月第1版。

乌提欧伊人、米科伊人和帕利卡尼欧伊人

他们的"装备和帕克杜耶斯人的装备相同。统率乌提欧伊人和米科伊人的将领是大流士的儿子阿尔撒美涅斯,统率帕利卡尼欧伊人的是欧约巴佐斯的儿子西洛米特列斯。"①

阿拉伯人

"阿拉伯人穿着腰间系带的称为吉拉袍子。在他们的右面带着长弓,这种弓在把弓弦放开的时候两端是向后弯曲的。"

埃西欧匹亚人

"埃西欧匹亚人穿着豹皮和狮子皮的衣服,他们带着不下四佩巨斯长的、椰子树干制成的弓和藤制的短箭。箭头不是铁的,而是磨尖了的石头,也就是人们用来刻印章的那种石头。他们还带着枪,枪头是用羚羊角削制而成的。此外,他们还带着有木节的棍子。当他们出战的时候,他们把他们一半的身体涂上白垩,身体的另一半涂上赭红。指挥阿拉伯人和住在埃及上方的埃西欧匹亚人的将领是大流士和居鲁士的女儿阿尔杜司托涅所生的儿子阿尔撒美斯。"

埃西欧匹亚人(从日出的方向那一面来)

"埃西欧匹亚人(原来参加出征的有两种埃西欧匹亚人)是配置在印度人的部队里的。他们和另一部分的埃西欧匹亚人在外表上没有任何不同之处,不同的只是言语和头发而已。原来东方的埃西欧匹亚人是直头发的,但是利比亚的埃西欧匹亚人却有着全人类当中最富于羊毛性的头发。亚细亚的这些埃西欧匹亚人的装备大部分是和印度人一样的,但是他们在头上却戴着从马身上剥制下来的整个前头部,马的耳朵和鬃毛还都留在上面。他们用马鬃来代替冠毛,他们并使马的耳朵硬挺地竖在那里。他们不用盾牌,而是用仙鹤皮当作一种防护武器。"

利比亚人

"利比亚人是穿着皮革制的衣服参加出征的,他们用给火烤硬的一种木制投枪。他们的将领是欧阿里佐斯的儿子玛撒该斯。"

帕普拉哥尼亚人

"帕普拉哥尼亚人头上戴着编制的头盔,他们带着小盾、不大的枪,此外还有投枪和短刀。他们穿着他们本国特有的、到下腿一半地方高的靴子。"②

---

①[古希腊]希罗多德:《历史》中译本下册,第494页,商务印书馆,1959年6月第1版。
②[古希腊]希罗多德:《历史》中译本下册,第495页,商务印书馆,1959年6月第1版。

里巨埃斯人、玛提耶涅人、玛利安杜尼亚人和叙利亚人

他们的"装备和帕普拉哥尼亚人的装备一样。波斯人把这些叙利亚人称为卡帕多启亚人。帕普拉哥尼亚人和玛提耶涅人的将领是美伽西多罗斯的儿子多托司,玛利安杜尼亚人、里巨埃斯人和叙利亚人的将领是大流士和阿尔杜司托涅之间所生的儿子戈布里亚斯。"(同上 496 页)

普里吉亚人、阿尔美尼亚人

"普里吉亚人的装备除去很小的差别之外,大都和帕普拉哥尼亚人的装备一样。根据马其顿人的说法,当这些普里吉亚人住在欧罗巴,与马其顿人为邻的时候,他们称为布利该斯人;但是当他们移居到亚细亚去的时候,他们便也改变了自己的名称并称为普里吉亚人了。从普里吉亚移居来的阿尔美尼亚人的武装和普里吉亚人的装备一样。他们这两种人都是以大流士的女婿阿尔托克美斯为统帅的。"

吕底亚人、美西亚人

"吕底亚人的武装和希腊人的武装十分相似。吕底亚人先前被称为迈奥涅斯人,而后来则改变了名字并按照阿杜斯的儿子吕多斯的名字来称呼了。美西亚人在头上戴着他们本国特有的盔,他们带着小盾和用火烤硬的木制投枪。这些人是从吕底亚来的移民,他们由于奥林波斯山而被称为奥林皮埃诺伊人。吕底亚人和美西亚人的将领是曾和达提斯一道进攻马拉松的、阿尔塔普列涅斯的儿子阿尔塔普列涅斯。"

色雷斯人

"色雷斯人头上戴着狐皮帽,身上穿着紧身内衣,外面还罩着五颜六色的外袍。他们的脚上和腰部穿着幼鹿皮的靴子,同时带着投枪、小圆盾和小短剑。这些人在他们渡海到亚细亚之后便称为比提尼亚人,但在这之前,他们自己说,由于他们居住在司妥律蒙河河畔,他们便称为司妥律蒙亚细亚的色雷斯人,他们的将领是阿尔塔巴诺斯的儿子巴撒凯斯。"①

披西达伊人

"披西达伊人带着生牛皮的小楯,他们每个人使用两支猎狼用的投枪,带着青铜的头盔,在这种头盔上有青铜制的牛耳和牛角,在这上面还有顶饰。他们的腿上裹着紫色的布带。在他们的国土上有一个奉祀阿列斯神的神托所。"

卡贝列斯人、米吕阿伊人

---

① [古希腊]希罗多德:《历史》中译本下册,第 496 页,商务印书馆,1959 年 6 月第 1 版。

虚构的古希腊文明——欧洲"古典历史"辨伪

"卡贝列斯人是迈奥涅斯人,他们被称为拉索尼欧伊人,他们的装束和奇里启亚人相同。米吕阿伊人带着短枪,他们的衣服是用别针扣起来的。他们当中有的人带着吕奇亚的弓,头上戴着皮帽子。统率所有这些人的将领,是叙司塔涅斯的儿子巴德列斯。"

莫司科伊人

"莫司科伊人头上戴着木盔,他们带着盾和短枪,但短枪的枪头却是很长的。"

提巴列诺伊人、玛克罗涅斯人、摩叙诺依科伊人

他们的"装备和莫司科伊人的装备是相同的。至于统率他们的将领,莫司科伊人和提巴列诺伊人的将领是阿里奥玛尔多斯,他是大流士和居鲁士的儿子司美众迪斯的女儿帕尔米司所生的儿子;玛克罗涅斯人和摩叙诺依科伊人的将领是担任海列斯彭特的赛司托斯的太守的、凯拉司米斯的儿子阿尔塔乌克铁斯。"

玛列斯人、科尔启斯人、科尔启斯人、阿拉罗狄欧伊人、撒司配列斯人

"玛列斯人戴着他们本国特别编的头盔,他俩带着革制的小盾和投枪。科尔启斯人戴着木盔,带着生牛皮的小盾、短枪,此外还有刀。玛列斯人和科尔启斯人的将领是铁阿司披斯的儿子帕兰达铁斯。阿拉罗狄欧伊人和撒司配列斯人的装备和科尔启斯人的装备相同。他们的将领是西洛米特列斯的儿子玛西司提欧斯。"

红海岛上部落

"从红海(埃律特列海)方面以及从国王使所谓'强制移民'定居的那些岛来的岛上部落,他们的装束和武器酷似美地亚人。这些岛民的将领是巴该欧司的儿子玛尔东铁司。"①

2.波斯万国联军的人数

波斯万国联军的人数有多少呢?

希罗多德说:"全部陆军的总数看来是 170 万人。"②

另外,还有大规模的万国骑兵与庞大的万国海军!

波斯万国联军铁骑 8 万、战舰 3000

腓尼基人和巴勒斯坦的叙利亚人一道,提供了 300 艘船

至于他们的装备,他们头上戴着和希腊的样式很相似的盔,穿着亚麻制的胴

---

① [古希腊]希罗多德:《历史》中译本下册,第 497 页,商务印书馆,1959 年 6 月第 1 版。
② [古希腊]希罗多德:《历史》中译本下册,第 493—498 页,商务印书馆,1959 年 6 月第 1 版。

甲,带着没有框的盾牌以及投枪。根据腓尼基人他们自己的说法,这些腓尼基人在古昔是住在红海的岸上,而从那个地方迁移过来之后,他们便定居在叙利亚的沿岸地带。叙利亚的那块地方以及一直到埃及的地方总称为巴勒斯坦。

埃及人提供了 200 艘船

他们头上戴着编成的盔,拿着大边的、向里面凹的盾牌,海战用的矛和大战斧。他们大多数的人穿着胴甲并带着大刀。

塞浦路斯人提供了 150 艘船

说到他们的装备,他们王公的头上都缠着头巾,他们的一般人则穿着紧身衣;在所有其他方面,他们是和希腊人一样的。按照塞浦路斯人自己的说法,他们是由以下的一些民族构成的。有一些人是撒拉米司和雅典出身的,有一些人是阿尔卡地亚出身的,有一些人是库特诺斯出身的,有一些人又是埃西欧四亚出身的。

奇里启亚人提供了 100 艘船

他们也戴着他们本国特有的盔,拿着生牛皮制造的圆牌代替盾牌使用,穿着羊毛的紧身衣。他们每个人都带着两支投枪和一把与埃及的弯刀很相似的刀。这些奇里启亚人在古昔是叫作叙帕凯奥伊人,他们现在的名字是由于腓尼基人阿该诺尔的儿子寄里科斯而得到的。

帕姆庇利亚人提供了 100 艘船

他们的装备是和希腊人相似的。这些帕姆庇利亚人是与阿姆披罗科司和卡尔卡司一道从特洛伊离散出来的那些人的后裔。

吕奇亚人提供了 50 艘船

他们穿着胴甲和胫甲,带着山茱萸制的弓和没有羽毛的箭以及投枪。他们的肩上披着山羊皮,头上戴着四周有一圈羽毛的帽子。他们还带着匕首和弯刀。吕奇亚人是克里地出身的,过去他们是叫作铁尔米莱人。他们的名称来自雅典人潘迪昂的儿子吕科斯。

亚细亚的多里斯人提供了 30 艘船

他们的武器是希腊式的,而他们自己则是伯罗奔尼撒地方出身的。

卡里亚人提供了 70 艘船

他们带着弯刀和匕首,但是在其他方面却和希腊人一样。在我这部历史一开头的地方,我就谈到了他们,而且提到了他们先前叫作什么名字。

伊奥尼亚人提供了 100 艘船

他们的装备和希腊人相似。这些伊奥尼亚人,当他们居住在伯罗奔尼撒的今天称为阿凯亚的那个地方的时候，在达纳岛司和克苏托斯来到伯罗奔尼撒之前，正如希腊人所说，他们是叫作沿海地区佩拉司吉人的，他们的伊奥尼亚人的名称则来自克苏托斯的儿子伊昂。

岛上居民提供了17艘船

他们的装备是希腊式的。他们也是属于佩拉司吉族的，他们后来由于与雅典出身的十二城市的伊奥尼亚人相同的理由而被称为伊奥尼亚族。

爱奥里斯人提供了60艘船

他们是希腊式的装备。按照希腊人的说法，在先前他们被称为佩拉司吉人。

其他自彭托斯随军出征的人们提供了100艘船

他们是希腊式的装备。他们是伊臭尼亚人和多里斯人的移民。

阿尔敛米西亚（娘子军）提供了5艘船

阿尔敛米西亚以妇女之身，竟然随着大军出征希腊，这实在是使我惊叹不止的事情。原来在她的丈夫死时，她只有一个未成年的儿子，因此她便亲自执掌国政。这次她不是由于必要，仅仅是由于逞勇好胜才参加了出征。阿尔铁米西亚是她的名字，她是吕戈达米斯的女儿，因而从她的父系来说，她是一个哈利卡尔那索斯人，但从她的母系来说，她是一个克里地人。她是哈利卡尔那索斯人、科斯人、尼叙洛斯人、卡律德诺斯人的首领，她提供了5只船。她的船在全部水师当中，是仅次于西顿的最出名的好船。在所有的同盟者当中，是她向国王提供了最好的意见。我上面所说的，由她领导的城市，我敢说都是多里斯族的；哈利卡尔那索斯人是特罗伊真人，其余的人则是埃披道洛斯人。

海军战斗员

在所有的船只上，波斯人、美地亚人和撒卡依人是战斗员。提供了行驶得最好的船只的是腓尼基人，而在腓尼基人当中则是西顿人。这些人和编入陆师的那些人一样，也各自有他们本族的首领，我在这里不提他们的名字了，因为对于我的历史的目的来说，我并不是非这样做不可的。各族的这些个别的首领是不值一提的，而且每个民族的每个城市又都有它自己的一个首领。不过他们不是以将领的资格，而是以和其余的参加军队的人们同样的隶臣资格参加出征的。

海军统帅

统率水师的将领是大流士的儿子阿里阿比格涅斯、阿司帕提涅斯的儿子普列克撒司佩斯、美伽巴铁斯的儿子美伽巴佐斯、大流士的儿子阿凯美涅斯，统率伊奥尼亚和卡里亚水师的则是大流士和戈布里亚斯的女儿之间所生的儿子阿里阿比格涅斯、统率埃及水师的是克谢尔克谢斯的同胞兄弟阿凯美涅斯,其他二人则指挥其余的水师。

除去上述的水师提督们以外,船上的人们当中最有名的是这样一些人:西顿人阿努索斯的儿子铁特拉姆涅司托斯,推罗人西罗莫斯的儿子玛顿,阿拉多斯人阿格巴罗斯的儿子美尔巳罗斯,奇里启亚人欧洛美东的儿子叙恩涅喜斯,吕奇亚人西卡司的儿子库贝尔尼司科斯,塞浦路斯人凯尔西司的儿子戈尔哥斯和提玛戈拉斯的儿子提莫纳克斯,在卡里亚人中间则有图姆涅斯的儿子希司提埃伊欧斯,叙塞尔多莫司的儿子披格列斯和坎道列斯的儿子达玛西提摩斯。集合到一起的30桡船、50桡船、轻艇以及运送马匹的长船,则算起来总计有三千之数。①

希罗多德说:"骑兵的人数,除去骆驼和战车以外,是 8 万人。"

波斯万国联军海军人数有多少?

"从亚细亚来的船有 1207 只,原来在这些船上的各个民族的人数假定每只船上有 200 人,则是 241 400 人。

"在所有这些船上,除去每只船上的各地的地方士兵之外,都有 30 名波斯人、美地亚人和撒卡依人,这样就得再加上 36 210 个人。

"在这两项人数之外,我还得再加上 50 桡船上的士兵。我假定他们每只船上是 80 人,当然这个数目也可能多些也可能少些。前面已经说过,这样的船一共集合了 3000 只,这样,上面的人员就得是 24 万了。

"这些人都是乘船从亚细亚来的,他们的总数是 517 610 人。"

仅来自亚洲的波斯联军海军人数就达:517 610 人。

波斯万国联军陆军、海军、骑兵总数:2 641 610 人

其中:

亚非籍:2 317 610 人

欧洲籍:324 000 人

"这些人都是乘船从亚细亚来的,他们的总数是 517 610 人。步兵的人数是 170 万人,骑兵的人数是 8 万人。

"在这之外,我要加上阿拉伯的骆驼兵和利比亚的战车兵,估计他们有 2 万人。

因此,如果把水师和陆军的人数加到一起的话,则他们的总数就是 2 317 610 人了。"②

---

① [古希腊]希罗多德:《历史》中译本下册,第 499—503 页,商务印书馆,1959 年 6 月第 1 版。
② [古希腊]希罗多德:《历史》中译本下册,第 539 页,商务印书馆,1959 年 6 月第 1 版。

"从欧罗巴带来的大军加到这上面,但计算时必需只能以我个人的测度为限。色雷斯和色雷斯附近海上诸岛的希腊人提供了120只船。这些船上的人员算起来应当是24 000人。

"所有各个民族,那色雷斯人、派欧尼亚人、埃欧尔地亚人、波提阿人、卡尔奇底开人、布律戈依人、披埃里亚人、马其顿人、佩莱比亚人、埃尼耶涅斯人、多罗披亚人、玛格涅希亚人、阿凯亚人、色雷斯沿岸地带的居民等,我假定这些民族的全部人数是30万人。

"把这些人和从亚细亚来的人加到一起,则士兵的总数就是2 641 610了。"

加上后勤人员等非战斗员,波斯万国联军总人数达:5 283 220人!

"至于随军的杂务人员和运粮小船上的人员以及随军的其他船舶上的人员,则我以为他们不是比士兵少,而是比士兵还要多。但是假定他们和士兵的人数相等,不多也不少。这样,他们的人数等于士兵,因而也就同样是好几百万人了。

"这样看来,大流士的儿子克谢尔克谢斯一直率领到赛披亚斯岬和铁尔摩披莱的全军人数就是5 283 220了。"①

3.出征名目

出征须有名目,波斯国王号召全人类,集结数百万大军,原来只是为了讨伐一个小小的边远村落(雅典)?

"克谢尔克谢斯渡海到欧罗巴之后,就看他的军队在笞打之下渡过。……他的军队一刻不停地渡了七天七夜。

"当克谢尔克谢斯渡过海列斯彭特的时候,一个海列斯彭特人向他说:'宙斯啊,为什么你变成一个波斯人的样子并把自己的名字改为克谢尔克谢斯而率领着全人类前来,想把希腊灭亡?'……"②

"国王在这次出征中,是扬言打算进攻雅典的,但他进攻的目的实际上却是整个希腊。"③

国王是波斯国王克谢尔克谢斯,扬言就是号召,就是出师的名义。

雅典只是当时希腊地区存在的不同民族、语言各异、互不统摄的上千个聚落(村落、城邦)中的一个,其规模约相当于今天华南地区的一个普通小镇。

---

① [古希腊]希罗多德:《历史》中译本下册,第540页,商务印书馆,1959年6月第1版。
② [古希腊]希罗多德:《历史》中译本下册,第491页,商务印书馆,1959年6月第1版。
③ [古希腊]希罗多德:《历史》中译本下册,第517页,商务印书馆,1959年6月第1版。

4.两军对阵

数百万波斯联军的对手,希腊军队有多少人呢?请看希罗多德对"当时"一块碑文内容的记述:数千希腊人对三百万波斯大军!

"碑上的铭文是这样的:'4000名伯罗奔尼撒人曾在这里对300万敌军奋战。'"①

如此碑文,西方如此古董,真的可信吗?

两军对垒开始了

"国王克谢尔克谢斯便在特拉奇司的玛里司扎营,而希腊人则在隘路中设营。大多数希腊人称他们所占据的这个地方为铁尔摩披莱……

在那里等候波斯人的希腊人是这样一些人:

斯巴达的重武装兵300名;铁该亚人和曼提涅亚人100名,双方各占一半;从阿尔卡地亚的欧尔科美诺斯来120人,从阿尔卡地亚的其余的地方来了1000人;除去这些阿尔卡地亚人之外,从科林斯来400人,从普列欧斯来200人,从迈锡尼来80人。以上都是从伯罗奔尼撒来的人。从贝奥提亚来的则是铁司佩亚人700名,底比斯人400名。"②大概就是这样4000余希腊人开始了与波斯数百万大军相抗衡……

两军对垒,一场恶战

"敌人是那样的多,以至于在他们射箭的时候竟可以把天上的太阳遮盖起来。"③

希腊人"退到道路的狭窄的部分去……在那个地方,凡是手里还有刀的就用刀来保卫自己,手里没有刀的就用拳打牙咬的办法……"打得难解难分……

斯巴达的统帅是国王列欧尼达司。他率领着有子嗣的300名先锋部队来到了铁尔摩披莱,为的是使其他的联盟者也学他们的榜样去作战。于是一边继续开着奥运会,一边派出300名精兵抵挡波斯大军。

希腊人很浪漫,在波斯万国联军数百万大军压境的时候,还在从容不迫地开着奥运会。"原来奥林匹亚祭也正是在进行这些事情时举行的。"④

令人不解的是,波斯人发动波希战争的主要目标是攻占雅典,可是在攻占雅

---

① [古希腊]希罗多德:《历史》中译本下册,第555页,商务印书馆,1959年6月第1版。
② [古希腊]希罗多德:《历史》中译本下册,第545—546页,商务印书馆,1959年6月第1版。
③ [古希腊]希罗多德:《历史》中译本下册,第555页,商务印书馆,1959年6月第1版。
④ [古希腊]希罗多德:《历史》中译本下册,第547页,商务印书馆,1959年6月第1版。

典的过程中,基本上没有看到希腊人的抵抗。其他城邦人为了防卫自己的城邦,放弃了雅典。"阿提卡已经被他们放弃了,因此他要他们就其他的地方进行考虑。"①

雅典位于阿提卡半岛中部。当伯罗奔尼撒诸将正在打算如何保卫自己的城邦时,"来了一个雅典人,他带来消息说,异邦人已经到了阿提卡并正在那里的全部土地上放火打劫。原来随着克谢尔克谢斯穿过了贝奥提亚的军队烧掉了离开当地而到伯罗奔尼撒去的铁司佩亚人的地市以及普拉塔伊阿人的城市,然后到达雅典并把那里附近的一切都蹂躏了。"

而号称神勇的雅典军自己也没有进行有效的抵抗,雅典居民大多都跑掉了,波斯大军费力攻占的基本上是一座空城。"在异邦军渡过出征出发点的海列斯彭特并进入欧罗已之后,他们到达了阿提卡;他们在渡海进入欧罗巴这件事上用了一个月的时间,到阿提卡又用了三个月;当时卡里亚戴斯正是雅典的执政官。他们在那里攻占了当时居民已经跑掉的城市,但是他们在神殿里发现了少数雅典人,一些神殿住持和贫苦居民,他们用门和木材作为壁垒来保卫卫城,防备进攻。"

留下来进行抵抗的少数雅典人,部分原因是因为贫穷,没有逃跑的经济能力;部分是由于迷信,相信神的启示,认为雅典卫城的木栅栏可以抵御百万波斯联军的进攻。

更令人不解的是,波斯大军数百万,面对一座空城,愣是久攻不下。空城中的少数抵抗者没有什么武器,就是用几块石头丢向波斯大军而已

"波斯人驻扎在卫城对面,雅典人称之为阿列斯之山的丘陵上面,并且用向壁垒上射火箭的办法来围攻他们,火箭是把箭的四周包上麻屑再点上了火的。尽管雅典人处于绝望的地步而壁垒对他们又毫不济事,他们却仍旧对围攻者进行了抵抗。他们也不听佩西司特拉提达伊家向他们提出的投降条件,而是讲求各种对策来保卫自己,主要是用这样的办法,即当敌人攻到门那里的时候,他们就把大石块向异邦人的身上砸去。结果克谢尔克谢斯在长时期之内竟攻不下这个地方而致束手无策。"②

费了九牛二虎之力,最后由于找到了一条无人把守的通道,波斯军才攻入了雅典卫城。

"在卫城的前面、门和山道的后面有一块无人把守的地方,而谁也想不到会有人从那里登上去的。虽然这个地方非常陡峭,却还有一些人在开克洛普斯的女儿

① [古希腊]希罗多德:《历史》中译本下册,第579页,商务印书馆,1959年6月第1版。
② [古希腊]希罗多德:《历史》中译本下册,第580页,商务印书馆,1959年6月第1版。

阿格劳洛斯的神殿附近的地点攀登上来了。当雅典人看到异邦人登上了卫城,他们就有几个人从城上跳下去摔死了。其他的一些人则逃到内部的圣堂去避难。攀登上来的波斯人首先到门那里去把它打开并且杀死那些请求庇护的人。当他们把所有的雅典人都杀死之后,他们便抢劫了神殿,然后又把整个卫城放火烧掉了。"

实际上,所谓雅典卫城只是在一个小土堆上的一个小城堡,几百人就完全可以拿下。19世纪30年代希腊国王修复了雅典卫城,现在摆在那里供参观,任何人到现场一看就明白是怎么一回事了。

"雅典卫城东西长约300米,南北最宽处约130米,海拔约128米,沿山建有石墙,大门开于西面。"①

这座著名的雅典卫城"实际上到1831年,它才不再被当作堡垒使用"②。

在人们印象中,希腊人都非常蛮勇,经常给亚洲富裕的地方当雇佣军。特别是有所谓的重武装兵种,好生了得,关键时刻却都不见了踪影……雅典的神勇之师哪里去了呢?原来被编故事者编到水师里面去了……(本来雅典人并不擅长水面战斗,为了故事情节的需要,不惜扬短避长)

5.海战观火

面对波斯万国联军的三千艘战舰和数十万水师,希腊人也动员了自己的水师准备迎战。

阿尔铁米西昂战役中希腊的水师构成

"雅典人提供了127只船;科林斯人提供了40只船;美伽拉人提供了20只船;卡尔启斯人提供了20只船的船员,船是雅典人提供的;埃吉纳人18只;希巨昂人12只;拉凯戴孟人10只;埃披道洛斯人8只;埃列特里亚人7只;特洛伊人5只;司图拉人2只,凯欧斯人2只和两只五十桨船;欧普斯的罗克里斯人也带了七只五十桨船前来助阵。集合在阿尔铁米西昂的船只一共是271艘,那些五十桨船还不计算在内。……"③

271艘对3000艘双方力量对比10∶1,显然是众寡悬殊。

这些希腊水师不仅数量少,也没有海战经验,凭什么打胜仗呢?凭得是"勇气

---

①《中国大百科全书·考古卷》第1版,第592页,中国大百科全书出版社,1988年8月。
②[英]保罗·卡特里奇:《剑桥插图古希腊史》中译本,第154页,山东画报出版社,2005年2月。
③[古希腊]希罗多德:《历史》中译本下册,第562页,商务印书馆,1959年6月第1版。

和热诚"。

"普拉塔伊阿人和雅典人同样地乘上了这些船,这样不是因为他们有什么海上事务的经验,而只是因为他们有勇气和热诚。"①

"当克谢尔克谢斯的士兵和他的将领们看到希腊人只乘着少数的船向他们攻来的时候,他们以为希腊人一定是发了疯,因此他们自己便向海上进发,以为自己这样可以轻而易举地战胜希腊人。他们这样的想法是完全有根据的,因为他们看到希腊人的船只是如此之少,而他们自己的船只却比希腊人的船只多好多倍,而且比他们更精于航术。"②

开战第一个回合,雅典人小试牛刀,俘获波斯战船的第一人是雅典人。

"但是在看到信号的时候,希腊人先把他们的船尾聚拢在一起,船头则向着异邦人列阵。在第二次信号的时候,尽管他们给压制在一块狭小的地区之内而和敌人的战船相对地密接到一处,他们仍然是努力奋战起来。

"他们当场拿捕了 30 只异邦船,同时俘获了撒拉米司国王戈尔哥斯的兄弟、军中知名之士凯尔西司的儿子披拉昂。拿捕敌船的第一个希腊人是一个雅典人,埃司克莱欧斯的儿子吕科美戴斯,他后来取得了勇武的奖赏。双方在海战中未见肯定的胜负,到夜幕降临的时候,就此罢手了。"③

获胜的原因,除了勇气,还有运气

到了第二天,不须雅典人动手,波斯的大部分战船就遭受到了灭顶之灾。原来,连夜电闪雷鸣、豪雨如注,波斯的战船大部分被暴风雨给摧毁了。希罗多德评论说:"这一切都是天意。"④

原来雅典获胜是老天爷的安排,老天有眼,暴风只毁坏波斯船,希腊船却风雨不动安如山。

海战失利后,波斯万国联军统帅波斯国王克谢尔克谢斯吓破了胆,于是就留下几十万残兵败将,率众逃回波斯去了。

"当克谢尔克谢斯知道了他所遭受的惨败的时候,他就害怕希腊人会由于伊奥伊亚人的建议或基于自己的考虑而到海列斯彭特去把他的桥梁毁掉,这样他就

---

① [古希腊]希罗多德:《历史》中译本下册,第 562 页,商务印书馆,1959 年 6 月第 1 版。
② [古希腊]希罗多德:《历史》中译本下册,第 565 页,商务印书馆,1959 年 6 月第 1 版。
③ [古希腊]希罗多德:《历史》中译本下册,第 565—566 页,商务印书馆,1959 年 6 月第 1 版。
④ [古希腊]希罗多德:《历史》中译本下册,第 566 页,商务印书馆,1959 年 6 月第 1 版。

会被切断退路而留在欧罗巴,并有遭到杀身之祸的危险,因此他就打算逃走了。"①

在逃到海列斯彭特渡口时,只剩下国王孑身一人。

"克谢尔克谢斯却把玛尔多纽斯留在帖撒利亚,他自己则火速地向海列斯彭特方面赶路,而在45天里来到了渡口,但是带回来的军队可以说是几乎等于零了。"②

波斯国王逃走时,留下30万大军交给玛尔多纽斯统帅。

在波斯军第一次攻入雅典卫城、并将整个卫城烧掉之后10个月,30万大军在玛尔多纽斯统帅下再度攻入了雅典,结果还是一座空城。

"当他来到阿提卡的时候,他却发现雅典人已经不在那里了,但是他却听说,他们大部分都在撒拉米司海面的船上了。于是他攻占了空无一人的雅典城。在国王第一次攻占该城和玛尔多纽斯后一次进攻该城之间,相隔是10个月。"

这次雅典人又哪里去了呢?希罗多德如是说:"他们指望着伯罗奔尼撒的军队会来帮助他们,他们就留在阿提卡。但是,在看到伯罗奔尼撒人行动迟缓而侵略者据说已经到达贝奥提亚的时候,他们于是就把他们的全部财物转移到安全地带,他们自己则渡海到撒拉米司去。"③

原来是盼不到援军,于是就望风而逃。

不久,波斯元帅玛尔多纽斯听说伯罗奔尼撒军队要来帮助雅典,于是就仓皇撤退,撤退时再放一把火,将雅典烧了。

"玛尔多纽斯听了这话的时候,他便不再想留在阿提卡了。但是,在他听到这事之前,他没有任何举动,而是想知道雅典人作何打算,想知道他们预备如何做,因此他既未伤害,又未蹂躏阿提卡的土地,因为他还是一直在认为雅典人会和他缔结和约的。但是当他不能说服他们并知道了事情在全部真实情况的时候,在帕乌撒尼亚斯率部进入地峡之前,他便撤退了;但是在撤退之前,他首先把雅典用火点着,并且把还留在那里的任何城壁或家宅或神殿完全摧毁破坏。"④

这次编故事者忘记在10个月前,雅典已经被彻底烧过一次,于是不小心将烧过的废墟又烧了一次。

---

① [古希腊]希罗多德:《历史》中译本下册,第598页,商务印书馆,1959年6月第1版。
② [古希腊]希罗多德:《历史》中译本下册,第606—607页,商务印书馆,1959年6月第1版。
③ [古希腊]希罗多德:《历史》中译本下册,第623页,商务印书馆,1959年6月第1版。
④ [古希腊]希罗多德:《历史》中译本下册,第627页,商务印书馆,1959年6月第1版。

6.最后一战结局

普拉提亚(普拉塔伊阿)决战

波斯万国联军(约35万人)阵营:

异邦军30万人和玛尔多纽斯联盟的希腊人约5万人①。

希腊联军(11万人)阵营:

右翼拉凯戴孟人10 000名(其中斯巴达人5000名),斯巴达人每人有7名轻武装的希劳特(35 000名护卫军),铁该亚人1500名重武装兵,科林斯人5000千名,波提戴阿人300名,阿尔卡地亚人600名,希巨昂人3000名,特罗伊真人1000名,列普勒昂人200名,迈锡尼人和提律恩司人400名,普里欧斯人1000名,赫尔米昂涅人300名,埃列特里亚人和司图拉人600名,卡尔启斯人400名,阿姆普拉奇亚人500名,列岛卡地亚人和阿那克托利亚人800名,帕列人200名,埃吉纳人500名,美伽拉人3000名,普拉塔伊阿人600名,左翼雅典人8000名。

集结在普拉塔伊阿的重武装兵和轻武装兵,加到一起就是差1800整整11万人了。但是在那里的铁斯佩亚人却把他们补足为11万人。原来残存的铁斯佩亚人也在军中,他们是1800人,但并不是重武装兵。②

肉搏战

"这场战斗竟形成了肉搏战。原来异邦军抓住了对方的长枪,并把它们折断了。波斯人论勇气和力量都是不差的,但是他们没有防护的武装,此外他们的训练不够,论战斗的技术到底也比不上他们的对手;他们总是单身地,十个一群或者是更多或更少的人一群地冲出来,杀到斯巴达人中间去,结果就都死在那里了。

"玛尔多纽斯本人骑着一匹白马,在身边率领着最精锐的1000名波斯军士兵作战的地方,也正是他们对敌人施加最大压力的地方。……

"当玛尔多纽斯阵亡,而他的卫队,也就是军队中最强的那一部分也都战死的时候,其他的士兵便也逃退并在拉凯戴孟人的面前屈服了。原来使他们受到损害的主要原因是他们身上缺乏卫护的武装,而他们这样的轻武装兵(几乎等于毫无护身之具),都要和重武装兵作战。"③

---

① [古希腊]希罗多德:《历史》中译本下册,第638页,商务印书馆,1959年6月第1版。
② [古希腊]希罗多德:《历史》中译本下册,第635—636页,商务印书馆,1959年6月第1版。
③ [古希腊]希罗多德:《历史》中译本下册,第651—652页,商务印书馆,1959年6月第1版。

战争结局：波斯联军全军覆没

"波斯人和剩下的大群人们逃到木造壁垒里面去……至于异邦军这一方面，城壁刚一陷落，他们的阵势就乱了，他们中间没有一个人想进行抵抗；成万已经给吓得半死的人们给压迫到一个狭小的地方去任人宰割，这结果给希腊人造成了这样一个尽情杀戮的机会，30万人的一支大军，除去和阿尔塔巳佐斯一起逃跑的四万人之外，只不过有3000人活下来罢了。"①

希腊联军伤亡微甚："斯巳达出身的拉凯戴孟人在战斗中死亡的一共是91个人，铁该亚人是16个人、雅典人是52个人。"

以上是历史之父希罗多德所描述的第二次波希战争的故事梗概。细节上不必说，仅从梗概上看，一望可知该故事的虚构性。

7.编故事者的目的何在？

我们不禁要问，编故事者编故事的目的是什么呢？

让我们继续看故事的编排。

话说普拉提亚（普拉塔伊阿）决战前夕，波斯统帅经过占卜，派出马其顿蛮王亚历山大作为和谈的使者，提出条件说只要雅典同意与波斯缔结盟约，就可以对雅典人过去所犯下的一切罪行既往不咎，全部归还所占的雅典领土，此外还可以让雅典自己选择更多的土地，随便选择什么地方的土地，并且按照自己的法律去生活，并把被烧掉的全部神殿重新修建起来。

这时，斯巴达代表对雅典人说："自古来一直以把自由给予许多人而知名的你们雅典人……"②

雅典人对斯巴达代表说："全体希腊人在血缘和语言方面是有亲属关系的，我们诸神的神殿和奉献牺牲的仪式是共通的，而我们的生活习惯也是相同的，雅典人如果对上述的一切情况表现出不诚实的态度，那是很不要当的。如果你们以前不知道的话，那么现在你们要知道，只要是有一个雅典人活着，我们就决不会和克谢尔谢斯缔结协定。"③

雅典人对马其顿亚历山大说："由于我们是渴望自由的，因此我们将尽我们能力之所及来保卫我们自己。……只要太阳还接着与它目前的轨道相同的轨道运

---

① [古希腊]希罗多德：《历史》中译本下册，第654页，商务印书馆，1959年6月第1版。
② [古希腊]希罗多德：《历史》中译本下册，第619页，商务印书馆，1959年6月第1版。
③ [古希腊]希罗多德：《历史》中译本下册，第620—621页，商务印书馆，1959年6月第1版。

行,我们是不会和克谢尔克谢斯缔结协定的。"

原来编故事者最想表达的一句话:雅典人崇尚自由! 这就是借"历史之父"的嘴,口述出来的"春秋大义"。

波斯国王发动战争原来也是为了希腊人的自由

波斯国王克谢尔克谢斯释放 3 名希腊间谍时这样说:"把他们放回希腊的话,即当希腊人听到他的兵力情况时,就会在波斯人出征之前,自发地把自己那特有的自由呈献过来,这样波斯人就不需要再费事征讨他们了。"①

波斯国王喜欢雅典"特有的自由"! 什么是特有的? 只此一家,别无分店之谓也。自由原来是雅典的特产! 希腊人的自由是哪里来的呢? 原来是神之赐予!

神托如是说:"当他们用层层的船只,围住了佩戴黄金宝剑的阿尔铁米司的神圣海岸,和那海浪拍击的库诺叙拉;当他们满怀妄想,夺去了雅典的光荣,以恣意的骄睢,贪求完全的饱足。那疯狂的暴怒,那绝灭百族的野心,终必烟消云散,因为这是天理不容。青铜将和青铜撞击,那赫然震怒的战神,命令用血染红四海。但是洞察一切的克洛诺斯之子(指宙斯)和女王尼凯将把自由的曙光赐给希腊。"②

雅典人本来是来自于非洲(黑色雅典娜)及西亚(叙利亚)等地的移民,而那些欧洲蛮夷(德、法、英学者)们却硬要将其说成是自己的祖先,并且生造出一个个光荣的花环,不断往自己伪祖先的脖子上套。

雅典真的是自由的国度吗?

同样在这位"历史之父"的笔下,当波斯元帅玛尔多纽斯提出和谈条件时,作为雅典政治家五百人会议议员的吕奇达斯,仅仅因为发表了自己的意见而被雅典人砸死了。

"于是一位名叫吕奇达斯的议员发表了自己的意见,他说他认为最好是接受穆里奇戴斯带给他们的建议并把这个建议向民会提出。……但是会场上的雅典人,以及听到这个说法的会场外的雅典人却大为激怒,他们把吕奇达斯包围起来,用石头把他砸死了。环绕着吕奇达斯的事件,在撒拉米司发生了不小的喧骚,而当雅典的妇女知道所发生事件的时候,她们就相互激励地联合在一起,自动地到吕奇达斯的家里去,把他的妻子儿女也都用石头砸死了。"③

在中国古代,当面临战争局面时,往往都有主战派与主和派,非常正常。而在

---

① [古希腊]希罗多德:《历史》中译本下册,第 522 页,商务印书馆,1959 年 6 月第 1 版。
② [古希腊]希罗多德:《历史》中译本下册,第 590 页,商务印书馆,1959 年 6 月第 1 版。
③ [古希腊]希罗多德:《历史》中译本下册,第 623 页,商务印书馆,1959 年 6 月第 1 版。

西方"历史之父"的笔下,一方面标榜雅典是一个自由的国度,一方面当雅典议会中有不同意见发表出来,就不惜编个故事将其砸死了事。

这还不算完事,而那些自由民的妻女们,也个个像是暴民,到议员家去将其全家都砸死了。自由乎?暴政乎?

希罗多德说雅典人本来不是希腊人,是外来民族,说的是外语。雅典人没有自己的历史、传统,甚至语言。希腊人没有自己的文字,从腓尼基借用了字母当作自己的文字;雅典人放弃自己的语言,使用了他人的语言。

"雅典人……是过去的佩拉司吉民族。"①

"佩拉司吉人是讲着异邦话的(指希腊语之外的语言——译者)……属于佩拉司吉族的阿提卡人在他们成为希腊族之后,必定是忘掉了自己的语言而学习了另一种语言。……佩拉司吉人是一个异邦的民族,他们在任何地方也不曾大大地膨胀过。"②

在希罗多德的笔下:希腊人智慧远高于异邦人,而希腊人中雅典人最聪明。

"希腊人从远古的时候起,便以较大的智慧和远非愚蠢简单而有别于异邦人……希腊人中间素称是最聪明伶俐的雅典人。"③

雅典人最聪明,而雅典僭主佩西司特拉托斯为了复位,却采用了"历史上最愚蠢的办法"。(同上)希罗多德称为"历史上最愚蠢的办法"是怎样的呢?

策划佩西司特拉托斯复位作雅典僭主者,指使一位村姑装扮成女神乘坐一辆战车到雅典城内招摇过市,又派出许多人进城四下逢人便说:"哦,雅典人啊!热烈欢迎佩西司特拉托斯吧,把人间的最高荣誉给予他的雅典娜神亲自把他带回卫城来了"。于是,这个消息就传遍了各个村落。而"城里的人也深信那个妇人是真正的女神,便向她这个凡人膜拜并且欢迎了佩西司特拉托斯。"④

典型的装神弄鬼、妖言惑众!原来号称人类智慧光芒的那些"民主"雅典的思想巨人们,不过是一个个迷信于神托之启示的原始蒙昧的部落民而已。

雅典僭主佩西司特拉托斯如何取得权力?

原来在雅典人内部发生了由阿尔克美昂的儿子美伽克列斯所领导的"海岸派"与由阿里斯托拉伊戴斯的儿子里库尔哥斯所领导的"平原派"之间的党派斗

---

① [古希腊]希罗多德:《历史》中译本第1版上册,第25页,商务印书馆,1959年6月。
② [古希腊]希罗多德:《历史》中译本第1版上册,第26页,商务印书馆,1959年6月。
③ [古希腊]希罗多德:《历史》中译本第1版上册,第28页,商务印书馆,1959年6月。
④ [古希腊]希罗多德:《历史》中译本第1版上册,第28页,商务印书馆,1959年6月。

争。这时,佩西司特拉托斯想出了一个办法,乘机纠合了一个第三党——山地党。他的策略是施苦肉计:弄伤自己和自己的骡子,赶着车进了市广场,扬言有人想在他驱车回乡下的路上杀死他,于是要求民众派卫兵保护他。

"被他的花言巧语所欺骗的雅典人就给他选出了一队市民作为他的卫兵,佩西司特拉托斯不使这些卫兵拿枪而使他们拿棍棒,在他到任何地方去的时候他们都拿着棍棒伴随着他。佩西司特拉托斯便和他们一道发动了政变并占领了卫城。这样,他便取得了雅典的统治权。"①

雅典小小部落,原来有如此复杂党派派系,不仅有"海岸派""平原派"之间的党争,还有"山地党"。出了一个聪明人,略施苦肉计,再加上几条木棒,软硬兼施下就可以坐上雅典僭主的宝座。窝里斗的雅典部落民们也太容易被欺骗、太软弱了点。雅典人果然"不凡",想出如此奇妙苦肉计,为后人"立极",到今天依然不乏传人,两千几百年后,阿扁向自己肚皮打上一枪,居然也连任了台湾地区领导人。

这位雅典僭主曾经三次攫取雅典政权。第一次靠的是谎言,第二次靠的是妖言,第三次靠什么呢?

第三次攫取政权,仅靠花言巧语或者装神弄鬼已经不灵了。于是,又玩起新的花样,使用了经济力与军事力。

"从伯罗奔尼撒来了一队阿尔哥斯人的雇佣兵,又有一个叫作吕戈达米斯的那克索斯人自愿地来为他们服务,他在这件事上特别热心,不但提供人力,而且提供了金钱。"②

"枪杆子里面出政权",这次佩西司特拉托斯使用了外国军事力量(雇佣兵),向自己的国家发起了攻势。

"他们在阿提卡首先占领了马拉松,在那里登岸之后便扎下了营,市内的同党前来应援,地方上各戴美的人们也都前来应援,因为他们爱僭主政治是甚于爱自由的。"

原来雅典有许多人并不喜欢自由,而更喜欢僭主政治。

面对僭主挟外来势力的军事攻势,雅典军队在干什么呢?

雅典军抵抗叛军时,也曾竭尽全力,"他们集合了全部军队,挥戈指向返国的亡命者。"③

---

①[古希腊]希罗多德:《历史》中译本第1版上册,第27页,商务印书馆,1959年6月。
②[古希腊]希罗多德:《历史》中译本第1版上册,第28页,商务印书馆,1959年6月。
③[古希腊]希罗多德:《历史》中译本第1版上册,第29页,商务印书馆,1959年6月。

雅典军队称为"市民军",明堂十分好听,却在外国雇佣兵面前不堪一击。

当佩西司特拉托斯发起进攻时,"这时雅典的市民军刚刚用完了他们的午饭,饭后他们就各自干起自己的事情来,有的人玩骰子,有的人睡觉,所以当佩西司特拉托斯的军队一经进攻,他们就被击溃了。"①

如此雅典军队,如何可以抵御后来数百万的波斯万国联军?实在也是难为杜撰故事者,编前半段时怎可能顾及后半段呢?

说到这里,我们应该可以理解,西欧中心论教父——黑格尔为何不让他的学生们考究"历史之父"所讲述的希波战争了吧。

第三节 史学名著《伯罗奔尼撒战争史》显系杜撰

1.编年史《伯罗奔尼撒战争史》如何开始纪年

首先让我们看一下这位被西方所推崇的最伟大的古希腊编年史学家修昔底德是如何开始伯罗奔尼撒战争纪年的:

《伯罗奔尼撒战争史》(Ⅱ2):"再次征服优比亚(Euboea)之后的三十年停战协议持续了 14 年。停战的第 15 年,阿尔戈斯(Argos)女祭司克丽希丝(Chrysis)的第 48 年,伊尼希亚斯(Aenesias)就任斯巴达监察官(rphor)那年,皮托多鲁斯(Pythodorus)担任雅典执政官任期结束前 2 个月,波提皮狄亚(Potidaea)战争结束后 6 个月,初春,一支底比斯军队……"②

关于伯罗奔尼撒战争开篇的这一段记述,可参阅徐松岩《伯罗奔尼撒战争史》中译本。

伯罗奔尼撒战争开始于哪年,为何说上半天也说不清楚呢?

古希腊只有冬季与夏季之分,何来初春之说?

《伯罗奔尼撒战争史》说:"战争开始以后,就一直继续下去,没有停辍。一切事件都是按照每年夏冬两季实际发展的顺序记载下来的。"③

---

① [古希腊]希罗多德:《历史》中译本第 1 版上册,第 30 页,商务印书馆,1959 年 6 月。
② [英]约翰·布罗:《历史的历史:从远古到 20 世纪的历史书写》中译本第 1 版,第 16 页,广西师范大学出版社,2012 年 7 月。
③ [古希腊]修昔底德:《伯罗奔尼撒战争史》中译本,第 106 页,商务印书馆,1960 年 4 月第 1 版。

虚构的古希腊文明——欧洲"古典历史"辨伪

"修氏按夏季和冬季来纪年,这是当时以及其后长时期的纪年法。按照这种纪年法,夏季长约8个月(3月至10月),冬季为4个月(10月至翌年2月)。参阅史译本第1册,第258—259页。但是修氏在V.20则说每个季为半年。"①

古希腊没有四季(春秋)的概念,只有冷暖(冬夏)的概念,初春实际上是初夏。

商务印书馆谢译本:"次年春季刚开始的时候。"②广西师范大学出版社徐松岩等译本作:"翌年的夏季刚刚开始的时候。"③

上海人民出版社徐松岩译注本注:"按修昔底德的纪年法,夏季刚刚开始实际亦是春季刚刚开始,克译本为'夏季',史译本和昭译本皆译为'春季'。"④

按:"克译本、史译本和昭译本"指国际古典学界公认较好的三种译本:

"史密斯译本"、"克劳利英译本"及"昭伊特英译本"。

2.修昔底德如何纪年?

上引《伯罗奔尼撒战争史》开篇内容为该书讲述伯罗奔尼撒战争史开始之年的片段。其编年体例为:"年、初春"。接下来,修昔底德则以冬夏两季节来对伯罗奔尼撒战争史进行如下记述:

第1年 夏季 冬季	第2年 夏季 冬季
第3年 夏季 冬季	第4年 夏季 冬季
第5年 夏季 冬季	第6年 夏季 冬季
第7年 夏季 冬季	第8年 夏季 冬季
第9年 夏季 冬季	第10年 夏季 冬季
第11年 夏季 冬季	第12年 夏季 冬季
第13年 夏季 冬季	第14年 夏季 冬季
第15年 夏季 冬季	第16年 夏季 冬季
第17年 夏季 冬季	第18年 夏季 冬季
第19年 夏季 冬季	第20年 夏季 冬季
第21年 夏季 冬季	

---

① [古希腊]修昔底德:《伯罗奔尼撒战争史》中译本上册,第56页,上海人民出版社,2012年1月第1版。

② 《伯罗奔尼撒战争史》中译本,第490页,商务印书馆,1960年4月第1版。

③ 徐松岩等译:《伯罗奔尼撒战争史》,广西师范大学出版社,2004年1月版。

④ 徐松岩新译:《伯罗奔尼撒战争史》下册,第471页,上海人民出版社,2012年1月第1版。

伯罗奔尼撒战争前后共27年，修昔底德所记述止于21年。如上所述，古希腊人只知冷暖（冬、夏），不知四季（没有春、秋的概念）。在年和冬季、夏季的概念下，很少有月份的概念，更难以见到某月某日的概念。

如：战争的第一年……（119页）

在同一个夏季中，雅典人把厄基那人及其妻室儿女逐出厄基那……（124页）

在同一个夏季中，雅典人任命尼姆福多拉斯作色雷斯的代理人……（125页）

在这个夏季末尾，雅典人又在阿塔兰塔建立设防据点……（127页）

在同年冬季里，阿开那尼亚人挨维卡斯想回阿斯塔卡斯……（127页）

在同一个冬季中，雅典人依照他们每年的习俗，……（127页）

战争的第二年……（137页）

在下年夏季之初，伯罗奔尼撒人和他们的同盟者，和从前一样……（137页）

在同一个夏季里，斯巴达人和他们的同盟者率领一百条船舰……（151页）

在这年夏季的末尾，他们派了一个使团到亚细亚去……（151页）

大约同时，在夏季将要完了的时候，安部累喜阿人率领军队……（153页）

过了一些时候之后，安部累喜阿人驱逐亚哥斯人……（153页）

这一切都是夏季发生的。（154页）

接着，冬季里雅典人派了二十条船舰环绕伯罗奔尼撒航行。……（154页）

在同一个冬季中，波提狄亚人向雅典人投降……（154页）

这一切都是冬季中发生的事，

修昔底德所记载的这次战争的第二年就这样完结了。（155页）

以下我们节引修昔底德《伯罗奔尼撒战争史》中第六年的部分内容，感觉一下其编年纪事的具体方法。

"在同一个冬季里，雅典人似乎是依照某种神谶的指示，在提洛岛举行被除祭典……

"举行被除祭典之后，雅典人首次在这里举行五年一度的提洛赛会……

"在同一个冬季中，安布拉基亚人依照他们劝攸里罗库斯和他的军队滞留在那里时所承诺的，出动3000名重装步兵，进攻安菲洛奇亚的阿尔哥斯……

"同时，攸里罗库斯指挥下的伯罗奔尼撒人得知奥尔派的安布拉基亚人已经到达，便马上离开普罗斯基昂，以尽快地和他们会师……然后又通过林奈亚；之后，他们出了阿卡纳尼亚的领地，进入了一个友好国家……

"现在两军联合起来，于拂晓时分在一个叫作麦特罗波里斯的地方安营扎寨。

虚构的古希腊文明——欧洲"古典历史"辨伪

不久以后,那20艘雅典舰船就驶入安布拉基亚海湾,来支援阿尔哥斯人了;和他们一起来的,还有德摩斯提尼率领的200名美塞尼亚重装步兵和60名雅典弓箭手。舰船停泊在奥尔派山丘对岸附近。同时,阿卡纳尼亚人和少数安菲洛奇亚人(他们大多数已为安布拉基亚人牵制了)已经抵达阿尔哥斯,准备和敌人作战。……两军相持了5天,双方都未出战,但是到第6天的时候,双方列成战阵。……

"现在,两军激烈搏杀起来,……同时,安布拉基亚人(他们是那些地区最优秀的战士)和右翼的军队战胜了敌军,追击敌军到阿尔哥斯。……战斗一直持续到夜幕降临的时候。

"翌日,由于攸里罗库斯和马卡里乌斯皆已阵亡,麦涅代乌斯便独立承担起指挥全军之责;……他和德摩斯提尼以及阿卡纳尼亚的将军们谈判,要求订立一个停战和约,允许他们撤退,同时要求收回阵亡者的尸体……

"……德摩斯提尼准备率军前去迎战,同时立即派遣一支精兵在敌人进兵的路上设置障碍,占据敌人进军路线上的要地。

"同时,曼丁尼亚人以及协定中所包括的其他人,以搜集草料和木柴为借口,偷偷地离开军营,……起初,阿卡纳尼亚人以为他们都是没有得到允许而逃跑的,……但是最后,他们放过曼丁尼亚人和伯罗奔尼撒人,只杀戮安布拉基亚人了。当时场面一片混乱……

"同时,由安布拉基亚城来的军队到达伊多门涅。……晚餐后,德摩斯提尼率领其余的军队天一黑就出发了。他本人带着一半的军队向山间峡谷进发,其余的军队绕道安菲洛奇亚山区。拂晓前,他向尚在睡梦中的安布拉基亚人发起进攻。……之后,竖立了一块胜利纪念碑,然后回阿尔哥斯去了。

"翌日,那些从奥尔派逃往阿格赖亚去的安布拉基亚人派来了一个传令官。……另一个人说:'是的,当然是,如果至少你昨天在伊多门涅作战的话。'传令官说:'昨日我们根本没有与任何人交战,那是前天撤退时候的事了。'那个人又说:'无论如何,我们昨天是和这些人作战的,……'

"之后,阿卡纳尼亚人瓜分了战利品,把其中的三分之一给了雅典人,其余的分给他们自己的诸城镇。雅典人所分得的那部分战利品在返航归国途中被劫走。现在我们看到存放在阿提卡的神庙中的300副甲胄是阿卡纳尼亚人特别分给德摩斯提尼,后来由他亲自带回雅典的。……

"……至于以后的事情,他们与安布拉基亚人按下述条件缔结一个一百年同盟条约。这个同盟是一个防御性同盟,而不是进攻性同盟;……将来不得支持阿纳克托里昂,因为阿纳克托里昂是敌视阿卡纳尼亚人的。根据上述协议,他们结束了敌对状态。之后,科林斯派出了一支由其公民组成的驻防军——300名重装步兵……

"在同一个冬季里,西西里的雅典人在西克尔人的支援下,乘船在希麦拉的领土上登陆;西克尔人则从内地侵入希麦拉境内;雅典人还航往埃奥鲁斯群岛。……叙拉古人已经占领了他们的土地,正在筹建一支舰队,……同时希望通过这次行动训练其海军。……同时,皮索多鲁斯已经取得了拉齐斯的舰队的指挥权。在冬季之末,他从海上去进攻罗克里斯人的要塞……

"在春季刚刚开始的时候,爱特那火山喷出的火山熔岩,像以前一样,毁坏了卡塔那人的一些土地,……据说,这是50年来第一次爆发。……这些都是这个冬季里发生的事件,修昔底德所记载的这场战争的第六年就这样终结了。"①

这里我们举了伯罗奔尼撒战争第六年下半年的例子,以下我们将修昔底德在半年叙事中所使用的表示时间概念的全部词汇罗列一下。修氏将一年的纪事勉强分别安排在冬夏两季,见不到"月份"及"日"的概念。

冬季里、五年一度、在同一个冬季中、同时、然后、之后、现在、拂晓时分、不久以后、同时、相持了五天、第六天、现在、同时、夜幕降临、翌日、同时、立即、同时、起初、最后、当时、同时、天一黑、拂晓前、之后、然后、翌日、昨天、昨日、前天、之后、现在、后来、以后、一百年、将来、之后、在同一个冬季里、正在、同时、冬季之末、50年来,这些都是这个冬季里发生的事件,修昔底德所记载的这场战争的第六年就这样终结了。

我们看到,在这里除了所谓编年的"第六年"及"冬季里"的概念之外,都是"翌日""昨日""前天""起初""后来""同时"这样相对的时间概念,没有任何概念可以作为历史年代的依据,就像"从前有个山,山里有个庙,庙里有个和尚……"的故事一样,这样的故事可以永远讲述下去,却与历史无关。

修昔底德《伯罗奔尼撒战争史》中有没有月份和日期(某月某日)的概念呢?

有,在战争双方签订停战协定的时候。如:

在伯罗奔尼撒战争进行了10年的时候,战争双方签订了史称"尼基阿斯和约"的停战协定。

"条约自普雷斯托拉斯监察官任期内的阿特密西昂月27日在拉栖代梦生效,条约自阿尔凯乌斯任执政官期内的爱拉菲波里昂月25日在雅典生效。参加宣

---

① [古希腊]修昔底德:《伯罗奔尼撒战争史》中译本上册,第259—267页,上海人民出版社,2012年1月第1版。

虚构的古希腊文明——欧洲"古典历史"辨伪

誓并奠酒的人中,拉栖代梦人有普雷斯托阿那克斯、阿吉斯、普雷斯托拉斯、达马吉图斯、奇奥尼斯、麦塔格涅斯、阿堪苏斯、代索斯、伊索卡哥拉斯、腓洛卡里达斯、宙西达斯、安替浦斯、泰里斯、阿尔基纳达斯、恩皮狄亚斯、麦那斯和拉菲卢斯;雅典人有兰篷、伊斯摩尼库斯、尼基阿斯、拉齐斯、攸西狄姆斯、普罗克利斯、皮索多鲁斯、哈格浓、米尔提鲁斯、特拉西克列斯、塞阿根尼斯、阿里斯托克拉特斯、伊奥基乌斯、提摩克拉特斯、列昂、拉马库斯和德摩斯提尼。

"这个条约的缔结恰逢冬季之末夏季之始,正是城市狄奥尼索斯庆节刚刚结束之时,也刚好是第一次入侵阿提卡和战争开始的10年零几天。用季节计算年代比过去常用的以各邦执政长官或其他重要官员的任职时间来计算年代肯定要准确些。用官员的任职时间来准确计算年代是不可能的,因为某个事件可能发生在他们任职的初期、中期或末期。但是,我这部历史著作采用夏季和冬季纪年方法,人们会发现,每季等于半年,第一次战争经历了10个夏季和10个冬季。"①

这里雅典人有"雅典历法",斯巴达人有"斯巴历法",换句话说,就是希腊城邦没有统一的历法。

从以上引文来看,似乎古希腊既有月历,又有日历,可是在《伯罗奔尼撒战争史》中,对月份和日期的纪录只用于战争双方签订停战协定的时候。如果真的有月历及日历,作为当代编年史的历史学家对历史事件的纪录一定会不惜笔墨。

修昔底德对其冬夏季纪年法颇为得意,对于执政官纪年法和检察官纪年法大加贬斥:"用官员的任职时间来准确计算年代是不可能的。"

其实本不存在什么雅典执政官、斯巴达监察官,因而不可能有所谓的执政官纪年或监察官纪年;执政官的概念源于民主制,而古希腊民主制为16—17世纪之后托古建制的产物。即使真的存在古希腊,如果有什么首脑的话,最多也不过是部落酋长。

另外,上列引文中"冬季之末夏季之始",谢译本作:"冬季的末尾和春天的开始。"②

当然,这里的谢译本、徐译本似乎都有所本。古希腊没有四季的概念,所谓春季或夏季不过是在不同版本或所谓抄本中,古本制作者随自己的理解,随意将夏季改变为春季而已。

---

① [古希腊]修昔底德:《伯罗奔尼撒战争史》中译本下册,第361—362页,上海人民出版社,2012年1月第1版。

② 《伯罗奔尼撒战争史》中译本,第369页,商务印书馆,1960年4月第1版。

3.既无纪年,何以编年?

《伯罗奔尼撒战争史》为后世编造,纪年模仿《春秋》,记事模仿《左传》。且看《春秋左传》的编年体例(以《春秋左传》开篇前3年数据为例):

◇ **隐公元年**

《春秋经》:

元年春王正月。三月,公及邾仪父盟于蔑。夏五月,郑伯克段于鄢。秋七月,天王使宰咺来归惠公、仲子之赗。九月,及宋人盟于宿。冬十有二月,祭伯来。公子益师卒。

《左传》:

元年春,王周正月。不书即位,摄也。三月,公及邾仪父盟于蔑,邾子克也。未王命,故不书爵……夏四月,费伯帅师城郎。不书,非公命也。……秋七月,天王使宰咺来归惠公、仲子之赗。……八月,纪人伐夷。夷不告,故不书。……九月,及宋人盟于宿,始通也。冬十月庚申,改葬惠公。公弗临,故不书。……十二月,祭伯来,非王命也。……

◇ **隐公二年**

《春秋经》:

二年春,公会戎于潜。夏五月,莒人入向。无骇帅师入极。秋八月庚辰,公及戎盟于唐。九月,纪裂繻来逆女。冬十月,伯姬归于纪。纪子帛、莒子盟于密。十有二月乙卯,夫人子氏薨。郑人伐卫。

《左传》:

二年春,公会戎于潜,修惠公之好也。戎请盟,公辞。夏,莒人入向以姜氏还。秋,盟于唐,复修戎好也。九月,纪裂繻来逆女,卿为君逆也。冬,纪子帛、莒子盟于密,鲁故也。

◇ **隐公三年**

《春秋经》:

三年春王二月,己巳,日有食之。三月庚戌,天王崩。夏四月辛卯,君氏卒。秋,武氏子来求赙。八月庚辰,宋公和卒。冬十有二月,齐侯、郑伯盟于石门。癸未,葬宋穆公。

《左传》:

三年春,王三月壬戌,平王崩,赴以庚戌,故书之。夏,君氏卒。声子也。……四月,郑祭足帅师取温之麦。秋,又取成周之禾。周、郑交恶。……八月庚辰,宋穆公卒。殇公即位。冬,齐、郑盟于石门,寻卢之盟也。庚戌,郑伯之车偾于济。……

从以上列举数据可以知道,无论是《春秋经》还是《左传》,在编年纪事时,以鲁公在位为纪年基准,一年之内再系以春夏秋冬四季,四季下有月,月下有日,如隐公元年的"冬十月庚申",二年的"十有二月乙卯",三年的"三年春王二月,己巳",所纪"庚申""乙卯""己巳"就是用来纪"日"的,有"年"、有"四季",有"月"有"日",原原本本、清清楚楚。这才是纪年史体例应有的规范。

《春秋经》:"元年春王正月。"

《公羊传》:"元年者何?君之始年也。春者何?岁之始也。王者孰谓?谓文王也。曷为先言王而后言正月?王正月也。何言乎王正月?大一统也。"

模仿《春秋经》"元年春王正月",只学会了"年、春",却学不了"元、王正月",没有纪元故无"元"的概念,没有大一统故无"王"的概念,没有王故无"正月"的概念,更学不了"庚申""乙卯""己巳"这样纪"日"的方法。原来欧洲的《春秋》是这个样子!

一句"春王正月""曰若稽古",西方人三千年愣说不出来。既无四季,怎有"春秋"?没有王道,何来"正月"!疑古派信口雌黄说什么《春秋经》是"断烂朝报"!

4.古希腊如何纪年?

古希腊三大史学家之一的色诺芬在其《希腊史》中使用了几种纪年方法。且看他是如何纪年的:

"翌年,在第93届奥林匹亚竞技会上,在新增设的项目双马战车竞赛中,爱利斯人攸阿哥拉斯获胜,在1斯塔狄亚赛跑比赛中,库伦涅人攸波塔斯折桂。这一年,在斯巴达,攸阿齐普斯担任监察官;在雅典,攸克特蒙担任执政官。"①

在上述色诺芬《希腊史》这一段记述中,涉及奥林匹亚纪年、雅典执政官纪年、斯巴达监察官纪年等几种所谓古希腊的纪年方法。

奥林比亚纪年

"在年代的编排上,泰米阿斯是值得高度赞扬的。甚至修昔底德,尽管他抱怨别人在年代学上的松懈,他自己在这方面也有缺点,他的'夏季和冬季'纪年法是极其古怪的。泰米阿斯是想出以奥林比亚纪为事件计时法的第一位历史家,他这

---

①[古希腊]色诺芬:《希腊史》中译本,第13页,上海三联书店,2013年5月。

个方法最后几乎成为希腊化世界通用的纪年法了。"①

泰米阿斯(约公元前352年—256年)

"陶罗明尼昂(叙拉古东海岸边一城市——译者)人泰米阿斯被亚迦多克利②放逐后,在雅典住了50年,未能取得居民权。他在雅典撰写了一部巨著《西西里史》,至少有38卷,从最古时代写到公元前264年。"③

泰米阿斯是想出以奥林比亚纪为事件计时法的第一位历史家,其生卒年为约公元前352年—前256年,而色诺芬的生卒年为公元前441/前431—前354年。色诺芬离开人世时,泰米阿斯尚未出世,色诺芬怎会在"奥林匹亚纪年方法"诞生之前就知道用奥林匹亚年来纪年呢?

色诺芬《希腊史》开卷第一句为"其后不久",据说是承接《伯罗奔尼撒战争史》的。我们知道《伯罗奔尼撒战争史》既是一部伪书,承接伪书的怎可能不是伪书。色诺芬《希腊史》将所谓古希腊的不同纪年法并列的做法,是在模仿《春秋左传》的纪年法体例。西方知道《春秋左传》在耶稣会士东来之后,可见其属于较晚出的伪书。

实际上,岂止奥林匹亚纪年是后世伪托,就连古希腊奥林匹克运动会也属子虚乌有。(另见本书专门章节考述)

而雅典执政官纪年、斯巴达监察官纪年与罗马《执政官年表》一样,都是后世伪造。

罗马《执政官年表》是伪造文献

意大利摩德纳人卡洛斯·西格尼戊斯是"《执政官年表》第一位编辑者,……这份文件于1546—1547年间在卡斯托尔神庙附近发现,他把这份文献与李维的编年史叙述相比较,从而奠定了罗马年代学的基础。"④

卡洛斯·西格尼戊斯是何许人也?原来是一名伪造大师。

"西格尼戊斯虚构了一份所谓的《安慰的言辞》(Consolatio),并骗人说这是西塞罗的著作。……过去曾有大量的伪造品,更不用说近代人所伪造的古代人的著

---

①从公元前776年起,每四年在奥林比亚举行一次奥林比亚赛会,即为一个奥林比亚纪元的开始。每四年为一奥林比亚纪。世传此种纪年方法是泰米阿斯创始的,后通行于希腊。至公元393年(或426年)奥林比亚赛会被罗马皇帝废除时,此种纪年方法才停止使用——译者。[美]J.W.汤普森:《历史著作史》中译本上卷第1分册,第72—73页,商务印书馆,1988年5月。

②叙拉古僭主(公元前316—前304年)、国王(公元前304—前289年)——译者。

③[美]J.W.汤普森:《历史著作史》中译本上卷第1分册,第69页,商务印书馆,1988年5月。

④[德]维拉莫威兹:《古典学的历史》中译本第1版,第47页,三联书店,2008年6月。

作了。"①

19世纪有西方学者就已经指出:《执政官年表》是伪造的文献。

"埃托雷·帕伊斯在关于布匿战争前的西西里与意大利的著作②里,显出他完全怀疑有关早期罗马的传统说法,并认为《执政官年表》是伪造的文献。他更相信考古学、语言与地方名称的证据。"③

雅典执政官纪年出自伪造文献《帕罗斯碑》

17世纪约翰·塞尔顿发表帕罗斯年代表

"早在1629年塞尔顿就在他的《阿隆德尔大理石》发表了帕罗斯年代表。"④

《帕罗斯碑》据说是古希腊的重要年表,内容涉及政治、军事、宗教、文学等。这块《帕罗斯碑》就是雅典执政官纪年的证据。如:

《帕罗斯碑》[A32]:距今420年前,执政官年任制开始。

《帕罗斯碑》[A33]:距今418年前……是年[吕西亚]德斯在雅典为执政官。

《帕罗斯碑》[A34]:距今381年前……是年德罗皮德斯在雅典为执政官。

《帕罗斯碑》[A35]:距今[3]41年前,阿[吕亚特]斯为吕地亚王,阿里斯多克莱斯在雅典为执政官。⑤

《帕罗斯碑》文开篇说:"我对'往昔'的记载,从雅典第一位巴西勒斯:科克罗普斯开始,直到阿斯提亚纳克斯在帕罗斯、狄奥戈奈托斯在雅典为执政官的那一年。"

"巴西勒斯"(basileus)在《荷马史诗》中指具有政治、宗教、军事职能的君主,即部落酋长。"阿斯提亚纳克斯在帕罗斯、狄奥戈奈托斯在雅典为执政官的那一年",据后世学者推算为公元前264或263年。

该碑文分甲乙两通,碑文甲的起止时间为公元前1581或1580年至公元前355或354年,碑文乙的起止时间为公元前336或335年至公元前299或298年。两通碑文所述事件的时间跨度,从公元前1581年到公元前298,合计为1283年。而碑文创作的时间据说是公元前264或263年,从这里起算的话,到碑文所纪最早年限时间为1318年。

---

① [德]维拉莫威兹:《古典学的历史》中译本,第47页,三联书店,2008年6月第1版。
② 书名《古代意大利、中意、大希腊、西西里、萨丁尼亚之历史与地理的考察》论文集——译者。
③ [英]乔治·皮博迪·古奇:《十九世纪历史学与历史学家》中译本下册,第779—780页,商务印书馆,2011年7月第1版。
④ [德]维拉莫威兹:《古典学的历史》中译本第1版,第102页,三联书店,2008年6月。
⑤ 张强:《"帕罗斯碑"译注》,载《古代文明》(季刊)2007年第2期。

何以见得《帕罗斯碑》为后世伪造呢？

我们所理解的历史纪年，是以当时的纪年方法逐年进行记录，最后再进行汇总编辑，形成编年史。而这块伪造的石碑倒好，从创作之年开始向前推算，如果创作时间跨了年度，岂不是又得推倒重来？伪造手法也太粗略了。露出的另一只马脚是，该碑文在开篇处使用了"我"这样的第一人称，说是"我对'往昔'的记载"，如果不用这个"我"字，还可以说碑文内容流传有其他来历，从而进一步圆谎，这里一个"我"字就更加露出了马脚。

"碑文原作者的姓名已不可考。……他从自己所处之年，即雅典丢格奈托斯为名年执政官，在帕罗斯是阿斯提安纳克斯人执政官之年（公元前 264 或 263 年）起，向前推算，来确定文中所有事件发生的年代。……碑文依年记事。其体例为'距今某年，某为雅典的巴西勒斯（或名年执政官）之时，发生了某事'，有似中国的《竹书纪年》。"①

在纪年方法上，作者以其开始记述的那一年为基点，"距今"的年数、巴西勒斯或执政官在位的时间为相对年代。不知从公元前 16 世纪开始的这 1318 年间，在文字还没有产生的时期，这个"我"是如何做到对往昔（没有文字的时代）的编年纪事的呢？

造假者大概因为听说了中国有鲁公纪年，于是想到为何不可能造他个执政官纪年和检察官纪年呢？

该石碑概要：

大理石石刻《帕罗斯碑》发现于希腊帕罗斯岛，因而得名"帕罗斯碑"，又被称为"帕罗斯年表"。残存下来的碑身中断，石碑甲（现存 31—80 条；1—29 条以及第 30 条中的一部分残缺）现藏于牛津阿什莫尔博物馆，石碑乙（现存 1—27 条，公元前 298 或 297 年到公元前 264 或 263 年的年代纪残缺，约计 35 条）现藏于帕罗斯博物馆。

最早对碑文进行校勘的有 J.塞尔登（1629 年本）及 R.钱德勒（1763 年本）等。德国古典学家 F.雅各比根据塞尔登的传世摹本补足了碑文甲中的缺失部分，所录条目凡 107 条，是为现行的标准本；碑文甲的起止时间为公元前 1581 或 1580 年至公元前 355 或 354 年，碑文乙的起止时间为公元前 336 或 335 年至公元前 299

---

① 郝际陶：《帕罗斯碑铭文与希腊年代学》，载东北师范大学世界古典文明研究所编《世界诸古代文明年代学研究的历史与现状》第 110 页，世界图书出版公司，1999 年 9 月。

或298年。①

5.现存古希腊历法为后世编造

原来古希腊概念既向壁虚造,当然不可能有所谓古希腊历法。现存古希腊历法显系后世编造。

说古希腊历法是阴历,岁首却始于夏至,不知夏至乃太阳历的概念。一会儿说古希腊历法(所谓庆节历)分1年为12个月,一会儿又说古希腊实行议事会年历分1年为10个月……

说雅典500人议事会由10个部落代表组成,每部落50人,10部落轮流主持议事会(称为"主席团",prytany),每部落任职时间为一年的1/10。

"主席团职位由各部落轮流担任,其次序由抽签决定,前4个部落每个部落任职36日,后6个部落每个部落任职35日,因为他们的年历是按阴历计算的。"②

按照常识,农业社会历法对于农业生产至关重要,春生夏长秋收冬藏乃是年度节气循环的自然规律,所谓古希腊历法以夏至为岁首,违背自然规律,农业社会行不通,伪造手法拙劣。议事会年历更假得离奇,不足辩也。

这两种南辕北辙的历法,在欧洲学者的笔下,居然可以拼凑为一,说是从公元前4世纪起两种历法岁首始于同一天。③

中国自古以来就有历法,黄帝考定星历,从《尧典》到《史记·历书》记载,原原本本,真真正正,有夏历、有太初历等。夏以正月为岁首,商以夏历十二月、周以夏历十一月为岁首。在历法基础上,有历代帝王纪年,源远流长,历久弥新。到孔子时,著《春秋》,一字褒贬,张显大义,乱臣贼子惧。历法,加上"左史记言、右史记事",就是历史的缘起。

中国文化,惜墨如金,谨言慎行,一字褒贬,春秋大义存焉。为政以德,譬如北辰,众星拱之,生生不息,天何言哉……

西方既无历法,也没有统一的纪年,所谓希腊奥运纪年、执政官纪年为后世编

---

①参看郝际陶:《帕罗斯碑铭文与希腊年代学》,载东北师范大学世界古典文明研究所编《世界诸古代文明年代学研究的历史与现状》,世界图书出版公司1999年9月。张强《"帕罗斯碑"译注》,载《古代文明》(季刊)2007年第2期。
②亚里士多德《雅典政制》XLIII.2.
③S.霍恩布鲁尔、A.斯鲍福斯主编《牛津古典辞书》第274页。参看徐松岩:《古希腊历法简述》,见新译详注本《伯罗奔尼撒战争史》下册附录,上海人民出版社,2012年1月。

造,罗马建城纪年也不可靠。而现今通行的耶诞纪年,源于教会,在公元7世纪才开始出现,17世纪之后才逐渐普及。因而,西方中古以前的历史纪年,都是后来推导、编造,多属无根游谈。

"西方几个世纪以来用于记录事件的传统纪年方法——公元后,我们的主的出生之年,以及公元前——这样的说法直到公元6世纪才被提出。……事实上直到8世纪比德(Bede)才在他的《英国民族教会史》中使用了公元序列,而公元的纪年体系尽管比德曾经提及,但直到17世纪后半叶才开始普遍使用。"①

"由赛维尔的伊西多尔(560—636,西班牙主教和学者)在7世纪所创立并在8世纪由可敬的比德(673—735,英国历史学家和神学家)所普及的这种单一的普遍编年史,即由基督的诞生而向前和向后记录每件事的年代,至今仍可表明这种观念是从哪里来的。"②

"所谓的'公元纪年',是6世纪著名宗教法规学者小狄奥尼修斯创立的。他根据罗马的纪年传统,推算出耶稣基督诞生于罗马建城后的第753年,这一年即为基督元年,为公元元年。宏观上讲,以公元为坐标、一元时空意义上的西方古典绝对年代框架的建立,正是以公元元年为出发点并将罗马儒略历向前延至远古时代的一种时间排序。"③

"在一四三〇年代,欧洲人没有统一的历法,因为他们尚未商定测量时间的方法,直到一个世纪后才开始采用格利高利历(Gregorian calendar)。"④

"用耶稣诞辰作为公元纪年基点的方法要晚得多。1627年,裴达提乌斯首次在历史著作中使用了公元纪年,到18世纪被西方各国学者广泛接受。这就是我们今天使用的公历纪年。"⑤

上述所谓古希腊的这些纪年法,都是耶稣会士大批来华后之才被提出来的。凡是采用上述纪年法的古希腊文献,如色诺芬《希腊史》、第欧根尼·拉尔修《明哲

---

①[英]彼得·沃森:《人类思想史·浪漫灵魂:从以赛亚到弗朱熹》中译本,第295—296页,中央编译出版社,2011年5月第1版。

②[英]柯林武德:《历史的观念》中译本,第92页,商务印书馆,1997年9月第1版。

③张强:《古代近东与西方古典年代学研究综述》,载东北师范大学世界古典文明史研究所《世界诸古代文明年代学研究的历史与现状》第4页,世界图书出版公司,1999年9月。

④[英]孟席斯:《1434:中国点燃意大利文艺复兴之火》中译本,46页,台湾远流,2011年5月版。

⑤晏绍祥:《执政官年表与早期雅典历史的年代学》,载东北师范大学世界古典文明史研究所编《世界诸古代文明年代学研究的历史与现状》第161页,世界图书出版公司,1999年9月第1版。

言行录》等,都不可靠。

古希腊历史著作均为后世所编,因而其前后矛盾抵牾之处俯拾即是

举例来说:《伯罗奔尼撒战争史》中记录着许多马其顿国王亚历山大的内容。

"不仅科林斯终于公开与雅典为敌,连马其顿国王亚历山大之子柏第卡斯,也从过去的朋友和同盟者,变为雅典的敌人了。柏第卡斯与雅典为敌,是因为雅典人与他的兄弟腓力浦和德达斯缔结同盟,他们联合起来反对柏第卡斯。柏第卡斯恐慌起来,他派使者去拉栖代梦,试图使雅典人和伯罗奔尼撒人发生战争;并且努力争取科林斯以支持波提狄亚的暴动。他还向色雷斯地区的卡尔基斯人和波提亚人提议,劝说他们参加暴动。"

"大约与此同时,在冬季开始的时候,色雷斯地方的奥德里赛国王,泰瑞斯之子西塔尔克斯进攻亚历山大之子马其顿国王柏第卡斯和与色雷斯毗邻的卡尔基斯人。西塔尔克斯的目的是要履行他的一个诺言,实现另一个诺言。一方面,在战争之初,柏第卡斯处境艰难,就和西塔尔克斯订立协约,条件是西塔尔克斯使他与雅典人和解,不再试图恢复他的兄弟腓力浦的王位,因为腓力浦是与他为敌的。但是柏第卡斯并没有遵守这个条约。另一方面,西塔尔克斯本人在与雅典人缔结同盟时,也同意结束与色雷斯的卡尔基斯人的战争。这就是西塔尔克斯入侵该地区的两个理由。他在出征时带上了腓力浦之子阿明塔斯,想立他为马其顿王,随同他出征的还有一些雅典的使者,他们正在宫廷上商量此事;有哈格浓,他以哈格浓为将军……"

亚历山大大帝(Alexander the great 公元前356—前323年),古代马其顿国王,亚历山大帝国皇帝,西方人最崇拜的就是他。亚历山大的故事说,他在担任马其顿国王的短短13年中,东征西讨,先是征服了全希腊,后又灭亡了波斯帝国。在横跨欧、亚的辽阔土地上,建立起了一个西起希腊、马其顿,东到印度河流域,南临尼罗河第一瀑布,北至药杀水的以巴比伦为首都的庞大帝国。

腓力二世(前38—前336),马其顿国王,亚历山大之父。腓力二世在女儿的婚礼上遇刺身亡,刚满20岁的亚历山大继承了王位。

伯罗奔尼撒战争(前431年—前404),希腊历史学家修昔底德在《伯罗奔尼撒战争史》中详细地记录了这场战争,大概因修昔底德去世,纪录到公元前411年冬中止。

修昔底德在公元前5世纪(前411年)就离开了人世,怎么可能大量记录公元前4世纪的人和事？典型的关公战秦琼。①

换句话说，因为亚历山大率领若干蛮兵、蛮将东征西讨，在十余年建立了混一宇内的功业，后人才给他一个"亚历山大"（人类守护者）的称号，岂有在亚历山大大帝之前、他的先人马其顿蛮族就已经被称为"人类守护者"之理？后来编故事者，为了圆谎，于是造出了亚历山大一世、亚历山大二世，而亚历山大大帝则成了亚历山大三世。

更离谱的是，另一部伪书希罗多德《历史》还为这位马其顿国蛮王亚历山大安排了七代传承谱系：

（1）亚历山大七世祖：培尔狄卡斯（马其顿僭主）

（2）阿尔该欧斯（培尔狄卡斯之子）

（3）披力波司（阿尔该欧斯之子）

（4）阿埃洛波司（披力波司之子）

（5）阿尔凯铁斯（阿埃洛波司之子）

（6）阿门塔斯（阿尔凯铁斯之子）

（7）亚历山大（阿门塔斯之子）

"这个亚历山大的七世祖培尔狄卡斯是用我下面所说的办法取了马其顿僭主的地位的。……亚历山大是阿门塔斯的儿子，而阿门塔斯又是阿尔凯铁斯的儿子；阿尔凯铁斯的父亲是阿埃洛波司，阿埃洛波司的父亲是披力波司，披力波司的父亲是阿尔该欧斯，阿尔该欧斯的父亲就是取得了国王之位的培尔狄卡斯了。"②

多么"翔实"的历史铺垫！就这样事先为亚历山大大帝安排好了家谱……仿佛希罗多德预见到百年之后会出现一位名叫亚历山大的蛮王会称霸世界……希罗多德哪里是什么"历史之父"，分明是"预言学之父"！

连早期罗马帝国的谱系都不靠谱，古希腊会有蛮族马其顿的谱系？

早期罗马帝国的谱系造伪情节，见本书第5章相关内容。

在波斯将要与雅典决战的前夕，又是这位马其顿亚历山大连夜冒死跑到阵地前沿，将波斯准备发动总攻的情报泄露给雅典方面。请看希罗多德如何说：

在玛尔多纽斯探求了神托的意义并发表了激励的言辞之后，夜来了，而军队便布置了他们的哨兵。而当夜色已深，看来营地里面万籁俱寂而人们也深深入睡

---

① 关键秘密在于"亚历山大"这个名字。亚历山大大帝（希腊语：Μγα Αλξανδρο 或 Αλξανδρο οΜγα，其名字亚历山大意为"人类的守护者"。

② 希罗多德：《历史》中译本第1版下册，第616—617页，商务印书馆，1959年6月。

的时候,阿门塔斯的儿子亚历山大,即马其顿人的将领和国王这时便乘马到雅典人的哨兵那里去,要和他们的将领讲话。大部分的哨兵都留在原地未动,其余的哨兵则跑到他们的将领那里去,告诉他们的将领说,从美地亚军的营地,来了一个骑马的人,这个人别的话一句也没有说,只是叫着各位将领的名字,说是要和这些将领谈话。

诸将听到这话之后,立刻便和来人一同到哨兵的地点去,而当他们来到那里的时候,亚历山大便对他们说:"雅典人,我把这些话托付给你们,请你们为它保守秘密,除去帕乌撒尼亚斯之外不要泄露给任何人,否则你们就连我也给毁了。如果不是我非常关心整个希腊的命运的话,实际上我就不会把这话告诉你们了。因为我本人的远祖是希腊人,而我也绝不愿意看见自由的希腊会受到奴役。故此,我告诉你们,玛尔多纽斯和他的军队并不能从牺牲得到对他有利的征兆,否则在这之前很久你们就得作战了。但是现在他们却不打算把牺牲放到心上,而想在明天一破晓的时候发动战斗。据我的推测,他们是害怕你们军队的人数会越来越多。因此我请你们作准备。如果他拖延作战而不展开战斗的话,那就请耐心地在原来的地方等待着不要动,因为他身边的兵粮只够几天用的了。但是,如果这次战争是按照你们的意思结束的话,那你们就一定要记着设法把我也从奴役下解救出来。由于自己的热心,我为希腊做了这样一件不顾性命的事情,而想把玛尔多纽斯的意图向你们传达,为的是使异邦军不致在你们完全没有想到的时候猝不及防地向你们攻来。我是马其顿人亚历山大。"讲了这话以后,他就乘马返回营宿他自己的驻地上去了。①

编入上述故事情节,不过是为了安插亚历山大下列一段独白:"我非常关心整个希腊的命运……我本人的远祖是希腊人而我也绝不愿意看见自由的希腊会受到奴役。"

这样,就为百年后亚历山大大帝宰制希腊乃至整个亚历山大帝国找到理由,为马其顿蛮族的统治注入文化基因乃至为以后的西方中心论找到历史根据。

6.古希腊战争壁观

如此重装步兵

近代以来西方所编著的希腊史,都说古希腊的重装步兵如何神勇,如何所向

---

① 希罗多德:《历史》中译本下册,第643—644页,商务印书馆,1959年6月第1版。

披靡。真实状况如何呢？

何谓"重装步兵"？

"重装"指重型装备。具体来说就是那些古希腊士兵穿戴青铜锤打出来的头盔、胸铠、胫甲，左手持大盾，右手持长矛，身佩短剑。这样的士兵依照纵横队列排成方阵，用以冲锋陷阵、征战四方、横行天下，是所谓古希腊最重要的兵种。

据研究，这些重装步兵的"整套武器装备大约重达70磅，相当于一个普通人体重的一半，穿上盔甲以后无比闷热，尘头与头盔挡住他们的视线。"①

70磅差不多相当于32公斤，一个人穿戴着青铜盔甲，手提大型盾牌及长矛，腰佩短剑，这样的一个行头如何能够搏击征战呢？

先看其盾牌。"重装备步兵最大的革新是采用了一种新的盾牌，叫作hoplom，重装备步兵就是源于此词。这种盾牌是适应方阵格局特制的，以木制的圆盘为基底，上面覆以青铜。这种盾牌让重装备步兵的战斗力增加不少。"②

"直径三英尺的盾牌，有时被称作'阿斯皮'（aspis）或'霍普隆'（hoplon）掩护一半身体。任何人，凡试过单臂举持15磅到20磅重物，即使没有会战的严酷境况中的其他铠甲重负，都能够体验到，仅在20分钟后就开始的筋疲力尽。"③

古希腊人是不是膀大腰圆、力大无穷呢？不然。

古希腊人身材瘦小、体质羸弱

"希腊人自己也不是特别能残杀的武士……工业化时代以前的初级木器和铁器，而非火药和钢制品，是他们共有的毁伤性武器。甚至打那场战争的兵士本身，身高也非远超过5.5英尺，体重则非远重于130磅。他们往往是不起眼的中年人，在当今身材高大、体重200磅的美国大兵身边会显得纯属小孩。"④

身材瘦小的古希腊人，身上披挂70余磅重的青铜制品重型装备，不要说冲锋陷阵，恐怕行军走路的难题也解决不了，走不了几步就得累趴下。

可怜这些重装步兵，侥幸得胜，由于负重，追不上败兵；战败的话，由于负重，

---

① [美]萨拉·B.波默罗伊、斯坦利·M.伯斯坦、沃尔特·唐兰、珍妮弗·托尔伯特·罗伯茨：《古希腊政治、社会和文化史》第2版中译本，第121页，上海三联书店，2010年3月第1版。

② [美]萨拉·B.波默罗伊、斯坦利·M.伯斯坦、沃尔特·唐兰、珍妮弗·托尔伯特·罗伯茨：《古希腊政治、社会和文化史》第2版中译本，第121页，上海三联书店，2010年3月第1版。

③ [美]维克托·戴维斯·汉森：《独一无二的战争——雅典人和斯巴达人怎样打伯罗奔尼撒战争》中译本，第140页，上海人民出版社，2013年5月第1版。

④ [美]维克托·戴维斯·汉森：《独一无二的战争——雅典人和斯巴达人怎样打伯罗奔尼撒战争》中译本，第1页，上海人民出版社，2013年5月第1版。

虚构的古希腊文明——欧洲"古典历史"辨伪

难以逃生。

重装步兵典型战例:第力安之战

"彼奥提亚人分出一些军队来专门对付这支雅典军队。当他们的准备工作完成了的时候,他们在山顶上出现,列成准备作战的阵势。他们有7000名重装步兵、10 000多名轻装步兵、1000名骑兵和500名轻盾兵。底比斯及其邻近地区的军队列在右翼,哈利阿提亚人、科罗尼亚人、开帕依斯人以及滨湖地区的其他人列在中央,特斯匹伊人、塔那格拉人和奥科美那斯人列在左翼,骑兵和轻装步兵列在两翼的极端。底比斯人列成纵深25盾的队形,其他军队列成各种不同的队形。这就是彼奥提亚军队和战争行列的情况。"①

"彼奥提亚人在帕冈达也匆匆地向他们演说之后,高唱战歌,开始从山上向下面进攻了。雅典人向前抵抗,两军跑步相迎。双方的两翼端没有接触,因为两方面都同样地为暴涨的河道所阻。但是在其他各处的战斗是激烈的,盾和盾相压迫。彼奥提亚人的左翼直到中央,被雅典人打败了。在这里,雅典人给彼奥提亚人以很大的损伤,特斯匹伊人死伤尤多,因(伯罗奔尼撒战争史325)为支持他们的军队败退的时候,特斯匹伊人被围在一个狭窄的地域内,在肉搏战斗中被杀死了。有些雅典人在这里也被自己的军队所杀,因为在包围运动中,他们混战一团,把自己的人误作敌人了。

"在这部分战场上,彼奥提亚人的情况是最糟糕的,他们逃回到那些还在那里战斗的军队里去了。但是右翼是底比斯人,他们战胜了雅典人,起初压迫雅典人步步退却,现在还继续压迫着。正碰着帕冈达看到他的左翼受窘迫,因而派遣两个骑兵队绕过山后,使雅典人看不见。当他们突然出现了的时候,他们引起已经胜利了的雅典右翼惊慌,因为雅典军队以为这是另一支军队来向他们进攻了。现在一方面因为右翼受到了这个惊慌;另一方面,因为底比斯人继续向前冲进,突破了左翼,于是雅典全军开始逃亡。有些向第力安和海边逃走,有些向俄罗巴斯逃走,有些向巴尼斯山逃走,或者向任何他们认为有安全希望的方向逃走。彼奥提亚人追赶他们,把他们砍倒——特别是彼奥提亚骑兵和罗克里斯人,因为雅典人开始溃退的时候,这些骑兵和罗克里斯人就已经赶上了他们。但是因为天黑了,他们不能再追赶,所以大部分逃亡者比较容易逃掉。次日,在俄罗巴斯和第力安的雅典军队

---

① [古希腊]修昔底德:《伯罗奔尼撒战争史》中译本,第323页,商务印书馆,1960年4月第1版。

从海道回国,留下了一支驻防军队守着第力安。雅典人虽然战败了,第力安还是在他们手里。彼奥提亚人建立了一个胜利纪念碑,收回了他们自己阵亡者的尸体,剥掉阵亡雅典人的衣服,派一个卫队守着。然后他们回到塔那格拉,计划进攻第力安了。"①

古希腊观海战

下面描写的是科林斯与科西拉之间发生的一场海战,而雅典对这场战争进行了干预。

谢德风译本:

"科林斯人做好了一切准备之后,他们携带三天的粮食,晚间从基美利乌姆航入海中,想和敌人作战。黎明时,他们看见科西拉的舰船已在公海中,并向他们突击。他们彼此看见了的时候,双方马上排好阵势,准备战斗。雅典的舰船在科西拉行列的右边,其余阵地由科西拉人分为三个分舰队占据,每个分舰队由一个海军大将指挥。这是科西拉人的战斗序列。

"在另一方面,麦加拉和安布累喜阿德舰船构成右翼,其余同盟国的分遣队在中央,而科林斯人自己带着他们最好的舰队,保持左翼,对抗雅典人和科西拉人的右翼。

"双方发出信号之后,他们就开始战斗了。这是一种颇为陈旧的战斗方式,因为在海军方面,他们还是落后的,双方都有一些重装步兵、弓箭手和投枪手在船上。他们虽然没有海战的技术,但是战斗还是很激烈的。

"真的,这与其说是海战,不如说是陆战。当舰船相碰撞的时候,这些舰船就很难完全逃脱,因为战斗的舰船这样多,同时它们又列成密集队形。事实上,双方都靠重装步兵来取得胜利。重装步兵站在甲板上,排成正规的队形作战,而舰船则停着不动。他们没有运用突破敌线进行撞击的战术。事实上,在这种战役中,勇敢和单纯的气力比科学方法更为重要。在战斗中,到处都是混乱,四面八方都是叫喊的声音。"②

徐松岩等译本:

"科林斯人一切准备就绪后,便携带三天的口粮,在夜间从奇美里昂出发,准

---

① [古希腊]修昔底德:《伯罗奔尼撒战争史》中译本,第324—325页,商务印书馆,1960年4月第1版。

② [古希腊]修昔底德:《伯罗奔尼撒战争史》中译本,第36—37页,商务印书馆,1960年4月第1版。

虚构的古希腊文明——欧洲"古典历史"辨伪

备开战。航行至黎明时,他们看见科基拉的舰队已在海上,并向他们驶来。他们彼此发现对方之后,双方便各自排好阵形,准备战斗。雅典的舰船在科基拉舰队的右翼,其余的阵地由科基拉自己的舰队的三个分遣队分别占据,每个分遣队由一位海军将领指挥。这是科基拉人的布阵情况。科林斯人方面是这样部署的:麦加拉和安布拉基亚的舰船在右翼,其他同盟者的舰船在中央,左翼是科林斯海军中的精锐部分,以对抗雅典人和科基拉人的右翼。

"双方发出信号后,战斗开始了。双方舰船的甲板上都站有大量的重装步兵,还有许多弓箭手和投枪手。这是一种陈旧落后的作战方式。尽管他们海战技术不精,但双方的拼杀都很顽强。事实上,这更像是一场陆战。双方之间相互冲击时,由于舰船众多,相互撞击,使其很难逃脱。另外,他们都把取胜的希望寄托在甲板上的重装步兵的身上,这些重装步兵排成正规队形作战,而舰船则原地不动。他们没有运用突破敌人防线的灵活机动的战术。简言之,在这种战役中,气力和胆量的作用比科学方法更为重要。战场上一片嘈杂喧嚣,乱作一团。"①

看点:

双方舰船的甲板上站有大量的重装步兵,还有许多弓箭手和投枪手。

它更像是一场陆战。

他们都把取胜的希望寄托在甲板上的重装步兵的身上,这些重装步兵排成正规队形作战,而舰船则原地不动。

气力和胆量的作用比科学方法更重要。

在我们的印象中,古希腊是位于爱琴海的海洋国家,在伯罗奔尼撒战争之前,曾经通过海战打败世界强国——波斯帝国。在这里,作为发达海洋国家进行海战,怎么会像一场陆战?希腊重武装步兵每人戴上70磅的装备,在陆地上都打不了仗,在船上如何进行战斗?重武装步兵号称以阵法见长,在船上如何发挥其战术优势?希腊、罗马地区上古时期只有投枪手,如何会有"许多弓箭手"?"气力和胆量的作用比科学方法更重要",古希腊号称人类奇迹的集大成者,这里为何只有气力和胆量?修昔底德时代没有"科学"的概念,如何会有"科学方法"这样的概念?

更为离奇的是,即使按照古希腊当时最先进的战舰、据说是所谓的三列桨战舰(Trireme)来说,从舰首到舰尾不过120英尺,中部宽度不过20英尺,就是在其

---

① [古希腊]修昔底德:《伯罗奔尼撒战争史》中译本上册,第65—66页,上海人民出版社,2012年1月第1版。

船板上站满人，也站不了几人。

"自文艺复兴往后一直激烈辩论的谜团很大部分据称已在1987年解决，其时，一个英国——希腊联合研究组制成'奥林匹克号'下水，那是古雅典三列桨战舰的一个现代原尺寸复制品……在120英尺长的战舰上，最受约束、最不惬意的位置大概属于54名内室兵……由于顶梁和在他们头顶正上方划桨的其他水手，因而内室兵几乎什么也看不见。上面两排桨手的汗水——上面的水手的臀部多少贴近内室兵的脸庞——同样淋湿他们。……

"低层的内室兵头顶上坐着54名中层的主梁桨手，栖于战舰主梁上。他们同样见不到水，透过舷孔划桨。……

"顶上两排是最有威望的位置，往往报酬也最优厚，由总共62名在左右舷的顶层兵占据。"①

120英尺的古希腊战舰，就这样基本上已经被170名桨手占满了，哪里还能再站上去"大量的重装步兵"呢？不要说"大量重装步兵"在船板上相互投射、扭打、厮杀，甚至就一个人在船板上快速走动都会影响古希腊战舰的平衡。

"现代模拟已经提示，哪怕单独一人在三列桨战舰的舱盖甲板上四处走动，都可能对划桨有负面影响。而其，鉴于平台和目标都在波涛上摇晃，投射部队的投射精确性乏善可陈。"②

希腊的矛对亚洲的弓

"埃斯库罗斯可能也在萨拉米和普拉提亚打过仗，他记得最清楚的是后者。在公元前472年创作的悲剧《波斯人》中，他把希波战争描述为多利安人（斯巴达人）的矛战胜了亚洲的弓。"③

埃斯库罗斯《波斯人》：
    波斯大军已出征希腊国土，
    ……

---

① [美]维克托·戴维斯·汉森：《独一无二的战争——雅典人和斯巴达人怎样打伯罗奔尼撒战争》中译本，第237—240页，上海人民出版社，2013年5月第1版。

② [美]维克托·戴维斯·汉森：《独一无二的战争——雅典人和斯巴达人怎样打伯罗奔尼撒战争》中译本，第245页，上海人民出版社，2013年5月第1版。

③ [英]保罗·卡特里奇：《剑桥插图古希腊史》中译本，第167页，山东画报出版社，2005年2月第1版。

虚构的古希腊文明——欧洲"古典历史"辨伪

波斯人的首领,
臣服于伟大的国王们,
奋勇向前,统率庞大的军队,
强大的弓箭手,乘马飞驰的骑兵,
形象令人恐怖,惯于征战,
一向以心灵豪勇著称。
……

人口众多的亚细亚君主,
……
统率着陆军和水师,
驾驶叙利亚式车鉴,
驱使强弓利矢的阿瑞斯,
去征服善于投射的将士。
注:波斯人以善射著称,希腊人的主要进攻武器是长矛和投枪。①

典型的古希腊打斗场面

"比赛尼亚人获悉希腊人当中有多少人出去劫掠,也知道有多少人留守营地之后,就把大批轻盾兵和骑兵集结起来,在黎明时分对大约 200 名希腊重装步兵发动袭击。偷袭者在逼近的时候,有些人向希腊人投出长矛,有些人则投掷标枪。结果,希腊的士兵非死即伤。……无论希腊人从什么地方突围,比赛尼亚人都让开一条路,让他们很容易地冲出来,因为轻盾兵可以迅速闪躲开希腊重装步兵的攻击,这样比赛尼亚人再从四面八方朝他们投掷标枪,希腊人每次突围,都会有许多人被杀死;最终,希腊人就像一群被关在围栏里的牲口一样,任人宰割。"②

希腊人擅长投掷标枪,比赛尼亚的色雷斯人也用标枪对付希腊人。这是典型的古希腊风格打斗场面,没有射箭的影子。

希腊人蔑视弓箭手

"从荷马以来,对'女人似的'弓箭手的嘲笑和轻蔑,就充斥在希腊人充满男子

---

① 王焕生译,埃斯库罗斯悲剧:《波斯人》,载《古希腊悲剧戏剧全集》中文版第 1 卷,第 75—79 页,凤凰出版传媒集团、译林出版社,2007 年 4 月。
② [古希腊]色诺芬:《希腊史》中译本,第 101 页,上海三联书店,2013 年 5 月。

气概与英雄气概的战争文学作品当中。"①

"弩箭在中国纪元前12世纪已经发明,纪元后第四世纪欧洲才有。"②

在虚构历史的过程中,欧洲人对于自己不具备的军事技术,就极尽贬低之能事。

古希腊没有骑兵,也没有战车

"事实上,希腊大陆和岛屿的地形在很大程度上始终不适于骑兵作战。……战车是象征性的而不是实用的交通工具。……马匹需要广阔的、水源充裕的牧场,这样的牧场在希腊的土地上十分罕见。饲料费用和其他方面的保养费也非常之高。只有具备特权的极少数人才能够养得起一匹战马,更不要说一匹赛马了。"③

伯罗奔尼撒战争小事一桩

伯罗奔尼撒战争于公元前431—前404年在两个部落之间进行,其性质不过是两个原始部落之间在二十余年间不停地一场械斗,是"小小雅典与小小斯巴达之间相当朦胧的古代战争。"④

伯罗奔尼撒战争无论从地域范围、人口规模以及持续时间那个方面来看,都是小事一桩。

"传说中的侵略行过的距离、动作的规模以及巨大的长期后果将揭示出伯罗奔尼撒战争本质上琐屑的性质,它只是因为修昔底德的历史才变得伟大起来。"⑤

古希腊两场战争(希波战争与伯罗奔尼撒战争)规模不成比例。

要么希波战争为捏造,要么伯罗奔尼撒战争是虚构,或者两者都是编造。

7.进步历史观的时间错位

"进步"概念的出现时间很晚,大约在18世纪中期,而《伯罗奔尼撒战争史》在当时受到欢迎正是因为其中的"进步"观念受到欢迎。

---

①[英]保罗·卡特里奇:《剑桥插图古希腊史》中译本,第167页,山东画报出版社,2005年2月第1版。

②亚可布:《论东方对西方文化之影响》,转引自朱谦之:《中国哲学对欧洲的影响》第7页,福建人民出版社,1985年6月第1版。

③[英]保罗·卡特里奇:《剑桥插图古希腊史》中译本,第161页,山东画报出版社,2005年2月第1版。

④[美]维克托·戴维斯·汉森:《独一无二的战争——雅典人和斯巴达人怎样打伯罗奔尼撒战争》中译本,第3页,上海人民出版社,2013年5月第1版。

⑤[美]马丁·贝尔纳:《黑色雅典娜》中译本,第86页,吉林出版集团,2011年7月。

"人们常说,18世纪关于'进步'概念最清楚的表达存在于孔多塞(Condorcet)写于1793年的《人类精神进步历史概观》。但是,孔多塞在这本书中提到的多数观点早已被阐明了,就在1750年19岁的阿内·罗贝尔·杜尔哥(Anne Robert Turgot)所做的演说《关于人类精神的逐步进步》中。杜尔哥后来成为路易十六的财政部长,与当时重要的重农主义者关系密切,提倡中国的经济观念。……在他的上述演说和未完成的历史草稿中,他关于'进步'的观点异常清晰。"①

"修昔底德在过去三个世纪中魅力如此之大的原因之一是他的历史观是进步的。根据他的历史观,离现在愈近,政治组织变得愈庞大、愈有效。……根据他的观点,历史逐步积累到前所未有的力量,即他的两个主角,雅典和斯巴达,结果他的生命跨越了,他的著作描写了'古希腊人历史上最严重的混乱,它也影响了大部分非希腊世界,的确我们可以说,它影响了整个人类。'"②

叙述希腊人与野蛮人相对的意识强烈

野蛮人是与文明人相对应的概念,而文明人的概念以文明概念的产生为前提,我们知道,文明概念是18世纪晚期产生的,而《伯罗奔尼撒战争史》中却有强烈的野蛮人与希腊人对举的概念,显然将希腊人代替了文明人的位置,为明显的时代错位。

"修昔底德严格区分了古希腊人和野蛮人,他的整部作品赞美了希腊成就的独特性,甚至包括破坏性的成就。"③

西方的"春秋大义"

伯罗奔尼撒战争开始的那个冬天,在雅典战士的葬礼上,雅典部落长伯里克利发表了长篇演讲。

伯里克利说:"我们的政治体制是民主制度,因为权力不是掌握在少数人手中,而是掌握在全体人民手中。在处理私人争端时,法律面前人人平等。在众人之间选择某人出来担任公职时,考虑的不是他是否属于特定阶级,而是他是否真有能力。任何人只要愿意为国服务,不会因贫困而在政治上默默无闻。此外,我们的政治生活是自由而开放的,我们日常生活中的人际关系亦是如此。我们不会干涉邻居喜欢以什么方式生活,我们也不会因为他的生活方式对他怒目而视,虽然这么做不会造成实际伤害,却会破坏人与人之间的感情。在私人生活上,我们是自由

---

① [美]马丁·贝尔纳:《黑色雅典娜》中译本,第177页,吉林出版集团,2011年7月。
② [美]马丁·贝尔纳:《黑色雅典娜》中译本,第86页,吉林出版集团,2011年7月。
③ [美]马丁·贝尔纳:《黑色雅典娜》中译本,第86页,吉林出版集团,2011年7月。

而宽容的;但在公共事务上,我们恪守法律,因为法律使我们心悦诚服。"①

这位部落长巧舌如簧,简直就如现代那些无行政党在选举时的表演一样,眉飞色舞、滔滔不绝。当代西方世界几乎所有核心价值观的概念:民主、自由、平等、人民、法律、选举、开放、隐私权、宽容、公共、超阶级等,居然被二千几百年前一个原始小部落的部落长一次讲话中全部说完全了!

古希腊时既无书写工具,也无录音设备,不知这位修昔底德是如何记录下来的?试问,两千多年前现场的那些村民们如何能懂得15世纪以后现代世界的价值观呢?

西方人造起假来完全没有时空错位的顾忌。在《伯罗奔尼撒战争史》中,古希腊人该有的观念(神话、迷信)一概没有,古希腊人不可能有的、15世纪以后的观念(民主、自由、平等)一应俱全。对此,西方的哲学家如黑格尔、马克思等个个深信不疑,完全超出常识的范围。

修昔底德所述"春秋大义",讲得天花乱坠、头头是道,不过是嘴上功夫,毫无实际用处。没过几年雅典就衰落了,从此希腊世界陷入沉沦,转眼间被马其顿蛮王收入囊中,不久再经罗马帝国铁蹄平踏,遂归于灰飞烟灭……其实,不过是后世欧洲人编的故事而已。

8.欧洲的"五经"

西方的《春秋》既如上述,让我们顺便考察一下西方类似中国"五经"其他方面的内容。

欧洲的"颂诗"——宗教赞歌

《诗经》内容有风、雅、颂之别,而"颂诗"是诗歌的一种高级形式,我们可以见到了曾经在欧洲古代广泛流行的这种"颂诗"形式。

"人只是在满足基本需要之后,才会想到要锦上添花,然而这种基本需要当时几乎在整个欧洲都还匮乏。在德国、法国、英国、西班牙和伦巴第北部,人们知道些什么呢?

"在不少教堂,一直庆祝驴子节、愚人节和疯人节。人们把一匹驴牵到祭台前,唱赞美歌,开头的叠句是:

---

① 见[英]约翰·布罗:《历史的历史:从远古到20世纪的历史书写》中译本,第38页,广西师范大学出版社,2012年7月第1版。

阿门,阿门,驴;

哎,哎,哎,驴老爷;

哎,哎,哎,驴老爷。

迪康吉及其后继者都是最严谨的编纂者,曾从一本500年前的手稿中援引过这样几句对驴子的赞歌:

哎,驴老爷,歌唱吧!

美丽的嘴,不高兴吧!

你将得到足够的干草!

"一个年轻的女人扮演上帝的母亲,骑着这头驴到埃及去,她怀抱一个小孩,身后跟着一长串的人。在弥撒结束时,神甫不是说'弥撒礼毕',而是用最大力气学驴叫三声,参加弥撒的人也以同样的叫声来回答。"①

欧洲的《尚书》——教皇的文诰

中国上古流传下来的政治文诰、王者的讲话等文献构成《尚书》,为六经之一。欧洲历史上也有文诰,也有流传下来的国王讲话(包括罗马教皇)。以下是一篇欧洲最著名战争的战前动员令,动员者为教皇。罗马教皇乌尔班在宣布第一次十字军东征时讲道:

"就让那些惯于挑起私斗甚至攻打基督徒之人,前去参加那值得参加而且必定胜利的反异教徒之战。现在,就让那些至今为止以劫掠为生之人成为基督的战士,就让那些从前与父兄剑拔弩张之人前去与蛮族开战,就让那些为几块银币而受雇之人去赢得其永恒之报偿。"②

教皇在唆使惯于私斗、劫掠成性者(坏人)以及为了"几块银币"而受雇者(穷人)离开欧洲,前往西亚对异教徒发起圣战,并在抢劫富裕的东方之圣战中卖命、发财、赎罪,而留下有钱良民在教区,好由教会来抽头。

同样是战争动员,欧洲教皇与中国王者相比,水平不啻天壤之别。

"巴勒斯坦是三个主要一神教:犹太教、基督教(包括天主教、东正教和基督教)和回教的摇篮,也都是亚伯拉罕的后裔。这是人人都知道的常识。"③

---

① [法]伏尔泰:《风俗论》中译本中册,第251页,商务印书馆,1997年5月第1版。

② [美]罗宾·W.温克、L.P.汪德尔:《牛津欧洲史》中译本第1卷,第6页,吉林出版集团,2009年4月第1版。

③ 《神的历史:犹太教、基督教、伊斯兰教的历史》中译本,周联华序第15页,台湾立绪文化事业有限公司,1946年11月。

基督教由犹太教脱胎而来,而伊斯兰教是基督教的一奶同胞。欧洲得到起源于巴勒斯坦的基督教的哺育,巴勒斯坦对于欧洲来说恩重如山。然而欧洲的基督徒却恩将仇报,将犹太人、伊斯兰教的信众称为异教徒,以巴勒斯坦圣地耶路撒冷为矛头指向,发起了持续数个世纪的十字军圣战。

当年同胞兄弟,至今不共戴天,名曰文化冲突!西学穷途末日此处不见何处见。学者乎。瞽者乎?

教宗恩将仇报,十字军矛头指向犹太人与穆斯林

"教宗乌尔班鼓吹第一次十字军东征……犹太人与穆斯林被视为基督的敌人。"①

"有些十字军战士的动机似乎从一开始就是为了替自己夺取土地,而十字军的产生也伴随着有计划地屠杀欧洲犹太人。第一次十字军东征并未经过完善组织,也没有充分的后勤补给;更贴切地说,这些十字军是一群往东流窜的散兵游勇……耶路撒冷最后落入十字军手中,时间是1099年,伴随而来的是劫掠与屠杀……"②

儿童十字军

十字军战争在三个世纪间接连不断,其中骇人听闻者甚至有13世纪之"儿童十字军"!这些孩子们从童年就开始被训练杀人,被贪婪的教士卖为奴隶……

"1212年派出了儿童十字军。法国和德国的儿童群集在地中海海岸,盼望海水能够在他们面前分开一条通往圣地之路,引导他们取得一场兵不血刃的胜利。然而,神迹没有出现,数千儿童涌进马赛和其他港口。许多人在那里被卖为奴。"③

欧洲的《礼记》——西方的"礼仪时代"

明末清初,随着耶稣会士不断将礼仪之邦的信息传回欧洲,在晚于中国近三千年,欧洲也终于在法国路易十四时代开始进入"礼仪时代"。

号称太阳王的法王路易十四在"投石党运动"期间由于受到暴徒闯入自己卧室事件的惊吓,于是模仿中国皇家宫殿的形制,建立了具有对称特点的凡尔赛宫,将自己的居所从市井喧哗之地迁至郊外,开始享受不曾梦见过的宫殿生活。

---

① [英]约翰·布罗:《历史的历史:从远古到20世纪的历史书写》中译本第1版,第253页,广西师范大学出版社,2012年7月。
② [英]约翰·布罗:《历史的历史:从远古到20世纪的历史书写》中译本第1版,第253页,广西师范大学出版社,2012年7月。
③ [美]罗宾·W.温克、L.P.汪德尔:《牛津欧洲史》中译本第1卷,第13—14页,吉林出版集团,2009年4月第1版。

法王路易十四选任勒诺特为皇家建筑设计师

"路易十四在视察孚·勒·维贡府邸和夏恩狄依两庭园后,深受勒诺特造园技艺的感动,在设计建造自己居住的凡尔赛宫附属庭园时,任用了勒诺特。勒诺特就任有皇家建筑设计师40年之久,他作为宫廷造园家而勤奋工作,继凡尔赛宫苑之后,又陆续建造了很多有独创性的庭园,而得到"王之园师,园师之王"的荣誉。他承担设计的庭园中,当然以凡尔赛宫苑最为突出。"

凡尔赛宫的设计师勒诺特:"王之园师,园师之王"

"自16世纪中叶起,法国在长达一个世纪左右的时间里,在造园方面,既受到意大利造园的影响,同时也经历了艰难的发展道路。直至17世纪中叶法国出现了宫廷造园家勒诺特(Andre Le Notre 1613—1700),才摆脱了模仿意大利式的时代,开始有自己独立的"勒诺特式"。勒诺特是路易十四的宫廷造园家,也是造园史上罕见的天才,后世恰当地称他为"王之园师,园师之王"。勒诺特尔式园林的产生是与当时法国的社会环境有紧密关系的。其特点也是很明显的,有一个宏伟的中轴,一般都有大运河、花坛、花园、林园依次排布,总体感觉清新明快而又雄伟壮丽。"①

建筑物左右对称是凡尔赛宫的又一重要特征。"凡尔赛宫是欧洲最大的王宫,凡尔赛宫宫殿为古典主义风格建筑,建筑左右对称,造型轮廓整齐、庄重雄伟,被称为是理性美的代表。"②

这位法国的天才设计师摆脱了法国模仿意大利的时代,开创了自己的时代。在皇家宫殿庭园中首先安排一个"宏伟的中轴";其次,宫殿建筑采取左右对称的形式,这是他设计思想中的灵魂所在。那么,他的设计思想是从哪里来的呢?

中国"宫殿园林概念"流布欧洲

1585年西班牙门多萨《大中华帝国志》在罗马出版,书中提到中国的园林,"官府中有漂亮的花园,树木繁茂,有很多水景。……16世纪结束的时候,已经有7种语言的46个版本。每一个受过良好教育的欧洲人几乎都读过这本书,这是欧洲人在马可波罗游记之后第一次了解到中国建筑与园林。"③

"1668年,葡萄牙传教士安文思(R. P. Gabriel de Magaillans,1609—1677)写了《中华新记》(Nouvelle Relation de la Chine),书中详细描述了北京御署、街市等,

---

①《勒诺特园林概论》,载"百度文库"2011年9月3日。
②lqwzsnlq:《论凡尔赛宫园林的造园艺术》,载"百度文库"2011年2月19日。
③王秋玮硕士毕业论文:《十八世纪中国造园对欧洲的影响》第8页,上海师范大学,2010.04.01。

也记载了北海、中南海、团城和景山。书中记载的以空的水面或者人工山水为中心的宫廷花园形式,是欧洲人从未见过的。"①

对法国的影响

"路易十四时代的法国,任何中国的物品都会带来极大的愉悦,所有王室的宫殿都置有披挂着白色缎罩的家具,这些缎罩上绘着中国的飞鸟走兽和人物形象。"②

詹姆斯·考索恩的诗《论趣味》

"至于后来对罗马和希腊的反动,真的我们是从聪明的中国人哪儿学到的,欧洲的艺人太沉静、太单纯,只有中国的官绅才有品味,他们天才的想象,不着边际地把树丛视为森林,把池塘当作大海,突然能出——多么异想天开——什么不受任何束缚或条条框框的设计。"③

凡尔赛宫苑"大翠雅浓"为典型的中式建筑

凡尔赛宫苑的局部建筑中,最引人注目的是沿主轴造的大河渠。其设计目的,不仅是使庭园有广阔感,同时也是为了低湿地的排水。长 1 英里的河渠,由于规模宏大,从上部台地眺望,还不能见其全貌。从河渠中途,又分出 2 条支流,成十字形。北流的河渠终止于"大翠雅浓(Grand Trianon)",南流的河渠终止于"动物园"。据说,在这庞大的河渠中,路易十四曾屡次乘坐御船游览、进餐。

河渠支流的北端,是"大翠雅浓(Grand Trianon)",此处曾有路易十四于 1670 年为蒙台斯班侯爵夫人(Fmllcnise Montespan)建造的"翠雅浓瓷宫(Parcelain Trianon)",但建成 7 年后即被毁。代之而起的,是由曼沙尔设计建造的"翠雅浓大理石宫"。"翠雅浓瓷宫"是珍奇的中国风格的建筑(又称"中国茶厅",外观仿琉璃塔风格,内部陈设中式家具),表现出路易十四富于幻想的性格和对东方的强烈向往。此宫附有勒诺特的外甥勒布特设计的庭园。为了使花坛与建筑物的青色与白色瓷器相协调,还在花坛中,栽植从各地移来的各式各样的新奇花卉,并造有柑橘园。翠雅浓瓷宫被毁时,柑橘园改成了刺绣花坛,花卉比以前种得更多。此外,在称作"香屋"的地方,种植有多种多样的芳香植物。据说其强烈的香气,达到了使人难以忍受的程度。随着路易十四光辉历史的结束,法国进入了摄政时代,使凡尔赛宫在很大程度上荒废了,翠雅浓也遭同样命运。至 1749 年,依靠了庞巴多尔侯爵夫

---

① 王秋玮硕士毕业论文:《十八世纪中国造园对欧洲的影响》第 9 页,上海师范大学,2010.04.01。

② 转引自[法]布罗斯:《发现中国》,山东画报出版社,2002 年版,第 91 页。

③ [美]A.O.洛夫乔伊著,吴相译:《观念史论文集》,江苏教育出版社,2005 年,第 121 页。

人(Jeanne Pompadour)才得以复兴,使庭园和荫凉的丛林、简屋和喷泉等,均恢复到全盛时代的情景。①

然而,法王没有中国皇帝三宫六院的排场,建了偌大的宫殿,却不知道谁去居住。于是,一些贵族们得到太阳王的恩准,纷纷举家迁入。过上了集体生活,就不能像原来市井生活那样随便,就得立一些规矩,否则有人会随时随地大小便,将宫殿当成方便的处所。

凡尔赛宫大臣们随地大小便

凡尔赛宫中没有一处厕所或盥洗设备,连王太子都不得不在卧室的壁炉内便溺。但这对路易十四来说不算什么,他一年只洗一次澡。

"宫殿后方正对厕所,设施却有欠充分,一些必须在某些时刻入宫的朝臣,只好偷偷摸摸使用柱子或角落以应紧急之需。"②

"参观过美国麻州西部洛克菲勒保护的鹿田古代建筑,17世纪的会客室,有1只座椅,下面是空的,主客一边高谈阔论,一边拉屎,恬不知耻。"③

随着居住环境的变化,太阳王"制礼作乐",开始了西方的"礼仪时代"

法王路易十四模仿中国宫殿建立凡尔赛宫后一百年间,数以百计的日耳曼小诸侯国竞相模仿法国,掀起建筑宫殿、"制礼作乐"的热潮。一时间,礼仪之邦中国的影响,风靡欧洲。

"三十年战争之后,留下约有2000个各不相属的大小单位,及至18世纪中期,这些日耳曼诸国已减至300左右。……一百年间,如前所见,路易十四的影响力在许多方面都无法抗拒,日耳曼大小王公都花大钱起造以法文命名的宫殿,在各自的宫廷强加上荒谬可笑的烦琐礼节。……他们的四周则遍布贫穷,简直穷到极点,被压迫的子民却不准向外迁移。……这类小单位一旦苛捐杂税使得民穷财尽,便透过购买或亲族关系成为另一较富之国所有。原先的2000个单位,就是如此逐渐缩减成为300个。"④

---

①肉饼然:《勒诺特园林概论》,载"百度文库"2011年9月3日。
②巴森:《从黎明到衰颓:五百年来西方文化生活》中译本,第448页,台北猫头鹰出版,2006年7月。
③任复兴:《儒学联合论坛》2012-12-14 14:05:02 回朝千里帖。
④巴森:《从黎明到衰颓:五百年来西方文化生活》中译本,第516页,台北猫头鹰出版,2006年7月。

西方礼仪举要(与中国古代"曲礼三千"好有一比)

"1729 年法国文明基督徒的行为指南包括如下一些主题,语言、餐桌礼仪、身体反应、擤鼻涕和卧室行为。如某种行为(将鼻涕擤在一块方巾上。这时方巾已经不围在脖子上,如今是拿在手上,所以叫手帕)成为可以接受。……当有人在身旁时,无论从上面还是下面放出身体里的气流都是不礼貌的,即使这样做的时候没有发出声响……当你擤鼻涕时,应避免发出声响……在擤鼻涕之前,用很长时间取出你的手帕是不礼貌的……"[①]

古希腊的《易经》——"黑色鸽子"的故事

古希腊神托所起源的故事

话说古希腊人本来并不知道什么宗教神托之类的事。后来从底比斯来了个女祭司,在希腊建立了最初的神托所,于是古希腊便开始有了宗教神托事业。

"关于希腊的神托以及利比亚的神托,这都是埃及人讲的。底比斯的宙斯神的祭司们告诉我说,腓尼基人曾从底比斯带走了两个女祭司。他们说他们后来打听到,其中的一个人被带走并且给卖到利比亚了,另一个人则被卖到希腊去了。他们说,这两个妇女在上述两地第一次建立了神托所。"[②]

故事中的妇女又变成了鸽子

"下面则是我从多铎那的巫女们那里听来的:这是说,两只黑鸽子从底比斯飞到了埃及,一只到利比亚,一只到多铎那;后面的一只落到一株槲树上,口出人言,说那里必须设立一座宙斯神的神托所。多铎那的居民知道这乃是神的意旨,于是他们便建立了一座宣示神托的神殿。他们说,到利比亚来的那只鸽子命令利比亚人建立阿蒙神的一座神托所。这也是奉祀宙斯神的。这便是多铎那的女祭司们所说的故事。"

西方历史之父希罗多德的见解

"我个人的看法是这样。如果腓尼基人真的带走了巫女并且把她们一个卖到利比亚、一个卖到希腊去的话,那么,我想,现在称为希腊,但以前称为佩拉吉亚的地方,即后面的一个巫女被出卖的地方,就是铁斯普洛提亚(铁斯普洛托伊人居住的地方)了。她在那里被奴役之后,她立刻便在那里长着的槲树下修造了一座宙

[①] [美]罗宾·W.温克、L.P.汪德尔:《牛津欧洲史》中译本第 2 卷,第 116 页,吉林出版集团,2009 年 4 月第 1 版。

[②] [古希腊]希罗多德:《历史》中译本上册,第 135 页,商务印书馆,1959 年 6 月第 1 版。

斯的神殿。因为她既然在底比斯是宙斯神殿的一名侍女,她应该记得她的故土的那座神殿,这是理所当然的事情。在这之后,等他通晓了希腊语的时候,他便传授神托的法术。"①

妇女变成鸽子,因为这妇女说外国话

"我认为多铎那的人们是把这些妇女称为鸽子的,因为她们说外国话,于是当地的人们便认为这种话和鸟叫一样了。然而不久妇女便说出了他们可以懂得的话,这便说明了何以他们说鸽子讲出了人言。只要她用她的外国语讲话,他们就认为她的声音像是一只鸟的声音。要知道,鸽子怎么能讲人话呢?"②

鸽子是黑颜色,说明这妇女是埃及人,占卜方法源于埃及

原来希罗多德所理解的埃及人是黑色人种。"故事中所以说鸽子是黑的,这意思是说,妇女是埃及人。埃及的底比斯和多铎那的神托方式是相似的,而且从牺牲来进行占卜的方法也是从埃及学来的。"③

在希罗多德《历史》中随处可见的神托所于是诞生。从此,在希罗多德的故事中,古希腊人遇事必到神托所请示神的旨意。

欧洲的《论语》——原罪之根性

在路易十四时代,欧洲在向中国学习的过程中,不仅开始了欧洲的"礼仪时代",也模仿《论语》的文体,开始了格言的范式。

"最纯粹的格言形式,原是17世纪中期新出现的玩意儿。……拉罗什福科是最有名的格言作者,位秩公爵,一度是投石党莽撞的一分子,成熟稳定后却成了路易宫廷对人性悲观的观察者。……一句格言,直等于一套道德哲学,事实上拉罗什福科大作之名,即是《格言或谓道德省思录》。这些格言留给后世的印象,是它们破坏了人类对真、善持有的任何信念。……拉罗什福科认为,人类一切所作所为只见自私、自负与嫉妒,比方说:"人若不相互欺瞒,就无法在社会上继续立足。"……巴斯噶曾说:"人的自我,充满仇恨",部分即出自这普遍的原罪缺陷。"④

以原罪观念为体,学《论语》如何学得像?

---

①[古希腊]希罗多德:《历史》中译本上册,第135—136页,商务印书馆,1959年6月第1版。

②[古希腊]希罗多德:《历史》中译本上册,第136页,商务印书馆,1959年6月第1版。

③[古希腊]希罗多德:《历史》中译本上册,第136页,商务印书馆,1959年6月第1版。

④巴森:《从黎明到衰颓:五百年来西方文化生活》中译本,第463页,台北猫头鹰出版,2006年7月。

第三章　西方古典学"雅典"概念层累造成

——16 至 18 世纪以"雅典"为核心的"古希腊"概念之演化

本章主要利用了希腊历史学家、雅典大学副教授娜希亚·雅克瓦基在其著作《欧洲由希腊走来》中所披露大量的关于希腊及雅典的地方志资料,基于对其所披露资料的分析、考证得出了与娜希亚·雅克瓦基完全不同的结论。

需要说明的是,娜希亚·雅克瓦基本人在其著作中引用大量地方志资料所证明的是近代"欧洲"概念出于"古希腊"概念,可惜的是这位学者对于希腊古典历史本身却没有提出质疑,甚至还对希腊古典历史曲为回护,这也许是由于"不识庐山真面目,只缘身在此山中"的缘故吧。

第一节　文艺复兴时期,只有"古罗马",没有"古希腊"

西方在崇拜古希腊之前,首先经历了古罗马崇拜

"古代的复兴始于意大利这一最初取得成就的地方看来好像并不是一个偶然的事件,因为正是罗马而不是希腊——是维吉尔而不是荷马,是万神殿而不是帕特农神殿(很少有人文主义者去过当时为奥斯曼帝国一部分的雅典)——是这一热情的主要对象。"[1]

16 世纪欧洲人对希腊人的称谓

在 16 世纪的英语、法语中,"希腊人"一词为通用名词,意指"骗子";罗马人称呼希腊人为"畜生"。[2]

17 世纪土耳其人眼中希腊人(欧洲的土耳其)的形象

"亚洲的狂热信徒却视欧洲血统的土耳其人为一帮萎靡不振、麻木不仁的异

---

[1] [英]彼得·伯克:《文艺复兴(第 2 版)》中译本,第 49 页,北京大学出版社,2013 年 2 月第 1 版。
[2] [希腊]娜希亚·雅克瓦基:《欧洲由希腊走来》中译本,第 84 页、82 页,花城出版社,2012 年 3 月。

教徒,而所有这些都因为这帮人整日酗酒、与基督教徒为邻而遭到灵魂亵渎所造成的。因此,他们万分憎恨这帮人,还将与基督徒打交道、接受他们的馈赠或向他们表示友好统统视为非法行为;更有甚者,他们还将被基督徒触摸过的衣物视作玷污心灵的邪恶。"①

文艺复兴从来只是罗马的

"文艺复兴首先是、也许从来就是罗马的:罗马人,通过拉丁语,通过以新的方式将拉丁语变成书写的共同文字并不断提高它的地位以及通过帝国思想及教皇统治,而最终成为最有用场的一支力量。

"当然,出于种种原因,早期意大利文艺复兴运动还具有明显的地方性,只与古典罗马及古典意大利相关;更确切的是,这一按照文艺复兴运动和人文主义运动所阐释的现象,实际上不过是一个意大利的产物,是一个最终跨越了阿尔卑斯山脉并闯入山脉以外的基督教世界的意大利产物。"②

当时"希腊地区"的名称五花八门

希腊地区属于东方(雷旺达),当时对希腊地区的称谓有:亚该亚、索非亚、鲁梅里、'希腊－戈莱西亚'(Ellada-Grecia),希腊这个名称并未固定下来。

"对前往东方或雷旺达的西方旅行家来说,16 或 17 世纪的希腊是什么(在何处)?

"一种混淆的希腊地域概念,被当时的游记作品、甚至还被这一地区飘忽不定的名称本身所证实;有时它是亚该亚的同义词(令人想起罗马行政区域划分时的名称),而有时它又成了鲁马尼亚③或鲁梅里④的同义词;混淆还不仅于此。在同一文章中,同样一词'希腊－戈莱西亚'(Ellada-Grecia),常常被强制用来既定义国家政权,又定义希腊本土省份;甚至在不同文章中,这些同样的词语和定义也被随意交替或重复使用,以至于我们根本无法判断,在这样的文章中——尤其是16世纪,哪个作者到底想说并说了些什么。

"……

"作为随意称呼希腊的典型例证,最值得一提的就是索非亚。亨利·布朗特

---

①转引自[希腊]娜希亚·雅克瓦基:《欧洲由希腊走来》中译本,第 249 页,花城出版社,2012年3月。
②[希腊]娜希亚·雅克瓦基:《欧洲由希腊走来》中译本,第 58 页,花城出版社,2012 年 3 月。
③Romagnia,亚得里亚海沿岸拜占庭帝国的意大利省份。
④希腊本土地名,位于希腊中部。

(Henry Blount)在访问索非亚期间提到希腊时,居然将它说成是'贝莱拜伊(Berlebeg)的首府或全希腊的总督府;而土耳其人则称之为鲁梅里。'"①

文艺复兴时的"古代"概念图景

文艺复兴时的"古代"概念图景中,所谓古希腊交织在如下地理范围内,并不显得特别突出。

古罗马

古埃及

古犹太

保罗的安提卡古城(小亚细亚)

神话传说中的基西拉(伯罗奔尼撒半岛东南的希腊岛屿)

特洛伊

克里特

希腊圣山(希腊北部哈尔基迪基半岛)

新罗马(君士坦丁堡)

"希腊的古代,正像它在白纸黑字中所表现的那样,早已构成了文艺复兴运动为古代拼凑的这幅巨型镶嵌画中不可分割的局部。被文艺复兴运动的'呼唤古人'所改造的古代图像中,交织着古代时期的神圣地方志和罗马晚期的地方志;同样在这幅图像中,还交织着埃及的巴比伦(开罗)、孟菲斯人的埃及②、金字塔的埃及、罗马帝王时期亚历山大城的埃及以及作为神圣家族避难所的埃及;仍是在这幅图像中,我们还看到了圣地的犹太、保罗的安提卡古城③、神话传说中的基西拉④和特洛伊的'希腊特洛伊'地形,以及神话中德米诺斯公牛和迷宫的克里特;我们甚至还看到了建有大量修道院和波斯人曾经入侵的希腊圣山⑤;最后,在这幅图像中,还掺杂着五花八门、别具地方特色、似信似疑的神话图腾。当然,作为这幅古代图像不可或缺的部分,还应包括新罗马,即圣索菲亚大教堂、竞技场及方尖塔的所在

---

①[希腊]娜希亚·雅克瓦基:《欧洲由希腊走来》中译本,第115—116页,花城出版社,2012年3月。

②古代下埃及位于尼罗河边的重要城市,后因亚历山大城的崛起以及阿拉伯人的入侵而衰亡。

③古代小亚细亚城市的统称。

④希腊岛屿,位于伯罗奔尼撒半岛东南面,历史上曾是腓尼基人开辟的重要商埠。

⑤希腊的宗教圣地,位于希腊北部哈尔基迪基半岛。

地君士坦丁堡。总而言之，正是这样一种复杂臃肿的混合体，使我们对此迷惑不解：偶像崇拜的希腊到何为止？而基督教的希腊又从何而来？当然，前面提到的古代希腊人与拜占庭人的内在关联，同样也是这幅镶嵌画的组成部分。"①

第二节　早期东方之旅

16、17世纪的"东方"概念——雷旺达（黎凡特）

16—17世纪，西方开始了具有深远历史意义的"东方之旅"，正是"东方之旅"启动了西方世界的成长，而"东方之旅"的目的地并不包括希腊。

"16及17世纪的旅行目的地是'东方'，即至今没有确切译文的'雷旺达'（Levant）这一地区的同义语。它泛指东地中海以东的大片区域，君士坦丁堡和耶路撒冷构成了它的两端，希腊也恰巧位于这片土地上。造访希腊领土，只不过是通往最终目的地迫不得已的必经之路罢了。在这所谓的东方之旅中，从未形成过专门的希腊路径；……对于上述判断，基本形成了共识。"②

"有一个词值得多加关注。正如我们所见，它最终演变成了一片辽阔地域的首要名称，并为16及17世纪的游记提供了统一的标记。这个词就是'东方'（雷旺达的别称）。……从西欧（或基督教世界）的角度讲，雷旺达意味着并维系着东地中海的广阔区域。

"雷旺达"一词，首先产生于13世纪意大利的诸多航海属地中。起初，这只是为了确定拜占庭帝国的辖区以及位于辖区内的拉丁属地的方位，后来才延伸至与奥斯曼帝国建立起商业关系的其他地区。15世纪末，即奥斯曼帝国早已占领了该地区大多数重要商埠的时候，该词先后流入了法文和英文，最后又流入了其他近代语言。该词的意大利语起源，让人们不禁想起古代西方在这一地区的贸易活动；而它后来又传入法文和英文，则更让人联想到一连串参与上述地区活动的相关国家。……

"雷旺达"是一个称谓、一个词。它不以政治或其他定义为基础，而是从外部角度对某个区域的整体划定。它是东方（Orient）的前沿，一个超越了地域价值、同时

---

① ［希腊］娜希亚·雅克瓦基：《欧洲由希腊走来》中译本，第97—98页，花城出版社，2012年3月。

② ［希腊］娜希亚·雅克瓦基：《欧洲由希腊走来》中译本，第92—93页，花城出版社，2012年3月。

又暗指它与基督教世界之间差异的地理名词。毋庸置疑,这一差异来自正统伊斯兰或土耳其在该地区的统治地位,同时又蒙上了纳贡臣民即基督教异教徒的斑驳色彩。"①

"雷旺达"又译"黎凡特",原本适用于意大利以东的地中海土地,在中古法语(Middle French)中,Levant 一字即"东方"(the Orient)的意思。历史上,黎凡特于西欧与奥斯曼帝国之间的贸易担当重要的经济角色。黎凡特是中世纪东西方贸易的传统路线,是阿拉伯商人通过陆路将印度洋的香料等货物运到地中海黎凡特地区,威尼斯和热那亚的商人从黎凡特将货物运到欧洲各地。

雅典不在 16、17 世纪欧洲"东方之旅"的视野之内

始于 16 世纪的东方(雷旺达)旅行传统不包括雅典。"文艺复兴运动期间,以探索与发现为特征的东地中海之旅,却有着一个巨大的空缺——雅典。……发现美洲比'发现'雅典大约早了两个世纪。……回顾总结始于 16 世纪的东方——雷旺达旅行传统,有必要明确指出,无论怎样估量和研判,雅典的古代遗址均不构成此行的组成部分。"②

早期"东方之旅"以君士坦丁堡——耶路撒冷两端为旅行目的地

"发生在文艺复兴运动时期的东方之旅,以历史上的君士坦丁堡、耶路撒冷这两端为旅行目的地,却同时遭到了来自强大异教土耳其帝国和来自衰败古代世界景象的双重夹击。也正是在这一时期,文艺复兴运动的基督教世界踏上了走向新目的地的遥远旅途(首先是美洲),引发了对地球上其他人居世界的新认识。探寻新世界,横跨大洋,走出地中海,这一切行动均与东方之旅并行不悖;所不同的是,以往由朝圣者、商人和十字军勇士所开辟的东方之旅线路,此刻已由文人所取代。耶路撒冷、新罗马(君士坦丁堡)和特洛伊,这三个世人皆知的地方,这三个与基督教历史、基督教敌友、帝国以及起源传说密不可分的地方,最终呈现在现代旅行叙述中的,却是遗骨残骸以及一个仍为呼唤新象征的古老世界的废墟。"③

实际上,遥远的旅途目的地是中国,而所谓美洲新大陆是无意中发现的,发现时称其为印第安,印第安与印度是一个词,当时的含义指的就是中国。

---

① [希腊]娜希亚·雅克瓦基:《欧洲由希腊走来》中译本,第 95 页,花城出版社,2012 年 3 月。
② [希腊]娜希亚·雅克瓦基:《欧洲由希腊走来》中译本,第 130—132 页,花城出版社,2012 年 3 月。
③ [希腊]娜希亚·雅克瓦基:《欧洲由希腊走来》中译本,第 129—130 页,花城出版社,2012 年 3 月。

虚构的古希腊文明——欧洲"古典历史"辨伪

"文艺复兴运动时期的、以探索与发现为特征的东地中海之旅,却有着一个巨大的空缺——雅典。正是得益于安科纳人基里阿库斯对这座城市的回忆,我们开始了本章的写作;也正是因为他的作品的存在,以及早已为我们所熟知的自15世纪起就有的对这座城市的发现、讲述、描绘和敬慕,我们才会对发生在16世纪文艺复兴运动鼎盛时期的漠视雅典的旅行风尚产生如此强烈地质疑。……发现美洲比'发现'雅典大约早了两个世纪。……回顾总结始于16世纪的东方旅行传统,有必要明确指出,无论怎样估量和研判,雅典的古代遗址均不构成此行的组成部分。"①

其实,安科纳人基里阿库斯的作品不过是后世的伪作(详见本章第4节"百年游历,八重虚构"),可惜这位雅典学者娜希亚·雅克瓦基"不识庐山真面目",在着力方向上出了偏差,她得出结论:"究其原因,雅典的缺失,正是强大传统势力成功将其避开的必然结果,……漠视雅典恰好体现了基督教意识的(主观)排斥。"②

"总而言之,对于16世纪来说,希腊的君士坦丁堡或曰希腊的基督教古代,轻而易举地就偷取了世人的视线,吸引了大众的目光。它凭借着似曾相识的光荣外表,将古希腊掩盖在其表层之下。如果这也算一件趣事,就让我们轻松做出一个温和结论吧:16世纪文艺复兴运动的文物收藏研究向希腊古代的延伸,属于发现罗马古代并将其融入教廷统治的整体行动的一部分。它最终不可避免地走向了希腊—基督教的君士坦丁堡,而不是古典时期的雅典。"③

法国人开创了"东方之旅"

16世纪法国弗兰西斯一世国王统治时期(1515—1547),在法国派驻君士坦丁堡的大使——达拉蒙(d'Aramon)周围形成了一个精英圈子。

"在16世纪盛行的旅行游记创作中,来自法国文艺复兴圈子中一群才华横溢的文人最为出类拔萃。……术语'达拉蒙身边群体'的确立,应当归功于尼古拉·约尔加(Nikolae Iorga)。它直接表明了法国文人现身奥斯曼帝国的最早时间。正是这些文人以他们东方之旅的丰富经验创作了第一批游记作品。而达拉蒙则借助其大使职位的便利,就地帮助了这个云集君士坦丁堡的文人群体。"④

---

① [希腊]娜希亚·雅克瓦基:《欧洲由希腊走来》中译本,第130—132页,花城出版社,2012年3月。
② [希腊]娜希亚·雅克瓦基:《欧洲由希腊走来》中译本,第131页,花城出版社,2012年3月。
③ [希腊]娜希亚·雅克瓦基:《欧洲由希腊走来》中译本,第113页,花城出版社,2012年3月。
④ [希腊]娜希亚·雅克瓦基:《欧洲由希腊走来》中译本,第103页,花城出版社,2012年3月。

"东方之旅"《游记》的第一批作者

让·谢诺（Jean Chesneau）

雅克·加索（Jacques Gassot）

安托万·热弗鲁瓦（Antoine Geuffroy）

纪尧姆·波斯特尔

安德烈·泰韦（André Thevet）

皮埃尔·贝隆（Pierre Belon）

尼古拉·德·尼古莱（Nicolas de Nicolay）

皮埃尔·吉勒（Pierre Gilles）

这批作者，都是法国大使达拉蒙周围精英圈子的成员。①

该文化群体的结集是法国宫廷的国家行为

"这个圈子的存续，似乎还应该直接归功于法国宫廷本身，尤其是弗兰西斯一世对保护文学艺术所暗中打造的氛围（弗兰西斯一世1547年去世后，他的儿子埃里克斯二世继承了他的政治衣钵）。正是这个文人群体，以其公众形象及创作作品，为创新的文艺复兴东方之游记文学树立了第一个榜样。"②

"有关该群体与法国国王有牵连的传闻，首先基于如下这一事实：该群体中的许多人（吉勒就是其中之一），都是由弗兰西斯一世国王直接委派和资助的，后来埃里克斯二世也效仿其父的做法（比如说对文人尼古莱）；其次基于某些论著有关这一关系的表述，例如贝隆的《对于希腊、亚洲、犹太地区、埃及、阿拉伯等地发现的具有纪念意义之奇闻轶事的评论》。该文歌颂了弗兰西斯一世对文学与艺术复兴所做出的贡献。法国宫廷，尤其是弗兰西斯一世，在当时的'文化春天'以及'东方'政策上所起到的作用，确实创造了一个有利于集体合作研究雷旺达现象的良好环境。"③

皮埃尔·吉勒（Pierre Gilles）的古希腊是君士坦丁堡

《论君士坦丁堡的地形》："堪称文艺复兴运动期间奥斯曼帝国旅行经历中诞生的最杰出及最全面的研究作品之一。"④

"作为一座能够满足对苏丹王宫、宫廷礼仪以及帝国权杖持有人的道德品格

---

① [希腊]娜希亚·雅克瓦基：《欧洲由希腊走来》中译本，第103页，花城出版社，2012年3月。
② [希腊]娜希亚·雅克瓦基：《欧洲由希腊走来》中译本，第103—104页，花城出版社，2012年3月。
③ [希腊]娜希亚·雅克瓦基：《欧洲由希腊走来》中译本，第103页注，花城出版社，2012年3月。
④ [希腊]娜希亚·雅克瓦基：《欧洲由希腊走来》中译本，第105页，花城出版社，2012年3月。

的好奇心的城市,君士坦丁堡为众多的旅行家贡献不浅。这座拥有包括圣索菲亚大教堂在内的雄伟遗址的城市,在当时引起了举世赞叹;同样也是这座融希腊、基督教及古代为一体的大教堂,引起了16世纪最辉煌的古代遗址——罗马万神殿的敌视和惊恐。

"'圣索菲亚大教堂堪称世上最完美的建筑,端庄地伫立在世人面前……无论谁目睹了它的风姿,立即会忘记对罗马万神殿的赞美。它给万神殿造成了如此巨大的麻烦,为此我惊愕不已……诚然,这座大教堂绝对是举世无双的……'"①

皮埃尔·贝隆(Pierre Belon)所寻找的古希腊核心圣地是阿索斯圣山

阿索斯山全称阿索斯山自治修道院州,希腊北部马其顿的一座半岛山,东正教视之为圣山。

"贝隆将圣山在希腊人心目中的核心地位与罗马在拉丁人心目中的地位相提并论:'对于今天希腊人来说,就像罗马对于拉丁人那样,阿索斯圣山拥有同样至高无上的神圣性。'此语一出,贝隆赋予圣山的标志性作用就昭然若揭了。"②

"假如我们还想进一步证实文艺复兴运动的观察家们是如何看待希腊人的,那么只好照抄贝隆有关圣山教育及文学状况的言论了:'这些修道院有圣骨和精美的朝圣品。教堂建筑完美,设施精良。修士们从早到晚地祷告,而他们讲的都是希腊语。从前,这里能够找到文笔娟秀的希腊手稿;因为,以往住在修道院里的希腊人,比如今的希腊人更有文化涵养。可是,大多数人恐怕都一无所知;如今,在整座阿索斯圣山,已经不可能在同一座修道院里再找到第二位圣贤修士了。倘若谁还想猎取手写的神学书籍,这并不困难;可他却要明白,这已不再是过去那种充满诗意和哲理的书籍了。'(贝隆上述论著第37页,背面)"③

第三节　17世纪70年代法国人及英国人的"发现雅典"之旅

在欧洲历史上兴起的著名的"东方之旅"中,在从16实际上半叶开始到17世纪70年代前的一百多年间,基本上与雅典为代表的希腊无缘。而到了17世纪70年代,在短短的10年间突然爆发了"发现雅典之游"的热潮。

然而,"发现雅典之游"最初有着很强的法、英两国的官方背景。

---

① [希腊]娜希亚·雅克瓦基:《欧洲由希腊走来》中译本,第114页,花城出版社,2012年3月。
② [希腊]娜希亚·雅克瓦基:《欧洲由希腊走来》中译本,第119页,花城出版社,2012年3月。
③ [希腊]娜希亚·雅克瓦基:《欧洲由希腊走来》中译本,第125页,花城出版社,2012年3月。

东方之旅,独缺雅典

"文艺复兴运动时期,以探索与发现为特征的东地中海之旅,却有着一个巨大的空缺——雅典。……发现美洲比'发现'雅典大约早了两个世纪。"①

"17 世纪 70 年代是欧洲与希腊地域关系变化的转折期。在过往的一个多世纪里,东方之旅(雷旺达之旅)早已大功告成,而此刻希腊才刚刚进入公众的视线。"②

面对意大利的艺术优势,法国及英国早有取而代之的动向

"1648 年后,罗马感到了新的压力,尤其在重新描述雅典的最初十年间,这一压力更多的是来自首都城市——巴黎和伦敦的地位上升及其影响力的不断扩大。以路易十四为代表的法国历代王朝,先后策划并实施了罗马古代文物收藏向巴黎的大转移,尽管这一计划最终未能得逞。③

而以查尔斯二世为首的伦敦也蠢蠢欲动,试与巴黎一争高下。④

1666 年在罗马成立了法国学院。通过这一渠道,逐渐形成了一种将艺术珍品由罗马运至法国首都的挪用——占有机制。在这一新型机制下,哪怕是艺术品本身无法运出,起码可以输出相应的艺术理念或知识,这样就可以创造出比原版更好的新艺术品。"⑤

"发现雅典"之旅的英国官方背景

"在此需要回头看看弗朗西斯·弗农以及他与皇家协会的关系。这家社团在 17 世纪 70 年代初成立于伦敦,目的是推进科学领域的试验方法。从某种角度讲,它被视为'现代世界起步的足迹'。尤其是皇家协会通过刊物《哲学学报》而系统培育的科学合作精神,进一步巩固了科学史家赋予 17 世纪 70 年代这一科学革命巅峰时期的重大意义。弗农正是向这家著名社团经办的第一份科学刊物递交了他的雅典观感。在这篇内容精华的短文中,弗农为采集 10 座希腊城市的地理经纬度

---

① [希腊]娜希亚·雅克瓦基:《欧洲由希腊走来》中译本,第 130 页,花城出版社,2012 年 3 月。
② [希腊]娜希亚·雅克瓦基:《欧洲由希腊走来》中译本,第 183 页,花城出版社,2012 年 3 月。
③ 弗朗西斯·哈斯克尔和尼古拉·彭尼(Nikolas Penny)的《品鉴及古玩:古代雕塑的诱惑》(纽黑文,1982)。
④ 费利克斯·巴克 & 彼得·杰克逊(Felix Barker&Peler Jackson)的《伦敦,一座两千年的城市及其民众》(伦敦,1974)。
⑤ [希腊]娜希亚·雅克瓦基:《欧洲由希腊走来》中译本,第 225—226 页,花城出版社,2012 年 3 月。

进行了一系列的实地天文测绘①,并在此基础上扼要阐述了他的种种思考。弗农的新测绘结论修正了以往的失误,被公认为是最准确及最权威的,因此被欧洲的地图绘制者为全面勘查希腊地形采用了一个多世纪(整个18世纪期间)。无论从发表旅行观感的邮递细节上看——此文未等作者返回就发表了,在当时实属罕见,还是从出版速度之快上看,它们都以不同方式反映了当时科学发现的氛围。当然,这其中涉及的不仅仅是希腊。随着弗农的活动,刚刚起步的雅典之旅以及新成立的欧洲科学社团,在实践中有效地汇聚到了一起。随着出版业的发展,这一汇聚显示出了更大的关联性。在回到吉耶那里之前我们还想说,弗农的活动以及他所选择的人物群体,促使我们重新思考古代希腊及现代欧洲科学家之间相互关联的热门话题并对此做出客观评价。就在弗农文章发表一年前,吉耶在他的《古雅典和新雅典》一书中用神话虚构手法编织出了他对这一相互关联的理解——当然,这本书也向我们展示了他的人物群体。"②

造访雅典第一人——法国里昂人雅各布·斯蓬

"雅各布·斯蓬不愧为欧洲17世纪70年代希腊地域之旅的开路先锋。"③

雅各布·斯蓬,又译"雅克·斯庞"(Jacques Spon),"法国人雅克·斯庞旅行的范围更加广泛,研究不同种类的纪念碑,并勤奋地复制手稿的版本,以致他被称为第一位真正科学意义上的旅行家。"④

1675年有一艘船从威尼斯出发,驶往君士坦丁堡。当它穿越达尔马提亚,来到了阿克罗基拉夫与科孚岛之间的水域,一位法国乘客大声惊呼:"我们到了希腊入口了!"

这位法国乘客就是雅各布·斯蓬。随即,他发出了这样的感叹:

"我们到达了希腊的入口。千真万确,当年埃涅阿斯途经此地发出的悲叹,此刻却在我们心中升腾为巨大的喜悦。因为,他把希腊人当作了毁灭家园的罪魁祸

---

①弗农:《神奇旅行汇编》,第29页。

②[希腊]娜希亚·雅克瓦基:《欧洲由希腊走来》中译本,第237—238页,花城出版社,2012年3月。

③斯蓬很早就赢得了"第一位前往希腊的科学旅行家"的美誉。参考乌尔里希·冯·维拉莫维兹-莫兰道夫的《古典研究史》,休赫·洛伊德-琼斯编审,伦敦,1982年[1921年德文首版]。[希腊]娜希亚·雅克瓦基:《欧洲由希腊走来》中译本,第184页,花城出版社,2012年3月。

④[德]维拉莫威兹:《古典学的历史》中译本第1版,第80—81页,三联书店,2008年6月。

首,而我们则视他们的祖先为科学与艺术的开山鼻祖。"①

"当我们全面地探索一个伟大事件时,还会重新遭遇这些内部运作。在这个伟大事件中,一个新的旅行传统破茧而出:雅典闯入了欧洲意识之中。从某种象征意义上讲,在希腊入口处与埃涅阿斯的诀别,预示了某种转变,它将斯蓬推上了访问雅典第一人的位置,而他本人则满怀喜悦地踏上了希腊国家的土地。……而雅典之于希腊,就好比当初罗马之于意大利。"②

1674年斯蓬发表巴班的著作《关于雅典城的现状》

"1673年初,一封描述雅典的手书从伊兹梅尔邮递到了里昂。上面标明的邮戳日期是1672年10月8日。写信人和邮寄者的名字叫雅克-保罗·巴班(Jacques-Paul Babin)。此人系耶稣会传教士,作为传教士使团成员被派往东方,常驻卡尔基斯(希腊东南部的港口城市——译者),因此有机会多次访问雅典。而此函的收件人——巴班描述雅典的文章《我的亲眼所见》的约稿人,也是一个刚从君士坦丁堡卸任的神父。紧接着,里昂人德·珀夸尔天主教士(Abbé du Pecoil)将此函转交给了我们早已熟识的那位新教徒医生及文物收藏家雅各布·斯蓬;而那时的斯蓬已是一位小有名气的作家了,曾经发表过一部有关他的出生地里昂的文物收藏研究专著。斯蓬亲自关照了此封书信的出版事宜;作为补充,他还撰写了两篇有关雅典城市历史及其古代遗址的文章,其中一篇《关于雅典城的现状》于1674年在里昂发表。这本小册子无疑是第一本详细描述雅典现状的印刷品,却从未正式出版过。"③

1675年的某天,法国与英国4位旅行家聚首威尼斯,结伴赴雅典旅行

法国人雅各布·斯蓬(Jacques Spon);

英国人乔治·维勒(George Wheler),牛津大学学生,酷爱政治学;

英国人弗朗西斯·弗农(Francis Vernon),天文学家及数学家;

英国人贾尔斯·伊斯特科特爵士(Sir Giles Eastcourt)。

四人最终都抵达了雅典,其中三人发表了各自对雅典的观感作品。1676年弗

---

① 转引自[希腊]娜希亚·雅克瓦基:《欧洲由希腊走来》中译本,第184页,花城出版社,2012年3月。

② [希腊]娜希亚·雅克瓦基:《欧洲由希腊走来》中译本,第190页,花城出版社,2012年3月。

③ [希腊]娜希亚·雅克瓦基:《欧洲由希腊走来》中译本,第205—206页,花城出版社,2012年3月。

虚构的古希腊文明——欧洲"古典历史"辨伪

朗西斯·弗农在当时皇家协会刊物上发表了叙述雅典的短文,1678 年雅各布·斯蓬发表了 3 卷集《意大利、达尔马提亚、希腊及雷旺达之旅》,1682 年乔治·维勒出版了《希腊游记》。①

虚构雅典旅行记

1675 年另一部关于希腊的书在巴黎出版,即乔治·吉耶(George Guillet)的《古雅典和新雅典》。这是在同一年中出版的第 5 本有关雅典的图书。吉耶的作品迅速走红,第二年就出版了 3 版,还被译成了英文,英文版的标题是《雅典之旅姗姗来迟的诸多理由》。②

这是一部伪书,作为旅行记的作者,乔治·吉耶从来就没有到过雅典。详见本书后面章节"发现雅典,八重虚构"的考述。

10 年间,雅典从一个虚幻城市摇身一变成为一座名城

"从 1672 年巴班小册子问世,到 1682 年维勒作品发表的 10 年间,雅典从一个默默无闻的虚幻城市演变成为路人皆知、人们津津乐道的城市,……随着 10 年间新游记作品的不断涌现,对雅典古代遗址及其当代地形做出系统描述的呼声也开始不绝于耳。与此同时,以雅典为最终目的地的新旅行传统拉开了大幕;从那时起,雅典成了希腊的旅游中心,它的知名度日益高涨;而在人们的心中,古希腊也以前所未有的清晰度呈现为一个实实在在、可以触摸的现代国家,并且以崭新的面貌步入欧洲人的思维版图。"③

不仅雅典,所谓的斯巴达也是由随意指认而来

"1676 年,吉耶再推有关希腊的新书,而此次探讨对象直指斯巴达,书名则是《古斯巴达与新斯巴达》。……尽管身处巴黎,吉耶毫不犹豫地做出了一个更大胆的预测:他将同一个斯巴达重新带回到现代地理之中,带回到继成功发表《古雅典和新雅典》后所撰写的续篇《古斯巴达和新斯巴达》所描写的那个地区。诚然,吉耶的斯巴达同样不过是米斯特拉斯(位于希腊拉克尼亚地区的历史城市——译者)的翻版,其随意性大大超过了他在描述雅典地域时所表现出来的主观臆想。不过,

---

① [希腊]娜希亚·雅克瓦基:《欧洲由希腊走来》中译本,第 207—208 页,花城出版社,2012 年 3 月。

② [希腊]娜希亚·雅克瓦基:《欧洲由希腊走来》中译本,第 208—209 页,花城出版社,2012 年 3 月。

③ [希腊]娜希亚·雅克瓦基:《欧洲由希腊走来》中译本,第 209—210 页,花城出版社,2012 年 3 月。

他的作品却在修复奥斯曼统治省份的古代地形中唤起了人们对往日的追忆,同时也以古代特征为参照,进一步加强了希腊国家的新面貌。"①

17世纪末起的游记作品为新希腊近代国家的诞生开辟了道路

"从17世纪末起,得益于吉耶、斯蓬、弗农以及维勒等人作品的不断翻译出版,雅典大步走入了欧洲人的精神领域和地理视线,打开了一条通往希腊复兴的道路。在此,我们无意对认识希腊地域的进展做出系统总结,而只想说明这一现象的确存在并不断升级;我们同样还想证实,与希腊国家在希腊土地上的相会,构成了18世纪欧洲认知古代希腊的基本要素;正是在这片坚实的土地上,欧洲人辛勤耕耘并精心哺育出了对希腊人的好感。

"通过对现存城市、文物遗址、森林植被、山川河流的不断探索,通过不同旅行路径对希腊境内的实地踏访,希腊真正以国家面貌走入了公众的视线;当然,这个国家是在古希腊的基础上被加以确定的。一个自17世纪末起为世人上下求索的古希腊,最终烘托出了一个栩栩如生的国家——新希腊。从此,地域转换成了国家。随着旅行的深入以及旅行描述的深化,希腊走进了现代地理意识,被确认为世界版图上的区域之一——国家。因为,欧洲围绕希腊所展开的活动,在当时几乎完全偏离了希腊的古代轨迹,却包含了一个崭新的及自治的重要成分:确认、加强、辨别且独立看待奥斯曼统治土地上的一块特殊区域。

"新的重塑核心由此而确定。这已不再是仍在进行中的对古代地域的简单考证,也不再是古希腊在奥斯曼帝国西方省份土地上的一般性恢复。它直接关系到意义重大、并且能够产生实质性差异的国家含义。新的古希腊正冉冉升起,而同时出现的则是原先统一的奥斯曼统治的日落西山。

"早在17世纪70年代,上述作品通过它们的描述就已经将阿提卡以外的大片希腊本土认定为希腊地域。斯蓬(与维勒一起)描述了始于巴特雷、穿越纳夫帕克托斯和希腊本土直至雅典的全部地区。这些包括巴特雷、纳夫帕克托斯、安菲斯、忒邦和里瓦蒂在内的大批城市,为斯蓬确认它们的古代身份提供了大量凭据。斯蓬旅行的最大发现,就是卡斯特里村庄与帕尔那索斯山脉德尔斐古代遗址的吻合。这一吻合使得人们开始重新审视帕尔那索斯山:它具有深厚的文学积淀,正是在这片历史悠久、现实存在、可供瞻仰并且容纳了如此大批灿烂古代遗迹的地方,

---

① [希腊]娜希亚·雅克瓦基:《欧洲由希腊走来》中译本,第209、271页,花城出版社,2012年3月。

缪斯选择了她们的居所。……斯蓬和吉耶以不同的方式——前者的精确信息、后者对古代地域的追思,共同经历了这一极其敏感的历史阶段。在此期间,希腊古代国家的新面貌逐渐得到塑造,欧洲之旅以及由此生发的叙述方式也逐步得以形成。事实上,在18世纪的欧洲意识中,古希腊早已被视为一个崭新的、清晰可辨的国家了。"①

欧洲开始"发现雅典"之旅之前,已对中国文化有了相当了解

在欧洲开始"发现雅典"之旅之前,实际上已经对中国文化有了相当程度的了解。举例来说,"德国麦开尔(Franz Rudolf Merkel)在所著《莱布尼兹与中国传教》(*G.W.von Leibniz und die China-mission*, Leipzig,1920)中,则主张莱氏很早即已研究中国哲学,他手边有很早的著作,如1660年斯彼基利阿(Th. Spigelius)所著《中国文艺论》(*De re literaria Sinensium*)与1667年刻射所著《中国图说》。在莱布尼兹1669年起草的《关于奖励艺术及科学德国应设立学士院制度论》中,已可看出对于中国考察所得的结论。还有1679年柏林缪勒(Probst Andreas Müller)计划出版的Clavis Sinica,莱氏对之大感趣味,观于他的笔记中所引起的许多问题,便知这个时候他对于中国已有很好的知识。"②

从"发现雅典"之旅到欧洲内陆大旅行

"欧洲人来到希腊,带来的不仅是新的技术发明,同时还捎来了他们自己的伟大人物以及他们自己的象征性名字:迦桑狄和笛卡尔。这些在哲学及科学领域具有创新思维的重量级人物以及他们充满传奇色彩的名字,正代表着欧洲的现代面孔。在1675年的阿提卡土地上,借助《古雅典和新雅典》一书,希腊的古代圣贤与欧洲的现代文人最终珠联璧合;而拜谒这些古今伟大人物的墓地,恰好体现了对他们的怀念和敬仰,同时也昭示了欧洲新的行为实践。如今的雅典之旅充满了敬重和自豪,而不是敬畏:为现代人的成就油然而生的自豪感随处可见。于是,先前赋予雅典的荣耀,演变成了杰出继承者献给优秀先驱者的荣耀。与此同时,我们还注意到,雅典之旅还再自然不过地与其他前往欧洲腹地的旅行路径相互衔接,这就是旅行传统中时常提到的欧洲内陆大旅行(Grand Tour)。"③

---

①[希腊]娜希亚·雅克瓦基:《欧洲由希腊走来》中译本,第270—271页,花城出版社,2012年3月。

②转引自朱谦之:《中国哲学对欧洲的影响》,第218—219页,福建人民出版社,1985年6月第1版。

③[希腊]娜希亚·雅克瓦基:《欧洲由希腊走来》中译本,第237页,花城出版社,2012年3月。

第四节 "古雅典"及"古希腊"概念出笼：
"百年游历，八重虚构"

法国历史学家所描述的 17 世纪中叶雅典古城消失的图像

"1657 年，多面手里史学家迪·康日发表了论著《弗朗索瓦大帝统治下的君士坦丁堡帝国史》。在结束对君士坦丁堡帝国的属地——雅典公国衰败的讲述时，他借助默尔修斯有关阿提卡命运的言论，这样描述了雅典：'这个地方的宿命竟然会是这样的。长久以来，它一直统治着整个希腊，最终却因其政权内部发生的巨变而走到了受土耳其人奴役和支配的悲惨境地。在这些人的统治下，它再也没有留下任何古代辉煌的标志或遗迹，而正是这些昔日的辉煌，曾经使这片土地扬名天下。'尽管迪·康日关注的是雅典后来的历史发展，但他在默尔修斯作品的基础上，仍然在 17 世纪中叶保留了古城消失的图像。"①

1. 一重虚构——雅典的"地方传说"

十六世纪马丁努斯·克鲁西斯书信集

"首先来看德国人马丁努斯·克鲁西斯（Martinus Crusius）对雅典资料的不断探求。他是改革派神学家，蒂宾根大学的拉丁语及希腊语教授。为了搜寻相关资料，他首先将目光锁定在君士坦丁堡，而这一选择恰好表明了他对雅典现状的复杂兴趣：在克鲁西斯那里，文学动机与教会动机（希腊教会与新教结盟的企图）相互纠缠在了一起，这就使得他与君士坦丁堡主教团以及移居那里的希腊文人保持着频繁的书信往来。这些在当时看来极不寻常的长篇书信，最终以《土耳其的希腊》为题结集出版。

"正是这部厚重的书信集记录了 17 世纪 70 年代相关游记图书出炉之前有关雅典现状的最新详情。……而从西方人对这座古城及其命运的态度上看，他们对这些书信的兴趣则表现为，希腊文人仍旧被视为有关这座古城的最合适及最权威的信息发布者。"②

"注：还是让我们回顾一下，就在几十年前，当 P. 吉勒谈到身处君士坦丁堡的

---

① ［希］娜希亚·雅克瓦基：《欧洲由希腊走来》中译本，第 198—199 页，花城出版社，2012 年 3 月。

② ［希］娜希亚·雅克瓦基：《欧洲由希腊走来》中译本，第 196 页，花城出版社，2012 年 3 月。

希腊人对城中古希腊遗址所流露出的漠视及无知时,明确表达了否定观点。"①

17 世纪 70 年代前雅典的"地方传说"

"对雅典的古代来说,书信集的问世却产生了轰动效应:人们开始争先恐后地抢答克鲁西斯的疑问。

"西蒙·卡瓦西拉斯和塞奥多西奥斯·兹奥马拉斯面对广大听众,大肆宣扬所谓的'地方传说'②。这些传说给城市的古代文物遗址穿上了虚构的外衣,而这一件件漂亮的衣冠通常又顶着家喻户晓的古代伟人的大名(塞米斯托克里斯和哈德良的宫殿,亚里士多德和其他哲学家的学堂,苏格拉底的纪念碑,等等)。从 15 世纪的一部希腊手稿中,我们首次获得了有关上述传说的系统文字记录。"③

维也纳无名氏的希腊手稿抄本

"关于雅典的地方传说,参考费尔南多·格里高罗维奥斯的专论《雅典的传奇写手》,选自他的《中世纪的雅典城市史》,第 2 卷,雅典,1904 年,第 361—371 页以及 516—552 页(斯皮里东·朗布罗斯翻译并校对)。15 世纪晚期出自维也纳佚名作者的一本希腊手稿抄本《雅典的戏剧和教育》,由拉伯德翻拍、誊写、翻译并评述,参阅其上述作品第 1 卷,第 15—31 页。这些对传说的信仰及其手写传统(除了希腊的,还可参考较晚时期另外两部来自巴黎和威尼斯的佚名手稿)。"④

关于无名神庙的传说

"在这些有关雅典古代的传说中,最不可思议的就是如下这种荒唐的说法,它将一座无名神庙定位在雅典卫城,随即又将它与巴台农神庙(帕特农神庙)张冠李戴(卡瓦西拉斯所为)。⑤还需补充的是,这座神庙的古代名称看来真的无人知晓

---

①[希腊]娜希亚·雅克瓦基:《欧洲由希腊走来》中译本,第 196 页,花城出版社,2012 年 3 月。

②Mirabilia,该词的词源是"奇迹"、"惊诧"。此处特指当时流行的有关一座城市诞生的传奇故事。——译者

③[希腊]娜希亚·雅克瓦基:《欧洲由希腊走来》中译本,第 196—197 页,花城出版社,2012 年 3 月。

④[希腊]娜希亚·雅克瓦基:《欧洲由希腊走来》中译本,第 196 页注,花城出版社,2012 年 3 月。注:"塞米斯托克里斯",雅典将领,在希波战争中曾带领雅典人取得海上的胜利,从而建立了一支海上舰队。

⑤马丁努斯·克鲁西斯的《土耳其的希腊》,巴塞尔,1584 年,第 461 页。而第一个将无名神庙与巴台农(帕特农)神庙联系在一起的正是这位维也纳的无名氏。

（兹奥马拉斯始终称其为万神殿，总是将它喻为'超越所有建筑的建筑'）。"①

16世纪希腊有70余种方言

"从后期影响上看，还有一类信息涉及对当时流行的雅典日常口语的评判。在这一点上，卡瓦西拉斯显然持否定态度：'对于这些希腊方言，我们无话可说；它们如此之多，如此不同，足有70余种。而其中的雅典方言竟然是最糟糕的'。……

"身处荷兰城市莱顿的希腊语教授约翰内斯·莫尔修斯（Johaness Meursius），在谈及雅典时同样模仿了西奈西奥斯的修辞手法，不过他没有忘记讲明出处。1624年，他在有关雅典的论著中开门见山地表示，认识和了解雅典古代的巨大责任纯属文学的分内事，因此，他对雅典的命运完全无动于衷。《雅典的阿提卡》应当算是发现雅典之前对该城第二类有价值的文学表现。作者怀着浓厚的兴趣，试图在史料基础上重塑这座城市的名胜古迹，而占据这些史料核心地位的显然是帕夫萨尼阿斯。当然，这里指的是在文学写作范围内围绕这座古代城市的地形所进行的首次系统性资料处理。"②

"我们不妨再来看看罗贝尔·德·德勒（Robert de Dreux）对雅典的描述。此人是法国驻君士坦丁堡大使馆的神职随员，1669年首次访问雅典。……

"德勒提供了一个有趣的证据。首先——用他自己的话来说，他的动机源自踏访雅典古代遗址的愿望。的确如此，当他走进这座城市时，他对眼前的一切惊叹不已。可惜的是，他的感悟完全是根据地方传说而得出的，更值得关注的是，为了搞清楚雅典在德勒心目中的意义，我们必须先弄明白，他到底肯定了哪些古迹的价值。这位法国神甫似乎没有仅仅赞美基督教前的古代辉煌，在他眼里，雅典更多地关系到后来发生的许多重大历史事件。具体来讲，他在雅典身上发现了一座使徒到过的城市所应有的价值：

"'我更希望看到一座为使徒保罗指责雅典人的盲从提供借口的庙宇，因为他们竟然将它献给了一个陌生的神祇……我至少还想努力一下，看看是否能够找到当年圣迪奥尼索斯住过的房屋……'"③

---

① [希腊]娜希亚·雅克瓦基：《欧洲由希腊走来》中译本，第197页，花城出版社，2012年3月。
② [希腊]娜希亚·雅克瓦基：《欧洲由希腊走来》中译本，第197—198页，花城出版社，2012年3月。
③ 参阅亨利·奥蒙：《17世纪的雅典——P. 罗贝尔·德·德勒的报告——雅各布·斯蓬和P.巴班的信函（1669—1680）》，第14卷，1901年，第277页。德勒的作品后来才出版。参阅罗贝尔·德·德勒：《土耳其与希腊之旅》，巴黎，1925年；转引自[希腊]娜希亚·雅克瓦基：《欧洲由希腊走来》中译本，第202页，花城出版社，2012年3月。

"通览这样的文字背景,雅典古代遗址并不意味着这座古典城市的遗址,却主要指与该城市的基督化进程相关的那些遗址。在德勒看来,使徒保罗——不同于帕夫萨尼阿斯之与迪·卢瓦尔,才是他在这座光荣城市中最可信和最亲近的向导,而巴台农(帕特农)神庙(因为在谈及无名氏神庙时提过它)作为基督教世界的前兆则占据了显著地位。德勒的强烈愿望即亲眼看见雅典城堡之巅上的这座能够证实其信念的古代神殿,仅从愿望上来讲,也许背后支撑它的未必是某个强大的传统;它也许更偏向于一段历史的老话:这座无名神庙的存在,以及它与巴台农(帕特农)神庙的契合,纯属地方传说捏造的一个历史插曲。起初,由于进入城堡的限制,德勒未能如愿,因此他只好先将注意力集中在与大法官迪奥尼索斯和保罗相关的遗址上。后来,他终于如愿以偿('我对自己说,只有亲眼看见这座献给无名神祇的庙宇,我的雅典之行才够得上圆满'①,获得了进入城堡和神殿的许可。他赞叹着神殿的恢宏气势和雕塑的精美绝伦,连声惊叹:'甚至连罗马人都无法将它们剥夺。'可是,他却将更多的精力花费在了对基督教遗迹的探寻上,并最终愤懑地证实道,'土耳其人将其抢掠一空'。

"德勒的这篇未发表作品,提供了一个有力的凭证。他使我们确信无疑,那些有关雅典古代遗址的地方传说,直到17世纪70年代依然广为流传。更重要的是,从作者的满腔热忱中,还能看出某种企图——为了将这座邻近的古代城市纳入西方世界做出某种思想性的价值评估。"②

"以德勒为契机,我们必须提到K.西莫布罗斯的著名论著《前往希腊的外国旅行家》,3卷本,雅典,1984年(1970年首版)。对于这本书,所有研究过旅行论题的人,都难以摆脱复杂的心情。因为这部从到过希腊的外国人的游记作品中呕心沥血收集而来的信息大全,尽管其海量证据对于最初的方向确立有过作用,却不能完全令人信服。首先,他的资料选择标准有待商榷。其次,他在人物生平整理以及翻译上也有很多缺陷,其中不乏实用主义方面的重大错误。更有甚者,他给这些作品蒙上了种种虚无缥缈、空穴来风的印象。就拿德勒来说吧,西莫布罗斯完全曲解了此人。在引用德勒原文时,他竟然断章取义、偷梁换柱,只字不提原作者渴望一睹神庙风采的热情,将赞美之心换成了旧时的拜古之情,由此对这位法国神甫解读遗址的动机做出了偏执的判断。这样的'疏忽'并非仅此一例。它在近期还连

---

① 参阅亨利·奥蒙的《17世纪的雅典——P.罗贝尔·德·德勒的报告——雅各布·斯蓬和P.巴班的信函(1669—1680)》,第14卷,1901年,第280页。
② [希腊]娜希亚·雅克瓦基:《欧洲由希腊走来》中译本,第203页,花城出版社,2012年3月。

累了孔塔拉多斯。此人延续了这幅有关德勒的浑浊画面。这位研究建筑的学者的专著,精心描绘了巴台农(帕特农)神庙从古至今的命运,总体上堪称一部目标明确、史料丰富的历史巨著。然而,最终它却未能通过相关研究和真凭实据向我们准确展示神庙历史上这个极其关键的转折期,即这个古代遗址是透过新游记作品而进入西方视线的。这一切都是因为他过多依赖了西莫布罗斯。同样能够说明问题的是,在对斯蓬的认识上,他也信赖西莫布罗斯(其中忽略了斯蓬与巴班作品出版的关系;而对于拉伯德,他更是只提不评),结果是错误地得出斯蓬曾经两次到过希腊的结论。参阅萨瓦斯·孔塔拉多斯的《作为文明偶像的巴台农神庙,作为永恒遗址的编年史》,选自图尔尼乔蒂斯编审的《巴台农神庙及其对近代历史的影响》,雅典,1994年。"①

2.二重虚构——牵手古人:帕夫萨尼阿斯

发现"古雅典"对帕夫萨尼阿斯②作品的倚赖

"在这个翻天覆地的时代大潮里到访雅典的新派旅行者中,无论如何必须添加一位貌似的访客:帕夫萨尼阿斯。因为,重新描绘雅典的巨大成功,在很大程度上得益于他的专业性地形考证以及建立在古代文史资料基础上的古代遗址描述。帕夫萨尼阿斯也因此得到了高度评价。他所打造的这一新型工具迅速得以推广,并与铭文的实地考证相辅相成,最终彻底揭开了原有地方传说虚假的真实面目。

"我们可以将其视为一种双向运动。它一方面倾向于目击观察和借助原始史料的批判审视,另一方面则彻底背弃了原有的地方口头传说。这一双向运动相互作用,最终产生了新的认识,并由此开辟了一条信息收集、整理、甄别和修正的全新途径。而在整个旅行新阶段中,帕夫萨尼阿斯必将成为雅典访客最亲密、最可靠的向导。从那时起,牵手帕夫萨尼阿斯(Pausanias à la main)游览雅典,就成了所有

---

① [希腊]娜希亚·雅克瓦基:《欧洲由希腊走来》中译本,第203—204页注,花城出版社,2012年3月。
② 帕夫萨尼阿斯:公元2世纪小亚细亚的旅行家和地理学家。……有关15至16世纪帕夫萨尼阿斯在欧洲受到的欢迎,参阅N.巴巴哈吉斯为帕夫萨尼阿斯《希腊游记》一书的出版所撰写的前言;文章还评介了与该书有关的最早的出版和翻译。有关帕夫萨尼阿斯作品的出版,还可以参考伯纳德·夸里奇的拍卖书目列表《帕夫萨尼阿斯和他的希腊指南:从16世纪至19世纪末的印刷出版物汇编》。转引自[希腊]娜希亚·雅克瓦基:《欧洲由希腊走来》中译本,第90页、211页,花城出版社,2012年3月。

来访者的口头禅和必修课,而他的名字则转换为欧洲人重新认识雅典的象征。也正是从那时起,作为雅典地形的权威导游,帕夫萨尼阿斯不再是事物的起因,而是一个崭新诉求的结果了。"①

该手稿出现的时间点可疑

该手稿来历可疑,从其出现的时间来看,既是文艺复兴运动所收集到的首批手稿,又是最早出现的印刷品。该时期正是大批伪造古代手稿的高峰期。

"如同我们先前提到的那样,这位古代旅行家的作品被归类为文艺复兴运动所收集到的首批手稿,同时也被归类为新技术时代初期最早的印刷品:他的作品早在15世纪末就得以出版并被翻译成了拉丁文。17世纪70年代,虽然他的作品出版已经盛况空前,可仍旧未将人们的视线引向实地考察。"②

1624年作为文学作品的材料,该手稿得到处理

1624年约翰内斯·默尔修斯(Johaness Meursius)所著的《雅典的阿提卡》出版,正是在这本书里,对帕夫萨尼阿斯的史料进行了最早的系统处理。

默尔修斯何许人也?原来是身处荷兰的希腊语教授。"他在有关雅典的论著中开门见山地表示,认识和了解雅典古代的巨大责任纯属文学的分内事,因此,他对雅典的命运完全无动于衷。"③

处理该手稿者,又将雅典安在荷兰莱顿头上

"除了默尔修斯的名著《雅典的阿提卡》,我们还想提到他的另一部鲜为人知、非文学类型的论著《巴塔维亚的雅典》。这是默尔修斯给莱顿这座城市起的别名,同时也用在了自己作品的标题中。该作品热情洋溢地向世人展现了这座城市,入木三分地描述了当时的风土人情、文人作家和社会进步。雅典与莱顿的相互比照,诱导我们重新审视了这座荷兰城市。1625年,在经历了长期战争之后,荷兰早已摆脱了西班牙人的统治并获得了自由。然而,直到威斯特法利亚和约④,它才最终赢得了国际外交的正式承认。

"在此需要说明的是,默尔修斯有关雅典的作品创作于一所大学。在这所大学

---

① [希腊]娜希亚·雅克瓦基:《欧洲由希腊走来》中译本,第211页,花城出版社,2012年3月。
② [希腊]娜希亚·雅克瓦基:《欧洲由希腊走来》中译本,第211页,花城出版社,2012年3月。
③ [希腊]娜希亚·雅克瓦基:《欧洲由希腊走来》中译本,第197—198页,花城出版社,2012年3月。
④ 1648年,在这座德国历史名城签订的和约。它结束了德国的三十年战争;德意志进一步分裂,而法国等国则取得了大片土地。

里,活跃着当时欧洲最进步、拥有斯卡利杰尔这样杰出人物的文学社团。不仅如此,这还是一所新型大学。它的诞生归功于荷兰独立唤起的民族热情和自豪,归功于工商业城市莱顿所付出的艰苦努力。通过对古代文学即旧有知识的批判性耕耘,以及对解剖学及天文学一类新型实验科学的大力推进,这所新型大学赢得了社会公认和威信。当然,所有这一切都离不开《巴塔维亚的雅典》所充分展示的'实验室'装备。

"作为这所新型大学的所在地,莱顿因而成了全欧洲的精神中心,在欧洲的教育改革及重组上起到了表率作用。然而,默尔修斯将古代雅典与新型莱顿相契合这一象征性举止以及所传递的信号,虽然不算模棱两可,却着实难以理解。从一个方面讲,莱顿是一座先驱城市(仍在进行殖民扩张的新独立国家中一座充满生机活力的城市),因此,它也就具备了代表未来发展方向及创新思维的某些特征以及重新诠释雅典的可能性。从另一方面讲,从这所大学在该作品中的重要地位及其文学及科学之城的美誉上看,《巴塔维亚的雅典》书名的选择,同样也可以被视为点睛之笔。在认识雅典传统之前(主要指希腊化时期和罗马时期的传统),作者巧妙地添上了自己所在城市的大名,使得雅典古城有了一个文学及科学之城的前缀。如同兹奥马拉斯向克鲁西斯表白的那样,真正的雅典早就存在于蒂宾根、抑或教育发达的西方的任何一个角落。"①

真正的雅典早就存在于德国蒂宾根了?

蒂宾根是德国一所大学,据说成立于1477年。15世纪德语还没有形成,怎么可能有大学! 德国在15世纪因有蒂宾根大学,于是就变成了真正的雅典!

从帕特农神庙传说的形成过程可知帕夫萨尼阿斯《希腊游记》之伪

1640年卢瓦尔认出的无名神庙就是雅典娜神庙

"1640年,即莫尔修斯之后16年及克鲁西斯之后56年,迪·卢瓦尔领主撰写了一部东方之旅游记,似乎对希腊产生了愈加浓厚的兴趣。书中,它首先表达了如下观点:任何一本书只要提到希腊,就会自然引起世人的关注。仅此一点就足以让我们想到,世界正在发生变化。……卢瓦尔怀着巨大的期许游览了雅典,并用了整整10页纸对其抒发情怀。站在巴台农(帕特农)神庙旁,他认出了这就是雅典娜神

---

① [希腊]娜希亚·雅克瓦基:《欧洲由希腊走来》中译本,第199—200页,花城出版社,2012年3月。

庙。当然,他还提到了对这座神庙做出正确判断的第一人帕夫萨尼阿斯,却没有对其深入探讨和评价。总之,对当地流行的有关古代遗址的真实身份的传闻,他始终保持着谨慎态度。比方说,他坚决不信有关巴台农(帕特农)神庙'无名神氏'铭文的流言,因为帕夫萨尼阿斯从未提到过。……如他直言,在还未踏上雅典土地之前,这座古城就已唤起了他的崇敬之心。可一旦身临其境,却大失所望,内心深处只剩下了怜悯:'眼前的一切,使我无法想象,我来到的是一座杰出的城市'。"①

然而 1669 年德勒并不知道《希腊游记》对帕特农神庙的说法

(参见以上章节:"一重虚构——雅典的'地方传说'"相关内容)

斯蓬与吉耶争论的焦点:"无名神铭文"存在吗?

"斯蓬赢得了他与吉耶争论中的最大胜利。后者在相关描述中肯定地说,雅典娜神庙上刻有关于无名神的铭文。"②

十八世纪"巴台农"(帕特农)一词拼写错误

不知是由于新造还是伪造的原因,当时对"巴台农"(帕特农)一词不熟悉,常出现拼写错误(详细内容请参看本节"六重虚构"相关内容),甚至在 18 世纪狄德罗的《大百科全书》有关雅典的词条中,"巴台农"(帕特农)一词拼写错误依然存在。③

在 17 世纪 70 年代前的古代传说中,帕特农神庙并不存在

"在这些有关雅典古代的传说中,最不可思议的就是如下这种荒唐说法,它将一座无名神庙定位在雅典卫城,随即又将它与巴台农(帕特农)神庙张冠李戴(卡瓦西拉斯所为)[注:马丁努斯·克鲁西斯的《土耳其的希腊》,巴塞尔,1584 年,第 461 页。而第一个将无名神庙与巴台农(帕特农)神庙联系在一起的正是这位维也纳的无名氏],还需补充的是,这座神庙的古代名称看来真的无人知晓(兹奥马拉斯始终称其为万神殿,总是将它喻为'超越所有建筑的建筑')[同上第 430 页]"④

---

① [希腊]娜希亚·雅克瓦基:《欧洲由希腊走来》中译本,第 200—201 页,花城出版社,2012 年 3 月。
② [希腊]娜希亚·雅克瓦基:《欧洲由希腊走来》中译本,第 267 页注,花城出版社,2012 年 3 月。
③ 转引自[希腊]娜希亚·雅克瓦基:《欧洲由希腊走来》中译本,第 286 页,花城出版社,2012 年 3 月。
④ [希腊]娜希亚·雅克瓦基:《欧洲由希腊走来》中译本,第 197 页,花城出版社,2012 年 3 月。

3.三重虚构——沙发上想象出的游记:吉耶虚构的发现

乔治·吉耶的著名游记《古雅典与新雅典》早于造访雅典第一人斯蓬的著作于1675年出版。然而,后来人们发现其实吉耶从来没有到过雅典,他的游记不过是在自家沙发上闭门造车编造出来的而已。

"正如后来所证,吉耶的作品确有许多严重的常识性失误。这位来自里昂的文物收藏家一手炮制的失误,统统罗列在了他的作品中,其尺度之大,竟然引起了坊间的极度猜疑:《古雅典和新雅典》的讲述人究竟是否真正到过雅典。后来,作者自己也坦白交代,他本人从未去过雅典,而他的这本书不过是根据他的那位去过雅典的兄弟的实地考察结论,再添加一些古代史料或近代研究资料(主要是默尔修斯的),重新整理而来的。事到如今,不仅雅典之行,甚至包括吉耶兄弟本人,都被怀疑成为叙述虚构了。正是通过这种方式,作者轻而易举地按照自己的评判标准,将常驻雅典和希腊本土各地的传教使团成员的所见所闻拼凑在了一起。

"随着斯蓬作品的问世以及对吉耶作品虚假内容的公开围剿,两位法国作者之间迅即爆发了激烈争论,并最终导致了另外两本书的出笼。吉耶坚决否认对他的批评,为了捍卫他的作品权威和声誉,他特别撰写了《论斯蓬先生发表的希腊考察报告的书简》。而斯蓬先是在阿姆斯特丹再版了他的早先作品,又马不停蹄地在里昂推出了新作《对吉耶先生就雅克布·斯蓬希腊游记评述的答复》。

"这场激烈争辩以及两人之间的争强好胜和相互指责,带出了意想不到却发人深省的效果。斯蓬把他与吉耶的笔战喻为"争夺情人"的决斗:'我们在为同一个情人争风吃醋。虽然她已步入三千多岁的高龄,却风韵犹存'。"[①]

"吉耶的虚构发现对同一传统的建立也起了同样的作用:欧洲的希望之旅始于雅典。因为吉耶用他在沙发上编造的雅典之旅素材,以最美妙的方式说出了虽是虚构却美好的发现。"[②]

"算上斯蓬,共有4人在1675年完成了他们的希腊之旅。这里特别提及弗农,是为了更有效地看待吉耶的发现,即他对那帮欧洲旅友的认识。正是因为与他们的相遇,他的假想兄弟,抑或书中的主人公才得以踏上前往雅典的旅途。正是在这次旅途中,吉耶编故事的想象力和洞察力才得到了最大的释放。因为,吉耶绝不会

---

① [希腊]娜希亚·雅克瓦基:《欧洲由希腊走来》中译本,第209页,花城出版社,2012年3月。
② [希腊]娜希亚·雅克瓦基:《欧洲由希腊走来》中译本,第239页,花城出版社,2012年3月。

仅仅满足于让那个法国冒险家独自充当讲述此行的目击证人,他还要用最适合描述此行的羊皮纸展现那些虚构却看似真实的同伴。然而,选择一个或一伙旅行同伴,并不能直接说明问题。这4个文人组成的团伙,首先代表着一个多国或泛欧小组(一个英国人、两个德国人和一个意大利人);其次是他们的专业知识结构,打头阵的是科学、化学、天文学,紧随其后的是文史类(古代史及近代史);最后是该团伙所携带的科学工具和书籍——一个浓缩了文学共和所有特征的微型世界。希腊从一开始就成了文人学者和知识探求者的兴趣对象。换句话说,成了科学趣味及大众趣味的对象。然而,同样是在17世纪末的这次希腊之旅中,还出现了当时流行的由科学家及文人组成的权威社会团体。

"斯蓬、维勒、弗农以及伊斯特科特四人,当他们在1675年夏天乘坐着从意大利开往希腊的商船并第一次读到新鲜出炉的《古雅典和新雅典》一书时,对于此种巧合兴许会倍感兴奋。因为,在他们看来,吉耶的想象就是真实的世界。他们的行为不正是一脉相承吗?也许其中某位的表现还更为激进呢。这些人是文物鉴赏家,是欧洲内陆大旅行的践行者,是相约在意大利,然后结伴前往雅典的人。就在几个月前,某种有关他们此行近似预言的虚构版本就已经流传开来了。假如说弗农和斯蓬就地发现的可信度,为即将掀起的新希腊旅行传统奠定了基础,那么,吉耶的虚构发现(尽管后来他在文物收藏结论上遭到斯蓬的强烈批评)对同一传统的建立也起到了同样作用:欧洲的希腊之旅始于雅典。因为,吉耶用他在沙发上编造的雅典之旅素材,以最美妙的方式说出了虽是虚构却美好的发现。此外,尽管遭到了严谨的文物收藏家斯蓬的蔑视,但对于正阔步走向18世纪的欧洲世界来说,这部小说也同样发出了又一个强大的改革信号。最终,他们两位都以各自的方式成了他们所处时代的弄潮儿。

"巴班、吉耶、斯蓬、维勒、弗农以及部分意义上的侯爵大人,他们以并行不悖或相互弥补的方式,成了一个大众文明待命出发的承载者和表达者。毫无疑问,17世纪70年代的欧洲人已经为'发现希腊:做好了充分准备。他们具备了一张崭新的面孔,且急需一面崭新的镜子去揭示它的真相;而雅典就在对面,静待着他们。'"①

---

① [希腊]娜希亚·雅克瓦基:《欧洲由希腊走来》中译本,第238—239页,花城出版社,2012年3月。

4.四重虚构——杜撰文艺复兴时期到访雅典者的故事

如前所述文艺复兴时期从来只是罗马的,只有古罗马,没有古希腊。后世为了将文艺复兴与古希腊扯上关系,虚构了文艺复兴时期唯一到访雅典者——意大利安科纳人基里阿库斯的故事。

15 世纪安康纳人塞里亚克(即基里阿库斯)旅游希腊①

没有基里阿库斯,文艺复兴运动就与古希腊没关系

"基里阿库斯现象,一种无论如何看待均显独特的现象,假如对其手稿以及迟迟被发现的早期收藏略加考虑的话,就显得更加富有魅力了。这一现象在 19 世纪末引起了世人的极大关注,他的先驱者形象甚至一度被大大高估,而基里阿库斯本人也被视为西方历史上探寻古典希腊的唯一先例。正是这样一段历史的启动,顺着同一方向与时俱进,最终与文艺复兴运动所代表的近代启动不期而遇。正是因为有了基里阿库斯,有关文艺复兴运动的真相才能大白于天下并得到正确评估,而古典希腊的自身价值也才能得以幸存和归真。"②

反过来正好说明文艺复兴运动与古希腊无关,基里阿库斯是 19 世纪西方学者为了将古希腊与文艺复兴运动挂起钩来,而造出来的又一假古董。

可疑的基里阿库斯手稿

"基里阿库斯在日记里向我们描绘了这座城堡的古老建筑。他的绝大多数日记都是随意写在草稿纸上的,而内容则大都抄自这座城市或其他城市的铭文。基里阿库斯的开创性工作和大量手稿最终却惨遭厄运,绝大部分还未来得及出版,就在 16 世纪初期损毁或遗失了,余下一小部分直到 18 世纪中期才重见天日。"③

草稿纸是什么纸?(羊皮纸?纸草?还是中国纸?)

如果是铭文,一定是某种古代的文字。如果是所谓古希腊文字,那么古希腊文字的字典在 18 世纪之后才问世,基里阿库斯作为一个文艺复兴时期的意大利商人如何能够释读呢?

既然是重要的铭文,基里阿库斯又懂得文物的价值,怎么又会随意写在草稿纸上?16 世纪的东西,为何一小部分直到 18 世纪才重见天日?一看就知道是 18 世

---

① 参看[德]维拉莫威兹:《古典学的历史》中译本第 1 版,第 42 页,三联书店,2008 年 6 月。
② [希腊]娜希亚·雅克瓦基:《欧洲由希腊走来》中译本,第 101 页,花城出版社,2012 年 3 月。
③ [希腊]娜希亚·雅克瓦基:《欧洲由希腊走来》中译本,第 100 页,花城出版社,2012 年 3 月。

纪以后编造出来的天方夜谭。再则,他是文艺复兴时期唯一到访雅典者,唯一就是孤证,"孤证不立"为考据学的原则。

文艺复兴时期唯一到访雅典者——意大利安科纳人基里阿库斯

基里阿库斯(1391—1452)自幼经商,闲时喜爱文物收藏。在1430至1450年的商旅生涯中,他怀着极大热忱,在从君士坦丁堡到埃及的辽阔土地上展开文物研究。其中,对希腊地区情有独钟。

"1436年和1444年,基里阿库斯曾两次短暂停留雅典。当时,佛罗伦萨人正统治着这座城市。于是,他被盛情邀请下榻于政府所在地的城堡中。"①

有关基里阿库斯,参阅伯纳德·阿什莫尔(Bernard Ashmole)的《安科纳的基里阿库斯》,英国科学院论文汇编,第45卷,1959年,第25—41页;保罗·麦肯德里克(Paul Mackendrik)的《一位文艺复兴运动中的奥德赛——安科纳人基里阿库斯生平》,选自刊物《古典中世纪》,第13期,1952年,第131—145页。文章认为,基里阿库斯迟迟抵达雅典以及他对这座城市的短暂访问,可以被视为文艺复兴运动重新认识希腊的标志。②

为了收集基里阿库斯的资料以及整理他的全部作品目录,美国文学家博德纳尔奉献毕生精力,出版了《安科纳人基里阿库斯的晚期旅行》(剑桥,2003年)。

为什么花那么大精力整理一个虚无缥缈的旅行记录呢?

是谁从何时开始竭力维护"基里阿库斯到访雅典说"呢?

"确实,对基里阿库斯雅典工作的重新评价,应当归功于19世纪,即雅典已经赢得近代文明诞生地美誉的那个年代。对基里阿库斯获此殊荣起到决定作用的,要属路德维希·罗斯(Ludwig Ross)的相关研究。他将圣高尔③的设计图纸与这位安科纳的文物收藏家联系到一起了。

"围绕西方发现雅典这一命题,费迪南·戈里高罗维斯(Gregorovius,1821—1891,德国诗人及历史学家)曾于1889年对基里阿库斯的作品进行了详尽分析,并为此撰写了《中世纪的雅典》。此书由皮里冬·兰布罗斯翻译成希腊文(雅典,1904。1889年德文首版)。

"正像他所分析的那样,虽然戈里高罗维斯期望'赋予佛罗伦萨与雅典在文艺

---

① [希腊]娜希亚·雅克瓦基:《欧洲由希腊走来》中译本,第99—100页,花城出版社,2012年3月。
② [希腊]娜希亚·雅克瓦基:《欧洲由希腊走来》中译本,第100页注,花城出版社,2012年3月。
③ 1445—1516,意大利建筑师,曾在拉菲尔设计圣彼得大教堂图纸时出任过他的助手。

复兴运动中的巧遇以某种哲学意味'(第516页),同时还想将基里阿库斯置于这一巧合之中,但R.斯通曼的理解却截然相反:这位德国历史学家最终还是未将基里阿库斯称为帕夫萨尼阿斯的化身(不幸的是,基里阿库斯没能成为15世纪的帕夫萨尼阿斯:他没能写就自己的雅典之旅)。他还补充说,对于其他一些城市(比如萨尔迪斯,小亚细亚古国吕底亚的首都),基里阿库斯留下的相关信函,却叫人联想到新旅行作家的风格。

"莱昂·德·拉博德伯爵(Comte de Laborde)的《15、16及17世纪的雅典》,对基里阿库斯的作品也有一定认识。他指出,对15世纪意大利作品投向希腊及希腊遗产的微光,他早已持怀疑态度;但他同时也低调指出,基里阿库斯与其他一些人同属那个'出类拔萃的旅行家–博学家'群体。

"让我们再强调一下,在圣高尔的设计图纸与基里阿库斯相互契合的问题上,拉博德伯爵似乎并不愿意被L.罗斯说服。"①

原来,没有基里阿库斯的这次旅行,文艺复兴运动就与古希腊无关!

20世纪80年代当代作家理查德·斯通曼(Richard Stoneman)在其所著《探寻古典希腊》的扉页上这样写道:

"寻觅古代希腊,仿佛是一段始于中世纪曙光、早在君士坦丁堡沦陷之前就发生的历史,一段关于胸怀冒险精神、心揣不同动机却又走向同一目标的旅行家踏访希腊的历史,一段发现古典时期遗产、重塑昔日辉煌的历史。"②

"这位被后人公认为早期(西方)到过古希腊城市尤其是雅典城邦的第一人,正是安科纳人基里阿库斯。这位伟大的先行者,也是在千年之后'第一个挺身而出、将雅典城堡改称为卫城的拉丁语作家,并使得该词在拉丁语文学中首次得到正式采用'。在此需要补充的是,'城堡'一词(castrum)依旧存在于欧洲近代语言中。直到17世纪,它才在旅行家们高谈阔论中被雅典卫城完全替代。"③

5. 五重虚构——"指鹿为马",将天主教主题画作改名为雅典学院

欧洲文艺复兴时,意大利"艺术三杰"中年龄最小的拉斐尔曾经画过一幅名为《雅典学院》(*The School of Athens*)的画,反映的是古典时期学派林立、相互切磋的景象。这是如今普通的说法,人们都信以为真,尤其是中国的学者,对其顶礼膜拜,

---

① [希腊]娜希亚·雅克瓦基:《欧洲由希腊走来》中译本,第101页脚注,花城出版社,2012年3月。
② 《探寻古典希腊》,雅典,1996年(1987年英文首版)。
③ [希腊]娜希亚·雅克瓦基:《欧洲由希腊走来》中译本,第99页,花城出版社,2012年3月。

不遗余力。

其实,拉斐尔的这幅画挂在梵蒂冈教皇办公室的走廊,是用来为天主教装点门面、表现天主教传教内容的一幅画。该画创作于1509—1510年,将其称为《雅典学院》则是在17世纪,确切地说该画是在1698年[原文为1638年,当为1698年之误,因为《雅典学院》名称的确定与贝洛里发表于1695年的一篇文章首次提到标题"雅典学院"(Liceo d'Atene)有关]之后才被定名为《雅典学院》的,距离该画创作已经过了190年。

"该画名称'雅典学院'(Gymnasium d'Atene)的确定,与贝洛里发表于1695年的一篇文章首次提到标题'雅典学院'(Liceo d'Atene)有关。参阅英格丽德·罗兰(Ingrid Rowland)撰写的《雅典学院的知识背景:在朱流斯二世的罗马中探寻神医》,选自马西亚·霍尔(Marcia Hall)主编的《拉斐尔的〈雅典学院〉》,剑桥,1997年,第150页以及注释第56。哈里·B.古特曼的文章《拉斐尔壁画〈雅典学院〉中的中世纪成分》(期刊《思想史》第2卷第4期,1941年10月,第420—429页),作为最先触及该壁画所具有的文艺复兴意义的研究之一,明确指出法国旅行家马奎斯·德·塞涅莱正是使用该名称的第一人。"①

"这幅壁画的创作原本属于一个以服务基督教信仰为宗旨的整体圣画项目。"②

"事实证明,正是16世纪的批评家们将这幅作品奉为'基督教世界和基督教神学的荣耀'。"③

"在对这幅作品的理解上,当时扮演主角且抢尽风头的,竟是那个时代绘画理论的泰斗人物瓦萨里对此所持的保守态度。倘若我们对此一并加以考虑,那么,这一问题就更加发人深省了。按照他的理解,这幅壁画'展现了一群正在探讨哲学、天文学与神学如何相互妥协的神学家,分门别类地展示了全世界的智者贤人'。在他们中间,他自然而然地认出了福音的传递者马特。而对贝洛里来说,他所肩负且不可推卸的使命,是指出瓦萨里的确犯了错误。然而,在对这幅作品的基督教诠释中,瓦萨里并非孤军作战。对此做出基督教含义诠释的还有乔治·吉西(Georgio Ghisi)的版画。该版画首次在安特卫普付梓印刷,1550年又由当时著名的印刷商希罗尼穆斯·考克再版。它在显著位置上刻意突出了使徒布道行为,将拉斐尔的作品转换成了使徒保罗向崇拜偶像的雅典哲学家们宣传福音书的场面。需要补充的

---

① [希腊]娜希亚·雅克瓦基:《欧洲由希腊走来》中译本,第88页,花城出版社,2012年3月。
② [希腊]娜希亚·雅克瓦基:《欧洲由希腊走来》中译本,第89页,花城出版社,2012年3月。
③ [希腊]娜希亚·雅克瓦基:《欧洲由希腊走来》中译本,第88页,花城出版社,2012年3月。

第三章 西方古典学"雅典"概念层累造成

是,这一诠释后来又派生出另外一幅作品,不过这会站在宣讲台上的变成了使徒彼得。"①

"可以肯定,推翻瓦萨里的解释,正是重新评价这幅作品的必要前提。可是,长久以来一直被视为谬误而备受指责的瓦萨里,却在近期得到了一批艺术史学家的高度关注。而他们关注的目光,正是聚集在重建艺术作品含义生成的历史环境上。"②

"总之,一旦我们将16世纪初的这幅名画置于教廷的精神氛围中(艺术史学家新的研究取向,成功取代了原先艺术风格及艺术方式分析),我们对它的理解将更加清晰透彻,就能够重新梳理和重建该作品产生以及对其解释的历史环境。由此可以看出,它起码在表面上抵消了古希腊哲学当然也包括雅典在教皇皇室中所占据的意想不到的核心地位。"③

"透过上述观察,我们可以肯定地说,有关该文艺复兴运动顶尖艺术作品的所有解释和观点最终都与该壁画的主题相关……从相关内容看,至少在相当长的一个时期内,这幅壁画让人们更多想到的是这座典型的偶像崇拜城市的基督化时刻,而不是那个哲学流派精彩纷呈、鼎盛时期的雅典古城。在后人眼中,拉斐尔的雅典,还有梵蒂冈的雅典,呈现的是如此一副模样:它游移在智慧和哲学仍未显山露水的地平线上,游移在对使徒布道而非对帕夫萨尼阿斯(公元2世纪小亚细亚的旅行家和地理学家。——译者)游历的认知中。总之,对于文艺复兴时期的基督教世界来讲,这样的雅典才更加可信,才更易接受,因此它才能够登堂入室,装扮教廷。

"此外,这幅作品的制作过程,不仅关系到朱流斯教皇二世下令定制该画时的精神背景,从客观上讲,它还涉及一场旷日持久、覆盖面广、以振兴及重建罗马为目标的强大思潮;这场以胜利告终的思潮,发端于1470年前后西克斯图斯教皇四世有关打造基督教城市与古代城市一体化的新思维和新远景。而对这一新思维起到决定性推动作用的,正是教皇保罗三世时代的米开朗琪罗和16世纪40年代拉

---

① [希腊]娜希亚·雅克瓦基:《欧洲由希腊走来》中译本,第88—89页,花城出版社,2012年3月。

② 注:"在这些研究论文中,作者不仅偏向对《雅典学院》宗教认可的辩护,而且通过对壁画细部的详尽分析以及对这些细部的错时审视从而重新回到了当年瓦萨里的主张上。"[希腊]娜希亚·雅克瓦基:《欧洲由希腊走来》中译本,第89页,花城出版社,2012年3月。

③ [希腊]娜希亚·雅克瓦基:《欧洲由希腊走来》中译本,第89页,花城出版社,2012年3月。

斐尔的艺术作品。此后不久,贝尼尼(Bernini)的作品又将这一新思维推向极端……

"需要指出的是,如同我们反复提醒的那样,无论是论及希腊的具体问题,还是论及古代或古代人本身的含义,我们都必须谨小慎微,不要以为使用了同样的词,就可以随意张冠李戴,将后来的意义强加给当时本不具备这些意义的时代。"①

在西洋假古董面前,当今中国学者的推崇心态

余秋雨:"我在备课的时候已经下了决心,一定要在今天的课程中给你们一代留下一个关于百家争鸣时代的深刻印象。人类最深刻的印象,首先总是作用于视觉,因此我从世界坐标出发,找了一幅画,那是欧洲文艺复兴大师对于从古希腊开始的百家争鸣的想象……欧洲文艺复兴时,意大利'艺术三杰'中年龄最小的拉斐尔曾经画过一幅名为《雅典学院》(The School of Athens)的画,反映的是古典时期学派林立、相互切磋的景象。

"欧洲文艺复兴起源地佛罗伦萨(Florence)的统治者麦第奇家族(the Medici Family)在文艺复兴到来之前,就开始频频提到雅典学院时代的学术气氛,并且建立了模拟性的柏拉图学院(Plato Academy)。

"《雅典学院》中出现了很多学者。站在中心部位、右手指天的是柏拉图,他的左边是学生亚里士多德。柏拉图和亚里士多德分别代表古典哲学的两大流派。两人的周围围绕着很多学者,倾听他们激昂的辩论。也有人在台阶上旁若无人地独自研究,后面巨大拱形柱的左右两座浮雕,分别是智慧女神雅典娜,爱与美之神阿佛洛狄忒。

"画面上这些人从不同方向进行着平等的、创造性的思考,实在让人振奋。始于14世纪的欧洲文艺复兴打破了中世纪的黑暗,靠的不是仅仅复兴一个柏拉图或亚里士多德,而是对欧洲整体思维水平和自由精神的全面复兴。

"因此,拉斐尔在这幅画中又加进了不少雅典之外的精神巨匠,而且延伸到后代。他甚至把自己也画进去了,表现出自己对于这一脉精神的参与。"②

6.六重虚构——图纸上的古雅典

1758年,法国建筑师、巴黎皇家建筑科学院历史作家勒·鲁瓦所著的《希腊最

---

①[希腊]娜希亚·雅克瓦基:《欧洲由希腊走来》中译本,第90—91页,花城出版社,2012年3月。

②余秋雨:《中华文化四十七堂课:从北大到台大》,岳麓书社,2011年6月。

美古迹》出版。该书通过测量与观察,将雅典的古代遗址转换为图画或图纸,"一经问世,立刻受到了热烈追捧;……是欧洲最早发行的、有关雅典古迹的权威性出版物。"①

据说在法国人勒·鲁瓦进入雅典之前,英国建筑师斯图尔特和里维特已经先期到达雅典,并展开了对古迹的测量与测绘。"于是各种各样完全按照实景及实地绘制的图纸、剖面图及平面图层出不穷。……斯图尔特和里维特将精确奉为最高准则。为了严格按照要求完成制图工程,他们在雅典住了近3年(1751—1753)。在工作同时,他们还着手准备撰写有关雅典的新书:一套大开本的插图书(考古－建筑大画册)。……这部题为"雅典的古代遗址"的多卷本巨著,饱含了斯图尔特和里维特辛勤工作的成果。然而它的发表却一拖再拖,直到1762年才开始陆续出版,并最终未能全部出齐。斯图尔特生前亲自从头到尾地审校了第一卷(1762),而未等第2卷问世(1788)他就撒手人寰了。由他人编审的剩余几卷同样姗姗来迟,1794年出版了第3卷,1816年出版了第4卷。"②

上述的测量、测绘及其出版物可靠吗?

既然是实测,那一定是依据18世纪50年代的实景。先让我们看一下在此前后曾经到过雅典的学者们对雅典古迹的记述。

据当时约百年前的17世纪,多面手历史学家迪·康日发表了论著《弗朗索瓦大帝统治下的君士坦丁堡帝国史》。他说,当时的雅典在土耳其人奴役和支配下,"它再也没有留下任何古代辉煌的标志或遗迹"。③

16世纪一部地理学词典的词条:【雅典】"希腊最崇高的城市,一切学问的源泉。如今这片土地上只剩下了茅舍矮房。"④

18世纪,伏尔泰对雅典的描述:

"雅典雄伟古迹的绝大部分,曾被罗马人竭力模仿却始终无法被超越。如今,它们已经沦为一片废墟,或是完全消失了。……在那儿附近,至今还躺着一尊古代石狮,码头因此而得名,可就连它也几乎埋进了土里。在科学院的那片草坪上,扎满了园丁的破茅房;壮美的竞技场遗址,只能唤起心底的虔敬和悲悯。只

---

① [希腊]娜希亚·雅克瓦基:《欧洲由希腊走来》中译本,第300页,花城出版社,2012年3月。
② [希腊]娜希亚·雅克瓦基:《欧洲由希腊走来》中译本,第299—300页,花城出版社,2012年3月。
③ [希腊]娜希亚·雅克瓦基:《欧洲由希腊走来》中译本,第199页,花城出版社,2012年3月。
④ [希腊]娜希亚·雅克瓦基:《欧洲由希腊走来》中译本,第219页,花城出版社,2012年3月。

有月亮女神阿耳忒弥神庙,好像并未在岁月的侵蚀中受到损伤,这多少使得我们还能揣摩昔日雅典的容貌。这座战胜了薛西斯(公元前486—前465年的波斯帝王——译者)的城市拥有一万六七千居民。可是,当他们面对手上仅握着一根小白棒的1200名土耳其士兵时,居然吓得全身发抖。大敌当前,面对外族压迫,曾经战胜过雅典的老对手斯巴达人,又与雅典握手言和并一致对外了。为了赢得自由,他们进行了长期艰苦卓绝的斗争,拼尽全力挽救莱克格斯①留给他们的高傲、顽强的风俗遗产。"②

在16世纪到18世纪,雅典已经没有什么古代辉煌标志的古迹存在了,对于不存在的东西,如何进行测量与测绘呢?

英国建筑史上新建筑风格——建筑创造冲动

"而在这一系列图书出版之前,此类工作的成果就已经体现在伦敦及周边地区的许多建筑物上,从此开创了英国建筑史上以希腊复兴(Greek Revival)而著称的新建筑风格。"③

实际上是新建筑风格,而不是什么古希腊风格。

"除了它对建筑史及品位史的关照,是否还能假设它还隐含了某种建筑创造冲动并在完美程度上企图超越罗马乃至整个意大利建筑——当然这里指的是英国和法国?透过18世纪北欧建筑大师们在革新典范及艺术上所付出的艰苦努力,也许我们能够窥见某种坚决摆脱意大利束缚的情结,一种试图脱离徒劳无益的意大利模仿竞争行为。"④

原来是一种"建筑创造冲动"!由此可知,下述内容也就是所谓"纸上的希腊"的由来,不过是后来编造的故事:

"18世纪中期,当欧洲城市迅猛发展、欧洲南部及地中海旅行方兴未艾之时,英国建筑师詹姆斯·斯图尔特(1713—1787)和画家尼古拉·里维特(1720—1804)相聚罗马,共同谋划对雅典古代遗址的分布图标做一次系统整理。临行前,他们就这一想法撰写了一系列文章,标题是《关于出版一套新的阿提卡古代遗址精确绘图的建议》。从1748年(罗马)到1753年(伦敦、威尼斯),这些文章在略加改动的

---

① 公元前4世纪雅典的雄辩家和政治家。
② [希腊]娜希亚·雅克瓦基:《欧洲由希腊走来》中译本,第328页,花城出版社,2012年3月。
③ [希腊]娜希亚·雅克瓦基:《欧洲由希腊走来》中译本,第300页,花城出版社,2012年3月。
④ [希腊]娜希亚·雅克瓦基:《欧洲由希腊走来》中译本,第302页,花城出版社,2012年3月。

第三章 西方古典学"雅典"概念层累造成

基础上先后发表,目的是为实施这一计划争取道义上和经济上的支持。系列文章在欧洲的许多地方迅速流传开来,赢得爱好艺术阶层的一片喝彩。"①

不惜虚构图纸

"尽管属于鲁瓦本人的《建议》在总体上秉承了斯图尔特和里维特的行动纲领,但他的选择还是透露出了某些实质性差异。……他更多地受到了某种废墟氛围的驱使,……最后我想指出的是,他甚至还滥竽充数,将一些遗址(最初模样)的虚构图纸放进了他的作品中,其目的无非是想制造某种势不可挡、雄伟壮丽的气氛。"②

"与斯图尔特有关新建筑传统的精神相比,鲁瓦的精神同样可圈可点(他更倾向于历史与建筑理论方面的题材)。众所周知,这一新建筑传统形成于文艺复兴时期,主要依据来自马库斯·维特鲁威(Marcus Vitruvius,公元前1世纪的罗马建筑师)的建筑原理以及古罗马建筑遗址的典范。面对这个重新审视中无法回避的问题,鲁瓦发表了有关雅典废墟的看法:

"……多亏了这些伟大的建筑师,艺术在意大利才得以复兴。倘若这些建筑师能够欣赏到哈德良执政时期的罗马景观、伯利克里时代的雅典景观,哪怕是他们所处年代或就在我们眼皮底下的希腊景观,那么,他们就一定能够为我们奉献出更加完美的艺术——这些宏伟废墟所蕴含的艺术将为他们打开广阔的想象空间。"③

雅典再一次展示以往的全部辉煌——纸上希腊的杰作

"从描绘雅典的全面性和准确性上讲,《雅典的古代遗址》,尤其是斯图尔特本人的崇高地位,最终得到了一致公认。他的作品被誉为经久不衰的经典之作。1808年,当此书法文两卷本出版时,还附加了一篇回顾这一历史事件的长篇论文,其中包括了斯图尔特与鲁瓦之间的争辩。……法文版前言这样写道:'我们看到了希腊建筑在其废墟上的重生——就让我们这样表达吧。雅典及其古迹再一次生动展示了它们以往的全部辉煌。'"④

---

① [希腊]娜希亚·雅克瓦基:《欧洲由希腊走来》中译本,第291—292页,花城出版社,2012年3月。
② [希腊]娜希亚·雅克瓦基:《欧洲由希腊走来》中译本,第302页,花城出版社,2012年3月。
③ 勒·鲁瓦:《希腊最美古迹》,巴黎,1770年,第2卷;转引自[希腊]娜希亚·雅克瓦基:《欧洲由希腊走来》中译本,第301页,花城出版社,2012年3月。
④ 斯图尔特 & 里维特:《雅典的古代遗址》,巴黎,1808年,A卷序言。[希腊]娜希亚·雅克瓦基:《欧洲由希腊走来》中译本,第303页,花城出版社,2012年3月。

就这样,"纸上的希腊"完成了雅典以往全部的辉煌!

7.七重虚构——假托古波斯游客:古希腊从这里开始

虚构公元前4世纪前往希腊进行旅行的外国人

"让-雅克·巴泰勒密教士撰写的《公元前四世纪中期青年阿纳哈尔西斯在希腊的旅行》……继温克尔曼的作品之后,这部作品以生动的手法展现了古希腊世界的全景图,对传播希腊以及对宣扬18世纪末欧洲的希腊崇拜起到了决定性作用。书中的主人翁是一位公元前4世纪前往希腊旅行的(虚构的)外国人。"①

正是这部虚构的书,对18世纪末欧洲的希腊崇拜起到了决定性作用!

巴泰勒米虚构希腊的模型实际上是意大利

"的确如此,正是在18世纪中期踏访意大利时,巴泰勒米捕捉到了阿纳哈尔西斯②的思想。当然,我们还知道,此事发生的具体年份是1755年,即温克尔曼到达罗马的同一年,假如我们考虑到上述从意大利本土前往希腊在旅行时间上巧合(再考虑到斯图尔特和里维特从罗马出发的建议),那么,这一现象就值得认真思考了。

"不过,《公元前四世纪中期青年阿纳哈尔西斯在希腊的旅行》一书中的意大利灵感,还不同于其他对希腊的谋划。这其中的主要原因是,他与公众期待还有相当大的距离:巴泰勒米并不是通过古代意大利抑或古典时代的罗马大地,更不是通过他到过的大希腊地区才萌生对古希腊大地梦幻之旅的想法。换言之,在巴泰勒米身上,我们看到的是一个时间上更近的意大利即文艺复兴运动时期的意大利。正是这个意大利将他推向了希腊。"③

"巴泰勒米将这些相关内容记录在了他的回忆录里。他向我们表明,到底是什么想法最终引导他借助一个斯基台人,即一个野蛮人的眼睛去描绘希腊及公元前4世纪雅典的辉煌画卷。这段美好的经历,真值得仔细揣摩一番。这不仅因为该事件从未引起学术界的关注,而且还因为它的确以某种意想不到及耐人寻味的方式向我们诠释了历史上著名的'转向希腊'即古典主义或回归古代;而巴泰勒米正是举世公认的这一思想的卓越代表和普及者。

---

① [希腊]娜希亚·雅克瓦基:《欧洲由希腊走来》中译本,第315页,花城出版社,2012年3月。
② 古代斯基台贤人,公元前589年梭伦时代到过雅典,由此萌发了传播古希腊文明的思想。
③ [希腊]娜希亚·雅克瓦基:《欧洲由希腊走来》中译本,第315页,花城出版社,2012年3月。

"'命运给了我一个有关阿纳哈尔西斯旅行的灵感。1755年,当我身处意大利时,我对所到之处城市现状的关注,远不及对它们昔日辉煌的关注。我情不自禁地回想起以往那个年代:它们(这些城市)拥有至高无上的荣耀,将科学和艺术纳入坦荡的胸怀。于是我想到,如果围绕利昂九世教皇时期及后来的年代对这个国家作一番旅行描述,那么就一定能够呈现出人类精神发展历史中更有趣、更有用的场景。下面这个有关一个法国人翻越阿尔卑斯山的描述故事,也许就更令人信服了……'

"在紧接下来的长篇讲述中,巴泰勒米以神来之笔描绘了一个法国人在16世纪初即文艺复兴运动时期'翻越阿尔卑斯山脉'之前的意大利之旅。他提到了许许多多大大小小的意大利城市,并向世人一一展现了那个时代的大文豪、诗人、发明家、印刷商、藏书家以及科学家,当然也少不了众多的艺术家。在主人翁所到之处,这些杰出人物比比皆是,令他赞叹不已。这个象征巴泰勒米理想且缓缓展开的虚幻旅行正是一次对意大利的访问:'……当时的这个国家,文学繁荣,时刻都在创造新的进步。这些进步是包括这个国家在内不同国家制度以及自然和气候因素相互竞争的产物'。

"作为结束语,他直接道出了诱发他全部想法的现实动机:'从此往后,我们就可以尽情收获有关点亮欧洲之光的所有发现和思想源泉了!'"①

通过虚幻之旅诠释现实的奇迹

"为了不使人们对其作品用意产生任何怀疑,巴泰勒米在结束讲述这一虚构旅行时还不忘说道:

"'为使人们对我想描述的旅行事先产生兴趣,还需补充如下。在这个为荣誉而爆发的激烈竞争中,所有的一切从四面八方汇聚而来,其中就包含了那场著名大革命所孕育的新思想、所有欧洲民族参与的风云运动、所有在我们的脑海里与古代罗马搅在一起的前因后果,以及所有预示着未来的现实。因为,综上所述,利昂九世时代象征着未来的曙光;而此后的17至18世纪从不同民族中涌现的天才人物,都应将荣誉的绝大部分归功于早在两百年前意大利所昭示的一切。'(《回忆录之三:青年阿纳哈尔西斯》)

"巴泰勒米冲出巴黎,于18世纪中期来到意大利——他心目中文明欧洲的所

---

① [希腊]娜希亚·雅克瓦基:《欧洲由希腊走来》中译本,第316—317页,花城出版社,2012年3月。

在地。通过这个徜徉在意大利文艺复兴所创造的奇迹之上的虚构之旅,他时时都在梦想诠释现实中的奇迹。他走进历史,期盼从中找到有关历史进步的真实原因:一道被我们反复论证并被18世纪文人津津乐道的主题——文艺和艺术复兴,似乎在巴泰勒米的思想中渐渐赢得了一个历史进步的时代特征,并且占据了未来将要发生的一切的曙光地位。"①

古希腊从这里开始

"然而,故事讲到这里却峰回路转。巴泰勒米没有沿着灵感和自信所铺垫的道路一路前行,也没有成为一个雅各布·伯克哈德②。如同他所戏言的那样,由于不适合继续讲述他所渴望得到的东西,于是只好求助别的事物来替代先前的抱负。他封存起眼下虚构的旅行,随即作了一个再简单不过的动作,毫无征兆地掉头回到了两千多年前,即从16世纪初的意大利来到了公元前4世纪的希腊,并将越过阿尔卑斯山的那个('未开化的')法国人瞬间演变成了一个来自欧洲边缘、来自亚洲的斯基台人:

"'我琢磨着,虽然与我习惯的工作并无太大关系,但探访一下亚历山大之父菲利普时代的希腊,也许能够给我提供一次机会将希腊历史曾经赐予我们的那些更加有趣的东西一并展现在刻满铭文的土地上。比如说历史从未揭示过的有关科学、艺术、宗教、风俗及道德的无穷细节。我总算捕捉到了这一想法。经过长时间的思考,我于1757年从意大利返回,并开始着手落实我的这一想法'。"③

近代欧洲才是古希腊的模板

"由此可见,创作这样一部小说体的希腊百科全书的灵感由来——它无疑构成了日后'希腊古风'的强烈信号,不是别的,正是文艺复兴运动的意大利,即巴泰勒米所说的欧洲振兴与繁荣的开端。也许,我们再也找不到更好的事例来说明,对于18世纪来说,古希腊代表着近代欧洲成就在古代世界的回映,构成了欧洲增强自信的镜子。

"从这一视角出发并沿其逻辑发展前行,充满激情和力量的希腊之旅,就再也无须凭靠自然及地理上的希腊了,希腊只要存在于彼岸就足够了(和温克尔曼一

---

①[希腊]娜希亚·雅克瓦基:《欧洲由希腊走来》中译本,第317页,花城出版社,2012年3月。

②曾撰写有关文艺复兴的经典著作《意大利的文艺复兴文化》。

③《回忆录之三:青年阿纳哈尔西斯》,[希腊]娜希亚·雅克瓦基:《欧洲由希腊走来》中译本,第318页,花城出版社,2012年3月。

样,巴泰勒米也曾有机会,却从未下决心访问希腊)。此时此刻,所有的灵感均源自现实,源自他所处时代的欧洲。作为近代欧洲历史的中心、地中海南部的意大利,足以担当起传播这一灵感的重任,因为两个国家(两个时代)所书写的历史教程具有鲜明的共性,这就是文明的曙光抑或古今文明的起源。"①

古希腊兴趣与古罗马兴趣在18世纪的融合

"不仅在文明曙光、进步开端以及现代欧洲人的感恩对象上,这两个时代具有一致性;重温巴泰勒米对文艺复兴运动的全景式描述,我们还可以通过以下这段关键性言论重新思考他的整个思想体系:'这些进步是包括这个国家在内不同国家制度以及自然和气候因素相互竞争的产物'。

"让我们从希腊之旅重新回到我们所熟悉的观点'自然和气候'上来,同时着眼于另外一类充满活力的概念表达:城市之间的竞争,在此,它表现为进步的基本前提条件。巴泰勒米将这一观点置于《扬·阿纳哈尔西斯》一书的开头,并在有关希腊历史的序言中对此作了完美的表达。在这里,我们遇到了曾在大卫·休谟那里拜读过的同一基本观点(《艺术和科学的兴起与进步》)。书的结尾是这样写的:'如今的欧洲正是希腊过去的翻版。唯一不同的是,较之这个微型典范,它的规模显得更大了而已'。这一不同独立国家相互竞争及文明进步的内在关联,形成了某种结构庞大、强大有力的诠释模式。它被运用到文艺复兴运动的内部,被贯穿于有识之士对18世纪希腊的分析理解以及对欧洲的今天及不久前的过去的深刻领悟并最终期盼找到它应有的位置。

"在这部广为流传有关古希腊的近代作品背后,却隐藏着短暂却至关重要的意大利历史。无论如何,它对我们充分认识希腊成为时尚标杆的种种方法和途径颇为有用,并且能够启发我们从新的角度并在新的认识指引下细心品读巴泰勒米有关希腊的论述。据我所知,近几十年来,这部巨著还未被系统研究过。从某一特殊角度上看,它还能够帮助我们更好地理解欧洲人的意大利之旅所起的作用;而一旦我们将这一旅行与大旅行传统融会贯通,就会自然产生一种新型关联的必要前提———一种近代意大利历史与古代希腊历史之间,即不同文明兴衰历史之间的内在关联。

"18世纪中期,兴趣的焦点转移到了文艺复兴运动的意大利和古典时期的希

---

① [希腊]娜希亚·雅克瓦基:《欧洲由希腊走来》中译本,第318—319页,花城出版社,2012年3月。

腊身上。在我看来，虽然有所不均，但这样一种兴趣平行、对应及交叉的展示方式，恰好代表了某种新的发现。它的意义大大超过了为重新认识该时期的欧洲意识所进行的研究。不仅如此，它还充分说明了，源自对古代希腊兴趣的术语和源自对意大利文艺复兴兴趣的术语，在18世纪中期开始相互融合；反映在这两方面的历史探索，似乎都是新欧洲主流意识的直接产物——18世纪的欧洲全景图恰好隐藏在16世纪的意大利抑或公元前4世纪的希腊背后。借用时代的流行语来说，在当时，连接'人类精神辉煌时代'的这两根红线，看来才是所有兴趣的焦点，才直接关系到有关寻找时代进步及'欧洲民族'振兴起源的种种质疑。它最终表现为一种艰难曲折的探索：贴近再贴近历史，努力发现一个价值相符并能够诠释今天的过去。让我们再次重温巴泰勒米的那句经典名言吧，'我们就可以尽情收获有关点亮欧洲之光的所有发现和思想源泉了！'"①

"希腊概念"与"欧洲概念"之形成互为因果

"由此可见，就像我们在大量分析中有看到的那样，希腊存在于客观现实中。18世纪中期，它的存在从诸多方面得到了验证。一个人能够站在意大利的土地上轻松地想象希腊及其古代世界并对其尽情描绘。而所有这一切都基于一个现实前提，即这个国家在现代地理意识中的快乐重现。面对巴泰勒米的经典之作，我们有责任指出，尽管这位法国文人在其工作室里根据古代原始素材精心绘制一幅幅古希腊生活的'静态画面'，但在其作品的结尾处，现实中走来的希腊同样显得精彩纷呈；而生动、准确地描述希腊城镇及地域，亦构成了该作品的显著优点之一。

"《阿纳哈尔西斯》一书对希腊地理的真实展现，不仅仅局限于叙事部分；根据实地考察得出的最新准确信息——由巴比·迪·博卡（Barbié du Bocage）专门绘制的一批历史地图，也作为附录同时发表。

"注：……18世纪，尤其是法国的古代希腊地图绘制传统，从一个侧面证实了各种活动的相互作用，对最终将希腊这个国家导入科学知识范畴及重塑欧洲系统起到了积极作用。无论怎样，这一发展与实地描述及测绘有着密切关系。在此，我们将不再探讨绘图或地理发展这样一个专门技术问题（这一发展的节奏与历史地图绘制是协调一致的），而只想强调一点：地图家唐维尔不愧为希腊地图绘制的杰出代表人物……

---

① [希腊]娜希亚·雅克瓦基：《欧洲由希腊走来》中译本，第319—320页，花城出版社，2012年3月。

"总而言之,类似巴泰勒米专门研究古代希腊的图书,它的诞生是离不开希腊之旅所积淀的新知养分的;换个角度讲,该书呈现的古代国家及地域画面,又反过来帮助人们更全面地认识了希腊的地域现状。

"作为新的古代希腊及现代世界的一部分,旅行在展示该国的物质存在上起到了关键作用。希腊的现实状况,无论是对废墟的描述和考证,还是地形、人居、自然风貌和人口状况,都一目了然地呈现在我们面前。这个地域所持有的'希腊性',成了认识上的主要特征和方式,构成了它在奥斯曼帝国统治区域内独立存在及运作的鲜明表象。诚然,实地考察和描述带来的不仅仅是对希腊含义的新知,它们还将一个真实、普通的希腊引入18世纪欧洲想象世界的视野中。在公众的心目中,希腊早已是一个存在中的国家。它是一个古代国家,同时也是一个新兴的古代国家。希腊愈加清晰地向世人表明,它是一个与欧洲关系愈加密切的国家。从意大利转向希腊——这一转向因地域相邻而十分便捷,一方面表现出地理位置的相近,同时也预示着文化及历史的相通。大量信息潮水般涌来,其中包括了实地考证的信息以及古近代文学史料的信息;所有这一切被结集出版,共同展现出这个现实中的古代国家的崭新风貌。我们亲眼看到,这个国家如何通过雅典被重塑——准确地讲是建立,又如何从占领它的帝国版图中脱颖而出,从而牢固地与它从属的大陆联系在一起;而所有这一切都归功于同一时期形成的新的欧洲大陆的统一意识。"①

8.八重虚构——乌托人物汤普森及其作品:"东方之旅"收官之作

1744年"东方之旅"收官之作"汤普森绅士及其作品",原来是由18世纪欧洲出版商伪造出来的。

"18世纪中期,也就是在有关雅典不朽建筑的一系列图书问世之前,重现希腊的方方面面,似乎都已告一段落。查尔斯·汤普森(Charles Thompson,1744)的游记作品为此作了总结性发言。当然,这主要并不是因为此书成功发行,而是它体现的特殊性;正是这一特殊性才使得这部作品成为某一阶段的收官之作。这实际上是一部虚构作品,准确地说是一个抄袭。这里的旅行者——作者极有可能是一个虚构人物——出版商的发明创造,其目的是为他随之将要发行的另一部游记作品

---

① [希腊]娜希亚·雅克瓦基:《欧洲由希腊走来》中译本,第320—322页,花城出版社,2012年3月。

奠定可信度。"①

确定希腊国家疆域的范围

"这部作品共三部,其中也提到了希腊。第一部恰巧讲述了三个欧洲国家:法国、意大利以及欧洲的土耳其(其中还有马耳他,但只用了简短篇幅)。而其中欧洲境内的土耳其(Turkey in Europe)肯定包含了希腊;当然,这里明显指的是以雅典为中心的希腊。……

"在第一部中,作者在整体叙述线条上承前启后,将上述三个国家的三座城市分别置于相关章节的中心位置,并以同样篇幅分别对这三座城市作了重点描述:巴黎、罗马和雅典。毋庸讳言,在作者看来,只有第一座城市可以算是真正意义上的国家首都。尽管如此,按照我们对这种新型城市运作方式的逻辑理解,这三座城市都被当成了相关国家的缩影和代表——首都。……在有关居民问题上,汤普森没有直接对他同时代的希腊人下结论,而是通过雅典人的案例,选择了更复杂的解决方案。他以'速写雅典古代居民'结束了他的展示,'而这一速写却在诸多特征上都与新希腊人的特征背道而驰',也就是说他讲述的是古希腊人,而不是新希腊人。

"……在如何看待希腊人问题上,也许汤普森别有用心,他并没有采用适合解决其他典型欧洲国家问题的同样方法,却对此略加改动,从而强化了希腊以某种特殊方式成为自治国家的画面。而最让我们感兴趣的是,在谈到土耳其人及其统治方式和宗教习俗时,汤普森将相关角色全部都归到了君士坦丁堡的名下。正是以这样方式,他从地理角度将土耳其人和希腊人明确区分开来,而这个区分正是取决于两座截然不同的城市。在此,雅典再次呈现为某种意义上的首都——就像在斯蓬那里发生的那样,尽管'首都'一字未提,却具有首都的应有功能。

"我们看到,在雅典周围形成了一个广泛区域。这个区域的希腊身份不仅借助历史回顾或古代遗产而被证实,而且也得到了广大基督教—希腊居民的认同。在汤普森的作品中,图内福尔的岛屿之旅(他的写作素材主要取自克里特以及爱琴海上的基克拉林群岛,比如克里特、米洛斯、西弗诺斯、拿克索斯、帕洛斯、安提帕罗斯、蒂罗斯、西罗斯以及克斯诺斯),与斯蓬及维勒的陆地之旅(主要指艾莱夫西纳、迈嘎拉、科林斯、里瓦蒂阿、德尔斐和忒邦)达到了完美结合,被精心打造成为

---

① [希腊]娜希亚·雅克瓦基:《欧洲由希腊走来》中译本,第283页,花城出版社,2012年3月。

统一的整体,而有关陆地之旅的资料主要取自维勒。

"我们目睹了重塑希腊的两个主要特征:一方面作为欧洲国家,另一方面作为以雅典为核心的国家。而汤普森的'欧洲的土耳其',虽然并未与希腊合为一体,却无疑隐含着希腊、这个或多或少能够与法国或意大利相提并论的自在国家。"①

雅典形象基本定型:出尽风头

"在汤普森的作品中,雅典的相貌特征都已得到基本完善。首先,最明显的就是我们早在 17 世纪 70 年代描述中就已见到的某种看法。根据这一看法,雅典这座城市在面积和现状上都令人刮目相看,至少相对以往传闻中那个微不足道的雅典而言。比如,提到它的面积,汤普森补充说:'这不像某些人说的那样,是一个无关紧要的地方。'至于古代遗址,他从一开始就采用了'卫城'一词,从而替代了原有的'城堡';在他的心目中,卫城无愧是这座城市的最古老的部分……他不惜笔墨,用了大量篇幅来描绘雅典的古代遗址。

"此外,在汤普森看来,基督教的雅典也并非与生俱来的。为此,他小心翼翼地提起了使徒创立雅典教会的往事:'基督教首先是通过保罗的宣讲而进入这座城市的,这样的判断也许并非错误。'由此一来,这座古典城市也就盖过了古代基督教城市的风头。"②

第五节 古希腊民主的起源
——18 世纪中期开始的"托古建制"

虚构名著:《查尔斯·汤普森绅士的旅行:他对法国、意大利、欧洲的土耳其、圣地、阿拉伯、埃及以及其他地方的考察……》,以虚构名著为依据,进一步虚构新的作品,重重无尽……依此来进行"托古建制"。

"托古建制"集大成:雅典是国际大学堂,传授自由和民主

古希腊民主托古建制的集大成者,还是这位虚构人物——汤普森。"汤普森还用了长达 15 页的篇幅全面总结了自创建之日起到迄今为止的雅典的历史。而这样的细心的铺垫,完全是为了勾勒古代雅典居民的特征——对自由的热爱是他们

---

① [希腊]娜希亚·雅克瓦基:《欧洲由希腊走来》中译本,第 283—286 页,花城出版社,2012 年 3 月。
② [希腊]娜希亚·雅克瓦基:《欧洲由希腊走来》中译本,第 286 页,花城出版社,2012 年 3 月。

的最大渴望，而民主政治则是最受公众爱戴的统治形式。

"在结束对雅典的描述前，汤普森没有忘记以其独特的表述方式总体评价了雅典以及它对世界历史以及当代世界的意义：'简而言之，在某种意义上，雅典就是一座国际大学堂，甚至罗马都应将其艺术和学问归功于它。时至今日，它所传授的课程依然培养着我们的品位，为我们的头脑不断注入大无畏的高尚情操。'"①

古代的雅典培养了现代的欧洲

"多么熟悉和亲切的描述：雅典的世界使命（世界作用），随之而来的是罗马与雅典的收益关系，最后是雅典对新欧洲人的影响（'我们的品位'、'我们的头脑'）。

"在雅典与罗马的关系上，汤普森为以往的习惯性表达又增添了一丝新意。他引用了一句贺拉斯②的格言，并同时用拉丁文和英文两种文字来形容罗马对雅典的精神负债，'被占领的希腊征服了野蛮的占领者，将艺术传授给了刀耕火种的拉丁民族'。我想，这句名言也许是第一次被用于游记作品吧。

"然而，我们又不得不强调，这里又一次出现了主观臆想。甚至对于这样一位有节制的作者而言——的确，这位英国出版商的作品风格纯朴、信息充实、丝毫不追求感动或抒情效应，他在描述雅典时也无法完全摆脱个人道德意识的纠缠。在此，'雅典与我们'演变成了表现方法上的内容特征。通过这一方法，欧洲的观察家被巧妙地置于了雅典这座活着的古城对面。在这里，雅典被誉为世界的学堂，它所传授的课程（艺术、教育及情感）培养并造就了今天的欧洲人。正是在这样一些新鲜词汇背后，隐约露出了某种与曾经将新词'文明'推向前台的必要努力相似的东西。

"可是，在18世纪中期，汤普森有关雅典意义的道德结论，却增添了某种新的成分。这一新的成分并不能说明它在以往我们审视的作品中从未出现过，而是它反映了作者所处时代的某些新忧虑。那么，汤普森想要补充说明什么呢？

"'我仅想补充说，雅典人的特征，即对自由的眷恋，似乎时常将他们引入恣情纵欲。他们的伟大优点往往与他们的明显缺点混为一团。此类东西，当然是源自某种嫉妒膨胀和情绪骚动的心态，源自某种反复无常、波动剧烈的性情'。

"于是，对雅典人的颂扬，就这样转换成了对雅典历史及其相关政治内涵，即

---

①《查尔斯·汤普森绅士的旅行：他对法国、意大利、欧洲的土耳其、圣地、阿拉伯、埃及以及其他地方的考察》，A卷，第349页；转引自[希腊]娜希亚·雅克瓦基：《欧洲由希腊走来》中译本，第286—287页，花城出版社，2012年3月。

②古罗马抒情诗人。

对自由的执拗和倔强所持的保留态度。针对过度欲望和绝对自由所酝酿的危险，雅典似乎在向世人敲响警钟。一个巨大的问题——'政治及民主的雅典'，就这样小心翼翼地摆在了人们面前。的确，先前对雅典的重要定义，还从未涉及历史上的这一面。有种观点认为，雅典赢得的新威望得益于某种均衡；乍一听来，这种观点似乎没错：只要雅典藏而不露，不去承担世界使命，那么，就没有必要调动千军万马来抗衡雅典对自由的狂热。然而，在18世纪中期，自由及执政方式早已成为热门话题。在此，我们无法详细分析与雅典有关的这一新政治思想的敏感话题。但是，我们需要认识到，如同汤普森所强调的那样，有意并间接拉大与雅典所代表的政治理念的距离，并不是某种创新行为或新生事物。雅典的政治生活，作为'动荡'的同义词，在历史上早就臭名昭著。从古代时期（公元前5世纪后期）到18世纪，一种冠冕堂皇的政治传统始终占据着统治地位。这一传统尤其敌视雅典民主，编造出民主始于忒修斯的谬论，进而完全抹杀了它的政治意义。"①

欧美各国的"托古建制"

"最后，学者们经世致用的精神，给后人树立了良好的榜样。当时出版的几乎所有著作，都在自己的序言中宣称，希腊和罗马的历史具有重要的鉴戒价值，古代共和国的衰亡，则成为近代英国和法国应当警戒的镜子。吉本的《罗马帝国衰亡史》，不过是最受欢迎和引人瞩目的'衰亡史'罢了。其中的不少著作，例如罗林等人的著述，曾经受到美国建国一代的高度重视。麦迪逊、亚当斯和汉密尔顿等人，无论是在制宪会议上，还是在后来批准宪法的过程中，都广泛参照过古代历史。法国革命中的不少革命家，也都熟知并在实际政治中运用古代历史的知识。英国的思想家们，从17世纪初的国王詹姆斯一世到18世纪末的激进派如威廉·葛德文等，无论是支持共和政体，还是为当时英国的制度辩护，也都不同程度地搬用古代历史。18世纪对希腊民主与共和政治的关注，罗马史中的共和国史，特别是共和国向帝国过渡的历史的一枝独秀，深刻地反映了欧洲人的历史兴趣。在这个意义上，18世纪乃是古代历史研究对实际政治产生最直接影响的时代。"②

从19世纪开始，古代雅典政体成为西方民主传统之基础

"汤普森有关雅典政治缺陷的提示，给了我们一次机会来证实18世纪所传承的雅典到底是怎样。如同汤普森所说，雅典是一所世界的学堂，即一个拥有精神力

---

①[希腊]娜希亚·雅克瓦基：《欧洲由希腊走来》中译本，第286—288页，花城出版社，2012年3月。

②晏绍祥：《古典历史研究史》上册，第73页，北京大学出版社，2013年11月第1版。

量和艺术完美的雅典。

"然而,从某一方面讲,欧洲人所高谈阔论的雅典公民自由,实际上构成了这座城市鲜明的积极特征;与此密切相关的,则是它的精神及艺术成就,甚至连气候(雅典的海风)都成了解释其古代辉煌的原因。可是,一谈到它的政治体制结构,原有的热情顿时就荡然无存了。当然,我们也应当从中看到,作为一个问题,雅典的政治意义开始引起欧洲人的关注和思考。尽管如此,雅典民主并未构成18世纪现代欧洲的政体典范;而古代雅典的政治内涵也没有在这个世纪里,起码在该世纪最后20年间的欧洲与雅典的关系发展中占据主导地位。

"我们是如何走进19世纪爱好自由的雅典的?也就是说,古代雅典政体是如何为新的民主传统打下基础的?对于新的历史写作发展以及新的政治思想进程来说,这无疑构成了一个巨大的研究课题。如今,在某些方面,这一课题似乎已有所澄清。对于现代人来说,尤其在美国及法国革命之后,雅典民主成了一个主要来自革命对立面的研究对象。在大革命后的欧洲所形成的新的历史及政治坐标中,民主的雅典也不可避免地卷入了这场政治博弈。作为民主的诞生地,雅典被适时推出,这充分证实了它在当时迎合了占主导地位的自由主义思想,同时也符合新编古希腊历史的成熟发展。"①

19世纪新造古希腊历史的代表作

"在此方面,乔治·格雷特②以及维克多·杜鲁伊③无愧是这座古希腊城市新编历史传统的开山鼻祖。而重新认识雅典的权威性,正是源自他们所树立的历史写作的可信度。

"很久以后我们才确信,随着雅典被誉为民主的摇篮,与雅典的新的内在关联开始得到深化和完善。我们还确信,后来有关这座城市的历史写作大都围绕它的政治制度演变而展开;尽管如此,我们仍要表明,虽然我们没有意识到,但这一内在关联具有广泛的前提。如同维塔尔—纳凯以及劳莱克斯在1979年就已经明确指出的那样,只要对此问题略作修正,我们就能够摸清自18世纪中期起的运行轨迹,以及这一轨迹如何将我们引向19世纪中期的事物发展,即格罗特(或杜鲁伊)

---

①[希腊]娜希亚·雅克瓦基:《欧洲由希腊走来》中译本,第288—290页,花城出版社,2012年3月。

②George Grote:《希腊历史》,伦敦,1846—1856。

③Victor Duruy:《古希腊历史》,巴黎,1851。

的雅典。①在此之后,我们就可以大胆求证雅典在 1789 年之前作为现代—城市象征的内在因素抑或它与一个进步历史的内在关联——据我所知,这是一段颇具争议却丰富多产的历史,只不过还未结出应有的硕果。"②

以假充真,欧洲的研究者对如实描述或定论深感为难,都不愿挑明 18 世纪雅典及其政治讨论背后的动机

"有关启蒙运动在政治倾向上的思想表现,斯巴达是一个关键因素并占据了首要地位;而在热衷简短表达的卢梭或马布利(Mably)那里,雅典却与其没有丝毫相似之处。年轻的杜尔哥(Turgot)在该世纪中期尝试用新式语言赞颂雅典,但他也明确表示了对雅典民主政体的厌恶。而基特罗米里蒂斯则在他的一篇研究文章中,从政治思想历史的角度出发,承认了古代传统势力的根深蒂固——'一种始终以敌视的目光看待民主的传统';而在提及近代时,他则提出了一种新的形态或模式。借助这一形态,他试图将雅典纳入新的政治思想的历史轨迹中,而做出这一设想的前提,就是雅典民主思想在 17 世纪英国政治空想主义环境中尤其是在该时代激进思想中抬头(约翰·弥尔顿以及詹姆斯·哈林顿),再就是雅典的民主思想开始进入时代的政治议题以及孟德斯鸠的著作里。③相反,丹麦学者摩尔根·赫尔曼·汉森(Mogens Herman Hansen)在他撰写的《雅典民主的传统,1750—1900》一文中④,则建议将 1750 年确定为雅典自由思想被积极引入新政治观念的年份,同时也是废除西方世界从 1250 年至 1750 年所沿袭的古代传统敌视雅典民主的年份;所不同的是,这里的主角换成了温克尔曼,而不再是那些法国的哲学家⑤。根据上述论述,也许可以得出这样一个结论,相关讨论似乎故意都是敞开式的,而所有的研究也似乎对如实描述或定论深感为难,都不愿去主动挑明 18 世纪那场困扰雅典及其政治的讨论背后到底隐藏了哪些因素和动机。"⑥

百年雅典游记的收官之作:1776 年钱德勒《希腊之旅》发表

"倘若说夏尔蒙的证实造成一种希腊之旅告一段落的印象,那么,里德泽尔对

---

① 维塔尔-纳凯 & 尼克·劳莱克斯:《雅典市民阶层的形成:史学评论 1750—1850》,选自《希腊民主》,巴黎,1990 年。
② [希腊]娜希亚·雅克瓦基:《欧洲由希腊走来》中译本,第 290 页,花城出版社,2012 年 3 月。
③ 参阅基特罗米里蒂斯的《后古典时期作为政治理想的雅典民主典范》,选自《民主与古典教育》,雅典——文化首都展(国家考古博物馆,1985,6,21-10,20)目录第 15—26 页。
④ 选自期刊《希腊与罗马》第 39 卷,第 1 期,1992 年 4 月,第 14—30 页。
⑤ 选自期刊《希腊与罗马》第 39 卷,第 1 期,1992 年 4 月,第 19 页。
⑥ [希腊]娜希亚·雅克瓦基:《欧洲由希腊走来》中译本,第 289 页,花城出版社,2012 年 3 月。

雅典的描述,则证据确凿地加深了这一印象。然而,不管上述文字是何时写下的,夏尔蒙却有幸读到另一部描述希腊的重要游记作品。这就是理查德·钱德勒于1776年发表的《希腊之旅》,它较里德泽尔的作品晚出版了几年。当时,夏尔蒙正出任爱艺社委员会主席,在此之前他已委派钱德勒前往希腊和爱奥尼亚。如此一来,我们就可以通过这一出版物更准确地判断第一波旅行终结的时间。或许在这位终结者身上,完美且综合体现了文物收藏家与艺术爱好者的不同优点,即希腊之旅在其艰苦起步时孕育出的两种截然相反的流派。

"钱德勒有关希腊的作品,可以被视为由雅各布·斯蓬'以收藏文物为动机'所开创的第一波希腊之旅收获期的终结。斯蓬有关希腊的作品发表于1676年,较钱德勒的作品整整早了100年。从17世纪70年代到18世纪70年代,从斯蓬开创某个传统的作品到钱德勒的这一传统的代表性作品,我们看到了一条发展轨迹的全过程,目睹了欧洲人在与希腊地域自觉建立系统关系的第一个世纪里所从事的所有工作的缩影。

"还是先说点简单的吧:《希腊之旅》是当时第一部也是唯一一部专门论述希腊的作品。正像早已被近代欧洲旅行所肯定的那样,它是一部真正意义上的完整独立的经典希腊地域指南:雅典、德尔斐、帕尔那索斯、科林斯、麦锡尼、帕特雷、基克拉林群岛,还有新近发现的奥林匹亚。当然,正如人们所料,其中的主干线是雅典地区。"①

有偿受聘的旅行家兼作家:重赏之下,何愁"学者"

"钱德勒的作品算不上创新,它的价值并不体现在通过旅行对新地区的发现上(对奥林匹亚的踏访或许令人扫兴,后来的考古挖掘才提升了它的名气);也就是说,它的影响并非源自它对地域及其历史的创新眼光。钱德勒作品的最大优点,体现在一个旅行家兼作家的全面性和职业性上(的确,钱德勒应该算是第一个有偿受聘的旅行家兼作家。早在牛津读书时,他就在接受访问希腊任务之前出版了一本关于牛津大学阿伦德尔文物收藏的作品《古代大理石》)。尤其值得注意的是,这部作品是在充分履行协议、获得了任务规定的所有资料基础上创作完成的,而该任务的主要内容就是实地研究爱奥尼亚地区的古代遗址(如同我们所见,这部作品构成了斯图尔特及里维特的雅典古代遗址研究的后续),并最终出版一本大开本图册《爱奥尼亚的古代遗址》——其中的第一卷仍然是有关希腊本土的。

---

① [希腊]娜希亚·雅克瓦基:《欧洲由希腊走来》中译本,第347页,花城出版社,2012年3月。

"钱德勒非常善于摘录和引用。这无疑构成了他在描述上的一大长处;然而,这却是一种新型的旁征博引:一项非常懂得发挥图书目录价值的综合工作。他与安坐在办公室简单修补或缝合文章的编辑完全不同;恰恰相反,他以现场目击者的严格和挑剔在他的作品中仔细综合前人的信息资料和表述。在钱德勒的创作中,你甚至可以看到,就在他所引用的帕夫萨尼阿斯言论旁即古代旅行者身旁,近代旅行家轻易就靠了上去并找到了合适位置,而首当其冲且表现最佳的正是维勒(换句话说,就是斯蓬作品的英文版)。

"钱德勒对早期近代旅行家的求助具有双重含义:一方面它最大限度地满足了对已有信息的整体性需求,另一方面明示了整个前期工作的集体性特征以及希腊之旅打造的传统真实性。钱德勒的作品推高了原有水平。他以批评的眼光将先前的描述融会贯通,同时力求在全面性和整体性上超越前者:在很多事例中,他以自己的实地观察及全新信息补充说明了帕夫萨尼阿斯的不足,并且始终不忘突出自己的这一独特优势。"①

法国大使出面——百余年"发现雅典"过程一直有法国官方的影子

"在接下来的十年间,雅典之旅在其发展中又显现出了新的特征。18世纪80年代,舒瓦瑟尔—古菲耶(Choiseul-Gouffier)创作了一部在多重意义上十分重要的插图作品《希腊如画之旅》。从当时这部声名鹊起的作品所表现的希腊奇遇中,我们只想采撷一个极其微小却不可忽视的细节——此人与雅典的关系。1784年,古菲耶以法国驻君士坦丁堡大使的特殊身份在一个精干科学小组的陪同下再次前往东方。在他以官方身份前往君士坦丁堡递交国书并正式起马上任之前,这位新大使心血来潮,决定在雅典停留几日,再好好看看这座城市。在此,值得仔细揣摩一番一个欧洲国家的大使在雅典正式停留的瞬间。作为一个普通旅行者,他曾经访问过这座城市——当然,这样一次停留说明不了什么问题,而此次停留则意义深刻。在对待这个奥斯曼统治区域的态度上,它让人明显感觉到西方人在方法上的极大转变,以及该区域被赋予的显著地位——至少从正在静候大使驾到的君士坦丁堡的角度或从奥斯曼帝国统治下的这座欧洲省份其貌不扬的城市角度上看,上述变化都是始料不及的。法国大使及其大批随从在雅典的逗留,也许与他心中涉及希腊及其古代遗产的新的系统研究计划有关。无论如何,仅就此行的官方

---

① [希腊]娜希亚·雅克瓦基:《欧洲由希腊走来》中译本,第347—348页,花城出版社,2012年3月。

性而言,也算得上说是一次变革了。从象征意义上讲,这一瞬间标志着雅典成为世俗朝圣地的起点,预示了雅典旅行稳步发展的广阔前景。"①

《向卫城祈祷》,雅典——新的朝圣地

"四年之后,我们又捕捉到了一个新的证据。它丝毫不让人怀疑此次访问该城的新意。而这一回轮到了一个无关紧要的英国人托马斯·沃特金斯(Thomas Watkins)。此人于1788年抵达比雷埃夫斯港。正像他后来表述的那样,他一走出船舱,就立刻弯腰亲吻了这块土地②。欧洲人与雅典的新一轮关系由此展开,它随即将我们引向夏多布里昂③和拜伦,并最终在其迅猛发展中诞生了欧内斯特·勒南(Emest Renan)的名篇《向卫城祈祷》。总之,新的一轮雅典之旅卷入了无数知名和无闻的文明朝圣者。"④

一切都不是自然而然的——发现雅典是撬动欧洲崛起的杠杆

"我们将不再追踪这新一轮的旅行足迹——毫无疑问,它的迅猛发展包含了雅典这一希腊民族革命缔造的新的欧洲国家的首都。假如我们能够在其形成中辨认某种成熟浪漫主义的痕迹,或在其组成因素中悟到某个强大的欧洲中心思想,那么,将建都于雅典视为里程碑的意义,也就只好退居次要了。

"千真万确的是,雅典与欧洲的内在关系早已打造得坚如磐石。毫无疑问,在接下来的时间里、即从18世纪80年代至1821年希腊革命前夕,希腊旅行得到了前所未有的发展,且被称为旅行的巅峰。旅行产生的变化,以及欧洲旅行家观察条件上的变化,进一步引发了其他范畴的变化,而这些才是我们审视的对象。在政治范畴上,随着法国大革命及各类战争的爆发——俄土战争或拿破仑战争,一阵阵狂风骤雨正在狂扫欧洲的每一个角落。

"从本书研究范围角度看,最为重要的是1670年起所发生的一切;而从对希腊国家的认识看,成群结队前往希腊旅行的欧洲人和各式各样的政治及军事冲突,对此做出了最好的诠释。对于欧洲来说(从巴黎、伦敦、柏林乃至彼得堡),在仍

---

①[希腊]娜希亚·雅克瓦基:《欧洲由希腊走来》中译本,第348—349页,花城出版社,2012年3月。

②托马斯·沃特金斯:《旅行穿越瑞士、意大利、西西里、希腊诸岛直至君士坦丁堡》,选自沃特金斯书信集(1787、1788及1789),两卷本,伦敦,1792年,第280页。

③Chateaubriand,1768—1848,法国作家及政治家。——译者

④[希腊]娜希亚·雅克瓦基:《欧洲由希腊走来》中译本,第349—350页,花城出版社,2012年3月。

处在亚洲统治下的欧洲东南端,希腊国家、希腊大地已经尽显尊荣。如今,我们所有人都明白了这样一个简单道理,即这里所发生的一切都不是自然而然的;它的确浸透了历史,而'发现'雅典正是撬动历史性崛起的杠杆。"①

雅典成了一座人类所有一切始发的城市

"早在百年之前,默默无闻的雅典,就已作为一个充满活力且不可小觑的城市闯入了欧洲人的眼帘。从那时起,人们就赋予了它文明世界价值的象征城市的桂冠。正是这座城市,向全世界奉献了文明史上第一场宏伟壮观并时常被认为是不可超越的大戏。于是,类似诞生地和典范的赞美之词不绝于耳,雅典俨然成了一座所有一切始发的城市,一个所有一切全力效仿的理想典范。"②

第六节　18世纪20年代大批伪希腊铭文出世

大批所谓希腊铭文是如何出笼的

"18世纪20年代刚过,仅仅为了收集手稿的目的,法国宫廷就向奥斯曼帝国随意派遣了两位古典文献学院委员——西维因教士(Abbé Sevin)和富尔蒙教士(Abbé Fourmont)。其中只有后者实现了希腊之行(先后过到雅典、伯罗奔尼撒和一些岛屿)。在上述地方,富尔蒙教士打破手稿收集的传统界限,全身心地投入到文物的收藏研究之中。之后,他回到巴黎(随身携带的行李中装满了近三千册誊写的铭文),随即(1731年4月3日)就向学院汇报了研究结果,还在院刊纪要上发表了《富尔蒙教士受国王之命于1729年至1730年间在雷旺达所写游记的简要汇报》(注)。他在文中写道:如今的雅典'比当年斯蓬和维勒先生去的时候显得更加庞大,人居也更密集',看上去'就像是一座取之不尽、刻满铭文的大理石矿'。"③

这位法国富尔蒙教士作为一个外国人,到了土耳其统治下的"欧洲土耳其"(希腊在当时的名称),在短暂的旅行中,一次誊写所得就是三千册铭文。

别人去了为何见不到那些石刻铭文呢?富尔蒙教士说他将一些铭文亲手毁

---

① [希腊]娜希亚·雅克瓦基:《欧洲由希腊走来》中译本,第350—351页,花城出版社,2012年3月。

② [希腊]娜希亚·雅克瓦基:《欧洲由希腊走来》中译本,第350—351页,花城出版社,2012年3月。

③ 转引自[希腊]娜希亚·雅克瓦基:《欧洲由希腊走来》中译本,第274页,花城出版社,2012年3月。

坏了。①

此事还有见证人，就是富尔蒙教士的侄子，即此次旅行的旅伴，名叫克洛德－路易·富尔蒙。

富尔蒙教士的这位侄子这样评价他叔叔的作品："我敢保证，从文学复兴起，整个欧洲还从未产生过这样内容丰富的有趣的集锦……"②

如此评价，整个欧洲以此为最！

誊写铭文来自石刻，石刻的规模不啻一座大理石矿，有法国人誊写回来一小部分，就是三千册，那铭文的原刻石呢？誊写者见过吗？说是见过，誊写者还亲手毁坏部分铭文。原刻石被毁坏了，其他人自然无从核对，只能相信他是真的。

富尔蒙教士的"行为足以证实，18世纪上半叶出现的对希腊国家现状的研究，已经酿成风气，并且使得大批文人墨客为之铤而走险，或不惜名誉，或刚愎自用。"③

肆无忌惮、大张旗鼓地造伪古希腊运动由此可见一斑。

另一种铭文："有口皆碑"——鲜活的铭文

"图内福尔对恢复地域的希腊身份所做的贡献，体现在他将早在东方之旅中就已闻名遐迩的岛屿纳入了这个新国家的版图，集中表现了这些岛屿的古代历史、地形、遗址及其现状。通过他的不懈努力，对希腊地域的系统探索，又在自然历史或博物学方面得到了深入挖掘。在此，还是原有的那些古代史料④，按照与发现及确认古代遗址相类似的方式被充分利用来研究植物群以及获取有关古人的信息。所不同的是，古代与现代世界的内在关联，这一回是通过大自然而得到验证的。

"当然，手段还不仅于此。图内福尔没有以考证铭文为手段。取而代之的是，在植物比对和鉴别中，他更多地依赖由他一一确认的、至今仍流传于当地居民口中的植物名称。对于这位法国植物学家来讲，希腊人和他们的语言就是一部鲜活的铭文，一种对文物收藏权威所做出的轻松解释，一种源自信息检验及日常口语新价值评估的具体体现：我端详着这些贫穷希腊人的脑袋，它们仿佛就是鲜活的铭

---

① [希腊]娜希亚·雅克瓦基：《欧洲由希腊走来》中译本，第275页，花城出版社，2012年3月。

② 转引自[希腊]娜希亚·雅克瓦基：《欧洲由希腊走来》中译本，第275页，花城出版社，2012年3月。

③ [希腊]娜希亚·雅克瓦基：《欧洲由希腊走来》中译本，第276页，花城出版社，2012年3月。

④ 这回轮到塞奥弗拉斯多斯和狄奥斯库里蒂斯发言了。（前者是公元前3世纪的希腊哲学家及亚里士多德的继承人；后者是公元前4世纪的希腊历史学家。）

文。这些铭文世代流传,一直沿用至今,将所有那些塞奥弗拉斯多斯和狄奥斯库里蒂斯曾经提到过的名称传承给我们。虽然它们也会变异,却肯定比那些坚硬的大理石更经久耐用。因为,它们每天都在更新,而那些大理石终将毁灭。因此,这种活的铭文,将珍藏起那些植物的名称并将它们流传百世。想当初,那些生活在睿智且幸福年代里的希腊伟人,是多么熟知这些名称啊。正是通过这种方式,我们学会了日常口语中的约500个名称。鉴于这些口传名称与古代名称的内在关系,它们在比对和确认最早由植物学家起名的植物中时常起到至关重要的作用。"①

第七节 雅典帕特农神庙之来历

雅典卫城中的帕特农神庙作为古希腊最为经典的古建筑杰作闻名遐迩。然而,孰知该庙宇本来只是一座奥斯曼的无名神庙,我们今天所见到的帕特农神庙实际上是19世纪末、20世纪初的新建筑。

雅典卫城是一座普通的古城堡

著名的雅典卫城"实际上到1831年,它才不再被当作堡垒使用,3年后,希腊国王奥托(Otho)坐在帕特农神庙的一个饰有橄榄枝、爱神木和桂枝的宝座上,正式为卫城的重建举行了开工典礼。"②

千年之后基里阿库斯,将"雅典城堡"改称为"卫城"。

"被后人公认为早期(西方)到过古希腊城市,尤其是雅典城邦的第一人,正是安柯纳人基里阿库斯。这位伟大的先行者,也是在千年之后'第一个挺身而出将雅典城堡改称为卫城的拉丁语作家,并使得该词在拉丁语文学中首次得到正式采用'。在此需要补充的是,'城堡'一词(castrum)依旧存在于欧洲近代语言中,直至17世纪,它才在旅行家们的高谈阔论中被雅典卫城完全替代。"③

"基里阿库斯(1391—1452),一位在雷旺达地区从事贸易活动的商贾后代,他自幼经商,闲时酷爱文物收藏,收集了不少意大利的珍贵文物。……1436年和1444年,基里阿库斯曾两次短暂停留雅典。当时,佛罗伦萨人正统治这座城市。于

---

① [希腊]娜希亚·雅克瓦基:《欧洲由希腊走来》中译本,第277页,花城出版社,2012年3月。
② [英]保罗·卡特里奇:《剑桥插图古希腊史》中译本,第254页,山东画报出版社,2005年2月第1版。
③ [希腊]娜希亚·雅克瓦基:《欧洲由希腊走来》中译本,第99页,花城出版社,2012年3月。

是,他被盛情邀请下榻于政府所在地的城堡中。"①

雅典卫城的所谓帕特农神庙,本来名称是米纳瓦庙

在18世纪中期一部伪书——托名汤普森的游记作品中,"汤普森补充说:'这不像某些人说的那样,是一个无关紧要的地方。'至于古代遗址,他从一开始就采用了卫城一词,从而替代了原有的城堡;在他心目中,卫城无愧是这座城市的最古老部分;在其中的一个脚注中,他还在原有的旧名称米纳瓦庙旁注明了希腊名称巴台农(帕特农)。"②

黑格尔的名言:"密涅发的猫头鹰要等黄昏到来,才起会飞。"③

"密涅发"是"米纳瓦"的另一译法。

在17世纪70年代前的古代传说中,帕特农神庙并不存在,帕特农神庙遗址是透过新游记作品而进入西方视线的。④

帕特农神庙由哈德良改建说

"在并未到过雅典的情况下,凯吕斯伯爵于1749年坚定地认为,忒修斯神殿⑤是现有古代建筑中的最高典范。它不仅远胜于西西里的神殿(他认为这些神殿代表了'希腊建筑最高形式的简洁'),甚至超越了巴台农(帕特农)神庙。得出这样的结论,主要是因为他听信了斯蓬有关巴台农(帕特农)神庙是由哈德良改建的讲法,⑥而不是因为它在最近一次轰炸中遭到了严重损毁。凯吕斯的证词具有两个兴趣点,它一方面表明了雅典的古代遗址由于误导而在欧洲艺术爱好者中占据的地位,另一方面则对巴台农(帕特农)神庙在轰炸之后的确切遭遇提出了质疑。"⑦

现存帕特农神庙多次重建

所谓雅典娜神庙,在土耳其人统治之前是一座基督教堂。"在长达三个世纪的漫长岁月里,雅典曾经沦为受教皇司法保护的西方领地(法兰西人、加泰隆人和佛罗伦萨人),而巴台农(帕特农)神庙则被改变成为因珍藏圣骨而闻名于世的舍廷

---

① [希腊]娜希亚·雅克瓦基:《欧洲由希腊走来》中译本,第99—100页,花城出版社,2012年3月。
② 尽管出现了拼写错误——注:"巴台农"一词的拼写错误同样出现在狄德罗的《大百科全书》有关雅典的词条中,第3卷,巴黎,1781年再版本。[希腊]娜希亚·雅克瓦基:《欧洲由希腊走来》中译本,第286页,花城出版社,2012年3月。
③ 见黑格尔:《法哲学原理》中译本,第13—14页,商务印书馆,1961年版。
④ 参见上节:"百年游历、八重虚构"相关内容。
⑤ 又称火神殿,建于公元前450—前440年,多立克风格。
⑥ Publius Aelius Hadrianus,公元76—138年,罗马帝王,崇尚雅典。
⑦ [希腊]娜希亚·雅克瓦基:《欧洲由希腊走来》中译本,第298页,花城出版社,2012年3月。

内斯圣玛丽亚大教堂。"①大教堂在 1453 年之后被土耳其人改造成一座清真寺兼堡垒,后来于 17 世纪遭到威尼斯人的炮击。当 1834 年 9 月由巴伐利亚建筑师利奥·冯·克兰茨率领一支国际文物研究者团队试图恢复所谓雅典卫城的荣光时,城上的神庙已经面目全非、破损不堪了。

17 世纪时,除了卫城之外、雅典古代纪念碑已不存在

"我们从阿克敏纳图斯②那里知道,除了雅典卫城之外,雅典古代的纪念碑在他那个时代已经毁灭了。当人们于 17 世纪开始探险雅典时,人们已经遗忘了雅典的古代传统。"③

巴台农神庙 1688 年毁于战火

"法国大使诺因特侯爵,由于他的官方身份,和一位名为雅克·凯利的艺术家在 1674 年获得了参观雅典和卫城的权利。他们此行是幸运的,因为仅仅 13 年后,奥斯曼帝国和威尼斯之间战云又起,一颗炮弹落到了巴台农(帕特农)神庙上,引爆了土耳其人储存在那里的弹药,把菲狄亚的多件雕塑都炸上了天。凯利的铅笔素描成了被炸掉作品唯一留存下来的记录。"④

1829 年雅典卫城弹药库又爆炸一次

"1859 年,维多利亚时代的游客们在厄瑞克修姆庙薄壳屋顶的废墟周围参观游览,具有讽刺意味的是,对这座有 2300 年历史的庙宇的某些最严重的破坏发生在仅仅 30 年前——希腊独立战争期间,土耳其人储存在北廊的弹药爆炸了。"⑤

帕特农神庙中的无名神像被运往英国

"埃尔金(Elgin)(1766—1841)是英国驻君士坦丁堡的外交官。他发现希腊雕像被破坏严重,得到允许后把巴台农(帕特农)神庙(供奉雅典娜神的)前的雕像运回英国。1821 年法国大使秘书马艾律(marellus)买到维纳斯像,存放在罗浮宫。"⑥

---

①[希腊]娜希亚·雅克瓦基:《欧洲由希腊走来》中译本,第 131 页,花城出版社,2012 年 3 月。
②阿克敏纳图斯[Acominatus,c1140—1220],拜占庭作家,他的演说、诗歌、书信提供了大量有关中世纪雅典的信息。
③[德]维拉莫威兹:《古典学的历史》中译本第 1 版,第 9—10 页,三联书店,2008 年 6 月。
④[美]戴尔·布朗主编:《失落的文明——希腊庙宇、陵墓和珍宝》中译本,第 13 页,华夏出版社、广西人民出版社,2002 年 1 月第 1 版。
⑤[美]戴尔·布朗主编:《失落的文明——希腊庙宇、陵墓和珍宝》中译本、第 39 页插图说明,华夏出版社、广西人民出版社,2002 年 1 月第 1 版。
⑥杨建华:《外国考古学史》第 26 页,吉林大学出版社,1999 年 12 月第 1 版。

虚构的古希腊文明——欧洲"古典历史"辨伪

今日所见雅典卫城为 19 世纪末至 20 世纪初所建

在 19 世纪与 20 世纪的世纪之交一位名叫尼克劳·巴勒诺的希腊土木工程师重建了雅典卫城,从此雅典卫城才呈现出今天为世人所熟悉的面貌。由于巴勒诺的努力,到 1933 年巴台农(帕特农)神庙已经在当时的条件所能允许的情况下被修复到据认为是大约 250 年前的样子。

巴勒诺在进行重建时,的确是哪块石头近在手边就用哪块,有时根本不在意每块大理石最初位于什么地方。更糟糕的是,如果一块石头的形状不太方便使用,他就将其重新砍削以便能放到他想放的地方。造成最大损害的是,他本打算用来将石块固定在一起的铁钉后来氧化、拉长了,结果反倒使得那些石块断裂。……①

第八节　抬高"古希腊",打压"古罗马"

先造古罗马帝国的伟大,说罗马城是"永恒之都";当需要再造古希腊文明的辉煌时,又打压罗马,说罗马人是刀耕火种的野蛮人。

16 世纪晚期至 17 世纪,是崇拜罗马的时期

"正是在这个时候,中世纪的罗马朝圣(这又是 13 世纪教皇整体战略的一部分)得到了文艺复兴运动文人及艺术家所掀起的旅行时尚的推波助澜,并在 16 世纪晚期乃至整个 17 世纪达到了有史以来组织规模和波及范围上的最大程度。当然,这首先要归功于每 25 年举办一次的命名纪念日的盛大公众朝圣。菲利普·德·罗西(Filippo de Rossi),这位曾经分别著书描写古罗马和新罗马的作家,在 17 世纪中叶形象地指出,两个罗马如此紧密相连,与其说是长相酷似的孪生姊妹,不如说是两个年龄段的同一张面孔。

"在长期世俗化的改良进程中,罗马人被反复利用,且利用的理由不同,因而具有了某种双关性。起初,这一双关性并未产生破坏效用,相反,它还加强了罗马概念的活力。可以毫不夸张地说,教育、大学、急剧壮大的学者及文人队伍、大众文言和印刷业,所有这一切构成了声势浩大的文明大军;它们高举着拉丁语大旗,并将古典拉丁语作家捧为最高典范。先前我们在回顾文艺复兴运动时,曾强调过希腊人的二流地位,而现在我们还要炫耀一下罗马人的强势表现。只有充分认识到这一强大地位,我们才能彻底领会后来罗马人所领教的羞辱程度以及罗马的衰落

---

① 参看[美]戴尔·布朗主编:《失落的文明——希腊庙宇、陵墓和珍宝》中译本,第 122—129 页,华夏出版社、广西人民出版社,2002 年 1 月第 1 版。

第三章 西方古典学"雅典"概念层累造成

规模——尽管这一宝座坚不可摧。"①

对罗马传统的战斗宣言

"温克尔曼作品的爆炸性力量,不仅源自他在阐释个别作品时所表现出来的艺术及文学天赋,同样也得益于他根据民族传统并按照历史顺序将古代民族的艺术创作分门别类的娴熟技巧。他的作品是一种全新的投入(专心于希腊艺术创作),是对其他古代传统如埃及和罗马传统的战斗宣言。他的有关希腊艺术至高无上的观念,他的根据艺术特征判断希腊作品优于罗马作品的实践能力,他以艺术标准将罗马艺术置于模仿者的卑微地位的果敢行为,所有这一切都曾在斯图尔特的'建议'文章中崭露头角,此时此刻,却在温克尔曼那里打下了坚实的基础。"②

罗马是刀耕火种的野蛮人

"在雅典与罗马的关系上,汤普森为以往的习惯性表达又增添了一丝新意。他引用了一句贺拉斯③的格言,并同时用拉丁文和英文两种文字来形容罗马对雅典的精神负债,'被占领的希腊征服了野蛮的占领者,将艺术传授给了刀耕火种的拉丁民族'(汤普森将此名言归于奥维德)。"④

18世纪古罗马的地位沦落为"模仿者"

"对于18世纪的欧洲人来讲,罗马人早已不能包罗万象了;更确切地说,一种坚决摆脱罗马人的愿望开始初露端倪。而这里所说的摆脱,无异于放弃对罗马投下的历史赌注,无异于将罗马排斥在这个旧世界里新(欧洲)身份的核心之外。作为基督教世界的首领及心脏的罗马,早已大势已去,沦为了欧洲人弃之身后的过往岁月。正像我们后来所看到的那样,后来所发生的象征性变化,只不过是缩短了早已规划好的行进路线而已。

"从此,罗马的历史贡献有了新的角色。历经漫长岁月的风吹雨打,它终于找到了一个温和、明智且具有说服力的解决方案;这一方案将其降格为世界遗产的一支,或用一个词来简单概括——模仿。罗马人依旧存续着,他们的宝座也依然得以保留,只不过附加了相应的条件:模仿的载体或借光者。正像人们谈及罗马人所常说的那样,他们无法超越自己的先师,无法超越原创者,无法超越希腊人。而按照18世纪对'文明'定义的理解,唯独希腊人被公认为是不可超越的原创典范。当

---

① [希腊]娜希亚·雅克瓦基:《欧洲由希腊走来》中译本,第161页,花城出版社,2012年3月。
② [希腊]娜希亚·雅克瓦基:《欧洲由希腊走来》中译本,第296页,花城出版社,2012年3月。
③ 古罗马抒情诗人。
④ [希腊]娜希亚·雅克瓦基:《欧洲由希腊走来》中译本,第287页,花城出版社,2012年3月。

然，现代人也在以自身的行为努力成为未来的原创典范。"①

荷马与维吉尔地位的变化：扬此抑彼

"从两位伟大古代诗人身上，我们看到了这一转变的全过程。它一方面赋予荷马新的基本含义，另一方面则降低了维吉尔先前具有的象征性及历史性分量。我们还看到，这一转变在偏好及价值标准上的一个实质性内涵，恰好体现在艺术原创上。为了表达这一新的理念，18世纪也重新定义了'天赋'的内涵。然而，假如说在认识荷马上的这一转变，是由自然形态的新宠（人类学、历史写作及哲学）所造成的，那么，同样的新宠并不适用于其他艺术的偏好转移。"②

18世纪末的罗马成了一片废墟

"对于越来越多的欧洲旅行者来说，18世纪的罗马正在脱去它神圣的外衣，只保留下了昔日文明的威望，并渐渐转变为一座昔日的城市——古代的罗马，一座正在衰落的城市，从此不再体现为那座永恒之城了。从1720年起，欧洲北方的旅行者拥入这里，'只是为了透过这座城市仰慕它的过去，同时漠视它的今天。'

"18世纪末对罗马的负面看法愈演愈烈。查尔斯·杜帕斯(Charles Dupatu)1785年访问罗马时这样感叹道：'怎么了？这就是罗马?! 到底怎么了？我们曾在亚洲边缘感受到的罗马，如今成了一片废墟，成了到处宣扬它的尼禄③的葬身之地。不，眼前的这座城市绝不是罗马，它只剩下一个躯壳。往日延绵不绝的田园，如今成了一片片坟地；在它的体内越聚越多的残渣，竟然成了蠕虫的美食'。诚然，罗马乃至整个意大利，在人们的心目中演变成了两次衰败的地方。萨多维里安诺斯在1803年这样写道：'罗马静静地躺在它的废墟上。十八个世纪之前这里发生了什么？而此时此刻又如何变成了这副模样？不仅古代的意大利一去不复返了，甚至连中世纪的意大利也难觅踪影。'"④

---

①注：有关该书前言最后的引用部分对希腊人与罗马人的比较，我们无须多费口舌。更有意义的是，让我们在上述比较的启示下再次聆听这段话："希腊人在科学及艺术的各个领域所达到的崇高地位，使他们当之无愧地成为所有其他民族的榜样……罗马人——希腊人的直接继承者，几乎在所在方面模仿了希腊人的优点，同时也实践了他们的缺点。"此话引自彼得·盖伊的游记作品《希腊的文学之旅》，1773年英文版前言，第26页；转引自[希腊]娜希亚·雅克瓦基：《欧洲由希腊走来》中译本，第171—172页，花城出版社，2012年3月。

②[希腊]娜希亚·雅克瓦基：《欧洲由希腊走来》中译本，第172页，花城出版社，2012年3月。

③Nero Claudius Caesar，古罗马皇帝。

④伊夫·埃尔森(Yves Hersant)主编：《意大利——18及19世纪法国旅行家文选》第65页、93页；转引自[希腊]娜希亚·雅克瓦基：《欧洲由希腊走来》中译本，第313—314页，花城出版社，2012年3月。

第四章　西方学统核心历史概念重重虚构

古希腊概念本属子虚乌有,为了圆一个谎言,不惜再杜撰十个谎言。从18世纪晚期到19世纪,为了给种族主义、殖民主义以及西欧中心论奠定历史学基础,在虚构古希腊概念过程中,以所伪造的古希腊文献为基础,进一步虚构了雅典学园、希腊化时代、亚历山大里亚人类文化中心——图书馆、拜占庭希腊手稿、阿拉伯哲学、经院哲学、古印欧语系等概念,重重虚构、编造出了一个详细的古典学的西方学统。

"层累地造成的古史说"的鼻祖——英国史学家康诺普·瑟尔沃尔

19世纪20年代,英国剑桥大学引进德国古典学,康诺普·瑟尔沃尔为这一期间的代表人物。他第一次对"层累地造成的古史"进行了表述。

康诺普·瑟尔沃尔说:"随着时间的推移,这些故事的数量似乎在不断增加,让人们了解的细节也愈加详细。但年代愈是久远,我们能听到的这类故事就愈少,直到,如果我们查阅《荷马史诗》的话,完全找不到这类故事的踪迹。"[①]

康诺普·瑟尔沃尔创造了"层累地造成的古史"说,为的是否定古希腊源于东方文明的种种传说,从而塑造纯正古希腊种族的概念。

19世纪中晚期,英语标准古典学教科书:"层累地造成的古史说"

"威廉·史密斯爵士的《希腊史》,从它1854年的初版到1880年代,一直是这个问题的英语标准教科书,该书揭示了这个立场的诸多困难:

"希腊人的文明和他们的语言的发展具有本土成长的所有特征,可能几乎没有受到任何外来影响。然而,希腊人的传说却指向相反的结论。他们普遍认为东方的异乡人让佩拉斯吉人摆脱了野蛮,这些异乡人在当地定居,并在未开化的居民

---

①C.Thirlwall(1835,第一卷,p.64)。[美]马丁·贝尔纳:《黑色雅典娜》中译本,第1版第295页,吉林出版集团,2011年7月。

中引进了最初的文明因素。然而,这些传说有很多并非是远古时候的传说,而是后来的时代发明了它们。"①

"层累地造成的古史说"最初本来是一个西方古典学的概念,旨在为伪造古史时,便于以新的假说取代旧的故事,不料却被近代中国"文化奸细"经日本引进中国,结果成了近代西方帝国主义否定和打击中国文化的工具。

西欧中心论所构建的核心历史概念:

古典时代→雅典学园→希腊化时代→亚历山大里亚世界学术中心图书馆→阿拉伯哲学→经院哲学→拜占庭手稿→欧洲文艺复兴→发现新大陆→西方近代科学起源→印欧语系假说

第一节 雅典的学园神话

柏拉图学园的历史

在雅典有一个名叫柏拉图的村民,一天突发奇想:要办一所大学。

"柏拉图完成了他的漫游之后,感到教学是他的天职,认识到在一个固定的地点建立一所学校的必要性,他选择了雅典西大门的迪皮伦门约6斯达迪的塞菲索斯的一块地。"②

于是,西方的高等学府就这样诞生了。

塞菲索斯这块建设用地,是一个怎样的地方呢?

原来这是一块圣地。"文学赞助者希帕库斯是雅典的皮希斯特拉图的小儿子,他把这里用墙围了起来。这块地被献给了雅典娜,其中有一片橄榄树的小树林,树上出产的橄榄油会奖给泛雅典娜竞技会的获胜者。在大酒神节期间,人们会以盛大的仪式把解放者狄俄尼索斯的塑像抬到这里。这里有一个花园、一片小树林和一个运动场,著名的雅典军人和政治家西门(前512—前449)对它进行了装饰。

"我们可以假设,在柏拉图时代,那里已经有了一些建筑,例如一个类似小教堂的建筑或缪斯神殿(用来供奉缪斯女神的神庙),也许还有几间供教师和学生使用的宿舍,以及一些为了聚会、授课和仅供正式场合一起吃饭用的大厅。考虑一下雅典的气候,很有可能相当多的教学是在小树林或廊柱间进行的,在那里,人们既

---

① [美]马丁·贝尔纳:《黑色雅典娜》中译本第1版,第299页,吉林出版集团,2011年7月。
② [美]乔治·萨顿:《希腊黄金时代的古代科学》中译本,第496页,大象出版社,2010年5月。

第四章 西方学统核心历史概念重重虚构

可以避免阳光的暴晒,又可以享受室外的环境。……"①

"柏拉图的兴趣不在于教人们阅读、写作和算术,甚至也不怎么教经商之道。他的目标相当高,他想启发学生们,引起他们对知识和智慧的爱……学园不是一所政府为了其管理的需要而创办的学校,而是一所哲学和政治的高等学校,独立于政府部门,而且常常与之发生对立。也许我们可以把学园称作第一个高等学术机构,是一个私人机构。不同年龄的学生聚集到这里,并不是为了获得他们有权从事某一职业的学位或证书。他们不用通过任何考试,而且除了在教师和同学们的良好愿望中隐含的荣誉外,他们也无法获得其他荣誉。……教师和学子们都是无偏见的,……他们的理想是……追求知识就是净化的最高境界。"②

当时的雅典处在奴隶社会,经济形态以农业为主,生产力低下,小国寡民。民族五方杂处、语言不通、体制各异、政治分裂、纷争不断。东方有波斯的威胁,北方有马其顿蛮族的觊觎,西部有拉丁人的竞争,城邦内部争端无休止,城邦之间斗争你死我活。一言以蔽之曰:古典时代的希腊地区,内忧外患、乱象纷呈、乌有宁日。

希腊人以勇武著称,所以古希腊最发达的经济形态实际上是希腊雇佣兵制度。希腊人蛮勇,因此东方各国战争时都纷纷到希腊来招募雇佣兵。色诺芬的《远征记》就表现了这种雇佣兵制度。雅典是希腊雇佣兵的重要兵源地,输出雇佣兵是古希腊地区的支柱产业。

这样的一所私人机构,办学经费无着落,既不知生源在哪里,学生也不见有出路……

在近千年的历史长河中,与邻邦相互掠夺、你争我斗,进行殊死的战争,不断被蛮族征服,先有马其顿、后有古罗马……雅典聚落久已烟消云散,唯有这座不食人间烟火的学园"风雨不动安如山"……

然而,除了学园祖师爷柏拉图自己有为后世伪造的著作之外,近千年间毫无学术上的建树,在历史上也没有任何实际影响……

请看这所"神话学园"是如何绵延千年的:

"柏拉图于公元前347年去世后不久,他的妹妹的儿子斯彪西波(Speusippos)接替他主持学园,斯彪西波完成了该学园的组织工作。

"以后的继任者分别是:卡尔西登的塞诺克拉底(Xenorates of Chalcedon),从

---

① [美]乔治·萨顿:《希腊黄金时代的古代科学》中译本,第496页,大象出版社,2010年5月。
② [美]乔治·萨顿:《希腊黄金时代的古代科学》中译本,第497页,大象出版社,2010年5月。

公元前339年至前315年任学园的主持人或园长;雅典的波勒谟(Polemon of Athens),从公元前315年起接任;雅典的克拉特斯(Crates of Athens),从大约公元前270年起接任。到了克拉特斯时期,老学园走到了尽头。

"在克拉特斯之后,学园继续开办,但在埃奥利斯(Aeolis)的皮塔涅的阿尔凯西劳(前315—前241)的领导下,它具有了一种不同的(怀疑论的)色彩。人们有时把阿尔凯西劳称为第二学园或中期学园的创始人。

"阿尔凯西劳的继任者是昔兰尼的卡尔尼德(前213—前129),他使这种怀疑论倾向加重了,因而又被称为第三学园的创始人。雅典人把卡尔尼德作为使节派往罗马,他在那里获得如此之多的成功,以至于监察官加图非常惊恐,对他进行了谴责,并导致元老院将他驱逐出境。

"第四学园由拉里萨的斐洛(Philon of Larissa)创建,他倾向于斯多亚主义。

"最后,第五学园始于阿什凯隆的安条克(公元前68年去世),他试图把柏拉图、亚里士多德以及斯多亚派的学说相调和。第五学园一般又称作新学园。斐洛和安条克都曾访问过罗马,而西塞罗在公元前88年听过前者的课,10年后听过后者的课。多亏了卡尔尼德、斐洛和安条克,学园的各种学说才得以传播到罗马世界。

"在雅典(前86年)被苏拉(Sulla)围困期间,由于需要木材,苏拉砍掉了学园的那些树。据称,学园于是搬到了城里,一直到战事结束,但如果这是真的,它在城里的位置,应当为人所知,但从未有人提到过这样的地方。因此我们只能假设,尽管学园被苏拉的部队毁了,它依然留在原来的位置。它的更进一步的历史,在5世纪以前都是非常模糊的。到了5世纪,主要是在普罗克洛斯(活动时期在5世纪下半叶)主持时期,它获得了新柏拉图教育中心这样一个新的名声。

"学园的最后7位园长是:雅典的普卢塔克或大普卢塔克,他在耄耋之年于431年去世;亚历山大的西里阿努斯(活动在5世纪上半叶),他于450年去世;拉里萨的多姆尼诺(活动在5世纪下半叶);普罗克洛斯,他于485年去世;锡凯姆的马里诺斯(活动在5世纪下半叶);米利都的伊西多罗斯,他是大约于532年开工建造的圣索非亚教堂的建筑师之一;大马士革的达马斯基乌斯(活动在6世纪上半叶),他大约从510年起担任园长直至529年,就在这一年,查士丁尼以学园是异教的学校和传授不正当的学问为理由把学园查封了。"①

----

①详见[美]乔治·萨顿:《希腊黄金时代的古代科学》中译本,第496—499页,大象出版社,2010年5月。

第四章　西方学统核心历史概念重重虚构

古希腊本来没有历史纪年,对于学园的历史年表越具体就越值得怀疑。

仅有本地人柏拉图创立了绵延900年的柏拉图学园不过瘾,于是外乡人亚里士多德也来凑热闹,创立了盛极一时的吕克昂学园。就这样,"占断风情向小园",人类的学问就由小镇雅典一家包办了。

马其顿蛮子开办吕克昂学园

公元前335年,亚历山大成了希腊的主宰。同一年,亚里士多德以占领军的身份回到雅典开办了吕克昂学园。

亚里士多德本来是马其顿蛮子,曾做过蛮王腓力二世儿子的教师。腓力二世的儿子,就是后来西方人最崇拜的亚历山大大帝。

据说亚里士多德17岁时从马其顿家乡来到雅典,投奔于柏拉图门下,在雅典一待就是二十余年。"在时隔12年之后,他又随着马其顿的军队回来了。他不可能受到所有的雅典人欢迎,只会受到通敌分子的欢迎。"①

于是,与曾经是自己老师的柏拉图所办的学园分庭抗礼,在雅典城的另一个角落办起了一所新的高级学府——吕克昂学园。

"柏拉图学园坐落在城墙的西北、迪皮伦门以外,而吕克昂学园在城墙以东、靠近通往马拉松的大道。这里是一片献给阿波罗·吕卡俄斯(狼神)的小树林,学园的名称'吕克昂'就来源于这一供奉。在雅典天气温暖的时候,教学常常在室外、树荫下或柱廊下进行。教师和学生也许坐一会儿,随后就来回散步,因而他们就有了一个雅号——漫步学派。"②

亚里士多德始终得到在十几年征战生涯中亚历山大的鼎力支持,在雅典办吕克昂学园过程中,要钱给钱,要人给人,要资料给资料。

"亚历山大给他提供资金(这也可能属于马其顿帝国的宣传),而且,几乎同样重要的是,亚历山大还为作为这所新学校组成部分的博物馆,提供了许多种类的自然物的标本。如果需要任何能使教学更具体、更有效的东西,亚里士多德总可以从他的赞助者那里获取。"③

由于是以占领军身份办学的,因而,当其保护人亚历山大于公元前323年一死,亚里士多德在雅典就待不下去了,即刻逃亡到了自己的马其顿老家,并于次年

---

① [美]乔治·萨顿:《希腊黄金时代的古代科学》中译本,第614页,大象出版社,2010年5月。
② [美]乔治·萨顿:《希腊黄金时代的古代科学》中译本,第614页,大象出版社,2010年5月。
③ [美]乔治·萨顿:《希腊黄金时代的古代科学》中译本,第614页,大象出版社,2010年5月。

离开了人世。①

亚里士多德在吕克昂学园作了13年老板,据说就是在这13年间,亚里士多德创建了现代科学的几乎所有基础学科,包括物理学、天文学、动物学、植物学、生物学、比较解剖学、生理学、胚胎学、地理学、修辞学、逻辑学、伦理学、地质学、矿物学、医学、生态学、政治学等等基础学科。

后台倒了,办学经费没有了着落,可吕克昂学园却与柏拉图学园一样,不仅继续办了下去,而且,一办也是近千年。

第1任:亚里士多德(前335—前323),担任时间13年

第2任:塞奥弗拉斯特(前323—前286),担任时间38年

第3任:斯特拉托(前286—前268),担任时间19年

第4任:吕科(前268—前225),担任时间44年

……

第10任:安德罗尼科(前80年前后)

公元198—211年,吕克昂学园负责人:

阿弗罗狄西亚的亚历山大(Alexander of Aphrodisias,活动时期在3世纪上半叶)

公元的五个世纪(或者直到529年),吕克昂学园作为行政实体而存在……②

一个小镇,千年间争战连绵不断,雅典城镇屡次被毁,奇怪的是,这两座学园维持九百多年,始终巍然屹立不倒……

"公元前86年,罗马征服者苏拉攻陷雅典,尽管雅典避免了毁灭——苏拉的解释是看在现在雅典人死去的祖先的面子上——尽管它作为建筑物的一件代表作和学术生活的一个地点幸存下来,但这最后一次对国际政治角逐的可笑介入,则是雅典政治史上不光彩的终点。"③

斯多噶学派与伊壁鸠鲁学派的雅典学园

人类在上古一个偏僻小镇里有了两座高等学府,还嫌不够热闹,于是再加多

---

① 参看[美]乔治·萨顿:《希腊黄金时代的古代科学》中译本,第614页,大象出版社,2010年5月。

② 参看[美]乔治·萨顿:《希腊黄金时代的古代科学》中译本,第616—617页,大象出版社,2010年5月。

③ [英]阿诺德·汤因比:《历史研究(插图本)》中译本第1版,第148页,上海人民出版社,2005年4月。

第四章　西方学统核心历史概念重重虚构

两所,斯多噶学派与伊壁鸠鲁学派也来雅典办起了学园。

亚里士多德的弟子"狄奥弗拉斯图斯(Theophrastus)与斯多噶学派和伊壁鸠鲁学派的创始人同时在雅典讲学。"①

当时雅典的这四座学园里,仅亚里士多德弟子狄奥弗拉斯图斯(即上文不同译文的塞奥弗拉斯特——引者)一人的门徒就达 2000 名。"两千名学生在狄奥弗拉斯图斯的门下受业,就学院来说教修辞比教哲学更受人们欢迎。"②

4 座学园中 1 座学园的一个老师狄奥弗拉斯图斯一人的门徒就达 2000 名,4 座学园的学生加起来该有多少名呢？

这 4 座学园都"设置在雅典的郊区,柏拉图学派的学院、逍遥学派的长廊、斯多噶学派的廊柱和伊壁鸠鲁学派的花园,全都种满林木,装饰各种雕像"③。

公元 529 年查士丁尼将雅典学园查封以后,据说有 7 位著名的柏拉图主义哲学家搬家到了波斯。

荣迪沙普尔学校(伊朗西南部)

"荣迪沙普尔是胡兹斯坦的一座城市。萨珊王沙普尔一世(241—272)为了向罗马俘虏提供住处而建造了这所学校。这样,就使希腊科学在该城得以传播。后来,科斯拉·安努·舍尔万国王(531—579)又在城里造了一所医院。这所医院兼教学。它的希腊医生首先在该校任教。印度医生后来也加入了他们的行列。以后,聂斯托里派教徒成为该校最有名的教师,开始用古叙利亚语进行教学。这所学校一直开办到阿拔斯王朝。史学家提到,当巴格达的医生们无法治好国王阿布·加法尔·曼苏尔的病的时候,他便把荣迪沙普尔医院院长鸠尔吉斯·本·巴赫蒂苏招来巴格达。这位名医治好了他的病,成了这位国王的亲信。此人还把许多希腊语、古波斯语和古叙利亚语的医书译成了阿拉伯文本。应当指出,波斯出现的这次思想迁移发生在 7 位希腊哲学家迁居到波斯之时。

"公元 529 年,东罗马皇帝查士丁尼·西亚努斯下令封闭雅典、亚历山大和鲁哈的哲学学校,于是这 7 位著名的柏拉图主义哲学家就离开了雅典。他们一到东

---

①［英］爱德华·吉本:《罗马帝国衰亡史》中文全译本第 1 版,第 4 册第 77 页,吉林出版集团,2008 年 4 月。

②［英］爱德华·吉本:《罗马帝国衰亡史》中文全译本第 1 版,第 4 册第 78 页,吉林出版集团,2008 年 4 月。

③［英］爱德华·吉本:《罗马帝国衰亡史》中文全译本第 1 版,第 4 册第 79 页,吉林出版集团,2008 年 4 月。

方的波斯王宫,就受到了国王最优厚的款待。当时的学者都知道,科斯拉·安努·舍尔万王曾经在同查士丁尼·西亚努斯皇帝签订和约时加进了一项条款。根据该条款,东罗马皇帝要担保这些哲学家能够安全地回到他们的家园,享受绝对的自由和履行他们传播科学及哲学的义务。"①

这样,就为杜撰阿拉伯传承希腊文化埋下了伏笔。

第二节　杜撰"希腊化时代"概念是构建西欧中心论的重要一环

在1833—1843年间,德国史学家德罗森曾出版了三卷本《希腊化史》,提出"希腊化时代"的概念,说亚历山大大帝所征服的地区传播了古希腊文化,为基督教的兴起奠定了基础。②

"希腊化"的神话

"亚里山大的短短的功业,突然之间改变了希腊世界。从公元前334年至前324年这十年间,他征服了小亚细亚、叙利亚、埃及、巴比伦、波斯、萨马尔干、大夏和旁遮普。波斯帝国是世界上所曾有过的最大帝国,也在三次战役里完全被摧毁了。……凡是亚历山大足迹所至之处,哪怕是阿富汗的深山、药杀水的河畔和印度河的支流上,也都建立起来了希腊的城市。"③

"亚历山大是最伟大的推动历史的力量之一。他开创了一个新时代。……他极大地扩展了知识和人类活动的范围。……希腊语的普通话取代希腊的诸方言,为整个世界的居民所使用。教育了罗马的希腊是亚历山大创造的希腊化世界,在现代学者重塑了伯力克利时代的雅典之前,旧的希腊并没有产生太大的影响。如果说现代世界的文明源于希腊,那么主要是因为亚历山大,它才具有这样的机会。"④

这样的观念太玄乎,连中国学者也不愿意接受了

"'希腊化'这个名词是有问题的,因为它只标示影响这个时期的希腊因素,抹杀了埃及、西亚因素。亚历山大在亚洲和非洲的属土,不论在社会、经济和政治上

---

①[伊拉克]穆萨·穆萨威:《阿拉伯哲学——从铿迭到伊本·鲁西德》1977年阿拉伯文第2版中译本,第22页,商务印书馆,1997年1月第1版。
②黄洋、晏绍祥:《希腊史研究入门》,第206页,北京大学出版社,2009年8月。
③[英]罗素:《西方哲学史》中译本上卷,第279—280页,商务印书馆,1963年9月第1版。
④[英]塔恩:《亚历山大大帝》1948年出版。

第四章　西方学统核心历史概念重重虚构

都是基本上承袭波斯和埃及的传统；托勒密埃及和塞琉古叙利亚都不过是在希腊外族王朝统治下的非希腊国家，绝非'希腊化'一词可以概括。称它们为'希腊化国家'或把它们的历史称为'希腊化时期'的历史都是不恰当的。"①

其实说希腊外族王朝统治也不对，按其说法，希腊本身也是被征服者。

"希腊化时代"是19世纪德国史学家为了圆古希腊的谎而杜撰的概念。所谓亚历山大东征所开创的，将希腊古典文化，连同古希腊文传向中亚、西亚、北非及南亚，形成了辉煌的"希腊化时代"，这种说法很荒唐。

就算真有个亚历山大，也不过是作为马其顿蛮王率领几万蛮兵和几员蛮将，在其父腓力二世征服希腊地方分散聚落的基础上，突入小亚细亚，在十余年期间，对中亚、西亚、北非及南亚地区进行征服和烧杀抢掠。亚历山大死后不久，所谓亚历山大帝国遂一分为三。

所谓"希腊化时代"的语言并非希腊语

由于马其顿没有文字，征服希腊前后袭取希腊字母记录语言。马其顿蛮王亚历山大在征服波斯、西亚、北非、印度的过程中，出于传布政令的需要，又将希腊字母带到了上述地区作为书面行政语言。后世所称"希腊化时代"，不过是作为书面行政语言希腊字母的流布而已。实际上，所谓亚历山大东征本身也不过是后世所编的故事。而所谓的希腊字母，本来名字是腓尼基字母，属于西亚文化的范畴，因而西亚人也用希腊字母不足为怪。

举例来说：伊朗人用希腊字母。"在伊朗东北部地区，希腊字母则通常被镌刻于一些官方的碑铭，用以表达伊朗的地方方言。"②

大夏语用希腊字母。③

不仅在亚洲，欧洲人也拿希腊字母来标注自己的方言。

高卢（法国）人用希腊字母。"高卢人学会了如何用希腊字母书写自己的语言。"④

---

① 吴于廑：《古代的希腊和罗马》，第78—79页，三联书店，2008年5月新版。
② [英]阿诺德·汤因比：《人类与大地母亲》中译本第1版，第263页，上海人民出版社，1992年1月。
③ 参看[英]尼古拉斯·奥斯特勒：《语言帝国——世界语言史》中译本第2版，第42页、230页，上海人民出版社，2011年5月。
④ [英]尼古拉斯·杜马尼斯：《希腊史》中译本第1版，第215页，东方出版中心，1912年4月。

古希腊语难学，并不是理想的通用语言

"希腊语……让外族学习者学习起来非常困难。它的词都是多音节的，还带有复杂的辅音群。……公元前几个世纪中使用的希腊语和现代希腊语听起来有很大区别。……总的说来，让学习者最头痛的，不是语法，而是复杂的语音系统。

"在千年之交的信件中最多的错误是关于拼写的：首先，他们发现高音元音和双元音很难分辨(i,ei,ē,oi,u)，当然，这些不同的声音在现代语言中统一发 i 音。……至今希腊名词依然有 5 到 6 种形式，而动词则有 20 种。"①

"标准希腊语"的中心是埃及亚历山大城

"标准希腊语"，也叫"共通语"，是一种所谓"希腊化时代"的人造行政语言，流行于以埃及亚历山大里亚为中心的亚、非地区。

"古希腊共通语是后亚历山大时代希腊科学和学术所使用的语言，其时的科学和学术中心已不是雅典，而是尼罗河畔的亚历山大城。"②

最早传播基督教的语言是希腊语，但不是古希腊语，而是一种被称为希腊共通语的书面语——"标准希腊语"。

"希腊共通语是传播福音以及早期教会的最初使用的语言，新的宗教信仰最初也是在讲希腊语的海外犹太人中间传播。早期传教士中最伟大的一位——保罗(Poul)就拥有希腊语的教育背景，用希腊语在安纳托利亚和爱琴世界传教。他所行走的路线也是演说家通常行走的路线，所写的信件也都是寄给希腊城市的。构成《新约》的书卷是用共通语写就的，据信使用这种语言可以拥有最大规模的读者群。"③

"保罗是他的罗马名字，他是罗马公民……大概他出生是犹太人，尽管有些犹太作家否认此说；他肯定曾从犹太老师学习。但他精通亚历山大城的希腊神学，他所用的文字是希腊文。有些古典学者宣称他的希腊文并不好，他并没有使用雅典的希腊文，而用亚历山大城的希腊文，但他大量而自由地使用它。"④

基督教隐修制度的创始人巴西尔认为有必要使用像阿提卡(雅典古希腊方言)这样的复杂语言，来创作复杂深刻的神学典籍，而不是使用像共通语(标准希

---

① [英]尼古拉斯·奥斯特勒：《语言帝国——世界语言史》中译本第 2 版，第 209—210 页，上海人民出版社，2011 年 5 月。
② [英]阿诺德·汤因比：《人类与大地母亲》中译本第 1 版，第 260—261 页，上海人民出版社，1992 年 1 月。
③ [英]尼古拉斯·杜马尼斯：《希腊史》中译本第 1 版，第 102 页，东方出版中心，1912 年 4 月。
④ [英]乔·韦尔斯：《世界史纲》第 15 版中文版，第 583 页，吴文藻、谢冰心、费孝通等译。

腊语)这样过于简单的语言。"对于基督教利用了古典典籍这一做法,尤利安斥之为极度虚伪。因此,他在362年下令禁止在基督教学校教授希腊古典作品,也不许将阿提卡语用于基督教神学。"①

"希腊语的希伯来圣经实际上是委托托勒密二世完成的……《阿里斯狄亚书简》一书详细记录了这本圣经的成书过程。……《七十子希腊圣经》成为当时最权威的圣经版本,并且被犹太人广泛运用于耶路撒冷以外的地区以及之后的基督教运动中。"

"希腊语由此成为一种外在于它自身传统的主要文化的载体,而逐渐与雅典式自由解除了联系。……这本圣经使得新的基督教圣经向更广大的地区传播成了可能,使得希腊语的地位逐渐赶上了阿拉姆语并凌驾其之上。"②

"尽管没有哪一种基督教起源于希腊,却一致偏爱使用希腊语。……东正教成为东罗马帝国灭亡以来在土耳其4个世纪统治下保存着希腊语的关键。"③

犹太人用"标准希腊语"创作《新约》很自然,"标准希腊语"用希腊字母,而希腊字母借用自腓尼基字母,而且在希腊借用腓尼基字母(前8世纪中期)之前,以色列人和犹太人就已经用腓尼基字母进行创作了。

"在公元前10世纪末叶,以色列人和犹太人都开始创作书面文学作品,作品按迦南语的发音用腓尼基字母写成。犹太人的文献包括一大批种类各异的作品,其中包括神话、礼拜仪式、世俗诗歌、历史、法律、寓言格言、先知语录。关于大卫和所罗门行止的历史记述,显然是以几乎是随时写下的官方记录为基础的。"④

"希伯来语与腓尼基语是同一种语言的可以互相理解的方言。因此,早在腓尼基语的字母18世纪中期被巴泰勒米神父首次解读很久以前,学者们对这种语言有相对清楚的概念。"⑤

伪造"古希腊概念"的重要人物——德国历史学家德罗伊森

马其顿国家新闻社网站发文《约翰·古斯塔夫·德罗伊森:希腊假史的创造者》

---

① [英]尼古拉斯·杜马尼斯:《希腊史》中译本第1版,第104页,东方出版中心,2012年4月。
② [英]尼古拉斯·奥斯特勒:《语言帝国——世界语言史》中译本第2版,第221页,上海人民出版社,2011年5月。
③ [英]尼古拉斯·奥斯特勒:《语言帝国——世界语言史》中译本第2版,第241页,上海人民出版社,2011年5月。
④ [英]阿诺德·汤因比:《人类与大地母亲》中译本第1版,第162—163页,上海人民出版社,1992年1月。
⑤ [美]马丁·贝尔纳:《黑色雅典娜》中译本第1版,第150页,吉林出版集团,2011年7月。

虚构的古希腊文明——欧洲"古典历史"辨伪

揭露：希腊语（Greek）和希腊文化（Hellenism）概念，都是在1830年代虚构出来的。德罗伊森是"希腊化时代"概念的创立者，正是这位德国历史学家，于19世纪30年代在奥拓王子的请求下，大胆虚构出了古希腊的概念。

"……首先，让我们来看看1833年发生了什么？雅典及其周围地区在法国和英国的帮助下成功地脱离了奥斯曼帝国。确切地说……希腊独立乃欧洲列强之赠予，这仅是因为它们需要这样的战略位置，来打通被土耳其人控制的地中海。众所周知，别人给你独立，别人就可以统治你。于是……这个新独立的国家迎来了一位日耳曼（巴伐利亚）统治者——奥托王子（希腊国王，奥托一世）。

"奥托热爱这项工作。他关注如何治理这个多民族的国家，称其为'民族汤'（ethnic soup）；他的工作重心放在雅典，该城以阿尔巴尼亚人和土耳其人为主。奥托邀请其在弗里德里希·威廉大学的一位朋友——27岁的约翰·古斯塔夫·德罗伊森。他先由学生转为编外历史教员，又被奥托任命为不拿工资的教授。……他被请来为雅典和希腊各族创造'新的历史'。

"奥托让德罗伊森在语言方面给他一些想法，如何使各民族免于彼此冲突。德罗伊森建议可用当时大多数雅典人所操的阿尔巴尼亚语，作为希腊的核心语言……奥托不同意……德罗伊森发挥其聪明才智，提出以久已失传的阿提喀方言（koine）为主的希腊共通语。……奥托很喜欢德罗伊森的这个创意。……这个共通语第一次被作为知识语言推广开来，学校被要求采用，尽管老人不接受它。……奥托王子就称其为希腊语（Greek）。

"……德罗伊森进一步帮助奥托来调和希腊的'民族汤'，而使'希腊文化'（希腊古典文化，Hellenism）这个词语诞生出来。……也就是说，在1836年，Hellenism（希腊文化，音译为'海伦主义'）这个词被杜撰出来……就这样，这个多民族的国家从一个失败的历史学家那儿，获得了她的名称希腊（Hellas），进而希腊共和国（Hellenic Republic）……"①

亚历山大传说的来历

中世纪后期最流行、影响最大的亚历山大传奇故事为《征服者的故事》，而《征服者的故事》是那不勒斯大祭司利奥（Archpriest Leo）从一本被称为伪卡里斯提尼手稿翻译为拉丁文的（约950年左右）。

"在13、14世纪，从《征服者的故事》衍生出大量散文体的亚历山大传奇，在当

---

① 本资料由英籍学者诸玄识先生提供并翻译。

第四章　西方学统核心历史概念重重虚构

时广受欢迎。散文体的意大利语亚历山大传奇多是在 1472—1502 年间出版的,3 个流传下来的版本都是在威尼斯印刷的。1433 年,《征服者的故事》被翻译成捷克语,于 1513 年在比尔森(Pilsen)出版。此外,它还被译成波兰语,于 1550 年在克拉科夫出版,并在 1611—1766 年期间 9 次重印。……

"有关亚历山大的各种书籍成了中世纪后期的历史学家、百科全书编纂者、诗人、牧师和神话收集者的素材来源。"①

伪卡里斯提尼手稿

"艾萨克·卡索邦(Isaac Casaubon)在巴黎见到一本希腊文的亚历山大传奇手稿,上面注明是亚历山大时期逍遥派哲学家卡里斯提尼撰写的。艾萨克·卡索邦坚定地认为这是一部打着卡里斯提尼旗号的手稿,并在 1605 年写给 J.J.斯卡利杰的信中认为这是一部伪卡里斯提尼手稿,这一称谓被后世探讨希腊文本的学者沿用。"②

何以见得卡利斯提尼手稿是伪书呢?

原来,据说卡利斯提尼是亚里士多德的侄子,《亚历山大传奇》叙述了亚历山大最后的日子,而得卡利斯提尼据说在亚历山大离世前 4 年即已亡故。

"在伪卡利斯提尼的著作中,已经先后汇集了一大批最为荒诞不经的故事。其中某些故事深受描述过亚历山大真实生平的史学家们的启发,如斯特拉波、阿利安(Arrien)等人。其他都是些晚期的和已经经过润色的著作。我们还应从中加入那些伪托书信:亚历山大致亚里士多德,或是致其母奥林匹亚斯(Olympïas)王后的书信③。《亚历山大传奇》也从埃及、波斯、东方的史料中汲取素材,诸如有关塞米拉米斯(Sémiramis)的传奇故事。"④

"《亚历山大传奇》没有任何创新的东西,而是将一切都混合在一起,使所有的魔怪都在世界的边缘地带游荡,收集了对所有神话地区全部的描述。半人牛马的神人、搜寻金刚石的巨鸟、女仙子、世尊、锯掉腿的人、探测海底的玻璃盒子、大

---

①[美]唐纳德·F.拉赫:《欧洲形成中的亚洲》中译本第 2 卷第 2 册,第 119 页,人民出版社,2013 年 3 月。
②[美]唐纳德·F.拉赫:《欧洲形成中的亚洲》中译本第 2 卷第 2 册,第 146 页注,人民出版社,2013 年 3 月。
③注:人们写了许多伪托的马其顿人菲利普致汉尼拔(Hannibal)的书信。这种做法一直持续到 19 世纪。
④[法]F.-B.于格、E.于格:《海市蜃楼中的帝国——丝绸之路上的人神与神话》中译本,第 42 页,中国藏学出版社,2013 年 11 月第 1 版。

象墓地等。"①

亚历山大东征何其遥远、神速也

"我们来看一下地图：在亚历山大之前，没有任何人从西方到东方走得那么遥远，也未曾走得那样疾速。

"公元前335年，亚历山大在21岁时，就已经成为希腊之主。

"次年，他越过了赫勒斯滂（Hellespont），也就是我们所说的达达尼尔海峡（Dardanelles），占领了小亚细亚、腓尼基（Phénicie）和叙利亚。他继续进军到埃及并夺取了此地。他甚至还赢得时间，在那里的尼罗河两岸建立了诸多亚历山大城（Alexandrie）中的最著名者，而所有这一切只用了不足两年的时间。

"经过向南方的这次推进之后，他又转向了东方，先渡过幼发拉底河，又渡过尼尼微（Ninive）附近的底格里斯河（Tigre），以进攻阿契尼德帝国的心脏地区。

"大流士在高加米（Gaugamel）被击溃，希腊人夺取了巴比伦、苏萨（Suse）、柏斯伯利斯。这支军队然后又向梅底亚（Médie）出发，一直到达里海。

"亚历山大再从那里兴师，进入了丝绸之路网的中心——中亚地区，如乌兹别克人、塔吉克人、土库曼人、哈萨克人、柯尔克孜人和阿富汗人的领土。

"这些地区后来都以帕拉亚（Parthie，安息）、索格底亚纳（Sogdiane，康居）、巴克特里亚（Bactriane，大夏）之名而著称。

"亚历山大向东北方的这种推进，一直将他带到了今霍真特（忽甄，Khodjend，前列宁纳巴德）地区，并在那里修造与整个城市网联系起来的远东亚历山大城，包括商行、军镇。斯基泰人贩运的许多产品，都从赛里斯国输到了位于世界另一端的这座城市。

"在喀布尔附近，也有一座亚历山大城，但它却获得一个奇怪的名字——高加索的亚历山大城。

"马其顿人明显是沿兴都库什——喜马拉雅山脉向阿富汗以北延伸，与高加索相混淆了。他们坚信其首领可与狄奥尼修斯（Dionysos）相媲美。据传说认为，狄奥尼修斯曾经通过高加索而进入印度。"②

---

① [法]F·-B.于格、E.于格：《海市蜃楼中的帝国——丝绸之路上的人神与神话》中译本，第43页，中国藏学出版社，2013年11月第1版。

② [法]F·-B.于格、E.于格：《海市蜃楼中的帝国——丝绸之路上的人神与神话》中译本，第26页，中国藏学出版社，2013年11月第1版。

这些传奇故事起源于何时呢?

来源于中世纪探险家们的游记。"实际上,这些奇迹或残酷行为中,没有一种不是我们在中世纪探险家们的游记中、阿拉伯文手稿中、一种大教堂的震耳喊叫声中、在赛里斯国中……早就遇到过的。"①

15、16世纪关于亚历山大传说的资料

"欧洲人对亚历山大的认识在15世纪发生了转变,这时,许多希腊历史著作被重新发现,并译成欧洲各国文字。这些材料明显地分为两类,一类是在中世纪就广为人知或部分为人所知,并被各国撰写亚历山大传奇的作家使用过的材料;另一类是仅在文艺复兴时期被发掘出来,但很快传播开来的材料。

"第一类材料中有昆图斯·库尔提乌斯·鲁福斯的著作;庞培·特罗古斯(Pompeius Trogus)的《腓利史》(*Historiae Philippicae*),后来贾斯廷把它摘录、删减、压缩成《〈腓利史〉概要》(*Epitome of Pompeius Trogum*);保卢斯·奥罗修斯(Paulus Orosius)的《反异教史七卷》(*Seven Books of Histories Directed against the Pagan*)。库尔提乌斯撰写的亚历山大传是一部非常重要的著作,但带有浓厚的浪漫色彩,该书1438年由人文主义者皮埃尔·坎迪多·德辛布里奥(Pier Candido Decembrio)翻译成意大利语,不久又从意大利语转译成卡斯蒂利亚语和瓦伦西亚语(Valencian)。1468年,卢塞纳的显要瓦斯科·费尔南德斯(Vasco Fernandez)将库尔提乌斯的著作翻译成法文,瓦斯科·费尔南德斯出身于葡萄牙望族,和勃艮第宫廷有渊源关系。费尔南德斯在翻译时有意删去了那些浪漫虚构的内容,充实了古代历史学家真实的描绘。他的译本不管是手抄本还是印刷版,都非常受欢迎。1500—1555年期间,费尔南德斯的译本以昂贵的插图版重印7次。主要是满足欧洲皇室、贵族的需要。索利努斯和奥罗修斯的著作在文艺复兴时期仍然受到欢迎,在15、16世纪多次重印。"②

15世纪发掘出来的亚历山大故事包括阿里安的亚历山大史,依然被视为关于这位征服者的生平的普鲁塔赫的《希腊罗马名人传》(*Parallel Lives*)、狄奥多罗斯·西库鲁斯的巨著《历史文库》(*Bibliotheca Historica*)第16卷和17卷的可靠来源。阿里安的亚历山大史在大约15世纪30年代,由皮埃尔·帕奥罗·维格里(Pier Paolo Vergeri)首次翻译成拉丁语,在15世纪后半叶,由巴托洛梅奥·法齐奥(Bar-

---

① [法]F·-B.于格、E.于格:《海市蜃楼中的帝国——丝绸之路上的人神与神话》中译本,第43页,中国藏学出版社,2013年11月第1版。
② [美]唐纳德·F.拉赫:《欧洲形成中的亚洲》中译本第2卷第2册,第123页,人民出版社,2013年3月。

tolomeo Facio）和贾科莫·柯罗（Giacomo Curlo）进一步修订完善。从14世纪末到15世纪中期，普鲁塔赫的《希腊罗马名人传》陆陆续续地翻译成其他语言，最后由瓜里诺·达·韦洛纳（Guarino da Verona）形成一个拉丁文定本。现存的希腊语权威版本是1517年出版的。16世纪初期，克劳德·德·塞瑟尔将狄奥多斯·西库鲁斯的《历史文库》第18卷至第20卷翻译成法语，命名为《亚历山大大帝的丰功伟绩》。

亚历山大形象的逐步构建

"'历史上的亚历山大形象'从希腊历史学家，特别是意大利和法国的人文主义者的翻译和著作中，一步一步建构起来。对于那些痴迷于希腊古典著作的人来说，亚历山大是一位为了希腊文明而远征印度的使者，瓦斯科·德·卢塞纳宣称亚历山大的东征显示出东方不需要付出太大的代价就能够被征服；当然，他的话也暗示出，一个用基督思想武装起来的西方王子更容易让东方屈服于他的意志。对文艺复兴初期的欧洲人来说，亚历山大不仅仅是一个具有骑士精神的英雄，而且越来越变成一个精通战争艺术的哲人王，用自己的不懈努力和天赋才华，完美地诠释了他巨大的人格魅力。"①

人文主义者明知亚历山大故事为虚构，却喜爱有加

"尽管人文主义者们否认亚历山大故事的真实性，但被神化了的亚历山大的故事和传说依然受到普通读者和文人学士的喜爱。13世纪时，奎里奇乌斯·第·斯波莱托（Qualichius di Spoleto）首次将《征服者的故事》翻译成意大利诗句。此后，在公众聚会的场合每每被传诵或吟唱，成了大众娱乐的一项内容。1430年，古比奥（Gubbio）的一位匿名作者写了一首诗——《亚历山大韵文传奇》（*Alessandreida in Rima*），这首诗由12节组成，1512年首次发表，在16世纪多次重印。"②

"博亚尔多的《热恋的奥兰多》（*Orlando Innamorato*）可能有几处不经意地借鉴了亚历山大故事中的人物和主题，让他的观众有一种熟悉感。这完全有可能，因为从1472年到1502年，意大利至少出版了6部关于亚历山大的书，而这期间，博亚尔多正创作他的《热恋的奥兰多》。亚历山大传奇是1521年的一个诗体滑稽模仿剧的主题，是当时供罗马教皇利奥十世宫廷娱乐而创作的。多美尼科·法鲁吉奥（Domenico Falugio）将亚历山大的故事写成《伟大的胜利》（*Trionfo Magno*），现存版

---

① [美]唐纳德·F.拉赫：《欧洲形成中的亚洲》中译本第2卷第2册，第124页，人民出版社，2013年3月。

② [美]唐纳德·F.拉赫：《欧洲形成中的亚洲》中译本第2卷第2册，第124页，人民出版社，2013年3月。

第四章　西方学统核心历史概念重重虚构

本的封面上是一幅精彩的木版画,画面上亚历山大坐在大象拉的车子上,胜利归来。几年之后的1529年,威尼斯出版了一本关于亚历山大的政治讽刺作品。显而易见,在意大利,除了那些对收藏保存下来的亚历山大故事感兴趣的人文主义者外,人们不再以严肃的目光看待亚历山大了。"①

"与意大利不同,北欧对亚历山大故事的兴趣和信任要长久一些。乔叟(Chaucer)的《教士的故事》中有这样的诗句:

亚历山大大帝声名远播,

任何人,除非白痴,

都会听说一点或熟知他的故事。

"1472年,约翰·哈特利布(Johann Hartlieb)在奥格斯堡出版了他翻译的《征服者的故事》,译名为 Das Buch der Geschichte des grossen Alexander,他的译本多次重印。后来又出现了德语版的《王子之镜》,或曰《道德指南手册》,其中婆罗门教教主丁第玛斯和他的教导被提升为王子的楷模和行动指南。不过可惜的是,亚历山大却没有以丁第玛斯为榜样,这一点正如哈特利布指出的,让亚历山大遗憾不已。1558年,汉斯·萨克斯撰写他的悲剧《亚历山大》时,主要参考了哈特利布的著作。同样,德国人文主义者威利巴尔德·皮克海默坦承自己在阅读了台阿纳的阿波罗尼乌斯与印度圣哲的关系以后,对婆罗门教徒非常感兴趣。在托马斯·莫尔的《乌托邦》里面,gymnosophaon 用来指哲学家。塞巴斯蒂安·明斯特被他同时代的人称为德国的斯特拉波,他在著名的《宇宙志》(德文版,1544年;拉丁文版,1550年)中描述亚历山大在印度的历险以为亚历山大遇到亚马逊女战士、婆罗门教徒时,把尤利乌斯·瓦勒里乌斯的《亚历山大大帝远征记》概要、亚历山大和亚里士多德的通信、《亚历山大与丁第玛斯书信集》,作为真实的材料加以引用。明斯特这样写道:'古人杜撰了很多可能生活在印度的怪物……但没有一个欧洲人曾经看见过这些怪物。不过,我不怪罪于上帝,上帝造人是非常了不起的,上帝的智慧也是难以道尽的。'这似乎是最后一次把亚历山大传奇当作历史来源。"②

德语亚历山大故事的书名为《真实的谎言》

"米兰希顿曾允诺要撰写一部亚历山大史,但一直没有动笔,他公开质疑把亚

---

① [美]唐纳德·F.拉赫:《欧洲形成中的亚洲》中译本第2卷第2册,第124—125页,人民出版社,2013年3月。

② [美]唐纳德·F.拉赫:《欧洲形成中的亚洲》中译本第2卷第2册,第125—126页,人民出版社,2013年3月。

历山大传奇当作历史。16世纪末,作为一次语言练习,加布里埃尔·罗伦哈根(Gabriel Rollenhagen)将亚历山大故事翻译成德语,名为《真实的谎言》(Wahrhaffte Lüge),而这本书在17世纪竟非常流行!"①

亚历山大的传说林林总总,存在于几乎所有民族之中

"作为伊斯兰教支柱的亚历山大,列于佛陀身旁的亚历山大,基督教圣人亚历山大,亚伯拉罕的后裔亚历山大,法老的儿子亚历山大,大流士的儿子亚历山大,大海深处的亚历山大,空中的亚历山大,坦诚的亚历山大,哥特人的亚历山大,狡猾的亚历山大,埃塞俄比亚人的亚历山大,塞尔维亚人的亚历山大……

"没有任何一种神话的变种不会出现,……从古斯洛文尼亚语(Vieux-Slovène)到泰语,这种传说一直在用所有的语言讲述,这位马其顿王始终被所有宗教、所有民族和所有事业纳入自我之中。没有一项事业,不被归于他的名下。他不断将一切都推向了可能性和可信性的极限,标志着人类能力的限度。他是全世界的正面英雄。"②

既然是存在于所有民族之中的故事,就不是一个民族的故事,因此一定不是所谓古希腊或马其顿的故事。

亚历山大大帝故事的中东版

现存各种语言的亚历山大大帝的故事不下80个版本。在波斯的史诗里,亚历山大变成了突厥帝国的国王了。

"讲到波斯人,斐尔都西所著的史诗《沙那美》,特别值得提起——这是一首英雄叙事诗,计有6万诗节,革勒斯曾经从里面摘译出来很多。斐尔都西生于公元11世纪的初叶,在麦玛特大帝朝廷上做事,这个朝廷在加斯拉,在喀布尔和堪达哈尔的东面。这首著名的史诗以伊兰(就是西波斯本部)的古英雄传说为题材,但是它的内容既然是诗,它的作者又是一个穆罕默德教徒,所以它并没有信史的价值。伊兰和都兰的冲突经过,这首英雄诗里也描写到了。伊兰是波斯本部——乌浒河以南的山地;都兰是指乌浒河流域以及乌浒和古药杀两河之间的地方。它提起亚历山大,把他叫作意希庚大或者是鲁姆的斯庚大。鲁姆是指突厥帝国(现在这个帝国还有一省叫作鲁米利亚),但是同时也指罗马人;在这首诗里又把亚历山大的

---

① [美]唐纳德·F.拉赫:《欧洲形成中的亚洲》中译本第2卷第2册,第126页,人民出版社,2013年3月。

② [法]F·—B.于格、E.于格:《海市蜃楼中的帝国——丝绸之路上的人神与神话》中译本,第41页,中国藏学出版社,2013年11月第1版。

帝国同样叫作鲁姆。……诗中叙述伊兰国王和马其顿王菲力普交战,把后者打败了。伊兰国王于是要求把菲力普王的女儿娶为妻室;等到他和她同居一个时期以后,却因为她的气息难闻,把她打发回去。她回到她的父亲那里,生产了一个儿子——斯庚大,他当他的父亲伊兰国王去世的时候,便赶忙到伊兰去接位。"①

亚历山大大帝在这里是菲力普的外孙,成了伊朗国王。

亚历山大大帝故事的阿拉伯版

"亚历山大在一次罕见的战斗中杀死了敌手。他接着又向中国中原地区和吐蕃进军。那里的国王也承认了他的宗教主权,向他奉献纳贡。他迫使所有的国王归附并在他所征服的小王国中安置了人员和官吏之后又沿呼罗珊大道而进入突厥草原。这样一来,他在吐蕃建立了自己的驻军,在中国内地也是这样干的。他在呼罗珊设县制并在其整个远征途中筑城。"②

《古兰经》传播地区都有亚历山大故事的流传

"在《古兰经》传播的所有地方,亚历山大的传奇故事都在流传,并由此而产生了其他传说。波斯诗人夺占了这种神话。这些诗人中名声最大者费尔都西(Firdousi),便于公元1000年左右,写过一部很长的史诗《列王记》,他为亚历山大专设一章。在真实的英雄事业之后的13个世纪时,亚历山大大帝不再是摧毁阿契美尼德人的破坏者了,而是变成了一个民族英雄、穆斯林和波斯人。"③

亚历山大故事在欧洲的流传晚于在伊斯兰地区的传播

"亚历山大远征史是一部由最优秀作家们写成的历史,但也是一部在港口和沙漠骆驼队客栈讲述的故事集。……从11世纪起,有关亚历山大东征史的通俗语言译本日益增多,其中包括庇卡底(Picard)方言和法文—普罗旺斯(Franco—provencal)方言的译本。那些信撰写的著作也都彼此之间互相交错和互相借鉴,但它们全部都取得了一种巨大成功。这些编译本之一,也就是12世纪末的伯奈(Bernay)的亚历山大和彼埃尔·德·圣—克鲁(Pierre de Saint—Cloud)的编译本,实际上是用12音步的庇卡底方言诗写成的。这种方法取得了成功:人们无可争辩地发明了一种亚历山大文体,或者我们更应该说12音节的诗刚刚被正名。

---

① [德]黑格尔:《历史哲学》王造时中译本,第187—188页,上海书店出版社,1999年9月。
② [古阿拉伯]马苏第:《黄金草原》中译本上册,第339页,青海人民出版社、人民出版社,2013年7月第1版。
③ [法]F·—B.于格,E.于格:《海市蜃楼中的帝国——丝绸之路上的人神与神话》中译本,第58页,中国藏学出版社,2013年11月第1版。

"在这种中世纪的史诗中,亚历山大具有了勇士或勇敢骑士的一切特征,他们那些娓娓动听的冒险故事把他引向了一个最具神话特色的地区,即天际的最高界,或是深渊的最低处,带有古代史中晚期或具有外国情调的一大批可以预料到的财宝、怪兽、巫士。传奇故事变成了所有幻觉的汇聚处,也是对所有神奇故事的汇编。

"在这种文学内部,始终是12世纪的沙提雍的高狄埃(Gautier de Chatillon)的《亚历山大传》占据着一种特殊的位置。它被奉为一部经典著作,一部不朽的书。人们毫不犹豫地赋予它一种诸如维吉尔(Virgil)的作品那样的史诗价值。"[1]

"亚历山大"来源于《古兰经》的"双角王"

亚历山大本来是阿拉伯民族英雄,在阿拉伯语中"亚历山大"叫"伊斯坎达尔"(Iskandar)。

"通过波斯人和阿拉伯人,也是通过海员、商贾和征服者,由于安拉的朝觐人,特别是由于数百万人不断重复的一部书,亚历山大也出现在伊斯兰教的大路上了。他现在在通向麦加的大道上,到处都被奉为伊斯兰教的英雄、先知或先知摩西的启示人。这完全是由于《古兰经》中最神秘的经文之一——第18章《山洞》的原因,马其顿王于其中成了左勒盖尔奈英,本意为'双角王'。"[2]

古希腊亚历山大大帝围攻中国的战斗

"这样一来,在《诡计书》中,又出现了一位特殊的使者。当时正值那名征服者的军队向东进军的时间。一天晚上,当亚历山大围攻一座中国城市时,他于其帐篷中督战,一名使者出现了。使者要求密谈。人们搜查了他,然后同意他进入中军帐。当他独自一人与马其顿国王在一起时,陌生人泄露了其身份。他就是中国的国王,前来与希腊人议和,当然是借助于纳贡面议和了。他们长时间地谈判,赛里斯人作为臣服的保证金而应交纳贡银。在开始时,盛气凌人的亚历山大索求巨额款项。但其谈判对手机智而又有耐心,每次都迫使他减少其索求的贡银。如果亚历山大索求更多的黄金,那将会有混乱、暴动……最后,马其顿王被那个中国人的外交艺术说服了,仅满足于一笔几近于象征性的贡银了。他们互相道别。次日,中国国王率

---

[1] [法]F·—B.于格、E.于格:《海市蜃楼中的帝国——丝绸之路上的人神与神话》中译本,第60页,中国藏学出版社,2013年11月第1版。

[2] [法]F·—B.于格、E.于格:《海市蜃楼中的帝国——丝绸之路上的人神与神话》中译本,第53—54页,中国藏学出版社,2013年11月第1版。

领一支大军出现了,并包围了希腊人。"①

古都长安为亚历山大大帝创立,万里长城为亚历山大大帝修造

"民间的迷信,文人们讲述得更加与众不同。最早有关地理科学的重要论著之一,便是阿米安·玛尔塞兰(Ammien Marcellin,公元350年左右)的那部著作(《罗马史》——译者),书中提供了这位大征服者在中国的存在证据:根据翔实可靠的史料记载,作者清楚地知道这位马其顿国王在中国竖起了一根镌刻着其名字的柱子。公元4世纪的修道人帕拉第乌斯的(Palladius)《劳苏的历史》,也是一部导游书,提到了另一种证据:埃及阿杜利斯(Adoulis)的主教缪斯(Musée)曾访问赛里斯国。他证明了由大征服人亚历山大建筑起来的一座具有历史文物特征的建筑。阿拉伯文文献甚至将建筑长安帝京的功劳也归于这位马其顿国王。更有甚者,公元10世纪的阿拉伯大学者和舆地学家马苏第(Masoudi)将修造中国万里长城的功劳也归功于亚历山大名下,而且这一切还形成一种持续时间悠久的传说。马苏第认为,世界共分成了几个大区,'东方区包括中国和新罗(Silla)。它以万里长城为界,长城系由亚历山大王所筑,这是为了保护其人免受雅朱者人和马朱者诸种族的人攻击。'"②

今天喜马拉雅山还有人自称是亚历山大的后裔

"亚历山大在回教里面继续作为传说中的一个英雄而流传着;直到今天,喜马拉雅山的一些小酋长们还自称是亚历山大的后裔。(也许这在今天已经不再是事实,因为怀有这种信仰的人们的儿子已经在伊顿公学受教育了)没有任何别的真正历史上的英雄,曾经提供过如此之丰富的神话想象的材料。"③

著名西方哲学史家,维护虚构传说,捕风捉影,不遗余力。

第三节　虚构"亚历山大里亚学术中心"

马其顿蛮王亚历山大大帝死后,其部将托勒密组建了托勒密王朝,在埃及亚历山大里亚城建成了据说长达6公里的图书馆,同时还建了规模宏大的博物院,

---

① [法]F·-B.于格、E.于格:《海市蜃楼中的帝国——丝绸之路上的人神与神话》中译本,第24—25页,中国藏学出版社,2013年11月第1版。
② [法]F·-B.于格、E.于格:《海市蜃楼中的帝国——丝绸之路上的人神与神话》中译本,第22—23页,中国藏学出版社,2013年11月第1版。
③ [英]罗素:《西方哲学史》中译本上卷,第283页,商务印书馆1963年9月。

并由国家出资,养了一大批职业学者、科学家。

"托勒密朝诸王曾经在亚历山大里亚奖励学术,罗致学者,这一方面是由于国王们自己对学术有兴趣,另一方面也是由于有十分适合的条件。他们建立了著名的大图书馆,并且把旧约圣经翻成希腊文藏在馆内。恺撒毁灭了这图书馆,但是以后又重建了。那里还有一座博物院,也就是我们今天所谓的科学院,当时有许多哲学家和专门学者住在里面,领着薪俸,除了研究学问以外没有别的职责。以后,这一类的学术机关在雅典也设立了,每一个哲学派别都有它自己的公开的会所,不分轩轾。"①

太阳像伯罗奔尼撒一样大

阿那克萨戈拉(Anaxagoras)"宣称太阳是一块红热的金属,比伯罗奔尼撒半岛还要大。"②

本来古希腊人知识非常贫乏,"希腊人的思想还受到缺乏知识的妨碍,这一点在我们今天看来几乎是不能想象的。他们简直对人类的以往毫无所知,最多不过有些锐利的猜测。他们的地理知识超不出地中海盆地和波斯边境的范围。……他们的天文观念还处在初步推测的状态,阿那克萨哥拉非常大胆,把日月设想为巨大的天体,巨大到太阳大概和'整个伯罗奔尼撒一样大'。"③

就是在这样一种非常低级的学术基础之上,进入希腊化时代(公元前3世纪),一下子就可以凭空测量出地球的直径。据说亚历山大里亚的科学家"埃拉托斯特测量地球大小所得出的数据,与实际直径只差50英里。"④

"把一个球面上的天文位置,就是想象的黄纬圈和子午圈,去和旅行家和官员们所报告的城市、河流和海岸的位置联系起来,这就等于量度地球的大小。第一次完成这样工作的是博学院院长赛瑞尼(Cyrene)的埃拉托色尼(Eratosthenes)(前275—前194),他求得的圆周值是24,700 哩,误差只250 哩。"⑤

亚历山大学校的神话

"亚历山大的去世使希腊摆脱了对马其顿的屈从,造成了希腊人对亚里士多德亲自创建并与亚历山大本人有联系的雅典学园教师的迫害。在这一迫害中,连

---

① 黑格尔:《哲学史讲演录》中译本第3卷,第176—177页,商务印书馆,1959年12月第1版。

② [古希腊]第欧根尼·拉尔修:《名哲言行录》中译本上册,第88页,吉林人民出版社,2002年。

③ [英]乔·韦尔斯:《世界史纲》中文版,第363页,吴文藻、谢冰心、费孝通等译。

④ [英]乔·韦尔斯:《世界史纲》中译本,第406页,吴文藻、谢冰心、费孝通等译,广西师范大学出版社,2001年。

⑤ 贝尔纳:《历史上的科学》中译本第1版,第125页,科学出版社,1959年9月。

第四章　西方学统核心历史概念重重虚构

亚里士多德本人也未能幸免。他在离开雅典时说,他不忍心再给雅典人对哲学犯罪的机会。当雅典人判决亚里士多德死刑时,他们已经没有机会执行这一判决,因为亚里士多德在离开雅典数月之后已在呼勒吉迪亚去世了。

"在此情况下,那些受迫害者自然要去寻求与他们的哲学倾向相一致的新的避难地,于是他们就选择了由亚历山大亲自设计建造的这个亚历山大城为归宿地。在这个被誉为地中海滨最美丽的城市中,受迫害者兴建了他们的学校,这个学校传播逍遥派哲学达8个世纪之久,直至穆斯林征服它为止。

"在亚历山大城里开办了一所倾向于新柏拉图主义的哲学学校,其创建人是柏拉图的弟子安莫纽·萨卡斯(175—250),这位柏拉图哲学最伟大的革新者,以'负囊者'而著称于世。"①

亚历山大里亚派的哲学成就

"亚历山大里亚从很早的时候起,尤其是在托勒密朝的时候,就是学术重镇。这座城市是各种科学的中心点,东方和西方各个民族的宗教与神话,以及他们的历史,都在这里交流混合,这种结合,从宗教方面说,是采取多方面的形式的。……比较纯粹的产物,就是亚历山大里亚学派哲学。

"……在亚历山大里亚发生过一种哲学,并不傍依某一特定的古代哲学派别,而是把一些不同的哲学系统结合起来,特别是结合毕泰戈拉派、柏拉图派、亚里士多德派的哲学,并且阐述这些派别的哲学,所以这种哲学常常被称为折中主义。……

"亚历山大里亚派拿柏拉图哲学当作基础,但是却利用了整个哲学的发展,这个发展,他们是在柏拉图之后通过亚里士多德和以后的各种(斯多葛派)哲学而获得的;换句话说,他们以一种更高的文化把这些哲学系统重新武装了起来——在柏罗丁那里,我们找不到反驳。

"在这种更高的文化里,特别有一个更深刻的原则,就是认为绝对本质应该是自我意识,认为自我意识正是相对本质的本质,因此自我意识也就在个别的意识里面。……但是在更高的意义之下,有一个对于理念的更进一步的观点,就是把以前的那些个别的、片面的、仅仅包含理念的环节的原则结合起来,以一个更具体、更深刻的理念把这些环节结合为一。因此柏拉图也是折中派,他结合了毕泰戈拉、赫拉克里特、巴门尼德,因此亚历山大里亚派也是折中派……"

---

①[伊拉克]穆萨·穆萨威:《阿拉伯哲学——从铿迭到伊本·鲁西德》1977年阿拉伯文第2版中译本,第19—20页,商务印书馆,1997年1月第1版。

亚历山大里亚学派惯常被人称为"折中派"

"……不过,亚历山大里亚学派并不是折中派。……亚历山大里亚派有更深刻的观点,他们既是毕泰戈拉派,也是柏拉图派和亚里士多德派。过去的一切哲学系统,都可以在他们的系统里找到它们的地位。"①

"一切较早的哲学系统都消失在新柏拉图派哲学里面。新柏拉图派与以前的各个学派不同,并没有建立起这样的一个自己的学派;它只是把一切哲学在自身中结合起来,以研究柏拉图、亚里士多德和毕泰戈拉派为他们的主要特色。与这种研究相结合的,是对各种著作的考释,其目的是把它们的哲学思想结合起来,指出它们的统一。新柏拉图派的哲学大师们所做的工作多是讲解各种不同的哲学著作,特别是柏拉图和亚里士多德的著作。"②

亚历山大里亚派对所谓的哲学史有什么贡献吗?没有!

亚历山大里亚派的哲学家们,据说不过是对柏拉图和亚里士多德的著作进行了注释或摘要工作而已。"安莫纽·萨卡斯据说是这个学派最初或最出名的教师之一;他死于基督降生后二四三年。可是他没有任何著作流传下来,也没有任何关于他的哲学的传说流传下来。这时哲学工作最主要的方式是在于注解柏拉图和亚里士多德的著作或对这些哲学作摘要。"③

"古代哲学家著作的注解,不是口述的,就是笔录的;我们现在还保存着许多这一类的注解,这些东西里面有一部分是很出色的。注解亚里士多德著作的是阿芙罗狄的亚历山大、罗得斯的安德罗尼柯、大马士革的尼古劳,还有波尔费留。柏拉图的注解者是努美纽、底尔的马克西谟。另外还有一些亚历山大里亚学派的学者详细地注解了柏拉图,因而同时也认识了另一些学派的哲学,并且对理念的各种不同方式的统一之点也了解得非常清楚。最好的注解都出于这个时代;普罗克洛最大部分的著作是对柏拉图的个别对话等等著作的注解。"④

再看亚历山大里亚派主要哲学家柏罗丁。"柏拉图的思想和语言对柏罗丁是特别有支配力的;不过亚里士多德的思想对他也同等有力。我们可以说柏罗丁是一个新柏拉图派,也同样可以说他是新亚里士多德派。他的书里有很多表现方法完全是亚里士多德式的。亚里士多德所用的名词像'可能性'、'现实性'等等,在柏

---

①黑格尔:《哲学史讲演录》中译本第3卷,第174—177页,商务印书馆,1959年12月第1版。
②黑格尔:《哲学史讲演录》中译本第3卷,第177页,商务印书馆,1959年12月第1版。
③黑格尔:《哲学史讲演录》中译本第3卷,第177页,商务印书馆,1959年12月第1版。
④黑格尔:《哲学史讲演录》中译本第3卷,第177—178页,商务印书馆,1959年12月第1版。

第四章 西方学统核心历史概念重重虚构

罗丁的著作里也同样占重要地位。这些东西的关系是他所研究的主要对象。主要的是我们不能认为他与柏拉图和亚里士多德对立,甚至于斯多葛派的思维、逻各斯他也采用了。"①

柏罗丁的著名弟子波尔费留写了柏罗丁的传记,把柏罗丁写成了一个有法术的人。黑格尔说:"应该把这种事让给文学去管。"柏罗丁的另一名弟子扬布利可,黑格尔评论道:"他的哲学著作并没有什么特色,只不过是一些编纂出来的东西而已。"②

另一位晚期亚历山大里亚派哲学家普罗克洛,于412年生于君士坦丁堡,于485年死于雅典,但大部分时间是同普鲁泰克一起在雅典居住和研究。……他首先到亚历山大里亚研究修辞学和哲学,后来才到雅典从普鲁泰克和柏拉图派须里安研究。他在这里先研究亚里士多德哲学,后来研究柏拉图哲学。

更离谱的是,一般说来,西方不同宗教间相互排斥、很难相容,而这位新柏拉图派分子却能够兼容并蓄。"普罗克洛学习了一切有关秘法的东西、奥尔斐的诗歌、黑梅斯的著作以及各式各样的宗教社团,因此随便他到哪里,他对异教徒的崇拜仪式比那些专司仪式的祭司还知道得更清楚些。据说普罗克洛本人曾被导引进各种异教的秘法。他本人奉行最不相同的各个民族的一切宗教节日和仪式。他甚至知道埃及人的崇拜仪式,遵守埃及人的净化仪式和礼拜节日,并且他还在某些日子绝食、祈祷和唱颂神诗。"③

关于他曾经信奉很多宗教这一点,他自己也曾说过:"对于一个哲学家来说,光是为一个城的崇拜仪式或少数人的崇拜仪式服务,那是不适宜的,他应该普遍地作全世界的祭司。"他认为奥尔斐是一切希腊神学的创始者,他特别认为奥尔斐和迦勒底的神论具有很大的价值。他曾在雅典教学。自然,他的传记作者马里奴还叙述他做出许多伟大的奇迹,如他曾使天下雨,并曾使酷热消减,如他曾使地震平静、曾医治很多疾病,并且曾经看见神灵的现身。④

"普罗克洛过着一种极其好学的生活。他是一个深刻的、思辨的人,并且掌握了极其广博的知识。我们不禁感到这样一个哲学家的见解和他的门人们后来在他的传记中对他的描述之间有矛盾。他的传记中所提到的神奇事迹,在他本人的著

---

①黑格尔:《哲学史讲演录》中译本第3卷,第181页,商务印书馆,1959年12月第1版。
②黑格尔:《哲学史讲演录》中译本第3卷,第207页,商务印书馆,1959年12月第1版。
③黑格尔:《哲学史讲演录》中译本第3卷,第208页,商务印书馆,1959年12月第1版。
④布鲁克尔:《批评的哲学史》,第2册,第320页。

作中一点儿痕迹也找不到。普罗克洛遗留下很多著作,我们也还保有多种。还有几种数学的著作,例如《论圆形》(De sphaera)就是从他那里得来的。他的哲学著作主要是一些对于柏拉图的对话的注释,对于不同的对话的注释发表在不同的时间,特别著名的是对于《蒂迈欧篇》的注释。但有几种只是手稿,古桑曾对这些手稿最全面地加以整理,并在巴黎出版。"①

从以上所述不难看出,安排亚历山大里亚派科学家与哲学家,不过是为了为虚构古希腊哲学编一个伪学统的传承简历而已。

这个亚历山大里亚派哲学家又称"新柏拉图派哲学家",为后世虚构阿拉伯哲学及经院哲学的源头。

第四节 拜占庭"古希腊手稿"

传说"古希腊文献"在希腊地区澌灭的同时,被集中转移保存在埃及亚历山大里亚缪斯伊恩图书馆。公元640年圣诞节前,阿拉伯人占领了亚历山大里亚,将缪斯伊恩图书馆所藏的几十万卷"古希腊文献"投入全城4000家公共浴室供烧热水之用,偏偏只有亚里士多德的作品逃过了这一劫,后来又被辗转转移到拜占庭。②

在中世纪的欧洲找不到所谓的"古希腊稿本",或者毋宁说根本就不存在什么"古希腊稿本",但是还必须将所编造的古希腊故事进行下去,于是就到意大利及北部欧洲之外去寻找"古希腊稿本",实在找不到,造也得造出来。于是,向东就是这里的拜占庭"古希腊手稿",向西就是通过阿拉伯西班牙辗转得来的所谓阿拉伯译本;最后,连自己也相信了西欧本来就有"古希腊手稿",就是所谓欧洲经院哲学的蓝本。③

所谓欧洲真正的黑暗时期

3世纪以后,想要找一位读过古典书籍的人越来越难。④到6世纪,几乎没有

---

①黑格尔:《哲学史讲演录》中译本第3卷,第209页,商务印书馆,1959年12月第1版。
②参看本书第1章相关考述。
③"阿拉伯译本"和"经院哲学"的问题,于下一节详述。
④雷诺兹、威尔森:《抄写员与学者:希腊罗马文学传递指南》,牛津:牛津大学出版社克拉伦登分社,1968/1991,第48页;转引自[英]彼得·沃森:《人类思想史——浪漫灵魂:从以赛亚到朱熹》中译本,第428页,中央编译出版社,2011年5月第1版。

西方学者懂希腊语了。①

"从6世纪中期到9世纪中期(真正的黑暗时期),没有任何学习古典文学的纪录,几乎没有任何大众教育,也没有遗留下来任何形式的原创著作。"②

"真正的黑暗时期"是针对相信此前有一个"光明时期"而言的,实际上既然不存在一个"光明时期",也就无所谓什么"黑暗时期"。

在西欧见不到所谓古典希腊文献怎么办?于是就向东寻找。这样一来,拜占庭就成了不二之选。

拜占庭是虚构的一个名称

"我们现在把君士坦丁堡讲希腊语的居民称为拜占庭人,这个词第一次在英语中使用是在1853年,也就是这场伟大的攻城战发生400年之后。拜占庭人被认为是罗马帝国的继承者,因此自称罗马人。统领他们的皇帝却有一半塞尔维亚血统和四分之一的意大利血统,而且守军的很大一部分是西欧人,也就是拜占庭人所说的法兰克人、威尼斯人、热那亚人、加泰罗尼亚人,还有一些土耳其人和克利特人,甚至还有一个苏格兰人。"③

历史上本来没有"拜占庭"、"拜占庭人"、"拜占庭帝国"这样的称谓,西方学者为了伪造古典历史的方便,硬是生造出了这样一个概念。

拜占庭保存古典文献的故事

"357年1月1日,在对君士坦提乌斯皇帝的致辞中,拜占庭学者瑟米斯蒂厄斯(Themistius,约317—388)提出了一个能保存古代文学的计划。……他一一列举了最需要保存的作家:柏拉图、亚里士多德、德摩斯梯尼(Demosthenes)、伊梭格拉底斯(Isocrates)和修昔底德。瑟米斯蒂厄斯还提到'荷马和赫希俄德的继承者,克吕西普(Chrysippus)、齐诺和克莱安塞(Cleanthes)等哲学家,还有其他的作家,却没能广泛流传,他们的作品也没能得到保护。'372年,城市长官克利尔库斯(Clearchus)接到命令,指定4个懂希腊语的书记员和3个懂拉丁语的书记员从事抄写和维护书籍的工作。从瑟米斯蒂厄斯提出这个想法后又过了15年这项工作

---

① [英]彼得·沃森:《人类思想史——浪漫灵魂:从以赛亚到朱熹》中译本,第429页,中央编译出版社,2011年5月第1版。

② [英]彼得·沃森:《人类思想史——浪漫灵魂:从以赛亚到朱熹》中译本,第428页,中央编译出版社,2011年5月第1版。

③ [英]罗杰·克劳利:《1453君士坦丁堡之战》中译本,第13—14页,社会科学文献出版社,2014年6月。

才最终完成。"①

"古希腊手稿"由拜占庭人传抄下来

"值得一提的是,大多数流传至今的古希腊文学作品都是由拜占庭人在公元9世纪和10世纪根据原稿抄写而保留下来的。"②

20世纪40年代的一部关于拜占庭的经典著作《拜占庭帝国》结尾处写道:"拜占庭帝国是古典时代的希腊、罗马文明跨越时代,得以保存至今的工具,正因为如此,拜占庭帝国可以说是贡献者,而西方可以说是接受者。这一点在文艺复兴时代特别突出,当时出现了崇尚古典文化的热潮,西方发现从拜占庭文化源泉中发掘的古代宝藏能够满足其渴求。拜占庭帝国保存了古代世界的遗产,因此,也就完成了它在世界历史发展中的使命。它从毁灭中拯救并保护了罗马法、希腊文学、希腊哲学和学问,使得这笔宝贵的遗产能够流传给西欧各民族,他们至今仍在接受这笔遗产。"③

这种说法很有代表性,在西欧人眼里,拜占庭仅仅是保存"古希腊文献"的工具。以所谓亚里士多德著作为代表的大批所谓"古希腊手稿",在亚历山大利亚图书馆被焚毁时幸免于难,从非洲被转移到了拜占庭地区,并在六、七百年时间内辗转传抄,最后终于在拜占庭覆灭之后为西欧的文艺复兴做出了贡献;或者说拜占庭的人们几个世纪不懈努力的唯一目的,就是为了在拜占庭覆灭之后为西欧提供服务。

"在整个东罗马帝国,特别是在君士坦丁堡,希腊的传统流传了下来。希腊语不仅是帝国法庭和政府的官方语言,也是东正教、学术交流和文学创作的正式用语。虽然新增的知识和文学作品数量相对较少,但是古典著作受到了虔诚的抄写和研究。评注和百科全书,语法书籍和词典,语录著作和美文选粹等,使古典希腊语存活下来。由于反复抄录,古典经典保存了下来。正如弗雷德里克·哈里森所说,这些不朽的经典文献如果不是在这里被机械地反复抄录,'它们早已不复存在',

---

①[英]彼得·沃森:《人类思想史——浪漫灵魂:从以赛亚到朱熹》中译本,第429页,中央编译出版社,2011年5月第1版。

②[美]沃伦·特里高德:《拜占庭简史》中译本第1版,第174页,上海人民出版社,2008年10月。

③[南]乔治·奥斯特洛格尔斯基:《拜占庭帝国》中译本第1版,第471页,青海人民出版社,2006年6月。

就像其在西方世界已经消失一样。"①

这明显是倒因为果的先验论。首先,拜占庭帝国自始至终都是东正教的天下,与作为异教的所谓古希腊文化不相容。其次,一种学问或者一种文化,一定要有它的使用价值才会流传下来,而这批古希腊文献,既没有在古希腊流传,也不曾在亚历山大里亚传播,更不见对拜占庭帝国有任何影响,仅仅是为了保存而保存、为了传抄而传抄?!"就学术而论学术是当时拜占庭文化的典型特征,他们很少联系实际需求。"②

拜占庭人将"古希腊手稿"带到西欧的传说举例

第一个在西部欧洲大陆赢得声誉的拜占庭学者是早期的反静默派(anti—Hesychast)神学家卡拉布里亚的巴尔拉姆。他的研究涉及哲学、数学、天文学和意大利语等领域。在公元1341年遭到谴责后,巴尔拉姆游历到了阿维农(Avignon)的教皇所在地,加入了西方教会。……在巴尔拉姆之后,其他的拜占庭学者带着希腊文手稿以各自的方式来到了意大利,为这里的人文主义者讲授希腊语和希腊文学。在意大利的拜占庭学者中,最耀眼的明星要数参加了费拉拉—佛罗伦萨宗教会议的柏拉图学派哲学家乔治·盖米斯图斯·普莱松(George Gemistus Plethon)。在会议结束后,普莱松的学生贝萨利昂(Bessarion)荣升为罗马教会的红衣主教,并且成为意大利文艺复兴时期重要的代表人物之一。③

柏拉图著作的炮制时间为1469年④,前此120余年怎么可能有柏拉图学派?

这种说法连英国历史学家也觉得荒谬

"他们关于各种原因的叙述都肤浅到了荒谬的程度。例如,就是这些历史学家们发明了这种荒诞的观念,认为欧洲的文艺复兴乃是由于君士坦丁堡的陷落和学者们随之被驱逐而令觅新居;……这是历史学方法的典型破产,它对真正的解释感到绝望,就默认用一些最细小的原因来解释最巨大的结果。"⑤

---

① [美]查尔斯·霍默·哈斯金斯:《十二世纪文艺复兴》中译本第2版,第199—200页,上海三联书店,2012年6月。
② [美]沃伦·特里高德:《拜占庭简史》中译本第1版,第174页,上海人民出版社,2008年10月。
③ [美]沃伦·特里高德:《拜占庭简史》中译本第1版,第258页,上海人民出版社,2008年10月。
④ 参看本书第1章相关内容。
⑤ [英]柯林武德:《历史的观念》中译本第1版,第129—130页,商务印书馆,1997年9月。

中国文化讲究"三省吾身,传不习乎?"而拜占庭"古希腊手稿"是典型的"传而不习"。抄书需要纸张、人力,羊皮纸贵,不计成本,坚持一两代人也许还说得过去,六、七百年如一日,不断被机械地反复抄录绝无可能。

第五节　阿拉伯哲学与经院哲学

15、16世纪拜占庭"古希腊手稿"引发文艺复兴之说既是杜撰,11、12世纪阿拉伯哲学导致经院哲学也属虚构。

1."阿拉伯哲学"概念属于欧洲的"东方主义"范畴

由阿拉伯哲学刺激而产生经院哲学的故事

"古代和近代欧洲文化中间穿插了一段黑暗时期。回教徒和拜占庭人维护了文明的工具——教育、书籍和治学的闲暇。当西欧摆脱野蛮状态的时候回教徒和拜占庭人都曾给西欧以刺激——回教人主要于公元13世纪,拜占庭人主要于公元15世纪。在两种情况下,这刺激都产生了胜过传导者自身所创造的新思想——一是经院哲学,一是文艺复兴。"①

中世纪所知亚里士多德来自阿拉伯译本说

"阿拉伯人之获知亚里士多德的哲学,这件事具有这样的历史意义:最初乃是通过这条道路,西方才知悉了亚里士多德。对亚里士多德作品的评注和亚里士多德的章句的汇编,对于西方各国,成了哲学的源泉。西方人曾在一个长时期里面,除了这些亚里士多德著作的重译本和阿拉伯人的评注的翻译之外,半点也不认识亚里士多德。由西班牙的阿拉伯人,特别是由西班牙南部、葡萄牙和非洲的犹太人,这些译本现在从阿拉伯文被翻成拉丁文;因此中间常常还经过一次希伯来文的翻译。"②

在西方哲学史中加入阿拉伯哲学,因其为"传导者"

"阿拉伯哲学家们,像阿维森纳和阿威罗伊等人主要都是注释家。总的说来,比较有体系的阿拉伯哲学家们的见解在逻辑和形而上学方面大部分来自亚里士多德和新柏拉图主义者,在医学方面来自盖伦,在数学和化学方面表现某些独创

---

①[英]罗素:《西方哲学史》中译本上卷,第521页,商务印书馆,1963年9月。
②[德]黑格尔:《哲学史讲演录》中译本第3卷,第261页,商务印书馆1959年12月第1版。

性——在后者也还是研究炼金术时偶然遇到的结果。鼎盛时期的回教文明在美术和许多技术方面是值得称赞的……作为一个传导者,它的重要性是不容给予过低评价的。"①

黑格尔说:"阿拉伯人的哲学必须在哲学史中提到。上面已说过,他们很快就专心致志于艺术、科学和哲学。但是我们将谈到的,多半还是关于哲学的外表的保存和传播方面。"②

阿拉伯"百年翻译运动"(8—10世纪)神话

"倭马亚王朝时期,穆斯林开始翻译希腊古籍,但那是个别人的工作……正规地大量从事翻译工作,发生在从阿拔斯王朝初期开始的'百年翻译运动'时期。这一时期可分为三个时期:

"第一个时期的译书,多为波斯文和印度文的古籍。

"第二个时期,从麦蒙到第19代哈里发嘎希尔(813—934)。麦蒙设翻译馆,分为希腊文、叙利亚文和迦尔底文3个部门。他还聘请各方学者集中在巴格达,从事有计划、正规的翻译工作。当时主持翻译馆者,为基督教徒胡奈因等。在这期间,希腊、波斯的古籍,包括哲学、医学、文学、天文学、地理学等,几乎完全被译成阿拉伯文或叙利亚文了。这个时期使翻译工作达到了顶峰,是百年翻译的鼎盛时期。

"第三个时期,自10世纪初到11世纪初。

"200年的翻译工作,希腊、波斯的古籍大半译出,如:柏拉图的著作:《理想国》《对话集》《书信集》等8种,亚里士多德的著作:《政治学》《伦理学》《辩论学》《形而上学》《诗学》《修辞学》等19种,……《旧约》的希腊译本,波斯文著作17种,印度梵文著作25种,希伯来文、拉丁文、科普特文、奈柏特文的著作,200年内的译著近千种。"③

著名的阿拉伯语翻译家

伊拉克学者穆萨·穆萨威在其1977年《阿拉伯哲学——从铿迭到伊本·鲁西德》(阿拉伯文第二版)中,列举了4名阿拉伯著名翻译家。

第一位名叫侯奈尼·本·易司哈格,翻译过柏拉图和亚里士多德的著作

"他是在'智慧馆'工作过的杰出人物,是聂斯托里派教徒,早年师从约翰·本·

---

① [英]罗素:《西方哲学史》中译本上卷,第521页,商务印书馆,1963年9月。
② [德]黑格尔:《哲学史讲演录》中译本第3卷,第252页,商务印书馆,1959年12月第1版。
③ 乔治·才丹:《伊斯兰文明史》卷三,第171—175页;转引自纳忠:《阿拉伯通史》上卷,第567—568页,商务印书馆,1997年12月第1版。

马赛维学医。据说,因为他向这位老师提出许多问题而使他气恼,遂被逐走。老师训斥他说:'你只配在街头卖乌勒瓦'。

"于是侯奈尼愤然去罗马,在那里学习医学并精通了希腊语,然后回到巴士拉,跟随当时著名的语言学家哈利勒·本·艾哈迈德,向他学会了阿拉伯语,这样他就精通了四门语言,即波斯语、阿拉伯语、希腊语和古叙利亚语。定居巴格达以后,他开始从事医学实践,并被麦蒙任命为'智慧馆'总管,从此他开始从事从希腊语到古叙利亚语和阿拉伯语的翻译工作。当时哈里发按他翻译的书稿的重量如数赏给他黄金。侯奈尼将柏拉图的《政治篇》《法律篇》《对话录》译成阿拉伯语,又将亚里士多德的《论灵魂》《论生灭》由希腊文译成古叙利亚文。另外他还把希腊医生伽伦的许多著作译成了古叙利亚文。"①

第二位名叫易司哈格·本·侯奈尼,是侯奈尼·本·易司哈格的儿子

易司哈格·本·侯奈尼"像他父亲一样,他是聂斯托里派教徒,在'智慧馆'内充当他父亲的助手。他将柏拉图和亚里士多德的著作以及不少医书译成了阿拉伯文。"

第三位名叫侯拜西·本·哈桑·艾阿姆,是侯奈尼的外甥

"他是侯奈尼的外甥,也是他的一名学生。侯奈尼一直十分器重他,以至人们说:侯奈尼的幸福之一是侯拜西与他做伴。"

第四位名叫沙比特·本·古赖,翻译了亚里士多德的《物理学》

"他是萨比教徒,由哈兰移居到巴格达,以精通星相学、医学和哲学闻名于世,是哈里发穆塔迪德朝廷里的一位占星家。这一切有助于他提高萨比教在巴格达的地位,并帮助他成为该教派的第一位领袖。他将亚里士多德的《物理学》译成阿拉伯文,在逻辑、天文学、星相学和医学上他都有造诣。19世纪末,他的《论科学的分类》一书的拉丁文译本在德国问世。"②

这4位翻译家中第一位侯奈尼将古希腊著作由希腊文翻译为阿拉伯文,那么请问他的古希腊文从哪里学来的呢?按照上文所述,他是在罗马学会了古希腊文。我们知道,实际上当时连罗马也没人会古希腊文,不知道这位侯奈尼是如何学来的?然后说他回到巴士拉又学会了阿拉伯文,对于这位侯奈尼先生来说,阿拉伯文也是一门外语。这样他就精通了波斯语、阿拉伯语、希腊语和古叙利亚语。

---

① [伊拉克]穆萨·穆萨威:《阿拉伯哲学——从铿迭到伊本·鲁西德》1977年阿拉伯文第2版中译本,第26—27页,商务印书馆,1997年1月第1版。

② [伊拉克]穆萨·穆萨威:《阿拉伯哲学——从铿迭到伊本·鲁西德》1977年阿拉伯文第2版中译本,第27页,商务印书馆,1997年1月第1版。

这位翻译实际上是一名医生,花那么多工夫翻译自己也不懂的古希腊哲学,实在看不出有什么必要。当时罗马地区没人懂古希腊文,这位医生如何可能在罗马学了古希腊文,再将"古希腊文献"翻译为另外一种外语阿拉伯语呢?当时的罗马并没有这些"古希腊文献",这位波斯医生从哪里搞到这些"古希腊文献"的呢?说是将柏拉图和亚里士多德的著作,从古希腊文翻译为阿拉伯文还好理解,是为了给阿拉伯人看的;而将希腊医生的著作译成古叙利亚文则更加令人不可理解了,因为当时没有人使用古叙利亚文,那么翻译的目的又是什么呢?

这里第二位、第三位翻译家,一个是他儿子,一个是他外甥,古希腊文一定是侯奈尼教给他们的,因为波斯并没有古希腊文的学校。侯奈尼父子为聂斯托里派教徒,聂斯托里派为古代基督教派别,7世纪传入中国,称为景教。

第四位翻译家是萨比教徒,是一位占星家和医生。"人而无恒,不可以做巫医",占星术属于巫的范围,这位阿拉伯翻译家,本来只是一个巫医。不知他是怎样得到亚里士多德《物理学》希腊语文本,又如何可以读懂古希腊文的呢?

所谓的"百年翻译运动"完全脱离了历史条件。第一,翻译所据的原本没有交代。第二,伊斯兰可以引进中国纸,一定不愁中文书,为何单单不见中文著作的翻译呢?第三,以一种原始的语言,翻译诸多不同时代、不同地域、不同民族的拼音,其所面对的人文、自然、历史环境各不相同,在既无传授者、也无工具书的情况下,如何可能凭借一时的兴趣就可以完成在今天的条件下都不可能完成的翻译作业呢?

为什么要编造"百年翻译运动"这样的神话呢?原来是为了安排另一场翻译运动:将所谓"古希腊文献"通过阿拉伯译本辗转翻译成拉丁文译本。

以西班牙为中心的"阿拉伯翻译运动"(11—13世纪)

"公元8—10世纪以巴格达为中心的百年翻译运动,将古希腊哲学和科学典籍,以及波斯和印度重要学术著作翻译成阿拉伯文;另一次是公元11—13世纪以西班牙托莱多的翻译学校为中心的翻译运动,历时达一个半世纪之久,将阿拉伯文版的古希腊哲学、科学典籍和阿拉伯学者对这些典籍所做的注释、评论、增补和创造,以及阿拉伯学者的重要学术著作,翻译成拉丁文或希伯来文、西班牙文。"①

这批翻译家及译作大致有以下内容:

---

① 纳忠:《阿拉伯通史》下卷,第221页,商务印书馆,1997年12月第1版。

非洲人康斯坦丁(公元1087年卒),将阿拉伯《皇家医书》等翻译为拉丁文;克利摩拿人热拉尔(1114—1187),将71部(一说87部)阿拉伯文著作译成拉丁文,包括托勒密的《天文大集》、欧几里得《几何原理》、法拉比注释的亚里士多德著作等;巴斯人阿德拉德(活跃于12世纪初),英国经院哲学家,译有欧几里得《几何原理》等;吉底萨里菲(1180年卒)和约翰·本·达乌德,共同翻译伊本·西那的《心理学》《物理学》《形而上学》等;迈克尔·斯科特(约1236年卒),翻译了几部阿拉伯文本亚里士多德著作,如《动物学》《生物学》(提要);伊本·蒂彭·摩西(创作时期1240—1283),翻译伊本·鲁世德《亚里士多德著作评论》、欧几里得《几何原理》《塔木德》等;伊本·蒂彭·雅各布(约1236—1312),法国医生,翻译欧几里得《几何原理》、托勒密的《天文大集》等。①

据说由西班牙为中心将所谓古希腊典籍翻译为拉丁文的这批著作,造成了欧洲经院哲学的文献基础。阿拉伯"百年翻译运动"(8—10世纪)所接受的所谓"古希腊文献",就这样原封不动地通过西班牙的"阿拉伯翻译运动"(11—13世纪)就还给了拉丁世界。

阿拉伯语的来历

"7世纪以前,不存在统一的阿拉伯。由于社会经济落后,阿拉伯人多由分散的游牧部落组成。各个部落有自己的语言,虽同属阿拉伯语种,但差别很大,同一事物、同一概念,各部落有自己的语汇,同义词多得出奇。例如:年代一词有24个同义词,光明有21个词,黑暗有53个词,太阳有29个词,酒有100个词,骆驼有255词,抽象名词灾难有400个词……

"7世纪初,麦加已取代过去也门的地位,既是南北商道的孔道,又是政治和宗教的中心。麦加城古莱氏人的语言(属阿德南语),逐步成为阿拉伯人的通用语。《古兰经》便是用古莱氏族的语言写下的,于是《古兰经》和古莱氏语相得益彰。《古兰经》借古莱氏语传播到半岛各方;古莱氏语又借《古兰经》而成为全阿拉伯民族的、无可争辩的通用语,这就是后来的阿拉伯标准语(Alfoushah)。当然这种标准语曾将各部落的大量语汇收容进去,这是阿拉伯语成为一种统一的、丰富多彩的语种的主要原因之一。"②

阿拉伯语起源甚为晚近,主要是一种宗教语言及行政语言。

---

①详见纳忠:《阿拉伯通史》下卷,第221—224页,商务印书馆,1997年12月第1版。
②纳忠:《阿拉伯通史》上卷,第580—581页,商务印书馆,1997年12月第1版。

第四章 西方学统核心历史概念重重虚构

阿拉伯造纸业始于8世纪中叶

"根据阿拉伯文献的记载,阿拉伯造纸业始于8世纪中叶的撒马尔罕;在751年的塔拉斯河战役之后,一些中国战俘被带到撒马尔罕。卡兹维尼(al-Qazwini)引述一份文件指出:战俘来自中国,其中一人通晓造纸术,故此人开始造纸。之后,造纸术流传甚广,成为撒马尔罕人的一宗主要产品,并以此出口四方。"①

"工欲善其事,必先利其器。"造纸业是阿拉伯文化发展的一项基本条件。

阿拉伯人的史学概念始于公元9世纪

"阿拉伯人是在经历了十分悠长的岁月之后,才在头脑里有了历史概念的。对伊斯兰教徒说来,历史写作是后来才学到的东西。……伊本·赫沙谟约于公元828年写了最早的一部穆罕默德传。"②

所谓古希腊史学没有对阿拉伯史学产生任何影响

"没有任何希腊史学家的著作被译成阿拉伯文的证据。穆斯林史学没有受过古典文学影响的任何痕迹,它仿佛是白手起家的。"③

史学没有见到所谓古希腊的影响,岂有受到抽象程度较高的哲学影响的可能?

阿拉伯人最初从叙利亚获得希腊哲学知识的传说

"回教世界独特的文化,虽起源于叙利亚,却随即盛行于东西两端,波斯与西班牙。叙利亚人,在征服期间是亚里士多德的赞美者,奈斯脱流斯教派重视亚里士多德过于柏拉图,柏拉图是为天主教徒所喜爱的哲学家。阿拉伯人最初从叙利亚人获得希腊哲学的知识,因而,从一开始,他们便认为亚里士多德比柏拉图更为重要。虽系如此,他们所理解的亚里士多德,却披上了新柏拉图主义的外衣。"④

两位外籍"阿拉伯"哲学家

值得我们特别注意的,有两位回教哲学家:一是波斯人阿维森纳,一是西班牙人阿威罗伊。前者闻名于回教徒,后者则闻名于基督教中间。

波斯人阿维森纳

"阿维森纳(伊本·西纳)(980—1037)的一生是在人们通常认为只能在诗里才

---

① [叙利亚]艾哈迈德·优素福·哈桑、[英]唐纳德·R.希尔:《伊斯兰技术史》中译本,第160页,科学出版社,2010年7月第1版。
② [美]J·W.汤普森:《历史著作史》中译本上卷第1分册,第561页,商务印书馆,1988年5月。
③ [美]J·W.汤普森:《历史著作史》中译本上卷第1分册,第567页,商务印书馆,1988年5月。
④ [英]罗素:《西方哲学史》中译本上卷,第516页,商务印书馆,1963年9月。

有的那类地方中度过的。他生于波卡拉，24岁时去到基瓦，'荒漠中寂寞的基瓦'——以后去到克拉桑——'寂寞的克拉斯姆海岸'。他在伊斯巴汗教了一个时期的医学和哲学，以后便定居在德黑兰。他在医学方面甚至比在哲学方面更为知名，不过他对盖兰医学并没有什么增益。从12世纪到17世纪，他一直被欧洲人视为医学的导师。他并不是一个圣洁的人物，事实上，他非常嗜酒与好色。他受到正统教派的猜忌，但由于他的医术关系却结交了一些君王。他曾因土耳其雇佣兵的敌意，不时遇到麻烦；有时他躲避起来，但有时又被投在监狱里。他著了一部百科全书，由于神学家们的敌意在东方几乎被淹没，但在西方，这本书的拉丁文译本却颇具影响。他的心理学具有一种经验主义的倾向。他的哲学比他的回教哲学家前辈更多接近于亚里士多德和更少接近于新柏拉图主义。"①

从经历来看，阿维森纳主要是个医生。他的哲学活动及编撰百科全书的经历不可信；东方不亮西方亮，以个人之力编撰的百科全书对东方没有影响，却通过拉丁文译本对西方产生了影响，不啻为天方夜谭。在欧洲要在18世纪之后才有"百科全书"的概念。

西班牙人阿威罗伊

"阿威罗伊（伊本·拉释德）（1126—1198）与阿维森纳不同，生活在回教世界的另一端。"

"有人认为他能分析亚里士多德的著作，而把他推荐到哈里发阿部·雅库布·优苏夫那里供职（然而他却似乎不懂希腊文）。这位统治者很宠信他，于公元1184年任命他做他的御医，不幸这位患者却于两年后去世了。上帝已命令为那些妄想单凭理性就能导致真理的人备好地狱的烈火。于是把所有涉及逻辑和形而上学的书尽都付诸一炬。

"不久以后，西班牙境内摩尔人的领域由于基督徒的攻略大为缩减。西班牙境内的回教哲学与阿威罗伊同时告终，而回教世界中其他地区的严格的正统教义扼杀了哲学的思辨。

"阿威罗伊曾致力于改进阿拉伯人对亚里士多德的解释。这种解释在过去曾过分地受到新柏拉图主义的影响。他给亚里士多德以一种对待一个宗教创始者般的崇敬——甚而远远超过阿维森纳给予亚里士多德的崇敬。他认为上帝的存在可以借着独立于启示的理性加以证明，这种见解也曾为托马斯·阿奎那所主张。论及

---

① [英]罗素：《西方哲学史》中译本上卷，第517—518页，商务印书馆，1963年9月。

第四章 西方学统核心历史概念重重虚构

灵魂不死时,他似曾紧紧地依附于亚里士多德,主张灵魂不是不死的,而智性(努斯)是不死的。然而这并不足保证个人的灵魂不死,因为知性虽表现于不同的个人之中,但它却是同一的。这种观点自然受到了基督教哲学家的驳斥。

"阿威罗伊在基督教哲学中比在回教哲学中更为重要。在回教哲学里他是个终结,但在基督教哲学里他却是个开端。13世纪他的著作已被米凯尔·司各脱译成拉丁文,由于他的作品属于12世纪后半期,这是令人惊奇的。在欧洲他的影响是很大的,这影响不仅体现于经院哲学家当中,同时也体现于许多否认灵魂不死而被称为阿威罗伊主义者的非专业性自由思想家当中。在职业哲学家当中,特别仰慕他的人起初多为弗兰西斯教团僧侣和巴黎大学中的一些人。"①

阿威罗伊实际上也是一名医生,在哲学上,相对新柏拉图派而言他更接近亚里士多德,认为上帝的存在可以借着理性加以证明。我们知道,在12世纪理性的时代尚未到来,而阿拉伯传承古希腊哲学本身也是杜撰的故事。

这两位阿拉伯哲学家有两个共同点,第一,两个人都是医生;第二,两个人在哲学及科学方面的业绩在阿拉伯没有影响,其影响反而在欧洲。欧洲人所编波斯人的祖先,波斯人自己却不知道。

阿拉伯出身者唯一哲学家

"金第(约卒于873年),这个首次用阿拉伯文写哲学的人,同时也是阿拉伯人出身的唯一著名哲学家,翻译了普罗提诺所著《九章集》的一部分,并以《亚里士多德神学》的名义刊行了他的翻译,这给阿拉伯人关于亚里士多德的观念带来了很大混乱。阿拉伯哲学界自此历时达数世纪之久才得以克服这种混乱。"②

《亚里士多德神学》为另一批造假者杜撰,与所期待的有所不同,反而造成了混乱。

"阿拉伯哲学"的概念为德国人提出

"对阿拉伯哲学史的系统研究开始于西方,主要是德国、法国的一些东方哲学家。据埃及著名阿拉伯哲学史家穆斯台法·阿布杜·拉齐格(Mustafa 'Abd Raziq)所著《伊斯兰哲学史通论》(*Tamhid Li Tarikh al-falsafah al-islam*,1944年开罗阿拉伯版)引证贴尼曼(Guillaume Théophile Tenne-mann,死于1819年)的《哲学史撮要》(*Al-Mukhtasar fi Tarikh al-falsafah*)说,伊斯兰(阿拉伯)哲学史的研究,开始于德

---

① [英]罗素:《西方哲学史》中译本上卷,第518—521页,商务印书馆,1963年9月。
② [英]罗素:《西方哲学史》中译本上卷,第516页,商务印书馆,1963年9月。

虚构的古希腊文明——欧洲"古典历史"辨伪

国哲学家,被称为哲学史之父的布鲁克尔(Jean Jacques Brücker,死于1770年)。后来,贴尼曼、库森(V·Cousin,法国哲学家,死于1847年,曾在巴黎大学讲授哲学史,有著作:Cours de L'histoire de la philosophie par V·Cousin, paris, 1841)、杜鲁特(Gustave Dugat,有著作《穆斯林哲学家和穆台凯利蒙传记》——Tarikh al-falāsifah Wal-mutakllamina min al-muslimin, Paris, 1889——)……"①

在阿拉伯寻找"古希腊文献"的始作俑者为德国人

"在研究阿拉伯伊斯兰哲学方面,阿马贝尔·儒尔丹于1819年问世的《对翻译亚里士多德著作的时期和源泉的批评研究,以及阿拉伯人通过经院哲学大师所利用的希腊文献》被认为是第一部重要的近代研究成果,此书强调了阿拉伯哲学对西方的尤其是拉丁的经院思想的影响。接着,欧内斯特·勒南1852年献出了不朽论著《阿威罗伊和阿威罗伊主义》。"②

黑格尔的《哲学史讲演录》在阿马贝尔·儒尔丹于1819年问世的《对翻译亚里士多德著作的时期和源泉的批评研究,以及阿拉伯人通过经院哲学大师所利用的希腊文献》的之后。

勒南何许人也?原来就是那位西方著名的"东方主义"者。伊本·鲁西德即西方人所称的阿威罗伊。

勒南对伊本·鲁西德的评述

"勒南在其《西方的阿拉伯文明》中说:'把大多数希腊哲学家介绍给我们的是阿拉伯人,这是他们对我们的功绩。他们对基督教的哲学复兴也有恩德。而伊本·鲁西德是亚里士多德思想观点最伟大的翻译家和注释者,因此,不管在基督徒中还是在穆斯林中,都占有极重要的地位。基督教哲学家托马斯·阿奎那通过他的注释,读到了亚里士多德的著作。我们还不能忘记,是他创造了自由思想的观念。'"③

对阿拉伯哲学最有影响的希腊著作是一部伪书

"对阿拉伯哲学思想最有决定性影响的希腊著作……是《亚里士多德神学》这部其希腊作者不知何人,但被说成是亚里士多德的汇编。它是第一位真正的阿拉伯哲学著述家铿迪(或译为铿迭、金第——编者注)译成阿拉伯语的……这部著作

---

①蔡德贵:《阿拉伯哲学史》,第35—36页,山东大学出版社,1992年9月第1版。

②[美]马吉德·法赫里:《伊斯兰哲学史》中译本陈中耀"译者的话"第2页,上海外语教育出版社,1992年2月第1版。

③转引自蔡德贵:《伊本·鲁西德的认识论和阿威罗伊主义》,载《山东大学学报》(哲学社会科学版)1992年第2期,第63页。

的历史价值是相当大的……它一直被认为是希腊哲学的缩影。①阿拉伯人……一定把《亚里士多德神学》这部伪作看成是一部真正有用的书。伊本·纳伊曼的阿拉伯文版本虽然号称是波菲利对据说是亚里士多德的著作的译作,但我们没有任何资料证明这位叙利亚新柏拉图主义者写了这么一部注释本。然而有人认为《亚里士多德神学》是另一位新柏拉图主义的大倡导者、代表希腊思想的最后一位大异教徒狄亚多赫·普洛克鲁斯(485年卒)所著②,真是荒谬。这部著作几乎一定是被称为普洛克鲁斯的《神学要素》的那部书的同一部书,此书在阿拉伯语里进入伪亚里士多德的文集之中。13世纪的经院哲学家,诸如圣·托马斯和圣·大阿尔伯特,在《原因书》的标题下研究或注释这一著作。……

"在《神学》和《原因书》两书中,作为几乎整个阿拉伯哲学思想奠基石的流出论的学说,被阐述和讨论得十分彻底……"③

阿拉伯也有"逍遥派"

"受亚里士多德学说的影响,产生了阿拉伯理性主义者学派。这个哲学流派的主要代表,在伊斯兰运动内部,是伊斯兰经院哲学中的'唯理派'——穆尔太齐赖派。于伊斯兰运动之外,代表这个哲学流派的著名哲学家,在阿拉伯东方有铿迭、法拉比和伊本·西拿,在阿拉伯西方的安达鲁西亚(即西班牙)有伊本·巴哲、伊本·图斐利和伊本·鲁西德。这些亚里士多德派哲学家,也被称为'阿拉伯的逍遥派'。"④

古希腊哲学通过阿拉伯传回欧洲

"值得注意的是,作为联系古代哲学和中世纪哲学、东方哲学和西方哲学的桥梁的阿拉伯哲学,在世界哲学思想发展史上占有特殊的地位。西罗马帝国灭亡之后,古代希腊罗马的文化潮流在西方几乎中断;而阿拉伯人在由中国传入的造纸术所提供的物质条件下,通过系统翻译和注释,不仅了解了古代波斯、印度和希腊的科学,而且掌握了亚里士多德和新柏拉图派的主要著作,从而丰富和发展了阿拉伯文化,使当时版图包括欧洲的西班牙和西西里的阿拉伯帝国,成为一座文明

---

① 参见迪昂:《宇宙体系》卷四,325页。
② 伊本·奈迪姆:《书目大全》,367页。
③ [美]马吉德·法赫里:《伊斯兰哲学史》中译本,第32—33页,上海外语教育出版社,1992年2月第1版。
④ [伊拉克]穆萨·穆萨威:《阿拉伯哲学——从铿迭到伊本·鲁西德》1977年阿拉伯文第2版中译本译者序,第4页,商务印书馆,1997年1月第1版。

的灯塔而大放异彩。古希腊的哲学思想，就是从这里通过由阿拉伯文译出的版本，传回欧洲，给西方的中世纪哲学输入了新鲜血液，打破了当时思想界的僵化局面。"①

外国学者在西班牙寻找阿拉伯语著作

"彼得雇用的译者是在西班牙工作的两个外国学者，凯顿的英格兰人罗伯特和卡林西亚的德意志人赫尔曼。他们来西班牙工作的初衷是寻找阿拉伯语著作中有关天文学、几何学和数学的著作，并把它们翻译成拉丁语。"②

古代西班牙是一种马赛克式文化，并不统一

"理查德·福特说过，西班牙不是一个国家，而是几个国家。……伊比利亚半岛的地形就像现在的希腊一样，把这个地区分割成截然不同的、分离的地区。因此，古代西班牙呈现给我们的是一种马赛克式的文化，也就不足为奇了。语言淋漓尽致地反映了这种多样性，西班牙地区曾使用过的语言不少于五种。不幸的是，这些语言始终在挑战翻译的努力，因而我们对古代西班牙的了解只局限于古典时代。"③

"泛西班牙"概念是"罗马帝国"概念的派生物

"罗马对西班牙的大部分地区强加的统治，创造了泛西班牙的概念，把西班牙作为一个单一的政治实体。哥特人国王至少在理论上是罗马人的继承人，因此他们统治着的是一个单一的王国。更为重要的是，随着天主教对阿里乌斯派异端的胜利，主教们给予了西班牙单一的宗教。对于西班牙民族主义者来说，罗马天主教与国家本身是同质的。"④

波斯人不知道自己民族的伟人？

希罗多德所讲述的关于古代波斯的伟大人物，后来的波斯人一点都不知道。"中世纪的波斯根本不知道有居鲁士、冈比西、大流士和泽尔士这些伟大人物（只有从希腊史料中才能得到）。他们却编造了一部古代神明和魔鬼的神话王朝。"⑤

---

①［美］马吉德·法赫里：《伊斯兰哲学史》中译本陈中耀"译者的话"第1—2页，上海外语教育出版社，1992年2月第1版。

②雷蒙德·卡尔等：《西班牙史》中译本上册，第79页，东方出版中心，2009年11月第1版。

③雷蒙德·卡尔等：《西班牙史》中译本上册，第1页，东方出版中心，2009年11月第1版。

④雷蒙德·卡尔等：《西班牙史》中译本上册序言，第6页，东方出版中心，2009年11月第1版。

⑤［美］J·W·汤普森：《历史著作史》中译本上卷第1分册，第564—565页，商务印书馆，1988年5月。

20世纪前,阿拉伯人自己并不研究有所谓阿拉伯哲学

历来研究阿拉伯哲学的,大多是欧洲人,或者说是欧洲的东方主义者。由于受欧风美雨的影响,在进入20世纪之后,在西方留学的阿拉伯人第一次开始了解,原来还有阿拉伯哲学这回事。

"从本世纪20年代中期,在阿拉伯世界出现了一批注重研究阿拉伯哲学史的年轻学者,如塔哈·侯赛因(Tah Husayn)、杰米耶·索里巴(Jamil Salibā)、穆斯台法·阿布杜·拉齐格(Mustafa 'Abd-al-Rāziq)等人,先后以中世纪的阿拉伯哲学为对象,或者撰写博士论文,或者出版学术专著,或者整理古代典籍,或者翻译介绍西方阿拉伯哲学史研究名著,阿拉伯本土的阿拉伯哲学史研究证实迈开了系统研究的第一步。"①

当代阿拉伯学者的阿拉伯哲学研究,基本上出不了西方的"东方主义"窠臼。

阿拉伯哲学对欧洲的影响

"阿拉伯哲学对西欧哲学的影响集中地表现在两个方面。

"其一,使中世纪的欧洲人较全面地获得古希腊哲学的知识。中世纪,欧洲的文化处于'原始的粗野状态中'②,僧侣是唯一受过教育有文化知识的人,他们为了维护基督教的统治,无情地摧毁许多珍贵的古代哲学和科学文献,其中包括许多希腊哲学家的著作,致使中世纪的欧洲人很多不知道亚里士多德的名字。由于阿拉伯译注的传入西欧,欧洲人第一次获得了亚里士多德关于逻辑学、物理学和形而上学的主张。……所以黑格尔说,西方是通过阿拉伯人,'才知悉了亚里士多德','西方人曾在一个长时期里面,除了这些亚里士多德著作的重译本和阿拉伯人的评注的翻译之外,半点也不认识亚里士多德。'

"其二,阿拉伯哲学中的进步思想最终导致了西欧经院哲学的崩溃和文艺复兴的到来。"③

从这里的解释来看,阿拉伯哲学对于欧洲经院哲学的影响实在太大了。第一,没有阿拉伯哲学就没有欧洲经院哲学,因为经院哲学的基础是从阿拉伯传来的亚里士多德哲学;第二,欧洲经院哲学又是被阿拉伯哲学的思想打破的,从而开启了欧洲的人文主义时代。

---

①蔡德贵:《阿拉伯哲学史》第38页,山东大学出版社,1992年9月第1版。
②《马克思恩格斯全集》第7卷,第400页。
③蔡德贵:《阿拉伯哲学史》,第392—393页,山东大学出版社,1992年9月第1版。

阿拉伯哲学对中国的影响

中国学者就阿拉伯哲学对中国的影响进行了探讨,具体内容是:阿拉伯哲学何时传入中国,受阿拉伯哲学影响的中国学者和著作;受阿拉伯哲学影响形成的主要哲学思想等内容。结论是中国受阿拉伯哲学的表现是:以真宰说为核心的本体论;以认主学为核心的认识论;三纲五常与五功相结合的伦理观三个方面。①

问题是,同样一个阿拉伯哲学,为何对欧洲中世纪的哲学产生巨大影响时是一种面貌,对中国产生影响时却是完全不同的面貌呢?换句话说,对欧洲影响如此之大的亚里士多德哲学,为何对中国发生影响时却一点影子看不到呢?只有一个解释,那就是这个对欧洲影响巨大的亚里士多德哲学,完全是后世捏造并添加到欧洲哲学史中去的,实际的历史根本没有这回事。

综上考述,阿拉伯为所谓"古希腊哲学"进入拉丁世界的通道纯属虚构。

第一,7世纪前阿拉伯语不存在,因而不可能有阿拉伯哲学的存在。语言是哲学的载体,没有语言就谈不上哲学。

第二,阿拉伯语于7世纪开始形成,并随着伊斯兰教的扩张而流布。在伊斯兰教形成的过程中,如果说从伊斯兰教中脱胎出与伊斯兰教教义近似的伊斯兰哲学,也许还说得过去,在一个年轻的语言体系中,出现一种完全异己的所谓哲学的可能性不存在。

第三,阿拉伯人本来并不认为有什么阿拉伯哲学的存在;所谓阿拉伯哲学的概念,最早由德国人提出,阿拉伯哲学的概念由东方主义教父勒南最初表述。

第四,黑格尔在其哲学史讲演录中述及阿拉伯哲学,完全是从欧洲经院哲学源头的角度来展开的,结论是阿拉伯哲学缺乏自己的东西,只是保存古希腊文献的一个通道。

第五,罗素在其题为西方哲学史的著作中,也述及阿拉伯哲学,也是将阿拉伯哲学作为保存古希腊哲学的一个通道而言。

第六,阿拉伯哲学早期并不存在,而在其将古希腊哲学移交给欧洲之后,就退出了历史舞台,好像阿拉伯哲学只是为了给欧洲经院哲学做一个铺垫而存在。

第七,阿拉伯哲学从希腊文翻译而来,其希腊文本来历不明。这个传说依托于亚历山大里亚文化中心的神话,亚历山大里亚文化中心之说既不成立,阿拉伯哲学就是无源之水、无本之木。

---

① 详见蔡德贵:《阿拉伯哲学史》,第394—402页,山东大学出版社,1992年9月第1版。

第八,所谓阿拉伯哲学的著名哲学家实际上都是医生。

第九,阿拉伯人自己不知道有所谓阿拉伯哲学,直到20世纪20年代,阿拉伯学生到欧洲留学之后,受西化教育的阿拉伯才第一次知道欧洲人所说的阿拉伯哲学。

第十,阿拉伯学术同时期也传到了中国,完全是不同的内容,所谓亚里士多德的那些内容,根本就没有影子。

阿拉伯哲学的源头与其说在希腊,毋宁说在中国

伊斯兰教创始人穆罕默德鼓励人们求学时说:"哲理是牧民失去了的骆驼,必须寻求,哪怕到中国去。"①

2."经院哲学"概念为后世依托

经院哲学的来源:与阿拉伯哲学相同

"正是亚历山大里亚派或新柏拉图派哲学的观念形成了阿拉伯哲学、经院哲学以及所有基督教哲学的基础、原理;正是在新柏拉图哲学的观念上,概念的规定在使用力量,往来驰逐。关于阿拉伯哲学的详细叙述,一方面会极少兴味,一方面则会与经院哲学在主要问题上相同。"②

"经院哲学"的概念

经院哲学是出现于11—14世纪查理曼帝国的宫廷学校及欧洲基督教的大修道院和附属学校中产生的教会学院的一种哲学思潮。它是运用理性形式,通过抽象的、烦琐的辩证方法论证基督教信仰、为宗教神学服务的思辨哲学。因为教师和学者被称为经院学者(经师),故取名经院哲学(scholasticism)。③

9世纪出了个约翰·司各脱:经院哲学的另一源头

"约翰·司各脱,或约翰奈斯·司各脱斯,有时更附以厄里乌根纳或厄里根纳字样,是9世纪最令人惊异的人物。假如他生在5世纪或15世纪,他也许不至使人这样惊讶。他是一个爱尔兰人,一个新柏拉图主义者,一个杰出的希腊学者,一个斐拉鸠斯教派和一个泛神论者。他的大部分生涯是在法兰西国王秃头王查理的庇护下度过的。他虽诚然距离正统教义远甚,但就我们所知却避过了迫害。他把理性置于信仰之上,并丝毫不介意教士们的权威;而他们为了解决自己的争论,反而

---

①纳忠:《阿拉伯通史》上卷,第576页,商务印书馆,1997年12月第1版。
②黑格尔:《哲学史讲演录》中译本第3卷,第255页,商务印书馆,1959年12月第1版。
③百度百科"经院哲学"。

要求过他的仲裁。"①

我们知道,"理性"是欧洲17世纪之后才有的概念,在这里,约翰·司各脱把"理性"置于信仰之上,他的观念也太超前了,难怪连罗素也觉得惊讶。

罗素强作解人:公元6—8世纪,希腊文化在爱尔兰

"为了理解这样一个人物的出现,我们必须首先注意圣帕垂克以后数百年内的爱尔兰文化。姑且不论圣帕垂克是英格兰人这一令人不快的事实,尚有两项其他几乎同样令人不快的事情:首先,在圣帕垂克到达爱尔兰之前,那里已经有了基督徒;其次,不管他为爱尔兰基督教做出了多大贡献,爱尔兰文化并不起因于他(据某高卢人作家说)。当阿替拉以及哥特人、凡达尔人和阿拉里克相继入侵高卢地方时:'大海这边所有硕学之士都逃往海外各地,特别是爱尔兰,不管他们逃往哪里,他们都给那里的居民带来巨大的学术进步。'假如这些人中有谁前往英格兰避难,盎格鲁人、撒克逊人和玖特人必将把他们消灭尽净;然而那些去到爱尔兰的人却与传教士结合在一起,成功地传播了在欧洲大陆逐渐消亡的大量知识与文明。我们有充分理由相信,6世纪、7世纪和8世纪间,爱尔兰人当中尚残存着希腊语文知识,以及对拉丁古典著作的相当学识。"②

这样一来,古希腊文化残余的出处,除了拜占庭、阿拉伯之外又多了一个爱尔兰。

第一位欧洲经院哲学家:罗塞林

"第一位可视为地道的经院哲学家的是罗塞林。关于他,人们知道得不很多。他大约在公元1050年生于贡庇涅,在布列塔尼的罗什讲过学,阿贝拉德即在此地受业于他。公元1092年在莱姆斯宗教会议上他被指控为异端,因怕那些好动私刑的教士用石头将他打死而撤销了己说。他逃到英格兰,但在那里却竟鲁莽得抨击了圣安瑟勒姆。这次他逃往罗马,并在此同罗马教会达成和解。公元1120年前后他的名字就不再见于史乘了;他的死期纯然出于人们的臆测。除了一封写给阿贝拉德论三位一体的信以外,罗塞林的著作已全部佚失。

"在这封信里他轻视阿贝拉德,并奚落阿贝拉德之受人阉割。这使得宇伯威克,这个很少动感情的人,也批评他不可能是个很好的人。除了这封信之外,罗塞林的观点主要是借助于安瑟勒姆和阿贝拉德的论战性的文章而被人知晓。据安瑟

---

①[英]罗素:《西方哲学史》中译本上卷,第490页,商务印书馆,1963年9月。
②这个问题在《剑桥中世纪史》中,议论得颇为审慎,见第3卷第19章,其结论则肯定爱尔兰人的希腊语文知识。[英]罗素:《西方哲学史》中译本上卷,第491页,商务印书馆,1963年9月。

勒姆所述,罗塞林曾说:诸共相只是 flatus vocis,亦是'声息'。若按字面解释,意思就是说,一个共相是一个物理的事件,也就是说,它发生于我们读出一个词的时候。然而,我们却很难设想,罗塞林曾做过任何这样愚蠢的主张。"①

经院哲学的核心人物:托马斯·阿奎纳

托马斯·阿奎纳是所谓经院哲学的核心人物,据说他所著的《神学大全》是天主教神学的权威著作。后来的经院哲学天主教教义,都奉之为圭臬。

然而,托马斯·阿奎纳的事迹,尤其是其著作实为后世所编。

《神学大全》是怎样一部书呢?

该书汉译本正文 17 册,加导读及中文索引共 19 分册,总计近 8000 页、字数超 650 万,共讨论了 613 个题目,以 3093 节系统的铺陈,在论天主的信理、论人行为的伦理、基督论和圣事论各方面展开详细论述。各分册题目如下:

第一集,包括三册:

第一册《论天主一体三位》(1—43 题,636 页)

第二册《论天主创造万物》(44—74 题,338 页)

第三册《论创造人类与治理万物》(75—119 题,522 页)

第二集分为两部,共九册:

第一部

第四册《论人的道德行为与情》(1—48 题,475 页)

第五册《论德行与恶习及罪》(49—89 题,447 页)

第六册《论法律与恩宠》(90—114 题,371 页)

第二部

第七册《论信德与望德》(1—22 题,287 页)

第八册《论爱德》(23—46 题,319 页)

第九册《论智德与义德》(47—79 题,363 页)

第十册《论义德之功能部分或附德》(80—122 题,476 页)

第十一册《论勇德与节德》(123—170 题,476 页)

第十二册《论特殊恩宠》(171—189 题,328 页)

第三集,包括五册:

第十三册《论天主圣言降生成人》(1—26 题,394 页)

---

① [英]罗素:《西方哲学史》中译本上卷,第 530—531 页,商务印书馆,1963 年 9 月。

第十四册《论基督之生平与救世事迹》(27—59题,497页)

第十五册《论圣事:概论、圣洗、坚振、圣体、告解》(60—90题,584页)

第十六册《论圣事:终傅、神品、婚姻》(补编1—68题,613页)

第十七册《论肉身复活的问题》(补编69—99题,及两题附录,499页)

从托马斯·阿奎纳的年谱来看,他从41岁之后开始(1266年)开始撰写《神学大全》第一集,并于6年后(1272年)完成第二集,之后一年间(1273年12月6日止)继续编写第三集,1274年3月7日辞世。①

可知他创作《神学大全》前后不过七八年时间。

托马斯·阿奎纳的年谱(节录)②

1224年底或1225年初

生于干岩的罗卡塞卡(Roccasecca)古堡,距离位于罗马与拿坡里之间的阿奎诺(Aquino)小城不远。父亲伦道夫(Landolpho)公爵是龙句巴达(Longobarda)的贵族,皇家的姻亲;母亲为德奥多拉(Theodora),出自基思卡(Guiscard)名门之后,多玛斯在12名兄弟姊妹中排行最末。

1259—1269年

34岁,留居意大利。1259年教宗亚历山大四世委任多玛斯为教廷神学顾问,并在附属教廷的国会研究院J(Stadium Curiae)教授神学,历时10年,一直为历任教宗所器重。多玛斯先后在阿那尼(Anagni)、奥威亚多(Orvieto)、罗马(Roma)及维代尔波(Viterbe)等地讲学。为了能专心治学,他曾拒绝教宗伍朋四世与克来孟四世希望晋升他为拿坡里主教的美意。

1266年,多玛斯开始审查并注释亚里士多德的物理学著作,接着注释政治学与分析学,为使亚氏的思想成为帮助人理解信德的工具,他因而钻研了希腊哲学家最重要的著作,1269年他回到巴黎后,继续批注了亚氏其他四本著作,多玛斯把亚氏思想的精华已经让学界更加清晰的认定,也完成大雅博的心愿。

1266年,多玛斯开始撰写《神学大全》第一集。

1269—1272年

44岁,多玛斯重返巴黎大学任教,期间与许多不同派系的哲学家辩论,是中

---

①详见[意]多玛斯·阿奎纳:《神学大全·导读手册》,2008年8月中华道明会、碧岳学社联合出版。

②详见[意]多玛斯·阿奎纳:《神学大全·导读手册》,第11—18页,2008年8月中华道明会、碧岳学社联合出版。

第四章 西方学统核心历史概念重重虚构

世纪哲学史上著名的"巴黎大论战"。他以《论灵修生活之成全》与《驳反对人度修会生活之邪说》两本既精辟创新又犀利解析的论述,化解了全部的攻击,又以《驳亚威洛哀主义——论理智的统一》和《驳抱怨者——论世界之永恒》两本著作厘清真理,致使其他学派在遭受教廷谴责后逐渐衰落消失。

多玛斯完成《神学大全》第二集。

1272—1273 年

多玛斯到拿坡里,筹划开办道明会的神学院,继续教学生涯,撰写《神学大全》第三集前 90 个问题,直至 1273 年 12 月 6 日为止。贝典道(Petitot)说:《神学大全》不但是多玛斯深思熟虑的结晶,也是他祈祷中深刻默想的美果。

1274 年

正月奉教宗额我略十世之召,多玛斯准备去参加里昂第二届大公会议,却在途经控女居住的玛恩萨城(Castello di Maenza)时重病不起;多玛斯要求被送往福萨诺瓦的本笃会院(Abbazia Cistercense di Fossanova),于 3 月 7 日辞世,得年 50 岁。

从常理来讲,这部《神学大全》不可能是托马斯·阿奎纳的著作。

道理很简单,托马斯·阿奎纳是 13 世纪人,造纸术是在文艺复兴前夕导入欧洲的,具体来说欧洲造纸工业在 14 世纪初从意大利开始建立。①

从托马斯的年谱来看,《神学大全》的写作时间满打满算不过七、八年,在当时缺乏书写载体(当时主要书写材料为羊皮)的情况下,在七、八年时间里写出一部 600 多万字的著作,绝无可能。

不要说创作,就拿将这部著作翻译成中文的实例来说,台湾前碧岳学社社长周克勤先生为西德敏斯特大学哲学博士,学养深厚,在他邀约下,当年学界精英济济一堂,以拉丁文为主、多国语言(德、法、西、意、英)为辅,借助各种现代化科技手段,全心投入翻译工作,最后由周博士统稿。历时 30 年的毅力与坚持,到周博士 2007 年 2 月辞世,都未及见到 2 年之后《神学大全》的出版。

更有甚者,托马斯·阿奎纳在写作《神学大全》的这七八年间,并不是一门心思埋头于这一事业,在此期间他还同时写了大量其他著作。在其 50 余岁的生涯中,著作字数超过 1500 万字,可谓"人有多大胆,书有多大产"。

---

① 参见[法]费尔南·布罗代尔:《15 至 18 世纪的物质文明、经济和资本主义》中译本第 1 版第 1 册,第 468—470 页,三联书店,1992 年 11 月。

圣托马斯·阿奎纳重要著作一览①

一、圣经注释类

1.《约伯传》注释(1260)

2.《达味圣咏》注释(1272—1273)

3.《雅歌》注释(遗失)

4.《依撒意亚》注释(1256—1259)

5.《耶肋米亚》注释(1268)

6.《亚肋米亚》、《哀歌》注释(1264—1269)

7.《四部福音》金环注释集(1261—1267)

《玛窦福音》注释(1256—1259)

《若望福音》注释(1269—1272)

《圣保禄书信》注释(1259—1273)

二、亚里士多德著作注释类

1.《命题论著作》注释(1269—1272)

2.《分析学后论》注释(1268—1272)

3.《物理学者八卷著作》注释(1268—1271)

4.《天地论著作》注释(1272—1273)

5.《生成与朽毁论》注释(1272—1273)

6.《气象学者之著作》注释(1269—1272)

7.《灵魂论》注释(1267—1272)

8.《论感官与感觉物》注释(1267—1272)

9.《论记忆与记忆力》注释(1267—1272)

10.《形上学者之十二卷著作》注释(1270—1272)

11.《伦理学十卷》注释(1266—1269)

12.《政治学者之著作》注释(1269—1272)

13.《原因论》注释(1270)

三、集成类

1.彼得隆巴大师《语录》四卷注释(1254—1256)

---

①详见[意]多玛斯·阿奎纳:《神学大全·导读手册》,第19—25页,2008年8月中华道明会、碧岳学社联合出版。

2.《驳异大全》(1261—1264)

3.《神学大全》(1266—1273)

4.《问题辩论》(1269—1272)

《论真理》(1256—1259)

《论潜能》(1265—1268)

《论灵性受造物》(1268)

《论灵魂》(1269)

《论一般德行》(1269—1272)

《论恶》(1269—1272)

《论仁爱》(1269—1272)

《论望德》(1269—1272)

《论兄弟间之劝善规过》(1269—1272)

《论道成肉身的结合》(1269—1272)

5.《十二卷问题随答》(1256—1272)

四、辩解论述类

1.《教宗伍朋四世——斥责希腊人之谬误》(1263)

2.《神学纲要——致极可爱挚友同伴雷巨纳》(1272—1273)

3.《论信仰之理由,驳撒拉采人、希腊人及亚美尼亚人——写给安提约基的歌颂者》(1261—1264)

4.《论爱德双诫与天主十诫》(1273)

5.《虔释信经》(1273)

6.《虔释天主经》(1273)

7.《虔释圣母经》(1273)

8.《致巴诺米塔总主教——论信条与教会圣事》(1261—1268)

9.《答复修会总教师若望维采兰的若望弟兄:论道明会会规第四十二条款》(1271)

10.《答复威尼斯之赋有读经职务者读经员——论三十六条款》(1271)

11.《答复拜占庭之读者书——论六条款》(1271)

12.《论天主圣言与人言的不同》

13.《论圣言理智之性质》

14.《致极可爱挚友同伴雷钜纳——论单纯实体或天使之众性》(1268)

15.《驳亚威洛哀主义——论理智的统一》(1270)

16.《驳反对孩童进入修会生活之邪说》(1270)

17.《论灵修生活之成全》(1270)

18.《驳反对敬礼天主与宗教者》(1256)

19.《致塞浦路斯王——论领导者之管理》(1267)

20.《致巴邦公爵夫人书——论犹太之管理》(1270—1271)

21.《致修会总师长——论赦罪之形式》(1269—1272)

22.《致主教代理杜岱谛——论第一个教令》(1259—1268)

23.《致主教代理社岱谛——论第二个教令》(1259—1268)

24.《致雅各布伯骑士——论命运书》(1269—1272)

25.《致极可爱挚友会兄雷钜纳——论占星术》(1269—1272)

26.《驳抱怨成性者——论世界之永恒》(1271)

27.《论个体化之原理》

28.《论存有与本质》(1254—1256)

29.《致希维思隆兄弟——论自然界之原理》(1255)

30.《论物质本性及其知其有限却不可估计体积的幅度》(1252—1256)

31.《致斐理伯教授——论元素之混合》(1271)

32.《致某位高山峻岭的士兵——论自然之隐而不止的进展》(1269—1272)

33.《致斐理伯教授书——论心之动态》(1270—1271)

34.《论刹那时间》

35.《论四种对当或反面》

36.《论证明》

37.《论诈骗,致某些驰名的艺术人》(1244—1245)

38.《论模态命题》(1251)

39.《论依附体之性质》

40.《论类的性质》

41.《论按规定的时刻买卖》(1262)

42.《波其武三位一体论》注释(1255—1261)

43.《波其武周期论》注释(1260)

44.《狄奥尼修神名论》注释(1268)

45.《耶稣圣体瞻礼之日课经〈教宗伍朋四世敕撰〉》(1264)

46.《以书信:论读书之方法》

47.《论秘密》(1269)

48.《取用达伦塔夏伯铎之著作,答复若望维采兰兄弟——论 108 条款》(1265—1267)

49.《答复卡西诺会院伯尔纳德院长书》(1274)

50.《论天主教信仰与天主圣三》之第一教令及《但是我们判罪》之第二个教令注释(1259—1268)

51.《致某位若望——论获得属神的智慧之方法》

五、证道类

《弥撒证道文集——常年期主日和各类节日》(1273)

《虔诚朝拜〈耶稣圣体之颂祷文〉》

《神学大全》概出于 17—18 世纪耶稣会士之手

《神学大全》大量引述各种各类不同作家的著作,而在 12—13 世纪左右从欧洲各地藏书的种类与规模上来说,不可能有那么多书籍存在,即使是大的修道院、教堂最多也不过几十册藏书,所藏图书的种类也主要限于圣经、传教手册方面的内容。就上述托马斯·阿奎纳重要著作一览所见,仅注释亚里士多德的著作就达 13 种之多,而实际上,当时的西欧并不知道有亚里士多德的存在。所谓传自阿拉伯文献的亚里士多德逻辑学,其实也是虚构,更何况在 16、17 世纪之后才开始出现的亚里士多德的许多著作。

更为重要的是,从《神学大全》所列的 613 个题目来看,基本上都脱离 13 世纪的时代背景。当时正是蒙古帝国向西方经略的高峰期,从时代的需要来说,《神学大全》的那么多主题放在 13 世纪,大多数是无的放矢。

换个思路,看看《神学大全》的 613 个题目最适合欧洲的那个时代呢?我们知道,这些题目看上去林林总总、数量很多,实际上不过是企图将"理性"与"启示"相调和,而欧洲"理性"的概念是受到了宋明理学的影响,具体来说,《神学大全》的背景应该是在耶稣会士向欧洲传来大量的关于中国的信息,《神学大全》中多处将"仁、义、礼、智、信"这样的概念与天主的神圣性进行比对,条分缕析,不厌其详,因而不能排除为了调和"理性"与"启示"的矛盾,维护天主教摇摇欲坠的思想体统,《神学大全》的创作出于耶稣会士集体手笔的可能。

经院哲学的特点:第一,引进"理性"概念,试图与神学"启示"概念相调和。第二,推崇亚里士多德。第三,注重辩证法和三段论法。

"经院哲学,就其狭义来说,早在12世纪初叶便已开始了。作为哲学上的一个学派,经院哲学具有某些鲜明的特征。第一,它被作者局限于自己视为正统教义的范围之内。如果他的意见受到宗教会议的谴责,他常常自愿撤销其意见。这完全不能归咎于个人的怯懦,倒是类似一个法官之服从上级法院的判决。第二,12、13世纪里,人们对于亚里士多德逐渐有了比较全面的认识,在正统教义的范围内亚里士多德越来越多地被公认为最高权威,柏拉图再也保持不住首要的地位了。第三,经院哲学家都非常相信辩证法和三段论法的推理。经院哲学家的一般气质,与其说是神秘的莫如说是烦琐的与好辩的。第四,由于人们发现亚里士多德和柏拉图在诸共同问题上意见有所不同而把这一问题突出地提了出来。然而,假如认为当时哲学家们主要关心的是共相问题,却可能是错误的。

"12世纪,在这一问题和在其他问题上同样,给产生了许多伟大人物的13世纪开辟了道路。然而早期的经院哲学家是怀抱着先驱者的兴趣的。在教条尚未使得思辨过于危险的场合下,尽管人们崇敬亚里士多德,他们也还是有一种精神上的自信,和一种自由活泼的理性运用。经院主义方法的缺点是过分强调语言上的区别和其精微意义。在论柏拉图时我们曾经述及这方面的缺点,但在经院哲学家中,这些缺点却具有一种更为极端的形式。"①

这里,罗素对第一个特点表述不是很明确。让我们来看经院哲学核心人物托马斯·阿奎纳在其《神学大全》中对这一问题的演绎。

《神学大全》开篇第一个问题就讨论"理性"

这里单刀直入,《神学大全》613个中的第一个问题就是试图扭转当时社会思潮中对"理性"观念倚重的倾向,调和"理性"与"启示"的关系。

问题:哲学学科之外,是否还需要另外一种教学或学问?

质疑:哲学学科之外,似乎并不需要另外一种教学或学问(doctrina)。

因为:人不应该追求超越理性的事物,依照《德训篇》第三章22节所说的,"超乎你能力的事,你不要研究"。可是那些隶属于理性的事物,在哲学学科中已有充分的研究。是以,哲学学科以外的其他教学或学问是多余的。……

反之:

《弟茂德后书》第三章16节却说:"凡受天主默感所写圣的圣经,为教训、为督责、为矫正、为教导人学正义,都是有益的。"可是,天主所默感的圣经,并不属于

---

① [英]罗素:《西方哲学史》中译本上卷,第529—530页,商务印书馆,1963年9月。

第四章 西方学统核心历史概念重重虚构

由人理性所发明的哲学学科。所以,除了哲学学科之外,另有一种为天主所默感或启发的学问,是有益处的。

正解:

为了人的得救,除了由人理性所探讨的哲学学科之外,还需要某种根据天主启示的教学或学问。首先是因为人之指向天主有如指向目的,而这目的却是超越理性的目睹或认知的,依照《依撒意亚》第六十四章3节所说的:"是人从未听过的,耳朵从未听过,眼睛从未见过。"人既然应该把自己的意向和行为指向目的,那么人就必须先认识那个目的。是以,为了人的得救,需要把某些超越人理性的事物,借由天主的启示而揭示于人。

而且,有关天主的事物,即使是那些人的理性所能探讨的,人亦需要天主的启示来教导。因为由理性所研究出来的有关天主的真理,只有少数人经过长时间才能获得,而且掺杂有许多错误。可是,人的得救完全有赖于对此一真理的认识,因为人的得救就在于天主。因此,为了使人更容易、更确实地获致得救,人需要由天主的启示来教导有关天主的事物。

所以,除了以理性所研究的哲学学科之外,还需要有一种基于启示的教学或圣道。

释疑:

1.虽然人不应该用理性去追究那些超越人知识能力的事物,但若这些事物已为天主所启示,则应该用信德去接受。因此,那里第25节继续说:"因为,你已见到许多,人类不能理解的事。"而圣道正是关于这些事物的。

2.不同的认知原理或出发点,产生不同的学问。因为天文学家和自然或物理学家都证明同一结论,比如说"地球是圆的";但天文学家是用数学的方法,即无视于物质的抽象方法,而物理学家则是用观察物质本身的方法。是以,同样的事物,哲学学科根据其为自然理性之光所能认知的一面来研讨它们,而另一学问则根据其为天主启示之光所认知的一面来研讨它们,这并无不可。所以,属于圣道的神学,与被列为哲学之部分的神学,二者不属于同类。①

请注意,这里的"哲学"指"七艺"之学。

---

① [意]多玛斯·阿奎纳:《神学大全》第1册,第2—4页,2008年8月中华道明会、碧岳学社联合出版。

伪造另一部《神学大全》

与托马斯·阿奎纳《神学大全》(1266—1273)大体同时,还伪造了另一部《神学大全》(1270—1275),作者是托马斯·阿奎纳的老师,名叫大阿尔伯特。为何在名字前加上一个"大"字呢,据说是因为他所写的著作甚丰。19世纪时,在这位13世纪人物大阿尔伯特名下被加上了大批著作。造伪者不知道在13世纪时,欧洲不仅缺书,而且缺纸。

"阿尔伯特的著作甚丰,1890—1899年巴黎版有38卷。著作年代有许多还是悬而未决的……1270年至约1275年,其时,阿尔伯特写了他的《神学大全》,置阿奎纳的《神学大全》于不顾。"①

"在他的时代,他以大阿尔伯特而闻名,主要是由于他看起来无所不知和多产,甚至在神学家当中也是引人注目的。……对于我们来说,他的重要性在于,他是标志着一个时代的思想家,与其说是由于他思想的创造性,不如说是由于他对正常的人类知识的界定和坚定不移的认识,其中特别是对哲学,他把哲学看作一种有效的和有用的对于真理的洞察……"②

当时连"哲学"的概念也还没有,不要说"真理"的概念了。

中世纪神学的双峰

多明我会修士托马斯·阿奎纳与方济各会修士波纳文图拉被后世称为中世纪神学的双峰。托马斯·阿奎纳的老师是大阿尔伯特,而波纳文图拉是圣方济各本人的追随者。他们活动时间在13世纪,当时不仅没有多少书籍、文献,而且教会规定不得研习天主教以外的著作,如多明我会"1228年章程曾禁止他们研习异教徒和哲学家的著作"③。

实际上,多明我会和方济各会,属于较早时期天主教的苦修派,与后来天主教的另一个修会耶稣会注重学术的特点大不相同。耶稣会成立(1540)比多明我会和方济各会约晚300年,在中国传教、接触中国文化的主要是耶稣会士,耶稣会士学习汉语语言使用的是中国的"四书",对中国的传统文化了解得比较系统。

耶稣会"理性"概念的来源:耶稣会士使用汉语课本为"四书"

"17世纪,'四书'是新到中国的耶稣会士的主要汉语教材。作为中国官方文化在基本的内容,'四书'成为利玛窦将儒学和基督教相结合的根据之一。"

---

① [英]大卫·瑙尔斯:《中世纪思想的演化》中译本,第329页,商务印书馆,2012年5月第1版。
② [英]大卫·瑙尔斯:《中世纪思想的演化》中译本,第330页,商务印书馆,2012年5月第1版。
③ [英]大卫·瑙尔斯:《中世纪思想的演化》中译本,第327页,商务印书馆,2012年5月第1版。

第四章 西方学统核心历史概念重重虚构

耶稣会采用张居正的"四书直解"

"《中国哲学家孔子》,即耶稣会 1687 年在巴黎开始的对'四书'中的'三书'进行的为期很长的翻译计划。和利玛窦一样,作为编者的柏应理和耶稣会士翻译者们摒弃了宋代新儒学的阐释,采用明代著名官员张居正的评注。"①

耶稣会为天主教对抗"理性"概念的堡垒

"然而在 18 世纪,也有不少新教徒看到了耶稣会在教育领域和海外传教中的积极贡献。因此对于耶稣会来说,在这 100 年中,它真正的劲敌是启蒙运动和共济会成员,共济会成员不仅反对神职制,而且还有人敌视基督教本身。然而在贵族和上层市民中,启蒙运动和共济会的思想却引起越来越大的反响,并逐渐在天主教国家中占得上风。大多数人接受了启蒙运动的观念,把人的理性视为思想和行为的准绳。因此对于他们来说,耶稣会、耶稣会的学校和大学教授均已逐渐演变为阻挠进步思想传播的最强大的传统力量,演变为天主教会最顽固的堡垒。"②

耶稣会学校设文科七艺

"根据耶稣会的教学纲要,高等教育的初级阶段在大学预备班中完成。在预备班中就已经开设所谓'七艺'课程。正常情况下,这部分课程应在大学的人文科学系学习。'七艺'由'三艺',即语法、修辞、辩证法和'四艺',即代数、几何、天文、音乐组成。耶稣会侧重讲授亚里士多德的哲学(形而上学、伦理学)。因为'七艺'是所有大学生必修的基础课,所以它在大学教育中占有十分重要的地位。耶稣会士也因此尽量接管大学的七艺系,或在许多设有大学预备班的耶稣会中学中开设七艺课。结果,在神圣罗马帝国中,除了萨尔茨堡和富尔达两处本笃会大学外,其他天主教大学的七艺系都掌握在耶稣会手中。此外,除了上述两所大学,耶稣会还掌握着天主教的神学系,如在美因兹、特里尔、科隆和英戈尔施塔特大学,神学系学生年龄一般在 17—20 岁之间,他们主要学习托马斯·阿奎那的经院神学和实证神学以及辩论神学、决议论、教会法和圣经学。"③

---

① [美]孟德卫:《奇异的国度:耶稣会适应政策及汉学的起源》中译本,第 6 页,大象出版社,2010 年 4 月第 1 版。

② [德]彼得·克劳斯·哈特曼:《耶稣会简史》中译本,第 79 页,宗教文化出版社,2003 年 3 月第 1 版。

③ [德]彼得·克劳斯·哈特曼:《耶稣会简史》中译本,第 68—69 页,宗教文化出版社,2003 年 3 月第 1 版。

听说中国有一个"六艺"的概念,就造一个"七艺"出来。

西方的教育体制起源于耶稣会

"耶稣会透过用心的思考,以及不断改良的教育方法,开始在办学上大放异彩,终成历来教育界最明亮的一颗星。他们的学校除教导宗教教义之外,也讲授俗世学问而且对学生关心体谅,无出其右。他们的成功主要在师资精良。……其师资养成计划,课程严格详密,修业时间漫长……

"耶稣会创办学校极多,及至17世纪中期,欧洲学校与学生人数甚至比19世纪中期还高……,教育投资的回报,果效立见。一时人才辈出,思想的星空一片灿烂,从笛卡尔、伏尔泰,到许多优秀哲人、学者和科学家,都是耶稣会士教育出来的人才。这些才智聪敏的学生把师们所授的教理信条学得如此精通,有人接下来却回头倒打师门,他们遂成18世纪启蒙运动的领袖。在他们眼里,教会是'无耻的玩意儿',非把它打倒打烂不可。"①

西方高等教育起源于"文科七艺"

"在中世纪全盛时期中,高等教育似乎完全属于教会的指导和监督,如同在以前的时期一样。在早期的阶段,教育的种种形式基本上也是一样的。然而,随着文化和知识追求的普遍提高,教育制度也经历了一些改变。因为以前的隐修院学校、大教堂学校和圣职团的学校在很多地方没有获得良好的发展,一些(不属于隐修会或圣职团的)学者独立地选择了「当教师」为自己一生的职责,尤其在 Paris 巴黎和 Bolonia 博洛尼亚是这样的。这些教师非常能干,而且他们施用新的逻辑学方法(die neue dialektische Methode)来处理哲学和神学问题(在巴黎)以及罗马法和教会法(在博洛尼亚)。

"因此,很多学生来向这些老师求教,他们这样推动了学术和教育的一次新的崛起。这些自由的学校在开始的阶段没有规律,也没有稳定性,但大约在1200年前后它们完成了一个关键的发展并形成一些高等的学府,首先在巴黎的 Seine 塞纳河的岛上,在 Notre Dame 圣母院大堂的地区。

"这种发展意味着,一些新型的最高级的和普遍的教育机构形成了。主要的学科是:神学、法学、医学,而这些学科的共同基础和预备课程是哲学,即所谓的 artes 或 artes liberales '自由学科',即语文、修辞学、逻辑学、数学、几何、天文学、

---

① 巴森:《从黎明到衰颓:五百年来西方文化生活》中译本,第92页,台北猫头鹰出版,2006年7月。

音乐。"①

这里,将"七艺"总合起来称之为哲学。

大学的名称起源于德国之说

"这些学科的老师们形成一个协会为了确保他们的利益,创立了自己的制度规章以及获得了国度和教会的认可,又获得很多重要的特权(个人安全、自治权、自由的法院、免税的权利、颁发学位的权利,而上课的圣职人员可以暂时离开自己的教区)。这些高等学府在中世纪通常被称为 studium generale 普遍学院,与那些只包括个别学科的 studium particulare 局部学校有区别。在14世纪末,人们才开始称这些学校为 universitas 大学,因为它们包含一切学科(universitas literarum 各学科的大一体)——这种称呼最早出现在德国。"②

德国在19世纪是西方高等教育的标杆,英国、法国、美国都争相效法德国教育体制。14世纪末"大学"的概念出现之说不奇怪,西方的大学造自身悠久历史以高远其所从来,历史太短的话面子上也挂不住。

剑桥、牛津大学起源的传说

"多个世纪以来,英国学者对这两所学校的年纪轻轻和名声平平颇为敏感,有人竟编出荒唐滑稽的谱系史来弥补这些所谓的弱点,比如说早在16世纪50年代,剑桥大学高层人物约翰·奇斯(John Caius)医生写道,剑桥大学的创建者乃是6世纪亚瑟王手下的官员、西班牙王子坎泰伯(Cantaber)。牛津大学的说法同样可笑,有的竟声称牛津大学建校者是凯撒大帝,还有说是追随特洛伊的布鲁图而来的希腊教授,'至于建校时间,大约是《撒母耳记》所载的以莱担任以色列法官的时期。'"③

圣奥古斯丁的著作出现于新柏拉图主义诞生之后

奥古斯丁的著作被推崇为第二部圣经。然而,他的著作实际上并没有对基督教教会产生直接的影响。

"奥古斯丁在一个行省里为一个小圈子里的人写作、讲学,这个地方很快就被野蛮人的汪洋大海所吞没,最终被并入伊斯兰的大帝国。他没有统辖任何团体,也

---

① [德]毕尔麦尔等编著、[奥]雷立柏译:《中世纪教会史》中译本,第280—281页,宗教文化出版社,2010年5月。
② [德]毕尔麦尔等编著、[奥]雷立柏译:《中世纪教会史》中译本,第281页,宗教文化出版社,2010年5月。
③ [英]柯瑞恩:《剑桥:大学与小镇800年》中译本,第7页,三联书店,2013年9月。

没有建立学校,他对教会的直接影响,除了在贝拉基主义之争(Pelagian controversy)上以外,也没有多大,他在地球上的一切遗迹很快就消失了……"①

"多少世纪,人们都阅读他的著作,这些著作既不了解、不关心哲学,而且,若不是13世纪巴黎的历史环境,他的追随者也绝不会呼吁发现与捍卫他的哲学教诲。"②

"13世纪巴黎的历史环境"这句话是关键,后世欧洲学者为了伪造中世纪经院哲学的历史,将13世纪的托马斯·阿奎那装扮成了一位无所不能的基督教哲学大师,同时利用较早时期的另一部伪书——奥古斯丁的《上帝之城》,将奥古斯丁编造成托马斯·阿奎那的思想先驱。

托马斯·阿奎那继承了亚里士多德的思想,而奥古斯丁则传承了"柏拉图"的衣钵。奥古斯丁"在好几处重要的观点上,他的思想是符合于柏拉图主义(即新柏拉图主义)的,或他所认为的柏拉图主义。"③

问题就在这里,"新柏拉图主义"是15世纪之后佛罗伦萨美第奇家族"缔造"的哲学,因而,奥古斯丁著作的炮制时间一定不会早于新柏拉图主义的成立。实际上,16世纪梵蒂冈打造辉煌的罗马城时,最需要的就是《上帝之城》这部奥古斯丁的"作品"。

《亚里士多德全集》拉丁译本直接译自希腊文的故事新编

"在引用亚里士多德著作时,阿奎那都采用仅出自希腊文的译本,而不用由阿拉伯文译出的文字。据说正是在他的倡导下,'布拉班的威廉'William of Brabant在1273年完成了(无疑有他人佐助)一套由希腊文逐字译为拉丁文的《亚里士多德著作全集》,这取代了翻自阿拉伯文的旧译本。"④

到了较晚时期,更有造伪者干脆撇开亚里士多德著作的中世纪阿拉伯来源与

---

①[英]大卫·瑙尔斯:《中世纪思想的演化》中译本,第86—87页,商务印书馆,2012年5月第1版。

②[英]大卫·瑙尔斯:《中世纪思想的演化》中译本,第74页,商务印书馆,2012年5月第1版。

③[英]大卫·瑙尔斯:《中世纪思想的演化》中译本,第73—74页,商务印书馆,2012年5月第1版。

④注:1273年布拉班的布道团教士威廉,将亚里士多德的全部著作由希腊文逐字地译成了拉丁文,学者受其泽惠,自彼时持续至今。此译著盖应名明我会的托马斯·阿奎那所要求而作。(《斯拉夫人编年史》Slavischen Chronik,见于 Lindenbrog 的《北日耳曼史著汇编》,1706,p.206,参看 Jourdain,67)[英]约翰·埃德温·桑兹《西方古典学术史》第3版中译本第1卷下册,第548页,世纪出版集团上海人民出版社,2010年10月第1版。

第四章　西方学统核心历史概念重重虚构

文艺复兴前夕拜占庭来源,杜撰出了古希腊文亚里士多德著作早期直接翻译为拉丁文《亚里士多德全集》的故事新编。

如上所述,不论是中世纪的新柏拉图主义、阿拉伯哲学、经院哲学,还是亚里士多德哲学的概念,都是出于维护伪"古希腊"概念的需要而编造出来的故事。

第六节　关于"古希腊奥运会"

由于所谓的古希腊没有统一的政治实体,因此也就不可能有统一的纪年,没有纪年也就意味着没有历史。时间到了耶稣会士深入接触中国文化的时期,西欧学者逐渐了解到在地上的天国——中国自古以来有着一套统一的纪年方法。于是,在伪造希腊古典历史的过程中就想到了编造一套体育故事来弥补伪造希腊古典历史的先天不足,这也就是奥运纪年法的起源。

西方古典历史纪年的大厦就建立在这个体育故事之上,如果某一天有一位长者告诉我们说,那个体育故事实际上并不存在,那么整个西方古典历史的纪年体系,就会在顷刻间土崩瓦解。

持续举办了1200年古希腊奥林匹亚赛会的故事

"古代奥运历经了千余年,约从公元前776年开始,一直到大约公元400年。"①

"为众神之父宙斯献祭的宗教仪式——奥林匹亚赛会(Olympic Games),是希腊所有体育节庆中最为盛大的。奥林匹亚赛会每四年在奥林匹亚(Olympia)举行一次,奥林匹亚是埃利斯(Elis)的阿尔斐俄斯河(Alpheus River)岸边的宙斯圣地,位于伯罗奔尼撒半岛(Peloponnesus)西部的一个乡村。虽然古老的传说显示这个场所早就与运动竞技有关,但据希腊历史上最可靠的早期记载,奥林匹亚赛会却直到公元前776年,当埃利斯的科罗厄波斯(Coroebus)戴上第一个奥林匹亚获胜者的桂冠时才正式开始。赛会持续了近1200年,很可能是在公元393年,信基督教的罗马帝国皇帝狄奥多西(Theodosius)废止所有异教团体时终结了赛会。"②

这个所谓的奥运会场地很神秘,既不在雅典附近,距离斯巴达也很遥远,是位于伯罗奔尼撒半岛(Peloponnesus)西部的一个乡村。不论是在希波战争、伯罗奔尼

---

① 大卫·扬(David C. Young)《奥运的历史》中译本,第16页,台北博雅书屋有限公司,2012年6月再版。
② [美]罗伯特:《希腊人:爱琴海岸的奇葩》插图第4版中译本,第68—69页,世界图书出版公、后浪出版公司,2013年4月。

撒战争、希腊被马其顿征服、罗马的苏拉将军攻占雅典，还是在其后罗马帝国统治之下，古希腊奥林匹亚赛会都照办不误。

奥林匹亚赛会的主办者

"由于有关奥林匹亚当地统治者角色的证据复杂难辨，古今这类的争论始终莫衷一是。然而最初几年，议会的组成成员可能包括伊利斯和比萨当地以及附近的居民。在某段时间里，所有议会成员只剩下伊利斯人，完全没有比萨人。

"议会是受亥伦诺迪凯，或希腊人的法官所监督，他们是奥运会的主要创办者与裁判。其实最初几年只有两个亥伦诺迪凯，可能一个是平德尔，另一位则是伊利斯人；之后伊利斯人占据了这两个名额。大约在公元前五世纪时，担任亥伦诺迪凯角色的人数扩增，因而形成了一个由九位裁判兼管理者组成的委员会，他们再依自己负责的部分来推动奥运会中个别的比赛项目。"[①]

原来，奥运会的创办者是伊利斯人，是伊利斯当地的村民。这里终于出现了一个我们经常听说的一个古希腊名人的名字"平德尔"（大陆译作"品达"），是一位古希腊著名的诗人，创作了大量有关奥运会的诗歌。不过，人的寿命一般就是几十年，作为奥运会创办者的平德尔如果是他，如何可能创作其后几百年间的诗歌呢？不妨我们不妨理解为同姓或为诗人平德尔的先人。无论如何，创办持续了1200余年奥运会的就是这位平德尔个人及几个伊利斯原始部落的部落民。

平德尔何许人也？

"平德尔生于底比斯，并从公元前518—438年间居住于此。平德尔大约于公元前498年写下他的第一首胜利颂歌，而于公元前446年完成最后一首。出现于某些后来作家作品中有关平德尔生平的叙述，大部分纯属臆测，而我们对于他的个人生活也几乎一无所知。"[②]

平德尔的作品

为了证明虚构的古希腊奥运会的存在，他们又进一步虚构了歌颂优胜者的"胜利颂歌"。平德尔就是这种"胜利颂歌"的三位作者之一，据说只有他的作品以手稿的形式现存于世。

"平德尔的作品《庆祝胜利颂》是唯一历经中世纪之后，仍能以手稿形式留存

---

① 大卫·扬（David C. Young）：《奥运的历史》中译本，第97页，台北博雅书屋有限公司，2012年6月再版。

② 大卫·扬（David C. Young）：《奥运的历史》中译本，第121页，台北博雅书屋有限公司，2012年6月再版。

至今的完整抒情诗歌。平德尔的45首《胜利颂》目前都还留存着,这些颂歌大部分约100行左右,而45首颂歌则分辑成4本书。这4本书是平德尔为获胜的运动员所写的《胜利颂》合集,这些运动员都是分别在奥林匹克、彼席恩、尼米安以及伊斯弥恩等四大运动会的'黄金联盟'中抢冠的选手,书中也记载了这些运动盛会的名称。合集里的第一首诗,也是《奥林匹恩颂》此书的揭幕之作,称之为《奥林匹恩颂(一)》。这首诗开宗明义就说,奥林匹克运动会让所有其他运动会黯然失色,就像太阳的光芒在正午的时分盖过所有的星子一样。"①

平德尔称自己的诗为"一座会说话的纪念碑"。(Nemeon,8.448)

1984年在人潮汹涌的洛杉矶大体育场,第23届奥运会闭幕典礼的压轴好戏就是著名的演员李察·贝斯哈特的朗读。贝斯哈特朗读内容中的引言,即源自诗人平德尔在世时所写的最后一篇作品。

"人类开创了伟大的纪念日!而他只是一个梦想的影子。

但是,当上天恩赐光芒洒落在胜利者身上时,

一道亮光也同时照耀着我们,

让我们的生命霎时变得甜美无比。

在一切归于平静之后,黑暗随着吹熄的火把而来;

然而获胜者的光荣将永远闪耀。

(pythian,8.95—7)"②

"透过平德尔在两2500年前所完成的诗篇,照亮了所有洛杉矶奥运的与会者,他让大家享受到奥运的高潮。他的诗作在1984年加州的曝光,说明了前述有关他的诗歌的三个主轴:永恒、变幻,声音与言词的传达。"③

奥林匹亚赛会的比赛项目

奥林匹亚赛会起初规模并不大,唯一的赛事就是约为200米的赛跑,直到半个世纪之后,才增加了第二项赛事——400米赛跑。到公元前7世纪末,长跑、五项全能(一项耗尽力量与耐力的比赛,包括跳远、掷铁饼、掷标枪、摔跤和200米冲

---

① 大卫·扬(David C. Young):《奥运的历史》中译本,第120页,台北博雅书屋有限公司,2012年6月再版。

② 大卫·扬(David C. Young):《奥运的历史》中译本,第123页,台北博雅书屋有限公司,2012年6月再版。

③ 大卫·扬(David C. Young):《奥运的历史》中译本,第123—124页,台北博雅书屋有限公司,2012年6月再版。

刺跑）、摔跤、拳击（奥林匹亚赛会中最危险的项目，因为选手的手臂和拳头都缠着厚厚的皮条）、单马和四马战车赛、盛行的搏斗（糅合了摔跤、柔道、拳击甚至殴打！）以及大多数少年项目都已经产生了。

公元前 472 年，运动会延至五天，可能除了双马战车赛外，其他主要赛事的程序都已成定式。不过，赛会还会继续增设新项目，如下表（包括了所有奥林匹亚赛会的赛事）所示：

奥林匹亚赛会赛事增设年代

200 米赛跑 公元前 776 年

400 米赛跑 公元前 724 年

4800 米赛跑 公元前 720 年

五项全能 公元前 708 年

摔跤 公元前 708 年

拳击 公元前 688 年

四马战车赛 公元前 680 年

搏斗 公元前 648 年

单马战车赛 公元前 648 年

少年 200 米赛跑 公元前 632 年

少年摔跤 公元前 632 年

少年五项全能 公元前 628 年（同年取消）

少年拳击 公元前 616 年

武装赛跑 公元前 520 年

骡车赛 公元前 500 年（公元前 444 年取消）

牧马赛 公元前 496 年（公元前 444 年取消）

双马战车赛 公元前 408 年

号手赛 公元前 396 年

传令官赛 公元前 396 年

四马战车赛（幼马）公元前 384 年

双马战车赛（幼马）公元前 268 年

单马战车赛（幼马）公元前 256 年

第四章 西方学统核心历史概念重重虚构

少年搏斗 公元前200年①

不限于奥林匹亚运动会，古希腊到处都有节庆赛事活动

"在希腊的其他地方也充满了各种各样的节庆活动，对其他社会阶层就像对公民一样是开放的，或许也同样可以成为泛希腊的。一个人如果有足够的钱财可以负担旅费、供奉，以及付给某个品达或某个西蒙尼德的费用，那么他可以整年参加这样的活动；如果他能够经常成为优胜者，还可以从人民那里获得声名。在每个地方，在节庆活动中举办的赛事不计其数。这使得那些伟大的体育名人能够不断地处于训练中，像摔跤手波吕达玛斯(Polydamas)，拳击手欧堤穆斯(Euthy-mus)，著名的克罗顿的米隆(Milon)以及没人可以和他相匹敌的提阿格尼斯(Theagenes)。他们的名字家喻户晓，整个希腊都知道关于他们的轶闻和传说。"②

一位选手获得1000顶以上桂冠(冠军)

"例如，提阿格尼斯的生涯开始于他把一尊比赛赢得的金像带回了家乡，他在所有地方参加了所有的项目。据波悉尼阿斯的记载，他赢得了1400顶桂冠，普鲁塔克的记载[《道德论集》(Mora-lia)，8lld-f]是至少1200顶，尽管作者补充说，它们中大多数是不那么重要的。"③

用野橄榄编成的"桂冠"被视为天下最高奖赏

"在奥林匹亚，桂冠是用野橄榄编成的，在涅墨亚则用常春藤，在伊斯特摩亚用松枝，在皮提亚用月桂树枝……但是比赛的真正目的是胜利本身，尤其在奥林匹亚，这被看作是普天之下最高的奖励。"④

古希腊奥运会来自后世虚构的《荷马史诗》中的古希腊神话

"一如我们西方文学的传统总是要从荷马开始，在研究希腊的运动会时其实也一样，必须从前述两篇史诗中各自漫谈竞技比赛的故事着手。"⑤

---

① [美]罗伯特：《希腊人：爱琴海岸的奇葩》插图第4版中译本，第69—72页，世界图书出版公司、后浪出版公司，2013年4月。

② [瑞士]雅各布·布克哈特：《希腊人和希腊文明》中译本，第235页，上海人民出版社，2012年4月第2版。

③ [瑞士]雅各布·布克哈特：《希腊人和希腊文明》中译本，第235—236页，上海人民出版社，2012年4月第2版。

④ [瑞士]雅各布·布克哈特：《希腊人和希腊文明》中译本，第239页，上海人民出版社，2012年4月第2版。

⑤ 大卫·扬(David C. Young)：《奥运的历史》中译本，第25页，台北博雅书屋有限公司，2012年6月再版。

"奥运会是许多希腊庆典中最古老的一项，这项庆典的起源细节、比赛到底是怎样开始的都不是很清楚。希腊人提出了几个非常矛盾的起源传说，而大部分显然只是神话罢了。"①

了解古代奥运会靠大量"瓶画"（古希腊陶器）

"我们对于奥运比赛项目实际进行方式的了解，有很大一部分是靠着在希腊世界所挖掘出的花瓶上有关许多运动员的装饰图案而得知的。"②

所谓古希腊陶器收藏品来历不明

"在古物鉴定领域，牛津大学艺术史专家约翰·比兹里（John Beazley，1885—1970）爵士在古典考古方面做出了引人注目的工作。他因识别出绘制彩陶的佚名工艺家而成为陶器分类的一位先驱。

"比兹里的目的是从大量希腊陶器收藏中钩沉索隐，这些藏品是由汉密尔顿和其他人设法收入欧洲博物馆（如大英博物馆和卢浮宫）的。……大多数古物出自盗墓者之手，没有发掘记录。"③

所谓古希腊陶器的传统分类方法不科学

"德国学者曾提到某些陶器带有简短的铭文，包括一些明显的签名……比兹里改变了鉴定古代制陶术的方法。他可以把没有签名的陶器加到有签名的陶器资料库中，不失时机地将从来没有在工艺品上签名的工艺家辨认出来并给他们起一些名字，如与风格特点有关的名字（'肘部外向'），与收藏陶器的博物馆有关的名字（'柏林画家'），与现在或先前的所有人有关的名字（'画家路易斯'），或与某个场景的关键特点有关的名字（'画猪人'）。成千上万的阿提卡黑陶和红陶正是以这种方式划分为各个工艺家的作品。"④

传统的分类方法不可能传承，因其没有科学性

约翰·比兹里是一位手工艺品运动成员的儿子。……比兹里的成果是出类拔萃的，他给杂乱无章的大堆古代材料带来了秩序和定年。但他始终是一位古物鉴定

---

①大卫·扬(David C. Young)：《奥运的历史》中译本，第 32 页，台北博雅书屋有限公司，2012 年 6 月再版。

②大卫·扬(David C. Young)：《奥运的历史》中译本，第 40 页，台北博雅书屋有限公司，2012 年 6 月再版。

③保罗·G.巴恩主编：《剑桥插图考古史》中译本，第 219 页，山东画报出版社，2000 年 8 月第 1 版。

④保罗·G.巴恩主编：《剑桥插图考古史》中译本，第 219 页，山东画报出版社，2000 年 8 月第 1 版。

家,没有留下其他人能够仿效的方法论。我们因为他的工作而能更好地欣赏陶器艺术,但令人沮丧的是,他的"工艺家们"始终是我们永远不可能知道的虚幻人物。

如:"阿提卡红陶酒瓶,比兹里给它命名为'画猪人'。……该陶瓶制作于公元前470—460年。"①

这种定年的方法没有任何科学依据……

奥林匹亚是一座荒无人烟的城市

"奥林匹亚所在地位于伯罗奔尼撒西北部的艾尔费俄斯河谷,是离西部海岸约莫十五公里的内陆。河谷的两岸尽是重峦叠嶂。遗址的东北方是一座称之为克罗纳斯山丘的较大丘陵地,它是此地最明显的地标。奥林匹亚本身一直是荒无人烟的城镇或城市,从一开始就是全心全意膜拜宙斯的宗教区域。几年下来,各式各样的建筑物在这块土地上纷纷林立。尽管有许多人每四年会涌进此地,同时还有不时前来造访的礼拜者和观光客,然而这里唯一的永久居民也就是一些教士。"②

古奥运会会场在一个山窝里,连续举办了1200年,居然没有形成居民聚落。

"此地在整个中古时代甚至之后都了无人烟且乏人问津。在欧洲,奥林匹亚这块地域至少被人遗忘了1000年。

"当保萨尔亚斯和平德尔的首部印刷作品出现在16世纪初时,大家才又想起奥林匹亚这个名字。"③

古希腊奥运会疑点重重

据说就是在这样一个距雅典、斯巴达都很远的偏远部落,就从公元前776年开启了奥运会,然后每四年一届,从不间断地持续举办了1200年。

不知道这个由平德尔个人及几个伊利斯原始部落民创办的古希腊奥运会,在1200年间,都是由谁出经费?怎样通知参赛者?不同城邦间所采用的历法不同,按照谁的日历?又有谁来做记录?

即使是经济发达、政治安定的大一统国家,组织一项活动,也会因政治格局、经济状况的变化、人事的变更,坚持100年都算是奇迹,何况古希腊地区1000多

---

① 保罗·G.巴恩主编:《剑桥插图考古史》中译本,第219页,山东画报出版社,2000年8月第1版。

② 大卫·扬(David C. Young):《奥运的历史》中译本,第34页,台北博雅书屋有限公司,2012年6月再版。

③ 大卫·扬(David C. Young):《奥运的历史》中译本,第35页,台北博雅书屋有限公司,2012年6月再版。

个城邦，既无政治统一，也无共同语言，资源贫乏、战乱频仍，在这样一个蛮荒之地上，一项业余活动仅靠兴趣可以持续千年以上，绵延不断？

更有甚者，在此之上还形成了所谓的古希腊奥运纪年，实在是重重虚构，欧洲的造假者企图以虚中之虚来证实伪中之伪——虚假的希腊古典历史。

欧洲学者也觉得造假造过了头

连古典学大本营的德国著名古典学权威学者维拉莫威兹也说，如今，"大家已经不再接受的奥林匹克获胜者名录，现在已经没有人研究它了"[1]。

---

[1] [德]维拉莫威兹：《古典学的历史》中译本第1版，第227页，三联书店，2008年6月。

第五章 只有罗马城邦，没有罗马帝国

——古罗马只有故事，没有历史

"西方古典历史"概念中包括奥古斯都时期（公元前1世纪—公元1世纪）罗马帝国的历史。

然而，仔细考察所谓罗马帝国的历史就会发现，实际上并不存在横跨欧、亚、非三个大陆的所谓罗马帝国，也不存在所谓的罗马皇帝。拉丁文"罗马皇帝"(imperator)一词，实际上意指将军。罗马皇帝所管辖的范围不出罗马城邦。历史上只有罗马城邦，没有罗马帝国；所谓的古罗马只有故事没有历史。

古罗马史的分期

约1000年左右的古罗马史大体上被分为三个时期：前400年，小国寡民；中300年，超级帝国；后300年，夷狄蛮化。

来自18世纪的评述：

"为什么罗马人在450多年中只能征服面积大约25古法里的地方？难道不是因为他们人数极少，而与他们相继交战的又只是一些跟他们一样的小民族？……为什么罗马人用了700年才终于建立起一个跟亚历山大在七八年间征服下来的地盘面积大约相当的帝国呢？……为什么这个帝国后来又被蛮族摧毁？难道不是因为这些蛮族比罗马人更粗壮、更勇猛……"①

来自19世纪的评述：

"自从罗慕洛带领一小队牧羊人和逃犯在离第伯河不远的山区扎下根来以后，10个世纪已经过去了。在最初的400年中，罗马人在贫困学校的艰苦磨炼中学会了管理政府的才能；……他们在接连3个世纪的时间中，完成了一个统辖欧亚非许多国家的专制帝国。最后的300年是在外表的繁荣和内部的没落中度过的。占罗马人口3/5由士兵行政官和司法官组成的民族群体已融入人类大集体之

---

① [法]伏尔泰：《风俗论》中译本上册，第216页，商务印书馆，1994年11月1版。

中,和数以百万计的仅接受罗马人名称而无罗马人精神的充满奴性的各省市的人民难以区分了。……通过他们乌七八糟的选举,一个叙利亚人、哥特人或阿拉伯人全可以被推上皇帝宝座,并赋予他们专制权力,以统治各被征服地区以及几世西庇阿治下的国土。"①

就这样,400 年小国寡民,被说成是贫困的学校;用贫困学校学来的东西,在3个世纪中成为横跨欧亚非大陆的超级帝国;随后 300 年又被蛮族化了。

第一节 古罗马早期纯属虚构

1.早期古罗马史料的情况

篡改、捏造、虚构、伪造——早期古罗马史料的真相

李维(前 59—17)是"撰写关于罗马产生的传统和罗马早期历史的主要代表人物。而这一传统,就李维所利用的材料的性质而言并由于它本身的缺点,大部分是不可信的。"②

"小年代记作家的著作是李维、狄奥尼修斯和普鲁塔克的主要史料,因此也就是全部我们现有的传统的主要史料。"

"生活在公元前 1 世纪前一半的小一辈的年代记作家……为了尽量使大家读起来饶有兴趣,他们对旧的枯燥无味的年代记大加篡改,竟不惜使用捏造的办法。如果在年代记中有空白,小年代记作家便用他们各种虚构(这些虚构常常是后来事实的翻版)来补充进去。他们由于爱国主义的想法,想掩蔽罗马帝国的失败,而使用直接伪造的办法。"③

"甚至到了恺撒时代,有关前汉尼拔时期(pre-Hannibalian)的罗马史还在被臆造。至于塔尔昆家族(the Tarquins)被布鲁图斯驱逐的故事,则是以监察官阿庇乌斯·克劳狄乌斯(Appius Claudius)(前 310)的某个同时代人为原型编造出来的。在那个时期,罗马国王的名字都是采用某些殷实的平民家族的名字[K.J.诺伊曼(K.J.Neumann)]。在法制史的领域,完全抛开塞尔维乌斯·图里乌斯(Servius Tullius)的宪法不说,我们发现,甚至李锡尼(Licinius)著名的土地法(公元前 376

---

① [英]爱德华·吉本:《罗马帝国衰亡史》中译本,第 153 页,商务印书馆,1997 年 2 月第 1 版。
② [俄]科瓦略夫:《古代罗马史》中译本上册,第 20 页,上海书店出版社,2011 年 8 月 1 版。
③ [俄]科瓦略夫:《古代罗马史》中译本上册,第 17 页,上海书店出版社,2011 年 8 月 1 版。

年),到第二次布匿战争时,就已经不复存在了[B.尼塞(B.Niese)]。

当伊巴密浓达(Epaminondas)给予美赛尼亚人(Messenians)和阿卡狄亚人(Arcadians)自由和独立的时候,这些民族立即为自己编写了一套早期历史。但是,令人惊骇的还不是这类历史的产生,而是除此之外没有别种历史。

关于古典视野(outlook)与近代视野之间的对立,有一句话可以给予充分的说明:公元前250年之前的罗马历史,正如恺撒时代的人们所了解的,实质上是捏造的,我们现在所知的那一点点东西,其实是我们自己编造出来的,后来的罗马人根本不知道有那么一回事。"①

2.罗马建城传说

传说古罗马城创立者的先祖是美女神维纳斯(宙斯的姑姑)的儿子埃涅阿斯。埃涅阿斯的若干代重孙女列阿·西尔维娅又和古罗马战神马尔斯 Mars(宙斯的儿子)生了一对双胞胎兄弟,兄长名叫罗慕路斯,弟弟名叫列慕斯。这兄弟俩就是古罗马城的创立者。

古罗马的开拓者,据说是特洛伊王子埃涅阿斯。特洛伊是神话中的一个地名,类似于西游记中的花果山。

这位埃涅阿斯王子是何来历呢?据说是象征美与爱的奥林匹亚女神阿芙洛狄特女神的儿子。阿芙洛狄特又是何方神圣呢?原来这位阿芙洛狄特女神就是在中国人人皆知的美之神维纳斯。

这位美神维纳斯天生多情,不仅经常避开赫拉(宙斯法定之妻)与宙斯苟合,还有许多其他天神做情人。不仅如此,有一次到下界骗取安喀塞斯(Anchises)国王的欢心生下了这位古罗马创立者的先祖:特洛伊王子埃涅阿斯。②

话说这位维纳斯的儿子埃涅阿斯王子在特洛伊城被战火焚毁的时候没有死,他"纠合一般随从,背负老父,手牵幼子,在火光剑影中逃到城外。临行时他号召民众跟随他逃亡者,都到城外一个指定的地方聚齐。神灵感召他,要他率领这群人去到一片新的土地,重建特洛伊王国。"③

经过大约7年时间的周折,他们最终来到拉丁姆的海岸,与当地酋长的女儿拉

---

①[德]奥斯瓦尔德·斯宾格勒:《西方的没落》导言,参见商务印书馆,1963年1月第1版。

②参阅文献:[古希腊]赫西俄德《神谱》、[希腊]索非娅·N.斯菲罗娅《希腊诸神传》、[古罗马]维吉尔《埃涅阿斯纪》等。

③[古罗马]:《埃涅阿斯纪》中译文译者曹鸿昭序,吉林出版集团,2010年4月第1版。

虚构的古希腊文明——欧洲"古典历史"辨伪

提尼亚成婚。他的儿子优鲁斯建立了阿尔巴·隆伽,成了当地当权氏族的始祖。几代之后,统治着阿尔巴·隆伽的是他的重孙努米托尔,但努米托尔被弟弟阿穆里乌斯推翻,阿穆里乌斯做了国王。而努米托尔的女儿列阿·西尔维娅(Rea Silvia)则被送往神殿作贞女。列阿·西尔维娅与马尔斯神生了一对孪生子,因而被阿穆里乌斯处以死刑。阿穆里乌斯并下令将这对孪生子投到台伯河里去。这对孪生子并没有死,被一只母狼喂乳施救。不久,国王的牧人法乌斯图鲁斯找到这两个孩子后,带回家让自己的妻子拉伦娣娅来抚养,并给这对孪生子起名为:罗慕路斯和列慕斯。

罗慕路斯和列慕斯长大后,杀死阿穆里乌斯,使自己祖父努米托尔复位后,兄弟两人决定在被找到的地方建立一座城市。建城的时候,兄弟发生争吵,罗慕路斯刺死列慕斯,用自己的名字来称呼这座新的城市。这座城市就是罗马城。

根据瓦罗纪元,这件事发生在公元前754—前753年。①

3.考古学所见早期罗马城

考古学告诉我们:所谓罗马建城时期的罗马,根本没有城市的影子,只是些原始聚落。

"考古学家认为,在帕拉丁山丘发现的最早人类居址遗迹,不会超过公元前8世纪中叶,这样便肯定了公元前753年建立罗马的传统说法。但这并不是什么城市,而不过是有些简陋小屋的若干村落,人们发现在地上挖出的小屋的浅浅地基。"②

4.没有任何人见过所谓《十二铜表法》

"《十二铜表法》是贯穿着全部罗马史并对于中世纪和近代欧洲法权概念的发展发生巨大影响的那丰富的法学作品的基础。"③

古罗马对西方文化最重要的贡献在法律,据认为,"法典的编撰是罗马内部历史的第一个在文献上获得证明的事件。"④

而事实上并没有一件叫作《十二铜表法》的文物传世。

---

① 参看[俄]科瓦略夫:《古代罗马史》中译本上册,第48—49页,上海书店出版社,2011年8月1版。

② [法]德尼兹·加亚尔等14位欧洲作者1993年合著、欧洲历史教科书《欧洲史》中译本第1版,第84页,人民出版社、海南出版社,2010年7月。

③ [俄]科瓦略夫:《古代罗马史》中译本上册,第93页,上海书店出版社,2011年8月1版。

④ [俄]科瓦略夫:《古代罗马史》中译本上册,第86页,上海书店出版社,2011年8月1版。

《十二铜表法》"是公元前5世纪中叶极其重要的一个文件。这一法典的个别条文之从稍后的时期保存下来,部分是由于引用,部分则是由于不同罗马作家的重述。"①

据说《十二铜表法》是古罗马最早的成文法,然而这《十二铜表法》是从哪里来的呢?据说是从古希腊学来的。

话说古罗马流行贵族与平民的阶级斗争,"传统报道说,公元前462年保民官盖乌斯·捷伦提路斯·哈尔萨建议成立一个五人组成的委员会,以使之具有协议性质的精神来制订有关限制行政长官的权力的法律。……在斗争的过程中,关于在立法上限制高级长官的权力的最初方案逐渐变成了一个要把法律全部记载下来的计划。决定派遣一个三人组成的委员会到希腊去调查一下希腊的一般立法,特别是梭伦的法律。委员会在454年出发,在两年后才回来。452年选出了一个由10人组成的451年度委员会。……经过一年工作之后,编出了10个法表。根据李维的说法,这些法表是先放到广场上叫大家认识认识,然后再交由百人团批准。……在450年又选出了新的十人委员会,……他们再编定了两个表。"②

这就是所谓的《十二铜表法》的来历。

"在和法典的编撰有关的这些事件里,远非一切都能够认为是可靠的,派使节到希腊去的说法很不可靠,关于维尔吉尼亚的那一段故事是明显的'各民族中间流行的情节',许多细节都是捏造出来的。"③

古罗马的"王法"不可信

"所谓'王法'是不大可信的,这是罗马国王写的,主要是关于神圣法的法律和决定的汇集。它保存在帝国时期一位罗马法学家的著作里。"④

传世的当时所谓"国际条约","严格说来,这些文件并没有原始史料的性质。"⑤

"我们对于罗马史学的萌芽和初步的概述表明,从这一早期几乎没有任何东西传到我们的时代(除去很少的断片)。"⑥

---

① [俄]科瓦略夫:《古代罗马史》中译本上册,第10页,上海书店出版社,2011年8月1版。
② [俄]科瓦略夫:《古代罗马史》中译本上册,第86—87页,上海书店出版社,2011年8月1版。
③ [俄]科瓦略夫:《古代罗马史》中译本上册,第88页,上海书店出版社,2011年8月1版。
④ [俄]科瓦略夫:《古代罗马史》中译本上册,第88页,上海书店出版社,2011年8月1版。
⑤ [俄]科瓦略夫:《古代罗马史》中译本上册,第10页,上海书店出版社,2011年8月1版。
⑥ [俄]科瓦略夫:《古代罗马史》中译本上册,第18页,上海书店出版社,2011年8月1版。

5.西方学者集体觉悟:早期古罗马历史是杜撰!

"罗伯托·比佐基(Roberto Bizzocchi)的最新研究结果表明:……整个文人群体都意识到,那个流传百世的远古罗马历史不过是后来的文学杜撰。"①

虚构故事对历史的实际影响:

"特洛伊传说和罗马的神圣使命,造就的不仅是故事和书籍;它们还以大小宫廷源源不断地提供有力依据,演变成了君主帝王幕后指使的宫廷史记和宫廷绘画的御用工具。埃涅阿斯传说漫长的演化过程——从第一任罗马帝王到16世纪帝国继承者,尤其是卡洛勒斯五世及菲利普二世最后的辉煌,在玛丽·唐纳最新的研究著作中得到淋漓尽致的表现。"②

以新的文学欺瞒,取代既往的神话杜撰

"较之物质遗产,更成功的也许要数其他(非文物收藏的)荒诞不经的遗产:一些新的爱好虽然早已有之,此时才被公认是真实可信以及更适合于思想及情感表达的,这就是大众民歌。基尔泰行吟诗人奥西安(Ossian)就是此类风尚的极端代表性人物。这位虚构的诗人在18世纪下半叶所释放的魅力以及他所引起的赞美,促成了近几个世纪以来最大的文学欺瞒之一,且赢得了公众的普遍认可和喜爱。"③

特洛伊不过是神话中的一个地名,如同《西游记》中的花果山

"假如不充分意识到特洛伊在基督教世界以及在传说和文学传统中的崇高地位,我们也就无法理解千方百计去维护一个虚构的特洛伊的真实目的。……长久以来,以西方罗马帝国为核心的近代民族,源源不断地从这座古城汲取着他们的起源传说。为使自己的国家或王朝获得合法权利,他们迫不得已,到处打探各自国家的起源,为此还不得不听命于罗马的创立者——被希腊的特洛伊人打败并驱逐的那些人的旨意。"④

---

① [希腊]娜希亚·雅克瓦基:《欧洲由希腊走来》中译本,第166页,花城出版社,2012年3月第1版。
② [希腊]娜希亚·雅克瓦基:《欧洲由希腊走来》中译本,第165页,花城出版社,2012年3月第1版。
③ [希腊]娜希亚·雅克瓦基:《欧洲由希腊走来》中译本,第168页,花城出版社,2012年3月第1版。
④ [希腊]娜希亚·雅克瓦基:《欧洲由希腊走来》中译本,第128—129页,花城出版社,2012年3月第1版。

特洛伊人也成了法国人和英国人的祖先

"正是因为受到罗马人的特洛伊起源的启示,神话英雄弗兰克斯(Francus,赫克托尔的儿子)和普罗透斯(Brutus,埃涅阿斯的孙子)才分别成了法国人和英国人——不列颠人的祖先。

"这也充分说明了罗马人在起源神话中扮演的关键角色。由此可见,传说中的世系族谱,最初根植于新兴欧洲民族向西罗马帝国迁移的年代;到了中世纪,这些族谱又接二连三地受到编年史家的修正;它们的影响深远,一直延伸至16世纪,产生了一批脍炙人口的骑士小说,例如伯努瓦·德·圣莫尔(Benoit de Sainte Maure)的《特洛伊的罗马》。这些作品不仅赢得地极大的声誉,成了最早的印刷类图书,还派生出许多新的版本,其中最著名的是让·勒梅尔·德·贝尔热(Jean Lemaire de Belges)的《高卢人的辉煌与特洛伊的奇异》(1511—1513)。"①

西方历史学体系面临崩盘,西方史学家反省避重就轻

"早期罗马历史的不确定性,还诱发了古典文献学院博学家们的热议。在此,我们无须重复强调对罗马历史起源相关野史的质疑的现实意义。罗马历史与'神圣'历史的捆绑,以及罗马在教会历史中的重要地位,使得重塑和质疑付出了高昂的代价,甚至一度威胁到整个以往历史写作体系的存亡。

"在此,我们将不去探究这一严峻的话题,而只想确信一点:作为历史检验不可分割的组成部分和必然结果,埃涅阿斯必然会从罗马历史缔造者的宝座上陨落,而罗马人的特洛伊起源说也最终会被纳入文学神话的虚构范畴。"②

第二节 古罗马中期捕风捉影

1.罗马大规模征服时期(公元前3世纪初到前2世纪30年代)

早期罗马史的史料既然不靠谱,那么所谓"罗马大规模征服时期"(公元前3世纪初到前2世纪30年代)的史料是不是有所不同呢? 一样不靠谱。

这个时期开始于第一次布匿战争(前264—前241),文献资料比早期罗马时

---

① [希腊]娜希亚·雅克瓦基:《欧洲由希腊走来》中译本,第163页,花城出版社,2012年3月第1版。

② [希腊]娜希亚·雅克瓦基:《欧洲由希腊走来》中译本,第166页,花城出版社,2012年3月第1版。

期多许多。"作为这些史料基础的是波利比乌斯的历史著作。"①

这位波利比乌斯可了不得:"波利比乌斯与修昔底德一道,是古典史学的最大代表者。"②

"罗马帝国"的概念,最早由这位叫波利比乌斯的希腊人提了出来。他在《罗马帝国的崛起》中说,只用了53年时间,罗马就从一个小城邦发展到横跨欧、亚、非大陆的世界帝国。

"究竟罗马人是利用何种方法和何种政治体制,在不到53年的时间,将几乎全世界所有人居住的地方纳入他们的统治之下,这是人类历史上无与伦比的成就。"③

讲述罗马帝国最早的史料,据说就是波利比乌斯这部《罗马帝国的崛起》。据说波利比乌斯是希腊人,却在被俘虏到罗马后为罗马唱赞歌。

波利比乌斯《罗马帝国的崛起》从第一次布匿战争开始写到第三次布匿战争结束为止,即从公元前264年到公元前146年约120年的时间跨度。

从下列事项的时间关系即可知其伪

《罗马帝国的崛起》所述时限:公元前264年至公元前146年

作者——波利比乌斯的生卒年限:公元前200年至公元前118年

罗马帝国开始的年代:公元前27年

史学界公认第一位罗马皇帝是屋大维

其生卒年月日为:公元前63年9月23日至公元14年8月19日

屋大维是恺撒大帝的甥孙和养子,恺撒的生卒年月日为:

公元前100年7月13日(一说:前102年7月12日)→公元44年3月15日

波利比乌斯离世91年后才有罗马帝国。波利比乌斯在世时,罗马只是一个小城邦,只不过与地中海最窄处对岸的一个非洲城邦你来我往打了几场小战役而已。所谓"在不到53年的时间,将几乎全世界所有人居住的地方纳入他们的统治之下",纯属无稽之谈。这显示了后来造假者做伪证据时捉襟见肘的窘况。

这53年从第二次布匿战争算起,《罗马帝国的崛起》从第一次布匿战争开始叙述(公元前264年)直到第三次布匿战争(前146)为止,作者波利比乌斯生卒年

---

① [俄]科瓦略夫:《古代罗马史》中译本上册,第207页,上海书店出版社,2011年8月1版。
② [俄]科瓦略夫:《古代罗马史》中译本上册,第207页,上海书店出版社,2011年8月1版。
③ [古罗马]波利比乌斯:《罗马帝国的崛起》中译本,第1页,台北广场出版,2012年7月初版。

(前200—前118)与这一时代有部分重叠。

波利比乌斯在世时,作为亚历山大大帝的遗产,强大的塞琉西王朝、托勒密王朝等都还独立存在,怎么能说罗马帝国统治了全世界呢?

塞琉西王朝(前312—前64)

塞琉西王朝又译塞琉古王朝、希律西底王朝,是亚历山大帝国分裂后亚历山大大帝的部将塞琉古一世创建的以叙利亚为中心的国家,是希腊化国家中版图最大者,领有西起小亚细亚、叙利亚、美索不达米亚,东至阿富汗、中国(时值战国后期至西汉末期)新疆和阿富汗边境帕米尔高原的西部印度河流域的广大地区。因以叙利亚为统治中心,又称叙利亚王国。

托勒密王朝(前323—前30)

王朝盛时包括埃及本土、地中海的一些岛屿、小亚一部分、叙利亚、巴勒斯坦的一些地区,首都为亚历山大里亚。王朝的统治主要依靠希腊—马其顿的殖民者。他们控制了整个国家的中央和地方政权。托勒密王朝时期,全埃及的土地属于国王。耕种者主要是王田农民,他们是构成居民的主要部分,有人身自由,但在政治和生产上受到严格的监督。奴隶制盛行。由于奴隶主的剥削,埃及人民多次起义。公元前30年,罗马军队开进埃及,女王克里奥帕特拉七世自杀身亡,托勒密王朝崩溃。

布匿战争中罗马的对手是所谓迦太基帝国,考古学得不到证明

"虽然迦太基以拥有巨大财富闻名,但即使考虑到这个城市遭到罗马人彻底破坏,考古学也并未向我们证明这一点。"①

考古学揭示:迦太基时期(前814—前146)不存在具规模的城邦遗址。

20世纪40年代法国人P.桑塔发掘迦太基遗址时,"在前迦太基时期的庙堂中的发现证明,在前第2000年末或前第1000年初,这里曾生活过东方的航海者——推罗和塞浦路斯的移民。……"

剩下来的就是罗马时期的建筑残留。包括三次布匿战争的迦太基时期(公元前814—前146),基本没有什么城址遗存。②

---

① 联合国教科文组织非洲通史国际科学委员会 C.莫赫塔尔主编:《非洲通史第二卷——非洲古代文明》中译本,第351页,中国对外翻译出版公司联合国教科文组织出版办公室,1984年12月第1版。

② 参看《中国大百科全书·考古卷》,第223页,中国大百科全书出版社,1988年8月首版。

迦太基是一座位于北非的腓尼基人移民小城

编造故事者为了塑造罗马的帝国形象,将一座推罗腓尼基人的移民小城编造成为西部地中海的强权帝国,说是罗马通过三场布匿战争,走上了对外扩张的强权之路,甚至说在不到53年的时间里,罗马帝国统治了当时所知道的全世界。

关于迦太基的史料,都来自希腊和罗马

"重现这个时期的历史真相是困难的,这是因为史料几乎都来自希腊和罗马。……没有任何迦太基文献保存下来。……希腊和罗马的作者关于迦太基建立的各种不同的传说,没有任何史料价值。"①

迦太基古城墙子虚乌有

"虽然迦太基以拥有巨大财富闻名,但即使考虑到这个城市遭到罗马人彻底破坏,考古学也并未向我们证明这一点。这并不是说那里没有像其他规模相似的古城所有的重要建筑物。迦太基有一个精心修造的有两个停泊港的人工港口:外港供商船使用(同时能停泊多少船只不清楚);内港有码头和棚库,可供220艘战船使用;还有一个很高的指挥楼,可以越过搁在中间的建筑而看到大海。迦太基的城墙极高极厚,经受了历次围攻,直到最后为罗马人所破。城的总长度(包括沿海的部分)大约22英里,关键部分是穿过迦太基地颈的一段,长两英里半、高40英尺、厚30英尺。城内有一个堡垒,其围阔长约两英里,把一个名叫比尔萨的小山围圈在内,这无疑是该城最古老的部分。"②

从文章的叙述上来看,好像考古发现了迦太基极高极厚的城墙,这纯属误导。文章中对迦太基城墙的描述,其实是来自于来历不明的文献。不知道是作者为了说明辉煌的古代文明故意无中生有误导读者,还是翻译者有问题?

高峰期的迦太基人口有多少?

"人口在最高峰期达到多少,只能进行有根据的猜测,斯特拉波提出的数字是70万,这样的密度是不可能的。但他有可能指的是该城和整个邦角地区。一个比较可靠的数字是40万,包括奴隶在内。这就使迦太基同我们纪元前5世纪的雅典

---

① 联合国教科文组织非洲通史国际科学委员会 C. 莫赫塔尔主编:《非洲通史第二卷——非洲古代文明》中译本,第343—344页,中国对外翻译出版公司联合国教科文组织出版办公室,1984年12月第1版。

② 联合国教科文组织非洲通史国际科学委员会 C. 莫赫塔尔主编:《非洲通史第二卷——非洲古代文明》中译本,第351页,中国对外翻译出版公司联合国教科文组织出版办公室,1984年12月第1版。

规模相等了。"①

原来猜测迦太基人口规模用的是伪古希腊的尺度!

腓尼基的殖民地,包括迦太基殖民者不超过数百人

"必须强调指出,所有的腓尼基殖民地,包括迦太基本身,和我们纪元前8世纪和7世纪希腊在西西里和意大利或其他地方建立的殖民地不同,前者经历几个世代,规模始终很小,或者最多不超过几百个殖民者。"②

罗马布匿战争的对手迦太基帝国没有关于迦太基的史料,有关史料都来自希腊和罗马。考古学揭示迦太基时期(前814—前146)不存在具规模的城邦遗址。一个地中海小小城邦——罗马,与一个非洲小小城邦——迦太基进行了一场小小战争而已。

2.罗马帝国时期的原始史料其实不过是文学作品

"早期帝国的主要文献史料是塔西陀(最伟大的罗马历史学家)的著作。……他是古典学的典型代表人物,而这种古典学除去极少的例外以外,与其说是科学而毋宁说是文学。"③

"塔西佗笔下的图画和实际情况符合到何种程度呢?如果说到事实的话,那我们是不能非难历史家对事实的故意伪造的。"④

俄国的史学家说,对于故意伪造事实不能进行非难,这是为什么呢?道理很简单,西方古典时代的史料,除了故意伪造的内容之外,其他史料很少。如果认真非难起来的话,所谓古典历史学界就得解散。

3.公元2—3世纪的罗马帝国史料——伪书汇编

从2和3世纪起,"主要的史料是从亚德里亚努斯到努美里亚努斯的元首们的传记的一个大汇编(117—284),即通称为'Scriptores Historiae Augustae'(奥古

---

①联合国教科文组织非洲通史国际科学委员会 C.莫赫塔尔主编:《非洲通史第二卷——非洲古代文明》中译本,第351页,中国对外翻译出版公司联合国教科文组织出版办公室,1984年12月第1版。

②联合国教科文组织非洲通史国际科学委员会 C.莫赫塔尔主编:《非洲通史第二卷——非洲古代文明》中译本,第345页,中国对外翻译出版公司联合国教科文组织出版办公室,1984年12月第1版。

③[俄]科瓦略夫:《古代罗马史》中译本下册,第4—5页,上海书店出版社,2011年8月1版。

④[俄]科瓦略夫:《古代罗马史》中译本下册,第6页,上海书店出版社,2011年8月1版。

斯都历史作家)的便是。各个传记是由不同的作家执笔的。……从其他的史料我们对他们是一无所知的。因此有人便认为,这些人都是假想出来的,而全部汇编不过是一种大规模的伪造罢了。

"一般说来,关于'Scriptores Historiae Augustae',在学术中是有许多假说的。……

"不管这个汇集是如何产生的,它的质量却非常低。它们的作者没有历史感觉:重要的事实湮没在大量毫无意义的胡说和可怕的废料里。更糟糕的是,在传记中引用了明明是假的事实,特别是几乎一切的文件(例如元首的书信)都是伪造的。"①

4. 古罗马史学家波利比乌斯《论"方阵兵团"》

"在过去,马其顿的队形在运作经验的证明,比其他亚洲及希腊所使用的队形都还优越,而罗马的系统则征服了那些运用在非洲以及在西欧所有民族的系统。在我们的时代,我们见过这两种队形以及这两个国家的士兵在多次场合中不止一次的对抗。……

"只要方阵兵团维持它的特色队形以及强度,没有任何东西能抵挡它的冲刺或面对面来对抗它。当方阵兵团密集起来进行活动,每个人及他的武器会占据3尺的空间。他所持的长枪在早期被设计为24尺长,但现在用法则已调整缩短为21尺,从这里我们要扣掉持枪之人的手部及长枪后方用来平衡及夹住枪身以进行攻击的部分。这整个长达6尺,从这里很清楚地长枪会在每位重装步兵之前伸出15尺。当他向敌人前进时,他以双手紧握长枪。这意味着:虽然第二、三、四列人的长枪自然较第五列更为伸出,但是即使后者仍然在第一列之人前面伸出3尺。"②

罗马的方阵兵团显然就是所谓古希腊重装步兵的翻版

"我现在当然假设方阵兵团维持它典型的秩序,而且从后方及两侧紧紧靠拢,如荷马在这些诗句里所说:'盾牌紧扣着盾牌,每个人肩膀紧靠着肩膀;在他们所闪亮的头盔上,马背上的鬃毛在他们点头时会触到,行伍队形是如此紧凑……'

"无论如何,假如我的描述是真实及准确的话,那在头排的每个人将会有五支

---

① [俄]科瓦略夫:《古代罗马史》中译本下册,第9页,上海书店出版社,2011年8月1版。
② [古罗马]波利比乌斯:《罗马帝国的崛起》中译本,第470—472页,台湾新北市广场出版社,2012年7月初版。

长枪的尖端在他之前伸出,每一尖端都是那之后的3尺前。"①

这样,每个排头兵不仅需要自己端一支长枪走在队列的最前面,而且身前还都会露出五支长枪的枪尖,肩膀上还需要扛着后排士兵的枪杆。这分明是在排节目,哪里能够厮杀?

方阵兵团共有16排士兵,前5排士兵的枪尖是朝前的,而第5排以后的士兵因长枪的长度不能够将枪尖露出到第1排士兵之前,于是就将枪尖指向上方,举着21尺长的长枪朝天努力,以遮挡敌方阵地飞来的标枪……

"从这些事实我们可以轻易地去描绘整个方阵兵团,当它以16列的厚度,向前伸出水平的长枪,往前冲锋时的性质及强大威力。在那16列里,那些位置在第5列之后的人,无法使用长枪在战场上扮演积极的角色。他们因此没有将长枪放平来针对敌人,而是将枪头往上指天,将枪身架在前面之人的肩上,以这方式他们从上方来保护整个方阵军团,因为这些长枪如此密集,所以他们可以挡下任何会掉在前排士兵头上的投掷武器,而击在那些紧接在他们之后的人。一旦冲刺开始发动,后排的人仅凭着身体的重量来强大的增加动能,使得前列的士兵无法回头。"②

原来罗马方阵兵团靠的是以人的体重为动能?

"我已经以大致的方式描写这两种系统,并以细节来形容方阵兵团的构成。我现在为了要进行比较的目的,要解释罗马装备以及战略队形的特征,以及区分这两系统的差异。当罗马士兵完全武装时,亦占有3尺宽的空间。然而,根据罗马人战斗的方式,每个人都可以个别地进行移动:他不仅用长盾牌来护卫自己的身体,并经常移动来对付打击的威胁,他也用刀剑来同时进行劈砍以及刺击。"③

罗马的方阵兵团的士兵们,不仅要手持21尺的长枪,而且还可以个别移动,使用长盾牌自卫,用刀剑来同时进行劈砍以及刺击,好像个个长着三头六臂,好生了得!

马其顿方阵兵团与古希腊重装步兵不同,第5排以后士兵举着长枪成了方阵兵团的盾牌……而罗马方阵兵团的士兵们还可以自由移动!

---

① [古罗马]波利比乌斯:《罗马帝国的崛起》中译本,第472页,台湾新北市广场出版社,2012年7月初版。

② [古罗马]波利比乌斯:《罗马帝国的崛起》中译本,第472—473页,台湾新北市广场出版社,2012年7月初版。

③ [古罗马]波利比乌斯:《罗马帝国的崛起》中译本,第473页,台湾新北市广场出版社,2012年7月初版。

无论古希腊重装步兵还是马其顿方阵兵团,抑或是古罗马方阵兵团,其实都是在出洋相,哪里会有什么战斗力!

说着说着,连古罗马史学家波利比乌斯自己也不相信了

"在战争之中,行动的时间及地点的选择是无止尽的,然而方阵兵团只能用于一次时间以及一种地形,来产生其独特的效果。无论何时有重要战争逼近,假如敌人被迫要根据方阵兵团所要求之时间及地点来站好位置,那无疑地使用方阵兵团的人必定会因为我已给的理由而取得战果。但假如要躲避其无可抵挡的冲刺是可能甚至容易的话,那方阵兵团何以能够再被认为是可怕的呢?再者,通常我们都承认,它必须在平坦无碍的地面使用,没有任何障碍,如壕沟、冲沟、凹地、山脊以及水道所打断,所有这些都足够去妨碍以及打乱如此的队形。一般的看法是:几乎没办法或至少难得去发现一片乡间,例如,有两三里之长,上面没有任何这类的障碍物。即使假设可以找到如此的战场,但也假设敌人拒绝应战,而宁可横越乡间,掠夺城镇,踩踏对手盟军的领土,那方阵兵团有何用途?"①

结论:方阵兵团毫无实际军事意义。

进而,"假如它留在最适合它的地形,不仅它无法去协助其盟军,而且也无法确保其安全,因为当敌人毫无疑问地掌握开阔的乡间地带,它的补给运输会被敌人轻易拦截。另一方面,若方阵兵团离开有利于它的地形,尝试在其他地方活动,它将轻易地被击败。再者,假如敌军真的决定要走下到平原,在那里作战,但当方阵兵团仅有一次机会冲刺,在主要行动发生后,敌军却没有将其所有的兵力投入到战局,甚至只保持一小部分的军力作为后备,从罗马人现在正实施的战略,很容易预测到什么事会发生。"②

一言以蔽之:方阵兵团,纸上谈兵!

第三节 "永恒之都"——后世对古罗马城的神化

"从公元前390年起,在800年间,'永久的城市'都是屹立不摇的,它的统治重重压在地中海的全部文明世界上面。仿佛没有一支力量能够触动这一世界的统

---

① [古罗马]波利比乌斯:《罗马帝国的崛起》中译本,第473—474页,台湾新北市广场出版社,2012年7月初版。

② [古罗马]波利比乌斯:《罗马帝国的崛起》中译本,第474页,台湾新北市广场出版社,2012年7月初版。

治者。"①

后世叙述古罗马城时，几乎都是一片这样的声音。

1."永恒之都"果真牢不可破吗？

中国古代用"固若金汤"来形容坚固的城池，相比之下"永恒之都"罗马城差远了

"人们以一种阴郁的好奇心探求着罗马城的命运。可以说，它是没有防卫的。它可以很容易地陷入饥饿的境地。它的城墙很长，这一点就使他们很难防守它。既然罗马城是在平原上面，人们是很容易对它进行突击的。想在人民中间寻求后备力量是不可能的，因为人民的数目极度地减少了。皇帝们不得不退居到拉温那去，因为这座城市在当时同今天的威尼斯一样，有海洋保护着。"②

"几乎总是被自己的统治者所放弃的罗马人民开始自己做主了，他们为了保存自己而缔结了一些条约。这是取得统治权的一个最合法的办法。因此，阿尔莫利克和不列颠便开始依照自己的法律生活了。

"西方帝国的结果就是这样的。罗马的兴起是由于它只能不停地作战。原来，仗着一种难以相信的幸运，它总是在征服一个民族之后，另一个民族才对它开始战争。罗马之遭到毁灭是因为所有的民族一齐向它进攻，并且从四面八方侵入了它的土地。"③

罗马城：毁于离奇的大火

"公元64年7月18日，罗马城内的圆形竞技场附近，突然发生了一起可怕的火灾。顺着当日的大风，烈火迅速蔓延，一直持续了9天之久。全城14个区被烧毁了整整10个区，其中3个区化为焦土，其他各区只剩下断瓦残垣。在罗马城历史上这是被记入史册的一次空前的大灾难。大火吞噬掉了无数生命财产，许多宏伟壮丽的宫殿、神庙和公共建筑被付之一炬，同时遭到这场浩劫的还有在无数战争中掠夺来的金银财宝、艺术珍品以及不朽的古老文献原稿。"④

"在这些之外还必须加上在无数次战斗中夺得的珍贵战利品，希腊艺术的杰作，还有罗马的那些天才作家的不朽的古老文献。"⑤

---

① [俄]科瓦略夫：《古代罗马史》中译本下册，第284页，上海书店出版社，2011年8月1版。
② [法]孟德斯鸠：《罗马盛衰原因论》中译本，第110页，商务印书馆，1962年5月第1版。
③ [法]孟德斯鸠：《罗马盛衰原因论》中译本，第110页，商务印书馆，1962年5月第1版。
④ 梦华主编：《失落的文明大全集》，第298页，中国华侨出版社，2012年1月。
⑤ 塔西佗：《编年史》中译本下册，第538页，商务印书馆，1981年4月。

罗马无守卒，人人出入它

"西哥特国王亚拉里克于5世纪初沿多瑙河向罗马进军，当时他已是色雷斯的主人……可悲的皇帝撤退到腊万纳，听任在各方面占优势的蛮族人陈兵罗马城下……亚拉里克于409年进入罗马，这个哥特人在罗马设置了一个皇帝，而这个皇帝成为他的首席臣仆。"①

亚拉里克在进入罗马城之前，先来到了罗马帝国首都拉文纳的郊外

"亚拉里克组建了一支军队，穿过潘诺尼亚的希尔米乌姆'Sirmium'（即今塞尔维亚的诺维萨德），沿着右岸进入了全无防备的意大利。他们没有遇见任何抵抗，就轻松地抵达了坎迪第阿努斯河上的桥梁，离皇城拉文纳只剩下3里的路程了。"②

亚拉里克从罗马帝国首都拉文纳的郊外一路抢劫到罗马城

他们经过"利古里亚（Liguria），抢到了许多战利品。随即他们又以同样的方式洗劫了埃米利亚（Aemilia），然后沿着在皮切努姆（Picenum）和图斯奇亚（Tuscia）之间的弗拉米尼安（Flaminian）军用大道向罗马进发，洗劫了道路两侧的所有城镇。"③

亚拉里克进入罗马城也没有遇到抵抗

"当他们最后进入了罗马的时候，在阿拉里克的命令下，拿走了里面的一些东西；但是，他们并没有像许多蛮族那样，在城内到处点火，也没有允许神圣的地方受到侵犯。"④

亚拉里克并不留恋罗马城

"之后他们向坎帕尼亚（Campania）和卢卡尼亚（Lucania）进发，给那些地区带来了相似的灾难；最后到达布鲁提尔地区（Bruttia），他们在这里停留了很长时间，计划前往西西里，并且通过那里到非洲去。"⑤

哥特人回马枪，再度洗劫罗马城

亚拉里克没有能够实现到非洲去的计划便一命呜呼了，之后由他的小舅子阿塔乌尔夫接掌权力。

阿塔乌尔夫（公元410—415在位）"获得政权之后，他便再次回到罗马，并且

---

① [法]伏尔泰：《风俗论》中译本上册，第218—219页，商务印书馆，1994年11月。
② [拜占庭]约达尼斯：《哥特史》中译本，第95—96页，商务印书馆，2012年2月第1版。
③ [拜占庭]约达尼斯：《哥特史》中译本，第99—100页，商务印书馆，2012年2月第1版。
④ [拜占庭]约达尼斯：《哥特史》中译本，第100页，商务印书馆，2012年2月第1版。
⑤ [拜占庭]约达尼斯：《哥特史》中译本，第100页，商务印书馆，2012年2月第1版。

第五章 只有罗马城邦，没有罗马帝国

像蝗虫那样，把在哥特人第一次洗劫后所幸存下来的财富都抢光。"①

汪达尔人洗劫罗马城

"455年，汪达尔人在国王根吉里克的统帅之下登陆意大利并占领了罗马。罗马城再度被洗劫，但这一次比哥特人的时候更加可怕了。"②

被称为"上帝之鞭"的匈奴首领阿提拉，不曾进入罗马城

"452年，阿提拉突入北部意大利，破坏了这个地方但是他没有再向南进。据传说，一个有主教（教皇）列奥参加的使团劝他不要进攻罗马。实际上，使阿提拉不敢向前进的显然是对意大利猖獗的瘟疫和饥饿的恐惧。"③

衣冠文物尽东去——公元330年罗马帝国迁都博斯波鲁斯

"必须特别指出君士坦丁的具有世界历史意义的一项措施，这就是把首都迁到博斯波鲁斯的岸上，即旧日希腊殖民地拜占庭所在的地方。城市被扩大和改建了。330年5月11日，（君士坦丁）举行了新首都的隆重的建市式。这一新都名为君士坦丁堡，即'君士坦丁的城堡'的意思。建市的仪式带有部分异教、部分基督教的性质。新都被饰以宏伟的建筑物和从罗马与希腊运来的艺术品。元首用罗马的方式组织了对君士坦丁堡的管理：从罗马来的那部分元老组成了一个特殊的元老院，领导城市的则有市长。"④

罗马帝国迁都之前——古罗马城早已经是废都

"在战胜卡利努斯之后，戴克里先并没有到罗马去，而是使尼科美地亚成了自己的首都。他就在那里宣布为元首。对于'永久之都'的这种蔑视态度是由于下面的几个原因引起的。……最后，东方是比西方更有文化的。"⑤

2.两个罗马："世间之城"与"天主之城"

天主之城罗马的神王：基督耶稣

圣保罗登场——罗马教会的开端

"当圣保罗接受一个梦的警告，在公元49年乘船从特洛伊来到马其顿的腓利比时，他比近一个世纪以前在同一个地点发生的决定罗马帝国命运的伟大战斗对

---

① [拜占庭]约达尼斯：《哥特史》中译本，第107页，商务印书馆，2012年2月第1版。
② [俄]科瓦略夫：《古代罗马史》中译本下册，第285页，上海书店出版社，2011年8月1版。
③ [俄]科瓦略夫：《古代罗马史》中译本下册，第285页，上海书店出版社，2011年8月1版。
④ [俄]科瓦略夫：《古代罗马史》中译本下册，第246—247页，上海书店出版社，2011年8月1版。
⑤ [俄]科瓦略夫：《古代罗马史》中译本下册，第234—235页，上海书店出版社，2011年8月1版。

改变历史的进程影响更为巨大,因为他给欧洲带来了一种新型生活的种子,他最终注定要创造一个新世界。"①

罗马由"世间之城"变身为"天主之城"

"他们推举恺撒以外的另一位国王——耶稣。他们的确也是这么做的,并且这一创造性的革命行动标志着世界历史、首先是西方的历史进入了一个新时期。到这时,欧洲已经被罗马世界和外部世界的蛮族之间瓜分完毕。后来,罗马世界自身也被恺撒的部属和基督的门徒所瓜分。在此以后的数个世纪的历史中,这种分裂因帝国改宗基督教而最终被克服。结果,罗马人和基督徒几乎成了同义词。但是到那时,帝国在西部的势力已被打败,罗马不再是恺撒的首都,它成了罗马教廷的所在地。对圣利奥及其同时代人来说,罗马帝国是教会手中的工具,它把各民族聚集在一起,接受基督的福音。圣彼得和圣保罗已经取代了罗慕洛斯和雷木斯的地位,而成为基督教世界的中心之第二罗马——Urbs sacerdotalis et regalis 教会与国王之城——的奠基人。

看呀,整个人类都已向雷木斯的王国俯首称臣,

不同的典仪,

所表达和思考的都一样,

因此命中注定,

基督的律法,

要把整个地球都统一起来。

[普鲁登修(348—约410生于西班牙的拉丁语诗人)诗]②

据说罗马教会的创立者是保罗和彼得

"根据记载,正是在尼禄统治期间,保罗在罗马被斩首,彼得也被钉上十字架;罗马至今还遗留着名为彼得和保罗的墓地,这佐证了上述记载的真实性。

"另外,一位名为该犹(Gaius)的教士也证明了这一说法。该犹大约生活在泽菲里努斯(Zephyrinus)担任罗马主教的时候,他曾与弗吕家教派(孟他努派)的领袖普罗克努斯(Proclus)有过书信往来。在其中一封信中,该犹提及上述两位使徒所遗留圣物的安放之地:'我可以告诉你两位使徒的战利品(纪念物)在哪里。如果

---

①克里斯托弗·道森:《宗教与西方文化的兴起》中译本,第19—20页,四川人民出版社,1989年7月第1版。

②克里斯托弗·道森:《宗教与西方文化的兴起》中译本,第20—21页,四川人民出版社,1989年7月第1版。

你到梵蒂冈或奥斯提安大道(Ostian Way),你就可以在那里找到这些战利品,正是这两位使徒,建立了这间罗马教会。'"①

《新约》约一半书卷为法利赛人保罗所写的书信

"保罗与巴拿巴共同负责叙利亚安提阿一个教会的牧养工作,这个教会里既有犹太人也有外邦人。这个教会显然是由那些四处旅行传讲福音的基督徒所建立的。其时,这个教会决定将福音传给外邦人。在圣灵的指引下,安提阿教会派保罗和巴拿巴作传教士。这就是保罗三次著名的宣教旅行中的第一次,保罗此次行程达1万英里,足迹遍布中东和南欧。

"在第二次旅行中,保罗意识到一个严重的问题。通常,他在一个乡镇中传福音的时间是数日或数周……。保罗离开以后,异议时有发生,或者其他的旅行传道者来到这里,宣讲侧重点不同的福音信息,以致造成教会的混乱和纷争。有时,这些教会会派人来向保罗求教。

"有时这些教会可能在数百公里以外,所以保罗写信给他们,而不是急匆匆地赶到这些教会。新约中大约一半的书卷是保罗写的书信。"②

教会趁乱将罗马城的主权据为己有

"为什么这位神甫(指罗马教皇——译者)终于夺取了西庇阿和恺撒的城市呢?这是因为他发现这个城市处于无政府状态。他不费吹灰之力成为罗马的主人,就像13世纪德国的主教们本是人民的牧师,却成为人民的君主一样。"③

罗马天主之城的神王——基督耶稣

"先知书曾预言,一位同时是上帝的人将会施行奇妙的事,教导万国当如何敬拜圣父。先知书还预言过他的诞生奇迹、崭新教导、奇妙作为、受死方式、死里复活,以及他借着上帝大能的升天。关于他最终的执掌王权,先知但以理曾得着圣灵的默示,以人的语言进行过如下描述:我观看,见有宝座设立,上头坐着亘古常在者,他的衣服洁白如雪,头发如纯净的羊毛,宝座乃火焰……侍奉他的有千千,在他面前站立的有万万。他坐着要进行审判,案卷都展开了……我观看,见有一位像人子的,驾着天云而来,被领到亘古常在者面前,得了权柄、荣耀、国度,使各方、各国、各族的人都侍奉他。他的权柄是永远的,不能废去,他的国必不败坏。(但以理

---

① [古罗马]优西比乌:《教会史》中译本,第98页,三联书店,2009年9月第1版。
② [美]斯蒂芬·米勒、罗伯特·休伯:《圣经的历史》中译本,第107页,中央编译出版社,2012年5月第2版。
③ [法]伏尔泰:《风俗论》中译本上册,第219—220页,商务印书馆,1994年11月第1版。

书 7:9—10,13—14)"①

"当全世界所有人都已预备好接受对圣父的认识时，同一位圣道在罗马帝国初建之际化身成人，他在人性上与我们并无二致，而且，他所行之事和所受之难与先知书的预言前后呼应。"②

就这样，道成肉身，耶稣基督成了天主之城——罗马帝国的神王。

伪造文献：君士坦丁大帝对罗马教会的赠予

"君士坦丁献土"的文献（拉丁语：Constitutum Donatio Constantini；Constitutum domini Constantini imperatoris），试图宣布教皇国所拥有的土地是在公元4世纪时由罗马皇帝君士坦丁一世奉献给罗马主教西尔维斯特一世的。该文献说，君士坦丁大帝在西尔维斯特一世通过祈祷为其治好麻风病后接受了洗礼，并在受洗后的第四天就决定将帝国都城罗马捐赠给基督教会，并在博斯普鲁斯海峡旁的拜占庭营建新都。该文献还断言，君士坦丁大帝不仅向罗马主教捐赠了意大利中部地区，而且还捐献了整个罗马帝国的西半部领土，并授予教皇及其后任者对其进行世俗统治的权力。

原来罗马城连同整个西罗马帝国疆土被君士坦丁大帝赠给了基督教会！

罗马教皇为法兰克国王矮子丕平加冕，矮子丕平向罗马教皇赠土

"格雷戈里三世是第一个求助于法兰克人的保护以反抗伦巴第人和皇帝的教皇。他的继位者扎克里亚斯出于同样的意图，承认法兰克王国的篡位者宫相丕平为合法的国王。……教皇斯提芬三世向丕平求援以抗击伦巴第人，他于754年来到法国，跪在丕平脚下，后来举行了称为敷油礼的仪式，给丕平戴上王冠，这些都是真实的。……

"斯提芬教皇并不限于为丕平举行加冕仪式，他还规定法国人永远不得拥立另一家族的人为王，否则给以绝罚。这位主教在自己被赶出祖国而到异国求告时，却敢于发号施令，因为他拥有权威，足以保障丕平的权力。而丕平为了牢牢地享有不该他享有的东西，也把不属于自己的权利让给了教皇。"③

这里所谓"不属于自己的权利"就是指"赠土"，将别人的领土赠给了教皇。矮子丕平是一名篡位者，借助罗马教皇的威望巩固自己的地位；作为交换，将本不属于自己的一些城市名义上赠予罗马教皇。

---

① [古罗马]优西比乌：《教会史》中译本，第26—27页，三联书店，2009年9月第1版。
② [古罗马]优西比乌：《教会史》中译本，第26页，三联书店，2009年9月第1版。
③ [法]伏尔泰：《风俗论》中译本上册，第358—362页，商务印书馆，1994年11月第1版。

投桃报李,矮子丕平千里赠土

"一个法兰克国王的奴仆头子剥夺了自己主人希尔德里克三世的王位,把他囚禁在圣贝尔丹修道院,并把他的儿子囚于诺曼底的丰特奈尔修道院。一个教皇从罗马前来,批准了这种强盗行为。所有这些事件表明,这只不过是不义、掠夺和诈骗交织在一起的行为。"①

据说"矮子丕平两次翻越阿尔卑斯山只是为了赠给教皇斯提芬一些城市,这个赠礼的证书原文从来没有公布过……确凿无误的事实是,从那时起,罗马教皇已经不只在一个国家拥有大量的教产,这些教产受到尊重,并豁免赋税。在阿尔卑斯山区,在托斯卡纳、斯波莱托、高卢、西西里岛,以及在8世纪被阿拉伯人占有之前的科西嘉岛,他们都拥有教产,人们把这称为总督辖区的世袭财产。"②

这就是所谓教皇国的起源。

君士坦丁赠礼(原文节录)

"吾等与各行省总督、元老院以及光荣帝国治下之臣民皆认为,给予圣彼得的继承者较之吾等因公正宽厚而在世上所享有的更大的权力,实属必须。吾等业已决定,凡我臣民,尊崇神圣的罗马教会甚于尊崇仅治理俗世的帝国;吾等愿将全部尊严、荣誉及皇权归属于真福彼得之神圣教会。吾等保有圣彼得及圣保罗的光荣躯体,并敬置于四元素之力所不能破损的琥珀棺中。吾等以将犹太、希腊、亚洲、非洲及意大利若干领地给予教廷作为长明灯之费用。

"……

"吾等无条件地将罗马城、意大利所有西部城市以及其他国家的其他西部城市作为赠礼,献与真福教皇。吾等让位与圣父,放弃对所有这些行省之统治。吾等将退出罗马,迁都于拜占庭省,因为在上帝已立有基督教首领之地,一个世俗皇帝拥有最小权利,亦属不当行为。

"吾等明令此一赠礼永不变异,直至世界末日。违抗谕旨者将永遭天谴,生前死后均为使徒彼得与使徒保罗所不容,沉沦地狱之底与魔鬼为伍。此证书由君士坦丁与加利卡努斯联署。"③

---

①[法]伏尔泰:《风俗论》中译本上册,第362页,商务印书馆,1994年11月第1版。
②[法]伏尔泰:《风俗论》中译本上册,第364—365页,商务印书馆,1994年11月第1版。
③转引自[法]伏尔泰:《风俗论》中译本上册,第343—344页,商务印书馆,1994年11月第1版。

罗马教皇国国王——耶稣

《君士坦丁赠礼》中说,"吾等将退出罗马,迁都于拜占庭省",原来君士坦丁迁都是为了将罗马城赠给罗马教皇。

编造西罗马帝国故事的目的原来是为了帮助教会谋取世俗权力!

瓜分世界之始作俑者——罗马教皇权力举隅

1481年,罗马教皇批准了西班牙和葡萄牙签订的《阿尔卡索瓦斯条约》。在罗马教皇的训谕中,教皇保证葡萄牙国王的主权要求,它囊括"加那利群岛以南和几内亚西面及其附近将要找到的或取得的一切岛屿"。这位前任教皇的训谕明确巩固了葡萄牙这个海洋探险先行国的权益。

1493年5月3日,教皇亚历山大六世(西班牙人)发布第一道训谕。"鉴于忏悔者克里斯托弗·哥伦布已经航行将近印度,并已发现远处一些岛屿,甚至一些迄今别人从未发现过的陆地。那里居住着许多和平生活的人民。他们不穿衣服、不吃肉,有意信奉基督教。兹确认,凡是经卡斯蒂利亚双王及其继承人所派使节发现的每一处岛屿和陆地,如果从未属教皇管辖,就归该国王及其继承人行使充分权利。"

第二、第三道训谕确认,从南极到北极,"从众所周知的亚速尔群岛和佛得角群岛中的任何地点以西及以南一百里格为界"。在这条界线以西将要发现之地,凡不属于基督教的君主所有者,均属卡斯蒂利亚。

第四道训谕确认西班牙无论在向西或向南航海或旅行中,无论他们在东方地区、西方地区,或在西、葡分界线上以及在印度发现的陆地,都归西班牙所有。

《托尔德西拉斯条约》,沿子午线瓜分世界

托尔德西拉斯,距今天西班牙的首都马德里西北150公里的一个小镇。今天的小镇看起来并没有什么特殊,但是它在世界历史上却是大名鼎鼎。1494年6月7日,葡萄牙和西班牙两国这里签署了世界历史上著名的《托尔德西拉斯条约》。

这是一个今天看起来非常奇怪的条约。西班牙和葡萄牙在佛得角以西2056公里或者西经48度到49度之间,从南极到北极划出一条分界线。

在分界线以西的地区,专有权归西班牙,葡萄牙的远征考察活动只能在分界线以东进行。两国都不得占领已经归属基督教统治者所有的任何领土。"当时的欧洲国际公法规定,教皇有权确定不属于基督教皇的任何土地的世俗主权归属。"[①]

---

① 详见:任学安:《大国崛起·葡萄牙、西班牙》。

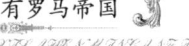

3. 中世纪晚期到文艺复兴时期的罗马城

中世纪意大利城镇规模不超过两三千人

"一切表明,意大利的城堡只有几百人,城镇或许从未超过两三千人。"①

"被过去的史学家有些简单地称之为'黑暗世纪'的几个世纪里,欧洲的城市建设以小型的中心为主(面积约为30多公顷,居民约有5000人)。……在中世纪,欧洲的大部分居民一生从未离开过家乡,除去附近城市的市场之外,对外界一无所知。"②

罗马不在意大利著名城市之列

"14世纪的一组评估数字表明,威尼斯、佛罗伦萨和巴黎的人口在100 000人左右,热那亚、米兰、巴塞罗那和伦敦的人口在50 000人左右,汉萨同盟最大的城市以及佛兰德尔的城市人口在20 000和40 000人之间,大多数欧洲人仍然住在乡村。"③

文艺复兴时期意大利的著名城市有佛罗伦萨、米兰、威尼斯、热那亚等。

罗马只是一个小镇,称"公爵领地"

"意大利刚刚从哥特人的践踏下解放出来,查士丁尼皇帝就死了,由其子朱斯丁继位。在皇后索菲娅教唆下,朱斯丁召回纳尔塞斯,派隆吉努斯接替他。隆吉努斯和他的前人一样,也定都拉文纳。此外他还改变了意大利统治机构的形式,不像哥特人那样在各个行省设总督,而是在重要城镇各设一名统治者,名之为公爵。在这种安排中,他并未把罗马看得比其他城市更重,把保留迄今的执政官和元老院等名义一概不用,每年从拉文纳派一名公爵去统治,名之为罗马公爵领地。他本人留在拉文纳代表皇帝统治全意大利,自称总督。"⑤

公元15世纪的罗马城

"我们有乌斯克的亚当写于1400年左右的一篇著名的关于'不朽之城'罗马的栩栩如生的记述,他是一位英国主教,在卜尼法斯九世和英诺森七世在位期间,

---

① [比利时]亨利·皮雷纳:《中世纪的城市》中译本,第49页,商务印书馆,2006年7月第2版。
② [法]德尼兹·加亚尔等14位欧洲作者1993年合著欧洲历史教科书:《欧洲史》中译本,第1版,第204—222页,人民出版社、海南出版社,2010年7月。
③ [美]罗宾·W.温克、L.P.汪德尔:《牛津欧洲史》中译本第1卷,第103页,吉林出版集团,2009年4月第1版。
④ [意]尼科洛·马基雅维里:《佛罗伦萨史》中译本,第11页,商务印书馆,1982年5月第1版。

在罗马城里居住过一些时候。这是一幅惨不忍睹的图画：人口锐减，贫苦不堪，盗匪横行，害虫肆虐，狼群出没。他写道：夜间，狼群和野狗在大街上互相撕咬，吵得全城不得入梦；强盗们剥光了圣彼得大教堂的大理石和斑岩的外壳，大教堂一贫如洗，以至于1414年的圣彼得与圣保罗节那天，只剩下一盏孤灯闪亮。梵蒂冈的宫墙已成碎砖烂瓦，狼群长驱直入，横行内苑。"①

近代前罗马不过是一个不起眼的小镇

"众所周知，罗马人一上来就备受推崇。从西罗马帝国'野蛮入侵'那一刻起，一系列疯狂重组便接踵而至：罗马——教会的首府、拉丁语——教会的语言、公元9世纪的帝国封号——教廷的司法管辖权（史上著名的康士坦丁赐赠），所有这一切形成了罗马历史上最重大的重组架构。"②

辉煌的罗马城为梵蒂冈16世纪后的新规划

"在16世纪的前30年中，罗马成为意大利艺术的新首都，超过了佛罗伦萨。教皇尤里乌斯二世和利奥十世一心要恢复往日的辉煌，吸引了众多艺术家定居罗马。"③

"千真万确，文艺复兴运动为人类做出的巨大贡献之一，正是罗马城本身——复兴的罗马。它由一座毫不起眼的中世纪小城，一跃成为雄伟壮丽的都市和基督教世界的首府。这是一项周期漫长、规模宏大的工程，是教廷势必将这座永恒之城打造成为基督教艺术、精神及宗教生活中心的有力见证，是教廷一代代的继任者前赴后继、呕心沥血、有序推进的产物。"④

"就在改革声浪日益高涨、众多国家强势崛起的新环境下，梵蒂冈启动了它的重建工程，并将提升罗马自身实力以及打造基督教世界中心定为它未来的首要目标。作为重要的资本筹码，罗马古城被充分挖掘和利用。为了维护和提升它的权威，梵蒂冈不惜财力投入大量资金。在新一轮的城市规划建设中，前基督教遗址被巧妙嵌入新的城市版图；作为城市新颜的有机部分，古城旧貌重新展现在世人面前。与此同时，一批新的纪念性建筑拔地而起，在辉煌程度和艺术价值上与周边的

---

① [美]詹姆森·W.汤普逊：《中世纪晚期欧洲经济社会史》中译本，第401页，商务印书馆，1992年10月第1版。

② [希腊]娜希亚·雅克瓦基：《欧洲由希腊走来》中译本，第158—160页，花城出版社，2012年3月。

③ [法]德尼兹·加亚尔等14位欧洲作者1993年合著欧洲历史教科书：《欧洲史》中译本，第1版，第326页，人民出版社、海南出版社，2010年7月。

④ [希腊]娜希亚·雅克瓦基：《欧洲由希腊走来》中译本，第159—160页，花城出版社，2012年3月。

古代建筑相映成趣,一争高下。"①

古罗马新规划的资金是这样募集来的

"这时,利奥十世正好从接任教皇之日起就需要大宗金钱,特别是用于营造罗马的圣彼得大堂。为了筹集资金,这位教皇不幸心血来潮,颁发一次赎罪券(1513年10月),以继续这一历史性建筑工程,并错误地把宣讲这次赎罪的工作交给了一些毫不犹豫地施加各种压力和惯于采用各种江湖骗术的人。"②

筹资方法:发行赎罪券

发行单位:梵蒂冈

发行对象:充满罪恶感的原罪大众

发券代理:神职人员

发行方法:施以各种手段,威胁利诱。

17世纪梵蒂冈打造罗马古城的帝国形象与新的宗教辉煌

"在相当大的范围内以及在相当长的时间里,罗马之旅的这一特殊含义被旅行的宗教及朝圣特征所掩盖,而朝圣的真正目的,就是企图将这座古城的帝国形象与新的宗教辉煌合二为一。在整个17世纪期间,梵蒂冈教廷通过盛大庆典,即每25年举办一届的有组织的大规模朝圣活动,将罗马城打造得壮丽辉煌,使它放射出'永恒之城'的光芒。"③

条条大路通罗马:朝圣者之路

"从法国通往罗马,是在8—9世纪期间逐渐形成的。这条大道是中世纪的独特创造,与希腊—罗马大道没有关系,其起源可以追溯到伦巴第人与拜占庭人争夺中部意大利时期。伦巴第人为了将波河平原与托斯卡纳联结起来,便整治奇萨山口,这样便开辟一条从皮亚琴察到卢卡的新路线。接下来的一段从卢卡到锡耶纳,然后到博尔塞纳湖,是法国人入侵罗马时开通的。这条大道往北在帕维亚附近分为两支:一支经过塞尼山,通往里昂和香槟,另一支穿过大圣贝尔纳山口,通往洛桑,然后向香槟和莱茵河流域各城市延伸。经过宗教改革中天主教会和罗马教廷长期斗争后,去罗马朝圣者日渐增多,罗马大路成为11世纪和12世纪时欧洲

---

① 参看[希腊]娜希亚·雅克瓦基:《欧洲由希腊走来》中译本,第160—161页,花城出版社,2012年3月。

② 《新编剑桥世界近代史》中文版第1卷,第123页,中国社会科学出版社,1988年12月第1版。

③ [希腊]娜希亚·雅克瓦基:《欧洲由希腊走来》中译本,第312页,花城出版社,2012年3月。

最繁忙的大路。"①

事实上，朝圣罗马是在16世纪后梵蒂冈新规划的罗马城建成之后的事。

所谓的古罗马建筑没有地域特征

"古罗马建筑同意大利、高卢、西班牙、非洲、爱奥尼亚等地的建筑别无二致。"②

所谓的古罗马建筑没有时代特征

"倘若古罗马文明再多延续几个世纪，最客观的实用性建筑的外形也会在三种因素下一点点发生变化。它们分别是：原材料的质地、建造者的性格和世人不得不面对的地域环境因素——气候、地质构造、土壤类型和自然风光。"③

法国人将没有时代特征的问题归因于罗马文明的寿命太短，没有说服力。罗马文明从公元前753年罗马建城，到公元476年上帝之城罗马被毁（所谓西罗马帝国灭亡），有1200多年的跨度。

如果真有个罗马文明，古罗马遗址又真是历史上遗留下来的，而不是梵蒂冈于16世纪之后新构造的话，在上千年的历史长河中建设的建筑之遗址，怎会没有建筑材料、不同时代建筑风格以及与其他地区建筑间环境因素的差别呢？

罗马博物馆收藏的雕塑作品基本上都是石膏临摹品

"自16世纪初起，大量（古代）雕塑作品汇集到了罗马，形成了最初的收藏博物馆；而这些博物馆又为相关收藏的日后发展树立了楷模（相似的雕塑被搬来挪去。它们大多是石膏制作的临摹品，而新的原创作品极其罕见）。"④

第四节 古罗马晚期历史

1. 谁是罗马皇帝？而罗马皇帝又是谁？

退休皇帝的继子任命副皇帝

退休皇帝戴克里先"委托自己的继子伽列里乌斯任命新的恺撒。伽列里乌斯

---

① [法]德尼兹·加亚尔等14位欧洲作者1993年合著欧洲历史教科书：《欧洲史》中译本第1版，第209页，人民出版社、海南出版社，2010年7月。

② [法]艾黎·福尔：《法国人眼中的艺术史：十七至十八世纪艺术》中译本，第20页，吉林出版集团有限公司，2010年8月第1版。

③ [法]艾黎·福尔：《法国人眼中的艺术史：十七至十八世纪艺术》中译本，第20—21页，吉林出版集团有限公司，2010年8月第1版。

④ [希腊]娜希亚·雅克瓦基：《欧洲由希腊走来》中译本，第173页，花城出版社，2012年3月。

则任命统帅弗拉维优斯·瓦列里乌斯·谢维路斯为西方的恺撒(副皇帝),而任命自己的侄子瓦列里乌斯·玛克西米努斯·达扎(或达雅)为东方的恺撒(副皇帝)。"①

自封的皇帝

"退休皇帝玛克西米亚努斯重新执政,宣布自己为奥古斯都。"(奥古斯都为正皇帝)②

退休皇帝推举自己的儿子为副皇帝候选人

退休皇帝玛克西米亚努斯"利用存在于罗马的对谢维路斯(另一位退休皇帝的继子任命的另一位副皇帝)的不满而提出了自己的儿子玛尔库斯·奥列里乌斯·玛克森提乌斯为西方恺撒的候选人。"③

废都罗马城军民暴乱、民选皇帝

"在被贬黜为一个普通城市地位的帝国前首都,爆发了军队和人民的起义,起义宣布玛克森提乌斯为恺撒"④

退休皇帝的继子提拔另一位副皇帝为正皇帝

"伽列里乌斯也不示弱,他把谢维路斯提升为奥古斯都(正皇帝)并委托他惩办玛克森提乌斯(一位民选的副皇帝)。"⑤

哥特占领军任命的皇帝

"亚拉里克于409年进入罗马,这个哥特人在罗马设置了一个皇帝。"⑥

军队推拥的皇帝

"306年夏天,君士坦提乌斯·克罗路斯在布列塔尼亚对苏格兰的部落披克特人作战时死去了。军队立刻便宣布他和他的第一个妻子埃列娜所生的儿子弗拉维优斯·君士坦丁为奥古斯都。"⑦

如上所述,古罗马皇帝不仅产生方法花样繁多,有自封的、被任命的、推荐的,还有军队决定的(同时并存);而且皇帝还分正副,有正皇帝和副皇帝,还有"皇帝候选人"、"民选皇帝",林林总总,无奇不有!

中国人都知道什么是皇帝,第一必须要有天命,所谓"真命天子"。天命以道德

---

① [俄]科瓦略夫:《古代罗马史》中译本上册,第242页,上海书店出版社,2011年8月1版。
② [俄]科瓦略夫:《古代罗马史》中译本上册,第242页,上海书店出版社,2011年8月1版。
③ [俄]科瓦略夫:《古代罗马史》中译本上册,第242页,上海书店出版社,2011年8月1版。
④ [俄]科瓦略夫:《古代罗马史》中译本上册,第242页,上海书店出版社,2011年8月1版。
⑤ [俄]科瓦略夫:《古代罗马史》中译本上册,第242页,上海书店出版社,2011年8月1版。
⑥ [法]伏尔泰:《风俗论》中译本上册,第218—219页,商务印书馆,1994年11月。
⑦ [俄]科瓦略夫:《古代罗马史》中译本上册,第242页,上海书店出版社,2011年8月1版。

为归。第二是君权的独一无二性,所谓"天无二日,国无二君"。

拉丁语中"皇帝"(imperator)一词意指"将军"

"后来成为皇帝这一词的拉丁语是 imperator,就是'将军'的意思。从尼禄皇帝死后直到 395 年狄奥多西皇帝去世这段时间内,每个罗马皇帝都拥有将军和军人的身份(也有一两个可以算是例外的情况)。"①

罗马城不是帝国

19 世纪的古罗马史学大师蒙森在《罗马史》第五卷(又名《从奥古斯都到戴克里先的罗马行省史》)中"的成就是确定罗马城不是帝国;罗马君主的残暴与癖性,对广阔无际的罗马世界所产生的影响是微乎其微的。"②

"皇帝"意思是"将军",罗马城不是帝国,那么罗马皇帝又是什么呢?也就不言自明了。

2.真有罗马帝国吗?

罗马帝国没有文官系统,帝国行政管理依靠私人团体(奴隶和平民)

"罗马城邦,是用远远不足的行政管理人员来开始其扩张的生涯的。和公元前最后一千年地中海地区大多数城邦(埃特鲁斯坎、希腊和腓尼基)一样,罗马是由每年选出的一小批非职业政府官员统治的。但是,选举产生的官员数量的增长及其临时在位者的任职期限,根本不能适应罗马不断扩张所带来的行政管理要求。罗马政府补救这一行政管理不足的主要手段,就是让公民的私人团体帮助提供军需品和征集赋税。这些团体拥有管理当时希腊世界的所有专长。他们雇用了有教养的奴隶和自由民来完成这些管理任务。

"奥古斯都从其养父尤利乌斯·恺撒那里受到启发,竭力使这些私人团体无法靠损害罗马政府、罗马公民及附属国的利益来谋取不正当的私利,但他照样沿用这些组织。他大规模地建立了一种由奴隶和自由民组成的'恺撒户',作为他个人的行政管理基础。

"对于原来按政府规定垄断最高两个级别、薪水丰厚的文官职位的罗马贵族及其门客,奥古斯都也给予了补偿。

"罗马这一官僚机构,没有中国官僚机构那样强的内聚性。尤其是,它没有遵

---

①[美]詹姆斯·奥唐奈:《新罗马帝国衰亡史》中译本,第 105 页,中信出版社,2013 年 3 月。
②[英]乔治·皮博迪·古奇:《十九世纪历史学与历史学家》中译本下册,第 771 页,商务印书馆,2011 年 7 月第 1 版。

循一种官方的世袭的哲学,并由此而凝聚在一起。当然,奥古斯都的这个帝国文官机构中,使用的是由狼崽变成的牧羊狗。"①

罗马帝国不管领土

"罗马的权力机构设置,总是避免直接负责管理领土。不然的话,如果摧毁这些领土上原来的政府,政治上就会出现真空现象。奥古斯都坚持这一罗马传统,非常愿意恢复地中海世界的秩序。而以往的共和制罗马政府把地中海世界推向了无政府状态的深渊。公元前31年以后,奥古斯都及其继承者,沿袭黎凡特地区先由塞琉西统治,后来(前67—前62)由庞培掌管的先例,试图把罗马帝国作为自治城邦的联合体组织起来。

"帝国政府要将自己的责任限定在以下两个范围内:第一,阻止和预防帝国内各城邦相互间继续发生战争;第二,保护它们免遭帝国边疆以外敌人的攻击。"②

统治全世界的帝国变成了城邦联合体?

罗马帝国皇帝只是罗马城最高长官

"二世纪的罗马帝国乃是自治城市的联盟和凌驾于这个联盟之上的一个近乎绝对专制的君主政府二者奇妙的混合体,而其君主在法律上只是首府罗马城的最高长官。"③

罗马帝国没有统一的货币

"近代考古工作者的发掘工作自然以城市遗址为发掘对象。某些城市的遗址,特别是那些从罗马政权崩溃后就荒废了的地区如小亚细亚、叙利亚、阿非利加等地的城市,保存得很完美,令人分外感兴趣。最后,还有着数以万计的钱币,这些钱币大多数仍然由帝国各城市自行制造,它们对各城市的政治、宗教和经济等方面的许多重要问题提供了宝贵的报道。"④

结论:只有罗马城邦,没有罗马帝国。

---

① [英]阿诺德·汤因比:《人类与大地母亲》中译本第1版,第352页,上海人民出版社,1992年1月。

② [英]阿诺德·汤因比:《人类与大地母亲》中译本第1版,第348页,上海人民出版社,1992年1月。

③ [美]M.罗斯托夫采夫:《罗马帝国社会经济史》中译本上册,第201页,商务印书馆,1985年1月第1版。

④ [美]M.罗斯托夫采夫:《罗马帝国社会经济史》中译本上册,第201页,商务印书馆,1985年1月第1版。

3.罗马帝国于476年崩溃,是一个大谎言

阶级斗争史观对于世界历史的分期有一种流行的说法

公元476年是奴隶社会与封建社会的分界线,换句话说,476年是上古史与中古史的分界线。公元476年是一个什么样的年份呢?历史学家们说那一年是罗马帝国崩溃的标志年。

罗马帝国于476年崩溃,是一个大谎言。

西方历史学家们说辉煌的古典时代在那一年就这么结束了。从此,世界历史进入了千年黑暗……而事实上,那一年什么也不曾发生……

实际上不存在西罗马帝国

从君士坦丁大帝开始,罗马帝国的首都已经永久固定在了君士坦丁堡,而旧罗马城从君士坦丁堡确立为首都前约100年开始降格为地方城镇。

所谓西罗马帝国实际上并不存在,用中国的皇帝概念来衡量,所谓西罗马帝国的皇帝,不论叫作奥古斯都还是恺撒,循名责实,与其说是皇帝,不如说类似于后世总督的概念。

严格来说,君士坦丁大帝也不能与中国的皇帝概念相提并论,君士坦丁大帝充其量是一个城邦国的概念,城邦国既然是国就一定有国界。

而中国的皇帝又名"天子",真命天子承奉天命而来,"普天之下,莫非王土;率土之滨,莫非王臣",是"天下"的概念。

方以中国历史的情况,平王东迁之后,周朝依然是周朝,史称东周,那是后世史学家为了方便所起的名称,当时并没有"东周"、"西周"的称呼。

西方近代所谓的历史学家不仅编造"东罗马"、"西罗马"的故事,而且喧宾夺主,将君士坦丁大帝的罗马城邦国谎称为拜占庭帝国,不过是为了伪造西罗马帝国的方便。

近代学者以并不存在的西罗马帝国灭亡作为世界史分期的界限,苏联历史学家进而又说"西罗马帝国"灭亡标志着奴隶社会的结束和封建社会的开始,现代中国学者又将其奉为圭臬……

创造、维护西罗马帝国灭亡神话之目的:一是天主教会为了世俗利益编造罗马城的神话、以突出梵蒂冈罗马教皇的中心地位及权威;二是近代西方学者为虚构古典时代概念服务。

美国学者的另一说法：罗马帝国于 20 世纪依然存在

当代美国古典学家詹姆斯·奥唐奈说，传统说法说罗马帝国于公元 476 年终结，那个时间实际上没有意义。实际上罗马帝国于 20 世纪依然存在：德国的皇帝（Kaiser）、奥匈帝国的国王与皇帝（King and Kaiser）、俄国的沙皇（Czar）、奥斯曼的苏丹。

以上这些不同国家的统治者，都是罗马帝国的皇帝。欧洲是罗马帝国的继承人。"传统的教科书都说，罗马帝国在公元 476 年就终结了，但是，我将在本书中说明，那个时间实际上是没有意义的。罗马帝国的传承一直延续到 1453 年。在奥斯曼帝国的统治下，他们的继承者们还会继续统治一个帝国，直到 20 世纪 20 年代初。第一次世界大战值得我们注意，因为在那场大战中，至少有 4 个欧洲大国自称以各种方式直接继承了罗马的统治（德国的皇帝 Kaiser、奥匈帝国的国王与皇帝 King and Kaiser 与俄国的沙皇 Czar，其称号都源于罗马的恺撒，而奥斯曼用苏丹这个新称号延续了古老的罗马统治）。我们甚至可以说，罗马已经被欧洲取而代之了。"①

俄罗斯自认为是罗马帝国（后世称东罗马帝国）的继承者

1453 年，东罗马帝国被奥斯曼土耳其帝国灭亡，君士坦丁十一世战死。他的两个弟弟，一个臣服于奥斯曼帝国，另一个带着两个儿子和女儿索菲亚·帕列奥洛格逃到罗马。后来，这两儿一女在其父死后被罗马教皇抚养成人。

当时的罗马政治家们为了借助俄罗斯的军事力量抵御土耳其人，便用联姻的方式将索菲亚许配给了莫斯科大公伊凡三世。索菲娅由此佩戴着东罗马帝国威严的双头鹰徽记来到了俄罗斯。索菲娅协助夫君伊凡三世把俄罗斯的土地基本上联合到一起，形成了一个疆域辽阔的国家。1497 年，双头鹰作为国家徽记首次出现于俄罗斯的国玺上，直至 1918 年。1993 年 11 月 30 日，双头鹰又回到俄罗斯的国徽上。

莫斯科成了"新罗马"

"到了 1452 年，拜占庭已经奄奄一息，俄罗斯教会不情愿地违背了必须服从君士坦丁堡教会的传统……1470 年，伊凡克开始自称是全俄罗斯的'沙皇',……'沙皇'Czar 头衔的典故来自罗马皇帝爱用的'凯撒大帝'Caesar 称号。过去，莫斯科只会给君士坦丁堡的皇帝和蒙古可汗冠上如此响亮的头衔……1493 年，莫斯

---

① [美]詹姆斯·奥唐奈：《新罗马帝国衰亡史》中译本序，中信出版社，2013 年 3 月第 1 版。

科的主教佐西马因为世界末日将临的预言而重新计算历书,伊凡趁机把'信仰虔诚、关怀基督徒的伊凡'重新塑造成'新沙皇君士坦丁',暗指当初建立君士坦丁堡的第一位基督教君王。他说莫斯科是新君士坦丁堡,也就是新罗马。"①

俄罗斯沙皇继承了罗马帝国的衣钵

1453年,罗马帝国首都君士坦丁堡被土耳其苏丹穆罕穆德二世攻陷,罗马帝国灭亡。皈依了基督教(东正教)的俄罗斯自认为继承了君士坦丁堡东正教的衣钵。"正是这个基督教世界之使命的帝国前景与'第三罗马'摊在1453年的沙皇面前,……成为君士坦丁堡继承人之任务给了俄罗斯在东南欧扩展的主要正当性。"②

"俄国人的皈依开辟了一条新的渠道,使基督教文化得以渗透到异教的北方,结果整个大陆似乎会成为一个基督教的 Orbis terrarum 地环。……

"东部边界地区再一次获得了新生,修道院和主教辖区得以恢复,来自德意志西部的殖民者又重新耕作奥地利东部荒芜的土地。然而,西部帝国的皇帝们和高级神职人员对待多瑙河和易北河畔两个地区斯拉夫人的态度与拜占庭帝国对待巴尔干地区斯拉夫人的态度如出一辙。他们想当然地认为,基督教的传播意味着帝国的扩张,斯拉夫人的归依就是要他们服从日耳曼主教和日耳曼伯爵以及侯爵。野心勃勃的高级神职人员如帕骚的皮尔格林(Pilgrim of Passau)之流,试图在被征服的土地上扩展他们的司法权并且毫不迟疑地利用完全是伪造的文件和特许状(charters)来印证他们的要求。[注:例如帕骚的皮尔格林在973年试图建立一个拥有7个附属主教辖区的神话式的劳希(Lorch)省区]"③

如此传说:莫斯科公国王室祖先来自罗马皇帝奥古斯都的兄弟

"不久,莫斯科公国开始谣传,王室的祖先来自罗马第一任皇帝奥古斯都传说中的兄弟。位于边境的普斯科夫有个名叫斐罗菲的虔诚修士,他在献给伊凡三世或其子的作品中称莫斯科是继罗马和君士坦丁堡之后的'第三个罗马'。第一个罗马已经沦陷为异端,而土耳其人用他们的弯刀和斧头劈开'第二个罗马'的门户……如今崭新的'第三个罗马',阁下统治的伟大帝国就是神圣主教使徒教会的所

---

① 菲立普·费南德兹—阿梅斯托:《1492:那一年,我们的世界展开了》中译本,第175—177页,新北市左岸文化出版,2012年7月。
② 杰拉德·德朗提:《欧洲的诞生:神话·理念·现实》中译本,第104页,台湾新北市广场出版社,2012年8月。
③ 克里斯托弗·道森:《宗教与西方文化的兴起》中译本,第126—127页,四川人民出版社,1989年7月第1版。

在之地,东正教信仰在此地无远弗届,光芒更胜天上的太阳。虔诚的沙皇啊,让你的国家知道所有东正教王国都已合而为一,并入你的王国。你是基督教世界唯一的沙皇。"①

纳粹德国(第三帝国)是神圣罗马帝国(第一帝国)的继承者,而神圣罗马帝国是所谓西罗马帝国的继承者。

神圣罗马帝国奠基人查里曼大帝(742—814)被称为"欧洲之父"

查里曼为法兰克国王矮子丕平之子,与乃父一样受到罗马教皇的加冕,后世称加洛林王朝。公元843年,查里曼大帝的三个孙子在凡尔登将帝国分为三个王国,也就是后来德国、法国和意大利的雏形。因而,不仅是第三帝国,法国和意大利也成了所谓西罗马帝国的继承者。

英国人、法国人的祖先都是"天人",个个非同小可

法国人的祖先弗兰克斯,据说是特洛伊(Troy)国王普里阿摩斯(Priamus)的孙子,他的父亲赫克托尔(Hector)被称为特洛伊第一勇士。他有个叔叔,名叫帕里斯,是与神有着"金苹果之约"的风流美男子,帕里斯裁决了天神赫拉(宙斯之妻)、雅典娜、阿佛洛狄忒(维纳斯)谁是最美的女人。帕里斯与希腊美女海伦私奔,导致了特洛伊战争。

英国人的祖先普罗透斯据说是罗马人先祖埃涅阿斯的孙子,而埃涅阿斯是女神维纳斯与特洛伊王子安基塞斯的私生子。

西方列强的古罗马基因

"长久以来,以西方罗马帝国为核心的近代民族,源源不断地从这座古城汲取着他们的起源传说;为使自己的国家或王朝获得合法权利,他们迫不得已,到处打探各自国家的起源,为此还不得不听命于罗马的创立者——被希腊的特洛伊人打败并驱逐的那些人的旨意。"②

"众所周知,欧洲各民族崛起于12世纪至16世纪。从这些民族争相从特洛伊及罗马传说中寻找各自起源的神话族谱中,从维吉尔以及大众最喜爱的作品《埃涅阿斯纪》的地位上,再到罗马作为世界中心所扮演的实际及象征领袖角色以及帝王头衔或帝国思想的延续上,我们可以毫不费力地看清楚中世纪西方世界罗

---

① 菲立普·费南德兹—阿梅斯托:《1492:那一年,我们的世界展开了》中译本,第177页,新北市左岸文化出版,2012年7月。

② [希腊]娜希亚·雅克瓦基:《欧洲由希腊走来》中译本,第129页,花城出版社,2012年3月。

马属性的轮廓。更有甚者,文艺复兴时期的基督教世界,尽管早已将目光转向古人,且偶尔也会对希腊作品热诉衷肠,实质上却是在通过种种深化、细化和系统化的手段,最大程度继承和弘扬了罗马传统。"①

实际上,"欧洲之父"查理曼大帝的历史也是伪造

如今,部分西方人士已经开始逐渐反思近代以来西方伪造历史的问题。

"不少媒体已经注意到,在德语国家有大量经文、官方文件和手抄本被发现是造假,尤其是关于12世纪欧洲的,这些伪文献被广泛使用作为政治法统和文化宣传的依据。

"……关于中世纪的发明的造假……正在电视节目中热烈讨论。……这意味着欧洲中世纪'黑暗'到如此程度,以致关于它的种种描述实际上上不存在的。特别是在611—914年之间,毫无证据显示在此阶段发生过任何事。

"……今之研究机构,……从其体魄、智能、财力、武功和精神,把查理曼大帝塑造成一个梦幻般的超人。(现代书中关于查理曼帝国的)许多令人惊叹的成就与当时欧洲的极端落后和贫穷之实情格格不入,那时贸易低下、沟通困难、货币罕用。在如此凄凉的景象里,很难看见任何城市从罗马废墟上兴起。越来越多的证据表明查理曼帝国是虚构的。详细的考古分析足以动摇关于8—9世纪的欧洲建筑的真实存在。"②

第五节　东罗马帝国:君士坦丁大帝的故事

罗马帝国首都君士坦丁堡不是从罗马城迁来的

罗马皇帝戴克里先定都尼科美地亚(东都)后,将自己的朋友玛克西米亚努斯封为"恺撒"(副皇帝),不久又提升为"奥古斯都"(皇帝)。这位新皇帝玛克西米亚努斯选择米兰为自己的首都(西都)。

随后,两个元首分别再选择两名助手,形成四位皇帝共治的局面。

戴克里先选择了盖乌斯·伽列里乌斯作为自己的副手,称之为"恺撒"(副皇帝),定都夕米南(今贝尔格莱德附近);马克西米亚努斯则选择了君士坦提乌斯·克罗路斯作为自己的"恺撒"(副皇帝),定都特里尔(德国)。

---

① [希腊]娜希亚·雅克瓦基:《欧洲由希腊走来》中译本,第47页,花城出版社,2012年3月。
② 这段资料来自西方网站,由英籍学者诸玄识先生提供并翻译为中文。

这四位皇帝实际上将国家分为了四个部分：戴克里先直接统治色雷斯、亚细亚和埃及，伽列里乌斯治理巴尔干，马克西米努斯治理意大利、非洲和西班牙，君士坦提乌斯治理高卢和布列塔尼亚。

戴克里先和马克西米亚努斯于305年同时退位，这样一来，伽列里乌斯和君士坦提乌斯同时成为东部和西部的主宰，四帝共治制到此结束，随后帝国陷入了东西之间的争斗中。四帝之一君士坦提乌斯的儿子君士坦丁赢得了最终的胜利。

这位君士坦丁就是历史上著名的君士坦丁大帝，他在312年击败了西部的政敌马克辛迪乌斯，又在324年击败了帝国东部皇帝李锡尼，再度统一罗马帝国。

君士坦丁大帝统一罗马帝国后，定都于君士坦丁堡。

罗马帝国的新首都并不是从罗马城迁往君士坦丁堡的，当时罗马帝国的西部首都早已经不是罗马城，当时西部首都是米兰和特里尔。君士坦丁大帝发出的著名饬令称为米兰饬令，而不是罗马敕令。

君士坦丁堡在信仰上处于孤立，在历史舞台上始终无足轻重

"君士坦丁是东正教的圣人，是他建立了基督教帝国。但是，大家知道的东西未必都是真的。我们知道，君士坦丁和他的继任者们（其中的绝大多数）都皈依了基督教，我们也看到他们在治理帝国的时候会优先照顾他们所支持的教义。……

"他们也忘记了他们的都城本身就是个不正常的地方。……

"君士坦丁堡在信仰问题上处于孤立之中，只能自己唱独角戏，后来被人们称为拜占庭。它一直属于支持正统教义的查尔希顿派，但不管它延续多久，在历史的舞台上始终都是孤立无援和无足轻重的。"①

军队在不列颠岛推拥君士坦丁为罗马皇帝——奥古斯都

"306年夏天，君士坦提乌斯·克罗路斯在布列塔尼亚对苏格兰的部落披克特人作战时死去了。军队立刻便宣布他和他的第一个妻子埃列娜所生的儿子弗拉维优斯·君士坦丁为奥古斯都。"②

"布列塔尼亚"是罗马时期对"不列颠"（英国）的称呼。英国皇家海军战歌《Rule, Britannia!》中文译名为《统治吧，布列塔尼亚！》

---

① [美]詹姆斯·奥唐奈：《新罗马帝国衰亡史》中译本，第203—204页，中信出版社，2013年3月第1版。

② [俄]科瓦略夫：《古代罗马史》中译本上册，第242页，上海书店出版社，2011年8月1版。

"在君士坦提乌斯去世后,其子君士坦丁在不列颠被推选为帝。"①

原来君士坦丁大帝是在英伦三岛即皇帝位的。

君士坦丁,何许人也?

君士坦丁大帝的父亲君士坦提乌斯是西部罗马的副皇帝恺撒,一次在不列颠地界对苏格兰部落作战时战死在岛国布列塔尼亚(不列颠),于是,君士坦提乌斯的军队在不列颠岛拥戴他的儿子君士坦丁登上罗马皇帝的宝座,就是后来著名的君士坦丁大帝。

君士坦丁大帝在英国(布列塔尼亚)登基,做起了罗马皇帝,又从德国(特里尔)起兵,驰骋法兰西(高卢),横扫意大利(罗马城),最后跑到土耳其建立了古罗马新首都——君士坦丁堡。

后世称之为第一位基督教皇帝,被视为欧洲的大圣人,说是"没有君士坦丁就没有基督教",相比之下,亚历山大大帝、拿破仑等都不在话下。

美国学者马恩评论道:"就我们现今所知的基督教而言,创立者已不再是公元1世纪的耶稣基督,而是公元4世纪的君士坦丁大帝。"君士坦丁在"影响人类历史进程的100名人排行榜"的名次比亚历山大大帝、拿破仑和希特勒更高。②

君士坦丁见到上帝显灵

18世纪英国作家爱德华·吉本向我们讲述了据说是古罗马基督教作家优西比乌斯所讲述的神话:

"在君士坦丁多次行军中,有一次他亲眼看到在正午的太阳上方立着一个闪光的十字架的饰物,上面镌刻着:'以此克敌'几个字。这天上的景象使全军为之震惊,也震惊了当时在选择宗教信仰问题上还没有拿定主意的皇帝本人……

"当天晚上他所见到的景象却决定了他的宗教信仰。耶稣基督亲自在他的眼前出现了,向他展示了与天空所见相同十字架的形象,告诉君士坦丁制作出同样的旗帜,抱着必胜的信心,举着它向马克穆斯和他的敌人前进。"③

古罗马皇帝君士坦丁照耶稣基督的指引做了,结果将罗马城的另一位罗马皇帝马克穆斯打了个落花流水。

---

①[古罗马]尤特罗庇乌斯:《罗马国史大纲》中译本,第110页,上海人民出版社,2011年4月第1版。

②百度百科:君士坦丁大帝。

③[英]爱德华·吉本:《罗马帝国衰亡史》中译本上册,第449页,商务印书馆,1997年2月第1版。

第五章　只有罗马城邦，没有罗马帝国

这则故事是从哪里来的呢？

据爱德华·吉本说，这是故事是根据古罗马作家优西比乌斯讲述而来，优西比乌斯说自己所讲述的故事是听当事者君士坦丁本人在该故事发生很久之后亲自告诉他的。

优西比乌斯"说是他（君士坦丁）在事情发生许多年后，在一次无拘无束的谈话中，曾对他（优西比乌斯）讲述过他（君士坦丁）本人亲身经历的这一段离奇的意外事件，他（不知是君士坦丁还是优西比乌斯）同时还郑重发誓，保证他所讲的情况绝无虚假。"①

爱德华·吉本讲的故事大多是这样来的，听别人说的，而别人又是从另外的别人那里听来的；听来的东西是真是假并不重要，重要的是故事需要继续进行下去。

君士坦丁横扫意大利、荡平罗马城

当时，在罗马城的罗马皇帝名叫马克森狄，据说马克森狄拥有庞大重装步兵以及不计其数的罗马军团，然而，君士坦丁凭借上帝的帮助，不费吹灰之力横扫意大利、荡平罗马城。

罗马皇帝马克森狄人多势众，"数量庞大的重装步兵和不计其数的军团，被他部署在罗马周边的各个区域或城镇以及意大利境内被他奴役的地区。仰赖于上帝的帮助，君士坦丁皇帝接连进攻暴君的第一支、第二支和第三支军队，轻而易举地击败它们，挥师横扫意大利境内的大片土地，直逼罗马城。"②

古罗马城号称"永恒之都"，拿下罗马城想来一定会有一场恶仗。

不然！君士坦丁凭借与上帝的同盟，根本用不着打仗，上帝自己就将罗马城的罗马皇帝搞定了。

君士坦丁"他根本不必和罗马人打仗，因为暴君被上帝自己用锁链拖出城门好远……借着实际行动，君士坦丁向上帝——万物之主和胜利的缔造者——献上类似赞颂。他在一片凯旋声中进入罗马，所有的元老院成员、上层贵族、女士、孩童和罗马全城的人们，把他赞颂为解放者、拯救者和恩人，喜笑颜开地迎接他的到来……"③

---

① [英]爱德华·吉本：《罗马帝国衰亡史》中译本上册，第449页，商务印书馆，1997年2月第1版。其中上文括号中的内容为引者所加，最后部分是谁向谁在发誓呢？
② [古罗马]优西比乌：《教会史》中译本，第417页，三联书店，2009年9月第1版。
③ [古罗马]优西比乌：《教会史》中译本，第417—419页，三联书店，2009年9月第1版。

君士坦丁师出有名:为了恢复罗马人的自由!

"君士坦丁,这位皇帝阶位的最高者,最先对罗马暴政的受害者表示同情。他向天上的上帝和他的圣道——万有的救主耶稣基督——献上祷告,请求与上帝自己同盟,然后挥师远征,为的是给罗马人重新带来先祖曾经享有的自由。"①

18世纪伏尔泰所见君士坦丁时代的历史纪录只有以下这些内容:

"君士坦丁的时代是基督教的光荣时代,因为他使基督教取得胜利。人们并不需要在这光荣之上再添加一些奇迹,诸如云端出现罗马帝旗……罗马帝旗的守护者从来不会受伤,什么从天上落到古罗马的盾牌,什么由天使带给圣德尼的教幡,所有这些模仿特洛伊的帕拉斯神像的东西……"②

伏尔泰写道:"也许我们只有等待像尤西比乌这样一个智者的启迪,他是第一个撰写教会史的文学家、政治家,他是阿塔那修的敌人、君士坦丁的密友、开塞利的主教。但是,当我们想要通过这位政治家、教会史之父的著作来获得知识时,我们感到多么惊讶!

"我们发现,在他的著作中,当谈到君士坦丁皇帝时,有这样一段话:上帝把数字用于他的统一体中:以数字2美化世界,以3组成物质与形状,然后以2的倍数创造4元素;通过1加2加3加4得出美轮美奂的数字10,这是统一体的终端,是统一体的极限和完善;这个极其完美的数字10乘以更完善的、代表上帝之可感知形象的数字3,便得出1月30天之数。"③

实际上,当时西方只有这样的历史,除此之外别无历史。

"在这个由于宗教信仰的改变而使罗马帝国面目一新的时代,人们就是这样撰写历史的。图尔的格雷戈里丝毫没有背离这种方法,而且我们可以说,直至圭契阿迪尼①和马基雅维里之前,我们还没有一部写得好的历史。"④

君士坦丁临终洗礼

"洗礼仪式一般认为包括全面、彻底地消除一切罪孽,受洗后的灵魂将立即恢

---

①[古罗马]优西比乌:《教会史》中译本,第416页,三联书店,2009年9月第1版。
②[法]伏尔泰:《风俗论》中译本上册,第338页,商务印书馆,1994年11月1版。
③尤西比乌:《君士坦丁颂》第4、5章。见[法]伏尔泰:《风俗论》中译本上册,第339页,商务印书馆,1994年11月1版。
④注:圭契阿迪尼(1483—1540),意大利佛罗伦萨历史学家,著有《意大利史》,这是意大利文艺复兴时期的重要典籍。

复原来的纯真,并从此可以永恒得救。"①

"洗礼仪式一般都是在几个教士的协助下,在庄严的复活节和圣灵降临节之间的50天里,由主教亲自主持,在本教区大教堂里举行。"②

君士坦丁的洗礼仪式一再延迟,"一直到死亡已临近,他不可能再试图翻悔,也不再存在翻悔危险的时候。在他最后一次病中,他在尼科米底亚宫中召见的几位主教,看到他那样热情地请求并接受为他进行洗礼,听到他郑重宣称,在他的余生中他一定要做到不愧为基督的门徒以及他在受过洗礼,穿上新入教者的白袍以后谦恭地拒绝再换上皇帝的紫袍的做法……"③

为什么要一再推迟洗礼的时间呢?

"在那些改信基督教的人中有许多人都认为,匆忙地履行完一种不可能重复第二次的可喜的仪式,轻易抛弃掉一种一去不复返的无价特权是很不明智的。而推迟洗礼却使他们可以放纵自己的情欲来享受现实世界中的一切,而同时又能把确保自己得以赎罪的简便办法掌握在自己手中。"④

好一个"临终洗礼",好似净土宗的"临终一念";"放下屠刀,立地成佛",成了举不动屠刀"立地成佛"!

西方列强的基督教基因——罗马教廷

基督教伪造文献:《圣彼得从天上写给丕平和他的两个儿子的信》(丕平为法兰克王国的国王,丕平之子查里曼被称为"欧洲之父")

"教皇斯提芬伪造了一封圣彼得从天上写给丕平和他的两个儿子的信,值得抄录如下:由永生的上帝之子耶稣基督称为使徒的彼得,……鉴于其他一切教会之母——罗马教廷的整个天主教会乃是由我彼得建立于世上,而斯提芬乃是这个宽厚的罗马教会之主教。我,使徒彼得和将施恩于你们的圣母马利亚,以及第三级天使、第二级天使,为广布天主的恩宠和善德,以使天主的教会摆脱迫害者之手,特向你们三位国王:杰出的丕平、查理和卡洛曼,并向全体圣洁的主教、修道院长、神父和修士,乃至公爵、伯爵及各国人民宣谕,要求你们、警告你们和命令你们,如果你们不为我而战,我将以三位一体的名义,以我使徒的名义,宣布你们将永远不

---

① [法]伏尔泰:《风俗论》中译本上册,第340页,商务印书馆,1994年11月1版。
② [英]爱德华·吉本:《罗马帝国衰亡史》中译本上册,第454页,商务印书馆,1997年2月第1版。
③ [英]爱德华·吉本:《罗马帝国衰亡史》中译本上册,第453页,商务印书馆,1997年2月第1版。
④ [英]爱德华·吉本:《罗马帝国衰亡史》中译本上册,第455页,商务印书馆,1997年2月第1版。
④ [英]爱德华·吉本:《罗马帝国衰亡史》中译本上册,第454页,商务印书馆,1997年2月第1版。

得进入天堂。"①

君士坦丁代表基督教帝国的形象广泛流传,他的皈依使罗马城化为"上帝之城",此种观念成了文学的陈规,不论其是否符合历史事实。

"基督徒总是倾向于把君士坦丁的皈依看成是基督教遭受迫害的教会时代与得胜的被定为国教时代的分水岭。不论此种观点是否符合历史事实……

"君士坦丁代表基督教帝国的形象广泛流传,教会与罗马帝国均为天国的映像,君士坦丁的君主政体将天国带给人类,他的皈依化世俗之城为上帝之城。古希腊思想与圣经观念共同作用,创造出这样一个皇帝的形象,他被赋予权力,在人间代表上帝。皇帝作为基督教的表达中介体现了上帝为了拯救人类而作的特意安排。此观念成为文学陈规,在基督教布道坛上常被听到。至此,基督教与罗马帝国合二为一:基督教是罗马帝国的国教,而罗马帝国是基督教神意中最合适的地方。"②

东罗马帝国被篡改为拜占庭帝国

一直到17世纪,东罗马帝国都是西方历史学家对这个帝国的正式称呼。1557年,德意志历史学家赫罗尼姆斯·沃尔夫(Hieronymus Wolf)在其整理编纂的《历代拜占庭历史学家手稿》(Corpus Historiae Byzantinae)中,为了区分罗马时代以前的古典希腊文献与中世纪东罗马帝国的希腊文献,引入了"拜占庭帝国"(Imperium Byzantinum)这个叫法。这个称呼来源于其首都君士坦丁堡(伊斯坦布尔)的前身——古希腊的殖民地拜占庭城。17世纪之后,经过孟德斯鸠等人的使用,这个称呼逐渐被西欧历史学家广泛应用,来区分(实际上相当不同的)古代罗马帝国东半部与中世纪的、希腊化的东罗马帝国。

第六节 罗马帝国的历史是怎样构造出来的

18世纪欧洲大旅行开始视意大利为同一民族。

"让我们回顾一下一个史学家处在于我们类似背景下故意说出的一句赘言吧:'假定概念'(或'概念的概念',notional concept)——哈斯克尔正是这样来形容在大旅行中初露端倪、不受政体约束的'意大利'含义的;此外,尤其对于18世纪

---

①转引自[法]伏尔泰:《风俗论》中译本上册,第363—364页,商务印书馆,1994年11月第1版。

②[英]J.H.伯恩斯主编:《剑桥中世纪政治思想史:350年至1450年》中译本上册,第124—125页,三联书店,2009年10月第1版。

来讲,大旅行的又一贡献,表现在它'弘扬了视意大利为同一民族的思想——整个欧洲大陆极富创意、却又有别于塞万提斯'意大利'的产物'。"①

1.19 世纪以前古罗马的概念

中世纪的罗马对历史写作漠不关心

"中世纪的罗马对历史写作漠不关心这件事十分离奇。在文艺复兴时代的罗马,情况几乎是依然如故。'意大利最早期的天才们创作的民族作品曾赋予 14 世纪以不朽的光辉,但这个世纪为撰写罗马文化的历史家们提供的素材只是勉强够写几页书用。罗马城在学术上的贫瘠空前少有,这种情况使但丁和佩托拉克感到震惊'。14 世纪最重要的史料只不过是从 1327 年到 1355 年罗马历史的一些片段,其主要部分记述的是里恩济的事业。除了一些贫乏的年代记以外,当时通行的历史编纂方式是 15 世纪教廷迁回罗马以后以日记形式撰写的东西。1415 年马丁五世刚刚回来以前,罗马史仅仅是在圣彼得教堂一位牧师安敦尼奥·彼得所撰《罗马日记》中间略地记述了一些 1404—1417 年间的情况。较为重要的是曾一度担任罗马元老院秘书的史梯发诺·英斐苏拉所撰《罗马日记》。他从 1295 年写起,一下子跳到了 1403 年,用一些繁杂而不连贯的摘录记述了 15 世纪前半叶的历史;从息克斯塔四世以后直到 1492 年才是他自己写的。"②

古罗马早期历史,基本上都是杜撰;从罗马共和到罗马帝国,从古罗马神话、古罗马史诗,到《十二铜表法》,到国王法典(Leges regiae)以及流传的所谓国际条约,基本上都是后世人所编,重重虚构,没有多少原始文献依据。

古罗马帝国靠罗马方阵军团武力,征服当时所知世界,将地中海变为内湖,成就地跨亚非欧大陆的庞大帝国。而其方阵军团,实际上不过是故事大王纸上谈兵,根本就是虚构。罗马与迦太基之间的布匿战争,不过是又一个亚历山大大帝征服世界故事的翻版。

拜占庭是当时所知世界唯一的大国,是真正的所谓罗马帝国。东罗马帝国的名称是后世人的称谓,是为了虚构西罗马帝国的需要,后来的史学家将真正的罗马帝国改称为拜占庭帝国。

在所谓古罗马建城时期,罗马只是一个小村落,一直发展到中世纪晚期,罗马

---

① [希腊]娜希亚·雅克瓦基:《欧洲由希腊走来》中译本,第 263 页,花城出版社,2012 年 3 月。
② [美] J.W.汤普森:《历史著作史》上卷第 2 册,第 807 页,商务印书馆,1988 年 5 月第 1 版。

虚构的古希腊文明——欧洲"古典历史"辨伪

也不过是一个小镇。我们今天所见到的古都罗马是梵蒂冈为了与所谓文艺复兴人文主义者争夺古代传说资源,于16世纪之后经过长期规划、投巨资新建的假古董。

古罗马以崇尚武力著称

孟德斯鸠《罗马盛衰原因论》开篇第一章讲罗马的起源时,起笔就讲"它的战争"。

"罗马这个城市没有商业,又几乎没有工业。每个人要是想发财致富,除了打劫之外,没有其他的办法。"[①]

"为了争夺公民、妇女和土地,罗慕露斯和他的继承者几乎永远是和他们的邻人作战的。他们每次回城都要带着从被征服的民族那里得来的战利品。这就是捆成一束束的麦子和畜群,这些战利品会给城市居民带来巨大的欢乐。这就是凯旋的起源:凯旋在后来也正是这座城市所以变得伟大的主要原因。"[②]

"只有在征服了什么地方或是取得胜利的时候,执政官才能得到凯旋的荣誉,因此,他们把战争进行得极其猛烈。他们作战时一直冲向敌人,而决定战争胜负的首先是实力。罗马因此永远是处于战争状态,而且这些战争又永远是激烈的战争。原来,一个永远在进行战争的民族,必然会或是自己毁灭,或是战胜所有其他民族。"[③]

西方历史学家们说:一伙强盗不停地抢劫就建成一个统治世界的大帝国。

"在王政时期和执政官出现初期,罗马人的领土还没有拉古萨大。……罗马初期的国王就是一些强盗头目。照罗马历史学家的说法,这个小民族一开始就抢夺邻族女子和财物。它本应被消灭的,但驱使它从事掠夺的凶残本性和生活需要,却使它的不道德的行为得心应手。它征战不休以维持生存。经历5个世纪后,罗马人由于比所有其他民族经受过更多的战争锻炼,相继征服了从亚得里亚海湾到幼发拉底河的各个民族。……

"在400多年中,这种对祖国之爱表现为将从其他民族掠夺来的东西带回分给所有的人,这便是强盗的道德。爱祖国就是残杀和掳掠其他人。……"

"罗马人拿着几束干草作为旗帜,从他们的巢穴七丘中走出来,就只是为了掠夺四邻的村庄。……

"罗马人在方圆四五里之内劫掠埃克斯人、沃斯克人、安提亚人……"[④]

"罗马人在罗慕洛时期,人口不过3000,是只拥有一个方圆千步的小镇,为什

[①] [法]孟德斯鸠:《罗马盛衰原因论》中译本,第4页,商务印书馆,1962年5月1版。
[②] [法]孟德斯鸠:《罗马盛衰原因论》中译本,第1页,商务印书馆,1962年5月1版。
[③] [法]孟德斯鸠:《罗马盛衰原因论》中译本,第5页,商务印书馆,1962年5月1版。
[④] [法]伏尔泰:《风俗论》中译本上册,第212—213页,商务印书馆,1994年11月1版。

么后来成为世界上最大的征服者?……

"为什么罗马人在450多年中只能征服面积大约25古法里的地方?难道不是因为他们人数极少,而与他们相继交战的又只是一些跟他们一样的小民族?……

"为什么罗马人用了700年才终于建立起一个跟亚历山大在七八年间征服下来的地盘面积大约相当的帝国呢?……

"为什么这个帝国后来又被蛮族摧毁?难道不是因为这些蛮族比罗马人更粗壮、更勇猛……"①

这些历史学家所表述的历史规律也许就是两个字——蛮力!

2.爱德华·吉本的六卷本《罗马帝国衰亡史》

18世纪爱德华·吉本游历罗马,忽发思古之幽情,皇皇巨著——六卷本《罗马帝国衰亡史》于是诞生。

"1763年,他去到巴黎,在这里会晤了许多社会名流,其中有狄德罗、达兰贝尔、爱尔维修、霍尔巴赫等著名学者。然后他重访洛桑,拜谒老师帕维亚尔。以后的两年他都在意大利度过。他遍访意大利名城,到处探求古迹,寻访名胜,怀千年之往事,发思古之幽情。对罗马这座永恒之城,更是流连忘返。"②

1764年10月初,在爱德华·吉本游历欧洲的旅程中终于到达了罗马。一到罗马,就被古罗马的历史气息感染了……

"我的脾气不是很容易感染热情的,而我又不屑于假装出我自己没有感觉到的热情。可是我在经过了25年这么长的时间之后,却忘不了当年首次走近并且进入这座'永恒的城市'时激动我内心的强烈情绪,也难以用语言将它表达出来。一夜不能入眠,第二天我举起高傲的脚步,踏上古罗马广场的遗址。每一个值得纪念的地点,当年罗慕路站立过的,或者塔利演说过的,或者恺撒被刺倒下的地方,一下子全都呈现在我眼前了……"③

"1764年10月15日,在罗马,当我坐在朱庇特神堂遗址上默想的时候,天神殿里赤脚的修道士们正在歌唱晚祷曲,我心里开始萌发撰写这个城市衰落和败亡

---

① [法]伏尔泰:《风俗论》中译本上册,第215—216页,商务印书馆,1994年11月1版。
② [英]爱德华·吉本:《罗马帝国衰亡史》戚国淦中译本序,第5页,商务印书馆,1997年2月第1版。
③ [英]爱德华·吉本:《吉本自传》中译本,第111页,上海译文出版社,2013年2月第1版。

的念头。但我的原始计划只限于写罗马城的衰败,而不是整个帝国。"①

打那以后,爱德华·吉本花了约20余年时间,完成了关于古罗马历史的六卷本皇皇巨著。1776年出版第1卷,1781年出版第2、3卷,1788年出版第4、5、6卷。

爱德华·吉本早年所读罗马史基础著作:

吉本说:"在乡下,我将贺拉斯、维吉尔、玉外纳和奥维德诸人的书带在身边,随时阅读。但到了镇上,为了通过阿尔卑斯山南游时应用,我订立了一项阅读计划:读古罗马地志,古代意大利地理,以及关于勋章奖章的书籍。

"(1)我用心读了格雷费斯《罗马古代著作选》第四卷所载纳蒂尼、多纳塔斯等人的精详文章,差不多经常执笔在手随时摘记。

"(2)然后我又细阅并读完克鲁维琉斯的《古代意大利》。这位作家是个很有学问的普鲁士人,他曾徒步考察每一处重要地方,汇编和摘编了古代作家的全部著作。他的书有对开本两大卷,上述这些希腊和罗马作家的片断著作,就是从他的书本上读到的。不过另外我也读了斯特拉波、普林尼、庞波尼阿斯·梅拉描述意大利风物的文章,史诗诗人生平汇录,韦塞林出版的《安东尼那斯交通路线汇编》,以及卢提略·纽马提阿那斯的沿海《航行记》。我又从昂维尔的《旅游方略》和贝尔吉埃的大本著作《罗马帝国大道历史》中读到了两篇有关交通的专著。根据这些资料,我绘制了一幅道路图,并将距离一律化为英国长度;我又将我收集到的有关意大利地理的材料和我的注语写在一本对开本普通簿子上;我又在我的日记里插入有关罗马的街区住宅和稠密人口、联盟、战争、汉尼拔进军所经阿尔卑斯山通道等等许多史地事项的长条摘记。

"(3)在略读一下艾迪生的轻松对话之后,我较认真地读了斯班海姆的伟大著作《纪念章的好处和用处》,并且按照他的记述,利用国王和皇帝、家族和殖民地的勋章徽章纪念章,以印证古代历史……"②

以上爱德华·吉本在其自传中集中推介的相关著作有以下主要内容:

＊格雷费斯《罗马古代著作选》:纳蒂尼、多纳塔斯等人的文章

＊德国人的作品:克鲁维琉斯《古代意大利》

＊所谓古代作家著作的汇编、摘编

＊斯特拉波、普林尼、庞波尼阿斯·梅拉描述意大利风物的文章

---

①[英]爱德华·吉本:《吉本自传》中译本,第113页,上海译文出版社,2013年2月第1版。
②[英]爱德华·吉本:《吉本自传》中译本,第108—109页,上海译文出版社,2013年2月第1版。

*交通路线汇编

*斯班海姆的伟大著作《纪念章的好处和用处》

这些作品,部分属于15世纪以后出现的所谓古典文献,部分是当时人的游记作品以及实用交通指南之类的印刷品。《纪念章的好处和用处》属于古物学范畴,层次很低,却称伟大;还有一部德国人的著作《古代意大利》,德国是近代构造古典学的大本营。从上述书目上看,基本上看不出有什么特别的史料价值。

吉本就是以这样的作品为基础,闭门造车,编写出了千余年古罗马历史的皇皇巨著。

吉本的自白

爱德华·吉本对于自己的著作《罗马帝国衰亡史》得以畅销喜形于色,不经意间说出了这样的事实:"我选择了一个富有光彩的题目。罗马对于学童和政治家都很熟悉;而我的叙事文章,又是从最近时期古典著作的阅读中推演出来的。"①

吉本自己也供认不讳:他的这部皇皇巨著不过是根据以德国为大本营的近代重构古典学运动(造伪运动)的最新成果"推演出来的"。

"初版在几天之内就售完了,二版、三版也满足不了读者的需求,都柏林的盗印者两次侵犯了出版社的所有权。我的书出现在每一张书桌上,而且几乎还出现在每一个梳妆台上。作者被人们按照当日的爱好或者时风加上了最高的赞誉……"②

3.欧洲的学术界之王、西方近代历史学奠基人乔治·尼布尔

"近代史学史上第一位有权威的人物是尼布尔,他把属于从属地位的史学提高为一门尊严的独立科学,他的崇高人格成为后一代伟大历史学家的典范或鼓舞力量。"③

"他的晚年,也就是他一生中最多产的时期,就同莱茵地区的大学联系在一起了。在那里,《罗马史》最后定稿;在那里,他讲授的古代史与近代史给听众留下了不可磨灭的印象;在那里,他成为欧洲公认的学术界之王。"④

---

① [英]爱德华·吉本:《吉本自传》中译本,第132页,上海译文出版社,2013年2月第1版。
② [英]爱德华·吉本:《吉本自传》中译本,第132页,上海译文出版社,2013年2月第1版。
③ [英]乔治·皮博迪·古奇:《十九世纪历史学与历史学家》中译本上册,第90页,商务印书馆,2011年7月第1版。
④ [英]乔治·皮博迪·古奇:《十九世纪历史学与历史学家》中译本上册,第100页,商务印书馆,2011年7月第1版。

虚构的古希腊文明——欧洲"古典历史"辨伪

"欧洲学术界之王"尼布尔在西方学术界的影响

"歌德在《罗马史》第一版刊行后,曾表示他希望所有的历史都要以该书的方式来评述,而在读过他的新版后,他重复了他的贺词。新版在英国受到其他地方所不能比拟的热烈欢迎。麦考莱宣称,它在欧洲知识史上开创了一个新时代……它成了英国大学里的课本……

"歌德宣称,尼布尔的彻底性和深入研究的作风鼓舞了他,使他以同样认真的精神来履行自己的责任。尼布尔在极不相同的人们——如施泰因和施莱尔马赫[施莱尔马赫,F.E.(1768—1834),德意志哲学家、神学家。——译注],腓特列·威廉四世、达尔曼和雅各比[雅各比,F.H.(1734—1819),德意志哲学家、信仰哲学的代表人物之一。——译注],阿恩特和舍恩[阿恩特,E.M.(1769—1860),普鲁士爱国诗人,在反拿破仑战争与德意志统一运动中做出了贡献。舍恩,H.T.(1773—1856),普鲁士政治家,曾协助施泰因进行改革。——译注],萨维尼和科内利乌斯[科内利乌斯,K.A.(1819—1903),德意志历史学家,兰克的弟子。——译注],利贝尔和本生[利贝尔,F.(1800—1872),德意志法学家、政治学家。本生,C.K.J.(1791—1861),普鲁士外交家,政治家,曾起草1844年普鲁士宪法。——译注]的心中都留下了不可磨灭的伟大与善良的印象。

"萨维尼宣称,《罗马史》鼓舞了他,使他写作罗马法律史;兰克则说,修昔底德、费希特和尼布尔都是他的老师;格罗特声称,他每次提到尼布尔的名字就油然兴起景仰与感激之情;魏茨则说,他所得益于《罗马史》的比任何其他著作为多。按照蒙森的说法,所有的历史家,只要他们不辜负这个称号的,都是尼布尔的学生。"①

这位欧洲的学术界之王有什么特别之处呢?
(1)重新解释被其他学者否定了的罗马早期历史;
(2)用自己在英国与丹麦从政的经验来解释罗马史;
(3)发现了罗马法的手稿,注重研究古罗马的制度史;
(4)将阶级斗争的概念引进历史研究;
(5)将语言学伸展到许多科目内;
(6)开始将古罗马当作一个大国来讲述。

---

① [英]乔治·皮博迪·古奇:《十九世纪历史学与历史学家》中译本上册,第102—104页,商务印书馆,2011年7月第1版。

第五章　只有罗马城邦,没有罗马帝国

第一条,与伪造《荷马史诗》运动相呼应,对被揭穿的伪古罗马史曲为回护。

尼布尔批判地查核了早期罗马史的资料及其可信程度。他确信,为一般人所接受的记叙,既不可能完全真实,也不可能全是虚构。一个新时代的序幕早已由《荷马诗篇绪论》的出版所揭开。他完全吸取了沃尔夫这篇著作里的方法和成果,并在很大程度上从他那里获得了这个信念:早期罗马的历史曾被保留而记入诗篇里。他写道,"在放下笔时,我们必须能够在上帝面前说,'我没有故意地或未经认真查核而写了任何不真实的事情。'"

他的自信心几乎是无限量的。他说,他具有一种"正确而又迅速的判断力,几乎不可能被虚伪的和谬误的东西所蒙蔽"。他意识到自己所实行的革命。"在较早时期,没有人能坚持这些主张而不冒失去生命和自由的危险。语言学家会说这是不忠,神学家会称之为叛逆,舆论会群起而攻之。"

就像纽曼毫不怀疑自己的推论力那样,他深知自己的猜测能力。他在写给一个朋友的信里说,"我是一个历史家,因为我能把不相连贯的片断拼成一幅完整的图画;我知道哪里遗失了材料,也知道怎样来填补它们。谁都不会相信竟能有这么多似乎已经遗失的东西能够得到恢复"。他还比喻说,"我解剖词句,就像一个解剖学家解剖躯体那样"。在另一次,他把历史家比作一个居于暗室的人,他的眼睛会逐渐地习惯于黑暗,以致他能看出那些为新进来的人所不能看出而认为是不可见的东西。

尼布尔的方法,很像本特利、柯贝特和芒罗的推测订正法。早期罗马的事实与情况,通过什么途径传递给我们最早的编年史家呢?他采用佩里左尼的提示,回答说:"这些情况是通过歌谣、挽歌以及由祭司长保管的纪年史传递下来的。有些歌谣是互不关联的,而有些歌谣则形成完整的一组——即所谓史诗,它在深刻与丰富多彩的想象力方面,远远胜过所有罗马后期的作品。"他进而评述帝王时期,把某些事件列为神话,另一些事件则列为史料。①

第二条,借古讽今、古为今用、指桑骂槐。

"《罗马史》更多是涉及国家的制度与机构,而那些组成国家的个人则涉及较少,因而没有表达出尼布尔自己对过去时代的强烈看法。他的经历,尤其是他一生中最重要的事件,即对法国的斗争,影响了他的全部思想,使得民族主义和对革命的恐惧成为他政治哲学的主要原则。在他的讲稿中,最充分表现出他个性的莫过

---

① 详见[英]乔治·皮博迪·古奇:《十九世纪历史学与历史学家》中译本上册,第96—98页,商务印书馆,2011年7月第1版。

于论述希腊为马其顿强权所压倒的那一部分,其中狄摩西尼是指施泰因或费希特,腓力是指拿破仑,喀罗尼亚是指耶拿,但他最为痛恨的却是那些欢迎征服者的叛徒。而我们在他对福希安的痛骂中,可以感觉出他对达尔贝格和约翰内斯·缪勒的看法。法国革命的课程并不比他关于2000年前世界的多次讲课表现出更多的个人情感。"①

第三条,发现了据说是有关罗马法知识的唯一来源,即后世极力推崇的罗马法系的来源。

以此作为编造古罗马制度史的根据。"特别是在弄清罗马制度方面,他是第一个理解罗马制度的人。""《罗马史》更多是涉及国家的制度与机构,而那些组成国家的个人则涉及较少。"②

第四条,阶级斗争历史观的始作俑者。

"罗马的发展史,是围绕着贵族与平民的斗争而形成;这些斗争则起源于征服者与被征服者之间的种族分歧。"③

第五条,语言学是西方历史学晋身"科学"的主要依据,实际上"比较语言学"是一个造伪历史的黑洞。

"尼布尔的活动还伸展到语言学的很多科目内。他从事搜集拜占庭历史家的著作,并亲自出版了阿加提亚斯的作品。他同布兰迪斯一道创办了《莱茵兰博物馆》杂志,并为它撰写了很多稿子。他的想象力使他预见到未来的情况。在1829年,他预言:尼尼微将是中亚的庞贝;世间将出现一个像埃及学家商博良那样的亚述学家。"④

第六条,开始将罗马当作一个大国来讲述,说明罗马本来并不是一个大国。

"在尼布尔之前,没有人曾把罗马首先作为一个大国来研究。它的制度,无论政治的、法律的和经济的,都必须探本溯源,弄清其沿革和变化。尼布尔的行政经验使他能够以过去的历史家所未有的观察力来研究问题。他宣称,只有政治家才

---

① [英]乔治·皮博迪·古奇:《十九世纪历史学与历史学家》中译本上册,第101页,商务印书馆,2011年7月第1版。

② [英]乔治·皮博迪·古奇:《十九世纪历史学与历史学家》中译本上册,第99、101页,商务印书馆,2011年7月第1版。

③ [英]乔治·皮博迪·古奇:《十九世纪历史学与历史学家》中译本上册,第96页,商务印书馆,2011年7月第1版。

④ [英]乔治·皮博迪·古奇:《十九世纪历史学与历史学家》中译本上册,第101—102页,商务印书馆,2011年7月第1版。

能编写罗马史。他抓住了这样的真理:每个国家的早期历史必然是关于制度而非事件,关于阶级而非个人,关于风俗而非法律的历史。"①

尼布尔认为:古代罗马的那些知识是伪造的

号称19世纪欧洲学术界之王、欧洲历史上第一位科学的历史学家——尼布尔(罗马史的奠基人)自己也承认:古代罗马的那些知识是伪造的。

尼布尔以长于考证著称,他"说自己的著作是'……一本科学地而不是艺术性的著作'。但是实现这一写作目标并不是很容易的事情。尼布尔自己也很清楚'古代的这些知识是模糊不清的、令人困惑的,甚至事件自身也是伪造的、虚假的'。"②

从对尼布尔的评论侧面说明,在19世纪之前西方并没有独立的历史学。

巴托尔德·乔治·尼布尔何以得此殊荣呢?因为正是由于他的罗马史研究,第一次将罗马史纳入了历史学的范畴,在他之前的罗马史研究,包括著名的爱德华·吉本都不过是将故事当成了历史。

剑桥大学对尼布尔的崇拜

"正是通过剑桥,新的德国学术和古代学被引进英国。在二者传播过程中有两位关键人物,他们是朱利叶斯·黑尔(Julius Hare)和康诺普·瑟尔沃尔,……有人士宣称:'尼布尔是他们的上帝。'"③

尼布尔的地位源于他是一名"体质种族主义者"

他说:"我坚持认为,将语言差异应用到种族理论时我们必须很谨慎,必须更多地尊重体质形态……种族是历史中仍然有待检讨的最重要的元素之一——实际上,它是所有历史建构的首要基础,也是历史运动的首要原则。"④

19世纪所谓"种族真理"取代了其他所有概念

"尼布尔综合了1790年代的浪漫主义与种族主义。这一联盟水到渠成。在许多方面,种族(Rasse)或种类(Geschlecht)不过是浪漫主义所谓人民、民族(Volk)或团体(Gemeinschaft)的'科学'术语。赫尔德1774年出版的《也是一种历史科学》一书是他关于历史主义和进步的相对主义的经典陈述,书中他坚持说人民、民族是

---

① [英]乔治·皮博迪·古奇:《十九世纪历史学与历史学家》中译本上册,第96页,商务印书馆,2011年7月第1版。

② 张广智主编:《西方史学通史》第5卷下册,第253—254页,复旦大学出版社,2011年12月。

③ [美]马丁·贝尔纳:《黑色雅典娜》中译本第1版,第291—292页,吉林出版集团,2011年7月。

④ [美]马丁·贝尔纳:《黑色雅典娜》中译本第1版,第275页,吉林出版集团,2011年7月。

所有真理的源泉。"①

4.诺贝尔奖获得者、19世纪西方史学大师蒙森及其《罗马史》

19世纪,在尼布尔之后,出了一个蒙森,于是所谓的罗马史就由"故事"脱胎换骨,终于成了"历史"。蒙森写了《罗马史》三卷,明明是历史著作,却获得了诺贝尔文学奖!蒙森《罗马史》第四卷写不出来,却写了第五卷。今天学术界的罗马史学就是建立在蒙森的基础之上。

西方本无历史,那么罗马史是怎样从"故事"变身为"历史"的呢?

蒙森主要成绩之一:《罗马史》3卷本(获诺贝尔文学奖)

"《罗马史》……给近代世界第一次提供了一部关于罗马共和国的全面概述。"②其后,该作品获诺贝尔文学奖。③

蒙森在语言学方面的贡献

"在搜寻铭文时,他已注意古代世界的其他方面。他游历意大利的主要成果,除铭文集外还掌握了古代方言。他的《奥斯坎语(Oscan)研究》及跟着出版的《下意大利方言》,是对历史和人种学同样也是对罗马时代意大利语言的划时代的贡献。"④

蒙森建立年代学大厦

"蒙森还写了一系列专著,其中的每一部都标志着这一部门的一个时代。第一部,是共和时期的《年代学》,他在其中解决了以往几乎未曾涉及的一个棘手问题。这部著作是属于开路先锋的性质,在他的作品中它最不经久但它所激起的争论却是富有成效的。佐尔陶正是根据25年的讨论结果,建造了一座大厦大部分取代了

---

①参见 Iggers(1968,p.30);Shaffer(1975,p.85)这一概念在19世纪成为所谓"种族真理",它取代了其他所有概念。(参见迪斯累里的《坦克雷德》中聪明的西多尼娅的引文,第三卷,第一章:"一切都是种族,没有其他真理。""因为它包括了所有其他的,"亨利勋爵说。"你说的对。"转引自[美]马丁·贝尔纳:《黑色雅典娜》中译本第1版,第275—276页,吉林出版集团,2011年7月。

②[英]乔治·皮博迪·古奇:《十九世纪历史学与历史学家》中译本下册,第765页,商务印书馆,2011年7月第1版。

③译者注:《罗马史》共三卷,1854—1856年,1885年出版第5卷。此书无第4卷,作者认为塔西陀的《罗马编年史》对这一时期已有记述。[英]乔治·皮博迪·古奇:《十九世纪历史学与历史学家》中译本下册,第764页,商务印书馆,2011年7月第1版。

④[英]乔治·皮博迪·古奇:《十九世纪历史学与历史学家》中译本下册,第763页,商务印书馆,2011年7月第1版。

他老师的建筑。"①

蒙森的《罗马史》提出新的假设,大受欢迎,引起前辈学者的不满

"《罗马史》很快被译成好几国文字。它给近代世界第一次提供了一部关于罗马共和国的全面概述。它那准确的笔法、蓬勃的活力以及人物形象的鲜明色彩给每个读者留下了不可磨灭的印象。……普通读者欢欣地迎接这部著作,学者们也证明它的无懈可击的博学,可是有些专家却因看到老的假设已被抛弃而提出新的假设又似乎是无可争辩的事实而大为恼火。其他专家还埋怨它缺少沉着性与严肃态度。的确,它是属于政论家兼学者的作品类型。"②

蒙森提出:罗马城不是帝国

"蒙森的成就是确定罗马城不是帝国;罗马君主的残暴与癖性,对广阔无际的整个罗马世界所产生的影响,只是微乎其微的。"③

蒙森认为,过去的历史是寓言,胡编乱造

据说,19世纪的伟大的罗马史学家特奥多尔·蒙森(Theodor Mommsen)曾写道:"历史首先必须彻底清除所有这些寓言,它们尽管声称是历史,却只不过是胡编乱造。"④

蒙森史学方法:摒除神话传说,驰骋想象假说,证以语言比较。是为近现代西方古典学方法的定势。表面上貌似科学,实际上游谈无根。不过是以新的故事形式,取代旧的故事形式;讲故事依旧,因获文学奖。

蒙森主要成绩之二:编辑《古罗马铭文集》

特点:

成本低廉(柏林科学院投资蒙森的6年薪俸)

时间仓促(短短几年间)

地域广阔(包括山南高卢、南意大利、多瑙河区及东方各地)

---

①佐尔陶(J. Soltau)著有《古罗马人民大会的形成和它的组织结构》一书。——译者注。[英]乔治·皮博迪·古奇:《十九世纪历史学与历史学家》中译本下册,第769页,商务印书馆,2011年7月第1版。

②[英]乔治·皮博迪·古奇:《十九世纪历史学与历史学家》中译本下册,第765页,商务印书馆,2011年7月第1版。

③[英]乔治·皮博迪·古奇:《十九世纪历史学与历史学家》中译本下册,第771页,商务印书馆,2011年7月第1版。

④转引自Pallotino(1978,p.37)。见[美]马丁·贝尔纳:《黑色雅典娜》中译本第1版,第301页,吉林出版集团,2011年7月。

虚构的古希腊文明——欧洲"古典历史"辨伪

人手奇少（蒙森与亨岑二人）

数量巨大（原估计8万张铭文，该数字已翻倍，新资料还在增加）

"1853年柏林科学院给蒙森6年薪俸来编辑铭文集。……这项工作范围极其庞大，远远超过博克的同样的工作。他需要一个能敏捷而又正确地工作并能鼓舞和管理同僚的人去承当。那大型对开本的第一卷于1863年出版，包括蒙森自编的共和时期的铭文和亨岑所编的执政官年表。两位学者各自对于铭文的责任是：在可能范围内查阅原文，检视刊印本，解释地方与人物的引证，确定日期，并提示恢复断编残简的方法。在他生前出版的20册著作中，蒙森所编辑的约有半数，包括山南高卢、南意大利、多瑙河区和东方的铭文，每一部分都经过他的修订并带有他的特点。……他原来估计铭文集包括8万张铭文，但这个数字已经加倍，而新资料还在不断积累。……它阐明罗马公私生活的各部门——行政、城市、军队、赋税、宗教、艺术、社会状况与交通运输。哈弗菲尔德很适当地把它比作科学上的一个最重要的发现；卡米耶·朱利昂还宣称，它是一个学者对有关过去的知识所做出的最大贡献。"①

古罗马铭文资料来源举例：奥古斯都遗嘱铭文

将在16世纪小亚细亚某地发现的抄本制成一个石膏模型，再将该石膏模型铭文刊印于新版《铭文集》内。

"这个历史家在晚年主要是从事古文献原本的研究。他最著名的出版物，是关于奥古斯都遗嘱的版本。遗嘱原文在罗马城已经遗失，但一份几乎完善的抄本在小亚细亚的安西拉于16世纪由布斯贝克发现。直到1861年法国佩罗考查队进行探索后，考订版才成为可能。根据抄本，蒙森把铭文刊印于《铭文集》内，并于1865年作为单行本重印，但仍然缺少希腊译文的一部分。

"1882年，休曼被推选来揭开那些隐藏的部分；他把全部铭文制成一个石膏模型。

"依靠这个新资料，蒙森刊印新版，并附有修订过的注释。关于这个在罗马铭文中最著名铭文的起源问题，发生过激烈争论。编辑者坚决主张碑文是在奥古斯都生前建立的，而别人认为，它是由奥古斯都起草而由他的继承人刻碑并附以必要的增补。"②

---

① [英]乔治·皮博迪·古奇：《十九世纪历史学与历史学家》中译本下册，第767—768页，商务印书馆，2011年7月第1版。

② [英]乔治·皮博迪·古奇：《十九世纪历史学与历史学家》中译本下册，第772—773页，商务印书馆，2011年7月第1版。

第五章 只有罗马城邦,没有罗马帝国

古罗马铭文的来历

"在1800年以前,已有十余部铭文汇编,但它们都包括一些伪造品。拉丁铭文学的基础是马里尼奠定的。他关于古罗马十二祭司团(Fratres Arvales)的著作(1795年出版)包括上千件尚未为人所知的铭文。他的榜样为其门生博吉西所仿效;后者重建了罗马执政官的年表(Fasti)。在同博吉西通过几次信后,蒙森前往他在圣马力诺的家中访问,并讨论拉丁铭文集的前途。柏林科学院聘请奥托·雅恩担任这项工作,而雅恩请他的旧门生帮忙。但法国科学院当时尚未放弃编辑铭文集的想法,博吉西又曾允许给予帮助。由于这一竞争,蒙森决定独自进行收集萨谟奈铭文的工作,于是按照博吉西的劝告,移居到那不勒斯王国。在南意长期漫游后,他重游圣马力诺,而后越过阿尔卑斯山返国。1852年,他出版《那不勒斯王国铭文集》并题词献给'导师、恩人与朋友博吉西'"①。

从以上内容可知,当时致力于收集、编辑古罗马的铭文的有德国柏林科学院、法国科学院以及民间学者如蒙森等。

蒙森的主要成绩之三:编著《罗马公法》(篇幅倍于《罗马史》)

"在他从事《铭文集》的时期,他所写的最重要的著作是关于《罗马公法》的专著。《罗马公法》的篇幅,倍于《罗马史》;它被作者认为是他最大的成绩。像这样庞大而又详尽的著作是绝不会受到普遍欢迎的,但它尽善尽美的学术成就却使历史学们又钦佩又望尘莫及。它也许是所有关于政治制度的历史专论中最大的一部。他宣称,'只要法理学忽视国家与人民,历史与语言学又忽视法律,它们想要敲开罗马世界的大门就是徒劳'。他成功的秘诀之一,是他既是法学家,又是史学家。他早已刊行《法律汇编》最早的批判版,从那时起这个版本就成了每个法学家的指南。

"《罗马公法》共有三千多页,论述罗马政府和行政的整个过程与体系。每一句话都有论点与权威作为依据,几乎1/3的篇幅都是注释。它是一系列专题著作而不是一部法制史。各种制度虽然是分别地研究的,但又是作为公法的有机体系的肢体来对待的。这部著作最有创见的部分,在于论述元首制方面。历史家们已在奥古斯都的统治中已看出与旧秩序的剧烈决裂和一种新制度的创立,这个制度实际

---

① [英]乔治·皮博迪·古奇:《十九世纪历史学与历史学家》中译本下册,第763页,商务印书馆,2011年7月第1版。

上是毫无变动地继续了300年之久。"①

蒙森希望建立一种双头政治,把大部分权力给元老院

"他表明:这个制度既不是帝国也不是君主政体。它是放入旧框框内的一个新首长制,是基于元首与元老院之间的均势,是旧寡头政治与恺撒的专制主义之间的妥协。绝对的独裁要到戴克里先时代才出现。这样看来,罗马是逐步从元首制演变到帝国的。在关于元老院的一卷里,他从另一方面叙述同一个故事。有些人抱怨说:因为蒙森是一个法学家,他夸大了法律形式的重要性,而且这整个画面过分整齐和系统化,特别是他的双头政治理论受到批评。加德豪森认为他夸大了元老院的权力,过低估计了元首制有发展成为世界君主政体的倾向;罗马人相信他们是生活在个人统治下,这是比共和制度的若干残余更为有力的证明。

"10年后还有一篇附录,刊入一卷长达上千页的著作《刑法》内。在罗马法的广大领域内,再也没有像这一部分如此密切地与历史接近的了。这部著作概述从罗马历史开始到查士丁尼时代为止的官吏、礼仪、罪行的种类和刑罚;在他叙述的冗长过程中,他还阐明了罗马文明许多方面——道德、婚姻与宗教。"②

这是伪造文献的常套,既没有历史,也没有年代,有的只是故事。

同时期丹麦学者马德维格对蒙森学说的批评

"蒙森是以近代理论来说明古代政治形式,而且他的有些假说是牵强附会和凭空想出的。"③

第七节 所谓的"罗马法"实际上并不存在

罗马法是什么东西?

从罗马法对近代世界的影响来看,罗马法的基本精神,罗马法的绝大部分内容,逾千古而犹存,对后世尤其是近代文明产生了极大的影响。

---

① [英]乔治·皮博迪·古奇:《十九世纪历史学与历史学家》中译本下册,第769—770页,商务印书馆,2011年7月第1版。

② [英]乔治·皮博迪·古奇:《十九世纪历史学与历史学家》中译本下册,第770—771页,商务印书馆,2011年7月第1版。

③ [英]乔治·皮博迪·古奇:《十九世纪历史学与历史学家》中译本下册,第786页,商务印书馆,2011年7月第1版。

1804年法国《民法典》，有关人的权利能力和行为能力以及物权和债权部分，是以罗马法为基础而制定。

1900年生效的《德国民法典》，从概念、术语到与物权、债权有关的法律关系，不少地方沿袭了"罗马法"的传统。

欧洲大陆上其他许多国家的民法，乃至欧洲以外一些国家的民法，如明治维新后的日本民法，清末开始的民律草案以及中华民国时期的民法五编，也都深受罗马法的影响。

西方法律中陪审制度、律师制度、诉讼制度都是继承自罗马法。

近代欧洲发展的英国法律和英美法系，都是根据罗马法的自然法思想来制定，在私法方面参照了罗马法的某些规定。

如英国的《权利法案》，美国的《独立宣言》和1787年宪法，法国的《人权宣言》都是以罗马法为基础。从中发展出反映资产阶级要求的"天赋人权"、"权利平等"的口号。

罗马法来源唯一，孤证不立

德国历史学家、欧洲学术界之王巴托尔德·乔治·尼布尔（Barthold Georg Niebuhr）发现了罗马法著作。

"尼布尔本人从事的工作是编定详细的目录，记述古代城市的遗迹，并且他的信件现在也表明他对当代意大利事务的兴趣源于他渴望从他研究的古代世界中得出一些有益于当代意大利的事物。他在各个图书馆的研究有着相同的目的，著名的一个事例是，他一到达维罗纳［Verona］就发现了盖乌斯的著作。

"注：盖乌斯（Gaius，约110—180AD），罗马法学家，其主要著作《法学阶梯》（lnstitutes）是罗马法所依据的主要信息来源。作者在这里所指的是尼布尔于1816年在维罗纳发掘到盖乌斯的《法学教典》一书的手稿。这是学术史上最著名的发现之一。因为这篇论文不仅是我们对于古代罗马法律甚至是我们对于雅利安法律一些最有启发性的方面的唯一知识来源，并且是400年之后不朽巨著查士丁尼（Justinian）《法学阶梯》（lnstitutes）的编纂范本。"①

相同的内容，又见于喀莱顿·垦卜·亚伦（Carleton Kemp Allen）1931年为英国梅因（1822—1888）的名著《古代法》所写的导言。②

---

① ［德］维拉莫威兹：《古典学的历史》中译本第1版，第156页，三联书店，2008年6月。
② 见［英］梅因：《古代法》中译本，第6页，商务印书馆，1959年2月第1版。

虚构的古希腊文明——欧洲"古典历史"辨伪

"唯一知识来源"就是孤证,孤证不立,且此孤证出现甚为晚近。伟大的罗马帝国以罗马法扬名天下,怎么可能建立在一个孤证基础之上呢?

其实根本不存在什么罗马法

后世所谓的罗马法实际上不过是所谓的东罗马皇帝查士丁尼组织编纂的一部《民法大全》。

我们知道,真正在历史上存在的法律一定有何时公布、适用范围怎样、何时做过修订、何时废止、何时被新的法律所取代的演变过程。这部《民法大全》平面展开,只有系统,没有历史时间的概念。

近现代西方法律以罗马法为基础,这部《民法大全》包括《查士丁尼法典》(Codex Justinianus,528—529)、《学说汇纂》(Digestae,533)、《法理汇要》(Institutiones)、《新律》(Novelles,514—565)。

"《民法大全》并不是按照古罗马法仿造的,法学家根据新社会的需要把过去的法令加以修订改编,而这个新社会是由基督教的伦理、习惯法和有别于原罗马帝国的思想造就成的。……查士丁尼的业绩却经久留存,并且成为未来若干世纪中西方法律的基础,例如对拿破仑的民法以及各种类似的法律的影响。"[①]

其中《查士丁尼法典》据说是自哈德良皇帝至2世纪以来所有的诏令辑录。编辑这部法典据说依据的是狄奥多西法典(5世纪)、格列高利法典(6世纪)和赫尔莫热尼法典。《学说汇纂》据说是罗马法学家著作与判断摘录汇编,而《法理汇要》则为学习法律的学生的教材,《新律》是涉及社会和私人生活方面的168项法令的汇编。实际上《民法大全》不过是由许多伪书攒凑起来的一个大杂烩,而且是一部对当时没有任何影响的伪书。

所谓罗马法并不是来源于司法实践,而是来源于学者的想象。罗马法"实质上就是法学家法(jurist-law),……直到公元3世纪,法律进步的最大动力来自于法学家们的著作,而不管这些法学家是否是帝国法庭的成员。"[②]

查士丁尼《民法大全》中"最雄心勃勃的部分当数《学说汇纂》(Digest,或《法学汇编》Pandects),也就是从39个古典法学家的著作摘要的汇集,而其中1/3选自乌尔比安的著作,1/6选自保罗的著作。……只有到了19世纪,人们才发现那些编

[①] [法]德尼兹·加亚尔等14位欧洲作者1993年合著欧洲历史教科书:《欧洲史》中译本,第140页,人民出版社、海南出版社,2010年7月第1版。

[②] [英]J.H.伯恩斯主编:《剑桥中世纪政治思想史:350年至1450年》中译本上册,第53页,三联书店,2009年10月第1版。

纂者必定分成了三个下属委员会,每个委员会负责编纂一组(或一宗)古典著作。……编纂者要保证《学说汇纂》不要收进过时的东西,不要前后矛盾,不要重复。为了达到这些目的,他们也得到了必要时做出如此这般变更的权力。这些变更,以前叫作'特立波尼安的标志'(emblemata Triboniani),现在叫作'篡改'。"①

蒙森《罗马公法》3000多页,是一系列专题著作而不是一部法制史,分别研究各种制度,又作为罗马公法的有机体系。作为著名的历史学家,蒙森能写出《罗马史》,却写不出《罗马法制史》。

这部著作最有创见的部分,在于论述元首制方面:"蒙森指出,他希望建立一种双头政治,并审慎地把大部分权力给元老院。元首职位不是世袭的。这个统治者只是第一公民,凭借享有终身权力和没有平起平坐的同僚而高于其他官吏之上。除了海陆军的指挥权与对特选省区的控制权外,新的权力逐渐加到元首身上,直到出现一个真正的帝国。"②

原来《罗马公法》旨在托古建制!

真有所谓古罗马法律流传到后世吗?

蒙森说:

* 这方面我们对罗马人、埃特鲁斯坎人的情况所知甚少。
* 罗马人原始状态的遗迹比其他任何印度、日耳曼民族少得多。
* 当我们了解意大利的时候,这些原始状态的遗迹已荡然无存。
* 意大利氏族的法律大半已经沦亡,只有拉丁国家的少许法律材料尚存于罗马法律中。

"古意大利在法律交往中的人民的实际生活究竟如何形成,在宗教方面人民的理想生活究竟如何形成,他们如何耕田、如何经商,各民族从何处得来文字和其他文化要素。在这方面,我们所知不多,对罗马人,特别对萨贝尔人和埃特鲁斯坎人更是所知很少,……意大利人,尤其是罗马人的原始状态所留下的遗迹比其他任何印度日耳曼民族所留下的少得多。弓箭、战车、妇女的产权、鬻买妻室、原始葬式、杀人报仇、氏族体制与民社权力的冲突、活生生的自然象征主义——所有这些无数类似现象必定被假设为意大利文明的基础,与他处无异。可是意大利文明大

---

① [英]J.H.伯恩斯主编:《剑桥中世纪政治思想史:350年至1450年》中译本上册,第57页,三联书店,2009年10月第1版。

② [英]乔治·皮博迪·古奇:《十九世纪历史学与历史学家》中译本下册,第770页,商务印书馆,2011年7月第1版。

白于世的时候,这些现象的陈迹即已荡然无存。我们只能以相近的民族比较,才领略到这类事件的昔日存在。……意大利氏族的法律大半已经沦亡。只有拉丁国家的少许法律材料尚存于罗马法律中而流传到我们这个时代。"①

这里蒙森所凭借的所谓罗马法律就是上述查士丁尼编纂的《民法大全》。今日所见查士丁尼《民法大全》哪里来的呢?据说在12世纪(1135)发现于意大利北部。

《学说汇纂》来历蹊跷

"罗马法的复兴源于《学说汇纂》的一个手抄本于1135年在阿玛尔菲的发现,比萨人从那里将该抄本带走,一直保存到1406年,随后它又被带到佛罗伦萨,并在那里找到自己的最终归宿。"②

在此之前,《学说汇纂》有470余年不见踪影。

"从公元603年起,《学说汇纂》一度消失于人们的视线之外,直到1076年它在托斯卡尼(Tuscany)的一个法庭上被再度引用。……这部法律文献当时可谓命悬一线,如果没有它的重新问世,就不可能有法学的复兴。"③

《学说汇纂》的出现导致了罗马法复兴运动

发现《学说汇纂》的结果是近代欧洲大陆国家纷纷仿效所谓的罗马法,从而形成了欧陆法系的雏形。

12世纪(相传为1135年),在意大利北部发现了因战乱而佚失数百年的《民法大全》抄本,学者们在意大利的波伦亚大学(博洛尼亚大学)对《民法大全》进行考订和注释,形成了欧陆法系法学中最早的"注释法学派"。

"罗马法复兴",与"文艺复兴"及"宗教改革"并称为"欧洲三大思想运动"。由于《民法大全》内容比当时欧洲大陆许多法律更加先进,因此很快在欧洲大陆掀起了研究罗马法、适用罗马法的高潮,史称"罗马法复兴",与"文艺复兴""宗教改革"并称为"欧洲三大思想运动"(由于这三个词的开头字母都是R,因此又简称"3R运动")。④

---

① [德]特奥多尔·蒙森:《罗马史》第一卷中译本,第134—135页,商务印书馆,1994年10月。

② [美]查尔斯·霍默·哈斯金斯:《十二世纪文艺复兴》中译本,第139页,上海三联书店,2012年6月第2版。

③ [美]查尔斯·霍默·哈斯金斯:《十二世纪文艺复兴》中译本,第139页,上海三联书店,2012年6月第2版。

④ 百度百科:"罗马法系"。

古罗马核心权力机构元老院怎么来的?

话说罗慕路斯不仅创建了罗马城,而且建立了由一百名"父老"组成的元老院。"人们认为帕拉丁的巩固和罗马公社的组织是罗慕路斯的事业。他建立了由一百名'父老'组成的元老院。"①

作为千余年来欧洲政治理想的元老院就这样在公元前700年代,被罗慕路斯随心所欲地发明出来了。

不知道一个小村落有多少政事,需要100名老人家来忙活?

古罗马元老院有多少位元老?

"根据传统,罗慕路斯曾任命最初的100名元老。图路斯·荷斯提理乌斯又从被征服的阿尔巴·隆迦的长老中附加地任命了100名元老。最后,老塔尔克维纽斯又把元老的数目增加到300名。无论如何,在王政时期和在很后的时期,直到苏拉的时期,元老的数目一直是停留在300名上。"②其后,据说一度曾达到900名。

古罗马元老院的存在,有什么依据吗?

"必须指出,罗马军事民主制的各个机构的性质和职权是大有争论的。在这里只能提出最一般的,主要是以较有历史性的材料(荷马时代的希腊人、塔西佗时代的日耳曼人)为依据的假设,因为古典传统在这个问题上是非常不清楚的。"③

原来西方历史学家坚称的古罗马历史上优越的政治制度,都没有确凿依据,都是参照伪古希腊史料及日耳曼人的资料(后世伪造)推论出来的假设……

---

① [俄]科瓦略夫:《古代罗马史》中译本上册,第51页,上海书店出版社,2011年8月1版。
② [俄]科瓦略夫:《古代罗马史》中译本上册,第64页,上海书店出版社,2011年8月1版。
③ [俄]科瓦略夫:《古代罗马史》中译本上册,第65页,上海书店出版社,2011年8月1版。

第六章　古印欧语系
——西方学统中的弥天大谎

古印欧语系是19世纪以比较语言学为基础的历史学的一个核心概念。19世纪的历史学与18世纪之前历史学的最大不同在于,18世纪前的欧洲历史学都是只有故事,没有历史;到了19世纪,历史学终于成了一门科学,其不同之处在于19世纪将比较语言学引进到了历史学领域。岂料古印欧语系说原来是一个不折不扣的谎言。

第一节　古印欧语系的来历

1.历史比较语言学起源于英国殖民者印度最高法官的一个揣测

对于西方学术界来说,19世纪是语言学的世纪。
19世纪是历史比较语言学(historical linguistics)的鼎盛时期。
尼采宣称:"他本人像19世纪所有伟大的思想家们一样都是语言学家。"①

历史比较语言学起源于18世纪晚期的印度

"随着英国人18世纪的成功,……对印度文明慢慢熟悉起来。他们吃惊地发现,他们同梵语之间存在着巨大的相似性。印度的最高司法官威廉·琼斯先生在1786年做出了一个大胆的揣测,他认为:梵语、希腊语和拉丁语同宗同源,但这一源头也许已经不存在了。"②

西方在殖民地过程中发现了另一个高级文化——印度文化,在18世纪90年代到19世纪20年代形成了对印度文化崇拜的高潮。

---

① [美]爱德华·W.萨义德:《东方学》中译本,第170页,三联书店,1999年5月。
② [英]尼古拉斯·奥斯特勒:《语言帝国——世界语言史》中译本第2版,第200页,上海人民出版社,2011年5月。

这位在印度的英国殖民者威廉·琼斯先生"翻译的印度诗歌,受到整个欧洲如醉如痴的欢迎。……歌德 1791 年写道:我只要提到《沙恭达罗》(琼斯翻译的一首印度诗歌),什么都不用说了。还要记住拿破仑 1798 年去埃及远征时,带了一本《吠陀本集》。"①

在西欧中心论和种族主义的时代背景下,出于攀缘心,西方学术界建立起了"印度—欧罗巴语系"的语言学体系,将高级文化形态的古印度文化纳入了欧洲文化的范围。

种族主义学者布卢门巴赫认为:"白种人或高加索人是第一个,也是最漂亮、最有天赋的种族,其他种族都由它堕落,成为中国人、黑人等等。"②

"德国人因为是最后离开原生地的,所以被认为是更纯洁的高加索人种一样,德语被视为比家族中期哦他语言更纯洁、更久远,因此新定义的语言家族的德语名字是'印度—日耳曼语系'(Indogermanisch)。德国印度主义者 H.J.克拉普罗特(H. J. Klaproth)1823 年发明了这一名称。但弗朗茨·葆朴本人和其他国家的学者们一起,更喜欢'印欧语系'这个名字,托马斯·扬(Thomas Young)1816 年首先使用了这一名称。"③

2.欧洲人崇拜印度的原委

在德国,"1803 年,弗里德里希·施莱格尔对印度的激情甚至更少限制:'一切,绝对的一切,都有印度源头。'……施莱格尔认为,埃及被印度人殖民化和文明化了。他对这一点是如此深信不疑,以至于他援引埃及建筑的壮观来证明印度种族的伟大。……施莱格尔还认为,犹太文化受到了埃及人的影响——你会记得,埃及人的高度文明来自印度人。"④

这样一来,犹太文化源于埃及,埃及文化源于印度,而印度文化又来自于雅利安—日耳曼文化系统。

---

① [美]马丁·贝尔纳:《黑色雅典娜:古典文明的亚非之根》中译本第 1 版,第 205—206 页,吉林出版集团,2011 年 7 月。

② [美]马丁·贝尔纳:《黑色雅典娜:古典文明的亚非之根》中译本第 1 版,第 196 页,吉林出版集团,2011 年 7 月。

③ [美]马丁·贝尔纳:《黑色雅典娜:古典文明的亚非之根》中译本第 1 版,第 203 页,吉林出版集团,2011 年 7 月。

④ [美]马丁·贝尔纳:《黑色雅典娜:古典文明的亚非之根》中译本第 1 版,第 206—207 页,吉林出版集团,2011 年 7 月。

将印度文化纳入"雅利安—日耳曼文化"系统,就可以在文化上与精神上证明欧洲人尤其是德国人种族的优越性。

于是从高级种族到低级种族就被排列为:欧洲/日耳曼文化→印度文化→埃及文化→犹太文化

这样就形成了"西欧中心论"和"种族主义"的理论基石。

请看德国史学家的描述:

雅利安人横扫南方征服印度时,古希腊人南下进入希腊。创造"印度—日耳曼语"的民族是古希腊人。

库尔提乌斯兄弟是研究印欧语与古希腊的德国著名学者。

兄长恩斯特·库尔提乌斯在所著《希腊史》第1卷(1857)中,"接受了语言学家们关于印欧语的发源地在中亚山区某处的观点。从那里,正当雅利安人横扫南方征服了印度时,古希腊人南下进入希腊。……随着他们的到达,历史开始了。"①

"懂得以如此特别的方式发展出印度—日耳曼语这一共同财富的民族是……古希腊人。他们的第一个历史功绩是发展了这门语言,这一功绩是一种艺术成就。因为超越了所有姊妹语言,希腊语必须被看作是一件艺术品……整个语言就像一位受过训练的运动员的身体,其中的每一块肌肉,每一根肌腱都得到充分的发展,没有丝毫的臃肿或惰性物质的痕迹,全都是生命和力量。"②

3."闪米特"概念的来历

为了给"印欧语系"作陪衬,19世纪法国著名东方学者、语言学家厄内斯特·赫南,在自己的语言实验室内又虚构出了"闪米特语系"的谱系。

"闪语是赫南的第一个创造物,他在其语言学实验室里虚构出来的第一个产物,其目的是为了满足他的社会地位感和使命感。我们绝不应忽视下面这一点:对赫南的自我来说,闪语是欧洲(以及他本人)在东方世界以及他所处的时代所具有的支配地位的象征。"③

"这个语系的名称可以追溯到《创世纪》第九节第18句,诺亚的第二个儿子

---

① [美]马丁·贝尔纳:《黑色雅典娜:古典文明的亚非之根》中译本第1版,第303页,吉林出版集团,2011年7月。

② [美]马丁·贝尔纳:《黑色雅典娜:古典文明的亚非之根》中译本第1版,第304页,吉林出版集团,2011年7月。转引 Curtius 1857—1867,第1卷,P.20;1886译文,第1卷,P.32。

③ [美]爱德华·W.萨义德:《东方学》中译本,第182页,三联书店,1999年5月。

名叫'闪'。1781年,施勒泽最早将它用于语言学中。《创世纪》第十章21—31中,许多以闪后代命名的民族说的都是闪米特语系里的语言,其中最为著名的就数希伯来语(从阿法撒而来)、亚述语和阿拉姆语了,正是这一点给了施勒泽灵感。

"但是'闪米特'这个词选择得并不好:闪的儿子还有埃兰、路德,他们是说埃兰语和吕底亚语的族长,而这两种语言和闪米特语并没有什么关系;迦南(西顿人、阿莫里特人以及阿瓦迪特人的前身)和宁录(巴比伦人和阿卡德人的始祖)则是含的后裔,他们的语言就和希伯来语、亚述语以及阿拉姆语非常相似。"①

后来,"闪米特"这个概念扩充为"闪含语系"(又称"亚非语系"),为西方学统中以种族主义为灵魂的"印欧语系"概念作陪衬。从此,在西方文化中,印欧语系与闪含语系就处在了世界的中心。

以古印欧语系假说为基础之世界历史观的经典表述

侵入和迁徙:印欧人和闪米特人

"越过非洲北部,经阿拉伯和近东,远至亚洲的喜马拉雅山以北地区,横跨一个干旱不毛地带,它把温带和赤道热带森林隔离开来。生活在这一远离大河流域的地区,就要靠迁徙来利用分散的带有季节性的牧场。正如从事农业的人驯养了那些适应草原和半沙漠地带的动物马、驴及骆驼一样,游牧也变成了一种新的可行的生活方式。由于到处游荡寻找牧地,这些游牧民族同定居的邻人时常发生暴力接触。

"在公元前三千年代,当定居的农业人口已经占据了欧洲2000年的时候,当城市文明正首次在近东肥沃的河流谷地出现的时候,在草原和半沙漠地带发生了首次广泛的移民活动。

"在干旱地带的不同地区,人们终于驯养了种种动物。没有它们,人们就无法利用这些周围的环境。在黑海以北的欧亚草原、高加索以及陶鲁斯和扎格罗斯山脉一带,正是马提供了解决问题的钥匙,因为农人和渔人先前被局限于草原上有水流经过的地方,而现在却有了开发分散的牧场的手段。带轮的车,最初发明于林区与草原交界的高加索山地边缘地带,很快就在这些人群中传播开了。

"这一套成功的经济措施,既向西传入了早已确立起农业人群的地带,也广泛东传,在通往中央亚细亚的浩瀚的草原走廊中传播,还经过里海东岸南下到印度次大陆的边缘。

---

① [英]尼古拉斯·奥斯特勒:《语言帝国——世界语言史》中译本第2版,第30页脚注,上海人民出版社,2011年5月。

第六章　古印欧语系——西方学统中的弥天大谎

"这个进程十分明显地反映在印欧语系的各个亲属语言的分布上。这个语系在一端包括梵语和波斯语,同时在另一端又包括了希腊语、拉丁语、法语、德语、英语之类的欧洲语言。例如 father(英语的'父亲',拉丁语作 pater,梵语作 pitar)这类的词,说明印欧人群的成员之间有密切的相似之点。

"印欧语已知最早的书面形式是公元前二千年代的以迈锡尼 Mycenae 的线形文字乙写的希腊文献和赫梯人、卢维人等写的出现于亚洲土耳其(安纳托利亚)的文献。同时代的美索不达米亚文献里也有一些零散的提示,这些文献提到一个名叫米坦尼的部落,并且包括一些印欧语的人名。特别有意义的是,用来训练马匹的术语也被发现是印欧语。显然,在公元前二千年代初期,印欧人从草原向南进行了一次广泛的渗透,把印欧语从他们的尚无文字的故乡带到了文明世界的边缘。"[①]

这样一来,说梵语的人就成了欧洲蛮族的后裔

"这一过程是怎样发生的,现在还不确实知道。……可以看出,东、西印欧人群之间有一个基本的区分。西部印欧人群的各支采用了欧洲农人的稳定的农业生活,而东部印欧人群的各支则大幅度地来回徘徊于草原和半沙漠地区,而且他们的运动常常是比较复杂而难以预料的。他们南移的范围,从雅利安人(伊朗的印欧人)移入印度北部的情况大概可以看出来。

"公元前二千年代初期,印度河流域的说达罗毗荼语 Dravidian 的诸城市崩溃,随后雅利安人也就来了,以梨具吠陀著称的古梵语颂诗里记载了一系列事件。印欧人群中向东冲得最远的各支到达了中国的土耳其斯坦,在那里他们的语言被称为吐火罗语 Tocharian,公元前 8 世纪这种语言有了文字。"[②]

闪米特人的概况

"在山岳地带和源出于此的河流南侧的城市文明地带,定居地区和半沙漠地区之间有一种多少有点类似的相互影响,并由此产生了另一套广泛绵延的语言亲属关系,这种语言亲属关系直达阿拉伯和北非。

"闪米特语的分布反映出这些地区游牧生活的特点,这种游牧生活最初是以驴和野驴,以后则是以骆驼为基础的。马是人们越过山岭从草原地区获得的,它们被用来牵引轻的、有辐轮的战车。

---

①杰弗里·巴勒克拉夫主编:《泰晤士世界历史地图集》伦敦泰晤士图书公司 1979 年英文版中译本第 1 版,第 60 页,三联书店,1985 年 9 月。

②杰弗里·巴勒克拉夫主编:《泰晤士世界历史地图集》伦敦泰晤士图书公司 1979 年英文版中译本第 1 版,第 60 页,三联书店,1985 年 9 月。

"不过,与其说这些马是沙漠游牧人的军需品,还不如说它们是城市比较富有的战士的军需品。最早的苏美尔人的城市共同体(公元前三千年代,见第54页)是非闪米特人的,但是他们的邻人和二千年代时的继承者,即阿卡德人和亚述人,都代表闪米特人的东北支。

"他们西北方的利凡特 Levantine 海岸和附近地区的邻人是城市化了的迦南人,包括阿拉米人、腓尼基人和希伯来人;在此西南方是重要的说闪米特语的埃及文明;东南方则是更为游荡不定的阿拉伯人,他们在晚得多的时候把他们的文化和伊斯兰教推行到从大西洋到印度洋的广大地区。

"不过,甚至在公元前一千年代,闪米特人的语言和文化也远远超出了近东的半干旱地区,由海上扩张而遍及地中海。

"以前,在青铜时代,在公元前二千年代后期,利凡特海岸早就是一个著名的商业地区。可是,在公元前一千年代,随着头几个世纪的经济萧条,海上贸易网和殖民地在离故土越来越远的地方建立起来。

"在商人和殖民者中居于主要地位的是希腊人和闪米特族的腓尼基人。腓尼基人从他们利凡特的大港口蒂尔和西顿出发,远航到希腊人在爱琴海和亚得里亚海的殖民地网之外,建立了北非城市迦太基(前814)和乌提卡,并且驶向西班牙的加的斯。

"有些学者一直认为伊特鲁里亚人就是来自土耳其的类似移民的一部分。罗马人首先在几次布匿战争中遭遇到的就是这些闪米特人在西地中海殖民地建立的海上强国。"①

第二节 国外学者对古印欧语系假说的质疑

1.20世纪初,西方学者全面质疑19世纪古印欧语系假说

德国学者奥斯瓦尔德·斯宾格勒说道:"对于印欧语系,我们只知道它处在一种完全崩溃的状态。……在语言的外在历史中,其最重要的部分,对我们来说,也一样地失落湮灭了。它的青春时期深处于原始时代,重复一下此前已经说过的话,我们不得不把那时候的人类想象成分散的、很小的群体形式,它们迷失在地球的

---

① 杰弗里·巴勒克拉夫主编:《泰晤士世界历史地图集》伦敦泰晤士图书公司1979年英文版中译本第1版,第60页,三联书店,1985年9月。

第六章 古印欧语系——西方学统中的弥天大谎

广阔空间中。……从此以后,再也没有其他的文法体系出现了,而只有已有的文法体系不断产生新奇的派生物。有关这些真正的原始语言及其结构和声音,我们一无所知。只要我们回望过去,所看到的就只是完整的和发达的语言学体系,每个人都在使用它,每个孩子都在学习它,好像是一种完全自然的东西。……

"如果我们认为最古老的吠陀经文保存了公元前1200年时的语言状态,那么,甚至公元前2000年时的语言状态与此等经文所示的语言状态之间的差异,必定远非任何印欧语言学家用由果溯因的方法所能臆测。……

"我们所拥有的只是书写语言的遗迹。对于埃及和巴比伦的语言世界,我们所拥有的原本固然可远溯至公元前3000年,但最古老的印欧语言遗物却只是一些抄本,它们的语言状态要比其内容年轻得多。……

"语言学(尤其是印欧语言学)研究的一个根本错误,就在于把文法和词汇看作是一个单位。所有的专用词汇(猎人、战士、运动员、水手、学者等等的行话)实际上只是一些词的储备,可以在所有文法体系中运用。半古典的化学词汇、法语的外交辞令以及赛马场中的英语,在所有现代语言中都被采纳了。我们可以说一些外来词,但在所有的古代语言中,大部分的所谓词根在有些时候也同样是外来词。所有的名称都依附于它们所表示的事物,并分享有它们的历史。在希腊文中,金属的名称是外来的,比如像 ταυρος(公牛)、χιτων(外套)、οινος(酒)等词都是闪米特语。印度的数字则可以在波伽兹科易(Boghaz Keüi)的赫梯文本中找到,它们出现在上下文中,乃是随着马匹繁殖而引进这个国家的一种技术性表现。同样地,拉丁文的行政术语曾侵入了希腊东方,德文曾大量地侵入了彼得大帝的俄罗斯,阿拉伯文的语词曾渗透到了西方数学、化学和天文学的语汇中。诺曼人——本身是日耳曼人——使英文中充斥了许多法文词。讲德语的地区的银行业务中有许多意大利语的表达。同样地,在比这远为广泛的范围内,大量的与农业和畜牧业、金属和武器,以及一般地与所有的手工艺品的买卖、物物交换和部落间的法律等等有关的名称,一定都是从一种语言移植到另一种语言中的,正如地理意义上的术语常常变成主导语言的固有语汇一样,结果,希腊文中包含了大量加里语和日耳曼凯尔特语的地方名称。

"可以毫不夸张地说,一个印欧语的词传播得越广,它就越是年轻,就越有可能成为一个外来词。恰恰是那些最古老的名称,常常被作为私有的专名珍藏。拉丁文和希腊文中只有十分年轻的词是两者共有的。那么,难道'电话'、'煤气'、'汽车'也属于'原始人'的语词储备吗?为了论证之故,我们不妨假定雅利安的'原始'

语词有 3/4 来自公元前 3000 年的埃及或巴比伦的词汇；在梵语中，经过上千年的非书写文字的发展，我们一定找不到那种事实的痕迹了，因为甚至在德文中，无数的拉丁文借用词早就完全认不出来了。'Henriette'这个词的词尾'ette'是埃特鲁里亚语——到底有多少真正雅利安语和真正闪米特语的词尾——尽管它们完全是外来的——能反驳我们说它们是入侵者呢？

"在澳洲语和印欧语中，有许多词惊人的相似，这应当怎样解释呢？印欧语体系当然是最年轻的，因此也是最理智的。从这种体系中派生出来的语言今天统治着世界，但在公元前 2000 年时，它真正地作为一种特殊的文法大厦存在过吗？

"众所周知，雅利安语、闪米特语和含语（Hamitic）现今被认为有可能具有同一的最初形式。最古老的印度经文保存着（可能是）公元前 1200 年的语言状态，最古老的希腊文保存着（可能是）公元前 700 年的语言状态。

"但是，印度的人名和神名与马同时出现在叙利亚和巴勒斯坦，当然是很久以后的事。采用这些名称的人显然首先是幸运的士兵，随后是有权势的人。情况有可能是这样的吗？——即大约公元前 1600 年，这些陆地上的冒险家，这些最初的骑师（这些人的成长与马不可分割，他们是那种半人半马的怪物传说的令人恐怖的源头），在北方平原四处或多或少成了冒险家的头目，并引进了印度封建时代的语言和神学。雅利安贵族有关人种和行为的理想也是这样的。根据前述的有关种族的观点，这就能说明说雅利安语的地区的种族理想，而根本没有必要借用某个原始民族的迁徙的说法。……

"或者，大约公元前 3000 年的这个体系仅仅是一种已经遗失的语言的一个不重要的方言吗？罗马语的语言家族约在公元 1600 年时支配了整个的地中海。大约在公元前 400 年，台伯河流域的原有语言只有略大于 1000 平方英里的范围还在使用。当然，公元前 4000 年左右时，文法家族的地理图景还是十分复杂的。闪米特语—含语—雅利安语族群（如果它曾经形成一个单位的话）在那时几乎不具有太大的重要性。

"我们对许多古老的语系——埃特鲁里亚语、巴斯克语、苏美尔语、利古里亚语（Ligurian）小亚细亚古语，以及其他语言——的残余感到彷徨无措，这些语言在它们的时代一定属于十分广泛的体系。在波伽兹科易的档案中，到目前为止，我们已经辨认出了八种新的语言，它们在公元前 1000 年左右都是通用的。依据当时通常的变化速度，在公元前 2000 年时，雅利安语可能联合许多我们想象不到会和它

第六章 古印欧语系——西方学统中的弥天大谎

发生联系的语言形成了一个单位。"①

其大概意思是说:比较语言学研究的对象是历史上的语音现象,而这种语音都不存在了,所根据的材料都是后来的文献。最古老的印欧语言遗物却只是一些抄本,它们的语言状态要比其内容年轻得多。印欧语言学家用由果溯因的方法都是臆测。同语言之间存在的相似,与其说同出一宗,不如说是后来的相互影响。

一个印欧语的词传播得越广,它就越是年轻,就越有可能成为一个"外来"词。

2.印度人不同意欧来说

"近年来,……印度学者认为这种移民理论是种族主义理论,是那些不相信印度人自己创作了《梨俱吠陀》的西方学者提出的。印度学者认为并没有真正的证据能够证明印度—雅利安人是外来者,他们指出《梨俱吠陀》里的中心地带或多或少跟现在的旁遮普相符合。"②

3.随着殖民主义和西欧中心论的退潮,西方学术界开始逐渐退却

新版《泰晤士世界历史》的表述开始有了改变,由旧版坚称印度文化欧来说,改称所谓传统解释了,雅利安人入侵也变成了"更有可能的是,这是一个渐进的过程"的表述。

印度文明的开端:吠陀文化

"从公元前1500年前后起,一种新文化在印度日益发展起来。这就是现在所知的吠陀文化。它的主要特征为:新语言和宗教礼仪,使用马和两轮战车。对这种变化的传统解释是所谓的雅利安人入侵,他们是成群结伙的骑士,从西北方向而来,征服了印度河流域的土著人,接着向东方的恒河流域进攻。这些素材据说来自《吠陀》中的一部——《梨俱吠陀》,书中描绘了雅利安人如何征服肤色较黑的土著达萨人。更有可能的是,这是一个渐进的过程,一些游牧的小群体在公元前2000年初从西北方向进入南亚次大陆,在原来的居民周边定居下来。

"他们虽然吸取了哈拉帕文化的因素,但能够确保自己统治精英('arya'雅利安在梵语中就是'高贵'的意思)的地位。在接下来的几个世纪里,他们的雅利安语

---

① [德]奥斯瓦尔德·斯宾格勒:《西方的没落》第2卷上册中译本第5章,商务印书馆,1963年1月第1版。
② [英]彼得·沃森:《人类思想史——浪漫灵魂:从以赛亚到弗朱熹》中译本,第168页,中央编译出版社,2011年5月第1版。

言被更多的人所接受,与此同时,他们的影响向东扩展到恒河上游。"①

在西欧中心论退潮过程中,与学术界"犹抱琵琶半遮面"的情况形成对照,西方的教育界丝毫没有放松对欧洲中心论意识形态的坚持。

第三节 古印欧语系难圆其说

1.比较语言学的语系划分,旨在为欧洲中心论建立理论根基

世界十大语系的分类

中心:印欧语系(主角)、闪含语系(配角)

周围:北部:高加索语系、乌拉尔语系、阿尔泰语系

南部:南亚语系、达罗毗荼语系

边缘:南洋:南岛语系

远东:汉藏语系、壮侗语系

就这样,中华文化被边缘化了。

本来四大文明古国与欧洲并没有什么关系,西方学者通过19世纪所谓"语言科学"的建设,通过虚构古希腊概念,将人类语言随意分类排比,假定并不存在的古印欧语系,将古印度文化纳入欧洲文化的概念之下,再贬低古埃及文明与两河流域文明,构造闪含语系,将其定义为印欧语系雅利安人的陪衬,将中华古文明边缘化,形成以种族主义为灵魂的欧洲中心论。

"当时人们发现,几乎所有欧洲现存的语言,无论是希腊语还是拉丁语,以及现存的波斯语和北印度语、古典伊朗语和古典梵语,作为一个更大的语系的成员,彼此联结在一起。由此可以正确推断,必定存在着一种原初的雅利安语或印欧语,所有已知的这个系属的成员都是由之而来。

"但如果说属于这个语系的不同语族的人们,同语言本身一样,存在着同等程度的天然联系,全都源自一个原始的雅利安或印欧种族,从他们的原生地四面八方扩散征伐,并从这个种族产生出查拉图斯特拉(Zarathustra)和佛陀这样的宗教天才,产生出希腊的艺术天才以及罗马的政治天才,最后又产生了我们自身这样尊贵的顶级人才,那这种推测就说不过去了,因为照此说法,这个种族实际上岂不

---

① 理查德·奥弗里主编:《泰晤士世界历史》第5版中译本,第64页,希望出版社、广东新世纪出版社,2011年8月第1版。

第六章 古印欧语系——西方学统中的弥天大谎

成了人类文明的所有成就的缔造者！"①

德国语言学家,"他们把'印欧'这个词改成'印度—日耳曼',把这个虚构的种族的故乡放到普鲁士的领地之内。在1914—1918年的战争爆发前不久,一个爱上德国的英国人休斯顿·斯图尔特·张伯伦（Houston Stewart Chamberlain）写了一本书,名为《19世纪的基础》,他把但丁和耶稣基督归入印度—日耳曼人之列。"②

这样一来,释迦牟尼佛与耶稣就都成了欧洲人。

20世纪初在欧洲甚嚣尘上的种族主义鼓噪下,民国时期著名学者丁山、卫聚贤等如影随形,进而说老子是印度人、墨子是印度人、《山海经》是印度人的作品。印度人是雅利安人,这不等于说老子、墨子都成欧洲人了吗？

"金发蛮族"理论

雅利安人,一些学者名其为"金发蛮族"。

"西方种族理论的拥戴者最经常强调的心理特征就是肤色。精神和心理的优越感以某种方式与皮肤相对缺少色素沉着联系在一起。……然而,这种最为流行的、被供奉在一个基座上的有关文明的种族理论却是黄头发、灰眼睛、长头型的白人（某些北欧人和尼采称之为'金发蛮族'）的理论。……法国贵族孔德·德·戈宾诺（Gomte de Gobineau）是第一个把北欧人安放在基座上的人,早在19世纪初,他对'金发蛮族'的偶像崇拜是法国大革命期间冒出来的争论事件。

"当法国贵族被剥夺了自己的地产,受到放逐或被送上断头台的时候,那些总是把当代的事件罩上古典外衣的革命党人的学究们,宣称高卢人在被征服了14个世纪以后,现在把征服他们的法兰克人驱逐回莱茵河之外的黑暗地带——法兰克人本来是在民族大迁徙期间从那里过来的,夺回了他们的高卢故土,尽管蛮族人的长期非法统治,但高卢人从来就没有忘记这是他们自己的领土。戈宾诺……回应道:'我接受你们的看法,让我们对法兰西平民源自高卢人,法兰西贵族源自法兰克人的说法表示认同。两个民族都是纯种,而且两者的生理和心理特征之间存在着一种明确的、永久的相互作用。你们是否真以为高卢人代表文明而法兰克人代表野蛮呢？

"'你们的高卢人的文明是从哪里来的呢？是从罗马来的。那么使罗马伟大的

---

① [英]阿诺德·汤比因:《历史研究》上卷中译本,第58—59页,上海人民出版社,2010年1月。

② 杰弗里·巴勒克拉夫主编:《泰晤士世界历史地图集》伦敦泰晤士图书公司1979年英文版中译本第1版,第59页,三联书店,1985年9月。

东西又是什么?噢!在我的法兰克人血管中流动着同样的北欧人的血液,原封不动的输入了罗马。

"'第一批罗马人——第一批希腊人,即荷马史诗中的亚该亚人也同样是金黄头发的征服者,他们源自生机勃勃的北方,在地中海沿岸的那些较虚弱的土著人中确立了统治。

"'不过,年深日久之后,他们的血液淡化了,他们的民族弱化了,他们的势力和荣誉衰弱了。另一批来自北方的金发征服者的拯救时机到来了,他们使文明的脉搏再次跳动起来,而这些人当中就有法兰克人。'"①

比较语言学是源于18世纪,并于19世纪发展到鼎盛的伪科学。首先,比较语言学并非学术,不过是打着学术的幌子为殖民主义政治服务的工具。

"工业革命以后,英国带着它的海上舰队到世界各地去寻找殖民地,17世纪初在印度建立东印度公司。为了巩固它在印度的殖民统治,英国政府鼓励本国公民研究印度的历史文化,形成了我们的所谓'印度学'。"②

这就是西方的所谓"东方学"缘起的动机。"东方学"中最基础的内容是语言学,而所谓的"比较语言学"则是基础的基础。

2.比较语言学的方法

大胆假设

"随着英国人18世纪的成功,印度的最高司法官英国人威廉·琼斯爵士在1786年做出了一个大胆的揣测:梵语、希腊语和拉丁语同宗同源,但这一源头也许已经不存在了。"③

移花接木

1786年2月2日,威廉·琼斯在亚洲学会宣读论文时说:"无论多么古老,梵语的结构是最奇特的,它比希腊语更完备,比拉丁语更丰富,并且比这两种语言更精美。"④

"琼斯把梵语和希腊语、拉丁语联系起来,并坚持认为,如果有什么区别的话,

---

① [英]阿诺德·汤比因:《历史研究》上卷中译本,第57—58页,上海人民出版社,2010年1月。
② 李四龙:《欧美佛教学术史》,第25页,北京大学出版社,2009年12月。
③ [英]尼古拉斯·奥斯特勒:《语言帝国——世界语言史》中译本,第200页,上海人民出版社,2011年5月第2版。
④ 李四龙:《欧美佛教学术史》,第27页,北京大学出版社,2009年12月。

那就是东方的语言要早于西方语言,并且比西方语言优越。"①

设定语源

"自从发现印欧语系以来,历史语言学的主要任务是确定语言家族的分支和区分。当相临近但不相关的语言之间发现相似点时,这些语言同盟(Sprachbunden)通常归因于后来语言背后的古代本源。"②

闭门造车

"闪语是赫南的第一个创造物,是他在其语言学实验室里虚构出来的第一个产物,其目的是为了满足他的社会地位感和使命感。我们绝不应忽视下面这一点:对赫南的自我来说,闪语是欧洲(以及他本人)在东方世界以及他所处的时代所具有的支配地位的象征。"③

古印欧语系也是在语言学实验室里虚构出来的。

"语言学家和解剖学家都旨在探讨那些在自然界无法直接获取或观察的事物,一幅骨骼和一张肌肉线描图,与语言学家纯粹通过假想建构起来的闪语和印欧语原型一样,都是实验室和图书馆的产物。"④

比较语言学的基本方法是比照法

通过该方法对语音系统、语言形态、语法和语汇进行比较。原则上,在有亲缘关系的两种语言之间,各种差异都应该能够得到合乎情理的解释,也都对应着系统的演变。以比照法得出的构拟结果仅是理论上的假设。

这类方法中最早出现的一种是语言年代学,它的核心是一个数学算式,通过统计各语种在其基本语汇100词(后来是200词)中与所比照语种同源的词语所占的百分比来推算语言分划的年代。其后又有所谓大宗语汇比较法,专注于通过类似进化生物学中的遗传分类学方法判定语言间亲缘关系的远近。

先入为主是比较语言学的典型方法

用一两百个单词进行比对,发现有百分之二三十的单词有相似者,即断言两者同出一源,然后定义为希腊语源,树立为专业权威,并以之衡量天下,为西欧中心论造势。同样的发音,一定是希腊语言为源头、其他语言为末流。权威版本一经

---

①[英]彼得·沃森:《人类思想史·平行真理:从维科到弗洛伊德》中译本,第17页,中央编译出版社,2011年5月第1版。
②[美]马丁·贝尔纳:《黑色雅典娜》中译本,第43页,吉林出版集团,2011年7月第1版。
③[美]爱德华·W.萨义德:《东方学》中译本,第182页,三联书店,1999年5月。
④[美]爱德华·W.萨义德:《东方学》中译本,第183页,三联书店,1999年5月。

确立,就"只许州官放火,不许百姓点灯"。至于希腊语已经是滥觞,古希腊的雅利安范式不容置疑。

印欧语系的谎言建立在欧洲人感觉到梵语与欧洲语言(希腊语、拉丁语)非常相似,因而推测两者之间有一个共同的起源这一假说的基础之上。

同一语言,在不同的环境中经过百余年时间就会面目全非

"笔者以哈萨克斯坦和吉尔吉斯斯坦境内的东干人作比较,东干人前身是120年前中国甘肃和陕西的回族,因120年前的'回乱'被清廷镇压,有数千人逃入现在的哈萨克斯坦和吉尔吉斯斯坦境内,他们被当地人称为东干人。他们生活在相对偏僻的'语言孤岛'地区,客观上可能较多地保留了清末时期的西北方言成分。但是,当20世纪80年代中国记者到那里采访时,兴奋的东干人要用家乡老话与之亲切交流时,却发现彼此都处于似懂非懂状态,最后只好改用俄语。这是因为在120年的时间内,彼此的语言成分都有不同程度的变化,以致东干语与现代汉语普通话之间,竟有不少差别。东干语是在120年前从西北甘肃方言中分离出去的,目前就已经无法正常与现代汉语普通话完整交流了。"[1]

语言科学被当事者的殖民利益蒙上了眼睛

"到1860年代古代埃及语的字典首次出版时,雅利安模式已经牢固确立,两个词汇之间的比较在学术界已经不可能了。"[2]

"自从1840年代以来,印欧语语文学,或者语言间关系的研究,一直处于雅利安模式的中心。那时,和现在一样,印欧语学者和希腊语语文学家极不情愿看到希腊语与古代地中海东部地区两大重要非印欧语语言,即埃及和闪米特语之间有任何联系。"[3]

3.梵语与欧洲语言果真相似吗?

第一,梵语与欧洲诸语言的语音特点完全不同。

"梵语及其亲属语——印度雅利安语与位于其西部、北部,如伊朗、俄罗斯以及欧洲这些国家的亲属语是完全不同的,因为它们拥有一组非同寻常的辅音,梵语语法家称之为 mūrdhanya 头中声,西方人称之为卷舌闭塞音。这些辅音的发音部位与其他辅音不同,ṭ,ḍ,ṭh,ḍh 和 ṇ 由舌卷曲抵向上颚发出,而 t,d,th,dh 和 n 由

---

[1] 刘大志:《看犹太人如何保护古犹太语和发展新希伯来语》。
[2] [美]马丁·贝尔纳:《黑色雅典娜》中译本,第48页,吉林出版集团,2011年7月第1版。
[3] [美]马丁·贝尔纳:《黑色雅典娜》中译本,第3—4页,吉林出版集团,2011年7月第1版。

第六章 古印欧语系——西方学统中的弥天大谎

舌抵住前齿背发出。因此，paṭati，即'裂开'，与patati'坠落'不同，maṇḍaḥ，即'泡沫'与mandaḥ，即'迟钝的'也不同。这些声音是流行于印度雅利安北部的达罗毗荼（Dravidian），以及其他邻语，例如流行于印度东北的蒙达语的特征。然而，没有其他的印欧语中拥有这些辅音（使得它们与印欧语言的起源语种有不同的特征），这些辅音却非常有系统性，它们也如印欧语系那样悠久。"[1]

第二，梵语与欧洲语言的字母系统完全不同。

中国人如今热衷于学外语，以所学外语的人数而言，最多的是英文，其次是日语。大家都知道英文由26个字母组成，而日语标音则由五十音图构成。今天，没有人会觉得这两个语音系统是同一个东西。

英文字母来源于拉丁字母，拉丁字母与希腊字母同出一源，都来源于腓尼基字母，而腓尼基字母来源于叙利亚的西奈文书字母，并受到埃及象形文字的启发。不仅是英文，所有欧洲语言，包括历史上的希腊语、拉丁语、高卢语、凯尔特语、日耳曼语、斯拉夫语，以及今天的、意大利语、法语、德语、西班牙语、葡萄牙语、俄语等等，其字母书写系统都出自一个源头。

日语的五十音图不然，五十音图是从中国传到日本的系统，中文叫作"悉昙"，来源于梵语字母。[2]

希腊字母（腓尼基字母的希腊版）、拉丁字母（腓尼基字母的罗马版）系统，在不同时期、不同地区，虽有18字母、24字母、26字母的不同，但同属于一个系统。而梵语字母则属于另外一个独立的系统，大体上为50字母（或为47字母、48字母）。

"《大涅槃经》列字五十[注：五十，指梵文五十字母；梵文字母多少，因标准不同，说法不一；此说五十（下十四指母音），另说四十七或四十九]，总释众义十有四音，名为字本。"[3]

比较语言学的所谓语言学家们，非要说梵语字母来源于腓尼基字母，令人难以理解。

欧洲字母的亚洲渊源

"在约公元前1250年之前，即在地中海东部地区大动荡开始之前，叙利亚已

---

[1] [英]尼古拉斯·奥斯特勒：《语言帝国——世界语言史》中译本，第176页，上海人民出版社，2011年5月第2版。

[2] 悉昙是梵语 siddha 音译，又音译为悉谈，指梵文字母。

[3] 孙良明：《简述汉文佛典对梵文文法介绍》，载《古汉语研究》1999年4期。

经开始显示出自身的创造力,它已迈出了发明字母文字的第一步,这批字母历经种种变迁,到目前为止,已成为除东亚之外全世界都在使用的文字。大约在公元前1500年,甚至更早一些,在西奈半岛西部埃及矿井中的岩石上已出现了草体的所谓西奈文书。

"在叙利亚南部也发现了同样笔体的铭文。……如果的确能证明这种文字属于字母体系,那么,也许还能证明它是腓尼基字母和地处阿拉伯西南端的也门使用的南闪米特字母的共同祖先。

"西奈文书的一些字似乎受到埃及象形文字的启发,在公元前14世纪的前1/3时间内,在靠近叙利亚海岸北端的乌加里特(今日的沙姆拉角),腓尼基人用他们的语言写下了自己的作品,他们用的是选自苏美尔—阿卡德表意文字和音素的巨大库存里的一些字组成的字母。经过大约公元前1250—前950年的民族大迁徙,腓尼基人在字母文字方面做的第一次尝试也荡然无存。用后来再次发明出的腓尼基字母写出了人们已知最早的铭文,它或许并不早于公元前11世纪,不过现代所有的字母文字均源于这种字母。经过第二次发明才得以成功的腓尼基字母受到埃及象形文字的启发,不少字母的名称和原型都能反映出这一点。如同前一批流产了的字母一样,腓尼基人在创造这些青史永垂的字母时,从表音与音素的混合文字中借用了不少字。不过,这两次,他们都是用一组借来的字代表一组音,其中包括腓尼基人自己使用的迦南闪米特语中所有的辅音音素。"①

第三,欧洲诸语言与梵语完全不在一个层次。

欧洲诸语言是逐渐进步的语言,由低级到高级有一个进化过程。而梵语有3000余年的历史,从出现到如今一成不变。

梵语是3000年前婆罗门教所使用的语言,释迦牟尼佛的老师们就是这些使用梵语的人。早期梵语典籍《四吠陀》《森林书》《奥义书》为人类高级宗教典籍,《吠陀》又称为《原知》,是印度人最早的宗教赞歌,"至今印度人在宗教仪式中仍会分毫不差地吟唱这些赞歌。"②

而欧洲诸语言只是些世俗语言。不论是古代凯尔特语、意大利语、日耳曼语以及斯拉夫语,还是现代欧洲诸殖民语言,都是如此。

---

① [英]阿诺德·汤因比:《人类与大地母亲》中译本,第153—154页,上海人民出版社,1992年1月第1版。
② [英]尼古拉斯·奥斯特勒:《语言帝国——世界语言史》中译本,第159页,上海人民出版社,2011年5月第2版。

第六章 古印欧语系——西方学统中的弥天大谎

如近代的法语是"脏话"、德语是"粗话"、英语是"俗话",而所谓"文艺复兴"时的意大利文学如十四行诗,也不过是意大利方言中的地方小调而已。

欧洲诸语系的种族:凯尔特人、罗马人、日耳曼人、斯拉夫人

"据可靠资料记载,欧洲3000多年的历史由4个互相关联的亲属语言浮沉难测的命运所掌控,他们分别是:凯尔特语、意大利语、日耳曼语以及斯拉夫语。"①

而希腊人在语言方面只是欧洲诸语言的看客。②

欧洲诸语言中凯尔特语、日耳曼语、斯拉夫语自不待言,它们都是游牧民族野蛮人的语言,就是拉丁语(意大利语)也有一个从低级到高级的发展过程,从最初的口语,进展为书面语。梵语不同,从出现到今天,3000余年间一成不变。梵语从一开始就是神圣的宗教语言。18世纪欧洲人一遇到梵语,就完全为之倾倒。

4.欧洲诸语言概要

拉丁语

本来是一个拉丁部落的方言,最初在大约1000平方英里的范围内使用,后来经过埃特鲁斯坎人借用腓尼基字母形成书面文字——拉丁字母,并随着罗马帝国疆域的扩张而逐渐通行于罗马帝国的影响范围之内。后来罗马帝国皈依天主教后成为教会使用的主要语言。

16世纪的拉丁语没有哲学思维功能。"拉丁思想仍然是死去的思想。……拉丁语会让他们受制于古老的、过时的思想和感觉方式,……他们的文明已经充斥了基督教、基督教的思想和感情,已经达到了饱和的程度。"③

埃特鲁斯坎人(一个与腓尼基人和希腊人同样的民族,可能来自地中海东部)在意大利半岛的西北部到东南部低地之间的高原地带,仍处于部落组织阶段,他们接受了西部希腊人转译的腓尼基字母,这就是拉丁文字母的起源。④

"伊特拉斯坎人不但把爱琴海的希腊字母继续往西推进到意大利半岛,也把东方的希腊字母,转化成为适合西欧语文的语音结构与书写形式,为拉丁拼音铺

---

①[英]尼古拉斯·奥斯特勒:《语言帝国——世界语言史》中译本,第245页,上海人民出版社,2011年5月第2版。
②[英]尼古拉斯·奥斯特勒:《语言帝国——世界语言史》中译本,第247页,上海人民出版社,2011年5月第2版。
③[法]吕西安·费弗尔:《16世纪的无信仰问题》中译本,第404页,商务印书馆,2012年6月。
④参看[英]阿诺德·汤因比:《人类与大地母亲》中译本第1版,上海人民出版社,1992年1月。

好转型的基础工程,拉丁人则在这个基础上,逐渐建构各种拼音的机制,并衍生相关的拼音惯例。"①

"罗马语的语言族系约在公元1600年时支配了所有的海洋。大约在公元前400年,台伯河流域的原有语言只有略大于1000平方英里的范围还在使用。"②

法语

法语来自十字军时代的古法语,本是一种乡村口头语。"十字军时代的古法语和霍亨斯陶芬时代的中古高地德语一样,是从乡村的日常谈话中确立起来的。"④

在16世纪法国国王弗朗索瓦一世(1515—1547年在位)时代,法国文学还是一些"脏话"。"弗朗索瓦一世奖励过一些学者。……他召请的意大利画家没有培养出一个法国弟子。一些讽刺短诗和内容猥亵的故事构成我国当时的全部诗歌。"④

"法语开始日益纯净,并且逐步具有固定不变的形式。这要归功于法兰西学院,特别是归功于沃热拉(ClaudeFavreVaugelas,1595—1650)。他于1646年出版的昆特·库尔斯的译文,是第一本用纯正的语言写成的好书,而且书中很少有已经陈旧的短语和表达方式。奥利维埃·帕特吕(OlivierPatrui,1604—1681)继沃热拉之后,大大促使语言合乎规范、精练、纯净。虽然他并不被人认为是一位精通法律的律师,然而,人们使用语言能够条理清楚、清晰明了、措辞恰当、文体优美都应该归功于他。这些优点在他以前,在法律界还根本闻所未闻。"⑤

德语

德语本来是游牧民族日耳曼族的"粗话",在学会了造纸和印刷术之后,将德语印在了纸上,并创造了自己的"粗俗文学"。

16世纪德国独创"粗俗文学"

"在宗教改革以前不久和宗教改革期间,德国人创立了一种独特的、单是一个名称就够骇人的文学——粗俗文学。……

"16世纪的粗俗文学是:平淡无味、废话连篇、大言不惭,像伏拉松一样夸夸

---

① 王明嘉:《字母的诞生》,第228页,台北积木文化,2010年9月第1版。
② [德]奥斯瓦尔德·斯宾格勒:《西方的没落》第2卷上册中译本,第279页,商务印书馆,1963年1月第1版。
③ [德]奥斯瓦尔德·斯宾格勒:《西方的没落》第2卷上册中译本,第287页,商务印书馆,1963年1月第1版。
④ [法]伏尔泰:《路易十四时代》中译本"导言"。
⑤ [法]伏尔泰:《路易十四时代》中译本,第三十二章"文学和艺术"。

第六章 古印欧语系——西方学统中的弥天大谎

其谈,攻击别人狂妄粗暴,对别人的粗暴则歇斯底里地易动感情;……其实已经受到16世纪极无谓的争吵和肉体的感染而不自知;……如果我们没有记错,德国人民的智慧已用《海涅卡——力大无穷的仆人》这首歌为它立下了一座抒情纪念碑。海因岑先生是复活这种粗俗文学的功臣之一,在这方面可以说,他是象征着各国人民的春天即将来临的一只德国燕子。"①

在18世纪之前,用德语表述哲学闻所未闻。德国人在塔西佗《日耳曼尼亚志》中获得灵感,通过伪古希腊学术,虚构日耳曼与古希腊的关系后来居上,在18、19世纪居然取得世界哲学王国的称号。从一种游牧民族的"粗话"发展到左右世界学术的"历史哲学"语言。

"从1440年开始,塔西佗在意大利整整被忽略了60年,而这却是德国人开始学会阅读《日耳曼尼亚志》的阶段。……到了1500年,它已成为德国人喜欢在其中观照自己的镜子。"②

英语

英语原来是英格兰土话,本来是一种"俗话"。后来附庸风雅,产生了莎士比亚文学,其实也没有什么太大价值。19世纪大英帝国在扩张的过程中,演变成世界贸易语言。

"'洋泾浜英文'或商业英语源于18世纪的通商口岸,一个世纪前,安生准将还斥之为荒谬。"③

"英语的一般影响,到今天为止,几乎是微不足道的,这未免叫人扫兴。英语本身正向四方传播,因为英国人把广大地区殖民地化了。可是无从说它在任何地方进入了别的语言的词汇核心。"④

意大利语

13世纪前的意大利半岛种族杂处、方言互异

意大利半岛统一之前,城邦林立、互不统摄,种族杂处、方言互异。"有人认为城市

---

① [德]卡尔·马克思:《道德化的批评和批评化的道德——论德意志文化的历史,驳卡尔·海因岑》中译本,见《马克思恩格斯选集》中文版第1卷,第162—163页,人民出版社,1972年5月第1版。
② [意]莫米利亚诺:《现代史学的古典基础》中译本,第162页,华东师范大学出版社,2009年6月第1版。
③ 见[美]史景迁:《大汗之国:西方眼中的中国》。
④ [美]爱德华·萨丕尔:《语言论》中译本,第175页,商务印书馆,1985年2月第2版。

国家时期谈不上是一段意大利历史,意大利只有米兰史、佛罗伦萨史、比萨史等。"①

现代意大利语的基础是托斯卡纳方言。

意大利语的基础既不是拉丁语,也不是罗马方言,而是被称为托斯卡纳语的一种佛罗伦萨方言。

"托斯卡纳方言成了新的民族语言的基础。"②

意大利语方言

意大利半岛地区各种方言差别很大,难以相互交际。现代意大利语是通过但丁的《神曲》等作品的影响,从14世纪开始逐渐形成的。由于其作品主要使用Toscana(特别是佛罗伦萨Firenze)地区的方言进行创作,所以现代意大利语以托斯卡纳(Toscana)地区方言为基础而形成。

意大利语主要方言一览:

西西里岛方言

维尼提亚语(Venetic,一种古意大利语言)

托斯卡纳方言(Tuscia dialect)

翁布里亚方言(Umbrian dialects)

马奇方言(Marchigiano)

科西嘉方言(Corsican)

罗马方言(Romanesco)

米兰方言

都灵方言(Turin)

伦巴第方言(Lombard)

拉汀方言(Ladin,本语言是一种德语方言)

罗曼什方言(Romansh,本语言是一种德语方言)

利古里亚方言(Ligurian,本语言是一种意大利土语)

皮埃蒙特方言(Piedmontese)

威尼斯方言(Venetian)等

---

① [意]路易吉·萨尔瓦托雷利:《意大利简史》中译本,第159页,商务印书馆,2013年7月第1版。

② [瑞士]雅各布·布克哈特:《意大利文艺复兴时期的文化》中译本,第203页,商务印书馆,1979年7月第1版。

第六章 古印欧语系——西方学统中的弥天大谎

中世纪意大利"宫廷语"

"在13世纪里,我们在方言互异的意大利也发现一种宫廷和诗人们通常使用的所谓'宫廷语'。认真地和有意识地试图使这种语言变为一种文学的和社交的语言,对于意大利来说是极端重要的。在1300年以前写成现在这种形式的《古代故事百篇》的序言公开地承认具有这一目的。语言在这里被认为是和诗歌的用语脱离的,它的最大的功用是以简短的语句、警句和回答来做清楚、简单明了的说明。除了在希腊人和阿拉伯人中间外,这种功用在任何地方也没有像在意大利这样受到赞赏:'有多少人在漫长的一生中几乎没有说过一句漂亮话!'"①

意大利半岛的人们五方杂处、语言各异,不能进行语言沟通,于是就编造出意大利"宫廷语"这样的故事。

所谓欧洲文艺复兴其实也是语言的多元化过程,意大利语、法语、德语、英语等都是世俗化语言。

其他欧洲殖民语言:葡萄牙语、西班牙语、荷兰语、俄语等,等而次之,不在话下。

希腊人只是欧洲诸语言的看客,没有实际参与到欧洲语言之中。

"据可靠资料记载,欧洲3000年的历史由4个互相关联的亲属语言浮沉难测的命运所掌控,它们分别是凯尔特语、意大利语、日耳曼语以及斯拉夫语。……他们一直以来都表现出超群的好奇心,却独独在语言这件事上只能以旁观者的身份驻足观看——希腊人。"②

5.古希腊语的亚非根源

美国学者马丁·贝尔纳"很震惊地发现,希伯来语与腓尼基语彼此听得懂",发现了"希伯来语和希腊语之间大量惊人的相似。……没有理由认为希腊语和希伯来语中有着大量相似声音和相似意义的重要词汇……不是从迦南语或腓尼基语进入希腊语的借词。多达1/4的希腊语词汇可以追溯到闪米特来源。……埃及语可以为20%到25%的希腊语词汇提供可信的词源,以及多数希腊神灵名字和许多地名的词源。把印欧语、闪米特语和埃及语词根放在一起,加上进一步研究,可以为80%到90%的希腊语词汇提供可信的解释,这在任何语言中都是一个相当

---

① [瑞士]雅各布·布克哈特:《意大利文艺复兴时期的文化》中译本,第410—411页,商务印书馆,1979年7月第1版。

② [英]尼古拉斯·奥斯特勒:《语言帝国——世界语言史》中译本,第245—247页,上海人民出版社,2011年5月第2版。

高的比例。因此,现在根本没有必要寻找前古希腊的因素了。"①

令人遗憾的是,质疑雅利安模式的马丁·贝尔纳,至今仍然为印欧语系说所迷惑。在解释自己的发现时,力图为印欧语系说打圆场。

为此,马丁·贝尔纳甚至进而提出假说:"我相信从前一定有一个民族说原始亚非-印欧语。这一语言和文化肯定在很久以前就分裂了。最近的可能性是莫斯特文化(Mousterian)时期,距今5万到3万年前,但它有可能要早得多。印欧语和亚非语之间的差异远远大于它们内部的差异,这一事实决定了终结点,我相信亚非语的分裂可以定期为公元前9000年。"②

可惜这位敢于对西方文化说不的勇士,在不知不觉间犯了方向性错误,聪明一世,糊涂一时,滑入了主观臆断的泥坑。原始人的语言随时随地变换,只图方便,并没有坚持母语一说,更何况坚持数千年上万年。

"语言的家,只是语言形成的一个偶然处所,这处所与语言的内在形式全然无关。语言的迁徙乃是借舟车从一个部落传到另一个部落。首要的是,语言可以相互交换,且已在交换——实际上,在研究种族的早期历史时,对于假定这种语言交换,我们不必也不应该有丝毫的犹豫。

"我要重复强调的是,那被接受的是语言的形式与内容,而不是语言的言说本身,而它之所以被接受(原始人就总是这样来接受装饰动机的),为的是能十分有把握地将其当作他们自己的形式语言的因素加以运用。古时候,如果事实上一个民族显示自己是更为强大的,或觉得自己的语言具有最高的功效,那就足以诱使别的民族放弃自己的语言——带着真正宗教般的敬畏之心——去采用它的语言。

"我们不妨探究一下诺曼人的语言变迁吧,在诺曼底、英格兰、西西里、君士坦丁堡,我们见到各地的诺曼人操着不同的语言,并随时准备相互交换。对母语——这个术语证实了某些深刻的伦理力量的存在,并可说明我们不断重演的语言之战的惨烈程度——的虔敬,是晚期西方心灵的一种特质,而其他文化的人们,对此几乎没有认识,至于原始人,更是一无所知。不幸的是,我们的历史学家不仅感觉到了这一点,而且心照不宣地把它扩展为覆盖其整个领域的一个假设,结果,在有关语言学的发现对民族命运的影响的问题上,导致了大量错误的结论——想一想我

---

① [美]马丁·贝尔纳:《黑色雅典娜:古典文明的亚非之根》中译本前言与致辞,vi 页,吉林出版集团,2011 年 7 月第 1 版。

② [美]马丁·贝尔纳:《黑色雅典娜:古典文明的亚非之根》中译本,第 48 页,吉林出版集团,2011 年 7 月第 1 版。

们对多利安人迁徙的重建吧,我们的论证都是基于后来的希腊方言的分布。因此,对于民族的种族方面的命运,仅仅想从地名、人名、铭文、方言等方面去得出结论是不可能的。我们永远也不可能先验地知道,一个民族名称究竟是代表一种语言实体,还是代表一个种族部分,或是两者都代表,或是两者都不代表——此外,民族名称本身,甚至地名本身,也都有着各自的命运。"①

古希腊是埃及、腓尼基的殖民地,希腊语在本质上是一种亚非方言。古希腊地区几十种方言(不同来源人们的部落语言),借用腓尼基字母以为己用,发展为"标准希腊语"(马其顿蛮王),在所谓希腊化世界流行,希腊字母者腓尼基字母之希腊版是也。

希腊语与希伯来语(西亚语系)都因为与《旧约》《新约》的关系而得到传承。

希腊化"标准希腊语"好有一比,像是"爪哇国的蹩脚中国话"和"上海滩的洋泾浜英语"。(斯宾格勒语)

6.希腊语与梵语的关系

亚历山大东征时曾经到达印度北部。印度阿育王向国外传播大乘佛法时,曾派人到西亚、北非甚至欧洲。西方修道僧、修道院起源于埃及,其实是模仿了大乘佛教的寺院模式。

"罗马的亚历山大城的商人在南印度拥有许多定居区。在马拉巴尔海岸的克兰加努尔有一座奥古斯都庙,那里的定居区由两大队罗马步兵守卫。罗马皇帝曾派遣使臣到南印度去会见各个君主。此外,克莱门特、克里索斯托姆以及其他一些早期基督教作家曾谈到在亚历山大城里的印度人和他们的崇拜。"②

"可以毫不夸张地说,一个印欧语的词传播得越广,它就越是年轻,就越有可能成为一个外来词。"③

梵语与古希腊语之间有一些相似之处,不过是两种语言在相互接触中的相互影响罢了。将两者硬说成是同一个语系,并且有着共同的祖先,实在是有违公允。

总之,梵语与欧洲诸语言之间,不仅发音、字母系统、语言的档次不同,而且语

---

① [德]奥斯瓦尔德·斯宾格勒:《西方的没落》第 2 卷上册中译本第 5 章,商务印书馆,1963 年 1 月第 1 版。

② [英]赫·乔·韦尔斯:《世界史纲》1971 年版中译本,第 417—418 页,人民出版社,1982 年 10 月第 1 版。

③ [德]奥斯瓦尔德·斯宾格勒:《西方的没落》第 2 卷上册中译本,第 278 页,商务印书馆,1963 年 1 月第 1 版。

法、发展阶段、内在本质也不同。一言以蔽之曰:风马牛不相及也。

7.梵语与藏语的关系

藏语字母来源于悉昙,藏语语法与梵文一脉相承。

"我们最初见到藏语的文字使用是在公元 8 世纪,且来源于悉达的文字体系。我们是在拉萨附近的佐尔的一块石碑上看到最早的藏语书写体的,此石碑可以追溯到 764 年(指《达扎路恭记功碑》)"①

"由于藏文的写法与语法直接受到梵字、梵语的影响,有的学者甚至认为,藏文是为了翻译佛经而造的,藏译佛经基本上采用直译的方式,因此,尽管有些梵文佛典已经失传,但我们可以根据藏文大致还原出梵文本的原貌。"②

13 世纪忽必烈的中国朝廷借用了这种字母形式,创造了"蒙古字韵",并于 1269 年指定为国家的官方语言和文字。③

梵语如果属于印欧语系,那么同一标准,应该将藏语也划归印欧语系才是。19 世纪那些比较语言学家们却不知又以什么标准,将藏语划归了汉藏语系。

8.学术界的盲从

先入为主:迷信伪科学,将 19 世纪的比较语言学奉为神明;
没有思想:唯西是尚,人云亦云(《中国大百科全书》相关条目、观点为证);
没有立场:对于梵语来源于欧洲的说法,印度学者坚决不同意;
　　　　而部分学者盲从欧洲学统,在欧洲殖民主义谎言下讨生活。
不识时务:复兴中国文化是当务之急,而一些人却忙于维护西方虚构的学统……

举例:英、美、日、德、意中小学指定书目

[德]克劳斯·伯恩德尔等《图说世界①·文明的滥觞》2005 年版

该书对印度文化来历的妄言

"公元前二千纪后半期(前 15—前 11 世纪),印度 – 雅利安人进入印度,他们

---

①[英]尼古拉斯·奥斯特勒:《语言帝国——世界语言史》中译本,第 189 页,上海人民出版社,2011 年 5 月第 2 版。
②李四龙:《欧美佛教学术史》,第 307 页,北京大学出版社,2009 年 12 月。
③[英]尼古拉斯·奥斯特勒:《语言帝国——世界语言史》中译本,第 190 页,上海人民出版社,2011 年 5 月第 2 版。

当中有来自乌拉尔山脉的辛塔沙(Sintasha)人。

就像在伊拉克和叙利亚北部建立米坦尼王国的胡里安人一样,辛塔沙人的军事优势也是在于他们很早便使用战车。在进入印度北部之后,他们将早期雅利安人崇拜的神弥陀罗、伐楼那、因陀罗传入他们所遇到的文化中。"[1]

这样,印度教的主要神祇都来自欧洲了。

---

[1] [德]克劳斯·伯恩德尔等:《图说世界①·文明的滥觞》2005年版中译本,第151页,云南人民出版社,2012年7月第1版。

第七章　西方古典历史对"西欧中心论"形成的影响

——以黑格尔的"世界历史观"为例

黑格尔《历史哲学》为其自1818年至柏林大学任教后所讲述的内容,讲稿在其逝世4年后(1835)付梓。这部讲稿集中反映了黑格尔的"世界历史观"。从这里我们可以清楚地看到"西欧中心论"实际的用途。

第一节　黑格尔的"东方观"

1.背景:黑格尔(1770—1831)之前欧洲对中国的崇拜

中国是18世纪欧洲的"理想国"

随着16、17世纪耶稣会士不断将中国典籍传入欧洲,终于在18世纪掀起了崇拜中国的高潮。

"中国变成18世纪欧洲的理想国家,中国的孔子变成18世纪欧洲思想界的目标之一,孔子的哲学理性观也成为当时进步思想的来源之一,其影响随及于法、德、英各国……孔子学说成为时髦的东西,引起了欧洲一般知识界人士对于孔子著书的兴趣,大大耸动了人心。"①

李约瑟讲演《中国文明》说:"当余发现18世纪西洋思潮多系溯源于中国之事实,余极感欣忭。彼18世纪西洋思想潜流滋长,故为推动西方进步思想之根据,17世纪中叶耶稣会教友,群将中国经籍译成西文,中国儒家人性本善之哲学乃得输入欧洲。……吾人对于社会进步之理想,唯有依赖人性本善之学说,方有实现之望,而此种信心,吾人固曾自中国获得也。"②

---

①朱谦之:《中国哲学对于欧洲的影响》,第189页,福建人民出版社,1985年6月第1版。
②见《大公报》1942年8月31日,李约瑟氏讲演《中国文明》。

2. 19世纪黑格尔如何讲述中国历史

黑格尔说:"历史必须从中华帝国说起,因为根据历史记载,中国实在是最古老的国家。"①

"这个帝国早就吸引了欧洲人的注意,……13世纪有一位威尼斯人叫作马哥孛罗(马可·波罗),他首先到那里去探寻。……据最低的估计,中国有人口1亿5千万,另一估计作为二万万,而最高估计增加到三万万。它的疆土自极北起,绵延到了南方和印度相接壤,东部为巨大无际的太平洋所限制,西部伸展到波斯和里海。"②

黑格尔笔下流露出当时欧洲对中国的赞叹与惊羡,尤其对于中国历史的精准和科学之完美为之倾倒。他说:"这种人口数量和那个国家规定的无所不包的严密组织,实在使欧洲人为之咋舌;而尤其使人惊叹的,便是他们历史著作的精细正确。"③

"每逢提到中国的科学时,我们便听到一阵鼓噪,说它们是何等的完美与古老。"④

黑氏对中国孝道的描述

"英国使臣马卡特尼见清朝皇帝时,皇帝已经68岁了,可是他每天还步行到他的母亲那里去请安,行孝敬之礼。元旦朝贺百官并须向皇太后朝贺;就是皇帝本人也必须先向他的母亲行礼后,才可以接受百官的朝贺;皇太后可以随时告诫他的儿子。……这里归于父亲的一切德行,都是儿子所做的。照这个办法(这和我们的风俗恰巧相反),祖宗靠他们的后嗣取得了光荣的尊号。"⑤

对中国政治体制的描述

"天子应该享有最高度的崇敬。他因为地位的关系,不得不亲自处理政事。虽然有司法衙门的帮助,他必须亲自知道并且指导全国的立法事务。他的职权虽然大,但是他没有行使他个人意志的余地,因为他的随时督察固然必要,全部行政却以国中许多古训为准则。

"所以各个皇子的教育,都遵照最严格的规程。他们的体格要用有纪律的生活来锻炼强健,从能说话、学步的年龄起,他们便须专攻学术。他们的学业是由皇帝

---

① [德]黑格尔:《历史哲学》王造时中译本,第122—123页,上海书店出版社,1999年9月。
② [德]黑格尔:《历史哲学》王造时中译本,第124页,上海书店出版社,1999年9月。
③ [德]黑格尔:《历史哲学》王造时中译本,第125页,上海书店出版社,1999年9月。
④ [德]黑格尔:《历史哲学》王造时中译本,第139页,上海书店出版社,1999年9月。
⑤ [德]黑格尔:《历史哲学》王造时中译本,第128页,上海书店出版社,1999年9月。

第七章 西方古典历史对"西欧中心论"形成的影响

亲自来监督的,他们很早就知道,天子是一国之主,所以他们的言行举止都应该做百姓的榜样。各皇子每年须受一次考试,事后有一个详细的报告公布,使得对他们深为关心的全国上下统统知道。

"因此,中国能够得到最伟大、最优秀的执政者,'所罗门的智慧'这句话可以用在他们身上。现在的清朝特别以它的精神和身体的灵活著名。自芬乃龙所著的《太里马格》行世以来,关于君主和君主教育的理想不知有多少,这一切理想都在中国实现了。欧洲不能产生什么所罗门的。中国正是这种政府适当的场所,而且有这种需要。因为全国臣民的公正、福利和安宁,都依靠这种责任政治锁链上的第一环的牢固坚强。

"天子的行为举止,据说是最高度地简单、自然、高贵和近于人情的。他在言行上都没有一种骄傲的沉默或者可憎的自大,他在生活中时刻意识到他自己的尊严,而对于他从小就经过训练必须遵守的皇帝义务,他随时要加以执行。

"除掉皇帝的尊严以外,中国臣民中可以说没有特殊阶级,没有贵族。只有皇室后裔和公卿儿孙才享有一种特权,但是这个与其说是由于门阀,不如说是地位的关系。其余都是人人一律平等,只有才能胜任的人才做行政官吏,因此,国家公职都由最有才智和学问的人充当。所以他国每每把中国当作一种理想的标准,就是我们也可以拿它来做模范的。

"在中国,实际上人人是绝对平等的,所有的一切差别,都和行政连带发生,任何人都能够在政府中取得高位,只要他具有才能。"①

如上所引,黑格尔时代欧洲对中国的认识是历史悠久、幅员辽阔、人口众多、注重修养、崇尚孝道、政治理想、史学精准、科技源远流长……

黑格尔抹杀中国历史只用一句话

然而,正是在这里,黑氏笔锋一转,用一个自创的概念即所谓的"精神",仅仅说中国没有"进步"这么一句话,就对中国历史进行了全盘否定。

"这种历史的详细节目,我们用不着深入考究,因为这种历史本身既然没表现出有何进展,只会阻碍我们历史的进步。"②

"中国人既然是一律平等,又没有任何自由,所以政府的形式必然是专制主义。"③

在黑格尔口里"一律平等",变成了"没有自由"!

---

① [德]黑格尔:《历史哲学》王造时中译本,第129—130页,上海书店出版社,1999年9月。
② [德]黑格尔:《历史哲学》王造时中译本,第125页,上海书店出版社,1999年9月。
③ [德]黑格尔:《历史哲学》王造时中译本,第130页,上海书店出版社,1999年9月。

于是黑格尔得出结论:中国人没有"精神"

"中国人……的显著的特色就是,凡是属于'精神'的一切,一概都离他们很远。"①

"有许多的事物,当欧洲人还没有发现的时候,中国人早已知道了,但是他们不知道怎样加以利用,例如磁石和印刷术。就印刷术来说,他们仍旧继续把字刻在木块上,然后付印,他们不知道有所谓活字板。他们也自称发明火药在欧洲人以前,但是他们的第一尊大炮还是耶稣会教士们给他们造的。……就是几百年来,中国的日历都是由欧洲人编著的。……中国人有一种普通的民族性,就是模仿的技术极为高明,这种模仿不但行使于日常生活中,而且用在艺术方面。……并且中国人过于自大,不屑从欧洲人那里学习什么,虽然他们常常必须承认欧洲人的优越。"②

那么,黑格尔所谓的"精神",到底是什么意思呢?

在黑格尔哲学体系中,"精神"是其自创的核心概念。他在《精神哲学》中对"世界历史法"的"精神"定义作了详尽并隐晦的表述:

"由于一定的民族精神是现实的,而它的自由是作为自然,按照这个自然方面它就具有地理和气候的规定性;它是在时间中的,并且按照内容本质上具有一个特殊的原则和必须经历一种由此决定的其意识和现实的发展;它有一个它自身内的历史。作为受限制的精神,它的独立自主性是一种从属的东西;它过渡到普遍的世界历史,世界历史的事件呈现出民族精神的辩证法,即世界法庭。

"这个运动就是精神实体的解放的道路,是世界的绝对最后目的借以在世界中实现自己的行动,起初只是自在地存在着的精神把自己引导到意识和自我意识,并因而引导到其自在自为地存在着的本质的显示和现实,而且对自己也成为外在普遍的精神,即世界精神。"③

对于黑格尔"精神"概念的确切含义,留在本章末尾进行讨论。

3.西方对印度的崇拜

18世纪后期,随着西方的"东方学"热潮,曾经出现过一个崇拜印度的时期。

"据新近的发现,梵文是欧洲语言文字的基本,希腊文、拉丁文和日耳曼文没有不是由此发展出来的。印度又是移民于整个西方世界的人口的出发点,但是这

---

①[德]黑格尔:《历史哲学》王造时中译本,第143页,上海书店出版社,1999年9月。
②[德]黑格尔:《历史哲学》王造时中译本,第142—143页,上海书店出版社,1999年9月。
③[德]黑格尔:《精神哲学》中译本,第355页,人民出版社,2006年2月第1版。

种外表的历史关系,应该看作仅仅是各民族从这个地点作物质的散布。"①

"在考古的热忱中,印度文化被推崇到了极点;而且照常情来说,新的美既然陆续有所发现,旧的美往往就被一般人所轻视。印度的诗和哲学被赞扬为远在希腊之上。对于我们的研究上,最重要的文件便是印度古代的宗教典册,尤其是《四吠陀经》。"②

然而,黑格尔还是抱定其"东方没有历史"的西欧中心主义观念,对印度做出了这样的评述:"像中国一样,印度是又古老又近代的一种形态。它一向是静止的、固定的,而且经过了一种最十足的闭关发展。它向来是想象所神往的地方,而在我们的瞻望中,至今还像是一个仙境、一个妖异的世界。和中国相反,中国在各种设施中充满了没有诗意的'理智',印度却是狂想和锐感的区域。"③

"虽然在晚近发现印度文献的宝藏里,我们知道印度人在几何学、天文学和代数学方面曾经享有很大的名誉——他们在哲学方面曾经有很大的进展,而且他们对于文法学所下的功夫很深,当代就没有任何语言文字比梵文更为发达完备——但是关于历史一门却完全忽略,简直可以说是没有什么历史。因为'历史'这样东西需要理智——就是在一种独立的、客观的眼光下去观察一个对象,并且了解它和其他对象间合理联系的这一种能力。

"……

"因为这个原因,最古而又最可靠的印度历史资料,反而要从亚历山大开了印度门路以后的希腊著作家笔下的文字里去寻找。我们从这类著述中知道,印度的制度在当年和现在并没有什么不同。我们知道,印度北部和大夏王国交界的地方,有一位卓越的统治者叫作日护王。……近世纪以来,差不多印度全部都隶属到了欧罗巴人下面。因此,关于印度历史的一切,我们所知道的大多是从外国的源流得来:印度本地的文献只提供了不清楚的记录。"④

黑格尔说"印度是女性,是'精神'的梦寐"

"我们又在印度世界中发现了这一种美的最可爱的形式:一种无力的美。凡是一切粗鲁的、严厉的和矛盾的都已经消失于其中,只有感觉和灵魂呈现出来——可是,这一种的灵魂里,自由的自助精神的死亡是了然可见的。……印度本质的一

---

① [德]黑格尔:《历史哲学》王造时中译本,第147页,上海书店出版社,1999年9月。
② [德]黑格尔:《历史哲学》王造时中译本,第147页,上海书店出版社,1999年9月。
③ [德]黑格尔:《历史哲学》王造时中译本,第144页,上海书店出版社,1999年9月。
④ [德]黑格尔:《历史哲学》王造时中译本,第167—169页,上海书店出版社,1999年9月。

般原则,既然被称为在一种梦寐状态里的'精神',它的性质是怎样,必须作进一步的确定。"①

黑氏的结论:受欧洲人统治乃是亚洲各国的必然命运

他说:"印度文化的散播是在有史以前,因为历史必须是'精神'发展上的一个主要的时期。大体上说来,印度文化的分布只是一种无声无臭的扩张,那就是说,没有政治的行动。印度人民从来没有向外去征服别人,而是自己常常为人家所征服。就是这样默默无言的,北印度做了自然散布的出发点,同时印度因为是外人向往的地方,形成了全部历史上一个主要的元素。自从太古以来,万方人民便心向神往,但愿能够瞻仰一番这个仙邦的珍异、人世的至宝、天然的宝藏——珍珠、金刚钻、香料、玫瑰精、犀象、雄狮等等——以及智慧的宝藏。这些宝藏怎样转到了西方去,一向被当作是具有世界历史重要性的事件,牵涉着各国家、民族的命运。他们的愿望得到实现,他们挤进了这个乐土,无论东方世界或者现代欧洲的任何国家,都已经多多少少分得了一些宝藏。……英国人,也可以说东印度公司,现在是这个地方的主宰,因为受制于欧洲人,乃是亚细亚洲各帝国必然的命运,不久以后,中国也必然会屈服于这种命运。"②

4.黑氏的"亚细亚"概念:进一步将中国边缘化

黑格尔通过将亚细亚分为两个部分:近亚细亚与远亚细亚,从而进一步将中国边缘化。

"亚细亚洲分为两个部分——近亚细亚和远亚细亚,这两部分本质上是不同的。一方面,中国和印度——这两个远亚细亚大民族,已经讨论过了——属于严格的亚细亚种,就是蒙古利亚种,因此具有特殊的、和我们大不相同的性格;另一方面,近亚细亚各民族属于高加索种,那就是说,欧罗巴人种。"③

黑格尔用"波斯"这一概念,将其所谓近亚细亚民族统统放进去。在"波斯"这一概念下,涵盖了古波斯(赠达民族)、古巴比伦、亚述、土耳其、叙利亚、西部亚细亚、犹太、埃及等。换句话说,在黑格尔的概念里,除了新大陆之外,世界由近到远被分为:欧洲、近东、远东三个部分,黑格尔的"波斯"概念里,包括了今天西亚、北非的广大地区。

---

① [德]黑格尔:《历史哲学》王造时中译本,第145页,上海书店出版社,1999年9月。
② [德]黑格尔:《历史哲学》王造时中译本,第147—148页,上海书店出版社,1999年9月。
③ [德]黑格尔:《历史哲学》王造时中译本,第178页,上海书店出版社,1999年9月。

第七章 西方古典历史对"西欧中心论"形成的影响

黑格尔说过了,中国与"精神"无缘;而印度在"精神"方面也非常鲁钝。到了近东,则开始进入了他所谓的"精神"的范畴。"在'波斯'概念里,我们遇到一片纯净的以太——'精神'的芬芳气息。"①

为什么说在波斯有"精神"的气息呢?原来西方在18世纪发现了古波斯的"拜火教"。

"伟大的萨拉塞斯都剌——希腊人称为琐罗斯德——用赠达文字写下了他的宗教著作。到了18世纪末叶,这种文字和用它写成的一切著作,欧罗巴人还一点也不知道。最后才有那位卓越的法兰西人翁克提尔·都·贝朗把这些宝藏给我们打开了。他满心怀着对于东方世界的一片热忱,贫穷又使他不能满足这一种热忱,于是他投身于一个行将开赴印度的法兰西军团。这样他到达了孟买,在那里他遇见了波斯人,开始研究他们的宗教思想。……

"琐罗斯德宗教著作所述的赠达民族从前居在什么地方,如今很难断定。……乌浒河以南,古代大夏的地方,涌现着一连串的山脉,那些高原流域就从这里开始,住居在那里的是米太人、安息人、希尔坎尼亚人。……这里地属大夏,似乎便是赠达民族的故乡。……敢于确实相信的,便是赠达文字(与梵文相连)就是波斯人、米太人和大夏人的文字。"②

"波斯的宗教并不是偶像崇拜,它所崇拜的不是个别的、自然的东西,而是'普遍的东西'本身。'光明'同时具有'精神的东西'的意义;'光明'是'善'和'真'的形态——是知识和意志的实体性,也就是一切自然的事物的实体性。……'光明'本身立刻具有一个对峙,就是'黑暗';就像'恶'和'善'的对峙一样。……在波斯人当中,所谓奥马兹德和阿利曼便代表了这一种对峙。'奥马兹德'是'光明'——'善'的王国的主宰;'阿利曼'是'黑暗'——'恶'的王国的主宰。但是两者之上还有一种更高级的东西,两者都从它发生——一种不受这种对峙所影响的'普遍的东西',它的名称是策鲁恩·阿克伦——'无限制的全体'。这个'全体'是一种抽象的东西,它并不为它自己而存在,'奥马兹德'和'阿利曼'都从它发生。……'奥马兹德'依照它自己的决定来创造化育,但是也依照策鲁恩·阿克伦的命令(这里叙述有点犹疑不定);至于这种对峙只在'奥马兹德'和'阿利曼'的抗争里,才能够获得和解,这番抗争的最后胜利者将是'奥马兹德'。'奥马兹德'是'光明的主宰',他创

---

① [德]黑格尔:《历史哲学》王造时中译本,第183页,上海书店出版社,1999年9月。
② [德]黑格尔:《历史哲学》王造时中译本,第181—182页,上海书店出版社,1999年9月。

造了'世界'——一个'太阳'的王国——上一切美丽和高贵的东西。他是一切自然的和精神的有限存在中优越的、善的、积极的东西。'光明'是奥马兹德的身体,因为'奥马兹德'出现在一切'光明'中间,所以有'火'的崇拜;然而'奥马兹德'并不是太阳或者月亮本身。波斯人所崇拜的只是太阳和月亮里的'光明',也就是'奥马兹德'。琐罗斯德向'奥马兹德'问他是谁。他回答道:'我的姓名是一切存在的根本和中心——最高的智慧和科学——世间万恶的毁灭者和'全体'的维持者——福的充满——纯洁的意志',等等。……'黑暗'便是'阿利曼'的身体。……这里的意思是说:人类应该是善的;预先假定他是有他自己的意志,有主观的自由。"①

就这样推导出了所谓"主观的自由"(典型的黑格尔的概念),于是波斯民族就被归纳进了"精神"的范畴。

亚述的故事

"说到亚述,这是一个不很确定的名称。亚述本土是美索不达米亚的一部分,位于巴比伦的北面。亚述帝国的重镇从记载中可以看见的,有底格里斯河上的亚都或者亚索,随后又有尼尼微,为亚述帝国开国皇帝奈那斯所创建。那时候一个重镇就成了整个帝国,尼尼微就是一个例子;还有米太的厄克巴塔那也是一样,据说厄克巴塔那曾经有城墙七重,城墙间的空地是农民耕种的田亩而最后一重城墙内就是统治者的宫室。据带奥多剌斯所称,尼尼微周围也有480希腊里(约十二德国里——五十五英里)。尼尼微城墙高100尺,上筑碉楼1500座,里面住有人民很多。巴比伦也有同样众多的人口。……就是在今天,巴格达周围的地方还是这样为流浪的游牧民族所聚居。据说尼尼微是在公元前2050年所建成的,所以亚述王国的建立也离这时期不远。奈那斯又征服了巴比伦、米太、大夏,最后一地的征服特别被称颂为非常伟大的事迹。提细阿斯曾经说过,奈那斯带兵的数目计有步兵170万名,还有相当数目的骑兵。婆佉罗被围很久,最后由西米拉米斯领了一队骁勇的将士,攀登绝险奇峻的山壁,将那个城攻克。西米拉米斯这位人物徘徊于神话的传述和历史的记载之间。据说她盖起了那座传说极古并见于《圣经》的巴别高楼。"②

"据说巴比伦成一正方形,幼发拉底斯河在中间把它划成两半。河的一岸是培尔庙,另一半是历代皇帝的大宫殿。这个城因为有100座铜城门而著名,城墙又都

---

① [德]黑格尔:《历史哲学》王造时中译本,第183—185页,上海书店出版社,1999年9月。
② [德]黑格尔:《历史哲学》王造时中译本,第188—189页,上海书店出版社,1999年9月。

是100尺高,非常巍峨,周围设有碉楼250座来防守。"①

"这里我们还须说一说米太人。他们像波斯人一样,是一个山地民族,殖居的地方在里海的南部和西南部,一直远到亚美尼亚。米太人当中,有一个美斋部落,是米太6个部落之一,这个部落的主要特性是凶猛、野蛮和勇敢好战。……讲到米太人的宗教,希腊人惯常把东方的一切僧侣、祭师们都叫作美斋,就是因为这个缘故,这一名称很不确定。……色诺芬的记载说居鲁士首先遵照美斋人的方式祭祀上帝。"②

"统治着这许多民族的亚述——巴比伦帝国,据说曾经享祚1000年,有的说是1500年。……这个帝国全部瓦解,分裂成为一个亚述帝国、一个米太帝国和一个巴比伦帝国;……这些帝国又历尽了兴亡沧桑之变,不过这方面史实所记载的,也极其纷乱,从来没有整理清楚。各个帝国在这个时期中开始同犹太人和埃及人发生关系。犹太人民屈服于强力之下,纷纷被俘虏到了巴比伦,我们从犹太人得到了巴比伦帝国情形的正确报告。据达尼尔的陈述,巴比伦曾经设立有一个人选很慎重的机关,来处理行政事务。他讲到美斋部落——把他们和解释圣书的人、阴阳家、星相家、贤人和迦勒底人,一一分别清楚。基督教的预言家们通常都盛道巴比伦商务之繁盛,而对于当时风化的腐败堕落,也描绘得骇人听闻。"③

波斯是历史的工具

波斯国王居鲁士战胜了吕底亚,又去征服了巴比伦。他接着便取得了叙利亚和巴勒司丁,解放了犹太人。

"直到他们将被波斯人荡平的最后一分钟,才有几个城市抛却了现实的资产,去换取没有把握的产业,满心要去追求那最高的产业——自由。据希罗多德斯说,波斯人和吕底亚人战争结果,使原先穷苦和野蛮的波斯人破天荒第一遭尝到了奢华和文明的滋味。居鲁士战胜了吕底亚,又去征服了巴比伦。他接着便取得了叙利亚和巴勒司丁,解放了犹太人,容许他们重建他们的庙堂。……凡是在世界历史上开辟一个新纪元的英雄们的死,都标记着他们的使命的性质。所以居鲁士便是在执行他的使命中长逝了,这个使命就是,除掉把前亚细亚团结在一个主权之下外,并没有一个更远大的目的。"④

---

① [德]黑格尔:《历史哲学》王造时中译本,第189—190页,上海书店出版社,1999年9月。
② [德]黑格尔:《历史哲学》王造时中译本,第190—191页,上海书店出版社,1999年9月。
③ [德]黑格尔:《历史哲学》王造时中译本,第191—192页,上海书店出版社,1999年9月。
④ [德]黑格尔:《历史哲学》王造时中译本,第192—193页,上海书店出版社,1999年9月。

波斯帝国的成员——犹太民族达到了"精神"的完全净化

"波斯帝国中包括种种不同的民族,另外一个也属于波斯帝国的民族就是犹太民族。……在犹太人当中,'精神'却完全净化了,成为'思想'的纯粹的产物。……在波斯人方面,我们看到这个抽象的存在变做了一个意识对象,但是它是官能的直觉中的对象,就是'光明'的对象。现在,'光明'这个观念更进而成为'耶和华'——纯洁的统一。……'自然'——它在东方是最初的东西和基础——现在没落而成为一个单纯的生物;'精神'现在占据了第一的地位。上帝被公认为是一切人类的创造者,是万物的主宰和一般事物绝对的主动者。但是这个伟大的原则,再加上别的条件,乃是排他的'唯一'。这个宗教必然要具有这种排他的性质,因为它在本质上是这样的——只有奉行这教的那一个民族,认识这一个上帝,并且被这个上帝所承认。……在耶和华前面,其他一切上帝都是伪上帝;……但是这并不是说,因为它是一个宗教,所以就是善的……这种容忍态度乃是犹太宗教所不许的,因为它是绝对的排他的。"①

"犹太这个家族,自从把迦南征服后,变成了一个伟大的民族:它占有了全境的土地,并且在耶路撒冷替全族建立了一座神庙。但是,他们还没有真正的国家组织。"②

黑格尔的波斯帝国概念里包括埃及

"除了上述属于波斯帝国的各地以外,只有埃及可以吸引我们的注意,——它的特色便是'古迹的地方'。……从我们所发现的古代埃及各种表象之中,特别可以注意的一个形象,就是狮身女首怪——它本身是一个谜——一个暧昧的形式,一半兽,一半人。这个狮身女首怪可以算做'埃及精神'的一种象征。"③

"希罗多德斯的记载说,据埃及祭师们的谈话,埃及初由神祇统治,从第一个凡人君主一直到山索王,中间已历 341 代,或者 11 340 年。第一代凡人君主就是米尼斯王(这个名字同希腊的迈诺斯和印度的玛奴极其类似,惹人注意)。……到了公元前 650 年,这些国君中有一位叫作萨米提吉斯王的人靠了爱奥尼亚人和加里亚人的帮助(他许给他们下埃及的土地作为酬劳),把其他十一位国君都赶走了。……从那时起,历史以希腊的记载为根据,所以事实比较的分明起来了。"④

---

① [德]黑格尔:《历史哲学》王造时中译本,第 201—202 页,上海书店出版社,1999 年 9 月。
② [德]黑格尔:《历史哲学》王造时中译本,第 204 页,上海书店出版社,1999 年 9 月。
③ [德]黑格尔:《历史哲学》王造时中译本,第 205 页,上海书店出版社,1999 年 9 月。
④ [德]黑格尔:《历史哲学》王造时中译本,第 207—209 页,上海书店出版社,1999 年 9 月。

第七章 西方古典历史对"西欧中心论"形成的影响

然而,埃及的宗教很原始

"埃及的宗教崇拜根本是动物崇拜。……埃及人迟钝的自我意识,还没有得到人类自由的思想的启示,所以崇拜那依然深藏于内部,并为物质的组织所蒙蔽了的灵魂,而且同情于禽兽生活。我们在其他民族中也发现有对单纯生灵的崇拜。有些是明白表示出来的,例如印度人和蒙古人。有些仅仅留下了足迹,例如犹太人:'你不可以饮动物的血,因为血里有动物的生命。'希腊人和罗马人把鸟类也看作是特别灵敏的东西。……但是埃及人却把这种禽兽崇拜发展到最愚蠢和不合人道的迷信。……在一座为后世所开发的金字塔里,那正中的一间里发现美丽的石膏棺材一具,经过仔细检验后,才知道棺材里包藏的是些牛骨头。……"①

"亚细亚人不配"、"阿非利加愚蠢"

黑格尔的概念游戏:通过"波斯"概念贬低印度与中国,然后又通过"希腊"概念贬低"波斯"。

"亚细亚人是不配把自立、自由和坚强的意志,同文化团结一致,文化便是对于各方面活动的一种兴趣和对于人生便利的一种认识。他们所谓勇武,是和野蛮的行为符合一致的。这种勇武不是遵守秩序的那种镇静的勇敢,而是当精神开放自己欢迎各种兴趣的时候,这种心地马上就软弱下来,让精力和能力消沉下去,使人类成为一种软弱和肉欲的奴隶。"②

"讲到埃及的精神,这里值得提起的,就是根据希罗多德所述,伊力阿人称颂埃及人为最聪明的民族。我们也觉得很诧异,在阿非利加的愚蠢环境中,他们居然有反省的理智,一切制度里又显示出一种彻底合理的组织,而且还有最令人惊奇的艺术作品。"③

波斯人的宿命:注定要被希腊打败

"波斯帝国真正的登峰造极,应当从真正的波斯民族里去寻找,它囊括了全部前亚细亚,和希腊人发生接触的,便是这个民族。"④

"波斯民族——一个自由的山地上的游牧民族——虽然统治着比较富足、文明和肥沃的土地,在大体上却仍然保留着他们古老生活方式的根本特质。他们一只脚踏在祖宗的故土上,另一只脚踏在被他们攻取的外国。波斯国王在他的祖国

---

① [德]黑格尔:《历史哲学》王造时中译本,第218—219页,上海书店出版社,1999年9月。
② [德]黑格尔:《历史哲学》王造时中译本,第194页,上海书店出版社,1999年9月。
③ [德]黑格尔:《历史哲学》王造时中译本,第211页,上海书店出版社,1999年9月。
④ [德]黑格尔:《历史哲学》王造时中译本,第192页,上海书店出版社,1999年9月。

里是许多朋友中的一位朋友,周围的人们仿佛都和他平等。……

"波斯人笃守着赠达宗教,敬奉虔诚,对于'奥马兹德'作纯洁的崇拜。……在国王朝廷上有一师的波斯骑兵,这是波斯全军的精华,共同在一桌上进餐,并且在每一方面都遵守一种最完美的纪律。他们以作战骁勇著名,就是希腊人也得钦佩他们在米太战争中的勇敢。……他们便这样侵入了埃及、塞格提、色雷斯,最后侵入了希腊,在这里,他们的巨大力量注定了要被打得落花流水。"①

"波斯帝国是一个过去的帝国,它已经长逝了,旧日的光荣只留下了一片哀怨的陈迹。它的最美、最富的城市——如像巴比伦、苏撒、百泄波里——已经完全毁灭,只有几处枯井残垣,标示着它们的古址;甚至波斯那些比较晚近的大城市——伊思巴罕和设剌子——一半也已经成为废墟,它们没有像古罗马那般发展出一个新的生命,在四邻各国的记忆中,差不多完全不见了。"②

5.从埃及到希腊"精神"的过渡

"埃及'精神'在种种方面,都显示出它自己是封闭在各种特殊性之中,并且在这些特殊性里禽兽化了;不过这个'精神'同时也在这些特殊性里激动着——不宁静地从这一特殊性转入另一个特殊性。这个'精神'从没有上升为普遍的和崇高的东西,因为它似乎盲然不知道这种东西。"③

"希腊的亚普罗便是解答。他说:'人类呵,认识你自己吧。'这句话并不指着一种自我认识,要看出自己的特种弱点和错处。它并不是劝告个人去认识他的特性,而是命令一般人类去认识自己。这个命令是发给希腊人的,在希腊'精神'里,人类便表现出他的明白而发达的状态。必然使我们惊为神奇的,乃是那个希腊的传说,声称狮身女首怪——埃及伟大的象征——出现在底比斯,讲出下面一个谜:'朝晨四脚走,白天两脚走,夜里三脚走,这是什么东西?'厄狄帕斯解答了,这便是'人',于是狮身女首怪狼狈而走。……

"从埃及到希腊内在的或者理想的过渡,便如上述。但是埃及变成了波斯大帝国的一省,当波斯世界和希腊世界相接触的时候,历史的过渡也就发生了。这里,我们第一次看到了一种历史的过渡——就是一个帝国的覆亡。我们已经说过,中国和印度至今都还存在,波斯却不存在了。波斯转入希腊的过渡固然是内在的,但

---

①[德]黑格尔:《历史哲学》王造时中译本,第 193—195 页,上海书店出版社,1999 年 9 月。
②[德]黑格尔:《历史哲学》王造时中译本,第 205 页,上海书店出版社,1999 年 9 月。
③[德]黑格尔:《历史哲学》王造时中译本,第 227 页,上海书店出版社,1999 年 9 月。

是这里它也变成了外在的,就是主权的移让——这一种事实从这时起不断发生。希腊人把统治权和文化拱手让给罗马人,罗马人又为日耳曼人所征服。"①

这样黑格尔为自己的"世界精神"概念的历史框架奠定了基础:波斯(犹太、埃及、巴比伦)→希腊→罗马→日耳曼。

第二节 黑格尔的"欧洲观"

1.希腊是"精神"园地(黑格尔称其为"自己家")

"到了希腊人那里,我们马上便感觉到仿佛置身于自己的家里一样,因为我们已经到了'精神'园地。虽然这个民族的来源和它的语言学特质,可以追溯到其他民族——甚至追溯到印度——但是'精神'真是的'再生',却要首先在希腊寻求。我早先已经把希腊比做青年时代,……希腊表示这精神生命青春的新鲜、欢欣的状况。……

"希腊人想象中的最高的形式是阿溪里斯,他是诗人荷马笔下的宠儿、推来战争期间的青年。希腊世界生息在荷马这个元素里,就像人类生息在空气里一样。希腊的生活真是一种青春行为,这个生活开始的人是阿溪里斯,他是诗歌的理想青年,这个生活结束的人是亚历山大大帝,他是现实的理想青年。这两位青年都出现在希腊和亚细亚的抗争里。在希腊民族长征推来的大军里,阿溪里斯是主角,但是他不是全师的领袖,而是元帅的部属;……那第二位青年,伟大的亚历山大——现实世界上从古到今最自由和最美妙的个性——却进而成为这个青年的希腊生活的领袖(这个青年生活在当时已经达到尽善尽美),完成了对于亚细亚的报复。"②

希腊何以是"精神"园地呢?

黑格尔说中国有历史没"精神",印度的"精神"是梦寐,波斯虽然进入了"精神",但"亚细亚人不配把自立、自由和坚强的意志,同文化团结一致。"

一到了希腊这里,就立即进入了"精神"园地,那么,黑格尔所说的希腊究竟有什么不同呢?

在所谓古典时代的希腊地区,地形复杂、异族杂处、聚落星布,呈一种分散状态,既没有形成统一的政治体制,也没有统一的语言,聚落间居民尚争,相互间劫

---

① [德]黑格尔:《历史哲学》王造时中译本,第228页,上海书店出版社,1999年9月。
② [德]黑格尔:《历史哲学》王造时中译本,第231—232页,上海书店出版社,1999年9月。

掠成风、嗜杀成性、迁徙殖民、争战频仍……，这些本来是明显的劣势，然而，黑格尔不愧为辩证法大师，着实有"化腐朽为神奇"的功夫，经其神来之笔，三言两语就将伪古希腊的弱项转化成了优势，说正是希腊地理的分散性，为古希腊的"世界精神"提供了条件。

他说："希腊全境是千型万态的海湾，这地方普遍的特质是划分为许多小的区域，……我们在这个地方碰见的是山岭、狭窄的平原、小小的山谷和河流。这里并没有大江巨川，没有简单的平原流域；这里山岭纵横，河流交错，结果没有一个伟大的整块。……希腊到处都是错综分裂的性质，正同希腊各民族多方面的生活和希腊精神善变化的特征相吻合。……

"这就是希腊'精神'基本的性格，这种性格使文化起源于各独立的个体——在这一种情形之下，各个人都保持他自己的地位……在一切民族中，只有希腊民族是从生长便获得了它的形式。"①

希腊自然条件的恶劣性及居民的混杂性成为其"精神"之前提

"我们追溯希腊文化的开始，我们首先注意到的就是，希腊地理的物质状态并不表现一种特殊性的统一或者什么整齐划一的形体，对于居民发生一种强有力的影响。相反地，它们的地形是驳杂的，不能给人一种强有力的影响。这里也没有一种家庭或者民族组织的庞大一体性，而在自然景色万象纷呈之前，人们的注意力便转移到他们自身方面，去伸展他们微小的力量。我们看见希腊人互相分离，转回到内在精神、个人的勇敢，他们同时又受到多方面的鼓动，非常周详审慎；他们在自然界面前茫然不知所措，专门依赖自然的风云变幻，倾听着外界的信号。但是在另外一方面，他们又很精神地辨认和支配外界，并且勇悍地、自强地反抗外界。这些就是他们宗教和文化的简单元素。"②

同时，"希腊历史在开始的时候，便显示出一半土著和一半外族移民的交互混合；亚的加本土的人民注定要达到希腊繁荣的顶点，那里正是许多最不同的血族和家族的集合地点。……在希腊我们所遇见的种族中，我们很难说哪一族是原来的希腊人，哪一族是从远方移入。……这些部落便在迁徙觅居的状态中，时常互相掠夺、打劫。那位明敏的修昔底德斯说道：'一直到现在，奥查利安·罗克里亚人、埃托利亚人和阿刻内尼亚人都还保持着他们古代的生活方式，就是那携带武器的风

---

① [德]黑格尔：《历史哲学》王造时中译本，第233页，上海书店出版社，1999年9月。
② [德]黑格尔：《历史哲学》王造时中译本，第241—242页，上海书店出版社，1999年9月。

第七章 西方古典历史对"西欧中心论"形成的影响

俗,也作为他们古昔掠夺习惯的遗迹而被保留下来。'……所以,当时的希腊是处于骚扰、不宁、掳掠的状态中,而它的多数部落不断地在迁徙。"①

"总括希腊的精神元素来说,我们发现它的基本的特性是这样的,'精神'的自由受'自然'刺激的限制,并且和这种刺激有本质的关系。希腊的思想自由是一种外来的东西所激起的;但是它是自由的,因为它从自身变化,并且产生了这种刺激。"②

这样一来,伪古希腊的劣势就——变成了优势,成了希腊"精神"的依据。

马其顿蛮族也属于希腊

据说在伯罗奔尼撒战争之后,雅典与斯巴达两败俱伤,于是北部蛮族马其顿王国,趁势将古希腊城邦荡平,并置于自己的控制之下。于是,希腊世界就处在了马其顿的主宰之下。

"菲力普制服了希腊各国,并且使他们知道他们的独立已经完了,从此不能够再保持它们自己的地位了。菲力普常被指责为渺小、苛刻、残暴和政治奸诈,这一切可憎的性质并不能加在那位自居为希腊人首领的年轻的亚历山大身上,他用不着遭受这类的贬责;他也用不着造成一支军力,因为军力已经有现成的了。就像他只需骑上那匹名马标塞法拉斯,把马缰拿在手里,叫它顺从他的意志;同样地,他发觉马其顿的密集军队已经为他的目的准备好了。那是严密的、百练的铁军,它的战斗力曾在菲力普的指挥下,得到证明;菲力普是从意巴密嫩达学来的。

"亚历山大的教师是古代最精深而且极博学的思想家——亚里士多德,他所受的教育也是极有价值,并不亚于他本人的伟大。他被亚里士多德导入最渊深的形而上学,所以他的本性得到充分的修养,不受单纯的意见、粗疏的理论和无聊的幻想的约束。亚里士多德的教育使这个伟大的本性不受任何羁束,如同他开始受教时候一样,可是更使它深深知道什么是'真',并且使那得天独厚的精神,形成一种可塑的精神,能够卷舒自如,像碧空的一轮皓月,无挂无碍地穿过天空一样。

"受过这番教育以后,亚历山大便居于希腊的领袖地位,准备统率希腊到亚细亚去。……亚历山大抱负的宏愿便是要为希腊复仇,报复这许多年来亚细亚加在希腊的一切创伤,并且要使东方和西方间的古来仇恨和敌意一决雌雄。在这次斗争中,他一方面固然把希腊以往所受的苦头回报了东方世界,但是同时也答谢了凤昔传自东方的文化的雏形,就是把那个文化在西方的成熟和造诣普及到了东

---

① [德]黑格尔:《历史哲学》王造时中译本,第 234—235 页,上海书店出版社,1999 年 9 月。
② [德]黑格尔:《历史哲学》王造时中译本,第 246 页,上海书店出版社,1999 年 9 月。

方。这样一来,可以说是改变了被征服的亚细亚,而把它吸收为大希腊的一片属地。"①

"亚历山大的长征亚细亚,同时也是一番富于发现性的旅行。他是从古以来第一个人为欧洲开放了东方世界,而且走进了东方各国——例如大夏、粟特、北印度——这些地方从前是很少有欧罗巴人到过的。"②

亚历山大大帝的"好运"在于其"早死"

"亚历山大运气很好,死在一个适当的时间。这可以说是一种好运,但是更可以说是一种必需。要使他永远以一个青年出现于后世人的眼前,他就不得不在年纪轻轻的时候死去。……而且假如有人贬抑他的成就,说他没有继起的人,说他没有留下任何朝代,那么,我们可以指出,在他死后崛起于亚细亚的各希腊王国,那些都是他的朝代。他曾经有两年功夫从事于大夏的征伐,同马萨泽提人和塞格提人发生了接触;这就造成了那个立国 200 年的希腊·大夏王国。从这时起,希腊人和印度,甚至和中国都有了联系。希腊的统治远及于印度北部,据说第一个从这种统治下解放出来的印度人就是日护大王,或者又叫作日护王。……其他许多希腊王国又纷纷在小亚细亚、亚美尼亚、叙利亚和巴比伦建立起来。还有埃及,在亚历山大继起的人们所开拓的若干王国之中,特别是科学和艺术的一个伟大的中心,因为埃及建筑工程中有许多属于托勒密王朝时期,这从现在译出的刻石文字可以知道。亚历山大里亚变成了商业的主要中心——东方风俗和西方文明的结合点。……亚历山大非常爱好各种科学,同时被称为伯里克理斯以后最开明的奖掖艺术的君主。"③

希腊"精神"之衰落

"在希腊本境,各国都保持着它们的生存。虽然菲力普和亚历山大已经使它们意识到自己的软弱,但是他们装作有一种外强中干的活力,并且拿一种徒有其表的独立来傲然自夸。它们并不能具有独立状态下的自我意识。它们都由一般外交政治家主持着国政——他们都是些演说家,而不是战将,像从前伯里克理斯那样的战将。现在希腊各国和那些君主结着错综的关系,那些君主继续竞争夺取希腊各国的主权——同时又竞向它们讨好,尤其要讨雅典的好,因为雅典在当时仍旧声势赫赫,虽然不是一个强国,却无疑是高等的艺术和科学尤其是哲学和修辞学

---

① [德]黑格尔:《历史哲学》王造时中译本,第 280—281 页,上海书店出版社,1999 年 9 月。
② [德]黑格尔:《历史哲学》王造时中译本,第 282 页,上海书店出版社,1999 年 9 月。
③ [德]黑格尔:《历史哲学》王造时中译本,第 282—283 页,上海书店出版社,1999 年 9 月。

第七章 西方古典历史对"西欧中心论"形成的影响

的中心地。还有一层,当时其他各国里都放纵无度、粗鄙激情,使它们成为卑鄙不足道的那些龌龊情形,雅典比较独能免除;叙利亚和埃及两国君主都把大宗的粮食和有用的物产送给雅典,认为这是一件荣誉的事情,那时期各国王,在相当限度内,都设法造成并且维持希腊各城市和各国家的独立,认为这是他们最大的光荣。希腊的解放差不多成了一句普遍的口号。大家公认,如果能够被叫作希腊的救主,便是最高的尊称。假如我们仔细检讨这个尊称所潜伏的政治意义,我们将发现这个字实在是指着,务必使希腊原有任何国家,一概不得达到显然的优势,并且使它们分散而无组织,处于削弱的状态。"①

"埃陀利亚人和跟他们结盟的那些劫掠为生的民族,把不义、暴行、诈欺和侵凌作为他们结盟的约法,而加在其他国家上。斯巴达被一般不名誉的暴君和最龌龊的热情所统治,而在这种情形中,它依赖着马其顿各国的国王。波的亚的主观性,自从底比斯的光彩黯淡以后,便沉入怠惰和肉欲之中……"

"讲到各国内部的情形,它们都是为自私自利和放荡淫乱弄得孱弱不堪,四分五裂为许多的派系——每一派又伸手向外去祈求外国国君的恩惠,从而危害了本国的利益……"②

"福细温人因为极端暴行——亵渎并劫掠了特尔裴的神庙——获得了一时的优势。这种暴行等于宣告希腊寿终正寝。神庙既然被亵渎,尊神当然也可说是被杀死了,最后支持统一的东西就此被推翻得干干净净了:这种敬神的心向来是希腊最后的意志——是它君主政体似的原则——如今被推倒、被侮辱、被践踏在脚下了。

"第二步的办法是很简单的,就是说,神谕既然被推翻了,它的地位应该由另一个决定的意志来递补——这个意志便是一个现实的有权威的王权。外来的马其顿国王菲力普以声讨亵渎神谕者为己任,于是递补了它的地位,自立为希腊的主宰。"③

2. 罗马世界:自由"精神"的前提

"有一次,拿破仑和歌德谈话,说到悲剧的性质,拿破仑表示意见,以为现代悲剧和古代悲剧之所以不同,就是因为我们再没有支配人类的命运,古代的命运已经由政治代替了。所以他认为政治必须用在现代悲剧里,来代替古代悲剧里命运

---

① [德]黑格尔:《历史哲学》王造时中译本,第284页,上海书店出版社,1999年9月。
② [德]黑格尔:《历史哲学》王造时中译本,第285页,上海书店出版社,1999年9月。
③ [德]黑格尔:《历史哲学》王造时中译本,第280页,上海书店出版社,1999年9月。

的地位,作为环境不可抵抗、个体不得不顺从的势力。这一种势力便是罗马世界,它应运而起,要把许多道德的个人铸在一定的束缚之中,并且把一切神明和一切'精神'固结在世界统治的万神庙里。借此造成一个抽象的、普遍的东西。罗马原则和波斯原则的分别,根本就在这一点——前者窒息一切生机,后者则容许一切生机得到高度的发展。因为罗马国家的宗旨,要使个人在道德生活上都为国家牺牲,所以世界沉沦到了哀怨之中:世界的心是破碎了,它和'精神'的'自然性'已经完全断绝,这种'精神'的'自然性'达到了一种不快乐的感情。然而只有这种感情里才能够产生基督教中超感官的、自由的'精神'。"①

罗马人原本是一群光棍"垃圾堆"

"所有的历史家们都一致认为远古的时候,罗马山岭间到处都有一般牧牛羊的人在游荡,由酋长统率着;又认为第一个罗马社会把自己构成为一个常常从事劫掠的国家;并认为附近各地四散的人民是经过了许多困难方才这样结合起来的。这些情形的详细枝节,也由他们列举出来。那些兼做劫掠营生的牧牛羊人对于情愿加入他们团体生活的人民,一概是来者不拒(李维称它是一个'垃圾堆')。因此,罗马周围三个区域的游民都集合到了这个新城市中来。各历史家声称,这个新城市的位置选择得非常适当,正在滨河的一个山岭上面,特别适宜于做各地亡命者的收容所。历史家又以同样的权威声称,这个新成立的国家里没有妇女,邻近各国又都不肯和它发生婚媾关系。这两种特殊环境,都显出它是一种劫掠的同盟,其他国家都不愿和它发生关系。各国也都拒不接受他们宗教佳节的邀请,只有萨宾人——这是一个简单的务农的民族,如像李维所说,在他们中间流行着一种可悲和可怕的迷信,他们半为迷信所驱,半为恐惧所迫,出席这些宗教佳节。萨宾妇女的被强劫也是大家公认的一个历史事实。"②

罗马是亡命徒集合体

"罗马国家的建立,必须当作罗马特性的主要基础来看,因为这种情形包含着最严厉的纪律,并且要对于同盟的目的做自我牺牲。一个国家刚刚自己形成,又以武力为基础,必然要靠武力来维持巩固。这不是一种道德的、自由的联系,而是一种强迫服从的状态。罗马所谓德行是指勇敢,然而并不是个人的勇敢,而是根本上和同伴们联系时表现的勇敢,这种联系被看作是至高无上,可以用种种暴力组织

---

① [德]黑格尔:《历史哲学》王造时中译本,第287页,上海书店出版社,1999年9月。
② [德]黑格尔:《历史哲学》王造时中译本,第292页,上海书店出版社,1999年9月。

第七章 西方古典历史对"西欧中心论"形成的影响

而成。……这种对峙开始于神话所传纶缪拉斯和利玛两位互相仇视的兄弟。利玛被葬在阿文丁山山峰之上,这个地方就算拨给了恶神,平民阶级的叛离算是恶神所指使。于是,大家就要问,这种区别怎样产生?前面已经说过,罗马由许多强盗似的牧人所组成,是各式各样的游手亡命之徒的汇集。后来,被攻陷的各城市以及被毁灭的各地方所有的男女人口,都被搬到这里来。所以罗马人口中较孱弱的、较贫苦的和较后来的份子自然而然地处于下贱的地位,依赖那些缔造国家的大族以及多财善战的豪民。"①

"在罗马开国之初那个劫掠时期内,因为国家的基础建筑在战争上面,所以每一个公民必然是一个军人。既然每一个公民都必须在战争中自己维持生活,所以他们经济上的负担极其沉重。"②

"罗马的开国者却不是这样,传纶缪拉斯和利玛两人,据传说所称,本人就是盗匪,从小就和家庭脱离,不是在家庭的亲情中长大成人的。同样地,最早的罗马人据说也不是自由求婚和恋爱,而是用武力来夺取妇人。罗马人的生活既然这样从野蛮粗犷的状态开始,完全没有天然道德的感觉,所以就形成了他们特有的一个元素,就是对于家庭关系的严酷无情。这一种自私为己的严酷无情,结果便构成了罗马人风俗和法律的基本条件。因为这个缘故,我们所见到的罗马人的家庭关系,并不是一种爱和情的、美丽的、自由的关系;家庭间的信赖被严酷、附属和顺从的原则代替了。男女婚姻依照严格的和正式的形态来说,不过是一种买卖的关系;妻子是丈夫的财产,而结婚所取的形式,和任何其他买卖所取的形式没有分别。丈夫对于妻子的权力,就像他对于女儿的权力一样;他对于妻子的财产也有同样的权力,凡是她所有的、所得的都属于她的丈夫。当共和兴盛时期,婚姻大事总举行一种婚姻宗教仪式来庆祝,但是后来就不举行了。上面所说的一种买卖婚姻叫作'库墨西',再有一种婚姻方式叫作'乌苏斯',……所谓'乌苏斯'就是指妻子留居她的丈夫家中,一年之内没有须臾离开。……这样看来,可以知道罗马妇女只有在离开丈夫而独立的时候,才能够取得光荣和尊严……"③

"前面已经说过罗马人采取了希腊的神祇(罗马诗人的神话完全从希腊人那里取来);……希腊神话一到了他们手里就变得生气索然、格格不入。罗马诗人——尤其是味吉尔——把神祇搬入诗中的时候,显得是一种冷淡的'理智'以及

---

① [德]黑格尔:《历史哲学》王造时中译本,第293页,上海书店出版社,1999年9月。
② [德]黑格尔:《历史哲学》王造时中译本,第294页,上海书店出版社,1999年9月。
③ [德]黑格尔:《历史哲学》王造时中译本,第295页,上海书店出版社,1999年9月。

模仿的产物。"①

以斗兽与角斗士为乐趣、愚昧的行政

"自从风尚趋于奢靡以后,一般人愈来愈爱看用禽兽和人为饵的残忍游艺。常常为了取乐起见,他们收罗了千百头的熊、狮、虎、象、鳄鱼和鸵鸟等等,加以屠杀。一群上百甚至上千的角斗士,在某种节目出现于竞技场中,作假想的海战,他们向高坐观斗的皇帝说道:'一般注定要死亡的人恭贺陛下。'借此企图激起他一点怜悯。可是徒然!这成群的斗士,全得为相互屠杀而死。罗马人并不因为人生的矛盾不如意,在心灵和精神的深处感受痛苦,结果在命运中了事。相反地,罗马人却构成了一幅残酷的、肉体痛苦的现实:像江河似的血流、垂死者喉头格格的响声、奄奄一缕的喘息,这些就是他们爱看的景象。这种残杀冷酷的否定性,正显出他们把一切精神的客观目的都同时在内心里残杀掉了。除此以外,我只要举出他们的占卜、法术、神谕书等等,诸位就可以想起罗马人是怎样为种种迷信所束缚,而关于上述一切礼制、仪式的奉行,他们怎样专门为一己的愿望作打算。兽类的脏腑、电光的闪烁、禽鸟的飞翔、神巫的呓语等等,决定了国家的行政和事业。"②

以希腊人为奴隶,以奴隶为老师

罗马人"不能像希腊那样从事于绘画、雕刻、诗歌等艺术和特别是高等的哲学研究,来对付现实世界的腐败恶化。罗马的艺术作品都只是从希腊各地蒐集所得,而不是他们自己制造出来的;他们的财富不像雅典那样是勤劳的蓄积,而是劫掠而来。文雅和修养根本是不合罗马人本性的,他们企图从希腊人那里输入文化,因此,就有了很多的希腊奴隶被载运到罗马来。这种奴隶贸易是以提洛为中心,据称这个地方有时候一天之间可以卖出一万个奴隶。希腊的奴隶成了罗马的诗人、著作家、罗马人工作场所的监督、罗马人子女的教师。"③

3.日耳曼"精神"才是新世界的"精神"

日耳曼本来是北欧蛮族,不仅开化时间晚,而且以血腥的方式登上历史舞台。曾经繁荣的古罗马就是以日耳曼为代表的北欧蛮族的抢劫对象。然而,到了黑格尔笔下,落后、野蛮的日耳曼族却成了新世界精神的体现者。

"历史指明,这些民族发展的过程是和其他民族完全不同的。希腊人和罗马人

---

① [德]黑格尔:《历史哲学》王造时中译本,第302—303页,上海书店出版社,1999年9月。
② [德]黑格尔:《历史哲学》王造时中译本,第303页,上海书店出版社,1999年9月。
③ [德]黑格尔:《历史哲学》王造时中译本,第321页,上海书店出版社,1999年9月。

第七章 西方古典历史对"西欧中心论"形成的影响

都是内部成熟以后，才用全力向外发展。日耳曼人刚好相反，他们从自身涌出来，弥漫泛滥于世界上，在前进途中使各文明的民族那些内部已经腐朽和空虚的政治构造屈服。然后他们的发展方才开始，被一种外族的文化、宗教、政治和立法煽动起来。他们所经历的文化过程，乃是采取了外族的东西，归并到他们自己的民族生活里面来。所以他们的历史乃是一种自外而内同自身发生关系的演变。"

"日耳曼'精神'就是新世界的'精神'。日耳曼各民族的使命不是别的，乃是要做基督原则的使者。"①

为什么说日耳曼"精神"就是新世界的"精神"呢？

"在表面上，日耳曼世界只是罗马世界的一种继续。然而其中有着一个崭新的精神，世界由之而必须更生——就是那个自由的、以自己为依归的'精神'——主观性的、绝对的固执。"②

"因为这个缘故，日耳曼各民族向外的关系，是和希腊人、罗马人所曾经有过的关系截然不同。……日耳曼世界采取了已经完备的罗马文化和宗教。原先虽然有一种日耳曼和北方的宗教，然而却没有在他们精神里生根，塔西陀因此称日耳曼人为'无神民族'。他们所采取的基督教，是从基督教教会的教议会和各长老传下来的，这般人据有整个文化，特别是希腊和罗马世界的哲学，形成了一种完全的教义体系；此外基督教教会也有一种发达成熟的教职政治。基督教教会又用一种发达完备的语言文字——拉丁文来对付日耳曼人的土语。其他在艺术和哲学方面，也是一种外族的势力占优胜。凡是保存在波伊悉阿斯以及其他著述中的亚历山大里亚哲学和正统的亚理士多德哲学，成为西方思辨的确定基础，已经经历了许多世纪。"③

黑格尔将作为"世界历史"的日耳曼"精神"分为三个时期

"第一个时期是从罗马帝国内各日耳曼民族的出现开始——这些民族最初的发展，皈依基督教，并且占据西方。他们野蛮而单纯的性格，使他们的出现不能给我们多大的兴趣。……这个时期一直到查理曼大帝为止。

"第二个时期使两方面发达为一种合于逻辑推论的独立的对峙——教会本身是一种神权政体，国家本身是一种封建的君主政体。……然而正在这个时候，基督教原则的内在性不但不赋形为一个精神的天国，反而转过来完全向外，并且离开

---

① [德]黑格尔：《历史哲学》王造时中译本，第352页，上海书店出版社，1999年9月。
② [德]黑格尔：《历史哲学》王造时中译本，第353—354页，上海书店出版社，1999年9月。
③ [德]黑格尔：《历史哲学》王造时中译本，第353页，上海书店出版社，1999年9月。

了它自己。基督教的自由,在宗教方面和世俗方面,都被歪曲到了恰恰相反的途径:一边到了最严酷的束缚,另一边到了最不道德的放纵过度——每一种热情都是放任到了野蛮的极度。在这个时期内,社会上有两个观点特别可以注意:第一个观点是多个国家的形成——这些国家表现为一种有秩序的从属关系,结果任何关系都变做一种确实规定的私权,而排除了普遍性的意义。这一种有秩序的从属关系出现在封建制度中。第二个观点是教会和国家的对峙。这种对峙之所以存在,还是由于那个主管'神圣的东西'的教会竟然自己沉溺在各种各样的世俗性中——这种世俗性,更因为一切感情都假托了宗教的神圣,所以越发显得可鄙。"①

"日耳曼世界的第三个时期便是从宗教改革起一直到我们现代。'自由精神'的原则在这里成为'世界'的旌旗,从这个原则产生了'理性'各种普遍的规律。'形式的思想'——'理智'——已经发达起来;但是'思想'最初经过了'自由精神'复活的具体意识,从宗教改革取得了它的真材料。从这个纪元以后,'思想'开始获得正当地属于它自己的一种文化;从这种文化发生的各种原则便变成了国家组织的典范。现在政治生活使有意识地为'理性'所规定。道德和传统的惯例丧失了它们的合法性。凡是经过坚持提出的各种权利,必须根据合理的原则来证明它们是否合法。'精神的自由'一直要到这个时候方才得以实现。"②

黑格尔描述的日耳曼与其他民族不同在于对"自由"的观念。日耳曼人一登上历史舞台就是所谓的"自由人联合体"

"林居时代的日耳曼人……居住的森林一向被看作是自由人民的乐土。塔西陀曾经心神向往地画出了一幅日耳曼图画。——拿它来反衬出他本人所处世界的腐化和虚伪。……积极的自由所赐给的幸福是最高度自觉的幸福。

"我们最初发现日耳曼人的时候,他们每一个人都享有一种独立不倚的自由,同时也有若干共同的感情和兴趣,但是还没有成熟为一种政治状态。后来,我们便看见他们像洪水一般,泛滥到了罗马帝国里去。造成这种运动的原因,一部分是由于罗马帝国的富饶,一部分是由于寻觅出路的那种必要。虽然他们正在和罗马人血战火拼,但是他们仍然有个别的人,甚至全族,受了罗马人的招雇而当兵。"③

日耳曼人为北欧蛮族,包括东哥特人、西哥特人、斯堪的纳维亚人、诺曼人等

"我们必须把那些留在他们古代居处的日耳曼民族与那些散播在罗马帝国并

---

① [德]黑格尔:《历史哲学》王造时中译本,第 354—355 页,上海书店出版社,1999 年 9 月。
② [德]黑格尔:《历史哲学》王造时中译本,第 355 页,上海书店出版社,1999 年 9 月。
③ [德]黑格尔:《历史哲学》王造时中译本,第 357—358 页,上海书店出版社,1999 年 9 月。

第七章 西方古典历史对"西欧中心论"形成的影响

和被征服各民族相混合的日耳曼民族,两者分别清楚。……

"我们看到日耳曼各民族中有一种特别的双重情形(如东峨特族人和西峨特族人;世界各地的峨特族人和原先本土的峨特族人;斯堪的纳维亚人和挪威的诺曼人,但是又在世界上出现为骑士):这许多民族的命运,无论是怎样地各个不同,然而他们具有一个共同的目标——要为自己取得领土,要使自己在政治组织的方向上取得发展。这种生长发展的过程实在是全体所同有的。

"在西方——在西班牙和葡萄牙——稣汇维人和汪达尔人是最早的殖民者,但是他们都被西峨特族人所征服和驱逐了。一个庞大的西峨特王国建立了,西班牙、葡萄牙和南法兰西的一部分都隶属它的版图。

"第二个王国是法兰克人的王国——法兰克这一个名字自从第二世纪末叶起,就被用来作为莱茵河和威塞尔河间的那些伊斯特维各种族的通称。……

"第三个王国是意大利的东峨特族人的王国。……但是这个东峨特王国时间并不长久,后来便被贝利撒留和那锡士所率领的拜占庭人灭亡掉了。第六世纪下半期(568年),伦巴底入侵意大利,统治这地有二个世纪之久,最后,这个王国终于被查理曼收服在法兰克主权之下。后来,诺曼人也在意大利定居起来了。接着勃艮第人吸引了我们的注意,他们被法兰克人所征服,他们的王国形成了法兰西和德意志之间的一道界墙。盎格鲁人和撒克逊人进占不列颠,做了这个地方的主宰。后来诺曼人也在那个地方出现。

"这些国土原先都是罗马帝国的一部分,都是这样遭了被野蛮民族征服的命运。目前,那些地方已经文明化的人民和这些战胜者之间还有极大的差异;不过这种差异终于形成了各新国家混血的性质。这些国家整个精神的存在表现出一种分散的状态,它们最内在的方面同时也具有一种外在性。"①

作为文明世界的占领者的日耳曼人,与被占领者之间有同化与反同化的斗争,而日耳曼本部的日耳曼人则为"纯种"

"这种外在的差别在他们的语言文字上立刻就可以看出,这是一种已经和本地语混合的古罗马语和日耳曼语的混合物。我们可以通称这些民族为罗马的民族——包括意大利、西班牙、葡萄牙和法兰西。同这些民族相对立的,乃是其他三个多少可以说是日耳曼语的民族,他们都保持着故土旧有的一贯的语调——就是日耳曼本部、斯堪的纳维亚半岛和英格兰。最后这个地方虽然曾经归并于罗马帝

---

① [德]黑格尔:《历史哲学》王造时中译本,第358—360页,上海书店出版社,1999年9月。

国,但是仅表面上些微接受了罗马文化——和日耳曼本部相同——而且后来又被盎格鲁人和撒克逊人再度加以日耳曼化。

"日耳曼本部把自己保持得很为纯粹,没有任何杂质混入。全境只有南部和西部边界——在多瑙河和莱茵河上——曾经被罗马人所征服过。莱茵河和易北河之间的区域始终是纯粹的民族本色。这个日耳曼区域住有好几个部落。除掉里普里亚的法兰克人以及克罗维斯分派在缅因河流域的法兰克人以外,我们还需举出4个主要的部落——阿勒曼尼人、波雅里亚人、条麟吉亚人和撒克逊人。斯堪的纳维亚人在他们故土上保持着同样的纯粹,没有杂质混入,并且以诺曼人这个名称,出征四方而著盛名。他们的武功几乎遍于欧洲全部。他们有一部分人侵入俄罗斯,成为俄罗斯帝国的开国者;一部分定居在北部法兰西和不列颠;还有一部分在下意大利和西西里成立了若干藩邦。由此可见斯堪的纳维亚人有一部分到外国去开天辟地,还有一部分却在故土保持着民族性。"①

黑格尔的双重标准:一方面如上所述将日耳曼民族定位为"世界精神"的化身,另一方面将东欧斯拉夫民族定性为"野蛮民族",并将其排除出世界历史的范围

"再有在欧罗巴东部,我们又发现了那个巨大的斯拉夫民族,他们的殖民地从易北河向西扩展到多瑙河,这中间居住的有匈牙利人(又叫作马札尔人)。在摩尔达维亚、瓦拉启亚和希腊北部,出现着源出于亚细亚的保加利亚人、塞尔维亚人和阿尔巴尼亚人——都是各游牧部落前进途中冲突相杀之下的野蛮民族的残余。……然而这全部民族在'理性'的世界历程的各阶段中,一向没有出现为独立的因素,所以始终不在我们考虑的范围内。"②

纯种的日耳曼民族是"世界精神"的载体,日耳曼社会以'自由'为第一要义

"日耳曼民族本身中具有'自然的总体'的感觉——我们可以把这一个感觉叫作'心灵'。'心灵'是'精神'没有发达的、没有决定的总体,和'意志'有关,在里边人类在同样地普遍和没有决定的方式之下在内心获得满足。性格是意志和兴趣自己伸张自己的一种特殊形式;但是上述'心灵'的本质,并没有特殊的目的——如财富、荣华等等;它事实上并不顾虑到任何客观的状态;相反地,它只顾虑着自己普遍享受的全部状态。在这一种特质下,一般的意志是形式的'意志'——主观的自由表现为固执。"③

---

① [德]黑格尔:《历史哲学》王造时中译本,第360页,上海书店出版社,1999年9月。
② [德]黑格尔:《历史哲学》王造时中译本,第360—361页,上海书店出版社,1999年9月。
③ [德]黑格尔:《历史哲学》王造时中译本,第361页,上海书店出版社,1999年9月。

"在日耳曼民族中,社会公众没有管辖个人的权力,因为他们的社会结合以自由为第一个元素。古老的日耳曼人以爱好自由为人所称道,罗马人自始至终就正确地知道他们这种爱好。一直到最近的时期,'自由'一向便是日耳曼人民的口号,就是各君主在腓特烈二世下的同盟,也是从爱好自由而起。'自由'这个元素转入社会关系中,只能造成一些民众的社团;因此,这些社团结为一个整体的时候,全社团中每一个分子都是一个自由人。"①

日耳曼人在联合方面,超越了希腊人

"'忠诚'是日耳曼人的第二个口号,就像'自由'是他们的第一个口号一样。个人凭着自由的选择,自动服从某一个人,更无须外在的强迫,自愿地使这种关系成为永久不变的关系。这一点无论在希腊人或者罗马人当中是一概找不到的。……日耳曼人的联合,并不是出于一种客观的原因,而是出于精神自己,出于主观的最内在的人格。"②

日耳曼人"优于"法兰西人、意大利人、西班牙人,也"优于"英格兰人

"日耳曼人无可否认地比法兰西人、意大利人、西班牙人都具有更坚决的性格——而且他们用完全清楚的意识和最大的注意力,来追求一个决定的目标(虽然这个目标有一个注定的观念为对象)——而且他们非常审慎的实行一个计划,同时对于特殊的对象,也显着最大的决心。法兰西人称日耳曼人为 entiers(彻底的)——就是说,固执的;日耳曼人对于英格兰人那种怪诞的创作力也是不相识的。英格兰人在特殊的事物中有他自由的感觉,他并不关心'理智',恰巧相反,当他的行动或者意向愈是违背了'理智'——就是说,违背了普遍的决定的时候,他愈觉得自己自由。

"另一方面,在那些罗马民族之中,我们马上就遇到了那种内部的分裂、那种对于抽象原则的牢牢把握以及同它相均衡的一种'精神总体'和情绪——我们称为'心灵'的缺少:他们没有那种灵魂对于自己的沉思内省——在他们最内部的存在里,他们可以说是外于他们自己了。对于他们内在的生活这一个场合的内层,是他们所不领略的。因为它已经'全身'倾注在特殊的利益上,而那种属于'精神'的无限性是在那里找不到的。他们最内的存在,不是他们自己的。"③

---

①[德]黑格尔:《历史哲学》王造时中译本,第 363 页,上海书店出版社,1999 年 9 月。
②[德]黑格尔:《历史哲学》王造时中译本,第 363—364 页,上海书店出版社,1999 年 9 月。
③[德]黑格尔:《历史哲学》王造时中译本,第 433 页,上海书店出版社,1999 年 9 月。

4.世界近代史开端于德国

"宗教改革开始于日耳曼,也只有在纯粹的日耳曼各民族间生长得根深蒂固。因为除掉日耳曼本部以外,它只在斯堪德那维亚和英格兰成立。至于罗马和斯克拉夫各民族却不受它的影响。……

"它们不采行宗教改革,还是由于它们民族的基本性格的关系。……

"日耳曼民族纯粹的内在性,乃是'精神'解放适当的场合;罗马民族刚好相反,在他们灵魂的深处——在他们'精神的意识'里——一向保持着不和谐的原则:他们是罗马血统和日耳曼血统混合的产物,依然保持着从这种混合而产生的不同性。"①

近代德国人自认为自己不含糊

"我们德国人是最顽强和最聪明的民族。我们的王公族系高坐在欧洲所有的王位上,我们的罗特希尔德们控制着全球所有的交易所,我们的学者支配着一切科学领域,我们发明了火药和印刷术。"②

第三节 黑格尔的"历史辩证法"

1.黑格尔的辩神论:"世界历史"不过是"自由"概念的发展

"最后讲到'意见',我们已经说过,宗教和合法权利的调和已经在新教教会内实现。在新教的世界里,没有什么神圣的,宗教的良心处在同世俗的权利相分离甚至相敌对的地位。

"一直到现在,意识已经出现了。这些就是形式的主要因素,在这种形式之中,'自由'这个原则实现了它自己。因为'世界历史'不过是'自由的概念'的发展。但是'客观的自由'——真正的'自由'的各种法则—要求征服那偶然的'意志',因为这种'意志'在本质上是形式的。假如'客观的东西'在本身是合理的话,人类的识见必然会和这种'理性'相称,于是那另一个根本的因素——'主观的自由'的因素——也就实现了。我们一向专事于探讨这个概念的进展,而不得不自甘寂寞,对于各民族在事业上、使命上表现的繁荣状态、光辉时期以及个人秉性的美善和伟大,他们的盛衰祸福所唤起的兴趣,都没有详细描写。哲学所关心的只是观念在

---

① [德]黑格尔:《历史哲学》王造时中译本,第432—433页,上海书店出版社,1999年9月。
② [德]亨利希·海涅:《论德国》中译本,第235页,商务印书馆,1980年。

第七章 西方古典历史对"西欧中心论"形成的影响

'世界历史'的明镜中照射出来的光辉。哲学离开了社会表层上兴风作浪、永无宁息的种种热情的争斗,从事深刻观察;它所感觉兴趣的,就是要认识'观念'在实现它自己时所经历的发展过程——这个'自由的观念'就只是'自由'的意识。

"'景象万千,事态纷纭的世界历史',是'精神'发展的实现的过程——这是真正的辩神论,真正在历史上证实了上帝。只有这一种认识才能够使'精神'和'世界历史'同现实相调和——以往发生的种种和现在每天发生的种种,不但不是'没有上帝',却根本是'上帝自己的作品'。"①

黑格尔的概念群:精神、自由、发展,最后归结于"上帝自己的作品"。

这样在其"世界精神"概念的笼罩下,就完成了对中国历史的边缘化,从而形成"西欧日耳曼中心论"。

整理一下,黑格尔在他的名著《历史哲学》中表达了如下思想:中国有历史却没有"精神";印度高于中国,却落入"精神"的梦寐;高于印度的波斯、埃及却不免低级;亚细亚不配、阿非利加愚蠢……希腊是"精神"的家园,罗马以希腊奴隶为师,东欧斯拉夫人是野蛮人的残余。而纯种的日耳曼人从一开始就是"世界精神"的代表,崇尚自由,超过希腊人。现代意大利人、法国人、英国人、西班牙人等都不如日耳曼人。近代世界历史开端于德国。日耳曼民族是优秀种族,是世界历史的主人。人类的未来将由德国主宰。

2.黑格尔真的了解中国吗?

答案:不可能。原因很简单,黑格尔关于中国的知识,来源于传教士所翻译的中文文献的片段,其中他所倚重的一部作品是亚培·累睦扎所翻译的明代小说《玉娇梨》。②

黑格尔没来过中国,既不懂中文,也没有接触过中国人。

黑格尔倚重中国三流小说《玉娇梨》的译本

"在我们西方,大家只有在法律之前和在对于私产的相互尊重上,才是平等的;但是我们同时又有许多利益和特殊权限,因为我们具有我们所谓自由,所以这些权益都得到保障。在中华帝国内就不同了,这种特殊利益是不被考虑的,政令是出于皇帝一人,由他任命一批官吏来治理政事。……特别规定要知道的学科是国史、法学、风俗的科学,以及政府的组织和管理。除此以外,据说'满大人'还有极高

---

① [德]黑格尔:《历史哲学》王造时中译本,第468页,上海书店出版社,1999年9月。
② [德]黑格尔:《历史哲学》王造时中译本,第131页,上海书店出版社,1999年9月。

的诗才。这一点我们自有方法来判断,特别可以引证亚培·累睦扎所翻译的《玉娇梨》(或称《两表姐妹》)……政府行事极为公开。"①

按:《玉娇梨》又名《双美奇缘》,描写明正统年间,才子苏友白与白红玉、卢梦梨两位佳丽相爱,几经曲折,终于同时将两位佳丽娶回、三人团圆的爱情故事。本书初刻年代不详,北京图书馆原存清乾隆年间刻本《(新刻天花藏批评)玉娇梨》,四卷二十回,有图,系青云楼藏版,惜今已无存。1821年(清道光年元年)这部小说被译成法文,接着又出现英文和德文译本。《玉娇梨》故事主人公,不论才子还是佳人,都能文能诗,为欧洲人所羡慕。

原来被尊为西方神圣的德国哲学大师黑格尔,对中国的知识来源竟是民间三流才子佳人小说作品的翻译本!

黑格尔既不了解中国,那么他了解印度吗?也不了解。

黑格尔最了解的应该是古希腊。黑格尔明明知道古希腊文献中矛盾重重,根本解释不通。然而,他却有本领化腐朽为神奇,把死人说活,把假的古希腊愣说成真的。

黑格尔知道古希腊文献有问题,不让他的学生们深究

"'历史的父亲'——希罗多德斯——对于这几次米太战争留下了辉煌灿烂的描写,我们现在讲到希腊历史的第二时期,不需要再来多考究这些战争。"②

大概因为对那些战争的细节考证多了的话,难免露出马脚。

3.日耳曼人的概念

"由于文化落后,各日耳曼民族很少写作历史文献。……

"'日耳曼人'(German)一词最早起源于公元前1世纪初,是古罗马人对居住在莱茵河(Rhine)以东、阿尔卑斯山(Alps)以北各个印欧语系蛮族的统称,但这些民族(比如本书所记述的哥特人)往往并不认同自己属于这个族群。

"古日耳曼人多数都长着金黄色头发,身材高大粗壮,性格凶悍好战。他们在和平时期主要以农业和渔猎为生,手工业制品以系绳陶器为标志,武器则以战斧、长剑、标枪和圆形盾牌为主。

"自公元前15世纪起,他们开始定居在波罗的海(Baltic Sea)沿岸,此后逐渐向南迁徙。根据他们在公元1世纪居住地区的不同,日耳曼人有两种划分方法,一

---

① [德]黑格尔:《历史哲学》王造时中译本,第131页,上海书店出版社,1999年9月。
② [德]黑格尔:《历史哲学》王造时中译本,第264页,上海书店出版社,1999年9月。

第七章 西方古典历史对"西欧中心论"形成的影响

种是三分法,另一种是五分法。

"按照'三分法'划分的三支日耳曼人集团是:'北日耳曼人',即留在斯堪的纳维亚半岛(Scandinavian Peninsula)没有南迁的日耳曼民族,例如诺曼人(Norman);'西日耳曼人',即南迁后居住在莱茵河与易北河之间的日耳曼民族,例如盎格鲁人(Angle)、撒克逊人(Saxon)和法兰克人(Frank);'东日耳曼人',即南迁易北河以东的日耳曼民族,例如汪达尔人(Vandal)、勃艮第人(Burgundian)和本书的主人公哥特人(Goth)。

"按照'五分法',居住在今丹麦日德兰半岛(Jutland Peninsula)附近的日耳曼民族被独立划分为'波罗的海日耳曼人',而居住在易北河流域的日耳曼民族则被独立划分为'易北河日耳曼人'。

"在消灭罗马帝国、建立日耳曼民族国家的过程中,哥特人无疑是起颠覆作用最大的民族。"①

日耳曼人为代表的欧洲人真的自由吗?

"在每个家庭中,孩子们都是赤裸着的和很肮脏的,但却长出一副我们所最羡慕的壮健身躯。婴儿都由自己的母亲哺乳,从不委托给保姆和乳娘。主人和奴仆在幼年抚养的时候是没有歧视的。他们同样地在畜群中厮混,同样地在泥地上打滚,直到他们成年有了一定能力以后,才把自由人分别开来。"②

当时的德国比法国更落后、更野蛮

"日耳曼诸神的形象当然不是由特别的艺术审美感所塑造的:它们是本来像北方那样忧郁和阴暗。所以在你们法国毕竟无法像在我国那样构成阴惨可怕的恶魔世界,在你们那里甚而连鬼怪妖术之类也获得一种愉快的形象。你们的民间传说若比起我们那些民间传说,也就是说,比起那种从血和雾中产生并阴险地向我们狞笑的怪胎来说,是多么美丽、明朗和丰富多彩啊!"③

"你们的短篇故事诗和魔法传奇里出现的精灵,如果和我们那些阴郁的、往往是污秽的鬼怪比较起来,又是多么色彩鲜明、干净利落。你们的仙女和自然元素的精灵,不管来自何方,来自可思瓦里土或来自阿拉伯,都已经转化为法国的精灵。一个法国精灵和一个德国精灵的不同,也许就像一位带了黄色漆皮手套在柯

---

① [拜占庭]约达尼斯:《哥特史》中译本第 1 版译者序,商务印书馆,2012 年 2 月。
② [古罗马]塔西佗:《阿古利可拉传·日耳曼尼亚志》中译本新 1 版,第 65 页,商务印书馆,1959 年 9 月。
③ [德]亨利希·海涅:《论德国》中译本,第 213 页,商务印书馆,1980 年。

勃仑茨林荫道上游逛的法国纨绔子弟和一个背负重荷的德国脚夫那样不同。你们的女水妖,例如美露茜娜和我们的水妖不同,正如一位公主和一个洗衣妇那样不同。如果仙女摩伽娜碰到了赤身裸体、浑身涂了香脂、骑着扫帚飞向布罗肯山的一个德国女妖,她将会多么吃惊。这座山可不是一座愉快的阿瓦隆,而是一个所有狂乱而丑陋的东西的集会处。在这座山顶上坐着装扮成一只黑色牡山羊的撒旦。每个女妖手里都拿着一支蜡烛去接近它,并从背后吻它背部的末端。然后这群声名狼藉的姊妹们便围着它跳舞,并在口中唱着:'产咚得勒姆斯,咚得勒姆斯!'牡山羊咩咩地叫着,地狱里的沙育舞发出阵阵的欢呼。"①

在受基督教教化之前,日耳曼民族盛行拜鬼

"关于这些小妖怪的事迹,我也许说得太长了,现在该是重新提及大妖怪的时候了。然而所有这些故事都说明德国人民的信仰和性格。几百年来这种信仰是和教会信仰同样强有力的。当那位博学多闻的雷米袭斯博士完成了他那本关于妖术的大著时,他相信他已精通了他的研究对象,他甚而自以为他现在也能亲自施行妖术了。然而像他这样一个诚实的人,是不免要向法庭告发自己是个巫师的。这样,由于他的自首,他便被人处以火刑了。

"这种惨事的发生并不直接起因于基督教教会,而是间接地起因于基督教教会把古老的日耳曼民族宗教恶意地颠倒过来,把德国人的泛神主义世界观改造为泛鬼主义的世界观,把这个民族早先视为神圣的东西变成了讨厌的妖魔鬼怪。但人总是不愿意抛弃自己和自己祖先所珍惜过的东西。尽管这些东西受到糟蹋,受到歪曲,他的感情暗地里和它们仍是紧密地联系在一起的。因此那个被颠倒了的民间信仰在德国也许会比基督教保存得更为长久。因为在民族性中后者从来不如前者那样根深蒂固。

"宗教改革时代,人们对天主教的传说很快就失去了信仰,但对于魔棒和妖术之类的信仰却迥非如此。路德虽不再相信天主教的奇迹,但他还相信妖魔的存在。他的席间演说集充满着妖魔鬼怪的离奇故事。他本人在困难中就常常以为自己在和具有形体的魔鬼做斗争。他在瓦尔特堡翻译《新约》时,曾受到魔鬼的一再打扰,因此他就拿起墨水瓶猛力投掷魔鬼的头颅。从此以后魔鬼对于墨水,尤其是对印刷用的油墨便产生了巨大的恐怖。"②

---

①注:布罗肯山(Brocken),德国哈尔茨山的最高峰,传说中的女妖集会之处。[德]亨利希·海涅:《论德国》中译本,第214页,商务印书馆,1980年。

②[德]亨利希·海涅:《论德国》中译本,第220—221页,商务印书馆,1980年。

第七章 西方古典历史对"西欧中心论"形成的影响

日耳曼人不自由

18世纪的证言:"他们有时听见鼓声便离开茅舍,应征入伍,奔赴他乡,去被人杀死,同时也杀死跟自己同类的人,而领的薪饷只有在家劳动所得的1/4。整个欧洲都有这样的野人。……美洲和非洲的部族是自由的,而我们这里的野人,对于自由甚至连想都没想过。"①

在日耳曼诸王国里,只有教会单独保存了个别文化

"从文艺复兴开始叙述古典学术史,可能是不太恰当的,因为在这个时间很久之前,古代学术就开始复活了。学校里的传统从来就不能完全被打断。事实是,从公元开始的早期几个世纪对于古代文献的保存有着决定性的意义。作为罗马帝国分裂为东、西两部分,并且西罗马崩溃的结果,西部建立了日耳曼诸王国,只有那里的教会单独保存了个别文化,因此,我们必须分别追溯这两个渊源,这种情况一直持续到君士坦丁堡陷落、东西两部分重新联合之后。这两个渊源的共同资源是希腊化时代语法(grammatike)学科,这门学科的研究领域为语源学,指导方针是对词汇进行分类,这可以追溯到智者(Sophists)时代——甚或更远,一直可以追溯到对诗人的说明——这点在哲学家和批评家或语法学家那里达到了完美的境界,这类典型的代表有埃拉托色尼(Eratosthenes)(他谦虚地把自己称为语文学家(philologos),因为他的兴趣非常广泛)、拜占庭的阿里斯托芬(Aristophanes of Byzantium)和阿里斯塔库斯(Aristarchus)。我们可以把狄奥尼修斯·斯莱克斯(Dionysius Thrax)的那本小书以及迈尔里的阿斯克里庇德斯(Asclepiades of Myrlea)之学说真实地还原,这至少可以窥见当时语法的状况。菲洛克斯诺斯(Philoxenus)在语言科学方面取得了很大的进步——或许因为他认识到拉丁语的重大意义——这时他认识到单音节词根的概念;布特曼(Buttmann)从他那里学习了东西。随后的时代是古典主义(classicism)的胜利,语法学家的作用越来越小了,因为现在要求的是对书面语言和文学语言的实际指导。目标又倒转回300年前——在安东尼时代最终实现了这一目标,那时一些人又回归到以爱奥尼亚语(Ionic)进行写作。"②

4.黑格尔的"历史辩证法":倏忽凋谢的蔷薇优于永存的高山!

"我们已经说过,中国和印度至今都还存在,波斯却不存在了。波斯转入希腊的过渡固然是内在的,但是这里它也变成了外在的,就是主权的移让——这一种

---

① [法]伏尔泰:《风俗论》中译本上册第1版,第37页,商务印书馆,1994年11月。
② [德]维拉莫威兹:《古典学的历史》中译本,第4—5页,三联书店,2008年6月。

事实从这时起不断发生。希腊人把统治权和文化拱手让给罗马人,罗马人又为日耳曼人所征服。假如我们仔细审视这种转变,就会发生下列问题——譬如拿波斯为例——为什么波斯沉沦,而中国和印度却始终留存呢?在这里,我们首先要排除我们心头那种偏见,以为长久比短促更优越的事情:永存的高山,并不比很快凋谢的芬芳的蔷薇更优越。"①

黑格尔认为:印度高于中国,波斯高于印度,希腊又高于波斯,罗马为希腊的继承者,而日耳曼人又高于希腊和罗马。黑格尔把长存的中国、印度文化比喻为永存的高山,把短命的波斯、希腊、罗马比喻为倏忽凋谢的蔷薇。而这些已经灭亡、命运短促的民族却远远优越于长存的中国文化!黑格尔要为他的听众和读者洗脑:倏忽凋谢的蔷薇优于永存的高山!

黑格尔猜测:印度和中国文化来自亚历山大的希腊化世界,中国人笨拙到不能创造一个历法,中国科技乃是来自巴克特里亚

他说:"亚历山大把希腊的文化传布到亚细亚,为了把这个粗野的、专事破坏的、本身是一个四分五裂的极端野蛮的混合体,深陷在完全的萎靡、否定和精神堕落里面的亚细亚,提高到一个希腊的文化世界。如果人们说,亚历山大不过是一个征服者,他并不懂得怎样建立一个持久的国家,因为他的帝国在他死后立刻又分裂了,这个说法也是对的,假如只是浅薄地来看这件事,即是他的家族没有能够维持这个统治,——但是,希腊的统治却继续下去了。亚历山大没有为自己的家族建立一个帝国,而是在亚细亚建立了一个希腊民族的广大的帝国。希腊的文化、科学在那里生了根。小亚细亚的希腊国家,特别是埃及的希腊国家,变成了许多世纪期间科学的中心,它们的影响可能一直到达了印度和中国。

"我们不知道,是否印度人由此获得了他们科学知识中最好的部分,很可能印度人的天文学中较精确的部分是由希腊人那里得来的。那深入了亚洲远至巴克特里亚(希腊人的巴克特里亚国即大夏)的叙利亚王国,无疑的是这么一个地方,从这个地方再通过了屯殖在那里的希腊殖民地,那极少量的科学知识就被传到亚洲内地,传到中国,这点科学知识在那里就带着一个传统的外貌维持下去,不过在中国却没有繁荣起来。中国人笨拙到不能创造一个历法,他们自己好像是不能运用概念来思维的,他们也显示出他们有些古老的仪器,而这些东西是与他们的日常作业配合不上的,所以,最自然的猜测就是:这些东西乃是来自巴克特里亚。对印

---

①[德]黑格尔:《历史哲学》王造时中译本,第 229 页,上海书店出版社,1999 年 9 月。

度人和中国人的科学知识估计太高乃是错误的。"①

对印度人和中国人的科学知识估计太高乃是错误的,这句话黑格尔是说给当时信服中国的欧洲人听的。黑格尔意思是说:你们不要总是记得100年前沃尔夫以中国的"理学"对德国进行的教育,当时的欧洲人不大相信的古希腊才是科学的发源地,中国的科学虽然源远流长,也还是古希腊传过去的。在此基础上通过虚构印欧语系,将印度纳入欧洲体系,从而进一步孤立中国。

5.黑格尔所谓"世界精神"概念的确切含义

"这个运动就是精神实体的解放的道路,是世界的绝对最后目的借以在世界中实现自己的行动,起初只是自在地存在着的精神把自己引导到意识和自我意识,并因而引导到其自在自为地存在着的本质的显示和现实,而且对自己也成为外在普遍的精神,即世界精神。

"既然这个发展是在时间和定在中,因而是作为历史,发展的诸个别环节和阶段就是民族精神;每一个民族精神作为在一种质的规定性中的个别的和自然的精神,是注定只占据一个阶段和只完成整个行动中的一个任务。

"预先假定历史有一个自在自为地存在着的目的和从这个目的来的按照概念发展着的种种规定,把这种主张称之为对历史的先天的看法,而哲学则因为这种先天的历史写法而受到责难;对于这种先天的历史写法和对于一般的历史写法必须作一个详细的评论。认为历史,尤其主要的是世界历史,是以一个自在自为的最后目的为根据,而这个目的实际上是而且将在世界历史里实现出来,即认为历史以天命的计划为根据,也就是说认为一般说来历史中有理性,这种看法必须从哲学上并因而作为自在自为必然的来予以澄清的。"②

结合在《历史哲学》中黑格尔对世界历史的具体描述,不难看出黑格尔在这里的"精神"概念所贩卖的实际上是他的"宇宙目的论",即世界历史的发展是有目的的,而这个"目的"必须由黑格尔自己来规定。符合自己理念的就是有"精神",不符合自己理念的就是没有"精神"。而"世界精神"的化身是日耳曼民族,其他民族必须由日耳曼民族来主宰。

法国历史学家笔下的"世界精神"却成了"革命的法兰西"

"19世纪法国最伟大的历史学家之一米什莱(J.Michelet,1798—1874)……

---

① [德]黑格尔:《哲学史讲演录》中译本第2册,第274—275页,商务印书馆,1960年6月。
② [德]黑格尔:《精神哲学》中译本,第355—356页,人民出版社,2006年2月第1版。

1831年出版了《世界是导论》《罗马共和国史》两部著作,……作为学术上的多面手,米什莱十分熟悉黑格尔的历史哲学和尼布尔的历史批判方法,认为抽象的世界精神的运行意味着自由确立的过程,使人与命运斗争的过程。但与黑格尔不同的是,在他的笔下,世界精神发展的顶峰,不在军国主义的普鲁士,而在革命的法兰西。"①

由此可见"世界精神"概念之无谓也。

五十步笑百步:黑格尔对当时所谓纯粹历史学家的批判

"在今天犯了这类先天处理历史方式的过错的主要是这些人,他们自称要做纯粹的历史学家,而且明显地表示反对哲学思考。部分地反对一般的哲学思考,部分地反对在历史中作哲学思考;在他们看来哲学是一个令人讨厌的邻居,因为哲学反对任意的想法和突发的念头。这类先天的历史写法有时来自本来很少料到的方面,即来自过分讲科学性的这样一个方面,而在德国比在英国和法国影响更大,在德国历史写法已净化而达到了更加稳固和成熟的性格。

"制造一些虚构,如关于某些原始状态及其拥有对上帝的真正知识和一切科学的初民的虚构,关于僧侣种族的虚构,以及更专门的,例如关于罗马史诗的虚构,认为它是那些关于古罗马史的有历史价值的报道的来源,等等。这类虚构代替了关于心理的原因和联系的讲究实用的虚构,并且在广泛的圈子内好像这已被看作是对于一种从原始资料吸取来的、有学问的和有才智的历史著述的要求:捏造出这样一些空虚的观念,并根据远离外部情况的学问垃圾、违背最可信的历史而大胆地把它们结合起来。"②

黑格尔在坚持自己无聊的"世界精神"的同时,对所谓纯粹历史学家的大肆造假行为提出了严厉的批判。

6.黑格尔将永远成为一座"愚蠢的石碑"

20世纪美国学者威尔·杜兰评论黑格尔说:"真正顶无谓的文字游戏,在过去只有在疯人院才可以听到,终于在黑格尔身上集其大成,并且变成最厚颜无耻的神秘主义工具,结果这不但使后人难以相信,而且将永远成为一座代表德国人的愚蠢的石碑。"③

---

① 晏绍祥:《古典历史研究史》上册,第102—103页,北京大学出版社,2013年11月第1版。
② [德]黑格尔:《精神哲学》中译本,第356页,人民出版社,2006年2月。
③ 林鹏:《遐思录》,第115页,商务印书馆,2013年10月第1版。

第八章 西方学者构建"古典学"之编年

"古典学"概念

中文世界近年开始流行的"古典学"一词,当译自英语的 classics 或 classical studies,这里所包含的形容词 classic 或 classical 则源自拉丁文里的 classicus。据《牛津英语词典》(*Oxford English Dictionary*)相关条目的考证,classic 一词于1613年首次在英语里出现,意思是 "第一流的"。从17世纪到当代英语,classic 或 classical 一词出现了广义与狭义之分。该词狭义上指整个古希腊罗马学术,汉语"古典学"所指就是这个意思。在此之上,古典学还有更特定的含义,特指公元前480—前323年的古希腊与奥古斯都时期的古罗马帝国(公元前1世纪至公元1世纪)。在今日的西方,作为古典学对象的"古典"一词更多地具有描述性,即特指古希腊、古罗马文明。

我们面对当代西方古典学研究领域形形色色的流派,需要意识到它们都是建立在一个共同的基础之上,其基本的研究范式是由19世纪德国的古典学(Altertumswissenschaft)确立的。

第一节　前古典学时期

前古典学时期,又可以分为伪古典文献集中出笼时期与发现雅典之旅时期;从地域范围上来说,前者主要发生在意大利地区,而后者则主要是由法国及英国的学者在推动。

15—16世纪,伪抄本及译本集中出笼及东方游记的出现

属于所谓的意大利文艺复兴时期,包括传说中亚里士多德、柏拉图等著作在内的大批后世伪造的所谓古希腊文献在此期间大批量集中炮制出世。其背景是中国纸张的传入及印刷术在欧洲的普及,进而在文艺复兴前夕中国文化及典籍的大

量传入。（参看本书相关章节）

"搜寻古典著作的工作在文艺复兴时期已经基本完成，此后只是偶有收获。"①

1403—1408年，参照坐标：中国《永乐大典》编辑问世

《永乐大典》汇集文献七八千种，正文22 937卷、目录60卷，分装成11 095册，全书约3亿7千万字。

1413—1422年，欧洲藏书概况：英国皇家6册、佛罗伦萨私人12册

亨利五世 Henry V(1387—1422)，英格兰兰卡斯特王朝国王(1413—1422年在位)，在位9年期间，取得了中世纪英格兰最高军事辉煌。

这位伟大的英王也有一座皇家图书馆，藏书多少呢？总共6册（其中3册是从女修道院借来的）。

同一时期欧洲最富有的商人佛罗伦萨人弗朗西斯科达梯尼（Francesco Datini）拥有12本书，其中8本是宗教方面的。

（参看本书第9章第1节相关内容）

1431—1447年，（教皇尤金四世时代）郑和下西洋使者到达佛罗伦萨

教皇尤金四世时代来了一位使者，告诉教皇说非常想与所有的基督教徒建立友谊。②

1437年，尼克利把自己收集并制造的800份手稿赠给柯西莫

其中，400份尼克利收藏的手稿，将成为美第奇图书馆的精髓，图书馆是柯西莫在1444年最后搬进在拉尔大街的美第奇宫时建筑的。

有一阶段，柯西莫雇用了45个抄写员，两年间，他们制造出了超过200本的手稿。

1469年，《柏拉图全集》出现

科西莫·德·美第奇委托一名年轻并且学过希腊语的医学院学生玛斯利奥·菲西诺（MarsilioFicino），并把他安顿在穆杰洛庄园的一个小屋子里，将上千年不见踪影的柏拉图的全部著作翻译成了拉丁文。

（参看本书第1章相关内容）

1492年，哥伦布发现"新大陆"

有趣的是，哥伦布发现新大陆之旅，是以寻找中国为目标的，在无意中到达美

---

①晏绍祥：《古典历史研究史》上册，第115页，北京大学出版社，2013年11月第1版。
②托斯卡内利致马汀斯修士与哥伦布的两封信，见[英]孟席斯：《1434：中国点燃意大利文艺复兴之火》中译本，第158—163页，台湾远流，2011年5月版。

第八章 西方学者构建"古典学"之编年

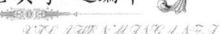

洲时,还以为来到了中国,因此将所到达的地方命名为"印第安","印第安"就是"印度"的意思,当时在欧洲人心目中"印度"的概念包含"中国",实际上哥伦布所谓"印第安"所指就是"中国"。

16 世纪中期,第一批东方游记作品问世

在法国驻君士坦丁堡大使达拉蒙(d'Aramon)的周围,形成了一批来自法国文艺复兴圈子的文人,时称"达拉蒙身边群体",就是东方游记的第一批作者。

1561 年,吉勒《论君士坦丁堡地形》在里昂首版(拉丁语)

当时的东方游记作品中,没有"雅典"的概念。在这部重要的名著就是典型的代表。

1585 年,门多萨《大中华帝国史》在罗马出版

门多萨(Gonzales de Mendoza)是西班牙奥斯定派传教师,曾将所闻 1579 年来自菲律宾之奥斯定会与方济各会士行抵广州短期居住之情形,记略著成《大中华帝国史》。

1614—1672 年,法国旅行家东方之旅的中国行

1614 年,平托(Pinto)葡萄牙文《冒险旅行记》出版

巴黎,1628 年刊;伦敦,1653 年刊。

1615 年,拉法尔(Pyrard de Laval)《游记》,巴黎

1636 年,腓内斯(Feynes)《从巴黎至中国之旅行记》,巴黎①

1658 年,卫匡国《中国上古史》出版

卫匡国,意大利耶稣会士,所著《中国上古史》法译本 1692 年在巴黎出版。②

1663—1672 年,泰未诺(Thévenot)《旅行逸话》,巴黎③

1625 年耶稣会士作品《况义》在西安出版

明天启五年,耶稣会来华传教士出于传教的需要,用中文编写了一本小册子,在西安刊行,由法国耶稣会士金尼阁口授、中国天主教徒张赓笔传,取名为《况义》。

1643 年,曾德昭《大中国志》意大利译文刊行

耶稣会士奥伐罗·塞默多(Alvaro Semedo)汉名曾德昭,葡萄牙人,1613 年到达南京,在中国生活 22 年,著有《大中国志》。该书于 1638 年在果阿完成,原稿为葡

---

① 见朱谦之:《中国哲学对欧洲的影响》,第 60 页,福建人民出版社 1985 年 6 月第 1 版。
② 见朱谦之:《中国哲学对欧洲的影响》,第 58 页,福建人民出版社,1985 年 6 月第 1 版。
③ 见朱谦之:《中国哲学对欧洲的影响》,第 61 页,福建人民出版社,1985 年 6 月第 1 版。

文，1643年译成意大利文刊行。

1675—1776年，发现雅典百年之旅

从欧洲东方之旅后期开始，以法国与英国学者为核心开始了历时百年的发现雅典之旅，有明显的官方背景。（参看本书第四章相关内容）发现雅典比发现以中国（印第安）为目的的新大陆差不多晚了2个世纪。

1669年，莱布尼兹起草《关于奖励艺术及科学德国应设立学士院制度论》

由莱布尼兹起草的该制度论中，已可看出他对中国考察所得的结论。

1675年，造访雅典第一人——法国里昂人雅各布·斯蓬到达雅典

（参看本书第3章第3节相关内容）

1708年，孟福孔《希腊古文字学》问世

伯尔那·孟福孔（1655—1741）是希腊古文字学的首创者，他不仅教给历史家们会读它们，而且采用了据手稿的字体准确断定年代的新原则。①

1715年，霍伊曼提出哲学起源于希腊说

哥廷根大学的创建者之一、欧洲中心主义者、种族主义者克里斯托夫·奥古斯特·霍伊曼（Kristophe August Heumann）的观点非常明显地表现出欧洲中心主义。霍伊曼认为，哲学起源于希腊，因为太热或太冷的气候都不宜于哲学；只有气候温和国家的居民，如希腊、意大利、法国、英国和德国，才能创造出真正的哲学。霍伊曼关于哲学起源于希腊的观点，像他认为德语具有哲学潜力的观点一样，比他的时代超前了50多年。②

1721年，克里斯蒂安·沃尔夫发表《论中国的实践哲学》演讲

克里斯蒂安·沃尔夫（Christian Wolff，1679—1754）是第一位用德语写作哲学作品的德国哲学家，该演讲于1721年7月12日他在就职哈勒大学校长的典礼仪式上发表。（参看本书第九章相关内容）

1730年代，英国"艺术爱好者协会"成立

1750年代，艺术爱好者协会委托调查雅典古代艺术品③

1750年代，贵族开始将大旅行从意大利拓展到黎凡特地区（包括希腊）

1756年，伏尔泰《风俗论》问世

1744年，东方之旅收官之作："汤普森绅士及其作品"发表

---

①详见[俄]叶·阿·科斯敏斯基：《中世纪史学史》中译本，第167页，商务印书馆，2011年9月。
②参看[美]马丁·贝尔纳：《黑色雅典娜》中译本，第193页，吉林出版集团，2011年7月。
③参看[美]马丁·贝尔纳：《黑色雅典娜》中译本，第187页，吉林出版集团，2011年7月。

汤普森绅士的作品是由18世纪欧洲出版商伪造出来的。

1776年,百年雅典游记的收官之作:钱德勒《希腊之旅》发表

(参看本书第3章第4节相关内容)

第二节　古典学时期

进入古典学时期之后,学术的重点从各类游记作品转移到了古典历史的构建上,从地域上来说,学术中心则由法国及英国转移到了德国。

1764年,德国学者温克尔曼《古代艺术史》发表

约翰·约阿希姆·温克尔曼《古代艺术史》是与罗马传统决裂之后的第一部关于古希腊的作品,"温克尔曼的作品对德国的影响是惊人的。正如古典史学家鲁道夫·法伊弗(Rudolph Pfeiffer)写道:

"'与拉丁传统的人文主义决裂后,一种真正的新希腊主义成长起来了。温克尔曼是发起人,歌德是圆满完成者,威廉·冯·洪堡(Wilhelm von Humboldt)在他的语言学、历史学和教育学作品中,是理论家。最后,洪堡的概念有了实际效果,当他成为普鲁士的教育部长、创建了新的柏林大学和新的人文主义高级中学之后。'(Pfeiffer[1976,p.170])

"通常认为,歌德是浪漫主义的创建者,他把18世纪热情洋溢地称为温克尔曼的世纪。"[①]

1775—1800哥廷根古典学

"1775—1800年间,哥廷根不仅创立了后来大学的许多机构形式,而且哥廷根的教授们建立了后来的研究和出版在新的职业学科中得以施行的思想框架的大部分。在这一非常卓越的团队中,毫无疑问,古典语文学是思想蓬勃发展的中心,它后来被赋予了更不凡、更现代的名字:Altertumswissenschaft或古代学。[参见R. S. Turner(1985)]"[②]

哥廷根是古典学之"祖庭"

"古代学公认的祖宗——这一学科后来移植到英美,成为新学科'古典学'——是哥廷根的一个典型产物。"[③]

[①] [美]马丁·贝尔纳:《黑色雅典娜》中译本,第189—191页,吉林出版集团,2011年7月。
[②] [美]马丁·贝尔纳:《黑色雅典娜》中译本,第197页,吉林出版集团,2011年7月。
[③] [美]马丁·贝尔纳:《黑色雅典娜》中译本,第200页,吉林出版集团,2011年7月。

虚构的古希腊文明——欧洲"古典历史"辨伪

哥廷根大学由英国国王和汉诺威选帝侯乔治二世所创立

"哥廷根可以被视为后来所有现代的、各种各样的职业大学的胚胎。英国国王和汉诺威选帝侯乔治二世于 1734 年创建了它。"①

1776 年,爱德华·吉本《罗马帝国衰亡史》开始出版

该著作为古罗马历史文献的集大成之作,共六卷,1776 年出版第 1 卷,1781 年出版第 2、第 3 卷,1788 年出版第 4、第 5、第 6 卷。

1790 年,开始读《荷马史诗》。

"到了 1790 年代,上层阶级开始阅读荷马的原文。"②

1795 年,F.沃尔夫名著《荷马导论》发表——"古典学"诞生的标志

F. 沃尔夫(Friedrich Auguste Wolf,1795—1824)

1777—1779 年海涅的学生沃尔夫在哥廷根大学学习两年。③沃尔夫被称为"古典学"的创建者。④

1777 年 4 月,一名年方十八的青年学生到哥廷根大学注册入学,要求学习"古典语文学"(studiosus philologiae)。校方反对说,"古典语文学"并非现有的 4 个系科之一,如果他将来想当一名教师,应该注册学习神学,但这名学生坚持己见,学校无奈之下只得破天荒头一遭以"古典语文学"的名义为其注册。这名青年学生就是后来被视为德国古典学之父的沃尔夫(F. A. Wolf),1777 年也因此被认为对于古典学的诞生具有象征性的意味。不过,从学科研究的角度来说,我们应当把 1795 年,也就是沃尔夫发表其名著《荷马导论》(*Prolegomena ad Homerum*)的那一年,视为真正意义上的古典学的诞生年份,因为这部著作以现代方式重新提出了"荷马问题",对该问题的探究持续了两百多年直至今日,并且对整个古典学领域的研究影响深远。⑤

德国是新的"古希腊"

"在 18 世纪,对德国的威胁来自'新罗马'巴黎和罗曼语言法语。除了复活希腊语和德语之间旧有的文化联盟之外,还有新的动机将德国认同为新的'古希腊'。……文化强势与政治弱势和不统一的组合表明,虽然德国不能成为新罗马,

---

① [美]马丁·贝尔纳:《黑色雅典娜》中译本,第 192 页,吉林出版集团,2011 年 7 月。
② [美]马丁·贝尔纳:《黑色雅典娜》中译本,第 187 页,吉林出版集团,2011 年 7 月。
③ [美]马丁·贝尔纳:《黑色雅典娜》中译本,第 254 页,吉林出版集团,2011 年 7 月。
④ [美]马丁·贝尔纳:《黑色雅典娜》中译本,第 255 页,吉林出版集团,2011 年 7 月。
⑤ 张巍:"古典学的基本研究范式",见儒学联合论坛"古典学"三人谈。

但她能成为新希腊。"①

1784—1804 年,米特福德《希腊史》(鸿篇巨制)②

1798 年,拿破仑远征埃及

"拿破仑讨伐埃及,也树立了一个东方主义的里程碑。"③

1809 年,德国的教育改革(洪堡)

洪堡说:"我们对希腊历史的研究迥然不同于我们的其他历史研究。……从希腊人那里我们取得了超越世俗的东西——几乎是神圣的。"④

19 世纪初,德国人是人类的思想导师。

"公元 19 世纪初时,德国人确信自己就是'人类的思想导师'。这个自我评价为大多数进步的欧洲人和北美人所接受。德国的哲学和教育为破产的传统、法国大革命和无神论之间提供了一条中间道路。"⑤

1811—1812 年,尼布尔《罗马史》出版

尼布尔被称为当时的欧洲学术界之王,《罗马史》标志着西方近代历史科学的诞生。

1816 年,"印欧语系"概念出现

"托马斯·扬 1816 年首先使用了这一名称。"⑥

1817 年,奥古斯特·伯克《雅典国家经济》出版。

伯克是 F.沃尔夫的学生,德国著名古史学家。在柏林大学执教 50 多年,培养了大批弟子。

1819 年,卡尔·戈特弗里德·穆勒被聘为哥廷根大学教授

穆勒为博克的得意门生,也是最多产的古典学作家。1824 年他写的名著《多利安人》出版,1830 年《艺术考古手册》出版。⑦

1820—1824 年,卡尔·奥特弗里德·缪勒(穆勒)《希腊部落和城市的历史》出版。⑧

---

① [美]马丁·贝尔纳:《黑色雅典娜》中译本,第 192 页,吉林出版集团,2011 年 7 月。
② [美]马丁·贝尔纳:《黑色雅典娜》中译本,第 293 页,吉林出版集团,2011 年 7 月。
③ [美]爱德华·萨义德:《东方主义》中译本修订版,第 59 页,立绪文化事业有限公司,2011 年 2 月。
④ [美]马丁·贝尔纳:《黑色雅典娜》中译本,第 258 页,吉林出版集团,2011 年 7 月。
⑤ [美]马丁·贝尔纳:《黑色雅典娜》中译本,第 289 页,吉林出版集团,2011 年 7 月。
⑥ [美]马丁·贝尔纳:《黑色雅典娜》中译本,第 203 页,吉林出版集团,2011 年 7 月。
⑦ 详见晏绍祥:《古典历史研究史》上册,第 90—91 页,北京大学出版社,2013 年 11 月第 1 版。
⑧ [美]马丁·贝尔纳:《黑色雅典娜》中译本,第 280 页,吉林出版集团,2011 年 7 月。

尼布尔与穆勒及印欧语学者们一道虚构了古希腊的历史

"尼布尔、缪勒(穆勒)和印欧语学者在他们之间,为雅利安模式的建立提供了所有的必要因素。尼布尔让排斥古代的原始资料合法化,他还把法国和印度的北方征服模式引入古代。缪勒(穆勒)把古代模式开除出希腊。然而,语言学家们把希腊语与梵语联系起来的,并明确希腊语是一种印欧语的工作,比这些中的任何一种工作都更有威力。"①

1816—1830年,黑格尔《哲学史讲演录》问世。

1818年,黑格尔《历史哲学》在柏林大学开讲,《历史哲学》讲稿在黑格尔逝世四年后(1835年)正式出版。

1821年,希腊独立战争爆发

"在希腊独立战争于1821年爆发时,对自由的热爱复活了,……德国人是最迅速、最深刻卷入这一战争的民族。……英国人也深深卷入了希腊事业。"②

1824年,穆勒《多利安人》出版

穆勒是博克的高足,其所著《多利安人》一书,是一部强调种族主义的作品。他"把多利安人视作希腊精神的体现,鼓吹他们天生喜爱自由。他宣称以斯巴达为代表的多利安人的基本特征,是政治上的自由和稳定,生活上的简朴,个人一心为国。"③

1831—1870年,标准本《亚里士多德全集》出笼

由柏林科学院授命,在伊曼努尔·贝克尔(Immanuel Bakker)主持下编辑标准本《亚里士多德全集》,全书共5大卷,从1831到1870年历经40年完成。这部《亚里士多德全集》的出版被认为给亚里士多德研究奠定了新基础。这个版本是从最优秀和最古老的手稿中整理出来的。④

1834年,德国史学家德罗森曾三卷本《希腊化史》开始出版

在1833—1843年间,德国史学家德罗森曾出版了三卷本《希腊化史》,提出了"希腊化时代"的概念,说亚历山大大帝所征服的地区传播了古希腊文化,为基督教的兴起奠定了基础。⑤

---

① [美]马丁·贝尔纳:《黑色雅典娜》中译本,第300页,吉林出版集团,2011年7月。
② [美]马丁·贝尔纳:《黑色雅典娜》中译本,第260—261页,吉林出版集团,2011年7月。
③ 晏绍祥:《古典历史研究史》上册,第91—92页,北京大学出版社,2013年11月第1版。
④ 苗力田:《亚里士多德全集》中文版序言。
⑤ 黄洋、晏绍祥:《希腊史研究入门》,第206页,北京大学出版社,2009年8月。

这位德罗森曾(或译:德罗伊森),正是虚构"古希腊"概念的关键人物之一,他于 1836 年杜撰了 Hellenism 希腊文化(音译:海伦主义)的概念。在建立新希腊国之际,他起初提出以阿尔巴尼亚语作为希腊语,遭到反对后,又提出以当时已经不存在的阿提卡方言为希腊共同语,得到奥拓王子的采纳。这也就是所谓古希腊语的由来。①

1834 年,新希腊国定都雅典

"奥托的摄政府考虑到雅典在西方人心目中的地位,以及维持西方大国支持的重要性,决定把首都设在雅典。"②

1835 年,瑟尔沃尔《希腊史》八卷本问世

瑟尔沃尔《希腊史》"是第一部重要的、结合了新的德国学术成果的英文著作。它也是第一部取代了出版于 1784 到 1804 年的米特福德的鸿篇巨制《希腊史》的作品。"③

1837—1886 年间,欧美各国各种雅典考古专门研究机构纷纷成立

1837 年,希腊考古协会诞生。

1846 年,法国在雅典成立了考古研究院。

1868 年,新诞生的美国在纽约成立文献学会。

1874 年,德国在雅典设立了考古研究院。

1886 年,英国雅典研究院建立。

在 1837—1886 年短短 50 年间,各种欧美各国的雅典考古专门研究机构纷纷成立。那么试问对于雅典考古方面有什么建树呢?有什么重要遗址发现或者重大考古成果吗?在此期间,能够见到成绩的是对于当时民间流传的所谓碑铭摹本的收集与整理。

"对于古史研究具有重大意义的,是碑铭材料的广泛收集、整理与利用。德国学者在这一领域中仍居领先地位,主要表现为基希霍夫(Adolf Kirchhof,1826—1908)关于希腊字母历史的著作和由迪坦贝格(Wilhelm Dittenberger,1840—1906)等编辑的《阿提卡碑铭集成》。"④

---

①据英籍学者诸玄识先生所提供的资料,见本书第 4 章相关引文。
②[英]尼古拉斯·杜马尼斯:《希腊史》中译本第 1 版,第 184 页,东方出版中心,2012 年 4 月。
③[美]马丁·贝尔纳:《黑色雅典娜》中译本,第 293 页,吉林出版集团,2011 年 7 月。
④晏绍祥:《古典历史研究史》上册,第 107—108 页,北京大学出版社,2013 年 11 月第 1 版。

1846年,乔治·格罗特《希腊史》开始出版。

"乔治·格罗特1846年出版的著作很快就让瑟尔沃尔的《希腊史》黯然失色。……格罗特的历史书立刻被英国、德国和欧洲大陆其他地方的学者奉为权威。"①

1846年《希腊史》第1卷出版,1856年第12卷问世。②

1854年,威廉·史密斯爵士《希腊史》出版。

"虽然希腊传说坚持曾有过埃及和腓尼基的入侵,但现在语言学的科学证据暗示,希腊语是纯洁的、土生土长的。威廉·史密斯爵士的《希腊史》,从它1854年初版到1880年代,一直是这个问题的英语标准教科书。"③

1854—1856年,蒙森《罗马史》1—3卷出版

蒙森是在尼布尔之后十九世纪最著名的罗马史学者,熟知黑格尔辩证法,晚年因罗马史著作获得诺贝尔文学奖。④

1850年代,两位德国学者——库尔提乌斯兄弟

库尔提乌斯兄弟是德国古典学研究的代表人物,弟弟格奥尔格·库尔提乌斯从比较语言学入手,奠定了希腊语与假设的原始印欧语之间联系的学术基础;而兄长恩格特·库尔提乌斯则侧重于历史学研究,他的著作是第一部由亲身到过希腊的学者所写的有关希腊历史的重要著作。

弟弟:格奥尔格·库尔提乌斯(《希腊语词源学》1850年代)

"格奥尔格·库尔提乌斯1820年出生在吕贝克(Lübeck),就读于波恩和柏林,在布拉格(当时已经是一个重要的语言学中心)、基尔和莱比锡做教授。他的许多著作都是新的印欧语语言学原则在希腊语上的应用。他对比较语法和希腊语中的印欧语成分都有研究,在这两个领域他系统地阐述了优雅的、有规则的语音转换,根据这些语音转换规则大部分希腊语都能从假设的原始印欧语中派生出来[参见Sandys(1908,第三卷,p.207)]。在1850年代,格奥尔格·库尔提乌斯建立了迄今难以超越的牢固基础。20世纪早期的词典编纂者H.斯图尔特·琼斯(H. Sturart Jones)在利德尔(Liddell)和斯科特(Scott)所编撰的标准希腊语—英语字典第九版的前言中描绘了1920年代时的情形:

"经过认真思考,我们认为词源学的信息应该被最简化。浏览Boisacq的《希腊

---

① [美]马丁·贝尔纳:《黑色雅典娜》中译本,第293页、299页,吉林出版集团,2011年7月。
② 晏绍祥:《古典历史研究史》上册,第98页,北京大学出版社,2013年11月第1版。
③ [美]马丁·贝尔纳:《黑色雅典娜》中译本,第299页,吉林出版集团,2011年7月。
④ 晏绍祥:《古典历史研究史》上册,第115页,北京大学出版社,2013年11月第1版。

语词源学字典》，人们会发现词源学家们的揣测几乎很少脱离猜想；自从格奥尔格·库尔提乌斯格（他的《希腊语词源学》是利尔德和斯科特的主要依据）的时代以来，比较语文学的进步清除了很多'垃圾'，却几乎没有产生可靠的建设。①

"今天的情况和他在1925年写这番话时的情形并无二致。当然，大部分'垃圾'是闪米特的，它在1920年代是不可能被容忍的。"②

兄长：恩斯特·库尔提乌斯的《希腊史》（1857年第1卷出版）

"如果奥尔格·库尔提乌斯在语言学上建立了希腊和印欧人的联系，他的兄长恩格特则从历史方面实现了这一点。

"恩格特·库尔提乌斯生于1814年。他先后在波恩和哥廷根学习，在哥廷根他迷恋上了穆勒。从1836年到1840年，他在希腊生活，并在穆勒逝世时陪伴在他身旁。库尔提乌斯对伯罗奔尼撒半岛做了详细的历史描述，并在柏林获得了一个职位；接下来，从1856年到1868年期间他在哥廷根任教授；接着他在柏林任教授，并在那里度过了生命中的最后28年。③

"恩格特·库尔提乌斯和穆勒一样酷爱希腊的山水、纪念碑、考古学和艺术。他的书是第一部由亲身到过希腊的人所写的有关希腊历史的重要著作。而且，库尔提乌斯一贯坚持他导师所奉行的对待希腊的浪漫主义观点。正如维拉莫维茨·默伦多夫所说，他'绝不舍弃对那个理想观念的信仰，而是至死宣扬它。'然而，与穆勒不同，库尔提乌斯在对印欧人和雅利安人的新的热情中被彻底感染，他的浪漫主义也延伸到了他们身上。

"这样的观念在他的《希腊史》中随处可见，其中的第一卷发表于1857年。库尔提乌斯接受了语言学家们关于印欧语的发源地在中亚山区某处的观点；从那里，正当雅利安人横扫南方征服了印度时，古希腊人南下进入希腊。然而，与古典作家和他的前辈们不同，库尔提乌斯强调佩拉斯吉人与古希腊人之间的区别：'佩拉斯吉人的时代处于背景中，是一个单调漫长的时期。赫楞和他的儿子们第一次带来了冲动和运动；随着他们的到达，历史开始了。'

"这个观点似乎类似于雅利安人和非雅利安人之间的区分。然而，事实上，库尔提乌斯把佩拉斯吉人看作第一波低等的雅利安人，他们穿过安纳托利亚，越过达达尼尔海峡，最终抵达希腊，在弗里吉亚留下了他们的踪迹。后来的古希腊人侵

---

①Stuart-Jones(1968,p.x)。
②[美]马丁·贝尔纳：《黑色雅典娜》中译本，第302页，吉林出版集团，2011年7月。
③参见 Sandys(1908,第三卷,p.228—229)。

略规模较小,但'尽管他们人数较少,由于聪慧过人,他们能够将分散的因素集中起来……提升到较高的发展阶段。'①我们在第六章提到过斯巴达和麦西尼亚的多利安人出现以前的当地居民与'外雅利安'(off-Aryan)爱尔兰人之间的类比。库尔提乌斯的历史规划是,雅利安的古希腊人征服了半雅利安的佩拉斯吉人。这个规划的好处是结合了两种意识形态上的理想特征——支配种族实现了北方征服,并且保留了本质上的种族纯洁性。

"新的入侵者是彻底的北方人,其中一支'走陆路,穿越达达尼尔海峡的国家古入口:他们经色雷斯进入希腊北部的阿尔卑斯山陆地,在那里,在山区村镇中,他们形成了自己独特的社区生活……名曰多利安人。'"②

纯洁的希腊语一定是源于一种山民的语言

"对这种在村镇中的与世隔绝的山区生活——使得他们近乎瑞士人——栩栩如生描写的原因,似乎来自长期存在的、从某个民族的祖国地形来追溯该民族性格的浪漫主义需要。令支持这种观点的人尴尬的是,他们会发现温柔的爱奥尼亚雅典人形成于地势崎岖的阿提卡,而斯巴达人则生活在埃夫罗塔斯河的翠谷中。

"库尔提乌斯对爱奥尼亚人的渊源非常简略,仅提到爱奥尼亚人从弗里吉亚一路而来至爱琴海的东岸。希腊传统明确声明安纳托利亚的爱奥尼亚仅在公元前11世纪时才由来自希腊的爱奥尼亚人殖民,但在这点上尼布尔与古典作家持不同意见。这样,当库尔提乌斯否定传统并宣称希腊人在早得多的时候就已生活在那里时,他有新学术权威的撑腰。在这部分的结论中,他论证道,他们的分别迁移让多利安人有别于爱奥尼亚人,因此'就奠定了遍及这个民族全部历史的二元论的最初基础'。然而,他们在种族上是联合的:'一种内在的亲属感把他们彼此吸引。'

"最重要的是,库尔提乌斯关于雅利安古希腊人的神秘感情是对语言的关心:

"懂得以如此特别的方式发展出印度—日耳曼语这一共同财富的民族是古希腊人。他们的第一个历史功绩是发展了这门语言,这一功绩是一种艺术成就。因为超越了其他所有的姊妹语言,希腊语必须被看成是一件艺术品……如果这种语言的语法是古希腊人留给我们的唯一遗产,它可以成为证明这个民族不同凡响的自然天赋的充分和有效证据……整个语言就像一位受过训练的运动员的身体,其中

---

①Curtius(1857—1867,第一卷,p.30;1886 译文,第一卷,p.45)。
②[美]马丁·贝尔纳:《黑色雅典娜》中译本,第 302—303 页,吉林出版集团,2011 年 7 月。

第八章 西方学者构建"古典学"之编年

的每一块肌肉、肌腱都得到充分的发展,没有丝毫的臃肿或惰性物质的痕迹,全都是力量和生命。

"这门纯洁的语言在进入希腊之前,必须在北部山区已完全形成。库尔提乌斯认为这种早期的完成是特别必要的,因为他相信语言跟地形直接相关:'一类语音惯于在山上占优势,另一类惯于在谷地占优势,还有的惯于在平原占优势。'人们无法想象,像希腊语这样美丽纯洁的东西会形成在地中海地区;人们更无法想象它可能是古希腊人与埃及人和闪米特人杂交的结果。

"库尔提乌斯确实承认,在早期时,腓尼基人曾在希腊进行贸易,并引进了某些新发明。但他坚持,他们很快就被更有活力的爱奥尼亚人赶跑了。而且他确信,种族科学业已证明了埃及和腓尼基殖民传说的荒谬:

"人们很难想象,严格意义上的迦南人,他们在希腊人所到之处无不胆怯地退却,尤其当他们与古希腊人交往时,或远离故国时。他们作为一个民族被古希腊人如此鄙视,以致在像萨拉米斯或塞浦路斯这样人种混合的地区与他们通婚,也会被古希腊人视为耻辱。我们重申,人们很难想象,这样的腓尼基人曾在古希腊人中建立过公国。

"我们将在下一章讨论这段文字的反犹主义含义和当时在英国人们对腓尼基人截然不同的态度。就库尔提乌斯而言,他通过解释消除了对腓尼基人的指称,其方式与本森的方式类似并且同样累赘。库尔提乌斯认为,腓尼基殖民的希腊传说要么源于腓尼基人和曾到过国外并学到了一些外国方式的爱奥尼亚人之间的自然混淆,要么源于卡里亚曾被称为 Phoinikē 和卡里亚人似乎是一种东部希腊人的事实。他唯一允许的例外是克里特岛。他承认真实的腓尼基人或许曾在那里大量定居,尽管他们从来没有取代那里的土著佩拉斯吉人。在 1850 年代,因为该岛仍处于土耳其的统治之下,这似乎未必不可能;只有在 1900 年,埃文斯在该岛上发现了弥诺斯文明后,克里特岛才变成了不能让步给腓尼基人的、极其宝贵的领土。"①

1861 年,英国学者梅因《古代法》出版

"《古代法》在 19 世纪执行了甚至更为重大的职能;真的,就英国而论,如果说现代历史法律学是随着这本书的出现而出生的,也不能谓言之过甚。"②

---

① [美]马丁·贝尔纳:《黑色雅典娜》中译本,第 304—305 页,吉林出版集团,2011 年 7 月。
② 喀莱顿·垦卜·亚伦(Carleton Kemp Allen)1931 年为英国梅因:《古代法·导言》,见[英]梅因:《古代法》中译本,第 5 页,商务印书馆,1959 年 2 月第 1 版。

1870 年代,"新雅典"的成形

欧洲大国达成一致的是"作为新希腊的首都,雅典必须更加欧洲化。主要的设计者——德国的设计师莱奥·冯·克伦茨(1784—1864)确定,'雅典的设计工作属于欧洲事务。'新城市……主要集中于如今宪法广场、协和广场和古罗马神庙的中轴线一带。……到19世纪70年代,现代雅典的雏形已经日益明显。"①

1877—1878 年,"希腊化"概念出现

博克的高足德洛伊森关于亚历山大继业者的著作再版时,以《希腊化史》书名出版,这是学术史上首次提出"希腊化"的概念。②

1877 年,摩尔根《古代社会》出版。

古典历史研究出现了新的形态,在比较语言学之外,产生了所谓的"民族学"即后来所说的"比较文化学"。

1880 年,纸莎草纸文献出世

"1880 年,学者们在埃及进行考古时首次发现了纸莎草纸文献。"③

1891 年,在埃及发现纸草书摹本《雅典政制》现身。

英国考古学家和语言学家凯尼恩对其进行了编辑,是为亚里士多德《雅典政制》的初版。

1900 年,约翰·巴格内尔·伯里《希腊史》出版。

"约翰·巴格内尔·伯里的《希腊史》1900 年首次出版,现在仍被认为是标准著作。"④

19 世纪后半叶至 20 世纪初,德国"古典学"维拉莫维茨(Urlich von Wilamowitz-Moellendorff,1848—1931)是古代希腊文献校注的大家,他培养了许多弟子。维拉莫维茨及其弟子包括莱因哈特(Karl Reinhardt)、弗兰克尔(Hermann Frankel)、弗里特兰德(Paul Friedlander)、耶格尔(Werner Jaeger)等成为德国 Altertumswissenschaft 最后一代耀眼的群星。

1921 年"第三次人文主义"

维拉莫维茨弟子耶格尔,在 1921 年接任了当时全德国地位最高的古典学教

---

①[英]尼古拉斯·杜马尼斯:《希腊史》中译本,第 188—189 页,东方出版中心,2012 年 4 月第 1 版。

②晏绍祥:《古典历史研究史》上册,第 92—93 页,北京大学出版社,2013 年 11 月第 1 版。

③孙宝国、郭丹彤:《论纸莎草纸的兴衰及其历史影响》,载《史学集刊》2005 年 7 月第 3 期。

④[美]马丁·贝尔纳:《黑色雅典娜》中译本,第 264 页,吉林出版集团,2011 年 7 月。

席,即维拉莫维茨在柏林大学的教席之后,大力倡导"第三次人文主义"(前两次分别为文艺复兴和德国新古典主义),试图让古典学的学术研究再一次服务于古典理想的教育功能。

耶格尔的代表作三卷本《教化》(*Paideia*)的主要目的也正是展现古典理想在古希腊文化中的历史进程。可是,随着第二次世界大战的爆发,德国大批的古典学者流亡海外,耶格尔的"第三次人文主义"终于成为绝响,德国 Altertumswissenschaft 的辉煌世纪也宣告终结。①

---

①张巍:"古典学的基本研究范式",见儒学联合论坛"古典学"三人谈。

第九章 余论:是"文艺复兴"还是"中学西被"?

19世纪西方历史学界在虚构西方古典历史的同时,将发端于14世纪的意大利文艺复兴确定为世界近代史的开端,并将意大利文艺复兴视为古希腊、古罗马文化的再生运动。

然而,14—16世纪"文艺复兴运动"的概念与18世纪"欧洲启蒙运动"的概念之间存在着明显的相互矛盾。启蒙运动指从天主教"启示"观念统治下黑暗、愚昧的精神状态解放出来的欧洲近代化运动,而文艺复兴指对所谓古希腊人文主义古典文化的复兴。这两者都是以"理性"的观念为核心,都是对欧洲传统宗教蒙昧主义的否定运动。既然已经历了文艺复兴运动的洗礼,又何必再来一次启蒙运动呢?

实际上,这是一个"层累造成的"概念关系,先有18世纪的启蒙运动,后来才出现文艺复兴的说法,换句话说,"文艺复兴"的概念起源于19世纪。

"启蒙运动"及后来所提出的"文艺复兴运动"概念,其时间跨度大约为14—18世纪,这个时期实际上正是中国文化广泛深入影响欧洲的历史阶段,我们称其为"中学西被"。这一问题意义重大且与本书主体密切相关,笔者在此以"余论"的形式初步提出这一问题,以期能引起学术界同仁对此问题的关注。

第一节 "文艺复兴"概念及中古欧洲的状况

1."文艺复兴"的概念

文艺复兴时期没有古希腊复兴的事实

文艺复兴时期对意大利产生影响的主要是古罗马的民族历史,并没有所谓古希腊的影子,因为"希腊从来没有能够为自己建立起民族的政治历史的传统,简单的理由是他们从来没有在政治上统一过。对于他们来说,埃及比希腊更容易被描述成为一个政治主体。罗马人——而不是希腊人——把民族的历史观念流传给了文艺复兴……"①

"我们已知的事情中有一个突出的事实。我们发现,古代后期的历史学家为了修订自己的民族历史,求助于罗马历史学家、教会历史学家以及东方国家的历史学家——尤其是犹太人,但我们没有发现他们求助于希腊的历史学家。正如我们的叙述所表明的那样,我所说的希腊历史学家指的是真正的希腊历史学家,而非用希腊文描写其他民族的历史学家。

这个事实意味着两个问题:

(1)为什么希腊人被排除在他们的学术活动,即民族史的修订工作之外呢?

(2)如果希腊人实际上被排除在古代民族史修订工作之外,那么文艺复兴时期的民族史修订是否也如此呢?"②

意大利著名西方古典历史学家莫米利亚诺就古希腊历史对后世史学的影响问题提出了质疑。

"文艺复兴"概念是一个法语新词,源于 19 世纪中期

"文艺复兴"是 19 世纪出现的概念。"就广义而言,文艺复兴是 19 世纪学者们的创造。"③

"从 19 世纪开始,人们逐渐形成这样一个观点:文艺复兴对现代世界的发展具有'卓越的历史重要性';继中世纪文化发展停滞之后,一个'文化上的春天'伴随着对古典文学的重新审视和视觉艺术的蓬勃发展传遍欧洲大陆。这一观点的发展主要归功于《意大利文艺复兴时期的文化》一书的作者——瑞士历史学家雅各布·布克哈特。"④

"文艺复兴(Renaissance)——以大写字母 R 开头——这个概念(image)可追溯到 19 世纪中叶,追溯到法国历史学家朱尔斯·米什莱(Jules Michelet;他喜欢这个名称)、批评家约翰·罗斯金(John Ruskin)和建筑师 A.W.普金(A.W.Pugin;他们

---

①[意]莫米利亚诺:《现代史学的古典基础》中译本,第 109 页,华东师范大学出版社,2009 年 6 月第 1 版。

②[意]莫米利亚诺:《现代史学的古典基础》中译本,第 113 页,华东师范大学出版社,2009 年 6 月第 1 版。

③[美]罗宾·W.温克、L.P.汪德尔:《牛津欧洲史》中译本第 1 卷,第 95 页,吉林出版集团,2009 年 4 月第 1 版。

④[英]彼得·沃森:《人类思想史——冲击权威:从阿奎那到杰斐逊》中译本,中央编译出版社,2011 年 5 月第 1 版。

不赞成这个名称)、诗人罗伯特·布朗宁(Robert Browning)和小说家乔治·艾略特(George Eliot;他们更加模棱两可),但首先要追溯到瑞士学者雅各布·布克哈特(Jacob Burckhardt)。

"正是布克哈特,正是他的著名的《意大利文艺复兴时期的文化》(Civilisation of the Renaissance in Italy;1860)用'个人主义'和'现代性'这两个概念定义了这个时期。据布克哈特说,'在中世纪,人的意识……在共有的面纱掩饰下处于梦幻或半清醒状态。……人们——正是通过某种基本分类方式——意识到自己只是一个种族、民族、党派、家庭或团体中的一员。'然而,在文艺复兴时期的意大利,'这一面纱首先化为乌有……人变成了精神的个体,并认识到自己就是如此。'文艺复兴意味着现代性。布克哈特写道,意大利人'在现代欧洲之子中是最早出生的'。

"14世纪的诗人弗朗切斯科·彼特拉克(Francesco Petrarca;英语拼写成'Petrarch')是'最早的真正的现代人之一'。艺术和观念的伟大复兴始于意大利,而这些新的观念和新的艺术形式在较晚阶段才传入欧洲其余地区。"①

"文艺复兴"孪生概念"人文主义"(德语新词)源于19世纪初

在"文艺复兴"概念出现之前不久,如影随形的孪生概念"人文主义"一词出现于19世纪初。

"'人文主义'是一个内涵丰富的术语,不同的人对它有不同的理解。Humanismus这个词19世纪早期开始在德国使用,意指其价值观念开始受到质疑的传统形式的古典教育,而马修·阿诺德(Matthew Arnold)似乎是第一个在英语中使用'人文主义'这个词的人。至于'人文主义者',该词起源于15世纪,为学生用语,指人文学科的大学教师。"②

"众所周知,术语'人文主义'直至1809年才露面。实际上,它是德语中的一个新词(Humanismus)。在使用初期,它所对应的是19世纪学校教育改革所追求的思想倾向,也就是说它起初只涉及某种教育理论。后来,它的使用范围不断拓宽,其中也融入了反抗'黑暗年代'(1841)及'繁琐哲学'的精神运动的思想内涵,并且在沃伊特(G.Voigt)的著作《古典的古代在人文主义时代的复苏》(1859年)中被用来作为古典文学复兴这一具体时期(人文主义初期)的同义词。直到20世纪中期,

---

① [英]彼得·伯克:《文艺复兴(第2版)》中译本,第3—4页,北京大学出版社,2013年2月第1版。
② [英]彼得·伯克《文艺复兴(第2版)》中译本,第29页,北京大学出版社,2013年2月第1版。

这部著作仍被当作经典并用于相关问题的研究。"①

"自19世纪中期起,尤其是雅各布·伯克哈德(Jacob Burckhardt)的名篇《意大利文艺复兴时期的文化》问世之后——它确立了'文艺复兴'的(法语)名称并使其家喻户晓,'文艺复兴'和'人文主义'这两个词开始形影相随,就像一对双胞胎,给那个关键的历史时期打上了深刻印记,并肩负起了开创'我们自己'新世界的艰巨使命。"②

西方学者对"文艺复兴"概念的反思

"'文艺复兴'一词的始作俑者,是法国历史学家朱尔·米什莱(1840)③。他对该时代的独到见解以及他所主张的历史观点,后来引发了一场有关历史写作的长期大讨论。"

"确实,由米什莱和伯克哈德两位大师于19世纪中期开启的'文艺复兴'模式,在20世纪的最初几十年间遇到了强烈质疑,甚至一度达到了全面否定其作为独立历史时期存在的地步。这一质疑首先来自某些研究中世纪的学者,后来进一步蔓延至同时期的历史学家。尤其在二次大战及战后一段时间里,这一大讨论最终导致了专业历史学家对这一既定模式的深刻反思。"④

然而,其反思的方向存在问题。

"在他们的心目中,随着对其他复兴时期,尤其是12世纪复兴时期历史研究的全面展开,文艺复兴运动逐渐失去了它原先承载的负重,而它头上新世纪曙光的光环也逐渐淡去,最后仅保留了某个具体历史时期的名分以及历史上某场精神及艺术运动的名分。"⑤

文艺复兴不过是则神话

"文艺复兴这一想法(idea)是个神话。当然,'神话'这个词也是一个模棱两可的术语,它故意用在这里有两种不同的意思。当专业的历史学家提到'神话'时,他们通常是指对过去的论述,对他们能证明是错误的或至少是令人误解的过去的论

---

① 有关"人文主义"一词的历史演变,还可参考 P.O.克里斯特勒的论著《古典文学和文艺复兴思想》,剑桥,马萨诸塞,1955年,第8—9页。关于沃伊特,可参考费弗的《古典知识史》第17页。[希腊]娜希亚·雅克瓦基:《欧洲由希腊走来》中译本,第62页注①,花城出版社,2012年3月。

② [希腊]娜希亚·雅克瓦基:《欧洲由希腊走来》中译本,第62—63页,花城出版社,2012年3月。

③ 参阅吕西安·费尔夫的文章《朱尔·米什莱是如何创造文艺复兴的》,选自《还历史以真实面目》,巴黎,1962年,第717—730页。

④ [希腊]娜希亚·雅克瓦基:《欧洲由希腊走来》中译本,第63页,花城出版社,2012年3月。

⑤ [希腊]娜希亚·雅克瓦基:《欧洲由希腊走来》中译本,第63—64页,花城出版社,2012年3月。

述。至于布克哈特对文艺复兴的描述,他们反对他在文艺复兴和中世纪之间、意大利和欧洲其余地区之间所做的戏剧性的对照。他们认为这些对照被夸大了,在做这些对照时,忽略了中世纪所做的许多革新,忽略了进入 16 世纪、甚至更晚些时候的传统观念的存在,忽略了意大利人对其他国家的尤其是对荷兰的绘画和音乐的兴趣。

"'神话'这个词的第二个意思是更为文学化的概念。神话是讲述一个比现实中的人更高大(更纯洁或更阴暗)的人物的象征性的故事,讲述一个伦理道理的故事,尤其是讲述一个关于过去的故事,以便解释和证明某些事物的现状。从这个意义上讲,布克哈特的文艺复兴也是一个神话。他故事中的人物,无论是像阿尔贝蒂(Alberti)和米开朗琪罗这样的英雄,还是像博尔吉亚家族(the Borgias)这些坏蛋,都比实物要大……

"这些比喻在布克哈特时代不是新的。从 14 世纪中叶起,意大利和其他地区的越来越多的学者、作家和艺术家开始使用'新生'这个比喻来表明他们生活在一个新时代的感觉,这是继他们最先称之为'黑暗时代'之后的一个新生的(regeneration)、革新的(renovation)、恢复的(restoration)、复活的(recall)、再生的(rebirth)、重新苏醒(reawakening)的或重见光明(re-emergence)的新时代。"①

西方学术界将"文艺复兴"概念不断推前

随着学术的进步,西方的文艺复兴也层出不穷,继 19 世纪《意大利文艺复兴时期的文化》作者,瑞士历史学家雅各布·布克哈特提出 14 世纪"意大利文艺复兴"概念之后,西方学者不断将文艺复兴的时间推前。今天不止有 14—16 世纪"欧洲文艺复兴"的概念,欧洲 12 世纪也有"文艺复兴",进而还有"帕列里奥文艺复兴"(13—15 世纪)、"马其顿文艺复兴"(867—1056)、8—9 世纪"伊斯兰文艺复兴",8—10 世纪"加洛林文艺复兴"、7 世纪"诺森伯里亚文艺复兴"、4 世纪"拉丁文艺复兴"、公元 1 世纪的"智者运动":西方文明史上第一次"文艺复兴"。

13—15 世纪"帕列里奥文艺复兴"

"公元 1204 年,第四次十字军东征攻陷了君士坦丁堡,建立了拉丁帝国,在这一过程中毁灭了大量希腊手稿,拉丁帝国一直持续到 1261 年拜占庭的最后一个王朝帕列里奥王朝(Palaeologan Dynasty,1259—1453)开始。这一时期出现了帕列

---

① [英]彼得·伯克:《文艺复兴(第 2 版)》中译本,第 4—6 页,北京大学出版社,2013 年 2 月第 1 版。

里奥文艺复兴(Palaeologan Renaissance),文化中心位于君士坦丁堡的宫廷。这次复兴激发了人们对希腊遗产继承的渴望。"①

12世纪"文艺复兴"

美国学者查尔斯·霍默·哈斯金斯在其所著《十二世纪文艺复兴》中系统提出12世纪"文艺复兴"的说法。②

9—11世纪"马其顿文艺复兴"

"马其顿王朝时期(867—1056)的拜占庭不仅重视文化教育,而且积极促进学术艺术的发展。因而人们把这段时期叫作马其顿文艺复兴(Macedonian Renaissance),这是拜占庭文化发展的第二个黄金时代。"③

8—9世纪"伊斯兰文艺复兴"

"伊斯兰帝国以欧亚规模的交易为背景,并以阿拉伯语为国际语言,和埃及、美索不达米亚、波斯、希腊及印度的各种文明互相融合。在8至9世纪时,以大都市为中心,出现了文明革新运动'阿拉伯文艺复兴'。"④

阿拉伯语在历史舞台上才出现不久(公元7世纪),本来是新事物、如何称为"复兴"?

8—10世纪"加洛林文艺复兴"

"8—10世纪在查里曼大帝及其继承者倡导下的加洛林文艺复兴(Carolingian Renaissance)吸引了更多的民众,主要的成就是复制了古典文献手稿,弥补了因蛮族入侵而带来的文化浩劫。"⑤

10世纪"奥托文艺复兴"

近来有学者提出将此时期分为查里曼推行的"第一次卡洛林文艺复兴",其后继者统治下的"第二次卡洛林文艺复兴",并将后来的"奥托文艺复兴"视为相同现

---

① 陈恒:《古典学的历史》中译本译后记,见[德]维拉莫威兹:《古典学的历史》中译本,第313页,三联书店,2008年6月。
② 详见[美]查尔斯·霍默·哈斯金斯:《12世纪文艺复兴》中译本,上海三联书店,2012年6月第2版。
③ 陈恒:《古典学的历史》中译本译后记,见[德]维拉莫威兹:《古典学的历史》中译本,第312页,三联书店,2008年6月。
④ [日]宫崎正胜:《中东与伊斯兰世界史图解》中译本,第167页,台北商周出版,2008年9月初版。
⑤ 陈恒:《古典学的历史》中译本译后记,见[德]维拉莫威兹:《古典学的历史》中译本,第316页,三联书店,2008年6月。

第九章 余论:是"文艺复兴"还是"中学西被"?

象的延续,而纳入"第三次卡洛林文艺复兴"。①

7世纪"诺森伯里亚文艺复兴"

"公元7世纪的诺森伯里亚文艺复兴(Northumbrian Renaissance),……669年,坎特伯雷主教塔尔苏斯的西奥多(Theodore of Tarsus,602—690)在不列颠引发了一股建立僧侣学校、主教学校的浪潮。这场文化复兴运动中的最杰出人物是'英国史之父'比德(Bede,673—735),他精通古典文献,掌握希腊语、拉丁语和希伯来语。诺森伯里亚文艺复兴为欧洲大陆的加洛林文艺复兴培养了学者。"②

4世纪"拉丁文艺复兴"

"公元4世纪的拉丁文艺复兴(Fourth-Century Renaissance),这场复兴保存了大量古典文献,人们从纸草文卷和羊皮文书中复制了大量非常易于损毁的手稿。356年,康斯坦修斯二世(Constantius Ⅱ,317—361)在君士坦丁堡建立一座文献馆(scriptorium)专门复制古典文献。……这场文艺复兴的中心首先在高卢,以后转移到罗马,代表作家是哲罗姆(Jerome,约342—420)和奥古斯丁。"③

公元1世纪"智者运动"——西方"第一次文艺复兴"

"第二次智者运动(The Second Sophistic Movement)可以说是西方文明史上第一次"文艺复兴",是一场以强调修辞和努力再生阿提卡语言为特色的复兴活动。这场运动始于公元1世纪下半叶,鼎盛于公元2世纪,以后就衰落了,前后持续了约有5个世纪之久。"④

这样一来,西方的"文艺复兴"竟然有10次之多,基本上从耶诞之后1700年间不曾间断。孰知物极必反,"文艺"从来就没有间断,也就不存在"复兴"的问题了。

既无古典历史,何以复兴文艺

"文艺复兴"是与西方古典历史相关联的一个概念。

"'文艺复兴'(Renaissance)一词来源于法语 la Renaissance,而这个法语词汇

---

① (Pierre Riché et Jacques Verger, Des nains sur des épaules de géants. Maîtres et élèves au Moyen Âge, Paris, Tallandier, 2006)参看维基百科"卡洛林文艺复兴"条。

②陈恒:《古典学的历史》中译本译后记,见[德]维拉莫威兹:《古典学的历史》中译本,第315—316页,三联书店,2008年6月。

③陈恒:《古典学的历史》中译本译后记,见[德]维拉莫威兹:《古典学的历史》中译本,第314—315页,三联书店,2008年6月。

④陈恒:《古典学的历史》中译本译后记,见[德]维拉莫威兹:《古典学的历史》中译本,第310页,三联书店,2008年6月。

又来自拉丁语 renasci,是'再生'之意,在此背景下就是'学术复兴'之意,即再生古典学术与古典艺术。"①

"复兴"的前提是古代曾经存在过"文艺"的历史(即"古典历史"),从本书所考述的结论来看,事实上西方古典历史完全出于近代以来西方学者们的杜撰,因而"文艺复兴"也不过是一个虚假的概念。

西方古典历史既为虚构,并不存在一个辉煌的古希腊文明,那么如何会有所谓古希腊文艺的复兴?这样就引申出一个问题,文艺复兴既然不是古希腊文艺的复兴,那么其内容又来自何方呢?

2. 15世纪前欧洲的状况

伏尔泰:15世纪之前欧洲无历史

"伏尔泰提出:'一切历史都是近代史。'②关于15世纪末叶以前没有任何事物是真正能够为人所知时,他就一举而说出了两件事:即早于近代的事都是不可知的,以及更早的事都是不值得知道的。"③

伏尔泰说:"在中国已经完成了政治制度生活的时候,法国人还在那里过着动物一样的生活。"④

歌德说:"中国有千百种这样的小说;在我们的祖先还在树林里生活的时候,他们已经有小说了呢。"⑤

"休谟根本无视盎格鲁—撒克逊世纪,即形成英国的时代,认为那只不过是老鹰与乌鸦之战的时代。伏尔泰认为,研究早期中世纪的历史就像研究狼与熊的活动,是没有价值的。"⑥

15世纪中国印刷术普及之前欧洲历史一片混沌……

15世纪之前欧洲为蛮荒之地

当时的西方处于神学统治之下,在科技方面一片空白,不要说科技,连像样的巫术都没有。在受到中国文化熏陶的意大利人看来,整个欧洲包括法国都不过是

---

①陈恒:《古典学的历史》中译本译后记,三联书店,2008年6月。
②[法]伏尔泰:《哲学辞典》,《历史学》条;《全集》第41卷,第45页。
③[英]柯林武德:《历史的观念》中译本第1版,第449页,商务印书馆,1997年9月。
④朱谦之:《中国哲学对于欧洲的影响》,第293页。
⑤歌德和埃克曼的谈话,见《歌德对话录》,第119—120页,商务印书馆,1937年5月初版。
⑥[英]乔治·皮博迪·古奇:《19世纪历史学与历史学家》中译本上册,第85页,商务印书馆,2011年7月。

蛮族而已,对此法国大文豪伏尔泰也不否认。

伏尔泰说:"这个被我称为路易十四的时代大约始于法兰西科学院的创建时期,在这个时代之前,意大利把所有位于阿尔卑斯山背后的民族统称为野蛮人。必须承认,法国人在某种程度上受这一辱骂,倒也该当。他们的祖先把摩尔人具有浪漫色彩的殷勤风流和哥特人的粗野土俗合为一体。

"绘画、雕刻、诗歌、雄辩术、哲学等几乎都闻所未闻。整个贵族阶级与世隔绝,蛰居于乡下有护城河围绕的城堡中,残酷压榨种地人。在法国,直到将近菲利浦·奥古斯特统治时期,人民还始终是奴隶。直到路易十一即位,庄园主还专制横暴。这样,法国人的才华在900年间几乎一直处于举国分裂、内战频仍的环境中,萎缩在某个哥特式的政府的统治之下,既无法律典章可遵,也无固定习俗可循。每隔两世纪改变一次始终粗俗不雅的语言。

"贵族毫无纪律可言,只知征战杀伐、游手好闲。教士道德败坏、愚昧无知。百姓不知勤劳发奋,陷入贫困之中。

"其他民族的伟大发现和令人赞美的发明,法国人都没有参与。印刷术、火药、玻璃、望远镜、比例规尺、气动机械以及宇宙的真实体系都与法国人无关。正当葡萄牙人在已为人所知的世界的东方和西方发现并征服新世界的时候,法国人还经常在比武场上耍枪弄剑。"①

欧洲人在邻居眼中的形象

"10世纪,著名的阿拉伯地理学家马苏德(Mas'udi)提到'乌鲁法'(Urufa),穆斯林这样形容欧洲人:'他们没有幽默感,个头很大,本性粗鄙,举止不雅,理解力迟钝,口齿含混……居住越北就越是愚蠢、粗俗和野蛮。'"②

西欧中世纪特征:小国寡民、野蛮愚昧、暴力横行、战乱频仍、环境恶臭

"看看中世纪欧洲的地图,……呈现了数百个彼此竞争的公国,从西欧沿海的诸多王国,到位于波罗的海和亚得里亚海之间的众多城邦,从吕贝克到威尼斯,等等。1世纪的欧洲大约有1000个政体,200年后,西欧仍然大约有500个独立的政治单元……

"……来自里斯本的那些人都有些残忍,更确切地说,是彻底的野蛮。……

"我们已经见证,欧洲的冲突可能会造成毁灭性灾难,只要想想17世纪中期

---

① 详见[法]伏尔泰:《路易十四时代·导言》中译本。
② [英]彼得·沃森:《人类思想史——冲击权威:从阿奎那到杰斐逊》中译本第1版,第2页,中央编译出版社,2011年5月。

德国'三十年战争'所造成的大混乱局面就知道了。1550—1650年,大致上有2/3的时间,大约10个较大的欧洲公国都处于战争状态,所以,在边境上生活的居民遭遇着巨大的不幸。从1500年到1799年的所有年份中,西班牙有81%的时间在与外国敌人作战,英国则为53%,法国为52%。

"暴力在这个地区泛滥。英国与法国几乎永远处于战争状态。没有与法国作战时,英格兰人又与威尔士、苏格兰和爱尔兰人打仗。没有与凯尔特人打仗时,他们彼此又因为觊觎、争夺王位控制权,接二连三地打起了内战。

"英国的城市生活,……虱子传播的鼠疫耶尔森氏菌引发的腹股沟腺炎瘟疫,即黑死病,于1349年传播至英国,致使英国人口的数量减少到约40 000人,不到当时南京人口的1/10。

"除了黑死病瘟疫外,斑疹伤寒、痢疾和天花也肆虐流行。即使没有了流行病,恶劣的卫生条件也使英国沦为死亡陷阱。没有任何形式的排水系统,伦敦各街道散发着无可忍受的恶臭,而在当时的中国城市,人类排泄物都会被有计划地收集,作为肥料铺撒在稻田上。在迪克·惠廷顿担任市长大人的时期(从1397年到他1426年离世4次担任市长),铺满伦敦街道的,全然不是什么黄金。

"中小学过去常给学生教的是,与昏庸之君理查二世相反,亨利八世被视为英雄人物。说来悲哀的是,他们的王国远非莎士比亚在《理查二世》中的'君权之岛',而更像是化粪池岛。这部喜剧亲昵地称之为'另外一个伊甸园,半个天堂,这个大自然本身所建造的堡垒,抵御一切污染'。但1540—1800年,英国人在出生时的平均预期寿命仅37岁,寿命低得可怜;伦敦人出生时的平均预期寿命是二十几岁。大约有20%的英国孩子在出生后的头一年便夭折了;在伦敦,每3个孩子中几乎就有1个夭折。亨利八世自己在26岁成为国王,在35岁时死于痢疾——这也提醒我们,直到相对最近的时期,大多数历史都是非常年轻而又短寿的人所谱写的。

"那个时期英国人的生活,正如政治理论家托马斯·霍布斯后来所论及的(他所言称的'自然状态',确实是'孤立的、贫穷的、残暴的、短寿的')。"①

700年前欧洲无人识字

"我们可以回忆一下,500年前,不管是在北欧,在德国还是在我国,还几乎没有一个人会写字。今天我们的面包商还使用着的刻记赊售面包的木筹就是我们过

---

① [英]尼尔·弗格森:《文明:东西方文明PK,谁是胜者?》第一章,中信出版社,2011年12月。

去的象形文字和账簿。"①

伏尔泰说500年前欧洲无人识字,伏尔泰是18世纪的人,当时说500年前大约为距今700年前,即所谓的"文艺复兴"之前,当时欧洲无人识字,一片蛮荒。

15世纪欧洲的文献状况

亨利五世Henry V(1387—1422),英格兰兰卡斯特王朝国王(1413—1422年在位)。在他9年的统治期间,取得了中世纪英格兰最高的军事辉煌。这位伟大的英国国王有一座皇家图书馆,藏书多少呢?总共6册(其中3册是从女修道院借来的)!

"例如英格兰国王亨利五世(Henry V)的图书收藏为六本手抄的书,其中三本还是跟一个修女院借来的。"②

"英国的亨利五世(Henry V)在1422年去世时只拥有20本书。"③

"同一时期欧洲最富有的商人佛罗伦萨人弗朗西斯科达梯尼(Francesco Datini)拥有12本书,其中8本是宗教方面的。"④

对比明朝中国文献状况

中国明王朝,在15世纪初(1403—1408),朝廷组织两千余名学者,按照韵部顺序,将14世纪前的古籍汇集起来,编纂了规模宏大的文献集成《永乐大典》,汇集了当时中国的主要文献七八千种,正文22 937卷、目录60卷,分装成11 095册,全书约3亿7千万字,形成了人类文化的洪流。

以上仅是皇家所编并藏于皇家的一部书。其他各类各朝各地的大批官私文献随处可见,正所谓:"草木百年新雨露,车书万里旧江山。"

《永乐大典》"作为全球最大规模的百科全书,此后几乎整整600年后,才于2007年被维基百科所超越。"⑤

在15世纪之前,中国科技遥遥领先世界

"不朽的英国词典编纂者塞缪尔·约翰逊对西方主导世界的所有可能的解释

---

① [法]伏尔泰:《风俗论》中译本上册,第87页,商务印书馆,1994年11月。
② [英]加文·孟席斯:《1421:中国发现世界》中译本,第47页,台湾远流出版事业股份有限公司,2011年5月版,第47页。
③ [英]孟席斯:《1434:中国点燃意大利文艺复兴之火》中译本,第149页,台湾远流出版事业股份有限公司,2011年5月版。
④ [英]加文·孟席斯:《1421:中国发现世界》中译本,第16页,京华出版社,2005年5月;另见台湾远流出版事业股份有限公司,2011年5月版,第47页。
⑤ [英]尼尔·弗格森:《文明》中译本,第1章,中信出版社,2011年12月第1版。

都持反对观点。在于1759年出版的《拉塞勒斯王子的故事》中,他笔下的拉塞勒斯王子如此问道:欧洲人……为何能如此强大?他们为什么能如此轻易地踏足于亚洲和非洲,进行贸易或征服?亚洲人和非洲人为什么不能入侵他们的海岸线,在他们的港口设立殖民地,将法令加诸他们的王室?让他们回家的风同样可以将我们带向那里。

"哲学家埃米莱科是如此回答的:先生,他们比我们更强大,因为他们更博学;知识将永远驾驭无知,如人类支配其他动物一样。但是,对于他们的知识为什么多于我们的问题,除了无以解释的上帝意志赐予外,我不知道能给出什么其他原因。

"如果知识能给人们提供航行船舰、挖掘矿藏、发射枪炮和治疗疾病的更佳方式,那么知识的确就是力量。但在事实上,这是西方人比其他人博学的原因吗?或许,1759年之前,情形确实如此;1650年后大约持续了两个半世纪的科技革新几乎全起源于西方。那么1500年时呢?我们已经了解到,中国科技、印度数学和阿拉伯天文学数世纪来一直遥遥领先于世界。"①

李约瑟说:"就技术的影响而言,在文艺复兴之时和之前,中国占据着一个强大的支配地位。……世界受中国古代和中世纪的顽强的手工业者之赐远远大于受亚历山大时代的技工、能言善辩的神学家之赐。"

第二节　文艺复兴及其后欧洲绘画风格及技法与中国的关系

"文艺复兴"中"文艺"一词,顾名思义就是"文学"与"艺术",而其代表形式最典型的就是"绘画",本节揭示了当时的欧洲"绘画"与"中国画"的关系。

原来,所谓欧洲"文艺复兴"时期及其后以意大利为中心的"艺术"并非在时间上对子虚乌有的"古希腊艺术"的"复兴",而是在空间上因接受来自"中国艺术"的大量影响而产生。

1.文艺复兴的新画风、新技法原于中国

乔托·迪·邦多纳(Giotto di Bondone,约1267—1337),意大利画家与建筑师,是意大利文艺复兴时期新画风的开创者,被称为"欧洲绘画之父"。然而,以这位

---

①[英]尼尔·弗格森:《文明:东西方文明PK,谁是胜者?》序言,中信出版社,2011年12月。

第九章 余论:是"文艺复兴"还是"中学西被"?

"欧洲绘画之父"为代表的画家群所开创的新画风、新技法却是源于中国。

文艺复兴研究划时代著作——《中国、意大利与文艺复兴初期》

1935年,西方学者I.V.普吉那(I.V.Pouzyna)的著作《中国、意大利与文艺复兴初期》一书出版,该著作论证了中国绘画对文艺复兴初期的意大利绘画所产生的全面影响,是一部划时代的研究论著。

该专著从蒙古军进攻欧洲开始,阐述了元代天主教使节到达中国的情况,论述了中国与欧洲交流的可能性;讨论了14世纪意大利与中国之间的商业关系;从中欧交流的可能性出发,谈到中国画的特质,对中国画的高品质进行了阐述。对中国绘画从唐、宋、元时代的历史展开进行把握,其中元代绘画对于西洋人而言,最容易理解。

该书论述了14世纪意大利的绘画,对于从1300年左右开始的以乔托为首的新绘画的性格而言,既非来自古典美术,也非来自拜占庭美术,用北方的哥特式美术、圣方济各的美术都解释不了其来历。

在对中国绘画与意大利文艺复兴黎明期(14世纪)的绘画进行比较时,该书分析指出:乔托的表现力的强度,锡耶纳画派内部的自然活力等特点,均来自中国绘画。首先,着眼于手语,手的动作的完美表现来自中国的影响;其次,出现了侧面的面部表达形式,还有眼部的细细的切线条,细眉毛的表现形式,以及面向背部的人物画的画法,都来自中国画。同时,在群众画与风景画方面,也出现了明显的中国绘画元素,如强调轮廓线的技法,鸟、动物的题材。他还举出许多具体的事例为证。

这样来看,文艺复兴初期绘画的新特点,除了色彩的问题(他认为色彩不能进行比较),可以说几乎都来自于中国绘画。由此可见中国绘画影响的深度。①

所谓色彩问题实际上也是由于中国印刷术在欧洲的普及,从绘画材料多样化而来。

视而不见——西方美术史大家回避问题

此后,许多西方的著名学者,似乎都对I.V.普吉那的著作视而不见。如R.奥尔泰尔(R. Oertel)的《意大利绘画的初期》(1953),纽迪(C. Gnudi)、迪鹏(J. Dupont)合著的《哥特式绘画》(1954),不用说还有A.谢斯泰尔(A. Chastel)的《意大利美术》(1963),阿尔嘎姆(G. C. Argan)的《意大利美术史》(1968)等,对意大利文艺复

---

① 详见[日]田中英道:《光明来自东方——中国·日本对西洋美术的影响》日文版,第40—41页,河出书房新社1986年3月1日初版发行;田中英道该著作的日文名称为:《光は東方より—西洋美術に与えた中国·日本の影響》,笔者未见有中译本,本书所引该书内容为笔者撮要译述。

兴初期与中国绘画的关系这一重大问题，都似乎采取了回避问题的态度。①

"青山遮不住,毕竟东流去"——揭露历史真相的学者再接再厉

另一方面，继承 I.V. 普吉那怀疑精神，继续揭露历史真相的学者也代不乏人，对意大利文艺复兴初期受中国绘画影响的问题不断刨根问底。如 1938 年盖茨（Goetz）的论文，1955 年巴鲁图尔谢伊提斯《幻想的中世纪》(J. Baltrusaitis, Le Moyen Age Fantastique, Paris, 1955, p. 171ff.)，1960 年斯泰尔朗的论文等。另有 G. Paccagnini 1955 年著作《Simone Martini》及 1956 年日本学者宫崎市定的作品也涉及这个问题。②

需要特别指出的是，1986 年 3 月日本学者田中英道出版了专著《光明来自东方——中国·日本对西洋美术的影响》。该著作对"中国绘画对文艺复兴初期的意大利绘画所产生的全面影响"进行了更系统的论证，是继 1935 年西方学者 I.V. 普吉那的著作《中国、意大利与文艺复兴初期》之后的又一力作，为解决这一重大历史悬案提供了大量新的证据。③

"佛罗伦萨画派"与"锡耶纳画派"

文艺复兴初期形成的主要画派有两个，一个是佛罗伦萨画派（Florence School），初期代表画家为乔托，盛期代表为达·芬奇、米开朗琪罗、拉斐尔等。佛罗伦萨画派的开山祖师就是这位"欧洲绘画之父"乔托·迪·邦多纳。

另一个是锡耶纳画派（Sienese School），该画派创始人杜乔·迪博宁塞纳起初在佛罗伦萨学习绘画，间接承受中国绘画风格及技法的影响，回到锡耶纳后创立了具有自己特点的画派，将中国画法的影响扩大开来。如他的继起者西蒙·马丁尼在其代表作《受胎告知》中刻画圣母和天使，就采用了中国的人物形象。

这两个画派有一个共同的特点，即其人物画中的面部表现，无论是乔托还是西蒙，在其所画人物像的大部分脸部，雕绘浅显，眼部细长，有时其眼角尾纹上扬，表现了东方人的面部特色，与眼部位于中央，眼珠又大又黑又圆的传统欧洲画法

---

① [日] 田中英道:《光明来自东方——中国·日本对西洋美术的影响》日文版，第 41—42 页，河出书房新社，1986 年 3 月 1 日初版发行。

② [日] 田中英道:《光明来自东方——中国·日本对西洋美术的影响》日文版，第 42 页，河出书房新社，1986 年 3 月 1 日初版发行。

③ 详见 [日] 田中英道:《光明来自东方——中国·日本对西洋美术的影响》日文版，河出书房新社 1986 年 3 月 1 日初版发行；参考文献：小佐野重利《对马可·波罗东方旅行以后东西艺术交流相关两三个问题的考察》日文版（载京都意大利亚学会编《意大利亚学会志（通号 36）》1986.10）。

完全不同，与古希腊、古罗马的人物像完全异趣。①

不单单是人物造像，在空间构成的技法方面也学了中国绘画。任何人都承认中国宋元时代的美术在世界美术史上具有极高的地位。同时期曾经到过中国的阿拉伯人伊本·白图泰（ibn Battuta）（1304—1377）对中国美术给予了客观评价："中国人在美术方面与其他国家的人们比较起来，非常精巧、洗练，具有情趣。这方面已经得到著述家的关注，对此不乏细致的描述。在这方面，无论是哪个国家人们都无法与中国人相比，基督教国家的人们，最终不敌中国。他们在美术方面的才能完全与众不同。"②

乔托作品中服装缘饰采用元朝八思巴国师发明的文字作图案

乔托·迪·邦多纳为14世纪欧洲绘画史上开启新时代画风的著名画家。然而这位被称为"欧洲绘画之父"的划时代绘画大师不仅在画风、技法方面承袭来自中国宋元画风、技法，在一些细节上还直接采用来自中国的内容。如在其代表作帕多瓦市的斯克罗维尼礼拜堂壁画中，显示了乔托在绘画中革新的成果，非常具体地反映出与中国绘画的关系。这里总体上打消了人们对乔托绘画来源于复活古典时期希腊、罗马画风的考虑。该画中人物像完全不同于西洋风格的圆眼睛，其眼部细长型，呈长线条特征，表现了东方人物沉思的表情。

像这样典型的东方人类型的人物画像，在乔托的著名的《基督传》中也曾出现，在其中《基督的复活》场面中，鼾睡着的士兵形象不仅面部呈扁平形状，这些士兵穿着的铠甲也是东方风格的。画面中的四位士兵睡在地面上的情景，不仅表现了乔托敏锐的观察力，其在地面上的坐姿完全表现出了三次元的立体空间感觉。这与其《基督之死》中背对着看画者、不可思议地坐在那里的两个人物形象一样，表达了三次元的立体空间感，属于乔托在西方绘画方面的创新。像这样坐在地面的人物形象，在包括罗马美术的西方美术史上完全属于例外的画法，在乔托的作品中随处可见。而这种画法，却是中国绘画中人物画、罗汉像中的家常便饭。

不仅如此，在该壁画中很多画面人物服装的缘饰中，采用某种文字模样图案的地方达10处以上。对比一下才发现，这些图案原来都是元朝八思巴文字模样的

---

① 参见[日]田中英道：《光明来自东方——中国·日本对西洋美术的影响》日文版，第44—45页，河出书房新社，1986年3月1日初版发行。

② H.Yule&H.Cordier,Cathey and the way thithey,vol.IV,[lbn Battuta's Trauels in Bengal and China],p.114.［日］田中英道：《光明来自东方——中国·日本对西洋美术的影响》日文版，第45—46页，河出书房新社，1986年3月1日初版发行。

图案。作为画家乔托并不认识蒙古文字,因而将其当成图案来使用了。①

乔托晚年时画风有点改变,当时哥德式艺术盛行,宗教人物的身长都一律加长并增加飘浮感,但他著名的透视背景画风依然没有改变。他死后到达·芬奇的时期,约有 100 年的断层。

为什么有 100 年的断层呢? 原来是等待来自中国影响的新一波浪潮。

文艺复兴黎明期锡耶纳画派(14 世纪)作品中的中国元素

锡耶纳城位于意大利中部南托斯卡纳地区,邻近佛罗伦萨南部大约 50 公里,14 世纪时在艺术上形成了与佛罗伦萨画派分庭抗礼的锡耶纳画派。

锡耶纳画派作品在人物造型方面,在人物的脸型、眼部、眉毛以及帽子等许多细节方面,都表现出显著的东方特点。

杜乔·迪博宁塞纳的继起者是西蒙·马丁尼(Simone Martini,1280—1344),其代表作《受胎告知》(1333)中天使所穿的服装为当时中国的制品。

在锡耶纳画派中存在很多来自中国的绢织物,这些绢织物上的图案,都起源于中国,这些图案对锡耶纳画派的绘画产生了全面的影响。

至少西蒙·马丁尼是通过中国的绢织物上的图案了解到中国画之美的,进而想象东方人的形象,以所想象的东方人的容貌画出了圣母的脸庞。从其画像中细细的眉毛、平平的脸型来看,绝不是西欧人的容貌。

如此看来,西蒙绘画的独特性,是受到来自中国绘画影响的缘故。他所带来的绘画革新,与当时各种各样来自蒙古的人们所带来的印象,与在匈牙利的蒙古人的接触,与意大利商人所带来的以绢织物为首的来自中国的物质与信息所发挥的作用有关。西蒙所具有的东方要素,以当时的东方趣味为基础,其形象在绘画上颇为罕见,为其基督教主题画作赋予了新的内容。②

锡耶纳画派代表作——《善政》采用了"俯瞰法"的绘画技法

14 世纪中期锡耶纳画派的代表人物:P.洛伦泽蒂(Pietro Lorenzetti)和 A.洛伦泽蒂(Ambrogio Lorenzetti)兄弟,两人皆卒于 1348 年,生年不详。

洛伦泽蒂兄弟的作品在写实方面非常有特点,其中尤以 A.洛伦泽蒂为著,其代表作《善政》与《恶政》(1338—1340)刻画了和平安宁为"好政府"带来繁荣幸福,

---

①详见[日]田中英道:《光明来自东方——中国·日本对西洋美术的影响》日文版,第 84—95 页,河出书房新社,1986 年 3 月 1 日初版发行。

②详见[日]田中英道:《光明来自东方——中国·日本对西洋美术的影响》日文版,第 101—117 页,河出书房新社,1986 年 3 月 1 日初版发行。

表现了城乡居民的升平之景,与此前欧洲绘画以表现天国、地狱、最后的审判等宗教题材的光景截然不同。

在《善政》的图画中,戴蒙古帽子的人在城墙内、城墙外都有,说明这种风俗在锡耶纳地区已经非常普及。画中正在舞蹈的女性人物,穿着的漂亮衣裳可以认定是来自东方的绢织物。

然而,受到东方影响的不仅是人物造像。在其绘画技法上来说,没有先例的使用了"俯瞰法"的绘画方法。这里不禁要问,在欧洲从未见过的这种"俯瞰法"来自何方呢?该图画的绘制者的视点,是站在高处向下俯瞰的,而且是站在山上向遥远的连续的山峰望去,这样的视野无论是罗马还是拜占庭都不曾有过,这样的见地在欧洲是第一次出现于画作中,应该还是受到了中国画的影响。实际上,这恰恰与北宋的郭熙理论化了的"三远法"中"平远"的视角,站在山上按水平线向远山望去时的视野非常近似。

这种绘画技法,在中国绘画中用于画卷风景画,宋代李成为集大成者。其作品有《秋山萧寺图卷》《潇湘图卷》等。①

意大利绘画之父——奇马布埃

传说佛罗伦萨画派的乔托与锡耶纳画派的杜乔都是佛罗伦萨的"意大利绘画之父"奇马布埃(Cimabue,1240—1300)的弟子,在据认为是奇马布埃传世代表作的《宝座圣母》中,所使用的基本技法为"透视法",这种绘画技法不见于此前的欧洲。"透视法"实际上是源于中国绘画的基本技法。

这里又出现了一位"意大利绘画之父"!不管是"欧洲绘画之父"乔托还是"意大利绘画之父",实际上都脱不了与中国绘画的联系,这两个画派都受到中国绘画广泛、深刻的影响,其源头都在中国。

达·芬奇对阿尔贝蒂理论著作《论绘画》的引述

"透视法"为文艺复兴时期开始的欧洲绘画的基本技法。阿尔贝蒂·利昂纳·巴蒂斯塔(1404—1472)为意大利文艺复兴时期最有影响的建筑理论家及绘画理论家。在绘画理论方面他著有《论绘画》(De Pictura,1435)一书,在该书中对欧洲文艺复兴时期出现的新的绘画技法"透视法"作了描述。

"阿尔贝蒂的杰作《论绘画》,被文艺复兴艺术史学家普遍认为是有史以来绘画方面的最重要著作。李奥纳多·达文西(达·芬奇)反复地提到它,有时还逐字逐

---

① 详见[日]田中英道:《光明来自东方——中国·日本对西洋美术的影响》日文版,第122—133页,河出书房新社,1986年3月1日初版发行。

句引用。分析阿尔贝蒂为何写这本书似乎是恰当的,特别是因为它影响到达文西(达·芬奇)才能发展,而且这本书左右了文艺复兴的未来前途。"①

"李奥纳多·达文西(达·芬奇)在自己的绘画专著中大加利用《论绘画》(Della pittura,De pictura 的意大利文翻译),他使用相同的术语和观念,甚至是一些阿尔贝蒂的惯用语。例如,达文西(达·芬奇)说透视图看起来好像是画'透过玻璃看进去的物体',这是阿尔贝蒂使用的术语;然后在定义画家的透视为一种'视觉几何学'时,又如法炮制。达文西(达·芬奇)在每一个细节上都遵循阿尔贝蒂的理论和原则:'科学没有必然的事,除非是人们运用数学科学之一'……再次要引用达文西(达·芬奇)的话:'绘画必须建立在健全的理论上,而透视画法就是指引和途径。'贾克·布克哈特(Jakob Burckhardt)在《意大利文艺复兴时期的文明》(The Civilisation of the Renaissance in Italy)一书中描绘阿尔贝蒂是真正万能的天才,并且认为李奥纳多·达文西(达·芬奇)与阿尔贝蒂相比,是完成者之于开创者。"②

琼恩·加多尔对阿尔贝蒂的评述

《论绘画》的产生,首次对透视法则提出了合理且系统的阐述。以下再次引用琼恩·加多尔的说法:

阿尔贝蒂于此一佛罗伦萨时期(1434—1436)的主要成就是理论性的。透过将其人文主义的和数学的知识用于影响绘画及雕塑创作,阿尔贝蒂开创了这些艺术在数学上得到启迪的新技巧,发展出这种新生的艺术仰赖于几何的美学意涵。

雕塑对应的透视理论稍晚出现在《论雕塑》中。把雕像视为另一种大自然的几何模仿,他为雕塑家设计出同样巧妙的求积法,并且制定了第一个文艺复兴时期的比例准则。③

琼恩·加多尔很简明扼要地写道,阿尔贝蒂超越天文学而联系上数学,再(利用)数学去发展绘画与建筑学、制图学与测量学——甚至是工程设计与密码学。④

阿尔贝蒂为文艺复兴时期的新神话

"莱昂·巴提斯塔·阿尔贝蒂(1404—1472)在文艺复兴早期被誉为'全能之

---

① [英]孟席斯:《1434:中国点燃意大利文艺复兴之火》中译本,265 页,台湾远流出版事业股份有限公司,2011 年 5 月版。

② [英]孟席斯:《1434:中国点燃意大利文艺复兴之火》中译本,266—267 页,台湾远流出版事业股份有限公司,2011 年 5 月版。

③ Gadol,Leon Battista Alberti,p.155。

④ [英]孟席斯:《1434:中国点燃意大利文艺复兴之火》中译本,266 页,台湾远流出版事业股份有限公司,2011 年 5 月版。

士',并被李奥纳多·达文西(达·芬奇)形容为'艺术上新的宏伟风格(grand style)之先知'。(Gadol, Leon Battista Alberti, introduction.)他的通才令人惊奇。"[1]

"阿尔贝蒂的智力成就真正令人敬畏。中世纪的意大利艺术史学家格雷森(Grayson)如此清晰地解释,阿尔贝蒂引进了画面(picture plane)的概念作为一扇窗户,观察者在窗上可以看到超乎其外的景象,从而奠定了线性透视(linear perspective)的基础。阿尔贝蒂日后编纂了基本几何学,所以线性透视成为数学相关的知识。

"阿尔贝蒂写了10卷建筑专著,内容涵盖文艺复兴时期建筑学的各个方面——城市规划、建筑设计、水和污物处理、公共空间、施工方法。《论建筑的艺术》(De re aedificatoria)成为传播文艺复兴时期建筑技术到意大利各地的标准参考书籍。

"阿尔贝蒂把1439年7月6日出现的群星画在圣罗伦佐洗礼堂的天花板上,他的朋友托斯卡内利可能提供了协助。他跟托斯卡内利与雷乔蒙塔纳斯合作,帮助雷乔蒙塔纳斯确定太阳赤纬、黄赤交角,以及黄道倾斜度的变化。他撰写第一本欧洲的密码学专著《论用密码书写》(De componendis cifris)。

"难道一个人真有这么大的能力可以涵盖如此多样的主题,从发明多字母替换(polyalphabetic substitutes)与神秘的代码,乃至于处理透视图的新数学模型?

"阿尔贝蒂就像雷乔蒙塔纳斯、托斯卡内利、迪乔治和塔科拉一样,明显地对于他的灵感来源绝口不提。"[2]

阿尔贝蒂被誉为"现代测量学之父"——与托勒密无关

"阿尔贝蒂也把他的数学能力应用于测量,因此被许多人誉为'现代测量学之父'。就在此时,他跟过去彻底告别。他的罗马地图几乎同托勒密的测绘系统无关。他放弃托勒密的直角坐标,而使用星盘在地面寻找点的相对位置,就如同导航员做的——他从多个有利地点进行观测。正如琼恩·加多尔说的:'他最早在《描述罗马城》(Descriptio urbis Romae)中提出这些想法,这是写于1440年的简短的拉丁文论文。'加多尔相信阿尔贝蒂的《描述罗马城》与《数学游戏》是用观测来测量土地面积和用比例图来绘制地面的最早作品之一。他认为雷乔蒙塔纳斯、舍恩那与瓦德西穆勒沿袭了阿尔贝蒂的作品。

"达文西(达·芬奇)的比萨和阿诺河口地图被认为是最早的现代地图,运用了

---

[1] [英]孟席斯:《1434:中国点燃意大利文艺复兴之火》中译本,260页,台湾远流出版事业股份有限公司,2011年5月版。

[2] [英]孟席斯:《1434:中国点燃意大利文艺复兴之火》中译本,267—268页,台湾远流出版事业股份有限公司,2011年5月版。

深浅不同的颜色来显示土地的轮廓。达文西(达·芬奇)遵循着阿尔贝蒂使用于测量上的原理,就如同他遵循阿尔贝蒂的透视法则一样。"①

欧洲绘画中的"透视法"与中国古代《数书九章》

"在阿尔贝蒂写出伟大的绘画和雕塑著作《论绘画》(De pictura,1435)……与《论雕塑》(De statua,约 1446)之前至少 10 年,佛罗伦萨艺术家们就一直在试用透视画法了。"②

"在探讨阿尔贝蒂的伟大作品以前,人们也许应该细想一下为何这么多才华横溢的人会在同一时间出现在欧洲舞台。托斯卡内利、雷乔蒙塔纳斯、阿尔贝蒂、法兰西斯柯·迪乔治和李奥纳多·达文西(达·芬奇),他们掀起了欧洲思想革命的浪潮——在宇宙与太阳系的知识上,在天文学、数学、物理学、建筑学、制图学、测绘学、城市规划、雕塑、绘画,甚至密码学上!他们怎么都出现在意大利北部这同样的小范围区域内?"③

"在研究雷乔蒙塔纳斯的生平和作品时,如同在前面的章节所描述的,我偶然发现了一个奇怪的事实:雷乔蒙塔纳斯精通中国余数定理,在当时是中国独有的。他的来源(就我所知,那是唯一的来源)是秦九韶在 1247 年出版的《数书九章》,其中详细地解释了大衍求一术。

"《数书九章》是一部巨著,在中国人眼中,分量相当于阿尔贝蒂的《论建筑的艺术》,但出版时间早了两百年。带着极端的兴奋,我赶紧前往大英图书馆,阅读李约瑟对这本书的描述——简直是令人震惊的发现。依我看,阿尔贝蒂在《数学游戏》(Ludi matematici)一书中有关透视画法的研究,始源于中国书籍。

"……

"让我们从阿尔贝蒂的透视画法研究的基础阶段,其著作《论雕塑》与《论绘画》的构成要素开始下手。

"第一阶段:阿尔贝蒂绘制了一个像窗框的大矩形,他可以透过矩形看到自己希望描绘或创造的物体。

---

① [英]孟席斯:《1434:中国点燃意大利文艺复兴之火》中译本,273 页,台湾远流出版事业股份有限公司,2011 年 5 月版。

② [英]孟席斯:《1434:中国点燃意大利文艺复兴之火》中译本,262 页,台湾远流出版事业股份有限公司,2011 年 5 月版。

③ [英]孟席斯:《1434:中国点燃意大利文艺复兴之火》中译本,263 页,台湾远流出版事业股份有限公司,2011 年 5 月版。

"第二阶段:透过这画框看出去,他选择想描绘的最大的人物。这个人的身高被均分为三等分,形成基本的测量单位,称为布拉恰(braccia)。

"第三阶段:他制作画框的中心点,中心点不能高于地面以上的三个布拉恰。

"第四阶段:他把底线分成几个布拉恰。

"第五阶段:他从这个中心点画几条直线到底线上的每个布拉恰。"①

文艺复兴时期欧洲绘画基本技法——"透视法"来源于中国

"现在来比较阿尔贝蒂理解的程度与《数书九章》中举例说明的中国方法。

"第一个比较是用求塔楼高度的方法来说明(阿尔贝蒂在《数学游戏》中的说明,约1450):

"在地面钉入一支箭或一根木杆,以便形成一条直立的垂直线,顺着这条线去观测塔楼。在这条到塔顶的瞄准线与其交会处,于竿上以蜡做记号。由箭、地面和眼睛所构成的三角形,就是由塔楼、地面和眼睛所构成的三角形的几何对应,因此可以用它来求塔楼高度。

"这就是阿尔贝蒂如何'发现'投射法则,这些法则自此之后成为雕塑家和画家们的透视画法基础。

"不过,阿尔贝蒂并未做出原创性的发现。《数书九章》举出了刘徽在3世纪时也有同样的说明。在此书中,这项计算被称为"双差分法"("the method of double differences"),也就是直角三角形的特性。有几个例子描述了计算海面上看到的岛屿的高度、山丘上一棵树的高度、远处一座有围墙的城市的大小、峡谷深度、塔楼高度、河口宽度、一个清澈的水池的深度等方法。这个三角原理由欧几里得(Euclid)发明,而阿尔贝蒂既可能从欧几里得那里,也可能从中国人那里取得概念——阿尔贝蒂从来没有承认他的资料来源。

"然而,阿尔贝蒂与中国的资料来源之间的关联,远远超过三角原理。阿尔贝蒂使用与托斯卡内利相同的仪器,并采用与托斯卡内利相似的数学。阿尔贝蒂的透视方法很高明。他了解到透视不仅取决于物体的目视大小和观看者跟它的距离,而且也取决于观看者相对所看物体的高度和观看者注视物体时的角度。总之,若全面地观看一群人,那么群众中的每一个人都需要不同的透视法则。"②

---

①[英]孟席斯:《1434:中国点燃意大利文艺复兴之火》中译本,268—270页,台湾远流出版事业股份有限公司,2011年5月版。

②[英]孟席斯:《1434:中国点燃意大利文艺复兴之火》中译本,270—272页,台湾远流出版事业股份有限公司,2011年5月版。

遗憾的是,这位英国学者孟席斯在揭示阿尔贝蒂"透视法"与中国渊源的同时,依然迷信欧几里得。其实所谓在欧几里得名下的《几何原理》出现甚晚,与此形成对照的是,"透视法"并非始于《数书九章》,在《九章算术》乃至先秦古籍《周髀算经》中,就已经有了作为"透视法"原理的"勾股定理"了,详见本章后文考述。

2.17 世纪——美术史上所谓"巴洛克世纪"

在欧洲美术史上有一个非常关键的概念"巴洛克风格",这种风格为 17 世纪初到 18 世纪上半叶流行于欧洲的主要艺术风格。

在美术史上将以"巴洛克风格"为特征的 17 世纪称为"巴洛克世纪"。涵盖 17 世纪欧洲各国的艺术,包括意大利、葡萄牙、西班牙、荷兰、法国、弗兰德尔等。

"巴洛克"概念的来历

然而,作为当时欧洲主要概念的"巴洛克"一词其来历甚为蹊跷。

对于欧洲来说,"巴洛克"艺术究竟是什么意思?首先令人们想到的是西方著名艺术史家海因里希·沃尔夫林(HeinrichW61ffiin,1864—1945)在其著作《美术史的基础概念》(Kunstgeschichtliche Grundbegriffe,1915)中给出的定义:

从线性的到绘画性的、从平面到有进深的、从封闭的形式到开放的形式、从多数的到统一的、从对象的绝对明了性到相对明了性,这些就是巴洛克艺术与文艺复兴时期艺术相比较而言的特点。①

然而,推敲一下这个著名的定义就会发现,其概念非常暧昧。"绘画性的"、"有进深的"、"开放的形式"、"统一性"及"相对明了性",这些难道就是巴洛克的艺术特色吗?这些特点难道文艺复兴的艺术中就一定没有吗?17 世纪美术形态的力动感、对戏剧性内容的追求、明暗法的深化等,是任何一个国家的美术中都可以见到的。对这样的一种普通的风格居然冠以巴洛克美术的名称!

"巴洛克"来源于葡萄牙语 barroco,意思是"不规则的变形了的珍珠",这一点许多相关书籍都会进行这样的说明。然而,奇怪的是没人追问该词真正的含义。该词有点风格变调,很奇妙,也很粗野,与作为贬义词的另一个词汇"哥特式",指野蛮的"哥特人的"之意有点类似。在意大利语(barocco)中将其解释为"奇特,古怪,

---

① 沃尔夫林:《美术史的基础概念》[1915 年]日译本,守屋谦二译,岩波书店,昭和 11 年;转引自[日]田中英道:《光明来自东方——中国·日本对西洋美术的影响》日文版,第 141 页,河出书房新社,1986 年 3 月 1 日初版发行。

第九章 余论:是"文艺复兴"还是"中学西被"?

变形"等含义。①

那么,这样一个概念,它是如何从像葡萄牙这样的国家产生并普及开来的呢?

"巴洛克"一词最早出现于印度

"巴洛克"一词最早出现在1563年刊行的一个葡萄牙人Garciada ORTA所写的《愚人的对话与印度的药品》一书中。该书相关章节中写道:"长相并不好,既不圆,在沉淀的水中出产的巴洛克(barroco)。"②这应该是由于见到在东洋出产的,将小石子或木片插入母贝中生长出来的变了形的珍珠而吃惊的表现。无论如何,这本书在印度出版,这一点非常重要。③

16世纪葡萄牙殖民活动将中国艺术带到欧洲

16世纪葡萄牙在东方的殖民活动非常活跃。从1497—1498年葡萄牙人瓦斯科·达·伽马发现通往印度的海路之后,1515年在印度的果阿设立了葡萄牙总督府。在16世纪中叶,葡萄牙商人们从果阿向中国进发,进入宁波、厦门等都市,并租借了澳门。而且,从中国装运回大批生丝、绢织物、陶瓷、漆器、宝玉类,垄断了欧洲市场。可以说16世纪的中国产品几乎都是通过葡萄牙进入欧洲的。

然而,其中的中国瓷器,在作为实用性物品的同时,由于其质地的精美及陶瓷上具有丰富多彩的图绘,得到欧洲宫廷的青睐。在此之前,欧洲的陶器均为粗陶,与中国的陶瓷比较起来显得非常粗陋,因此欧洲人对来自中国的精巧细腻、熠熠生辉的陶瓷是当成宝物来对待的。

法兰西国王弗朗索瓦一世在枫丹白露宫设有专门收集中国瓷器的房间,西班牙国王菲利普二世收藏有3000件瓷器,佛罗伦萨梅迪奇家族于1553年所藏目录中有373件陶瓷。这些瓷器未必全部是中国的,然而这可以说明当时流行的风气。

这种对中国陶瓷器的渴望,不单单是因为对品质上乘的中国瓷器的憧憬,还是对远方有一个具有高度发达的、异质的中国文化的渴望。从16世纪中叶前后开始,通过葡萄牙商人和传教士,欧洲对中国的事情开始有了了解。葡萄牙传教士达克鲁斯(Gaspar da Cruz 1520—1570)的著作比马可·波罗对中国的记述要具体得多,他于1556年来到中国,虽然只逗留了不过几个月时间,却向欧洲传回了大量

---

① [日]田中英道:《光明来自东方——中国·日本对西洋美术的影响》日文版,第143页,河出书房新社,1986年3月1日初版发行。

② V·L·タビエ:《バロック芸術》[1961年]高階、坂本訳·白水社。

③ [日]田中英道:《光明来自东方——中国·日本对西洋美术的影响》日文版,第143页,河出书房新社,1986年3月1日初版发行。

真实的信息。他着眼于中国的国家统治方法,其来华的目的为传教,却对作为异教徒的中国的文化大加赞赏。大致同时期,西班牙修道士马丁·德·拉达也说:"中国土地非常肥沃,物产丰富,人口稠密。"到了1585年,西班牙人门多萨的《中华大帝国史》出版,到16世纪末之前,出版了30个不同版本,翻译成了所有主要的欧洲国家语言。该书阐述了中国富庶与繁荣的特点,重新强调了以正义作为国家统治的基础。

　　如上所述,到了16世纪后半叶,并不仅仅是单纯的中国趣味,中国作为国家的存在也给予欧洲人深刻的印象。在一本书名很长的《中华帝国及其国土与政治相关的优秀论文——纪元1590年,在位于中国的葡萄牙的城市澳门,拉丁语刊,会话体记述》一书中称赞中国:"据说中华帝国的统治,几乎与自然的本性完全一致,绝不会将政权交付给没有教养和没有手腕的人,而是委任给精通于学问的应用及其实践的人们。"这样的赞词,使作为欧洲各国范本的中国形象越来越强化,终于成了欧洲各国迈向中央集权制王权政治的一个榜样。

　　像这样的对东方文化的评价,不单单是基于商路的开通,以及东方信息的增加。热心于天主教宗教改革的耶稣会士们发挥了很大的作用。1583—1610年在中国生活的利玛窦在日记中说:"这大概比所有的历史书都对欧洲的文学、科学、哲学、宗教及生活各方面的影响还要大。"还说:"正因为与西方不同,因此值得特别加以注意的事实是,全帝国在一般情况下,都由被称为哲学者的知识分子阶层的人员所统治。整个王国的有秩序运营的责任,被完全委任给他们的管理与安排之下。"作为基督教徒,对异教徒的国家——中国的政治如此进行赞美,说明东方的存在,不单单是一个传教的对象地区,对于西欧人来说,是为将其看作是自己国家的榜样的。这意味着基督教欧洲遇到了一个巨大的他者,这个他者不是其后所理解的野蛮的、应该轻蔑对待的殖民的东方,而是一个比欧洲更加文明的东方。第一次真切地认识到这样一个完全不曾受到欧洲影响的令人震惊的文明,对于16世纪末到17世纪的欧洲人来说,受到了极大的冲击。①

　　代表17世纪的思想家笛卡尔于1637年也认识到了这一点:"我在此之后,到各国去旅行,知道了具有与我们的感情完全不同的人们的存在,这样的人,既不是野蛮人,也不是未开化人,认识到这些人们在一些方面与我们具有相当的程度,并

---

①[日]田中英道:《光明来自东方——中国·日本对西洋美术的影响》日文版,第143—147页,河出书房新社,1986年3月1日初版发行。

且比我们更加善于运用理性。"①

在笛卡尔这段话中已经可以看出法国中心主义的苗头,另一方面,这样的认识在随后欧洲称霸世界之前,作为对自身的新文明还没有充分自信的欧洲知识分子而言,流露出对其他文明的抵抗意识。再过一个世纪,在欧洲人的头脑里就只剩下欧洲优越的意识了,如黑格尔《历史哲学》那样"东方落后"的观念于是普及开来。

"带我来到了葡萄牙,
只需要少许的旅费就可以看到。
见到中国所产物品,
那来自崇高国度的
极东的龙涎香、美丽的细工漆器、
纤细的陶器类产品……"

以上诗句为法国诗人保罗·斯卡龙 Paul Scarron(1610—1660)的作品,反映了当时欧洲知识分子对中国的憧憬。诗中将葡萄牙看作是通往中国的出口,在那里有纤细的中国陶器,通过这样的陶器来了解遥远东方的高品质文化。②

17 世纪的荷兰——尼德兰与中国艺术

在 16 世纪,西班牙、葡萄牙是西欧国家最早进入东方的。到了 17 世纪,荷兰后来居上,取代了西班牙、葡萄牙在东方的地位,成为欧洲与东方贸易最有影响的国家。"在 17 世纪最初的 50 年间,荷兰从中国进口了 300 万件中国瓷器,转卖给了西欧各国。"③

这里所说的"荷兰"是一个历史概念,指历史上的尼德兰,与今天荷兰王国的地域范围不同。当时西欧的低地国家尼德兰(荷兰语:Nederlanden、英语:Netherlands),相当于现在的奥地利、荷兰、卢森堡三国低地地域内存在的诸邦国群。

在整个 17 世纪,尼德兰大约有属于中层社会以上的 1 万个家族,这些家族基本上属于商业阶级,尼德兰诸邦就是由这些商业阶级来治理的。在商人中间,基本上没有阶级差异,作为新教徒他们对传统的宗教美术并不感兴趣。来自东方的艺术品给予他们很大的美的意识的影响,于是他们在墙壁上挂上东方的锦缎与皮革

---

① [日]后藤末雄:《中国思想のフランス西漸》平凡社·昭和 44 年からの引用。
② 详见[日]田中英道:《光明来自东方——中国·日本对西洋美术的影响》日文版,第 141—148 页,河出书房新社,1986 年 3 月 1 日初版发行。中译文为引者撮要译述。
③ 详见[日]田中英道:《光明来自东方——中国·日本对西洋美术的影响》日文版,第 155—156 页,河出书房新社,1986 年 3 月 1 日初版发行。中译文为引者译述。

以为装饰,进而张贴航海所需的海图,进而在室内装饰有繻子、绒毯、陶器等。

荷兰画派在艺术史上对绘画表现形式的影响。举例来说,如17世纪各国都创作了大量的静物画,中国的陶瓷在这里作为其重要题材常常成为绘画的内容。

再例如风景画。过去对于意大利画家来说,不论是宗教画作,还是古典画作,都没有以风景本身作主题的,常常只是作为画作的背景。然而,荷兰的风景画纯粹以风景作主题,绝不能拿来与意大利画作相提并论。从东方来的陶瓷器上,有很多纯粹的山水画,很难说与荷兰的这种风景画风没有关系。

在很多室内画中,可以看到非常多的来自东方的各类物品。这些物品不限于前面所述的绒毯、陶瓷器等,例如房间角落中的墙地砖也在其列。墙地砖在热衷于仿造中国陶器的荷兰代夫特进行仿造,在其所制作的墙地砖中,有许多东方题材的人物画等,以单纯的笔致烧刻成型。在有名的约翰内斯·维米尔的作品《倒牛奶的女佣》和《地理学家》中,都可以见到这种墙地砖。(墙地砖在代夫特进行制作,在维米尔的室内画中最少有4件作品被画入其中,居于中央的人物造型设计应该是对中国人物图的模仿。)

到了17世纪后半期,日本的陶瓷器也开始向荷兰出口。柿右衛門风格偏红色的装饰,也受到欧洲的欢迎。包括这些内容的东方陶瓷器,成了18世纪欧洲洛可可样式最为重要的存在。①

就像这样,荷兰的东方贸易带到欧洲的数百万件陶瓷器,从各种意义上来说,都对荷兰美术有着革新的意义。②

"巴洛克"风格之根源——中国艺术无定形之美

"巴洛克"概念作为17世纪欧洲美术代名词的使用,来源于当时对东方世界的新认识。其内容是奇妙的、异质的,可以说对于欧洲人来说是非正统的。从这个意义上,在葡萄牙语中诞生的"巴洛克"一词,可以说其根源在东方。

在被称为"巴洛克"时代的17世纪,欧洲各国的宫廷都竞相致力于中国美术品的收集。尤其是法王路易十四,不仅进一步扩大收集的规模,《大学》《中庸》《论语》也是他命令翻译为拉丁文的。

梅迪奇家族在仿制中国陶器的时候,主要复制了花草纹饰模样。元、明时代的

---

① [日]山田智三郎:《欧洲美術と東亜の影響》アトリエ社·昭和十七年。小林太一郎:《シナと仏蘭西美術工芸》弘文堂·昭和十二年など。

② 参见[日]田中英道:《光明来自东方——中国·日本对西洋美术的影响》日文版,第156—159页,河出书房新社,1986年3月1日初版发行。中译文为引者撮要译述。

第九章 余论:是"文艺复兴"还是"中学西被"?

中国陶器有动物、云彩、波浪、岩石等自然物,龙、麒麟、凤凰等幻想动物,更有草、虫、鱼及历史故事连环画等染色烧制品。这些制品都采用了柔软的线条,没有使用远近法和阴影法的纹饰风格的。17世纪荷兰的代夫特陶器,就是这些陶器的仿制品。①

英国作家威廉·坦普尔爵士(Sir William Temple,1628—1699)在其著作《关于崇高的美》中这样叙述道:"在我们的造园技术方面,关于建筑物与植物的配列必然以一定的比例、均衡、整齐划一的原则为基础,在人行步道、道边树木都有相应的正确的距离。而中国人却对这种做法采取蔑视的看法,同样高度的树木、以相同的间隔并列排列的做法等同儿戏。这样就排除了简单易为的排列,为了探求最具感动的造型之美,驱使无限的想象力。从我们来说,对于这种美至今尚未考虑过。对于这种造型之美中国人称为 shraradge——美的无定型,这种无定形之美才应该是值得被称赞的美。印度的美丽衣裳,中国的屏风画、瓷器的装饰,都明显地具有这种美,即无定形之美。"②

带来这种"无定形之美"概念的,不仅仅是以陶瓷器为中心的中国美术品,还有来自全部形式的中国美术品。当时挂轴、屏风画等中国绘画也已开始流入欧洲,在17世纪德国小说家格里梅尔斯豪森(Grimmelshausen)的小说中,主人公当时的艺术品收藏家不选择戴茨冠的基督圣画像,而选择中国绘画。这说明当时的"中国趣味"的广泛程度,表示了欧洲已经开始理解中国绘画的内容了。

当时不仅限于对中国美术的某些方面,正如"巴洛克"一词所象征的那样奇妙的变形——即"无定形之美"概念形成本身也说明其影响的程度。从继承了所谓的古典到基督教美术的文艺复兴时期的构图,就其自身来说,致力于寻求秩序与均衡。从其所追求的秩序与均衡而言,是以"远近法"、"比例"等概念为基础的,而中国美术则是完全不同的秩序、不同的空间把握方法,当时欧洲的艺术家们敏锐地认识到这一点。与源于欧洲文艺复兴的"古代"概念而来的连续性意识相对应,来自外部的对照物非中国文明的存在莫属,由此开辟了从绝对的明了性向相对的明了性发展的道路。也许可以说欧洲文明从被封闭的视野中,开辟出了新的艺术形式。

---

① 详见[日]田中英道:《光明来自东方——中国·日本对西洋美术的影响》日文版,第148页,河出书房新社,1986年3月1日初版发行。中译文为引者撮要译述。

② サリヴァン[Michael Sullivan]:《東西美術の交流》[一九七三年]中川晃訳·洋販出版·一九七六年、110页。

虚构的古希腊文明——欧洲"古典历史"辨伪

尽管 Cf.Bazin 在其著作《巴洛克》中，对于来自中国的影响，只涉及其浪漫主义中的异国情调，而事实上 17 世纪不仅在美术史上，而且在思想史上也不能无视中国的存在，关于这个问题有进一步研究的必要。因为历史的美意识，经常受时代新的要素的深刻影响，将其升华到艺术层面对于西欧人来说不过是在传统的基础上自然选择的作用。①

"巴洛克"、"洛可可"概念起初本来是贬义词

巴洛克风格来源于中国艺术的大致情状已如上述。该词来源于葡萄牙语 barroco，实在格调低俗，很奇特、很粗野，它在欧洲艺术史上最初是以贬义词面貌出现的。其最初的基本含义指"猎奇的"。

有趣的是，欧洲美术史在巴洛克时代之后，进入了所谓的洛可可时期，而"洛可可"（Rococo）一词最初也是以贬义词面貌而出现。

"洛可可风格"起源于 18 世纪的法国宫廷，当时的法国实际上是欧洲接受中国文化影响的核心地区，而路易十四、路易十五的宫廷，则是典型的中国文物收藏中心。其后，流传到欧洲其他国家，形成一种流行时尚。

"洛可可（Rococo）来自 Rocaille 一词。Rocaille 的意思是岩石，这里指在巴洛克时代建造庭园时建造的洞窟中可以见到岩石组合。作为其引申义，将1730年代流行的曲线中经常使用的纤细的内装饰称作 Rocaille（模样）。Rocaille 装饰被认为是来自意大利的贝壳装饰，其实是像植物的叶子那样具有复杂曲线的一种很特殊的东西。"②

在欧洲美术史上经常被提到的"中国趣味"对以华托和布歇为代表的所谓洛可可美术的影响。③

"到了新古典主义时代（从 18 世纪末开始），对以前时代洛可可风格的装饰样式，蔑称其为颓废之风。其后，作为当时一般的美术或文化倾向的用语，如'洛可可样式'（线条）、'洛可可建筑'、'洛可可趣味'等，得到广泛使用。有人将其与豪迈、

---

① Cf.Bazin, op.cit, pp.216—220。详见[日]田中英道：《光明来自东方——中国·日本对西洋美术的影响》日文版，第149—152 页，河出书房新社，1986 年 3 月 1 日初版发行。中译文为引者撮要译述。

② 出典：自由百科事典[Wikipedia（日文版）]"洛可可"条。

③ 见[日]田中英道：《光明来自东方——中国·日本对西洋美术的影响》日文版，第 148 页，河出书房新社，1986 年 3 月 1 日初版发行。华托和布歇都是法国画家。让—安东尼·华托（Jean—Antoine Watteau, 1684—1721）弗朗索瓦·布歇（Francois Boucher, 1703—1770）。

第九章 余论：是"文艺复兴"还是"中学西被"？

华丽的巴洛克相对应，指称其特征为优美或纤细的'洛可可'，其实两者的界线未必有那么明确，有人认为洛可可是巴洛克的一种形式。"①

从"Rococo"洛可可一词的语义及语气上来看，起初指"颓废之风""小家子气的"。当时的英国曾视洛可可风格为法国品味而拒绝接受。

"哥特式"概念原来也是"贬义词"

与上述两个反映中国美术影响的概念不同，"哥特式"艺术概念是一个纯粹欧洲美术范畴的概念，然而它也是以贬义词的身份而登场。

"哥特式艺术"为"哥特人的"，其含义指"野蛮的"。

具有这种特征的大教堂等建筑物为北欧开始具有独特的风格，然而崇尚均衡整齐的古典世界的意大利知识分子，却认为这些建筑为变形的、外观不齐整的，没有什么价值，以污蔑的口吻用意大利语称之为"哥特人的（gotico）"。哥特人为北方日耳曼民族的一支，实际上与大建筑并无关系，这里将其称为"哥特式"意思是说那是"野蛮种族建的未完成的样式"。②

"哥特式"一词即来源于此。（英语：Gothic／法语：Gotique／德语：Gotik）③因此，"哥特式"首先是指具有这种特征的中世纪的一种建筑样式；其次，包括绘画、雕刻等美术所有方面，有时进而对当时的哲学、神学、政治理论，也称之为"哥特式精神"。④

杜撰"古典主义"概念为始作俑者

欧洲美术史上为何以"哥特式"、"巴洛克"、"洛可可"等贬义词指称不同美术时代的风格特征呢？

显然是为了反过来映衬另外一个"古典主义"概念的光辉。

为了突出"古典主义"概念的价值，欧洲的美术史家将17世纪冠以"巴洛克"世纪的名称，无非是要说17世纪通过葡萄牙的渠道来源于东方的艺术影响不过是猎奇而已。其后，在18世纪以荷兰、法国为通道大规模引进的中国艺术元素则被称为"洛可可"风格（小家子气）。

---

①出典：自由百科事典［Wikipedia（日文版）］"洛可可"条。
②エミール・マール［田中仁彦ほか訳］《ゴシックの図像学》［国书刊行会、1998］。
③［日］酒井健《ゴシックとは何か——大聖堂の精神史》［筑摩書房〈筑摩书店〉、2006］。
④バルトルシャイティス［西野嘉章訳］《幻想の中世：ゴシック美術における古代と異国趣味》［平凡社〈平凡社ライブラリー〉、1998］出典：自由百科事典［Wikipedia（日文版）］"哥特式"条。

从时间上来说,"新古典主义"正好承接"洛可可"风格,为了给"新古典主义"找一个名分,就杜撰了"古典主义"的概念。换句话说,是先有"新古典主义",然后才有了"古典主义"概念的。

古典主义艺术所指时代跨度为14世纪开始到16世纪,然而正如本书前述内容所揭示的那样,从所谓"欧洲绘画之父"时代开始,欧洲开辟的美术新天地,并不是什么时间上古希腊、古罗马艺术的复活,而是空间上来源于中国绘画形式的影响。

找不到实际的事例,这些杜撰历史的学者们无奈,于是就又将古典主义时代的帽子带给了17世纪的法国,说当时的法国就是欧洲的古典主义时代,其代表人物为古典剧作的三大作家:皮埃尔·高乃依(Pierre Corneille,1606—1684)、拉辛(Racine,Jean;1639—1699)、莫里哀(Moliere,1622—1673)。岂知17世纪的法国,正是当时欧洲积极引进中国文化的大本营,同时这些杜撰者好像忘记了,前不久刚给17世纪的欧洲带了一顶"巴洛克"世纪的帽子,显得左右矛盾、捉襟见肘。

既然编造出了"古典主义"的概念,那么如何对待大量存在的欧洲艺术实物呢?不得已于是再发明一个词,将欧洲本土的艺术形式贬称为"哥特式"(野蛮的)。

这就是欧洲美术史的概略。在欧洲美术史杜撰者所生造的概念里兜圈子,中国人永远读不懂欧洲的艺术史。

第三节 西学源于中国

随着所谓的"西学"不断传入中国,在中国近代出现了中、西学之争,各家分别提出"中学为体,西学为用"(张之洞)、"全盘西化"(胡适之)及"西学为体,中学为用"(李泽厚)等不同的主张。

然而,各家对于"西学"多取崇拜的态度,而对其伪造"学统"的真实情况则严重失察。原来"西学"的真正源头是"宋明理学"及"中国科学"。"西学"是对"中学"的全盘抄袭和严重扭曲。

1.中国点燃意大利文艺复兴之火

中国四大发明为欧洲文艺复兴提供了技术前提

"中国文明直接间接能给欧洲文艺复兴造成有利的技术条件者,自不能不首数中国之几种发明。卡德(T. F. Carter)在《中国印刷术的发明和它的西传》(The Invention of Printing in China and its Spread Westward)的绪论中,曾举出四大发明,

第九章 余论:是"文艺复兴"还是"中学西被"?

即一为造纸,二为印刷术,三为火药,四为罗盘针,均对于欧洲的文艺复兴时代有很大的影响,而此四大发明均以中国人占最重要的地位。1834年克拉普洛特(Klaproth)在巴黎刊行《与洪堡(Humboldt)论罗盘针发明书)》,力主罗盘针、火药、印刷等都由中国人发明,阿拉伯商人和航海者媒介传入欧洲。可见四大发明的传播,恩格斯归功于阿拉伯人和中国人都是十分正确的。"①

令人费解的是,西方至今有人坚持印刷术是德国人所发明。法国的汉学家安田朴看不下去了,在其所著《中国文化西传欧洲史》的绪论中,以"欧洲中心论欺骗行为的代表作:所谓古登堡可能是印刷术的发明人"为题,对这种虚构历史的行为进行了揭露。②

实际上,德国人编造故事手法很简单,这里举关于德国最早造纸厂的例子,伪造几页日记,并以此作为历史文献,以证明其历史。

该文献现藏纽伦堡国家博物馆,据说是"德国第一个纸场创建者斯特罗姆14世纪在纸上写的有关造纸的德文日记"。③

该日记内容如下:

"克劳森·奥布塞尔答应对我乌尔曼·斯特罗姆效忠,并发誓对我和我的继承人忠诚老实。他将是我在纸场中的监工,使我不受损害,终生不为我和我的继承人以外的任何人造纸,不以任何方式教别人造纸。此宣誓发生于耶稣纪元1390年圣劳伦斯节(Sant Lorenzen Tag or Saint Lawrence's Day)过后的一个星期日,在我的房间里进行晚祈祷之时,有我的儿子约尔格(J·rg)当时在场。"④

请注意"此宣誓发生于耶稣纪元1390年",这一看就知道是后世编造的,因为"耶诞纪年"在17世纪之后才逐渐在欧洲开始通行,14世纪在德国怎么可能有17世纪之后才有的"耶诞纪年"观念呢?

英国当代学者孟席斯提出:1434年中国点燃意大利文艺复兴之火

加文·孟席斯(Gavin Menzies)原是英国皇家海军潜艇编队指挥官,他于1959年到1970年间在潜艇编队服役期间环游了世界。离开皇家海军后,他曾多次回到中国和远东,行万里路,对郑和下西洋等历史进行了深入的调查研究,期间他访问了120个国家,参观了900多个博物馆和图书馆,并造访了中世纪后期每个重要

---

① 朱谦之:《中国哲学对于欧洲的影响》,第3—4页,福建人民出版社,1985年6月第1版。
② 详见[法]安田朴:《中国文化西传欧洲史》中译本上册,商务印书馆,2013年11月第1版。
③ 潘吉星:《中国造纸史》,第521页,上海人民出版社,2009年11月。
④ 潘吉星:《中国造纸史》,第521页,上海人民出版社,2009年11月。

的海港。在此基础上,孟席斯先后发表学术论著《1421:中国发现世界》(2002年)与《1434:中国点燃意大利文艺复兴之火》(2008年),揭示了许多不为人知的历史真相。

孟席斯得出结论说,佛罗伦萨、热那亚、威尼斯发源的所谓人文主义的文艺复兴,不过是承接了来自中国的文化洪流之余绪。

"从中国大量转移到欧洲的新知,短期之内纷至沓来,导致了我们称之为文艺复兴的这个革命。……

"1343年知性知识的转移,发生于一个已创造了数千年文明的民族,以及正要从罗马帝国灭亡后的千年停滞中蜕变而出的欧洲之间。……中国知性知识的转移是点燃文艺复兴的火花。"①

郑和下西洋为中国文化"西被"提供了新的历史契机

在西方所谓发现新世界运动兴起前的若干个世纪里,海洋上的洲际贸易体系在中国人与阿拉伯人的掌控之中。尤其以郑和下西洋所反映出来的航海技术,表现了中华文明所达到的历史高度。

"在郑和的时代,海洋贸易是由阿拉伯人与中国人控制的。世界各国渴望的中国商品主要是瓷器和丝绸,中国船队满载这些珍贵的货物到马六甲、印度与开罗。马六甲实际上是一个中国的殖民地。在印度马拉巴尔海岸的卡利卡特,中国与阿拉伯的贸易商旗鼓相当。中国人与阿拉伯人的关系数世纪以来都很友好,在开罗中国人是公认的少数,同样地,在中国的港口泉州也有一个独立的阿拉伯人区。许多阿拉伯的导航员与通译加入郑和的舰队。

"不管是数量、造船工艺、运货量、航程、防御、通讯、补给、在无人迹的汪洋中航行的能力,还是连续航海数月的维修和保养,在每一个方面,中国都领先欧洲好几个世纪。

"继中国船队之后,最大的船队属于威尼斯,它大约有300艘单层甲板大帆船,这是一种配有划桨手、快速轻巧的浅身船舶。威尼斯船队,最大的载货量约50吨左右,适合在风平浪静的夏日行驶于地中海——但无法像中国船队一样远游。"②

明朝世界各地的"中国城"

"所谓Tamen、Tame等等,可以肯定是大明的名称,也就是朝代名。明朝国力

---

①[英]孟席斯:《1434:中国点燃意大利文艺复兴之火》中译本,402—405页,台湾远流出版事业股份有限公司,2011年5月版。

②[英]孟席斯:《1434:中国点燃意大利文艺复兴之火》中译本,69页,台湾远流出版事业股份有限公司,2011年5月版。

鼎盛,海外交流频繁,大明之名也随之远扬海外,这是葡人以朝代名为国名的原因。曾在马鲁古(Malucos)首府特尔纳特任殖民地总督的加尔旺,在他的《世界的发现》中有一段如下的记载:但因最佳和最多的发现是由海上实现的,而且主要是在我们的时代,所以我希望知道自从大洪水以来谁是最早的发现者。

"有人肯定说他们是希腊人,有人说是腓尼基人,再有人说埃及人。印度人不同意这些说法,肯定说他们才是海上最早的航行者:即,我们今天称作Chinois(Chins)的Tabencos(Taybencos)。同时他们称,甚至到好望角、圣劳伦斯岛,都有他们居住,及沿海地区;也到爪哇、帝汶、西里伯斯、望加锡、马鲁古、婆罗洲、棉兰老、吕宋、琉球、日本,及其他诸岛,其数甚多,并及交趾支那、老挝、缅甸、白古、阿拉坎,直至孟加拉;除此外,新西班牙、秘鲁、巴西、安的列斯及邻近的其他地方,这从当地男女的相貌及他们的身材、小眼睛、扁鼻子和别的方面可以看出来。同样到今天,这些岛屿和地方许多还叫作 Botochina、Bocho—China 犹言中国城。"①

如上所述,这些被称为大明的"中国城"分布广泛,从好望角到白令海峡,甚至到南美秘鲁、巴西、新西班牙都有中国人活动的足迹。

大明朝特使赴佛罗伦萨与罗马教皇尤金四世会晤

教皇尤金四世,原名加布里埃·康杜尔梅尔(Gabriele Condulmer),1383 年出生于威尼斯。他从 1431 年 3 月 3 日就任教宗,一直到 1447 年 2 月 23 日去世为止。他的母亲来自威尼斯富商科尔家族,在威尼斯在运河旁边至今仍然可以看见科尔家族宏伟的宅邸。他于 1431 年 3 月 11 日在罗马的圣彼得大教堂加冕,1434 年 6 月开始在佛罗伦萨执行教皇职务,直到 1438 年搬到费拉拉。②

郑和下西洋由许多船队组成,船舶数量以千计,其中一支船队于 1434 年到访了威尼斯,大明朝特使还亲赴佛罗伦萨与罗马教皇尤金四世会晤,期间也与当地学者托斯卡内利(数学家、地理学家、天文学家)进行了交流,赠予尤金四世教皇《授时历》《武经总要》《火龙经》《农书》等大批科技图书典籍,通过教皇及托斯卡内利等向欧洲传授了大量的科技知识及东方信息。从而实现了"中国和欧洲之间的巨大知识转移。这种知识起源于一个历史超过千年,并已在亚洲创造出先进文明

---

① Antonio Galvao:Tratado dos Descobrimentos,1563。[葡萄牙]巴洛斯、[西班牙]艾斯加兰蒂等:《16 世纪葡萄牙文学中的中国——中华帝国概述》中译本,第 14 页,中华书局,2013 年 9 月第 1 版。

② [英]孟席斯:《1434:中国点燃意大利文艺复兴之火》中译本,第 158—163 页,台湾远流出版事业股份有限公司,2011 年 5 月 1 日初版。

的民族。这种知识传给了自罗马帝国灭亡后，正要从千年停滞中蜕变而出的欧洲。……中国智能资本的转移到欧洲点燃了意大利文艺复兴的火花。"①

"加拿大华裔学者王台平找到了中国与意大利的记录，这些记录毫无疑问地显示，明成祖朱棣（1403—1424在位）与明宣宗朱瞻基（1426—1435在位）期间，中国代表团就已经到达意大利。"②

托斯卡内利的两封信件

佛罗伦萨学者托斯卡内利是策划哥伦布发现新大陆的关键人物，现在保存下来的两封信件，是大明使者与罗马教皇尤金四世会晤及托斯卡内利策划哥伦布出洋寻找通往中国之航海路线的一手资料。

保罗·托斯卡内利之信件的翻译如下，这封信是在1474年6月25日写于佛罗伦萨，收件为修士费南·马汀斯（Canon Fernan Martins），马提内·德罗立兹（Martinez de Roriz），他是葡萄牙国王阿方索（King Alfonso）在里斯本宫廷的告解神父。

致里斯本的修士费南：

保罗医生（即托斯卡内利）在此向您问安。得知您与伟大威武的国王关系亲近且友好，令我非常高兴。我之前经常提到从这里到印度这个香料国度的航海路线：这条路线比借道几内亚还要短。您跟我说王子殿下希望我更详细地解释这条路线，以便更容易理解并采用这条路线。虽然我可以在一个代表地球的圆球上说明这条路线，但我决定用更简单清楚的做法，在航海图上说明路线。因此我寄给陛下一张我亲手画的航海图，图上我画出了从北方的爱尔兰到几内亚的西部海岸线，以及坐落于这条路线上的岛屿。在它们的对面，直指西方，我标示了印度（也就是中国，15世纪的专门用语）的开端，还有你们将会遇到的岛屿与地区：你们应该要跟北极与赤道保持多远的距离，以及在你们到达这些盛产各种香料、珍品与宝石的地方之前，必须走过多少里格（league，译按：1里格等于5.556公里）。虽然我们通常说香料生长在东方这些国度，由陆路往东走的人也一定会在东方找到相同的国度。

在这张航海图上垂直线表示东西向的距离，与之交叉的横线则表示南北向的距离。航海图还标出印度的许多地方，万一遇上暴风雨、逆风或其他不幸灾难，就可以停靠这里。

---

① [英]孟席斯：《1434：中国点燃意大利文艺复兴之火》中译本，第10页，台湾远流出版事业股份有限公司，2011年5月版。

② [英]孟席斯：《1434：中国点燃意大利文艺复兴之火》中译本，第6页，台湾远流出版事业股份有限公司，2011年5月版。

第九章 余论:是"文艺复兴"还是"中学西被"?

你们尽可能知道越多关于这些地方的事情越好,你们应该要知道的是只有做买卖的商人会住在这些岛上。

听说那里有许多船只、水手与货物,数量之多就等于把世界其他地方的船只、水手与货物都加起来,特别是一个叫作刺桐(译按:即泉州)的重要港口,在那里他们每年装卸的胡椒就有一百艘大船,更不用说还有许多载运其他香料的船了。那个国家有许多居民、省份、诸侯国和无数的城市,这些都由一位被称为大汗的王者统治,大汗用我们的话来解释就是"王中之王",他多半居住在契丹省(Province of Cathay),(编按:蒙古人认为辽王朝统治中原地区,故以契丹代称中国北方,马可·波罗等外国人也沿用此一称呼)。他的祖先们十分渴望与基督教世界接触,大约在200年前,他们派出使者到教皇那儿,请求教皇派许多饱学之士来向他们传教;但是这些使者(波罗兄弟)在途中遇到困难,没能到达罗马就必须折返了。在教皇尤金四世的时代(1431—1447)来了一位使者,告诉教皇说他们非常想与所有的基督教徒建立友谊,而我则和使者天南地北聊了好久:我们聊到广阔的皇室建筑、他们的河流惊人之长度与宽度、河岸的众多城市——数量之多,乃至沿着一条河流有两百个城市,城中有又宽又长、装饰着很多支柱的大理石桥。这个国家比所有已发现的地方要富裕多了,不仅可以提供可观的利润与许多有价值的东西,而且还拥有金、银、宝石以及大量的各式香料——这些东西都是我们国家目前没有的。还有许多学者、哲学家、天文学家以及其他在自然科学方面优秀的人才,他们统治那个伟大的王国,并指挥军事作战。

从里斯本市往西方前进,在到达宏伟的大城行在(Kinsai,编按:即杭州,南宋在此设立临安府,称这为"行在",马可·波罗等外国人也沿用此一称呼)之前,航海图上会出现26个区块,每一个区块有250英里——加起来将近地球圆周的1/3。这座城市周长大约100英里,拥有10座大理石桥,其外号用我们的话来解释就是天堂般的城市。它的广厦巨宅、艺术宝藏与税收都令人叹为观止。它位于蛮子省(the Province of Manji,编按:"蛮子"是蒙古人对南宋的代称,泛指中国南方,马可·波罗等外国人也沿用此一称呼),靠近契丹省,契丹省是天子常居之地。从安提利岛(Antillia,译按:或作 Antilia,中世纪晚期,欧洲人传说的坐落于大西洋中的岛屿,最早出现在匹兹嘎诺的1424年航海图上),也就是你们所说的"七城之岛",一直到非常著名的岛屿齐潘戈(Cipangu),共有10个区块,亦即2500英里。那座岛(齐潘戈)有非常丰富的黄金、珍珠和宝石,寺庙与宫殿都贴覆金箔。但由于大家还不知道去这个地方的路线,所以这些东方仍然是隐秘的。不过,去那里是很安全的。

我还有许多其他东西可以讲，但因为我已经亲自把这些事情告诉您了，而且因为您拥有良好的判断能力，我就不再细谈这话题了。我尽量在有限的时间以及我工作状况许可之下回答您的问题，但是如果王子殿下有需要，我随时可以效劳，花更多时间回答他的问题。

1447年6月25日写于佛罗伦萨

在托斯卡内利致函修士马汀斯之后不久，他又写信给哥伦布。

托斯卡内利写给哥伦布的信件

信件内容如下：保罗医生向哥伦布问候。我非常高兴收到你的来信与东西。我理解到你想按照我寄给你的那封信（给修士马汀斯之信件的副本）里面所提出的路线，从东方地区航向西方（即向西航行到中国）的雄心壮志，那条路线若在一个圆形球体上说明会比较清楚。有人听得懂我讲的，真的让我很高兴：因为这航程不仅有可能是真实的，而且肯定是光荣的事，会带来难以估量的利益，因而在所有基督徒之中有崇高之威望。但是除非借由像我一样的经验与实务，否则你无法完全明白，我拥有最丰富、有益而真实的资讯，这些资讯都是得之于从上述地区（中国）来到罗马教廷（当时是在佛罗伦萨）的高才硕学，还有长期在那些地区做买卖、具有极高威信的商人。因此，如果真要起航，应该是前往那些强大的诸侯国与城市，以及最卓越的省份，在那里所有物产都很丰盛，也都是我们很需要的东西，像是大量的各式香料以及最丰富的宝石。①

---

①注释：Markham, Journals of Christopher Columbus. 绝大多数的历史学家认为托斯卡内利给修士马汀斯和哥伦布的信件是真的。1905年的一位法国历史学家亨利·威格瑙（Henri Vignaud）试图说它们是伪造的，不过就我所知，其他学者都不支持威格瑙的说法。第十二章所描述的近年研究成果显示，托斯卡内利有关彗星观测的文章内容和信件内文相同。此外，托斯卡内利的信中每件事都可以证实——原因列举在第十一章。如果托斯卡内利的信件是伪造的，那么瓦德西穆勒的'绿色地球仪'（Green Globe）和1507年地图也都是伪造的。近几个世纪及欧洲各地的许多学者都得参与这伪造才行。哈里斯（Harrisse）在塞维亚的哥伦布图书馆（Biblioteca Colombina）发现托斯卡内利给修士马汀斯之信件的中间部分。这是由哥伦布亲手抄写的托斯卡内利给修士马汀斯的信件副本。

编注：亨利·哈里斯（Henry Harrisse），1823—1910，美国知名的藏书家兼历史学家。详见[英]孟席斯：《1434 中国点燃意大利文艺复兴之火》中译本，第 158—163 页，台湾远流出版事业股份有限公司，2011年5月1日初版。

第九章 余论:是"文艺复兴"还是"中学西被"?

"在这两封信中,托斯卡内利告诉修士马汀斯与哥伦布,说地球是一个球体,而且从西班牙往西航行可以到达中国。托斯卡内利写到教皇尤金四世接见了从中国来的一位使者,而他,托斯卡内利,则是从这名使者,还有从教皇尤金四世在位时到佛罗伦萨(1434年或之后)的那些高才硕学身上,获得了这样的资讯。

然而,当托斯卡内利于1474年写这些信的时候,欧洲人尚未到过非洲南部,而且哥伦布出发航向美洲也要18年以后。那么托斯卡内利如何知道不只是绕过非洲往东行可以到达中国,往西行一样也可以到达呢?"①

欧洲发现新大陆的主要动因在于寻找地上的天国——中国

"天文学家和理论地理学家,如佛罗伦萨人托斯卡内利(Toscanelli)(1397—1482),所互相探讨的另一计划,是在未经航行过的大洋上西行,去寻访在寰球另一面的中国。但讨论这样一种假设,比起真正一直向海外驶去,却完全是另一件事。按照大众想象,这样的冒险家会遭遇到任何事故。他们也许永远航不到边际;他们也许航到世界边缘而翻坠下去。没有一个人预见到的一件事,就是也许中途有块大陆拦住去路。凡是愿意尝试的人至今总是被认为航海家之王,也是探险家中最幸运者,'哥伦布把新世界献给了卡斯梯拉和勒翁(A Castilla y a Leon Nuevo Mundo dió Colon),但他本人除受磨难而外,几无所得。哥伦布实在远非一位科学家,对于他试图去做的事,也一点没有清楚的概念。他所确实具有的乃是一种神秘灵感,以为航过大洋,可发现一些新岛,甚至发现中国(Cathaya)'……"②

"1500年的欧洲并不是世界上最富有的地区。虽然欧洲人已经掌握了一些技术,并从其他地区学习到了另一些技术(包括钟表、火药武器以及航海船只的制造),但当他们来到其他文明中心的时候——包括中东、南亚和东亚,甚至是新大陆——他们仍会惊叹于当地的财富、商业以及生产技能。在当时,亚洲的农产品和手工业制品都优于欧洲,能够提供很多种欧洲人喜爱的商品,如丝织品、棉织品、瓷器、咖啡、茶叶、香料等。哥伦布和其他航海家的发现之旅——尽管部分是由于冒险精神的驱动和宗教的狂热——主要目的也是帮助欧洲人找到富饶的印度和中国。"③

---

① [英]孟席斯:《1434 中国点燃意大利文艺复兴之火》中译本,第163页,台湾远流出版事业股份有限公司,2011年5月1日初版。

② [英]贝尔纳:《历史上的科学》第2版中译本,第228页,科学出版社,1959年9月第1版。

③ [美]杰克·戈德斯通:《为什么是欧洲?——世界史视角下的西方崛起(1500—1850)》中译本,第5页,浙江大学出版社,2010年7月第1版。

原来不仅是中国,中东、南亚以及新大陆本来都比欧洲来得富裕。

欧洲人寻找契丹(中国)

"1498年瓦斯科·达·迦马发现通往印度的海路前,在欧洲流传有关远东的信息特别提到遥远和神秘的契丹(Cataio)——亚洲的神奇强国,而且促成大多数欧洲旅行家在Ⅻ和ⅩⅢ世纪,为各种目的(贸易、外交、传教)跑遍亚洲。……马可·波罗的书在全欧洲热传,先是手抄稿(今天已知有上百种罗曼(romanicas)语写本),后来则出现刊印本,……1502年在里斯本出版了马可·波罗的葡文本,其时正值瓦斯科·达·迦马第二次赴印度的前夕。在对多种语言的文字导言中,瓦伦丁·费尔南德斯向葡人介绍了有关东亚的认识,'源出于 Syno Grande 大秦国并且到印度远海直至未知土地所有其他国土,都叫作 Syn(秦)和 Serica(丝国),尽管人们称这片土地为 Gata,犹言 Catayo(契丹)。'"①

哥伦布称美洲人为"印第安人",意指"中国人"

"发现"新大陆的哥伦布为了寻找通往中国的海路,不经意间来到了美洲,他以为到达了中国。于是为当地人起了个名字叫"印第安人"(意指"中国人",当时许多欧洲人从地理上称呼中国人为"印度人"。西班牙语:"indios"或"东印度人")。所谓"东印度群岛",其含义为"中国群岛"。上文所引托斯卡内利的信件中,就是以"印度"这一称谓来指称"中国"的例证。

文艺复兴的造神运动

伽利略被称为"近代科学之父",然而伽利略所使用的科学方法却是来源于列奥纳多·达·芬奇。达·芬奇被公认为是整个欧洲文艺复兴时期最完美的代表,同时也是西方近代科学的开山祖师。

1452年的4月15日达·芬奇出生于名为芬奇的托斯卡纳小山镇,阿尔诺河流过的山谷附近,当时这个地方是美第奇家族统治下的佛罗伦萨共和国的领地。

"文艺复兴时代富于伟大的描述作品,这里面包罗了人生经验的全部。这时代的兴趣的范围,见之于一个人的种种成熟,他本身就是那个时代的缩影——就是那伟大的、全能的工程师、科学家和艺术家列奥纳多·达·芬奇(Leonardo da Vinci)。"②

"列奥纳多……幼年时他已经表现异常的才智,使他的同辈与后辈都觉得他的确是一个出类拔萃的人物。他的秀美的身材、优雅的态度,更是锦上添花,增进

---

①[葡萄牙]巴洛斯、[西班牙]艾斯加兰蒂等:《16世纪葡萄牙文学中的中国——中华帝国概述》中译本,第66—67页,中华书局,2013年9月第1版。

②[英]贝尔纳:《历史上的科学》第2版中译本,第219页,科学出版社,1959年9月第1版。

第九章 余论：是"文艺复兴"还是"中学西被"？

了他的思想与品格的力量。他对各种知识无不研究，对于各种艺术无不擅长。他是画家、雕塑家、工程师、建筑师、物理学家、生物学家、哲学家，而且在每一学科里他都登峰造极，在世界历史上可能没有人有过这样的纪录。他的成就虽已非常，但与他所开拓的新领域，他对于基本原理的把握，以及他对每一学科中的真正研究方法的洞察力比起来，就微不足道了。如果说彼特拉克是文艺复兴时代文学方面的前驱，列奥纳多就是其他部门的开路先锋。……在他看来，对于自然界的观察与实验，是科学的独一无二的真方法。……列奥纳多是从实用方面接近科学的。正是由于这个幸运的情况，他的治学态度才那样的富于现代精神。为了要满足他的各种技艺的需要，他才去做实验，晚年时他对知识的渴求竟胜过对艺术的爱好，他作为画家，因而不能不研究光学的定律、眼睛的构造、人体解剖的细节以及雀鸟的飞翔。他作为民用及军事工程师，因而不能不正视一些只有了解动力学和静力学的原理才能解决的问题。亚里士多德的意见，对于修改一幅不合画法的绘画，引水灌溉或攻取设防城市是没有多大帮助的。在这些问题上，事物的实际情况，比无所不知的希腊人对于事物的实际情况应该怎样的意见，要重要得多。"①

"但列奥纳多也是哲学家，我们把他的思想方式和前一代的人比较一下，就可以看见有显著的不同，那就是他差不多完全摆脱了神学的成见。罗吉尔·培根虽然爱好研究，也仍然以为神学是一切知识的真正顶点与归宿，并且毫不怀疑一切学术如果了解得正确，必定不会与当时的主要教义发生抵触。但列奥纳多却用完全不存成见的态度去推理。在他偶然论及神学的时候，他也对于教会制度中的恶习与不合理的地方坦白地、轻松地加以攻击。他自己的哲学好像是唯心主义的泛神论。从这个观点出发，他到处都看见宇宙的活生生的精神。但他又抱着伟大思想家的持平态度，看到不相干的恶下面的善，接受了基本的基督教义，作为他内在的精神生活的可见的外在形式。他说，'我把圣经放在手边，因为它是最高的真理'。他是君子，也是伟人，他绝没有破坏偶像论者的狂热。他生在教庭既开明又讲人道的那个短短的时期里。当时一切迹象好像都说明就要出现一个新的无所不包的天主教，既准许人们虔诚地信仰基本信条，也准许人们保持思想自由。这个梦想不久便成泡影，罗马教会日益反动，思想自由不能不通过路德所开创的不足取的粗暴方法缓慢而艰苦地争夺回来。列奥纳多死后50年，再要保持他那样的态度，就不可能了。"②

"在文艺复兴时代，画家、建筑师和工程师的职业是不分的。一位画家也许会

---

① [英]W.C.丹皮尔：《科学史》中译本，第162—163页，商务印书馆，1975年9月第1版。
② [英]W.C.丹皮尔《科学史》中译本，第163—164页，商务印书馆，1975年9月第1版。

受他的城市或君主之召,也许出于自愿,来铸铜象、大建教堂、排泄积潦或围攻城镇。大匠总要懂得物料的性质,以及处理它们的手段。文艺复兴时代的艺术家必须晓得所有这些,并且还要多许多;他必须有意识地仿照古代,把几何学和力学灌注到他的工作里去。列奥纳多·达·芬奇作为艺术家和博物学者,已经达到最高的境界了,而在这范围内也显示了他的最大才能。例如,当他向米兰公爵自荐时,就提起他所能制造的若干军用器械,最后还说,'在绘画方面,我也不弱于别人。'从他的笔记簿里,可以看出他怎样敏锐地研究金属工作和机器工作的各项操作,而他自己又怎样成为第一位力学和流体力学大家。虽然注定失败,他的最伟大的尝试是想做到机械飞行——这是工程研究中的一件杰作,要观察鸟类并结合制造模型、计算和按实际大小的试验。

"列奥纳多设计了并绘成了差不多不计其数的巧妙机械,从碾压机到可移动的挖河机。……"①

在欧洲学者们的笔下,说是在中世纪欧洲的一个小镇上,在蒙昧的精神状态的笼罩下,忽然就出现了一位名叫列奥纳多·达·芬奇的"伟大的、全能的工程师、科学家和艺术家",说他发明了差不多供任何用途的机器,并把它们绘制得精良无比。达·芬奇本人于是就成了文艺复兴造神运动所塑造的一尊"西方神圣"。

作为"全能的工程师、科学家和艺术家"的达·芬奇不过是一则神话

"他能发明差不多供任何用途的机器,并把它们绘制得精良无比,但是几乎没有任何一件,而其中最重要的更绝无一件,真会起作用,即使他真能弄到足够的钱来制造它们的话。文艺复兴时代的工程师缺少静力学和动力学的数量的知识,又没有像蒸汽机那样的原动机,事实上绝不能超越传统实践的限度。他的影响在机器发展上并不大,而是给学术界一种深刻观念,即自然界的种种操作可用机械来阐明。"②

原来达·芬奇绘制了大量的机械制图,并提出机械原理,在天文、物理、光学、数学、医学、建筑、军事、水利、地质学、生物学等领域,为近代科学的形成奠定了最早的基础不过是一则神话。

达·芬奇的所有发明,"几乎没有任何一件,而其中最重要的更绝无一件,真会起作用。"这究竟是为什么呢?

---

① [英]贝尔纳:《历史上的科学》第 2 版中译本,第 223 页,科学出版社,1959 年 9 月第 1 版。
② [英]贝尔纳:《历史上的科学》第 2 版中译本,第 223 页,科学出版社,1959 年 9 月第 1 版。

第九章 余论:是"文艺复兴"还是"中学西被"?

"行万里路",孟席斯环球考察"地理大发现"遗迹

为了探索在哥伦布之前,中国人的船队与足迹早已遍布了包括新大陆的整个世界的历史真相,英国历史学家、英国皇家海军退役军官孟席斯(Gavin Menzies),曾跟随哥伦布、狄亚斯、拉布拉尔和达·迦马的航迹行遍世界。他造访了120个国家,并到900多个博物馆与图书馆与中世纪末期的各大海港收集资料。

"过去10年来,我和朋友去那些仿佛遥不可及的地方——我们攀越安第斯山脉、喜马拉雅山脉和兴都库什山脉,沿着亚马孙流域航行,长途跋涉巴塔哥尼亚的冰川以及玻利维亚高耸入云的阿尔蒂普拉诺(编按:西班牙语,意谓高原)。2005年,我们从塞维亚出发走过白银之路(译按:即 Silver Way,西班牙西部一条南北向的古代贸易通道),从当年西班牙征服者航向新世界的地方出发,往北抵他们的家园埃斯特雷马杜拉。"①

无意间孟席斯发现蹊跷线索:中世纪"水泵"

"沿途我们探访了这些西班牙征服者出生与成长的城镇,托雷多是其中之一,艾尔·葛雷柯曾以精湛的技艺将此城美景尽收画底。而令我们特别感兴趣的是这座设防山城用来从远远底下的河流汲水的中世纪泵。"②

托雷多是一座小山城,山城里一座老建筑摩尔式宫殿里举办一个特别展览,陈列着达·芬奇及其马德里抄本,主要作品是达·芬奇发明的水泵、引水渠、水闸和运河——这些都和这座小山城密切相关。

作为发明家的达·芬奇

我们所了解的达·芬奇是一名全能的发明家。达·芬奇被作为中世纪这座小山城的水利设施发明人,发明了水泵、引水渠、水闸和运河也很正常。然而,我们不禁要问,作为一名画家,达·芬奇是从哪里得来这些农机水利机械方面的知识呢?

托雷多小山城的水利设施展览中有一则说明:"达·芬奇着手进行水道的透彻分析。1490年在帕维亚(译按:意大利城镇)邂逅法兰西斯柯·迪乔治,对达·芬奇的训练而言是一个关键时刻、转折点。达·芬奇要写有关水的论文。"③

---

① [英]孟席斯:《1434:中国点燃意大利文艺复兴之火》中译本,第7页,台湾远流出版事业股份有限公司,2011年5月版。

② [英]孟席斯:《1434:中国点燃意大利文艺复兴之火》中译本,第7页,台湾远流出版事业股份有限公司,2011年5月版。

③ [英]孟席斯:《1434:中国点燃意大利文艺复兴之火》中译本,第7页,台湾远流出版事业股份有限公司,2011年5月版。

原来，达·芬奇之所以能够发明这些水利设施，是因为邂逅了一位神秘人物——法兰西斯柯·迪乔治！

法兰西斯柯·迪乔治何许人也？

"研究达文西（达·芬奇）的专家，拉迪斯劳·雷提博士（Dr. Ladislao Reti），曾对法兰西斯柯·迪乔治·马汀尼所著《论工程暨其抄袭者》（Treatise on Engineering and Its Plagiarists）一文有以下评论：

"法兰西斯柯·迪乔治·马汀尼（1439—1501），这位伟大的锡耶纳画家、雕塑家与建筑师，跟他同年代的几位工匠一样，也对机械装置的研究与发展感兴趣。这很符合当时依然盛行的维特鲁威传统（Vitruvian tradition）。他的工程学专著至今仍鲜为人知，主要致力于民用与军事建筑，里面有数百张各式战争器械的插图，虽然小，但是画得十分精美，还有起重机、磨坊、水泵，等等。……有关法兰西斯柯·迪乔治的艺术与建筑作品，虽然已有一些研究发表，但是他在科技方面的作品，后人偶尔才会注意到。"①

达·芬奇收藏过迪乔治的著作《论民用和军事建筑》

雷提博士随后列出了收藏迪乔治的《论民用和军事建筑》（Trattato di architettura civile e militare）的图书馆和博物馆，然后继续说道：还有一份不完整的手稿（佛罗伦萨国立中央图书馆与锡耶纳市立图书馆所藏副本），一度为列奥纳多·达文西（达·芬奇）所有。这份手稿日后特别重要，是因为达文西（达·芬奇）加了旁注和素描；手稿目前是在佛罗伦萨的罗伦佐图书馆②。此外，有几篇论文及其图画的旧副本也在意大利其他的图书馆被发现，这反映出法兰西斯柯之作品在早期所引发的关注。

这些论文手稿，特别是关于机械工程学与工艺学的部分，一直未被充分地研究或完整地发表。直到1841年，卡洛·普罗米（Carlo Promis）利用萨卢佐（Saluzzo）拥有的那份抄本，第一次发表了该论文③后，学者才获得对于法兰西斯柯·迪乔治·马汀尼之作品相当准确的描述。……

萨卢佐抄本（上引）和罗伦佐抄本虽然出自同一人之手，包含的图画也几乎相同，但是长久以来都不归属于同一作者（法兰西斯柯·迪乔治），因而造成更深的混

---

① [英]孟席斯：《1434：中国点燃意大利文艺复兴之火》中译本，290—293页，台湾远流出版事业股份有限公司，2011年5月版。
② （Laurenziana Library）（Codex Mediceo Laurenziano 361 formerly Ashb.361[293]）。
③ 《论民用和军事建筑》，普罗米编纂[二卷，杜林，一八四一]。

淆。罗伦佐抄本在早期引人关注是由于达文西(达·芬奇)加进去的旁注。①

达·芬奇的作品《B手稿》与迪乔治著作内容完全一致

"然后雷提博士列出该论文的内容:在这些对开本中,我们可以找出不下50种各类型的磨粉和辊轧机,包括了卧式风车……锯木厂、打桩机、重量输送机,以及各种绞车和起重机;滚柱轴承和抗摩擦装置;机械车……许多的水泵和扬水装置。……和一个非常有趣的扬水机或扬泥机,一定是离心泵的原型。……法兰西斯柯描述了原始的进攻和防御的战争器械,包括有后座液压系统的枪。还有潜水和游泳装置,内容几乎与李奥纳多·达文西画的《B手稿》完全一致。②

"很显然地,法兰西斯柯·迪乔治是个创新精神令人惊异的设计者和工程师。他的著作《论民用和军事建筑》目前仍然有几个版本。我和马塞拉已经研究过在佛罗伦斯的副本,这个副本一度由达文西(达·芬奇)拥有并加以注解。我们被他那一系列的图画所震惊:对我们来说,达文西(达·芬奇)似乎是位完美的立体绘画员,他把迪乔治的机械图拿过来,画出更好的图。达文西(达·芬奇)在我们眼中的角色改变了;他是第一流的插画家,而不是发明家。因为就我们所知,他所有的机械几乎早就被法兰西斯柯·迪乔治发明出来了。"③

迪乔治的著作哪里来?

法兰西斯柯·迪乔治著作中的一系列图画是他的原创作品吗?不是。迪乔治从一个名叫马里奥诺·塔科拉的意大利人那里继承了笔记本和论文。

原来,法兰西斯柯·迪乔治的著作来源于这位马里奥诺·塔科拉。

"迪乔治是一个大肆抄袭者。以下有8个例子是他掠夺塔科拉的作品,而迪乔治自己却从未承认。

"迪乔治有一张倒塌的塔楼图,几乎与塔科拉的一模一样;迪乔治也同样地复制塔科拉的水下泳者和马背上的骑士(见《一四三四》网站)。

"迪乔治的图画晚于塔科拉的,他采用了与塔科拉同样独特的投石机。他的能把纵向动力转化成横向动力的起重机与磨坊,以及轮桨船,是复制塔科拉的,他的测量距离的装置、重锤式轮与牛转泵亦然。在我们的《一四三四》网站上有

---

① 转引自[英]孟席斯:《1434:中国点燃意大利文艺复兴之火》中译本,293—296页,台湾远流出版事业股份有限公司,2011年5月版。

② Reti,「Francesco di Giorgio Martini's Treatise」p.290。

③ [英]孟席斯:《1434:中国点燃意大利文艺复兴之火》中译本,296—297页,台湾远流出版事业股份有限公司,2011年5月版。

多个例子。"①

欧洲技术发展史上的关键人物——马里奥诺·塔科拉

"从1430年到他去世的1454年间,塔科拉创作了一系列惊人的图画,出版成为两个合集《论发动机》(De Ingeneis,四部)与《论机械》(De Machinis),以及一补遗。他的主题涵盖范围相当了不起。《论发动机》的第一部包含港口、斗式泵、骑马的炮手、熔炉的风箱、水下潜水员、漂洗厂和虹吸管。第二部的特点在储水池、柱塞泵、龙、带有士兵的两栖式机动车辆,以及用牛拉的酒吧。第三部包括链泵、潮汐磨坊、变速升降机、绞车、采石机、回收下沉圆柱的浮选机、施工用起重机、机械梯、风帆车和水陆两用车。在第四部中,他着眼于三角测量、隧道工程、拔桩的机器、寻宝工具、风车与水磨,猴子、大象、骆驼的画像,投石机、装甲船、桨轮船、屋桁托梁和反光镜。《论发动机》之后有《论机械》(约1438),主要是一册军事器械的图画(详见第十九章)。

"普拉格和斯卡利亚形容塔科拉在欧洲技术的发展上是一个关键人物。在他们看来,塔科拉结束了中世纪许多工艺行业的长期停滞,他的《论发动机》成为大家争相仿效的起始点。"②

马里奥诺·塔科拉其人其事

"塔科拉于1382年2月4日在佛罗伦斯附近的锡耶纳受洗命名。他的父亲是一个葡萄酒经销商,姊姊法兰西斯卡(Francesca)嫁给家境殷实的丝绸商人。

"为了易于保卫,锡耶纳建造在一座小山上,下面的土地是沼泽地,所以取得干净的淡水和沼泽的排水是持续必需的工作。因此自然而然地,一个受过良好教育的年轻人就要熟悉引水渠、喷泉、输水干管和水泵,以及那些部署来保护城市的中世纪的武器——投石器,等等。

"锡耶纳过去是个繁荣的城市,但受到南方的罗马与北方的佛罗伦斯的威胁。神圣罗马帝国时期,锡耶纳是一个'自由城市',但西吉斯蒙德皇帝(Sigismund)太软弱,无力保护锡耶纳。(在塔科拉的年代,皇帝正忙于胡斯战争'the Hussite war'。)

"1408年,塔科拉与皮革商人的女儿麦当娜·那纳(Madonna Nanna)结婚,这使他的社会阶层有所提升。1410年,他被提名进入锡耶纳法官和公证人同业公会,

---

① [英]孟席斯:《1434:中国点燃意大利文艺复兴之火》中译本,303页,台湾远流出版事业股份有限公司,2011年5月版。

② [英]孟席斯:《1434:中国点燃意大利文艺复兴之火》中译本,300—301页,台湾远流出版事业股份有限公司,2011年5月版。

在那里接受了六七年的学徒训练。他似乎经常考不及格。1424年,塔科拉成为一个著名的慈善机构'慈善会所'(Casa di Misericordia)的秘书,这个职位也担任了10年。因此,那些造访锡耶纳的有力人士他应该都认识——例如教皇尤金四世、莱昂·巴提斯塔·阿尔贝蒂(1443),还有佛罗伦斯人布鲁内莱斯基与托斯卡内利。

"1427年,塔科拉开始写技术性的笔记本,包含他'殚精竭虑'所获得的那些知识。如同普拉格(Prager)和斯卡利亚(Scaglia)的说明,塔科拉在其笔记本中早期所记载的都是有关锡耶纳的防御工事和港口的运作。"①

一个小山城办事员神奇地画出了划时代的"机械制图"?

"塔克拉住在锡耶纳,是个公共工程管理员,他从来没有见过海,也没有打过仗,但他却可以绘制各式各样的海上机械——桨轮船、蛙人、沉船起重机,以及火药武器,甚至还有制作火药与设计一架直升机的先进方法。

"看来每一幅技术图都是发轫于塔克拉,日后经过迪乔治与达·芬奇加以改良的。……意大利偏远山城一个的办事员,既没有出过国,也没有受过大学教育,如何画出这些惊人的机器的技术图示?"②

"一个小山城的办事员,怎么会突然创作出来这样大范围的发明的图册,其中包括当时在锡耶纳知之甚少的直升机与军事器械?"③

科学史专家的见解

"普拉格和斯卡利亚这两位依我看来是研究塔科拉的泰斗,他们认为《论发动机》的第一和第二部大约是在1429至1433年出版。塔科拉大约在1434年或1438年开始第三和第四部,并一直工作到1454年他去世为止;《论机械》是1438年以后开始的,而附加图画则是在1435年左右。

"根据普拉格和斯卡利亚的说法,附加图画大约在1435年以后插到这四册书中,是塔科拉一个重大的改变。新技巧很具有小缩尺的士兵与发动机之特色,在最后两本书与续集中,素描插入并以小字作注解。主要是军事功能的发动机,其素描几乎可以在第一与第二部的每一页看得到;这些素描总是放在主图的周围,并且

---

① [英]孟席斯:《1434:中国点燃意大利文艺复兴之火》中译本,第299—300页,台湾远流出版事业股份有限公司,2011年5月版。

② [英]孟席斯:《1434:中国点燃意大利文艺复兴之火》中译本,第8—9页,台湾远流出版事业股份有限公司,2011年5月版。

③ [英]孟席斯:《1434:中国点燃意大利文艺复兴之火》中译本,第301页,台湾远流出版事业股份有限公司,2011年5月版。

常常大量地展示。这一段在我看来,意味着其他作者(法兰西斯柯·迪乔治)已开始在第一和第二部中为塔科拉的图画作注解。

"塔科拉的图画在1435年后肯定被迪乔治增补过。保罗·加卢齐(Paolo Galluzzi)在其绝妙之作《发明的艺术:李奥纳多与文艺复兴时期的工程师》(The Art of Invention:Leonardo and Renaissance Engineers)中写道:

"塔科拉的签名手稿《论发动机》第一、二部的最末几页有法兰西斯柯·迪乔治所做的一系列注释和图画(图二十六)。没有文件能更佳地体现出锡耶纳工程研究的传统之连续性。这些注释和图画可以说为我们提供了一个快照,抓住塔科拉与法兰西斯柯·迪乔治薪火相传的真实片刻。(Galluzzi, Art of Invention, p.35.)

"这个历史镜头的复制品,经佛罗伦萨的科学史博物馆附设图书档案馆(Istituto e Museo di Storia della Scienza)慨然许可,在我们的《一四三四》网站上看得到。所以眼下我们可以说达文西有法兰西斯柯·迪乔治的机械书籍,而法兰西斯柯·迪乔治的机械书籍则是改编自塔科拉的图画。"①

达·芬奇所绘"机械图纸"与中国早期"机械图纸"如出一辙

"比较达文西(达·芬奇)的机械与中国早期的机械,可以看出它们非常相似,包括齿轮与大齿轮、棘轮、梢钉和轴、凸轮和凸轮形摇杆、飞轮、曲轴系统、脚镫、辐条车轮、轱辘、链条装置、吊桥、分段的拱桥、等高线图、降落伞、热气球、直升机、多管机关枪、可拆卸式大炮、装甲车、石弩、大炮与射石炮、浆轮船、水平旋转式桥、印刷机、里程表、罗盘和圆规、运河和水闸。

"即使是达文西(达·芬奇)的最忠实的支持者(就像我的家人和我)肯定也会好奇,他的作品酷似中国的工程学,是否纯属巧合?1434年中国人的来访与60年后达文西(达·芬奇)的设计之间难道有任何关联吗?

"……不管达文西(达·芬奇)是否意识到这一点,他身处的文艺复兴时期随处可见中国的影响。例如,阿尔贝蒂应用透视画法于绘画与建筑学上的书籍。阿尔贝蒂的著作基础是来自于中国用以解释太阳系的数学。以中国的赤道系统取代阿拉伯人、希腊人和罗马人的黄道坐标系统,是与古代世界的一个根本性的决裂,推翻了亚里士多德和托勒密的权威。"②

---

①[英]孟席斯:《1434:中国点燃意大利文艺复兴之火》中译本,第301—303页,台湾远流出版事业股份有限公司,2011年5月版。

②[英]孟席斯:《1434:中国点燃意大利文艺复兴之火》中译本,第284—285页,台湾远流出版事业股份有限公司,2011年5月版。

马里奥诺·塔科拉的"发明"来源于中国元代活字本《农书》

"塔科拉和迪乔治所'发明'和画出的轴、轮及曲柄,每一种变化在《农书》里都有图示。这展现在用于鼓风炉的卧式水动力涡轮。此种复杂和精密的机械有一个卧式水驱动轮连接一条传动皮带。传动皮带提供副轴动力,该轴通过滑轮衔接到一个连着曲柄接头的偏心曲柄,并且推动(通过摇摆滚轮和活塞杆)一只风箱,将空气打入炉中。

"正如李约瑟所言:'这里显示的是重机械中从旋转的转换到纵向往复运动,借由后来蒸汽机特有的经典方法,功率传输开始,但是往相反方向产生。因此,这项机械装置的重大历史意义,就在于它的蒸汽动力的形态起源。'

"依我判定,塔科拉和迪乔治所描述的每一个类型之动力传输都见于《农书》。《一四三四》网站上有几个例子。

"迪乔治的圆柱起重机利用到啮合齿轮、直角齿轮、风车与纹钉滚筒。

"迪乔治在有操纵杆的货车插图(小手稿 Codicetto)上,显示了一个曲柄臂安上连杆,而且啮合齿轮把横向动力转成纵向动力。

"塔科拉的可逆式起重机图(《论发动机》)有平齿与啮合齿轮,将横向动力转成纵向动力,连同一个差动绞盘和平衡锤。塔科拉也是这样设计。

"带有叶片的立式水轮说明了借由啮合齿轮、曲柄和连杆、凸轮和凸轮从动件以及直角齿轮,将纵向动力转成横向动力。

"迪乔治的链泵是以兽力的卧式水轮来运转,具有轮辐上的筒、偏心柄、斗式泵以及连续传动皮带。"①

迪乔治抄袭了塔科拉和中国元代著作《农书》

"迪乔治抄袭了塔科拉和《农书》,这可以由加卢齐下面的一段话得到支持:

"法兰西斯柯的四个基本类别的机械表现出一些有趣之新特色。首先,列入文字解说,用要点文字说明旨趣、原料与尺寸方面的数据、特别的建造限制以及特殊的应用,加强了机械装置的图示(《农书》里面有文字解说)。……在一些磨坊的图画上,他对齿、轮和小齿轮半径之间的关系采用定量分析。

"不过,作者显然一心想定出准则来整理他的材料——实际上,这种考量不仅在塔科拉的作品与法兰西斯柯早期著作中是没有的,连以前的所有机械书籍也没

---

① [英]孟席斯:《1434:中国点燃意大利文艺复兴之火》中译本,第 308—310 页,台湾远流出版事业股份有限公司,2011 年 5 月版。

有(《农书》是按照准则编排的)。……

"有关磨坊的章节大大地扩增至58种单独项目。……在《论民用与军事建筑》第一册有关泵的章节同样地也有扩增,探讨了大量的这种装置。相反地,有关货车与'拖曳和起重装置'的章节减少。……特别是吊起和搬运圆柱和方尖塔的机械数量更是大幅削减。缩小讨论每种机械型态之基本例子,这个趋势在所谓第二稿的作品(《论民用与军事建筑》第二册)里益发地展现出来。……只有10张磨坊的插图留存,但现在它们完全是依照所用之能源加以排列:上射式戽斗水轮、卧式桨(a ritrecine)轮、横轴式风车、有飞轮承载金属球的曲轴(a frucatoio)磨坊、人力的与兽力的磨坊(三种不同的传输系统之设计),最后有马提供动力的踏车(二种设计;一种是牲畜从里面转动轮子,另一种是牲畜在外轮缘施加压力)。"①

加卢齐接着说:

"因此,《论民用与军事建筑》连续的草图追踪法兰西斯柯之工艺方法的进展,从可能极大量的例子,到少数类型的定义。它们每一种都体现了特定技术系统的基本原则,然后基本原则可变化无穷以适应不同工匠的需求。(迪乔治本人也在《论民用与军事建筑》第二册中证实)'我们就此结束施工工程中有关拖曳重物之工具的章节,因为从这些人们可以轻易地引申出其他的。'"②

"我的看法是迪乔治以复制《农书》中的兽力的机械开始,接着他从《农书》复制中国利用卧式和立式水轮的基本的水动力机械,之后他改造《农书》的卧式和立式水轮,为各式磨坊和泵提供动力——就如同加卢齐所形容的。

"他使用《农书》的基本原则,也就是说,凭借啮合齿轮使水力由横向的转化成纵向的。迪乔治透过大小不同的齿轮来改变功率系数,又透过凸轮轴及摇臂轴承来改变方向,以便设计一批水力的与兽力的锯木厂,以及各种抽水系统。

"加卢齐成功地总结了迪乔治所做的修改;迪乔治自己说:'从这些我们可以轻而易举地引申出其他的。'"③

达·芬奇机械图纸是抄袭中国元代《农书》的"三传手"

"达文西(达·芬奇)之机械是迪乔治之机械的一流图解副本和改良版。他运用其敏锐的头脑洞察这些机械的本质,他没有把这些机械当成是从天上掉下来的神

---

① 法兰西斯柯图示的所有这些磨坊都出现在农书里。
② Galluzzi, Art of Invention, p.44。
③ [英]孟席斯:《1434:中国点燃意大利文艺复兴之火》中译本,第310—313页,台湾远流出版事业股份有限公司,2011年5月版。

奇之作,而视其为诸多零件之组合体。根据加卢齐的说法,达文西(达·芬奇)能够理解从数量有限的机制可以衍生出各式各样的机械,他把这定义为"机械的原理"。正如加卢齐所言,他对机械和人体的解剖学观察,被珍藏在一系列标示着现代科学图解之诞生的精巧图画中。

"借由比较达文西(达·芬奇)的图画与《农书》,我们已经证实了达文西(达·芬奇)精彩地加以图解的每一个机械的原理,中国人在比较简单的手册上早就用图说明过了。"①

达·芬奇的"发明"抄袭自法兰西斯柯·迪乔治的著作《论民用和军事建筑》,而法兰西斯柯·迪乔治的作品又是从马里奥诺·塔科拉那里抄袭来的,马里奥诺·塔科拉则抄袭自中国元代的活字版《农书》。

原来从达·芬奇之前开始,当时的提水机、碾米机、排水机、运河开凿机等农业机械,都以中国原创的图示为蓝本,是对1313年问世的中国元代活字本《农书》(著者王祯)的抄袭!

"三传手"抄袭简历示意

达·芬奇→迪乔治→塔科拉→王祯《农书》(1313年元代活字本)

西方科学革命发端的关键人物——马里奥诺·塔科拉

从1430年到1454年间,塔科拉创作了一系列惊人的图画,集结出版了划时代的科技著作《论发动机》(De ingeneis,四部)与《论机械》(De machinis)及其补遗。学者认为塔科拉在欧洲技术发展史上是一个关键人物,他的《论发动机》为开风气之作,成为大家争相仿效的起始点。

原来西方科学革命发端的排头兵,既不是牛顿,也不是伽利略或达·芬奇,而是中世纪小镇这位不为人知的名叫马里奥诺·塔科拉的神秘人物。

在这位神秘的排头兵背后,隐藏着的秘密是中国元代王祯所著的《农书》。

《农书》是怎样一部书?其来历如何?

《农书》作者王祯,字伯善,东平(今属山东)人,为元代地方官,曾任宣州旌德、信州永本县尹。他提倡种植桑、棉、麻等经济作物和改良农具,政绩显著。在任旌德县尹时编写此书。王祯《农书》自序时间为"皇庆癸丑三月望日","皇庆癸丑"换算为耶诞纪年即1313年,"三月望日"就是农历三月十五日。

---

① [英]孟席斯:《1434:中国点燃意大利文艺复兴之火》中译本,第314页,台湾远流出版事业股份有限公司,2011年5月版。

王祯《农书》自序:"农,天下之大本也。'一夫不耕,或授之饥;一女不织,或授之寒'。古先圣哲敬民事也,首重农,其教民耕、织、种植、畜养,至纤至悉。祯不揆愚陋,搜辑旧闻,为集三十有七,为目二百有七十。呜呼备矣!躬任民事者,倘有取于斯欤!皇庆癸丑三月望日东鲁王祯书。"

《农书》的内容:从流传至今的库本及民间刻本来看,王祯《农书》有13.6万余字,插图约280幅。全书分为三部分:第一部分为《农桑通诀》,包括有农业史和耕垦、灌溉、收获、蚕缫等农业科技;第二部分为《百谷谱》,分论了粮菜果木的栽培方法;第三部分为《农器图谱》,是全书的重点和精华,主要描绘了农具农机图,并附有文字说明,为农史研究提供了宝贵的图像资料。"在我国古代农学著述当中,本书算是篇幅比较大而价值也比较高的一种。全书13万余言,插图280余幅,除了估计没有什么学术价值的两节以外,仍然保存完整。"①

《农书》的资料来源:"古先圣哲敬民事也,首重农,其教民耕、织、种植、畜养,至纤至悉。祯不揆愚陋,搜辑旧闻。"这里明确说明,《农书》的资料来源于千百年来中国的社会实践。

《农书》的流布:本书由于其实用价值较高,受到社会普遍承认,不仅在元代即有刻本流传,如"据戴表元的序文,作者当时给他看的只是农桑通决和农器图谱两个部分。本书末提到了江西命工刊板,那应当是与戴氏写序大约同时。因而可以推想,当时刊行的应当也只是那两个部分。……康熙广永丰县志贤牧传里面曾说到作者'著有农书,刻于庐陵',……后来莫友芝的邵亭知见传本书目列举本书的各种版本,其中有《元刊本》。"而且还受到中央政府的重视,在明朝被收入《永乐大典》,到了清代又从《永乐大典》录出抄入《四库全书》,形成"库本"。②

《农书》的编纂目的:"躬任民事者,倘有取于斯欤!"为了给负责社会产业的官员们提供无偿的科技知识。这里反映出来中国文化思想与西方专利观念完全不同的思想路线。

就是这样一部朴实的中国科技著作,辗转流传到佛罗伦萨,因其图文并茂,被少数西方知识分子依样画葫芦,并当成是自己的"发明专利"传播开来,催生了西方的"科学革命"。

---

①王祯:《农书》校者说明,见1966年中华书局《农书》点校本。
②参看王祯:《农书》校者说明,见1966年中华书局《农书》点校本。

第九章 余论:是"文艺复兴"还是"中学西被"?

佛罗伦萨学者大量复制来自中国的各类知识

"佛罗伦萨数学家们似乎是从中国人那里复制了不少知识,数量之多,如今让我开始感到不安——关于数学、测量学、透视制图学和密码学,塔科拉、法兰西斯柯·迪乔治和阿尔贝蒂从《数书九章》复制;雷乔蒙塔纳斯复制郭守敬在球面三角学方面的成果;托斯卡内利和库萨的尼可拉斯复制郭守敬在天文学方面的成果。我可以解释一本或两本中国的小册子流入威尼斯人和佛罗伦萨人手中——但这么多,又是如此广泛的不同领域,似乎过于巧合——不大可能是真的!另一方面,有关托斯卡内利的知识转移的证据无疑是真实的——有地图为证,骗不了人。

"不只看李约瑟的描述,眼下,去看中国的原著似乎是合理的。难道这些都被以某种方式断章取义?或许也有许多中国的发明从来没有被欧洲人复制。或许那仅仅是一个巨大的巧合。伊恩·哈德森(Ian Hudson)负责我们的研究团队和网站的工作已有5年之久,他自愿前往中国,上中国大陆与香港的图书馆去检阅我认为欧洲人曾复制的那些原著。

"他没有发现任何异常,就我们所知——首先,塔科拉、迪乔治、雷乔蒙塔纳斯、阿尔贝蒂、列奥纳多·达文西(达·芬奇)'发明的'所有事物似乎已见于当时的中国书籍,特别是星历表、地图、数学论著以及民用和军事器械的作品。因此,转移是如何发生的?"①

"近代科学"概念随文艺复兴而来

"在近代之初,科学还没有与哲学分离,科学也没有分化成众多的门类。知识仍然被视为一个整体;哲学这个术语被广泛使用来指称任何一种探索,不管是后来狭隘意义上的科学探索还是哲学探索。然而,这些变化已经发生。近代科学先驱者们的数学和实验倾向,不可避免地导致分化成精密科学即实验验证的科学和纯思辨的哲学。……科学的近代是跟着文艺复兴接踵而来的……"②

欧洲文艺复兴之火既由中国点燃,西方近代科学也因中国影响而来。

西方近代科学的中国源头

被神学统治的千年黑暗的中世纪自身,生长不出近代科学。近代科学的源头既不在古罗马,更不在古希腊。

---

① [英]孟席斯:《1434:中国点燃意大利文艺复兴之火》中译本,272—273页,台湾远流出版事业股份有限公司,2011年5月版。

② [英]亚·沃尔夫:《十六、七世纪科学、技术和哲学史》中译本上册,第1页,商务印书馆,1984年12月第1版。

达·芬奇被认为是欧洲文艺复兴首屈一指的代表人物,"如果我们要在古今人物中选择一位来代表文艺复兴的真精神的话,我们一定会指出列奥纳多·达·芬奇这位巨人。"①

达·芬奇(1452—1519)是西方近代科学之父伽利略的先行者,他提出"理论脱离实践是最大的不幸","实践应以好的理论为基础"的方法,后来得到了伽利略的继承,并由英国哲学家培根从理论上加以总结,成为近代自然科学的基本方法,为近代科学家哥白尼、伽利略、开普勒、爱因斯坦、牛顿等人的发明创造开辟了道路。

然而,正是这位在伟大发明家,不折不扣地大量抄袭了来自中国原创的作品。

"追随托斯卡内利和雷乔蒙塔纳斯的欧洲人,是将他们的天文学建立在中国而非希腊的基础上。越来越多达文西(达·芬奇)的发明似乎早就由中国人发明出来了。"②

近代科学举例:哥白尼"日心说"来源于中国

哥白尼的理论直接抄袭雷乔蒙塔纳斯。而雷乔蒙塔纳斯的知识来源于中国元朝郭守敬的《授时历》。

"哥白尼的理论认为'地球每天绕自己的轴自转,每年绕静止的太阳公转'直接抄袭雷乔蒙塔纳斯,芝加哥大学历史系诺埃尔·斯瓦德罗的研究论文《哥白尼行星理论初稿与起源》,在缜密的文章中用 1543 年哥白尼向教皇做的有趣的解释作为开头,当他出版了革命性著作《天体运行论》,哥白尼告诉教皇保罗三世他极不情愿发表这项理论——地球不是宇宙的中心——因为怕受到民众的讥笑。他说他不愿意,'不仅仅是 9 年,已经有 4 个 9 年了',即大约从 1504 年起,哥白尼已在波隆那获得雷乔蒙塔纳斯的《星历表》和《概要》(编案:全名为《天文学概要》)之后的日子。……结果——哥白尼采用雷乔蒙塔纳斯的《概要》第十一卷,其中包含导致哥白尼的革命性理论的分析。"③

"借由比较郑和的《星历表》与雷乔蒙塔纳斯的《星历表》,我们可以约略了解到雷乔蒙塔纳斯透过托斯卡内利(而不是透过希腊和阿拉伯的天文学家)从中国人那儿继承的一部分东西。……

---

① [英]W.C.丹皮尔:《科学史》中译本,第 168 页,商务印书馆,1975 年 9 月第 1 版。
② [英]孟席斯:《1434:中国点燃意大利文艺复兴之火》中译本,233、275 页,台湾远流出版事业股份有限公司,2011 年 5 月版。
③ [英]孟席斯:《1434:中国点燃意大利文艺复兴之火》中译本,392—395 页,台湾远流出版事业股份有限公司,2011 年 5 月版。

"青纳等人宣称有 30 万笔数字、费时 31 年完成的雷乔蒙塔纳斯的《星历表》，是使用经过观测后修正的阿方索（希腊的/阿拉伯的）星表的结果。如果雷乔蒙塔纳斯的《星历表》根据阿方索星表，它们将无法预测太阳、月球和行星的位置，也少了足够的精确度来预测日月食乃至经度，因为阿方索星表是奠基于一个完全错误的宇宙体系，把地球当成宇宙的中心，而且行星是绕地球转动的。

"雷乔蒙塔纳斯很了解，是用旧的阿方索星表是无益的。他在自己的1475—1531 年历书中指出，阿方索星表里的 1475—1531 的 56 年间，有 30 年的复活节（在天主教教会里最重要的一天）日期是错误的。……

"另一方面，郑和的《星历表》则是以郭守敬为基础，这仰赖对地球与行星绕着太阳系的中心——太阳旋转的真正了解。……在雷乔蒙塔纳斯去世后多年，哥伦布、韦斯普奇等人真的利用雷乔蒙塔纳斯的《星历表》来预测日月食、纬度和经度。……雷乔蒙塔纳斯一定从托斯卡内利那儿获得他的资料。……

"自 1474 年雷乔蒙塔纳斯的《星历表》出版后，欧洲人首次可以计算纬度和经度，知道他们在海上的位置，到达新世界，精确地将它标示在图上，并且安全地返回家园——这是一场海洋探险的革命。"①

中国的天文学才是欧洲近代天文学的基础

欧洲近代天文学的来源既不是古希腊，也不是阿拉伯。来自中国的天文学才是欧洲近代天文学的真正基础。

"正如在 1434 年之后，亚里士多德或托勒密的宇宙规范被束之高阁，阿拉伯的天文学方法和天文导航也无法幸免。阿拉伯的系统，连同其方位星座标系统与仰赖黄道，在 1269 年由扎马鲁丁传入北京，它仅持续了 9 年。郭守敬在1276 年奉命制定《授时历》之后，他就舍弃了阿拉伯黄道坐标，并且创造了简仪，后来库隆的尼可拉斯和雷乔蒙塔纳斯都使用过。

"赤基黄道仪被引进欧洲后，星盘，阿拉伯和欧洲的天文学家曾倾其毕生算术于此，也跟着失宠了。郭守敬的赤基黄道仪——欧洲现代仪器如天文罗盘的先驱——至今尚存于世。从那时开始，欧洲天文学家就仿效中国的方法。"②

中国"日心说"从 1434 年《授时历》传入欧洲，经过百余年的发酵，到1543 年

---

① [英]孟席斯：《1434：中国点燃意大利文艺复兴之火》中译本，248—252 页，台湾远流出版事业股份有限公司，2011 年 5 月版。

② [英]孟席斯：《1434：中国点燃意大利文艺复兴之火》中译本，254—255 页，台湾远流出版事业股份有限公司，2011 年 5 月版。

由哥白尼抄袭并发表《天体运行论》，对欧洲学术与思想产生巨大冲击波。

简而言之，从所谓文艺复兴的欧洲人文主义时期开始，从世界观到方法论，无不打上深深的中国烙印。实事求是的实践理性观念为近代科学的方法论奠定了思想基础。达·芬奇绘制的大量机械制图，提出的机械原理源于中国元代的《农书》，在天文、物理、光学、数学、医学、建筑、军事、水利、地质学、生物学等领域，对近代科学的形成发生重大影响；哥白尼的日心说源于中国元朝的授时历，影响到西方的宇宙观。

爱因斯坦：西方科学的基础"在中国都做出来了"

1953年爱因斯坦在给J.E.斯威策的信中说："西方科学的发展是以两个伟大的成就为基础，那就是：希腊哲学家发明形式逻辑体系（在欧几里得几何学中），以及通过系统的实验发现有可能找出因果关系（在文艺复兴时期）。在我看来，中国的贤者没有走上这两步，那是用不着惊奇的。令人惊奇的倒是，这些发现在中国全都做出来了。"①

科学自古以来，属于中国文化的强项，然而中国古人非常睿智，从不夸大科学的作用，将其限制在工具的定义上。科学技术在中国古代广泛存在，但因为它只是工具而已，因此在图书分类中属于经史子集四部的子部的技术工具门类，非常合理。在古代的中国，科学属于博物的范畴，技术则属于百工的范畴，科学家是博物君子，技术人员则称为匠人。此人很有技术水平，就说他独具匠心。

遗憾的是，爱因斯坦只知其一，不知其二，他说"西方科学的基础在中国都做出来了"说得对；但另一方面他还是蒙在鼓里，还相信有一个古希腊的存在，相信古希腊有所谓毕达哥拉斯定理，相信在15世纪有一个独自创立的实验科学体系。

爱因斯坦所指西方科学基础之一：《几何原本》并非原创著作

"十三卷本的《几何原本》(*Elemente*)，和一般印象相反，它既非纯粹几何学著作，也不是初级教材，更非原创性专著。它其实是将前此所有已知数学成果加以编纂，并且纳入同一逻辑结构的集大成之作。因此书名倘若翻译为《数学原理》可能更为贴切。事实上，普洛克鲁斯用了不少篇幅讨论书名"*Elemente*"的意义，他认为这是指那些基本而必不可缺的数学元素，从之可以通过推理而获得其他定理的；换而言之，书名所强调的，是其整体逻辑结构。而毫无疑问，欧几里得此书最重要的

---

①该信题为：《西方科学的基础和中国古代的发明》，载许良英、范岱年编译：《爱因斯坦文集》中文版第1卷，第574页，商务印书馆，1976年1月第1版。

贡献，就是将前此许多数学家以不同方式、不同途径所得到的推论、定理、结果，以相同结构熔铸于一炉，使之形成浑然整体——最少，这是他的目标和理想。他这理想不但深深影响了后世数学，也同样影响了西方科学。科学并非许多不相干的事实、观念、知识的集合，而是一个具有逻辑结构的系统，在其中基本观念、原理、推论、观测结果各有固定位置，并且是通过逻辑与数学严格地联系起来的——这样的理想首次在《几何原本》中得到实现，而这个范式在后式科学作品不断重现（虽然也不断被修订），以迄牛顿撰写《自然哲学之数学原理》也仍然有意识地反映这个理想的。从此观点看来，《原本》可以说是第一本具有现代科学性质的著作。"①

《几何原本》是一本具有现代科学性质的著作，从这一性质上来看，《原本》出现的时间一定不会很早。道理很简单，越是包罗万象的作品、越是抽象的内容越晚出，因其必须对大量原创的作品进行总结、汇总，再进行抽象表述。

欧洲人所编的故事中至少有三位欧几里得

第一，苏格拉底（Socrates）弟子雅典人欧几里得；

第二，亚历山大利亚（埃及）人欧几里得；

第三，编辑《几何原本》的亚历山大的塞翁，即欧几里得。

据说后来的人们认为亚历山大利亚（埃及）人欧几里得才是编纂《几何原本》的欧几里得。

"由于对欧几里得本人的了解非常之少，以致在很长一段时期内人们把他与另外两个人混淆了，一个是比他年长许多的人，另一个是比他年轻许多的人。中世纪的学者坚持称他为麦加拉的欧几里得（Eucleidēs）了，哲学家欧几里得是苏格拉底（Socrates）的一个弟子（他是苏格拉底最忠实的弟子之一，曾经照顾这位在监狱中被处死的导师），是柏拉图的朋友，而且是麦加拉学派（the school of Megara）的创立者。直至16世纪末，早期的印刷商才证实这是一种混淆。费德里科·科曼迪诺（Federico Commandino）在他翻译的欧几里得著作的拉丁语译本（Pesaro,1572）中第一个纠正了这个错误。另一种混淆是由这一事实引起的，即有人认为，编辑《几何原本》的亚历山大的塞翁（Theōn of Alexandria, 活动时期在4世纪下半叶）为其补充了证明！如果情况是这样，他才是真正的欧几里得。这个错误非常严重，这就仿佛有人声称荷马构思了《伊利亚特》，而真正的作者是以弗所的泽诺多托斯

---

① 陈方正：《继承与叛逆——现代科学为何出现于西方》上册，第246页，三联书店，2011年10月第1版。

(Zēnodotos of Ephesos)。"①

欧几里得何许人也？

现代世界，只要受到过中学程度教育的人，没有不知道欧几里得的，也几乎没有人不知道欧几里得的著作《几何原本》的。

然而，有谁知道关于欧几里得的确切生平呢？他是哪里人？在哪里？受到过何等教育？无人知晓。关于欧几里得的生平事迹，没有任何确切的史料可资考据。当代世界上最权威的科技史专家萨顿说：我们对他的了解非常之少，而这点寥寥无几的知识，还是推测性的，并且是在后世的出版物中得来的。

"我们都知道他的名字和他的主要著作《几何原本》（Elements of Geometry），但是，我们对他本人的知识是不确定的。我们的了解非常之少，而这点寥寥无几的知识还是推论性的，并且是从后来的出版物中得来的。……有关欧几里得的出生地和生卒年月不得而知。我们之所以称他为亚历山大的欧几里得（Euclid of Alexandria），乃是因为亚历山大城是唯一的一个几乎可以肯定与他相关的城市。"②

不得已，萨顿勉强称之为"亚历山大利亚的欧几里得"。因为关于这位"西方神圣"的故事都围绕着这座非洲城市——亚历山大利亚而展开。

欧几里得所接受的学术传统来自何方？

"他可能是在雅典接受教育的，如果是这样，那么他就是在柏拉图学园得到了数学训练。在公元前4世纪，学园是一所杰出的讲授数学的学校，而且是他唯一可以很顺利地获得他所拥有的所有知识的地方。当战争和政治混乱等大变动使得在雅典工作的困难增加时，他去了亚历山大城。在托勒密一世统治期间，而且也许在托勒密二世统治期间，他活跃于这里。"

既是亚历山大利亚（埃及）人，却又跑到雅典去求学。

在这里，当代世界最权威的美国科学史专家萨顿说："他可能是在雅典受教育"。什么是"可能"？"可能"就是不确定。说到底，最多是一个假定。

萨顿接着说："如果是这样，那么他就是在柏拉图学园得到了数学训练。"在假定的基础上，又进一步假定"如果是这样"，那一定就是在"柏拉图学园"。

为什么这样说呢？因为在萨顿的观念里，"柏拉图学园"是他唯一可能"获得他

---

① [美] 乔治·萨顿：《希腊化时代的科学与文化》中译本，第45—47页，大象出版社，2012年5月第1版。

② [美] 乔治·萨顿：《希腊化时代的科学与文化》中译本，第45—47页，大象出版社，2012年5月第1版。

所拥有的所有知识的地方"。这样一来,欧几里得的《几何原本》就可以与古希腊学术传统沾边了。

然而,从本书考述的情况来看,所谓古希腊的"柏拉图学园"完全是虚构中的虚构,这样一来,西方学统中《几何原本》的来历就成了问题中的问题。

汉译本《几何原本》(公元1607年)

《四库全书提要》(子部天文算法类):"《几何原本》六卷两江总督采进本,西洋人欧几里得撰,利玛窦旁译而徐光启所笔受也。欧几里得,未详何时人,据利玛窦序,云中古闻士。……又案此书为欧罗巴算学专书,且玛窦序云'前作后述,不绝于世'至欧几里得而为是书,盖亦集诸家之成,故自始至终,毫无疵类。加以光启反复推闡,其文句尤为明显,以是弁冕西术,不为过矣。"

据利玛窦汉译本序,《几何原本》为欧几里得的作品,而欧几里得据说是西方中古的一位名人(闻士)。

利玛窦《译几何原本引》:"乃至中古,吾西庠特出一闻士,名曰欧几里得,修几何之学,迈胜先士而开迪后进,其道益光,所制作甚众甚精,生平著书了无一语可疑惑者,其《几何原本》一书,尤确而当。"[1]

《几何原本》的汉译者来华传教士利玛窦的证言:欧几里得为中古人士,而利玛窦所得到的《几何原本》是拉丁文的评注本。

据说"利玛窦在罗马便师从克拉维乌斯(Clavius,1537—1612A.D.德籍耶稣会名学者,即利玛窦所称的丁先生)学习过后者所著的拉丁文评注本。"[2]而拉丁文《几何原本》据说来自阿拉伯译本。

12世纪《几何原本》发现于阿拉伯说之疑点

按照通行的说法,《几何原本》最早的版本为阿拉伯译本。"欧氏《原本》于12世纪初被欧洲基督教学者,在阿拉伯世界发现译本,并转译为拉丁文,很快成为文艺复兴时代的一门显学。"[3]

欧洲人伪造古希腊手稿,找不到有关该伪造手稿的出处时,往往绕一个圈子,说某某手稿经阿拉伯语重重翻译再回传到欧洲地区翻译成拉丁语文献。然而,7世纪之后才有了统一的阿拉伯语,并且阿拉伯语主要是用来传播伊斯兰教的,用阿拉伯语保存古希腊文献,根本说不通。

---

[1] 朱维铮主编:《利玛窦中文著译集》,第300页,复旦大学出版社,2007年10月1版。
[2] 朱维铮主编:《利玛窦中文著译集》,第293页,复旦大学出版社,2007年10月1版。
[3] 朱维铮主编:《利玛窦中文著译集》,第293页,复旦大学出版社,2007年10月1版。

虚构的古希腊文明——欧洲"古典历史"辨伪

阿拉伯的数学、几何学知识,与其说来源于古希腊,毋宁说来源于中国。

"由阿拉伯人以其名义而奉献的代数学,其中包括这些向我们揭示了希腊思想的胡人前往中国那里(只能是前往那里)寻求的中国式的代数学。这样一来,他们也就使西方中国化了。"①

共济会伪造历史时曾加入欧几里得的内容

"1723年,安德森的《共济会宪章》出版了。该宪章包含了一段简短但引人入胜的共济会历史,可供所有分会使用。这段历史从圣经中的人物亚当说起,列举了直到1723年期间最重要的创始人。这段历史中也提到了一些重要的文明,例如古埃及、希腊与罗马帝国等。根据安德森的历史,在罗马帝国被哥特人和汪达尔人打败之后,皇家艺术(即'共济会')经法国来到英国。法国国王查尔斯·马特尔对共济会的传播有突出贡献。虽然相关的文献记录已被摧毁,但据称在爱德华四世统治时期,阿瑟尔斯坦是将共济会传播到英国的重要人物,其子埃德温在约克郡成了总会,并成为总会长。安德森在这段历史中加入了许多其他的历史人物,包括毕达哥拉斯、欧几里得、阿基米德、维特鲁威与奥古斯塔斯(据说是一位总会长),以作点缀,同时也描述了许多重要的建筑和建筑风格。不出所料,他用了大量的篇幅来讨论所罗门圣殿。"②

欧几里得《原本》中的重要公理或定理有与《墨经》雷同者

"商高定理的发现与毕达哥拉斯定理的发现同时或更早,古老的《墨经》也表明《原本》的若干重要公理或定理,在中国也曾被独立发现,而关于圆周率的密率计算,中国也长期领先于中世纪的欧洲。"③

欧洲人承认"欧几里得几何原理"大大晚于中国的"勾股定理"

"确实,中国人比希腊的欧几里得在亚历山大城撰写几何原理前还几个世纪已经具有了这方面的基本知识。康熙皇帝曾告诉御前的最博学、最明达的传教士之一帕尔南神甫,在3960多年前,禹帝曾利用直角三角形的原理来测定一个省的地理位置;帕尔南神甫本人还引证过一本公元前1100年写的书,表明西方认为是毕达哥拉斯发现的那个著名的理论是中国人很久以来便已熟知的一个定理。"④

---

① [法]安田朴:《中国文化西传欧洲史》中译本上册,第20页,商务印书馆,2013年11月第1版。

② [英]罗伯特·库珀:《共济会密码》中译本,第124页,法律出版社,2013年6月第1版。

③ 朱维铮主编:《利玛窦中文著译集》,第294页,复旦大学出版社,2007年10月1版。

④ 见帕尔南神甫致多尔图·德·梅朗书信集《奇鸿益雁录》第21卷,第109页,定理指毕达哥拉斯定理提出的勾股定理——译者。转引自[法]伏尔泰:《风俗论》中译本上卷,第248页,商务印书馆,1994年11月第1版。

帕尔南神甫是著名的欧洲来华传教士,当时的来华传教士站在欧洲学术思想的前端,帕尔南神甫所承认的事实代表当时欧洲认识的最高水平。

欧几里得《几何原本》中的"毕达哥拉斯定理"实际上是中国的"勾股定理"

"勾股定理"又名"商高定理",出于中国文献《周髀算经》,为几何学的核心定理。

昔者周公问于商高曰:'窃闻科大夫善数也,请问古者包牺立周历度。夫天不可阶而升,地不可得尺寸而度,请问数安从出?'商高曰:'数之法,出于方圆。圆出于方,方出于矩,矩出于九九八十一。故折矩,以为勾广三,股修四,径隅五……'"所谓"毕达哥拉斯定理"其实是中国"勾股定理"的翻版。

"勾股定理"在古代天文学中的应用:"周髀长八尺,夏至之日晷一尺六寸。髀者,股也,正晷者,勾也。正南千里,勾一尺五寸,正北千里,勾一尺七寸。日益表南,晷日益长。候勾六尺,即取竹,空经一寸,长八尺,捕影而观之,室正掩日,而日应空之孔。由此观之,率八十寸而得径寸,故此勾为首,以髀为股,从髀至日下六万里而髀无影,从此以上至日,则八万里。"(《周髀算经》)

"勾股定理"是人们认识宇宙中形的规律的自然起点,中国古代数学著作《九章算术》的第九章即为"勾股术",并且整体上呈现出明确的算法和应用性特点,而作为勾股定理翻版的欧几里得《几何原本》第一章的"毕达哥拉斯定理",则仅仅是纯粹推理的形式,显示了剽窃时的窘况。

"勾股定理",在西方称为"毕达哥拉斯定理",说是由古希腊毕达哥拉斯发明的,可是毕达哥拉斯的著作什么也没有流传下来,关于他的种种事迹都是后人的传说,真伪难辨。

"勾股定理"出于中国文献《周髀算经》,称为"毕达哥拉斯定理"实在不合理。之所以如此,是因为西方人说现代数学和科学来源于西方,而西方的数学及科学又来源于古希腊,古希腊流传下来最古老的数学著作是埃及人欧几里得《几何原本》,而其中许多定理再往前追溯,就落在毕达哥拉斯的名下。这样,毕达哥拉斯就被推崇为"数论的始祖",而在他之前泰勒斯则被称为"几何的始祖",这样一来,西方的科学史就上溯到古希腊了。

爱因斯坦所指西方科学基础之二:"系统的实验"正是中国科学的长项

中国科学来源于科学实践。从科学著作来说,《周髀算经》《九章算术》《梦溪笔谈》《农书》《天工开物》及各类方术、风水作品等历代作品,都来自科学实践;中国古代的化学试验、造纸技术、印刷术、指南针、造船技术、营造法式等对世界影响巨大的成果,都属于原创性科学实践;农业技术、水利机械、丝绸纺织技术等,都源于民生科学实践;弓箭、机弩、火药、大炮等,都源于军事技术实践。

与西方夸大科学的作用,将科学当成顶礼膜拜的对象进行崇拜不同,中国文化将科学作为工具,在传统图书四部分类法中将其归于子部,非常正确。

现代科学的起源必须考虑"实践和知识"两个方面

"要充分了解现代科学怎样开始,就必须考虑在文艺复兴时代中开始的实践和知识两方面的转变。科学史作家通常只重视后者,因此,把整个转变或者看成是据不证自明的第一前提,从拙劣的论辩转变到健全的论辩,或者看成是对显然的事实,做较仔细的观察和较正确的估价。这两种解释都不充分,因为都不能说明为什么经济技术和科学进步的时间和地点都相吻合,再则也因为科学上所关怀的问题和社会上各控制集团所关心的技术问题也恰相吻合。另一方面,如只考虑这些技术兴趣,也是不够的。思想上的态度,以及对物质的关怀都必须顾到。……"①

这里著名科学史学者贝尔纳所述"实践和知识两方面"中"实践"的方面,正是中国文化的特征,古诗所云"纸上得来终觉浅,绝知此事要躬行"就是这种科学态度的写照。

贝尔纳提出:科学革命三个阶段

"为了便于了解新科学的创立的实际过程,可以把科学革命的全时期分成三个阶段,并为便利起见可称为:文艺复兴阶段,1440—1540年;宗教战争阶段,1540—1650年;王政复辟阶段,1650—1690年。

"第一阶段(7.1—7.3),在政治范围内包括了文艺复兴、航海大事、宗教改革以及一些战事,这些战事结束了意大利的政治自由,并导致出现一个作为第一世界强国的西班牙。

"在第二阶段(7.4—7.6),美洲和东方国家对欧洲贸易和掠夺的开放所引起的结果,在震撼欧洲全部经济的物价危机中开始感觉到了。

"第三阶段(7.7—7.9),是政治上的妥协时期,虽然诸政府是君主制的,但在所有在经济方面正发展的国家里,政权命脉都为大资产阶级分子所掌握。不顾凡尔赛(Versailles)大君的威风,荷兰人竟开了这个时期的风气。在不列颠,这个阶段标志着君主立宪以及商业和工业迅速发展的开端。"②

---

① [英]贝尔纳:《历史上的科学》第 2 版中译本,第 211 页,科学出版社,1959 年 9 月第 1 版。
② [英]贝尔纳:《历史上的科学》第 2 版中译本,第 212—213 页,科学出版社,1959 年 9 月第 1 版。

第九章 余论:是"文艺复兴"还是"中学西被"?

在这里,第一个阶段中的文艺复兴,实际上由来自中国的火种点燃;所谓航海大事,其目的是为了到东方寻找地上的天国——中国,发现新大陆者手里拿着来自中国的海图;而宗教改革实际上是由于中国印刷术的推广,才成为可能的。

第二个阶段,西方开拓美洲和东方世界,使用了来自中国的航海术、指南针,使用由中国发明的火药,以实现其武力征服世界的野心。

第三个阶段,所谓君主制阶段,实际上是模仿中国的政治体制。欧洲本来并不曾有过帝王的概念,拉丁语中所谓"皇帝"(imperator)一词,其原意并不是什么皇帝、大帝,只不过是"将军"的意思。

欧洲的君主制来源于中国的影响,典型的例子就是法国太阳王,参照故宫中轴线及对称的建筑原则概念,建造了欧洲第一座宫殿——凡尔赛宫。

"凡尔赛宫是法国的象征,路易十四是法国的化身,令人十分羡慕并意欲模仿的法国也是历史上神权君主的最好范例。也许路易从未真正说过:「L'état c'est moi」'朕即国家',但是,这句话清晰地概括出路易对自己角色的自信。"①

原来科学革命起源的三个阶段,都与中国的影响密不可分。

"归纳法"是中国人的发明

"恒慕义[Hummel(1)]指出,归纳法作为研究方法的重要性,首先是由中国人在语音学领域中阐明的。"②

欧洲科学革命所使用的科学方法就是"归纳法",在欧洲当时天主教统制思想的背景之下,没有外来新鲜空气的影响和刺激,"归纳法"不可有发挥的余地。

在中国大学问的背景之下,科学成为"格致"之学,虽云"小道",利用"归纳法"进行科学技术实践活动,正是中国科学几千年间的社会现实。

伽利略——西方"近代科学之父"

"文艺复兴以后,在人心中沸腾着的某些伟大思想,终于在伽利略(Galileo Galilei,1564—1642)的划时代的工作中,得到实际的结果。列奥纳多在他所考虑过的无数题目中,已经预兆了现代科学精神。哥白尼在思想世界发起了一场革命。吉尔伯特说明了实验方法怎样可以增加知识。但在伽利略身上,新精神比前人更进

---

①[美]罗宾·W.温克、L.P.汪德尔:《牛津欧洲史》中译本第2册,第11页,吉林出版集团,2009年4月。

②[英]李约瑟:《中国科学技术史》中译本第1卷导论,第149页,科学出版社、上海古籍出版社,1990年7月第1版。

了一步。"①

伽利略·伽利莱也是佛罗伦萨人

"意大利一直是古典学术复兴的舞台。也是在意大利,伽利略和他的追随者为近代科学奠定了基础。当中世纪的黑暗开始消散的时候,意大利分裂成许多共和国和公国。它们为了争权夺利,时而挑起战争,时而诉诸比较温和形式的竞争。这些小国的主要生计是商业和工业。在应用了航海罗盘和地理图表以后,意大利的水手开辟了相当规模的通往地中海东部各国和岛屿的航线。……当然,意大利在更早一些的时期就已取得了远为重大的成就——但丁和彼特拉克的不朽诗篇、列奥那多·达·芬奇的全才、拉斐尔和米开朗琪罗的至善至美的艺术。"②

伽利略与前此欧洲匠人有何不同?

"伽利略真可算是第一位近代人物。我们读他的著作,本能的感觉畅快;我们知道他已经掌握了至今还在应用的物理科学方法。过去,人们总是先采纳一个完备的和自圆其说的知识体系,中世纪新柏拉图主义和经院哲学都有这样的特色,现在,伽利略放弃了这种方法。事实不再是从权威和理性的综合中推演出来的了,也不必再符合于这种权威和理性的综合了,像在经院哲学中那样;事实甚至不再是靠这种综合来取得意义了,像在刻卜勒的头脑中那样。由观察或实验得来的每个事实及其直接的和不可避免的推论都按照本来面目被人接受,不管人们怎样想把自然界一下子收服在理性的管辖之下。许多孤立事实的协和是慢慢显露出来的,围绕着每个事实的窄小的知识范围,零散地发生接触,也许就融合成一个较大的范围。可是,要把所有的科学和哲学的知识融合成一个更高的、统摄一切的统一体,即使还不是绝不可能的,也须推迟到遥远的将来。中世纪经院哲学是理性的,现代科学在本质上是经验的。前者崇拜人的理性,在权威规定的界限内活动;后者接受无情的事实,不管它是否合于理性。"③

第一,文艺复兴首屈一指的代表人物达·芬奇为佛罗伦萨人,被称为西方"近代科学之父"的伽利略也出现于佛罗伦萨这座小镇,绝非偶然。原来中国点燃欧洲文艺复兴之火的核心地区就是佛罗伦萨!

第二,伽利略是一名"哥白尼主义"者,而哥白尼的"日心说"就来源于中国。

---

①[英]W.C.丹皮尔:《科学史》中译本,第194—195页,商务印书馆,1975年9月第1版。

②[英]亚·沃尔夫:《十六、七世纪科学、技术和哲学史》中译本上册,第27页,商务印书馆,1984年12月第1版。

③[英]W.C.丹皮尔:《科学史》中译本,第195—196页,商务印书馆,1975年9月第1版。

第三,伽利略的实验方法与中国科学的方法最为接近。在伽利略之前,欧洲人的观念受基督教影响,从先验的体系出发,演绎出一个知识体系;而从伽利略开始,则一切从经验出发,随后逐渐归纳出一个知识体系。其特点是实验科学,而实验科学正是中国科学的长处。

2.没有文艺复兴,只有"中学西被"

何谓"中学西被"?"中学"不是"东学",从"西欧中心论"来说"东"的概念偏于一隅,是一个贬义词,因而"中学"不能用"东学"来代替;"被"意指覆盖,中国文化西传的过程,不是从东部向西部逐渐影响的"西渐"过程,而是在短时间内铺天盖地而来,因此我们使用了"西被"一词。"中学西被"指中国文化(不限于科学技术)在向西方传播的过程中,在短时间内,以纸张和印刷术在欧洲的普及为媒介,铺天盖地覆盖了西方的知识界。

从时间关系上来说,"中学西被"大体上在15—18世纪,当然其发端当稍早于15世纪,而其余绪在19世纪仍时有回响、不绝如缕。

西方概念中的"文艺复兴"与"启蒙运动",其时间跨度为14至18世纪,大体上与"中学西被"的过程重合。

如前所述,欧洲绘画之父的绘画技法源于中国;中国点燃了文艺复兴运动之火,并由此引发了西方近代科学的开端。

事实上,不仅文艺复兴及西方近代科学源于中国,举凡政治学、哲学、经济学、政治经济学、法学、唯物主义、无神论、百科全书派等人文学科及流派都来自于中国文化的影响。作为欧洲启蒙运动的核心内容——"理性"、"自然"等概念也都无一例外,起源于中国文化。这个过程,我们称之为"中学西被"。

欧洲启蒙运动源于中国,"理性"概念源于"宋明理学"

"理性"概念是18世纪欧洲启蒙运动的核心概念。"理性"一词来源于中国的"理学"之"理",由传教士将其引入欧洲,并引发争论,导致启蒙运动的发端。法国是启蒙运动的中心,伏尔泰是启蒙运动最主要的代表人物,故18世纪又称"伏尔泰世纪"。

伏尔泰反对宗教,认为宗教是理性的最大敌人。因而他推崇无神论的中国,敬仰人文主义大师孔子,将自己的书房命名为"孔庙",并自封为"孔庙大主教",以孔子人文主义的精神,将欧洲带出了"千年黑暗"。"启蒙"的"蒙"就是黑暗,"启"就是"启明"。

雨果曾评价说:"伏尔泰的名字所代表的不是一个人,而是整整一个时代。"伏尔泰把欧洲发现中国文明比之于哥伦布发现新大陆:在欧洲的君主以及那些使君主们富裕起来的巨商们看来,所有这些地理发现只有一个目的——找寻新的宝藏。哲学家们则在这些新发现中,看到了一个精神的和物质的新天地。……在欧洲陷于谬误和腐化堕落之中时,中国却遵循着最纯洁的道德……

18世纪初,法国传教士对宋明理学"理"的传承举隅

"当礼仪之争在罗马教廷和康熙皇帝之间相持不下的时候,有一位中文名字叫梁宏仁(Arthus de Lionne,1655—1713)的巴黎外方传教会会士被派回罗马。他1702年从厦门登船,途经伦敦、巴黎,转赴罗马。完成使命后,梁宏仁拟从巴黎乘船返回中国,但因生病不能成行,便滞留巴黎。

"梁宏仁与马勒伯朗士是关系颇为密切的朋友。到巴黎后,他与马勒伯朗士自然会谈到在中国的见闻。……梁宏仁着重介绍了中国儒学,主要是朱熹的思想。"①

法国马勒伯朗士对梁宏仁所介绍的中国理学之"理"进行概括

他说:中国文人认为:

一、有两种存在,即"理"(即至尊理智、准则、智慧、正义)和"物"(质)。

二、"理"和"物"都是永恒的。

三、"理"不存在于自身,也不存在于"物"之外。显然,他们把"理"看作散见于"物"中的一种形式或一种品质。

四、"理"既不是圣者,也不是智者,虽然它是智慧和至上才智。

五、"理"绝不是自由的,它只是依自然的必然性而动;对它所做的,既无所知,也无所欲。

六、"理"使人聪明、明智、正确;物质的所有部分随时可以吸收聪明、智慧、正义……

人的精神只属于被净化的或者能被"理"感悟的物质,因此它可以是聪明的或者是能思维的。显然正是由此,他们才认为"理"是照临所有人的光明,我们是在"理"中见到一切"物"的。②

---

① 张成权、詹向红:《1500—1840 儒学在欧洲》,第165页,北京大学出版集团、安徽大学出版社,2010年8月。

② [法]马勒伯朗士:《奥脱拉利会神父马勒伯朗士就〈一个基督教哲学家和一个中国哲学家的对话〉告读者》,尼古拉·马勒伯朗士:《有关神的存在和性质的对话》附录,第92页,三联书店,1998年。

显然,欧洲启蒙运动"理性"概念的内涵不出中国理学之"理"的范畴。

西方哲学源于东方游历

"多亏中世纪方济各会传教士、马可·波罗和其他许多的叙述者,在14世纪至16世纪期间开始了前期的哲学思考,而到蒙田,成了真正的'哲学思考'。多兹在撰写研究著作《游记(法意)之源泉》中向我们确切地证明,游记造成了基督教欧洲的成长和成熟。继居斯塔夫·阿特金松在他关于思考运动与游历的关系之研究中,更使我们对这一点深信不疑:哲学精神多半形成于旅游家经验的思考之中。……对哲学运动起着决定性作用的一部书,是李明神甫的《关于中国现状的新回忆录》。……我在此列举的这些有关17至18世纪中国的著作数字是微不足道的,但我至少指出了'哲学家们'经常阅读的著作。"①

来自宋明理学的"理性"观念被扭曲并披上古希腊的外衣在欧洲普及的直接后果是法国大革命。

"而欧洲是起源于希腊的概念无疑是个晚近的创造,它可以被追溯至反革命的知识分子——尤其是1815年至1830年间,当古希腊罗马的文化研究被建立为保守派的学科——意图去捏造一个根基于无法容忍有丝毫东方成分,纯古希腊的欧洲文化传统。"②

来自中国理学"理"的概念,披上古希腊学统的外衣,并将伪古希腊学统与日耳曼血统联系起来,为西欧中心论和种族主义提供理论基础。

古希腊神话是17世纪德国人编造的故事,古希腊文明是18世纪到19世纪以德国人为首的欧洲人编造的神话,目的是为种族主义的现实政治服务。《圣经》源于西亚,要说13世纪前的欧洲,只有被基督教教化的资格。

13世纪受到来自蒙古帝国的冲击,欧洲开始了解到在上界的天国之外,远方还存在一个地上的天国,就是中国(以《马可波罗游记》为代表)。西方的所谓《圣经》文献,其实也来源于东方神学。

15世纪随着中国文化的"西被"及中国印刷术在欧洲的普及,引发了所谓的人文主义文艺复兴及近代科学,接着又催生出18世纪欧洲启蒙运动,也就是欧洲哲学的滥觞。

---

① 详见[法]艾田蒲:《中国之欧洲》中译本第1版,第143—152页,广西师范大学出版社,2008年8月。

② 杰拉德·德朗提:《欧洲的诞生:神话·理念·现实》中译本,第34页,台湾新北市广场出版社,2012年8月。

虚构的古希腊文明——欧洲"古典历史"辨伪

西方哲学本来称为"理学"

艾儒略在《西学凡》中把哲学（斐禄所费亚 Philosophia）称为"理学"，以此来比附宋儒之学。他说："理学者，义理之大学也，人以义理超于万物而为万物之灵。格物穷理，则于人全，而于大近。"他以此来说明西方哲学探究的是万物之根，这种理是看不见的，它隐于具体事物之中，"如物之理，藏在物中，如金在砂，如玉在璞"，追根探究，"淘之，刻之，斐禄所费亚之学"。这是来华耶稣会士对西方哲学的一个最简明的介绍。①

西方哲学的开山祖笛卡尔，其哲学源于"宋明理学"

笛卡尔着力教人的"Reason"一语，与中国人所讲的"理性"是一个东西，也就是宋明理学的"理"字。②

笛卡尔是西方哲学的开山祖师，他的主要著作是在荷兰完成的，而荷兰是当时接触中国文化的最前沿。

孟德斯鸠的"法"，源于宋明理学的"理"

孟德斯鸠说："人类历史，也和自然界一样，为自己固有的'法'所支配，支配一切民族的一般的'法'就是人类理性。"

孟德斯鸠（1689—1755）是 18 世纪法国启蒙运动的开拓者之一。他在1713 年曾和侨居巴黎 10 年，在法国皇家文库任中文翻译的福建漳州人黄嘉略进行长时间的谈话，了解中国的宗教、刑法、服饰、墓葬，中国人对家庭财产的观念，中国的文化和教育，中国妇女的地位，中国国家的管理方式，等等。但他最感兴趣的是中国的社会和法律结构。孟德斯鸠对谈话内容作了详细的笔录，并装订成册，标题定为《关于中国问题与黄先生对话》③，然后进行深入的研究与分析，汲取其精华，丰富了他的"自然神论"思想和"法"的历史观。……

孟德斯鸠从中国留学生黄嘉略那里了解到了一个全新的中国社会，他的思想受到中国文化、朱熹理学的影响。孟德斯鸠汲取了中国文化、朱熹理学思想的精华，结合对法国的文化和政治的见解，在中国留学生黄嘉略的协助下发表了著名的《波斯人信札》《论法的精神》等著作，而成为著名的法国资产阶级思想家

---

① 张西平：《明清间亚里士多德哲学在中国的传播》，载《西学东渐研究》第一辑，商务印书馆，2008 年。

② 参看朱谦之：《中国哲学对于欧洲的影响》，第 200 页，福建人民出版社，1985 年 6 月。

③ 《孟德斯鸠全集》第 2 卷，巴黎出版社 1950 年版，第 927—943 页。

与法学家。①

黄嘉略身世

黄嘉略(法文名 Arcade Huang 1679—1716),福建人,天主教徒,本名黄日升,"嘉略"系受洗名 Acrade 的汉译。西方典籍一般以 Arcadius 或 Arcadio 相称。1703年,他随法国传教士赴罗马办理教务,两年后定居巴黎,任法国国王的中文翻译,奉命编撰《汉语字典》和《汉语语法》,其间与法国文人多有交往。1713年与一名巴黎女子结婚并育有一女,因贫病交加而英年早逝,享年36岁。参阅许明龙《黄嘉略与早期法国汉学》,北京,中华书局,2004年。②

宋明理学之"理",欧洲人理解为"无神论",亦即"唯物论"

"恩格斯在《社会主义从空想到科学的发现》中说:'法国的唯物主义者没有把他们的批评局限于宗教信仰问题;他们把批评扩大到他们所遇到的每一个科学传统或政治设施;而为了证明他们的学说可以普遍应用,他们选择了最简便的道路:在他们因以得名的巨著《百科全书》中,他们大胆地把这一学说应用于所有的知识对象。'这一派将无神论、唯物论、自然主义作个起点。

"理学在耶稣会士看来,即无神论,即唯物论。天主独立自存而理则为依赖之类,而且理不过是物的模样、物的元质,即谓理为自然之理,'不知自然之说殊非究竟之旨';——汤若望语——故为拥护天主实义,即不得不认'理'为异端,而加以排斥。然而矛盾的事实莫过于此。耶稣会士极力攻击'理学',而一群优秀之士,即耶稣会中富有反叛精神的人,却无意之中起而拥护此异端之'理',拥护无神论、唯物论与自然主义,于是大革命的哲学基础形成,许多崭新的革命思想便从此诞生了。"③

西方"经济学"与"政治经济学"源于中国

西方"经济学"起源于18世纪的法国,"经济学"的创始人被称作"欧洲的孔子",此人名叫魁奈。这位欧洲历史上第一位"经济学家"本来是路易十五的一名御医,住在凡尔赛宫内。而凡尔赛宫正是模仿故宫而建造的,之前的欧洲只有城堡,并没有宫殿生活经验,路易十四在这里仿造中国礼仪之邦的规制,带领法国率先进入礼仪时代。

后来,这位"欧洲的孔子"——魁奈"于1756年通过巴陀夫人劝说路易十五模

---

①程利田:《朱熹理学对欧洲启蒙思想家的影响——兼论中国文明对西方文明的作用》,载《学术论坛》1996年02期。

②见《历史研究》2010年第4期。

③朱谦之:《中国哲学对欧洲的影响》,第268—269页,福建人民出版社,1985年6月第1版。

仿中国古代的仪式，举行籍田典礼，后来终于于1768年促成路易十五的皇太子（后来的路易十六）模仿中国的籍田典礼，在宫廷举行仪式，在众人面前拿着用丝带装饰的耕犁模型。"①

这位"欧洲的孔子"是欧洲古典经济学的创始人，后来被归并为"重农学派"。马克思说"这个人是法国的第一个经济学家，……魁奈医生使政治经济学成为一门科学，他在自己的名著《经济表》中概括地叙述了这门科学。"②

中国学者说："可能发现重农学派的所有重要经济概念都可以从中国旧经济中找到它们的近似样品；相反，在欧洲先行的思想材料中倒不易碰到这种情况。"③

法国路易十六的财政部长安内－罗贝尔－雅克·杜尔哥（Anne-Robert-Jacques-Turgot），与当时重要的重农主义者关系密切，提倡中国的经济观念。后来他被称为政治经济学的创建者。（Goldsmith［1774，第二卷，pp.230—1］）④

原来不仅政治学、哲学、科学，就连欧洲的经济学甚至政治经济学也来源于中国的影响。

欧洲18世纪的"百科全书派"源于中国

"百科全书派在法国风动一时，其来源则在中国，这一点很少人注意到。我们都知道这一派公开反对宗教，而为法国大革命思想之一造因，但还不知这一派大多数还是耶稣会出身。威尔斯对于这一派的来历，很简单地说及'一群优秀之士——即百科全书家（the Encyclopedists）大都系耶稣会中富有反叛思想精神之人——于狄德罗指导之下，思欲于其著作物中计划一新世界'。知道百科全书派和耶稣会的关系，就知道百科全书派和中国文化的关系了。

"百科全书派崇拜理性，其结果在法国革命时期，便有人提倡理性教为国教，塑一美女像为理性神像，供于巴黎圣母大教堂祭坛上。实际则此理性的宗教正是在华耶稣会士所极力攻击的'理'之变形，是从中国贩出来的。"⑤

霍尔巴赫的沙龙

"恩格斯在1843年《伦敦来信》中称道百科全书派的著作，他说：'现在工人能

---

①张成权、詹向红：《1500—1840 儒学在欧洲》，第245—246页，北京大学出版集团、安徽大学出版社，2010年8月。
②马克思：《哲学的贫困》，《马克思恩格斯全集》中文版第4卷，第138页，人民出版社，1958年。
③胡寄窗：《中国古代经济思想的光辉成就》，第2页，中国社会科学出版社，1981年。
④参看［美］马丁·贝尔纳：《黑色雅典娜》中译本，第177页，吉林出版集团，2011年7月。
⑤朱谦之：《中国哲学对欧洲的影响》，第268页，福建人民出版社，1985年6月第1版。

第九章　余论:是"文艺复兴"还是"中学西被"？

读到18世纪法国哲学著作的又好又便宜的译本,主要有卢梭的《社会契约论》《自然体系》和伏尔泰的各种著作。'

"霍尔巴赫就是《自然体系》的著者。德波林《近代唯物论史》有专叙霍尔巴赫的一章(第八章),中间述及他在大革命时代的重要性,尤其是在他的沙龙里面常常聚集许多学者,成为唯物论思想的中心。

"'爱尔维修、狄德罗、卢梭、格拉姆(Grimm)、达朗贝等人,均于星期日和星期四聚集于此,并时常作政治的、哲学的和文学的问题之谈论。'①

"沙龙在那个时候,在没有组织政党的情形之下,是有巨大意义的。因为它可以用此来代替政党,并作为团聚同一的见解和思想之人的组织中心。……一切活动主要都是带上文字上的性质,然而很明显地,这种文字活动是属于大胆地对于教会、专制、僧侣等之攻击和责备。……②

"霍尔巴赫的沙龙真正是第三等级及其和法国旧制度作思想争斗之大本营。……这样革命在18世纪是发生于沙龙中,而且首先是诞生于霍尔巴赫的沙龙中。"③

"唯物论圣书"——《自然体系》源于儒学

"霍尔巴赫虽为德国人,但他移民巴黎,娶法国女子为妻,而将一生寄居法国,为法兰西国民性所融化。他的父亲原系大资本家,留下许多财产,他即利用此巨大遗产来从事知识界的思想运动,所以收效极大。而且他是一个唯物论者,如德波林所说似的:'他的有些著作,在全世界无神论的文献中,算是其中唯一的一种了。'"④

"以这样富于科学思想和革命思想的人物来提倡中国哲学,当然影响是再大也没有了。他在1770年,假名密拉普(Mirabaud),发表《自然之体系,物理世界及精神世界之法则》一书,此书惊动法国,序文开端即主张'教人们对于理性放出勇气与尊重心来'。全书分成二部分,第一部分为一般的基础及人性论,第二部分为神学。全书断然排斥神学,对于传统制度(尤其是教会及天启的信仰)道德内容及理想内容,加以完全的蔑视。他以为世界无论何地,除了物质与运动,便没有任何事物。因为霍尔巴赫直接攻击神的概念,主张从宗教桎梏解放人类,所以在此书

---

① 德波林《近代唯物论史》,281页。
② 德波林《近代唯物论史》,282页。
③ 德波林《近代唯物论史》,283页。朱谦之:《中国哲学对欧洲的影响》,第272—273页,福建人民出版社,1985年6月第1版。
④ 德波林《近代唯物论史》,285页。

中,革命尖锋已可感到,可法兰西革命遂即以此原理为根据。如朗格《唯物论史》所云:'自然及其女儿——道德、理性、真理——最后被称为唯一的神,值得人们以香火祀奉,如是《自然之体系》在破坏一切宗教之后,却由一种诗的高扬,把自身变成了一种宗教。'"①

"这种宗教无疑就是'理性的宗教',即为阿贝尔(Hébert)所倡理性女神的先声了。在这里应该注意的,就是这一部'唯物论的圣书'也是有所本的。这一位反宗教的无神论者、唯物论者,实际就是中国文化的赞美人。他因为儒家带有反宗教的特质,故特别接近儒家。"②

18世纪欧洲对中国的评价——天上美满的象征

"那时候《百科全书》关于中国哲学家的见解,即直接采自伏尔泰、狄德罗在《百科全书字典》中对中国部分的如下论调:'中国民族极能同心合力,他们历史的悠久,精神、艺术、学问、政治、哲学各方面,不仅压倒所有其他亚洲民族,据一部分学者的意见,他们所有的优点甚至可以和欧洲最开明的民族竞争'。同样的主张在爱尔维修所著《精神论》(De I'Esprit Discours Ⅲ, Cap. XXXⅣ; Caps. XⅢ and XⅣ)亦可看得出来。又巴夫尔在《一个哲学家的旅行》(Voyages d'un philosophe, p. 148)中更加赞美中国。他说,'若是中国的法律变为各民族的法律,地球上就成为光华灿烂的世界。你们试到北京,瞻仰一下世间最有权力的人(皇帝),他就是天上美满的象征'。"(China offers an enchanting picture of what the whole world might become, if the laws of that empire were to become the laws of all nations. Go to Peking! Gaze upon the mightiest of mortals, he is the true and perfect image of Heaven.)③

3."中学西被"实例举隅:德国哲学源于宋明理学

德国第一位哲学家——莱布尼兹

莱布尼兹(G·W·F·von Leibniz,1646—1716)是德国第一位哲学家,被称为近代欧洲的一位知识巨人。在与耶稣会士的交往过程中,莱布尼兹深入地接触到了中国文化,在其对《易经》的研究中,悟出了二进制数学,从而为后世发明电脑及数码技术奠定了学理基础;在其对"宋明理学"的学习中,引进了"理性"概念,从而

---

①朗格:《唯物论史》上卷,第3章,46页。
②朱谦之:《中国哲学对欧洲的影响》,第273—274页,福建人民出版社,1985年6月第1版。
③赖赫淮恩:《中国与欧洲》,92页。朱谦之:《中国哲学对欧洲的影响》,第271页,福建人民出版社,1985年6月第1版。

德国哲学奠定了思想基础。

莱布尼兹认为：中国高于欧洲

"莱布尼兹认为，古代中国在时间上早于古代欧洲，并且有自然神学或关于上帝的知识，这些知识仅仅是从观察自然得来的。这一特征同令人钦敬的道德外表一起，哺育了在许多方面都高于欧洲的中国。"①

莱布尼兹引用7种中国典籍

在《论中国人的自然神学》中，莱布尼兹引用了7种中国典籍：《易经》《尚书》《诗经》《论语》《中庸》《理性大全书》和《资治通鉴》。他把《易经》和《资治通鉴》放在一边，用也只是顺便提到。他从龙华民的《宗教论文》和利安当的《传教论文》这种间接资料中辑出其余5部重要的中国典籍。与理学有联系的《性理大全书》《中庸》《论语》是他最常引用的。这样的选择是令人啼笑皆非的，因为莱布尼兹表现了对中国远古的或说古典儒家的强烈偏爱。

莱布尼兹"理"的概念本于明代永乐时期《性理大全书》

"《性理大全书》莱布尼兹引用得最多。它是宋代哲学家程颐、朱熹的理学学派的著作选集，代表了程朱学派的性理哲学。《性理大全书》由此得名。这部书是受永乐皇帝（1403—1424年在位）之命由胡广领导在1415年编成的。永乐皇帝是想从已有的三个新的宋代儒家选集《性理大全书》《四书大全》《五经大全》是滤掉一些不合政治需要的成分。这三个选集，特别是《性理大全书》，是全部科举考试的根据。《性理大全书》是一部长达70卷的汇编，它完全是一个派生物，尽管是经过筛选的；并且它不是从经书本身中派生出来的，而是从四书《论语》《中庸》《孟子》《大学》这些经书本文和语录断片的汇辑的注疏中派生出来的。

"莱布尼兹追随利玛窦以及同情中国礼仪的那些人，认为与他同时的中国人是无神论者，只有中国古人和古代典籍才反映出自然宗教。然而，莱布尼兹引用《性理大全书》，好像是只把它看作经书的概要，而不是后来许多年的解释学派的作品。"②

理：第一原理

"在《论中国人的自然神学》中，最基本的中国名词是莱布尼兹解释为'第一原理'的'理'。被莱布尼兹视为中国和西方这样世界范围内的一致基石的，正是这个

---

① [美]孟德卫：《莱布尼兹和儒学》中译本，第66页，江苏人民出版社，1998年2月第1版。
② [美]孟德卫：《莱布尼兹和儒学》中译本，第67页，江苏人民出版社，1998年2月第1版。

重要的中国名词。"①

然而，作为德国人表述哲学，莱布尼兹所使用的语言却并非德语；莱布尼兹的主要哲学著作大多使用的是拉丁文和法文。

在18世纪之前用德语表述哲学闻所未闻

德国哥廷根大学是近代种族主义的大本营，其创建者之一，克里斯托夫·奥古斯特·霍伊曼（Kristophe August Heumann）开始"倡导并尝试着实践用德语写作哲学，当时这样的行为几乎从未听说过。……霍伊曼认为，哲学起源于希腊，因为太热或太冷的气候都不宜于哲学，只有气候温和国家的居民，如希腊、意大利、法国、英国和德国，才能够创造出真正哲学。霍伊曼关于哲学起源于希腊的观点，像他认为德语具有哲学潜力的观点一样，比他的时代超前了50多年。"②

德国为日耳曼蛮族，18世纪前万国林立，既无哲学也无史学

德语本来是游牧民族日耳曼族的"粗话"，在18世纪初之前地位低下。

"在德国，三十年战争1648年结束后的一个多世纪里，军事动荡、政治分裂和经济落后连续不断。在同一时期，法国在军事上和文化上崛起，以至于要成为新罗马，能够吸收整个欧洲。德国宫廷的语言和文化是法国的，包括普鲁士国王腓特烈大帝的宫廷；18世纪上半期德国出版的多数书籍是拉丁文和法文的。因此理所当然有一种担心，17世纪末的哲学家和数学家莱布尼茨和后来的爱国者表达了这种担心，认为德语永远不会发展成为可以用来进行文化和哲学对话的语言；它甚至会像法国的早期统治者说的日耳曼法兰克语一样，在法语来临时完全消失。"③

18世纪之前德国没有史学

"在德国，历史著作的传统很难上溯到18世纪以前，而在意大利可以上溯到马基雅维里甚至于佩特拉克。"④

德国人在塔西佗《日耳曼尼亚志》中获得灵感，通过伪古希腊学术，虚构日耳曼与古希腊的关系。

"从1440年开始，塔西佗在意大利整整被忽略了60年，而这却是德国人开始学会阅读《日耳曼尼亚志》的阶段。……到了1500年，它已成为德国人喜欢在其中

---

① [美]孟德卫：《莱布尼兹和儒学》中译本，第70页，江苏人民出版社，1998年2月第1版。
② [美]马丁·贝尔纳：《黑色雅典娜》中译本第1版，第193页，吉林出版集团，2011年7月。
③ [美]马丁·贝尔纳：《黑色雅典娜》中译本第1版，第183页，吉林出版集团，2011年7月。
④ [英]柯林武德：《历史的观念》中译本第1版，第271—272页，商务印书馆，1997年9月。

关照自己的镜子。"①

敢讲真话的德国人：莱布尼兹的高足——克里斯蒂安·沃尔夫

克里斯蒂安·沃尔夫（Christian Wolff，1679.1.24—1754.4.9）是莱布尼兹的弟子。1721年7月12日在就职哈勒大学校长典礼上，克里斯蒂安·沃尔夫发表了题为《论中国的实践哲学》的演讲。②

他在讲演中开门见山，第一句话就说："各位尊敬的听众，中国人的智慧自古以来遐迩闻名，中国人治理国家的特殊才智也令人钦佩，但是长期以来，尽管人们对此始终深谈细究，也没有把它作为非凡的东西来把握。在我们的眼中，孔子常常被看作如此伟大的智慧的始祖。"

这里"自古以来遐迩闻名"，自古以来是什么时候？遐迩闻名又是多大范围？

沃尔夫在讲演中说道："几百年来，人们一直赞颂着中国哲学。"

这里"几百年"是什么概念？

在18世纪说这句话，少说"300年"就是15世纪，"500年"就是13世纪。

"遐迩闻名"的"迩"就是普鲁士、法兰西，"遐"就是英格兰、意大利、西班牙、拜占庭（包括希腊地区）。

沃尔夫在讲演的结尾处说："亲爱的听众，我已经把古代中国人的哲学基础展现在你们眼前。不论是在其他公开的场合，还是在这个庄严的会场上，我都要讲，中国人的哲学基础同我个人的哲学基础是完全一致的。"

"中国人的哲学基础同我个人的哲学基础是完全一致的"是什么意思？

他是历史上第一位用德语写哲学作品的学者，这段话意味着第一位德国哲学家或者说德国哲学开山祖师的哲学基础来源于中国。

"不论是在其他公开的场合，还是在这个庄严的会场上，我都要讲"是什么意思？说明讲真话面临着巨大的压力与风险。

沃尔夫处在欧洲对中国从无限崇拜到刻意贬损的转换期，由于发表了这篇讲演而受到严厉指控，被迫辞去校长职务，并于1723年被驱逐出普鲁士（德国）。③

---

① [意]莫米利亚诺：《现代史学的古典基础》中译本第1版，第162页，华东师范大学出版社，2009年6月。

② 演讲原文见[德]夏瑞春编、邬世红译：《德国思想家论中国》，江苏人民出版社，1995年8月。

③ 以上内容参见张允熠、陶武、张弛编著：《中国：欧洲的样板——启蒙时期儒学西传欧洲》，第255—267页，时代出版传媒股份有限公司、黄山书社，2010年7月。

沃尔夫因讲中国哲学被驱逐出境

德国哲学的祖师爷沃尔夫（Christian Wolff,1679—1754）因为讲中国哲学受欢迎，就被驱逐出境了。

"哈勒大学数学教授，知名的沃尔夫有一天发表了一篇很好的演说推崇中国哲学；他称赞这个眼耳鼻须和推理都跟我们不同的古老民族；他称赞中国人敬奉一位至高无上的神并且好德；他把这归功于中国皇帝、国老、法官、学士。对于和尚的看法就完全两样了。

"要知道这位沃尔夫教授在哈勒吸引了 1000 名各国学生。在这个大学里有一位名字叫朗格的神学教授，他却一个人也吸引不到。这个人在课堂里面坐冷板凳很失望，就有理由想要毁坏数学教授。他不免依照他那一类人的习惯，诽谤数学教授不信神。

"有几位从来没有到过中国的欧洲作家曾经以为北京政府是无神派。沃尔夫既经称赞过北京的哲学家们，所以沃尔夫是无神派。嫉妒和仇恨从来没有做过比这更好的三段论式。郎格的这一论据由一群喽啰和一位保护人来支持，就获得国王的决定，给数学家下了一道两刀论法式的命令，叫他选择或是在 24 小时内离开哈勒市，或是被处绞刑。因为沃尔夫很会推理，当然不免一走了事。他的隐退使国王失去每年二三十万埃古银币的收入，这笔钱是这位哲学家由于他的学说的影响给国王输入的。"①

沃尔夫被驱逐的经过

关于此事的经过，以巴托美斯（Bartholmess）所著《柏林学士院哲学史》（Histoire Philosophique de l'académie de Berlin）所记为最详尽。沃尔弗（沃尔夫）与虔诚派的正统神学派的冲突，实际即为理性论哲学与信仰的冲突，换言之即哲学与宗教文化的冲突。哲学史家蔡勒曾注意于这种冲突的原因，他以为这种冲突从莱布尼茨时代已经开始，不过莱布尼茨与虔诚派的创立者斯培纳（P.J.Spener）虽发生冲突，影响很小。沃尔弗（沃尔夫）则以本国文字作通俗宣传，而且他的哲学精神根本和正统派神学绝不相同。正统派神学主张超自然主义的信仰，沃尔弗（沃尔夫）则用数学的方法，每一事物均须找出理性的根据。他要将超理性的变为理性的产物，超自然的变成自然的信仰，这当然和虔诚派的正统神学发生正面冲突，结果便不得不引起绝大的学潮了。本来在哈尔大学之中，沃尔弗（沃尔夫）和朗格私人

---

①［法］伏尔泰：《哲学辞典》中译本上册，第 328 页，商务印书馆，1991 年 10 月。

的感情就不很好,如大学助教一职,沃尔弗(沃尔夫)推荐他的弟子吞密格(Thümmig),朗格则为其子力争,结果沃氏是胜利了;朗格怂恿沃氏弟子斯特勒拉(Strähler)著《关于神世界灵魂之沃尔弗思想的批判》均为好例。

但是沃氏学说在德国当时实为支配一时的新思想,颇受学生欢迎。1721年7月21日"中国的实践哲学"的讲演又指摘朗格,称之为"滥作者"(polygraph),当然更引起神学教授们的反感,所以在这事件发生以后,哈尔神学部的教授便立刻召集会议,对于沃氏的演讲词提出27条的误谬之点,且加以面责。1725年沃氏将演词公开发表,并作答辩,神学部的教授们又运动分科大学长法郎克作友谊的忠告,要求沃氏交出原稿,竟遭拒绝,事情总算一时平静下去了;却在那时,大学方面学生因对新副校长不满,要求沃氏复位,因此朗格非常愤怒,一意运动宫廷,驱逐沃氏,结识了一位侍臣中有名的滑稽家干达林(Gundling),把沃氏学说形容得非常可怕。

当时国王腓特烈·威廉一世,本是一介武夫,他除了军队、宗教、金钱以外,什么也不知道,因轻信谗言,大为震怒,遂于1723年11月8日下一阁令,命沃尔弗(沃尔夫)于四十八小时以内离开哈尔及普鲁士国境,并附言,如不听命即处绞刑。同时放逐者还有吞密格和另一位教授。沃氏教职以朗格的亲子代之,于是沃尔弗(沃尔夫)的反对党大告成功。朗格原意只想限制沃氏讲学及著书的自由,接到国王严令,反而狼狈至于废寝忘食者三日三夜,表面的胜利终抵不过内心的不安,何况这种胜利也只是暂时的呢!①

因沃尔夫被逐事件,中国哲学在德国及欧洲遂获普及

当时德国年轻的学子及许多学者对沃尔夫的被逐不满,于是舆论倒向沃尔夫一边,驱逐出境的做法得到了完全相反的效果,使得中国哲学在短短一二十年间在德国及欧洲范围内获得大面积普及。

"对于这个不学无术的格朗和政府的压迫,那时第一流学者均抱反感,而表同情于沃氏哲学的内容、价值或基督教的问题,遂成为学界议论中心,因此而著的书差不多有200余种,而其中有130种反对他,有90种是赞成他的:一方面有人攻击,另一方面有人拥护,攻击的有乌布萨拉(Uppsala)大学,拥护他的有赖德(Ryde)、波伦亚(Bologna)、斯德哥尔摩(Stockholm)等大学。瑞典国王聘他为摄政的顾问官,彼得大帝则招聘为圣彼得堡学士院副院长,不就则畀以年金,甚至某处

---

① 详见朱谦之:《中国哲学对欧洲的影响》,第243—244页,福建人民出版社,1985年6月第1版。

炼铁工人华格纳(J.V.Wagner)也取笔援助沃氏,而攻击朗格。这种论争继续至20年之久,而在当时青年人物总是狂热地站在沃氏一边。沃尔弗(沃尔夫)被哈尔大学驱逐,不过10年之间,舆论把他推举出来,其结果是他的哲学更为有名,甚至于支配那个时代了。"①

沃尔夫给中国文化起了个德国名字,叫德国哲学

"沃尔夫把全部知识都纳入学究式的系统形式。……他的哲学在德国长期占据统治地位。……沃尔夫曾经在哲学方面特别是在德国的一般文化方面做出了贡献;我们首先应当把他称作德国人的教师。我们可以说,沃尔夫第一个使哲学成了德国本地的东西。契尔恩豪森和托马秀斯也同时分担了这种贡献,——他们用德文写哲学书,从而获得了一种不朽的贡献。沃尔夫的一大部分著作也是用他的祖国语言写的,这一点很重要。"②

沃尔夫是用德语表述哲学的第一人。沃尔夫说:"中国人的哲学基础同我个人的哲学基础是完全一致的。"沃尔夫用德语表述的德国哲学正是宋明理学的内容。

"沃尔弗(沃尔夫)用德国语言很普遍地宣传中国哲学,他的见解又在耶稣会士卫方济之上,所以影响更大。一方面影响于腓特烈大帝,使他倾向于哲人的政治理想;一方面因尊重理性的缘故,在沃尔弗(沃尔夫)等人的思想影响之下,发生了德国观念论的哲学。观念论实际即是理性论。"③

原来,德国哲学中的"观念论"是宋明理学中"理性论"的翻版。

康德是克里斯蒂安·沃尔夫的再传弟子

"康德早年思想实属于 Leibniz=Schultz 舒尔兹学派,舒尔兹是康德的本师,也就是沃尔弗(沃尔夫)的高足弟子,来自哈尔,曾著《信仰与理性合一》的论文,为人所称道。而康德初期著作也处处表示他受莱布尼兹和沃尔弗(沃尔夫)的影响。"④

"康德在出生地孔尼斯堡大学中研究沃尔弗(沃尔夫)哲学,在理性派哲学与宗教信仰的斗争中,他的思想无疑是站在沃尔弗(沃尔夫)的同一立场。"⑤

"我们知道沃尔弗(沃尔夫)是用德国语言,很普遍地宣传中国哲学的人,他虽不曾想到纯粹理性的批判,但他却应用了中国的理性主义作批判的依据,所以可

---

①朱谦之:《中国哲学对欧洲的影响》,第244—245页,福建人民出版社,1985年6月第1版。
②[德]黑格尔:《哲学史讲演录》第4卷,第187页,商务印书馆,1978年12月1版。
③朱谦之:《中国哲学对欧洲的影响》,第247—248页,福建人民出版社,1985年6月第1版。
④朱谦之:《中国哲学对欧洲的影响》,第350页,福建人民出版社,1985年6月第1版。
⑤朱谦之:《中国哲学对欧洲的影响》,第351页,福建人民出版社,1985年6月第1版。

算在独断的哲学家中最伟大的。康德受其影响,已是绝无可疑的事实,这就可见德国古典哲学,即使和中国思想没有直接的关系,也不能没有间接的关系了。"①

因此,康德被揶揄为"孔尼斯堡(Königsberg)的伟大的中国人。"(尼采语)

黑格尔哲学的来源

以历史哲学为例:黑格尔的历史哲学完全来源于他的德国前辈——赫德尔、康德、席勒、费希特和谢林。

黑格尔"提出了一种新的历史学,叫作历史哲学(这个提议和这个术语是早在伏尔泰就有了的)……这种哲学性的历史将是一部人类的普遍的历史(这里黑格尔在追随赫德尔),而且将显示出从原始时代直到今天的文明的进步。这一故事的情节就是自由的发展,它和显示在社会关系外部体系中的人类道德理性是同一回事。所以,哲学的历史所必须回答的问题就是国家是怎样成为现实存在的(这一切都来源于康德)。但是历史学家对于未来却一无所知。历史的顶峰并不在一个未来的乌托邦里,而是就在现实的目前之中(这是席勒的思想)。人的自由和他对自己自由的意识乃是同一回事,所以自由的发展就是意识的发展,即思想或逻辑发展的一个过程,在这个过程中,概念之各种必然的形式或契机都一一相继地完成(这是费希特的思想)。最后,哲学的历史展示为不仅是人类的进程,而且是宇宙的过程,是世界在作为精神的自我意识之中逐步实现它自己的过程(这是谢林的思想)。这样,黑格尔的历史哲学特点中的每一种观点都是从他的前人那里汲取来的。"②

这些德国前辈们——赫德尔、康德、席勒、费希特和谢林正是承袭了欧洲启蒙运动的余绪,引进理性主义,以来自中国的知识为背景、打着伪古希腊的旗号,开启了德国新古典主义思潮。

黑格尔所说的"理智的形而上学时期",正是中国儒学在欧洲最为流行的时期。欧洲的"理性"概念,正是中国"理学"之"理"的影子

"培尔是由耶稣会士转信新教的基督徒,他对耶稣会抱有厌恶的态度,但他对中国及中国哲学的理解则又依赖耶稣会士。不过,他与马勒伯朗士一样,没有接受大多数耶稣会士对中国哲学的看法,而是接受以龙华民等人对'理'的阐释为依据,认为'理'是物质性的,儒学是主张无神论的。……

1702年培尔发表了《中国通讯》,在《中国通讯》中,培尔则明确指出中国存在

---

① 朱谦之:《中国哲学对欧洲的影响》,第351页,福建人民出版社,1985年6月第1版。
② [英]柯林武德:《历史的观念》中译本第1版,第172—173页,商务印书馆,1997年9月。

无神论的宗教。①

他所说的无神论宗教,自然指的是儒学,而他所说的无神论,也是指中国哲学的基础是物质性的"理"……他赞赏中国,把中国看作是他所追求的理想社会。……也得到伏尔泰的支持。

17世纪初到18世纪初,是黑格尔所说的"理智的形而上学时期"。他将这一时期分为三个阶段,莱布尼兹则是第三阶段的最重要代表人物。

所谓"理智的形而上学时期",实质上是将哲学从神学婢女的地位解脱出来,成为相对独立领域的过渡时期。

这个过程开始于笛卡尔,经斯宾诺莎、马勒伯朗士、洛克、霍布斯,到莱布尼兹、沃尔夫大体结束。此后,欧洲哲学史便进入以德国古典哲学为主潮的时期。

"理智的形而上学时期"也是中国儒学在欧洲甚为流行的时期,儒学在欧洲哲学界的流行,到莱布尼兹和沃尔夫时期达到高潮。"②

德国哲学的祖师爷是克里斯蒂安·沃尔夫,按辈分黑格尔算徒孙

沃尔夫(1679年1月24日—1754年4月9日)

黑格尔(1770年8月27日—1831年11月14日)

黑格尔《精神现象学》抄袭中国"四书"中的《大学》

朱谦之说:"经我长期研究的结果,知道《精神现象学》所用的精神辩证法,也和中国古经典《大学》之辩证法完全符合,这绝不是偶然的事。《大学》方法缜密,系统整齐,实不易与之苟同,然而黑格尔此书序文,千言万语对于'学'与'知识'之概念作积极的解明,极言真理形态乃是学的体系,此体系之学的概念和《大学》再相同也没有了。尤堪使人惊异的,是《大学》之三纲领、八条目,竟与《精神现象学》的阶段行程处处暗合。"③

在"对象意识"中人物一源,在"自己意识"中便入完全自觉的境界,即《大学》"心得其正"的"正心"阶段。然而"大学之道,在明明德,在亲民,在止于至善",因之"己欲立而立人,己欲达而达人","民吾同胞,物吾与也"即已入于"理性意识"之范围。理性意识之第一小阶段为理性,即《大学》之"明明德";第二小阶段为精神,即作为客观精神之民族世界,也即《大学》之"亲民"。又第三小阶段为宗教,即《大学》

---

①朱谦之:《中国哲学对欧洲的影响》,第212—213页,上海人民出版社,2006年。

②张成权、詹向红:《1500—1840儒学在欧洲》,第173—175页,北京大学出版集团、安徽大学出版社,2010年8月。

③朱谦之:《中国哲学对欧洲的影响》,第356页,福建人民出版社,1985年6月第1版。

之"止至善",又即《中庸》末章"上天之载,无声无臭至矣"之至善境界。由此可见《精神现象学》实模仿《大学》。如果不是黑格尔受了《大学》影响,简直是无法说明的了。《大学》有1662年郭纳爵译本,1686年至1687年柏应理译本,又有1711年卫方济译本,黑格尔所读中国古经典不少,当早见及。《精神现象学》出版于1807年,以时间考之,自可假定其受了《大学》译本的影响,唯翻遍全书竟无一语提及,亦从无人道破,这里也只作假说来提出,还有待于事实的证明。然而黑格尔之与中国思想的关系,却是蛛丝马迹大有可寻的了。①

费尔巴哈的唯物主义源于中国

费尔巴哈在德国古典哲学中以唯物主义著称,而其唯物主义来源于法国唯物主义,而法国唯物主义的思想根源正是中国。

对费尔巴哈影响最大的两个人物,一个是法国的无神论者培尔,另一个是推崇中国文化最力的德国人莱布尼兹。这两个人的思想来源都在中国。

法国的无神论者培尔

"比埃尔·培尔(Pierre Bayle,1647—1706)是法国思想史上的过渡人物,马克思在谈到培尔时,曾经引用一位法国作家的话来评论他:'对17世纪来说,是最后一位形而上学者;而对18世纪来说,则是第一个哲学家。'在马克思看来,培尔在思想史上的贡献在于'不仅用怀疑论摧毁了形而上学,从而为在法国掌握唯物主义和健全理智的哲学打下了基础,他还证明,有清一色的无神论者所组成的社会是可能存在的。'"②

"培尔是怎样证明'有清一色的无神论者所组成的社会是可能存在的'呢?他的佐证就是中国,他一方面盛赞中国,一方面肯定中国哲学是无神论。"③

从莱布尼兹、沃尔夫、舒尔兹、康德、黑格尔、费尔巴哈一条线下来,德国哲学思想的不二根源就是中国。

4."西欧中心论"的起源——从崇拜中国到虚构并推崇古希腊

西方学术界一方面大量并系统地吸收来自中国的文化知识,一方面为了提高

---

① 朱谦之:《中国哲学对欧洲的影响》,第357—358页,福建人民出版社,1985年6月第1版。
② 马克思、恩格斯:《神圣家族》,《马克思恩格斯全集》中文版第2卷,第162页,人民出版社,1957年。
③ 张成权、詹向红:《1500—1840 儒学在欧洲》,第172—173页,北京大学出版集团、安徽大学出版社,2010年8月。

虚构的古希腊文明——欧洲"古典历史"辨伪

自己的民族自信心,不惜伪造一个古希腊假祖先,并为此有组织、大规模伪造各类文献,将来自中国的文化知识戴上一顶古希腊帽子,美其名曰"文艺复兴",其实这就是"文艺复兴"概念的由来。

与此同时,对作为自己知识来源主体的中国文化极尽诋毁之能事,正反映了《春秋左传》所言"盗憎主人"之心态。

中国文化有一个风靡欧洲的时期

"当大家阅读18世纪的著作时,无论是游记还是报刊文章,是由哲学家还是由经济学家写成的论著,都会特别惊奇地看到非常频繁地出现中国的名字,发现有关令人赞赏的中国的大量资料。我们仅仅通过资料的数量来看,中国就似乎比英国本身时髦得多,虽然英国对同时代各种思想的影响非常大。中国无疑在18世纪是风靡一时。"①

欧洲崇拜中国文化举隅

1773年霍尔巴赫著《社会之体系》(伦敦),依据中国人所主张的政治与道德的关系。关于道德的原理、政治的体系,霍尔巴赫均极赞美中国,而主张以中国的道德政治为模范。

"中国可算世界上所知唯一将政治的根本法与道德相结合的国家。而此历史悠久的帝国,无疑乎告诉支配者的人们,使知国家的繁荣须依靠道德。在此广土里面,道德成为一切合理人们唯一的宗教,因之道德科学进一步的有研究,遂成为获得职位或立身致仕的唯一法门。我们社会的这种学问,除少数不知名的特殊者研究以外,反而足为与支配国家事务的人疏远的原因吧!……在中国,法律充满圣智,甚至曾经征服中国的满洲人亦为所屈服。这就是说,理性对于君主的权利发生了不可思议的效果,使中国的征服者亦为所征服。……帖木儿毁坏了田舍与村落,可是建立于真理之永久基础上的圣人孔子的道德,却能抵抗此狂风暴雨,保留至今,使野蛮征服者对此亦须表示尊敬,而以之为政府施政的目标。一句话来说尽,无论君主或其代表者——大臣、知事、官吏等均热心从事于人民教育。然而启明政府对此最有益的教训,假使没有实力,而徒托空言,则在一般人心目中也不过留下一时的印象而已。……对于这值得赞美的习惯,只要稍加考虑,我们立刻便可知道:有德的君主,无论如何,均在其国积极地改良风俗,芟除恶德,而建立了道德支

---

① [法]维吉尔·毕诺:《中国对法国哲学思想形成的影响》中译本前言,商务印书馆,2000年5月第1版。

配的基础。……我们至少可以说,在那里,某种道德,尤其孝道,如同宗教一般。又无论何国,也没有像中国产业那样发达。"①

推崇尧舜,师法中国

"中国有一位天子,当他发现自己的儿子够不上做成伟大君主的资格的时候,他便选出才德兼优的市民为后继者。他说'我与其使儿子幸福,人民不幸,不如使我的儿子不幸,而一切的人民得到幸福。'"②

《社会之体系》一书还引了很多中国的例子,尤其是在书中第二卷86页以下有个结论,公然宣称"欧洲政府非学中国不可。"③而在同一个地方,更为研究中国者的便利起见,举出四种书为必读之书,可见他所受中国思想影响之重大了。④

欧洲精英受中国文化震撼:"世界上最博学的民族未见有如中国者。"

《傅圣泽致傅尔蒙书信》(1722年8月28日):"我学习汉语和汉字已经有23年的光阴了。我始终怀着能在该民族的古籍中找到上帝某种启示的强烈愿望,如这些经书的文风、撰写这些著作的方块字、其古老历史、它们论述的内容。这些内容都是目前我在世界上最博学的民族中甚至也从未见到过的。所有这一切都刺激了我那本来就已经强烈的好奇心。所以,我才能确保自己为满足这种好奇心,而绝不忽略任何可能使用的手段。经过数年持之以恒的潜心钻研后,我自认为发现了深入研究这些神秘和渊博学识的一条可靠途径,它很久以来就使我觉得是高不可攀和深不可测的。我越是深入研究,就越会发现奇妙无穷的内容。我始终坚信这些古籍就如同一座最受尊重的古老历史圣殿,但这部古老历史直至现在仍不为欧洲人所熟悉。如果我愿意重新浏览这一切,那完全是由于我怀有希望,即揭示被湮没的最早期教义的珍贵遗迹,并为此而自由地工作。由于某些无法于此阐述的原因,我对于中国却不能这样做……"⑤

这封信的作者是欧洲最著名的来华传教士之一,在当时的欧洲来说,来华传

---

① 霍尔巴赫著:《社会之体系》,t.11,94页;转引五来欣造《儒教の独逸政治思想に及ばせる影響》,页573—574);转引自朱谦之:《中国哲学对欧洲的影响》第274—275页,福建人民出版社,1985年6月第1版。

② 霍尔巴赫著:《社会之体系》,t.11,94页;转引五来欣造《儒教の独逸政治思想に及ばせる影響》,576页。

③ 五来欣造:《儒教の独逸政治思想に及ばせる影響》,578页引。

④ 朱谦之:《中国哲学对欧洲的影响》,第275页,福建人民出版社,1985年6月第1版。

⑤ 载[法]维吉尔·毕诺:《中国对法国哲学思想形成的影响》中译本附录,第505—506页,商务印书馆,2000年5月第1版。

教士属于站在欧洲学术最尖端的知识分子,而这封信的收件人则是当时在欧洲被称为太阳王的最著名的君主法国国王路易十四的顾问,都是当时欧洲举足轻重的"时代精英"。

欧洲深孚众望的科学家将视野转向中国古籍

《傅圣泽致傅尔蒙书信》(1722年8月28日)中披露:"欧洲有一位以巨大努力使科学发展到最完美程度的人,他由此也成为欧洲最精明、深孚众望和最著名的人物,但他却将其视野转向中国古籍。我对此该会感到多大的欢欣鼓舞啊!我越是想到这一切,就越会认为对时局的这种巧妙安排,是上天有时使用的神秘的强有力的手段之一,以实现它许多最辉煌的举动,使我们得到这种巨大名望的心愿。……这就是我在诸如本书简一类的短文中所能讲到的全部内容,而这一切本来在一种宏篇巨著中都无法讲究。当在您那难能可贵的支持下,对仅仅是由连篇累牍的方块字组成的书籍的意义,过去已由佩雷斯(Peirese)做了非常仔细的研究,现已真相大白,它还会为您再提高什么威望呢?难道人们不应该把一种公认的继承权归于您吗?大家通过这样的做法便可以确保一种坚实可靠的不朽功德。"①

这封信里没有提到欧洲那位深孚众望和最著名人物的名字,然而,我们查一下当时在世的欧洲科学家,不难猜出是哪一位"西方神圣"。不知道牛顿(1643—1727)算不算当时欧洲"深孚众望和最著名的"科学家?

在这封信的字里行间流露出这样的一种心理行为:从中国古籍中挖掘出科学与宗教中有价值的内容,用以使自己获得"巨大的名望",然后再将这种"提高威望"的继承权,归之于支持此"事业"的信件收件人。就这样,来自中国的大量的知识产权,在无形中就变成欧洲人的发明专利了。

"盗憎主人"——19世纪欧洲人"打压中国"方法举例

在19世纪构造虚假的"古希腊"概念的高峰时期,以黑格尔为代表的"西欧中心论"者对来自中国的影响极力否定,并以所伪造的希腊古典历史为工具,对中国历史极尽诋毁之能事。这里举一个例子。

黑格尔说:"亚历山大把希腊的文化传布到亚细亚,为了把这个粗野的、专事破坏的、本身是一个四分五裂的极端野蛮的混合体,而且深陷在完全的萎靡、否定和精神堕落里面的亚细亚,提高到一个希腊的文化世界。……小亚细亚的希腊国

---

① 见[法]维吉尔·毕诺:《中国对法国哲学思想形成的影响》中译本附录,第505—506页,商务印书馆,2000年5月第1版。

第九章 余论:是"文艺复兴"还是"中学西被"?

家,特别是埃及的希腊国家,变成了许多世纪期间科学的中心;它们的影响可能一直到达了印度和中国。……那极少量的科学知识就被传到亚洲内地,传到中国,这点科学知识在那里就带着一个传统的外貌维持下去,不过在中国却没有繁荣起来。中国人是笨拙到不能创造一个历法的,他们自己好像是不能运用概念来思维的。他们也显示出他们有些古老的仪器,而这些东西是与他们的日常作业配合不上的——所以,最自然的猜测就是这些东西乃是来自巴克特里亚。对印度人和中国人的科学知识估计太高乃是错误的。"①

欧洲人"寻根"的焦虑——"我们全都是希腊人"

"从18世纪以来,在德国文化当中,温克尔曼、席勒、黑格尔、阿尔恩特(Arndt)、巴霍芬(Bachofen)、罗德(Rhode)等人在神话方面的冲动,泄露了一种独特的返回到希腊人的偏好。

"尼采在1885年的一条笔记中表述:作为一个整体来看的德国哲学——拿最伟大的来说,莱布尼茨、康德、黑格尔、叔本华——是一直存在的浪漫主义与怀乡病(Heimweh)的最根本的形式:对曾实存过的最好事物的渴望。人们在任何地方都再也没有在家的感觉了,最后人们回头又渴望那个唯一让人有在家之感的地方,因为它是唯一人们希望在那儿有在家之感的地方:希腊世界!"②

不仅德国人如此焦虑,英国浪漫主义诗人雪莱也说:"我们全都是希腊人;我们的法律、我们的文学、我们的宗教,根源皆在希腊。"

推崇古希腊的例子——评恩格斯对文艺复兴的评论

恩格斯说:"拜占庭灭亡时抢救出来的手稿,罗马废墟中发掘出来的古典时代雕像,在惊讶的西方面前展示了一个新世界——希腊古代;在它的光辉的形象面前,中世纪的幽灵消逝了;意大利出现了出人意料的艺术繁荣,这种艺术繁荣好像是古典古代的反照,以后就再也不曾达到过。"③

评:从拜占庭灭亡时所残留下来的手稿和罗马废墟中发掘出来的古代雕像就可以造成文艺复兴。恩格斯的观点是典型的"西方中心论"论调,却广为世人所接受,中国人更深信不疑。

---

① [德]黑格尔:《哲学史讲演录》中译本第2册,第274—275页,商务印书馆,1960年6月。
② [美]查尔斯·巴姆巴赫:《海德格尔的根——尼采、国家社会主义和希腊人》中译本,第89—90页,上海书店出版社,2007年4月第1版。
③ 恩格斯:《自然辩证法》中译本,见《马克思恩格斯集》中文第2版第4卷,第261页,1995年6月。

虚构的古希腊文明——欧洲"古典历史"辨伪

一个死了上千年的文明,仅凭几卷东正教国家废墟中残留下来的手稿残卷和与希腊不搭界的古罗马废墟的出土雕像就可以复兴?而且创造出出人意料的艺术繁荣,并改变人类历史的面貌?

所谓"拜占庭灭亡时残留下来的手稿"只是为了造伪的需要编造出来的传说,罗马废墟不是希腊废墟,罗马废墟里何以诞生希腊文明?

所谓15世纪文艺复兴,意大利史学当时仅有古罗马的影响,并没有所谓古希腊的影子。好事者出于图利的目的,当时在佛罗伦萨炮制了一批假古董——"古希腊手稿",到18世纪与19世纪之后才凭借那些假古董构造出所谓古希腊文明。

恩格斯接着说:"在意大利、法国、德国都产生了新的文学,即最初的现代文学;英国和西班牙跟着很快进入了自己的古典文学时代。"①

评:从但丁开始的文艺创作,所使用的不是古典语言,而是当时的白话文,即意大利地方方言。说是古希腊的复兴,又说是人文主义新时代,何其矛盾。

恩格斯还说:"旧的世界的界限被打破了;直到这个时候才真正发现了地球,奠定了以后的世界贸易以及从手工业过渡到工场手工业的基础,而工场手工业则构成现代大工业的起点。"②

评:旧世界界限的打破就是所谓发现"新世界"。西欧航海家们在郑和远洋船队的刺激下开始探寻通向中国之路,手里拿着中国绘制的航海图,轮船上使用中国的指南针,去发现所谓"新大陆"。到达新大陆之后以为到达中国了,又使用中国发明的火炮去屠杀新大陆居民,犯下滔天罪行。

恩格斯说:"这是人类以往从来没有经历过的一次最伟大的、进步的变革,是一个需要巨人而且产生了巨人——在思维能力、激情和性格方面,在多才多艺和学识渊博方面的巨人的时代。给资产阶级的现代统治打下基础的人物,绝不是囿于小市民习气的人。"③

评:意大利文艺复兴所承接的是中国文化洪流的余绪,中国文化的传播是西方知识的真正源头。佛罗伦萨等地接受中国文化转移时,使用中国的纸张以及中

---

① 恩格斯:《自然辩证法》中译本,见《马克思恩格斯集》中文第2版第4卷,第261页,1995年6月。

② 恩格斯:《自然辩证法》中译本,见《马克思恩格斯集》中文第2版第4卷,第261页,1995年6月。

③ 恩格斯:《自然辩证法》中译本,见《马克思恩格斯集》中文第2版第4卷,第261—262页,1995年6月。

国的印刷技术。在承接中国文化的同时,造就了西方历史上第一批知识分子。明明承接了来自中国的文化,却不愿意承认,于是在古罗马之前造出一个古希腊来,出于剽窃心理。

恩格斯又说:"相反地,成为时代特征的冒险精神,或多或少地感染了这些人物。那时,差不多没有一个著名人物不曾作过长途的旅行,不会说四五种语言,不在好几个专业上放射出光芒。列奥纳多·达·芬奇不仅是大画家,而且也是大数学家、力学家和工程师,他在物理学的各种不同分支中都有重要的发现。"①

评:来自中国的大规模知识产权转移,才是西方近代科学、方法、知识的源头。有明确证据显示,达·芬奇抄袭了中国元朝著作《农书》,不过是剽窃的三传手。这三道传手的一个共同特点,都不说不是自己的原创。西方第一部专利法就出现在当时的威尼斯。当时从中国承接来的大批技术成果被掌握在少数人手里,那些所谓的"知识分子"唯利是图,想方设法将中国的发明据为己有,于是出台了"专利法",以期利用法律手段独享中国技术带来的收益。

西方"知识分子"与中国文化的"士君子"不同主要在"义利之辨","知识分子"着眼在"利","士君子"立足在"义",这也是"文化"与"知识"的分水岭。另外一个不同是"士君子"讲究"反躬自省,传不习乎!"而西方"知识分子"基本上是"传不问习"或者"传而不习"。

中国向外传播文化的典型:鉴真渡东海,郑和下西洋

"文化"的特性在利他,"知识"的特性在利己。中国向外传播文化时,同时传了知识;西方接受中国知识时,不觉丢掉了文化。

两种结果

第一种结果:鉴真渡东海造就了日本古代文化的优雅、繁荣

第二种结果:郑和下西洋促成了西方近代知识的侵略、扩张

西方接受了中国传来的知识,丢掉了其文化精神(利他性),从而形成了西方知识分子的集体性格:追求自由、权利,自私自利。中国近代留学生到西方寻求真理,邯郸学步,学会了知识,丢掉了文化。缺失文化的核心内容为利他性的道德。

---

①恩格斯:《自然辩证法》中译本,见《马克思恩格斯集》中文第2版第4卷,第262页,1995年6月。

虚构的古希腊文明——欧洲"古典历史"辨伪

"义利之辨"——传统"士君子"与近代"知识分子"的区别

士君子

中国古代有一个"士"的阶层。"士、农、工、商",古代"四民","士"居其首。"四民"之"士"即"士君子"。"士君子"以儒学的宗旨为依归,以耕读的方式而立足,讲求"仁、义、礼、智、信",闻思学问以"修身"为本,社会实践以"利民"为先。传不习乎?三省吾身。"习"者实践是也。知难行易、知行合一。"天下兴亡,匹夫有责",以传承中国文化为己任。"文化"不同于"知识","文化"立足在"利他"。

知识分子

"知识"的特性是"趋利避害","知识就是力量","知识就是权力","知识"着眼点在"利益",立足点在"利己"。近代"知识分子"由权利概念出发,利己为本,专利是尚,从个人利益、团体利益,到党派利益、国家利益,层层递进、上下交征利,言不及义,唯利是图,进而谋求"利益最大化"。竞相追逐利益,结果是竞相见利忘义、争端层出不穷。

欧洲人虚构"古典历史"及"文艺复兴"概念的集体心理

"威尼斯人基本上是一群难民的后代,在他们胼手胝足,靠着制盐、贸易与融资,成为富甲一方的海上共和国之后,觉得这座城市没有圣人,难免觉得面子上挂不住。

"公元828年,两名威尼斯商人打听到基督宗教四大福音作者之一的使徒圣马可遗骸存放在埃及的亚力山卓港,于是连哄带骗(或者好听的说,运用智慧)将遗骸偷运回威尼斯,获得全城热烈的欢迎,随后兴建了这座兼具陵寝与教堂意义的建筑;从此以后,代表圣马可的'飞狮'或'翼狮',也成为威尼斯共和国的象征。"①

工头坚对威尼斯人的这段描述,道出了欧洲人伪造"古典历史"及虚构"文艺复兴"概念的集体心理。

---

①《威尼斯共和国的故事》导读三,工头坚 Ken Worker《海国威尼斯的魅力》,威廉·麦克尔尼:《威尼斯共和国的故事》,广场出版社,2012年6月。

结语　严格说来，西方并无"文化"

1. 希腊只是一个地名

在荷马史诗时代（公元前 11—前 9 世纪），古希腊人自称为亚该俄斯人（Acheos）或达拉俄斯人（Danaos）。

希腊一名用拉丁字母有两种写法：一为"Hellas"，是希腊人自称。据说来源于希腊色萨利部分地区的古地名"Hellad"，意即"希伦人（Helloi）居住的地方"，希伦人曾建立被称之为"Hella"的城邦。一为"Greece"（英文），是他称。来源于古罗马人对居住在埃皮鲁斯地区（现希腊西部和阿尔巴尼亚南部）的希伦人的"Graeic"部族的称呼，古罗马人称他们所居住的地区为"Graecia"。（希腊的法文和意大利文名称与英文大同小异）

中文"希腊"之名，适用名从主人原则，是拉丁化的希腊名称"Hellas"的译音。

历史上，阿拉伯人、土耳其人、波斯人称希腊人为爱奥尼亚人。爱奥尼亚在东方各民族中，即代表希腊，不过是东方地理上的延续。

古希腊从来不是一个政治实体，不过是东方文化的殖民地而已。文化上一半蒙古埃及的遗泽，一半承古巴比伦的余绪。用美国科学史家乔治·萨顿的话说："希腊科学的基础完全是东方的，我们没有权利无视希腊天才的埃及父亲和美索不达米亚母亲。"

古希腊本无文字，从商业民族腓尼基那里借来了拼音，据为己有，形成希腊拼音，而腓尼基文则来源于古叙利亚及古埃及，本属于象形文字的拼音。

被称为西方历史之父的希罗多德，本是波斯人。被称为西方哲学创始人的泰勒斯所开创的"米利都学派"，在小亚细亚（今属土耳其），也属于东方范围。亚里士多德则是马其顿人，曾担任马其顿国王亚历山大的老师。波斯是东方古国，马其顿是欧洲蛮族。

文艺复兴时期对意大利产生影响的主要是古罗马的民族历史，并没有所谓古希腊的影子。希腊作为政治实体始于 19 世纪。

辉煌的古希腊概念是 18、19 世纪西欧学者们的虚构。①

"希腊人"没有统一名称

"因为当时的希腊人没有统一的名称，所以周围不同的地区也是以不同的名称来称呼他们，《剑桥古代史》新版第三卷第三分册第三十六章第一节说：希腊人自公元前 9 世纪重新扩张以来，在东西方就有不同名称。西方称之为 Graeci，即 Greek，东方人称之为伊奥尼亚人，《圣经》中称希腊为 Javan，美索不达米亚人称之为 Yaman，埃及人称他们为 Hgw—nbw。（《剑桥古代史》第 3 卷第 3 分册第 94 页及注）我们现在用'希腊'翻译 Greek 这个字，原来是从拉丁文来的。古代亚平宁地区附近有一个希腊人部落叫 Graeci（Greek），古罗马人即拉丁人用这个名称将整个希腊叫作 Graeci，即 Greek。"②

所谓希腊地区曾经全部是蛮族人

"就像日耳曼人、斯拉夫人、凯尔特人、凯尔特伊比利亚人和意大利人那样，而且是在一个更小的地区，出现了一次可能是非常缓慢的许多不同的部族涌入的过程，这个我们称之为希腊人的天才民族在被认为是他们自己的这块土地上开始定居下来。可能在某一天，当史前的遗迹被发掘出来，我们或许能够对他们在那里遇到的居民的种族做出一个更为准确的描述。斯特拉波（Strabo）（7.7.1）和波悉尼阿斯（Pausanias）（1.41.8）都认为希腊曾经全部和几乎全部被蛮族人所占据。"③

希腊作为地名出现甚晚

对于如今的希腊地区，到 16、17 世纪前往"东方"或"雷旺达"（欧洲土耳其）的西方旅行家们，称之为"亚该亚"、"禄马尼亚"（Romagnia）、"鲁梅里"、"希腊—戈莱西亚"（Ellada-Grecia），随意称呼"希腊"的典型例证就是索非亚。亨利·布朗特（Henry Blount）在访问索非亚期间提到希腊时，居然将它说成是贝莱拜伊（Berlebeg）的首府或全希腊的总督府，而土耳其人则称之为"鲁梅里"。

---

①这段文字，笔者（网名：朝千里）于 2012 年 2 月 28 日 11:38:17 首次发表在"儒学联合论坛"的"学术厅"版块，原帖题为"古希腊概念向壁虚造"，该帖第一楼标题为"希腊"只是一个地名。

②汪子嵩等：《希腊哲学史》第 1 版第 1 卷，第 16 页，人民出版社，1988 年 1 月。

③[瑞士]雅各布·布克哈特：《希腊人和希腊文明》中译本，第 58 页，上海人民出版社，2012 年 4 月第 2 版。

2."欧洲"概念晚出,与虚构的"古希腊"概念相伴而生

现代欧洲学者并不知道历史上有"欧洲人"这一概念。"欧洲人的概念是从什么时候开始存在呢?假定存在这种概念,无疑也为时不久。"①

欧洲历史应该从北方蛮族侵入罗马开始讲起

"西洋历史,应该是从罗马帝国崩溃,北方蛮族跑进罗马帝国后,这个时期开始讲。这是现代欧洲人的欧洲史。现代欧洲文化的曙光就是耶稣教,不是希腊和罗马。那时北方的蛮族根本不知道有希腊、罗马文化。罗马是被他们打垮的。他们所知道的罗马只是一个可供掠夺的对象而已。"②

"自西罗马帝国衰弱后,欧洲的文化,除了一部分为君士坦丁堡所保存外,其余的差不多都被日耳曼人的马蹄,蹴成泥土了。第六、七、八三个世纪中,竟不能产生一个著作家,这是文化破产的一个大证据。"③

即使如此,钱穆和陈衡哲还是将西方的历史说早了。

中世纪时,指称欧洲人群的概念为"法兰克人"。

法兰克人是日耳曼人的一支,据说曾于5世纪时入侵西罗马帝国,他们统治现法国和德国地区,建立了中世纪初西欧最大的基督教王国。

"'法兰克人'一词要比'欧洲人'的概念更为常用。当欧洲处于转变为一个定义明确之整体的过程时,欧洲人依然是几乎不存在的。拜占庭人,就像穆斯林一样,明显地被贴上西方法兰克人的标签而无视于其起源(Bartlette,1993,pp.103—4)。对中国人而言,当他们与欧洲人在15世纪相遇时,'法兰克人'一词就像是对欧洲人的轻蔑一样,找到了在中文里的应用之道。"④

"法兰克人"翻译为汉语称"佛郎机人"。"佛郎机"一词,在中国最初也是对欧洲的统称,不论对于葡萄牙人还是西班牙人,都当他是"佛郎机"人,后来"佛郎机"才成为指称"法兰西"的专名。"'佛郎机'一词源自阿拉伯等地伊斯兰教徒对古代法兰克人之名Franks的讹读,泛指欧洲人或西方基督教徒。它始于十字军东征时期。"⑤

---

①[法]德尼兹·加亚尔等14位欧洲作者1993年合著欧洲历史教科书:《欧洲史》中译本第1版,第2页,人民出版社、海南出版社,2010年7月。
②钱穆:《民族与文化》,第105页,台湾兰台出版社,2001年5月版。
③陈衡哲:《西洋史》民国学术文化名著丛书本,第104页,岳麓书社,2009年版。
④杰拉德·德朗提:《欧洲的诞生:神话·理念·现实》中译本,第62页,台湾新北市广场出版社,2012年8月。
⑤参见李存朴论文:《明清时期对外认识中的"佛郎机现象"》。

⑤ "欧洲"概念源于东方

"希腊神话里,腓尼基人的公主欧罗巴被假扮成白牛的宙斯所诱拐,前往西方的克里特岛而放弃了她的家乡,即现今的黎巴嫩,不久之后她便在那儿嫁给了克里特王。欧洲因此成了东方来的舶来品……在许多神话里,欧罗巴是亚细亚与利比亚(非洲之名)的同父异母姊妹……欧洲并不是希腊的发现,而是腓尼基,而且甚至有着闪族的根源。所谓欧洲是起源于希腊的概念无疑地是个晚近的创造。根据玻诺教授著名的论文(1987),它还可以被追溯至反革命的知识分子——尤其是公元1815年至1830年间,当古希腊罗马的文化研究被建立为保守派的学科——意图去捏造一个根基于无法容忍有丝毫东方成分、纯古希腊的欧洲文化传统。"①

"十字军"是欧洲认同的核心要素

"十字军意识形态显露为欧洲认同中一个必要的成分。十字军的重要性在于其塑造了一种族群——文化霸权认同的结构,这点在日后成为欧洲认同的核心要素。"②

1760年巴黎古典文献学院颁布的一则告示:"希腊是世界的缩影,希腊历史是世界史的浓缩。"

"希腊是世界的缩影,而(古)希腊历史则是世界史的浓缩,这样一种提法,与18世纪重新诠释古代世界的新氛围有着必然联系。具体来说,它首先出现在1760年巴黎古典文献学院颁布的一则告示中,四年后该告示还被收录进了其他出版物。在此,我们按其冗长格式摘录下了这段相关文字:

"'毋庸置疑,人口逐渐增长且日益开化的希腊历史,较少地展现了一个普通民族的坎坷命运,而更多地展现了某个可以用来概述人类历史不同阶段的前提框架;也就是说,由于它具备了如下优势:即将散落在不同历史年代的特征浓缩在一块狭小的土地上,使得我们能够从不同的角度来认识人类——野蛮人、游牧民、文明人、信徒、骑士和商人为创造合法典范而付出的不懈努力。简而言之,它构成了一套有关社会构建、艺术创造、传承与进步、历代革命、人类可能面对的种种状况以及所有可能改变人类命运的形态的完整理论。因此,它也就兼备了历史、道德及政治教科书的简明扼要特征。对于一个细心的体验者来说……,希腊是世界的缩

---

① 杰拉德·德朗提:《欧洲的诞生:神话·理念·现实》中译本,第34页,台湾新北市广场出版社,2012年8月。

② 杰拉德·德朗提:《欧洲的诞生:神话·理念·现实》中译本,第60页,台湾新北市广场出版社,2012年8月。

结语　严格说来,西方并无"文化"

影,而希腊史是世界史的浓缩'。①

"撰稿人让-皮埃尔·德·布干维尔(Jean-Pierre de Bougainville)用上面这段自信、清晰且具有预言风范的表述对希腊在 18 世纪中所扮演的新角色做出了精辟阐释。

"在布干维尔看来,希腊历史与世界历史的对应形态,源自这样一种信念:古代历史可以在近代历史之光的照耀下得到全面的阐释。从他本人对古希腊历史的研究中,可以发觉他对两大问题特别感兴趣:新大陆社会('为了弄清仍处于野蛮状态下的希腊,就必须回到美洲的丛林中')以及'欧洲文字诞生前的荒蛮年代',即与'希腊英雄时代'相对应的那个年代。按照他的观点,与这两个近代历史时期相对应的,是古希腊历史最早的两个时期;如此一来,他对希腊兴趣的潜在用意就昭然若揭了:希腊为人类由野蛮状态或从野蛮走向文明提供了一个可供借鉴的历史经验。

"在此,我们不该忽略那位伟大航海家的兄弟及费雷列著作的忠实继承者对古希腊及其历史意义所做的慷慨陈词。他全力投入到抗击寻衅者的前沿战斗中;那伙人正在猛烈攻击和指责仅存的原始史料,并以此威胁到历史知识的权威性,或是为牛顿式历史研究的随意假想打开了一扇大门。令人感兴趣的是,布干维尔的上述那段话,直接关系到对备受玷污的古代历史的保护。他坚信,希腊历史的起源能够在传统善本的基础上得到重建,并且经得起新的历史思考及思考工具的检验;他对古希腊历史的坚定信念,最终演化成了发布告示的目的。

"当然,这段言辞及其修饰方式,也间接流露出他的某些不确定性;而这一不确定性正是源自某种主观先验,即古代希腊对于人类历史具有某种核心意义。因为,布干维尔的慷慨陈词毫无创见;相反,他似乎在重复加工并包装某个已有的观点。他的那个比喻——希腊是世界的缩影,早在 20 多年前就被大卫·休谟(David Hume)使用过:'如今,欧洲已经在更大规模上演变为曾是袖珍典范的希腊的翻版了。'②

"……

"在此期间,新的欧洲的自我定义达到了顶峰。它将自身强度和广度完全对等

---

①让-皮埃尔·德·布干维尔:《远古时代希腊遗迹以及希腊民族远古史总览》,选自《古典文献学院档案》中的《史学论文集》,第 50 卷,巴黎,1770 年,第 52—53 页。

②大卫·休谟:《艺术与科学的兴起和进步》,选自他自编的《论文选集》,牛津,1993 年,第 64 页。

于它所代表的世界局部和全部：欧洲生动体现了人类新世界的进步方面；而希腊则是其中的一面镜子，映射出这一新意识厚重的历史积淀。随着欧洲新的自我意识的崛起，古希腊也赢得了新的机遇。对于居住在欧洲旗帜下的所有人来说，古希腊人正好顺应了某种新的共同理念。因为，他们同时具备了两个优点：首先，对所有人来说他们是异国人，因而与外界保持着同等距离；其次，他们没有卷入从前的象征系统，因而没有深受其害。"①

1773年一篇《希腊游记》的匿名序言

"皮埃尔·奥古斯丁·居伊(P.A.Guys)曾用法文撰写了一篇希腊游记。该游记1773年英文版中加入了一篇未署名的前言。其中有一段话以时代语言恰如其分地浓缩了我们当下的错综复杂：

"'希腊人在科学及艺术的各个领域都荣登顶峰。这使得他们理所当然地赢得了全世界所有民族典范的桂冠。世世代代的哲学家和艺术家不约而同地涌向他们，纷纷寻找各自的起源。罗马人——希腊人的直接继承者，几乎来了个全面抄袭；他们一方面传承了希腊人的美德，同时也践行了后者的缺点。即使是那些相距遥远的国度，也以各自的方式感受着他们的影响。甚至大不列颠，尽管它与罗马帝国相距甚远，却在沦为后者的战利品后，也开始效仿帝王的辉煌。由此可见，对于任何有关这个被感恩的民族的说法，欧洲的文明国家总是顶礼膜拜，也就不足为奇了。在此，我们千方百计地探寻着我们起源的痕迹；至少可以这样说，我们正在探寻我们的道德起源以及我们的知识起源。'②

"'我们欧洲的文明国家……[在希腊和希腊人身上探寻着我们起源的痕迹'。这一证词的关键点在于，它刻画了某种依旧鲜活、不断修正的观念。这位英国出版商的匿名前言，作为译文补充，尽管位居次要，却在时间及内容上耐人寻味。当然，这不是因为此文的独创性和重要性，确实它也不够资格；而是因为它描绘了这样一种情形。此文的传播预示了一条不言而喻的新路。

"这段话如今听来好似陈词滥调，而在1773年却并非如此。这不仅是因为如此有关希腊的论调在当时相当新潮，而且也是因为欧洲的含义本身（即"欧洲文明国家"的含义）对许多人来说亦属新鲜。正如我们在接下来的详尽分析中所清晰看到的那样，1773年恰逢一个希腊与欧洲高贵近亲论尤其是起源形态逐渐成熟并

---

① [希腊]娜希亚·雅克瓦基：《欧洲由希腊走来》中译本，第175—178页，花城出版社，2012年3月。

② 居伊：《希腊的伤感之旅》，都柏林，1773年，第5页。

占据主导地位的转折时代。

"的确,正是在18世纪的最后30年里,他们(希腊人)与我们(近代人、欧洲人)之间的起源及近亲关系,成为当时占统治地位的思想。在这篇前言中,第一人称复数的使用,编织了这样一张关系网:作者——旅行家、出版商——编审及读者,并将他们打造成为具有共同身份的整体。它不仅加强了描述的准确性和生动性,还精确地展现了这一整体存在和炼造的细节。"①

三角关系时代:"欧洲"、"古希腊"和"新希腊"

"正是在1773年,我们凭借起源论进入了一个三角关系时代:欧洲、古希腊和新希腊正顺其自然地深入人心、扎根于集体意识之中。正如我们亲眼所见,至20世纪初,这一起源论一直占据着统治地位,成了固定模式和传统认识不可分割的组成部分。而正是从这样一些固定模式和传统认识中,欧洲人(或指从19世纪某一刻起自以为是西方人的那些人)开始尽情捕捉自己的身份本质及其文明传承的历史积淀。然而,当人们第一次表述这样一种生动活泼、对确立未来大众共同体至关重要的说法时——它不过是我们从1773年的一篇不起眼的文章中采撷的只言片语,需要具备哪些必要的前提呢?人们从何时开始以一种'欧洲的文明国家'的整体归属感以及从我们的角度思考和谈论问题呢?又是从何时开始质疑他们共同的文明起源呢?"②

18世纪是欧洲的世纪,因而才会有希腊

"18世纪同时也是欧洲彻底摆脱旧世界圣书或古书流传下来的所谓真理的世纪,是地球上王权统治的世纪,总而言之,18世纪是欧洲的世纪。正因为此,才会有希腊,一个古老而崭新的希腊在欧洲意识中崛起的18世纪。"③

"在整个18世纪期间,'欧洲'一词愈加频繁地从人们的口中和笔下冒出来,堂而皇之地步入了日常口语殿堂。可是,它却始终未能就其特殊性给予明确的定义。保罗·阿扎尔问道:'对他们来讲,"欧洲"一词到底意味着什么?'答案是'任何人都无法做出解释'。他又补充说明,这一定义准确性的缺失,被一种'强烈的欧洲

---

① [希]娜希亚·雅克瓦基:《欧洲由希腊走来》中译本,第10—11页,花城出版社,2012年3月。
② [希]娜希亚·雅克瓦基:《欧洲由希腊走来》中译本,第11—12页,花城出版社,2012年3月。
③ [希]娜希亚·雅克瓦基:《欧洲由希腊走来》中译本,第358页,花城出版社,2012年3月。

感'所抵消。"①

虚构"古希腊"概念与"欧洲"概念的关系,不仅仅是个别西方学者或少数好事者所为,它反映了18世纪欧洲人急需寻找一个光荣祖先的焦虑及其所派生的强烈的集体无意识。

"欧洲"概念层累造成历程一览

欧洲历史始于蛮族(欧洲)入侵罗马(东方),蛮族被基督教(源自犹太文化)所教化,"欧洲"概念形成的核心内容是十字军东征的历史,文艺复兴运动导入源于中国的"人文主义"观念,马其顿蛮王东征的故事晚出,却是最早的"欧洲"认同,构造"古希腊"、"西欧中心论"的缘起。

其历史逻辑大致如下:

欧洲蛮族入侵古罗马→蛮族被基督教(源自犹太文化)教化→

十字军东征→侵入拜占庭→拜占庭落入土耳其之手→

黑死病的大面积流布→对死亡的恐惧导致对地狱的恐惧→

天主教信仰的急增→天主教/东正教对蛮族的教化→

《马可·波罗见闻录》→东方贸易→

在明朝影响下重新认识东方(古罗马)"文艺复兴"→导入人文主义→

崇拜马其顿蛮王→伪造古希腊文献→袭取中国的宇宙观、方法论→

达·芬奇与近代科学的东源→航海时代环球殖民、贩卖黑奴→

在中国影响下的启蒙运动→进步历史观的提出→

构造"古希腊"概念→杜撰"希腊化时代"概念→

编造亚历山大城图书馆"古希腊文献"流布的经过→

编造中世纪经院哲学经阿拉伯对亚里士多德哲学的传承谱系→

编造"古印欧语系"神话→构造"西欧中心论"→

维护"西方学统",编造拜占庭"古希腊手稿"故事→

殖民主义意识形态,灭犹运动→世界大战→

杜撰"西方经学史"→全球一体化浪潮→西方价值观念泛滥……

世界历史被构造成了一出西方文明的"独角戏"

"汤因比的著作引出了另一个问题,这个问题自他那个时代以来变得越来越迫切。我们正生活在一个普遍不安的,伴随着(如果不拒绝)所谓的西方文化——

---

① [希腊]娜希亚·雅克瓦基:《欧洲由希腊走来》中译本,第30页,花城出版社,2012年3月。

古希腊文化、古罗马文化、文艺复兴、地理大发现、科技革命、启蒙运动,等等的发展的'大叙事'时代;这是一种可用来合法主张西方精华的优越性的大叙事。受过教育的西方人以及第三世界的知识分子对一种具有文化合法性垄断的单一的'大传统'观念,即世界历史是一部独角戏的观念越来越感到不安。"①

3.现代波斯构造历史传统模式:构造古希腊的一面镜子

"为了确立现代波斯或伊朗的历史叙事,波斯人回到古代,即伊斯兰教兴起以前的时代,去寻找伟大而辉煌的波斯文明。

"一方面,他们让《波斯古经》和《列王纪》等神化史诗获得新生,试图把波斯与伊斯兰教割裂开来,把波斯当作古代世界中的多语言和多种族的帝国加以歌颂。

"另一方面,他们用卡优马尔斯时代、哈桑时代、塔赫穆里斯时代和贾姆希德时代(他们都是象征古代波斯的著名历史人物)来对应和取代亚当时代、诺亚时代、摩西时代和耶稣时代,从而创造了一种宏大历史叙事,为具有民族主义倾向的新型史学提供了基础。

"这种民族主义史学依据史诗为史料,吸收了欧洲东方学的成果,往往以波斯传说中作为人类始祖的卡优马尔斯为开端,一直述至当代的伊朗。

"这种史学把伊斯兰教的统治时期视为'外族的'的统治,从而把祆教的神话恢复为伊朗人自己的神话,代表了现代伊朗的民族精神和特征。"②

问题在于现代伊朗所构造的波斯古代史,其真实性并不逊于19世纪所构造的希腊古典历史。

4.从"东方崇拜"到"自我崇拜"——西方价值观的变迁

西方基督教起初受到犹太教的哺育,这是西方崇拜东方的最初形态。在不同的历史阶段,西方社会曾经有过或长或短对波斯、罗马、埃及、印度,甚至对伊斯兰文明的崇拜的时期。

18世纪是西方从崇拜中国到崇拜希腊的过渡时期,从19世纪开始,西方进入了崇拜古希腊的时期。实际上,与其说是对古希腊的崇拜,不如说是对自己的

---

①[英]彼得·伯克:《文艺复兴(第2版)》中译本,第11页,北京大学出版社,2013年2月第1版。
②[美]格奥尔格·伊格尔斯、王晴佳:《全球史学史——从18世纪至当代》中文版,第94页,北京大学出版社,2011年2月第1版。

崇拜。

西方的成长,实际上开始于与中国文化的接触。从元朝马可·波罗开始,到郑和下西洋,纸张、中国图书(印刷品)以及印刷术的传入,点燃了西方所谓文艺复兴运动的火种;随后的启蒙运动,又是宋明理学给西方社会带来"理性"的光明。启蒙运动的直接后果导致法国大革命,给西方社会带来了社会"平等"的观念与制度。这就是近代西方社会制度的起源。

在此过程中,宋明理学催生了西方哲学的诞生。法国文学、德国哲学、英国经济学,无不是在吸收了中国文化养分的前提下发展起来的。在中国"理性"之光的照耀下,以达·芬奇为代表的西方文痞剽窃来自中国的科技成果,就是西方近代科学的发端。

概而言之,西方的文艺复兴、科学革命及启蒙运动,有着广泛、深刻的中国文化影响的背景,其发端是一个"中学西被"的过程。

西方伪造辉煌的古希腊概念,一方面为了掩盖剽窃中国文化成果的事实;另一方面暴发户心理作祟,造一个假祖先,自欺欺人、自我陶醉、自我崇拜。这就是欧洲的自我意识——"古典学"概念、"欧洲中心论"的由来。

同时以黑格尔师徒为代表的近代西方学人,在不遗余力盗窃中国文化的同时,极力歪曲中国历史、抹黑中国形象。正是典型的"盗憎主人"之心态。

西方接受了中国传来的"知识",丢掉了其"文化"精神(利他性),从而形成了西方文化的集体性格:在自私自利的道路上狂飙不已,这也就是"发展"概念的由来。

5."文化"正名

"文"者初文也,"字"者孳乳,为"文"之衍生。人类有语言,但未必一定有文字。毋宁说只有极少数族群达到了具有文字的历史阶段。古埃及、古巴比伦上古曾经有象形文字或楔形文字,但消亡已久。流传至今,并依然生生不息的文字只有汉字。

中国古代即有"文化"的概念。"文化"之"文"为名词,孔子所云"斯文"是也,"文化"之"化"为动词,"文化"者,以"斯文"化成天下之谓也。而"文明"则是"文化"的结果,"经天纬地曰文,照临四方曰明",以"斯文"化成天下,达到"天下文明"(《周易·文言》)是也。

"斯文"之"文"谓何?曰即《尚书》之文,《谥法》之文,文王之文。用现在的话说,"斯文"指尧、舜、禹、汤、文、周公、孔子以来的文化传统。其文字的表现就是《六经》

(《乐经》已佚),所谓"文以载道"就是这个意思。

西方诸族既无"文"也无"字",更谈不上"斯文",既无"斯文"如何化世?无从以"文"化世就是没有"文化"。

西方诸语系的语言,从古希腊语、拉丁语为代表的古典语言,到后来的意大利语、西班牙语、英语、法语、德语、俄语的印欧语系诸语言,以及闪含语系诸语族语言,如希伯来语等都是所谓拼音文字。严格说来拼音文字并非文字,毋宁说是对语言中语音的记录。不同时期、不同地域之间的语音不同,语音记录的明确性甚低。拼音文字充其量只是准文字而已。

西方诸语言既为语音记录,语音因时因地因人而变,当时过境迁、物是人非时,语音不断随之而变。语音一变再变,语音记录就发生困难,于是不是不断增加新的词汇,就是对字母(音标)的发音进行改变,而改变音标就是新语言之诞生。因而从中古语系中产生了意大利语、英语、法语、德语、俄语,例如英语,15世纪各英语方言间,写在纸面上相互读不懂对方的含义。操现代语的人,自然不懂中古的发音,更不可能了解古拉丁语、古希腊语的语义。

在中国的概念中,与"文"相对应的概念为"武","圣人之治天下也,先文德而后武力。凡武之兴,为不服也。文化不改,然后加诛。"(《说苑·指武》)然而中国文化既然崇文,于是就有"止戈为武"观念的产生,其实也是"文化"的结果。

欧洲诸族起源于北方蛮族(日耳曼人、哥特人、撒克逊人、斯拉夫人等),既无"文化",只崇尚武力。于是不同族群间及族群内相互杀戮、你死我活,不是杀人者就是被杀者,而杀人者的结局也往往是被人所杀。为了抑制过度杀戮,于是借助于神力,导入"原罪"概念,对于杀人成性的西方族群而言,就是救赎的宗教。

欧洲蛮族嗜杀的习性、维京海盗劫掠的风尚,加之忏悔救赎的宗教,还有保护自己利益的法律就构成西方社会的基本形态,其中并无"文化"的影子。

古埃及象形文字、古巴比伦楔形文字虽然也称"文字",因其没有"得一",故而成了遗骸。"斯文"是"得一"之文,天得一则清,地得一则宁,文得一则化,故而"斯文"行之合道、化成天下,至今欣欣向荣、方兴未艾。

汉字者"真文字"也,汉字六书,文以载道,三千年道统,"斯文"一脉相承。如"草上风"喻,以"斯文"化育天下,谓之"文化"。

汉字功用,载道之余,虽云雕虫小技,篆、隶、草、真,蔚为大观,不经意间演绎成人类最高境界之艺术结晶,全世界绝无仅有。

西方没有"文字",只有"字母"。

西方地域偏窄，人民五方杂处，字母为数不足三十，音声中寻意义，言语道断，难免以讹传讹。没有文字的笔法书道、真草隶篆，只有字母的大写小写、斜体正体。

将所虚构辉煌的古希腊概念抽掉之后，西方古典学统还剩什么？

子曰："夷狄之有君，不如诸夏之亡。""有君"指政治统一，古希腊既无学统，也无政治统一。皮之不存，毛将焉附？不过是"夷狄之无君"而已。

附录：西方伪造文献举例——《孔子弟子与鲁公子对话录》①

文艺复兴时期，随着纸张的广泛使用和印刷术的普及，出现了大量的伪造"古希腊文献"，典型的如亚里士多德名下的大量著作等。伪造古文献其实不仅限于"古希腊"著作，也包括拉丁语文献及其他语种文献，甚至也有一些中国文献。为了说明当时伪造文献的一般情况，我们举出容易对比的伪造中国文献《孔子弟子与鲁公子对话录》(该书为拉丁文，据说由耶稣会神甫翻译，稿本藏于梵蒂冈图书馆，馆藏编号：42759)为例证。

当时的大多数欧洲读者并不知道这些著作的真伪，中国人及后世西方的读者一望便知该书为伪文献，是由于中国的真文献大量存在。假设相关的中国真文献全部失传了的话，那么《孔子弟子与鲁公子对话录》、孔子的《自然法》就会被当作真文献了。相比较而言，以亚里士多德著作为代表的所谓"古希腊文献"并没有流传下来，或者毋宁说那些"古希腊文献"其实并不存在，因此所伪造的文献就都变成"真的"了。

有趣的是，耶稣会士在编造伪中国文献时，也将古希腊与荷马的内容塞在其中，鲁公子对孔子弟子说："您教我读过希腊文，您又教我读过荷马。"先做假，再以假为真，以"假真"证明"真假"为"真"，三人市虎、众口一词，遂弄假成真，乍一看煞有介事，实际上是重重虚构。

该书还加入了近代的天文学观念。孔子弟子对鲁公子说："每个星球都有大气围绕着，犹如一个蛋壳，围绕着它的太阳在空中旋转；每个太阳都是许多星球的中心，星球绕着它继续不停地运行。无所谓上下，也无所谓升降。"从这里我们应该可以悟出为何"古希腊人"和古亚历山大里亚学者可以拥有现代天文学的观念，到今天甚至在我们的小学教科书里还在重复什么"给我一个支点，我就可以撬动地球"这样随意杜撰的"佳话"。

---

① 详文可见[法]伏尔泰：《哲学词典》中译本上册，第266—283页，商务印书馆，1991年10月。

主要参考文献

［古希腊］希罗多德.历史(中译本).北京：商务印书馆,1959.6.
［古希腊］修昔底德.伯罗奔尼撒战争史(中译本).北京：商务印书馆,1960.4.
罗念生、王焕生.伊里亚特(中译本).北京：人民出版社,1994.11.
王焕生.奥德赛(中译本).北京：人民出版社,1997.5.
［古希腊］赫西俄德.神谱.上海：上海人民出版社,2010.6.
［古希腊］色诺芬.希腊史(中译本).上海：上海三联书店,2013.5.
埃斯库罗斯.波斯人(中译本).南京：凤凰出版传媒集团译林出版社,2007.4.
柏拉图全集(中译本).北京：人民出版社,2002.1.
亚里士多德全集(中译本).北京：中国人民大学出版社.
［古希腊］亚里士多德.雅典政制(中译本).北京：商务印书馆,1959.8.
［古希腊］亚里士多德.尼科马库斯伦理学(中译本).北京：商务印书馆,2003.11.
［古希腊］阿里安.亚历山大远征记(中译本).北京：商务印书馆,1979.8.
［古希腊］阿波罗尼俄斯.阿尔戈英雄纪(中译本).北京：华夏出版社,2011.1.
［古罗马］维吉尔.埃涅阿斯纪(中译本).长春：吉林出版集团,2010.4.
［古罗马］优西比乌.教会史(中译本).北京：三联书店,2009.9.
［古罗马］波利比乌斯.罗马帝国的崛起(中译本).新北：广场出版社,2012.7.
［古罗马］阿庇安.罗马史上下卷(中译本).北京：商务印书馆,1976.10.
［古罗马］塔西佗.编年史(中译本).北京：商务印书馆,1981.4.
［古罗马］尤特罗庇乌斯.罗马国史大纲(中译本).上海：上海人民出版社,2011.4.
圣奥古斯丁.天主之城(中译本).台北：台湾商务印书馆,1971.11.
［古希腊］第欧根尼·拉尔修.名哲言行录(中译本)上下册.长春：吉林人民出版社,2002.

[拜占庭]约达尼斯.哥特史(中译本).北京:商务印书馆,2012.2.

[英]保罗·卡特里奇.剑桥插图古希腊史(中译本).济南:山东画报出版社,2005.2.

[瑞士]雅各布·布克哈特.希腊人和希腊文明(中译本).上海:上海人民出版社,2012.4.

[美]时代—生活图书公司编著.民主的曙光·古雅典(中译本).济南:山东画报出版社,2001.9.

[美]托马斯·R.马丁.古希腊简史(中译本).上海:上海三联书店,2011.12.

[英]尼古拉斯·杜马尼斯.希腊史(中译本).上海:东方出版中心,2012.4.

[美]萨拉·B.波默罗伊、斯坦利·M.伯斯坦、沃尔特·唐兰、珍妮弗·托尔伯特·罗伯茨.古希腊政治、社会和文化史第二版(中译本).上海:上海三联书店,2010.3.

[美]罗伯特.希腊人:爱琴海岸的奇葩插图(中译本).北京:世界图书出版公司、后浪出版公司,2013.4.

黄洋、晏绍祥.希腊史研究入门(中译本).北京:北京大学出版社,2009.8.

吴于廑.古代的希腊和罗马.北京:三联书店,2008.5.

徐松岩.古希腊历法简述.见伯罗奔尼撒战争史附录.上海:上海人民出版社,2012.1.

[法]孟德斯鸠.罗马盛衰原因论(中译本).北京:商务印书馆,1962.5.

[法]孟德斯鸠.论法的精神(中译本)上下卷.北京:商务印书馆,1961.11.

[英]爱德华·吉本.罗马帝国衰亡史(中译本).北京:商务印书馆,1997.2.

[英]爱德华·吉本.罗马帝国衰亡史(中译本).长春:吉林出版集团,2008.4.

[英]爱德华·吉本.吉本自传(中译本).上海:上海译文出版社,2013.2.

[德]特奥多尔·蒙森.罗马史第一卷(中译本).北京:商务印书馆,1994.10.

[德]特奥多尔·蒙森.罗马史第二卷(中译本).北京:商务印书馆,2004.7.

[德]特奥多尔·蒙森.罗马史第三卷(中译本).北京:商务印书馆,2005.9.

[俄]科瓦略夫.古代罗马史(中译本).上海:上海书店出版社,2011.8.

[美]M.罗斯托夫采夫.罗马帝国社会经济史(中译本).北京:商务印书馆,1985.1.

[美]沃伦·特里高德.拜占庭简史(中译本).上海:上海人民出版社,2008.10.

[南]乔治·奥斯特洛格尔斯基.拜占庭帝国(中译本).西宁:青海人民出版社,2006.6.

［美］詹姆斯·奥唐奈.新罗马帝国衰亡史(中译本).北京：中信出版社,2013.3.

联合国教科文组织非洲通史国际科学委员会 C.莫赫塔尔主编.非洲通史第二卷——非洲古代文明(中译本).北京：中国对外翻译出版公司联合国教科文组织出版办公室,1984.12.

［英］弗雷德里克·乔治·凯尼恩.古希腊罗马的图书与读者(中译本).杭州：浙江大学出版社,2012.8.

厉以宁.希腊古代经济史上下编.北京：商务印书馆,2013.6.

［意］路易吉·萨尔瓦托雷利.意大利简史(中译本).北京：商务印书馆,2013.7.

［美］罗宾·W.温克、［美］L.P.汪德尔.牛津欧洲史(中译本).长春：吉林出版集团,2009.4.

［德］奥斯瓦尔德·斯宾格勒.西方的没落(中译本).北京：商务印书馆,1963.1.

［英］汤因比.历史研究(中译本).北京：人民出版社,1966.6.

［英］阿诺德·汤因比.历史研究(插图本)(中译本).北京：人民出版社,2005.4.

［英］阿诺德·汤因比.人类与大地母亲(中译本).上海：上海人民出版社,1992.1.

［英］赫·乔·韦尔斯.世界史纲 1971 版(中译本).北京：人民出版社,1982.10.

新编剑桥世界近代史(中译本)第 1 卷.北京：中国社会科学出版社,1988.12.

杰弗里·巴勒克拉夫主编.泰晤士世界历史地图集(中译本).北京：三联书店,1985.9.

理查德·奥弗里主编.泰晤士世界历史第 5 版(中译本).太原、广州：希望出版社、广东新世纪出版社,2011.8.

［美］唐纳德·F.拉赫.欧洲形成中的亚洲(中译本).北京：人民出版社,2013.3.

［法］德尼兹·加亚尔等.欧洲史(中译本).北京：人民出版社,2010.7.

纳忠.阿拉伯通史(上下卷).北京：商务印书馆,1997.12.

克里斯托弗·道森.宗教与西方文化的兴起(中译本).成都：四川人民出版社,1989.7.

［美］斯蒂芬·米勒、罗伯特·休伯.圣经的历史(中译本).北京：中央编译出版社,2012.5.

［英］J.H.伯恩斯主编.剑桥中世纪政治思想史：350 年至 1450 年(中译本).北京：三联书店,2009.10.

［德］克劳斯·伯恩德尔等.图说世界·文明的滥觞(中译本).昆明：云南人民出版社,2012.

陈衡哲.西洋史民国学术文化名著丛书.长沙:岳麓书社,2009.

杨建华.外国考古学史.长春:吉林大学出版社,1999.12.

[比利时]亨利·皮雷纳.中世纪的城市(中译本).北京:商务印书馆,2006.7.

[法]艾黎·福尔.法国人眼中的艺术史:十七至十八世纪艺术(中译本).长春:吉林出版集团,2010.8.

[英]尼尔·弗格森.文明(中译本).北京:中信出版社,2011.12.

[美]维克托·戴维斯·汉森.独一无二的战争——雅典人和斯巴达人怎样打伯罗奔尼撒战争(中译本).上海:上海人民出版社,2013.5.

[英]罗杰·克劳利.1453 君士坦丁堡之战(中译本).北京:社会科学文献出版社,2014.6.

[古阿拉伯]马苏第.黄金草原(中译本)上下册.西宁:青海人民出版社,1998.11.

[日]宫崎正胜.中东与伊斯兰世界史图解(中译本).台北:台北商周出版,2008.9.

菲立普·费南德兹—阿梅斯托.1492:那一年,我们的世界展开了(中译本).新北:左岸文化出版,2012.7.

[法]伏尔泰.风俗论(中译本)上中下 3 卷,北京:商务印书馆,1997.5.

[法]伏尔泰.哲学辞典 1867 年版(中译本)上下卷.北京:商务印书馆,1991.10.

[法]伏尔泰.路易十四时代·导言(中译本).北京:商务印书馆,1983.6.

[瑞士]雅各布·布克哈特.意大利文艺复兴时期的文化(中译本).北京:商务印书馆,1979.7.

[英]彼得·伯克.文艺复兴(第 2 版)(中译本).北京:北京大学出版社,2013.2.

[美]查尔斯·霍默·哈斯金斯.十二世纪文艺复兴(中译本).上海:上海三联书店,2012.6.

[意]尼科洛·马基雅维里.佛罗伦萨史(中译本).北京:商务印书馆,1982.5.

[美]保罗·斯特拉森.美第奇家族中文版.北京:新星出版社,2007.6.

[日]田中英道.光明来自东方——中国·日本对西洋美术的影响(日文版).东京:河出书房新社,1986.3.

威廉·麦克尔尼.威尼斯共和国的故事(中译本).新北:广场出版社,2012.6.

[美]杰克·戈德斯通.为什么是欧洲?——世界史视角下的西方崛起(1500—1850)(中译本).杭州:浙江大学出版社,2010.7.

[英]罗伯特·库珀.共济会密码(中译本).北京:法律出版社,2013.6.

[德]黑格尔.哲学史讲演录(中译本).北京:商务印书馆.

[德]黑格尔.历史哲学(中译本).上海:上海书店出版社,1999.9.

[德]黑格尔.精神哲学(中译本).北京:人民出版社,2006.2.

[英]安东尼·肯尼.牛津西方哲学史第二卷.长春:吉林出版集团有限公司.

[英]罗素.西方哲学史(中译本)上卷.北京:商务印书馆,1963.9.

[英]罗素.西方哲学史(中译本)下卷.北京:商务印书馆,1976.6.

蔡德贵.阿拉伯哲学史.济南:山东大学出版社,1992.9.

[美]马吉德·法赫里.伊斯兰哲学史(中译本).上海:上海外语教育出版社,1992.2.

[伊拉克]穆萨·穆萨威.阿拉伯哲学——从铿迭到伊本·鲁西德1977年阿拉伯文第二版(中译本).北京:商务印书馆,1997.1.

雷蒙德·卡尔等.西班牙史(中译本)上下册.上海:东方出版中心,2009.11.

[英]彼得·沃森.人类思想史三卷本(中译本).北京:中央编译出版社,2011.5.

[英]凯伦·阿姆斯特朗.轴心时代——人类伟大宗教传统的开端(中译本).海口:海南出版社,2010.5.

[英]大卫·瑙尔斯.中世纪思想的演化(中译本).北京:商务印书馆,2012.5.

[法]费尔南·布罗代尔.15至18世纪的物质文明、经济和资本主义(中译本).北京:三联书店,1992.11.

汪子嵩等.希腊哲学史第1卷.北京:人民出版社,1988.1.

朱谦之.中国古代乐律对于希腊之影响.北京:音乐出版社,1957.

[德]维拉莫威兹.古典学的历史(中译本).北京:三联书店,2008.6.

[英]约翰·埃德温·桑兹.西方古典学术史(中译本)第1卷上下册.上海:上海人民出版社,2010.10.

[意]莫米利亚诺.现代史学的古典基础(中译本).上海:华东师范大学出版社,2009.6.

巴森.从黎明到衰颓:五百年来西方文化生活(中译本).台北:台北猫头鹰出版,2006.7.

[英]约翰·布罗.历史的历史:从远古到20世纪的历史书写(中译本).南宁:广西师范大学出版社,2012.7.

[美]J·W·汤普森.历史著作史(中译本).北京:商务印书馆,1988.5.

[英]乔治·皮博迪·古奇.十九世纪历史学与历史学家(中译本).北京:商务印

书馆,2011.7.

［英］柯林武德.历史的观念(中译本).北京：商务印书馆,1997.9.

［俄］叶·阿·科斯敏斯基.中世纪史学史(中译本).北京：商务印书馆,2011.9.

王晴佳.西方的历史观念.北京：北京师范大学出版社,2013.1.

［美］格奥尔格·伊格尔斯、王晴佳.全球史学史——从18世纪至当代.北京：北京大学出版社,2011.2.

晏绍祥.古典历史研究史上下册.北京：北京大学出版社,2013.11.

［美］查尔斯·巴姆巴赫.海德格尔的根——尼采、国家社会主义和希腊人(中译本).上海：上海书店出版社,2007.4.

［美］A.O.洛夫乔伊著、吴相译.观念史论文集.南京：江苏教育出版社,2005.

余秋雨.中华文化四十七堂课：从北大到台大.长沙：岳麓书社,2011.6.

［匈］格雷戈里·纳吉.荷马诸问题(中译本).桂林：广西师范大学出版社,2008.6.

［希腊］索菲娅·N.斯菲罗亚.希腊诸神传(中译本).北京：国际文化出版公司,2007.11.

大卫·扬.奥运的历史(中译本).台北：台北博雅书屋有限公司,2012.6.

凯伦·阿姆斯壮.神的历史：犹太教、基督教、伊斯兰教的历史(中译本).北京：立绪文化事业有限公司,2012.6.

王倩.20世纪希腊神话研究史略.西安：陕西师范大学出版总社有限公司,2011.3.

［德］毕尔麦尔等编著,［奥］雷立柏译.古代教会史(中译本).北京：宗教文化出版社,2009.3.

［德］毕尔麦尔等编著,［奥］雷立柏译.中世纪教会史(中译本).北京：宗教文化出版社,2010.5.

［德］毕尔麦尔等编著,［奥］雷立柏译.近代教会史(中译本).北京：宗教文化出版社,2011.8.

东北师范大学世界古典文明研究所编.世界诸古代文明年代学研究的历史与现状.北京：世界图书出版公司,1999.9.

张强."帕罗斯碑"译注.古代文明,2007(2).

孙宝国、郭丹彤.论纸莎草纸的兴衰及其历史影响.史学集刊,2005.7(3).

潘吉星.中国造纸史.上海：上海人民出版社,2009.11.

陈大川.纸由洛阳到罗马.财团法人树火纪念纸文化基金会,2013.10.

［英］柯瑞恩.剑桥：大学与小镇800年(中译本).北京：三联书店,2013.9.

[美]乔治·萨顿.希腊黄金时代的古代科学(中译本).郑州:大象出版社,2010.5.

[美]乔治·萨顿.希腊化时代的科学与文化(中译本).郑州:大象出版社,2012.5.

[英]贝尔纳.历史上的科学(中译本).北京:科学出版社,1959.9.

[英]W.C.丹皮尔.科学史(中译本).北京:商务印书馆,1975.9.

[英]亚·沃尔夫.十六、七世纪科学、技术和哲学史(中译本)上下册.北京:商务印书馆,1984.12.

[英]李约瑟.中国科学技术史(中译本)各卷.上海:上海古籍出版社,1990.7.

陈方正.继承与叛逆——现代科学为何出现于西方(上下册).北京:三联书店,2011.10.

[叙利亚]艾哈迈德·优素福·哈桑、[英]唐纳德·R.希尔.伊斯兰技术史(中译本).北京:科学出版社,2010.7.

中国大百科全书·考古卷.北京:中国大百科全书出版社,1988.8.

吕贝克·斯特夫等著.废墟的真相——寻找失落的城邦:考古的黄金时代.海口:海南出版社,1999.10.

梦华主编.失落的文明大全集.北京:中国华侨出版社,2012.1.

[美]爱德华·W.萨义德.东方学(中译本).北京:三联书店,1999.5.

[美]爱德华·W.萨义德.东方主义(中译本)修订版.北京:立绪文化事业有限公司,2011.2.

[美]马丁·贝尔纳.黑色雅典娜:构造古希腊1785—1985(中译本).长春:吉林出版集团,2011.7.

[美]珍妮弗·托尔伯特·罗伯兹.审判雅典——西方思想中的反民主传统(中译本).长春:吉林出版集团,2011.12.

[英]孟席斯.1434:中国点燃意大利文艺复兴之火(中译本).台北:台湾远流出版事业股份有限公司,2011.5.

[希腊]娜希亚·雅克瓦基.欧洲由希腊走来(中译本).广州:花城出版社,2012.3.

[英]尼古拉斯·奥斯特勒.语言帝国——世界语言史(中译本).上海:上海人民出版社,2011.5.

[法]吕西安·费弗尔.十六世纪的无信仰问题(中译本).北京:商务印书馆,2012.6.

杰拉德·德朗提.欧洲的诞生:神话·理念·现实(中译本).新北:广场出版,2012.8.

李四龙.欧美佛教学术史.北京:北京大学出版社,2009.12.

孙良明.简述汉文佛典对梵文语法介绍.载古汉语研究,1999.4.

王明嘉.字母的诞生.台北:台北积木文化,2010.9.

[美]爱德华·萨丕尔.语言论(中译本).北京:商务印书馆,1985.2.

[法]F·—B.于格、E.于格.海市蜃楼中的帝国——丝绸之路上的人神与神话(中译本).中国藏学出版社,2013.11.

朱谦之.中国哲学对欧洲的影响.福州:福建人民出版社,1985.6.

[法]维吉尔·毕诺.中国对法国哲学思想形成的影响(中译本).北京:商务印书馆,2000.5.

张成权、詹向红.1500—1840儒学在欧洲.合肥:安徽大学出版社,2010.8.

[法]马勒伯朗士.奥脱拉利会神父马勒伯朗士就《一个基督教哲学家和一个中国哲学家的对话》告读者.有关神的存在和性质的对话.北京:三联书店,1998.

[法]艾田蒲.中国之欧洲(中译本)上下册.南宁:广西师范大学出版社,2008.8.

[法]安田朴.中国文化西传欧洲史(中译本)上下册.北京:商务印书馆,2013.11.

[美]孟德卫.莱布尼兹和儒学(中译本).南京:江苏人民出版社,1998.2.

[西]胡安·冈萨雷斯·德·门多萨.大中华帝国史(中译本).北京:译林出版社,2011.6.

[葡]曾德昭.大中国志(中译本).北京:商务印书馆,2012.7.

[葡]巴洛斯、[西]艾斯加兰蒂等.十六世纪葡萄牙文学中的中国——中华帝国概述(中译本).北京:中华书局,2013.9.

[美]吉瑞德.朝觐东方:理雅各评传(中译本).南宁:广西师范大学出版社,2011.1.

王秋玮硕士毕业论文.十八世纪中国造园对欧洲的影响.上海:上海师范大学[20100401]

[意]多玛斯·阿奎纳.神学大全(中译本)19卷本.台北:台湾中华道明会、碧岳学社联合出版,2008.8.

[德]彼得·克劳斯·哈特曼.耶稣会简史(中译本).北京:宗教文化出版社,2003.3.

[美]孟德卫.奇异的国度:耶稣会适应政策及汉学的起源(中译本).郑州:大象出版社,2010.4.

徐宗泽编著.明清间耶稣会士译著提要.北京:中华书局,1989.

黄兴涛、王国荣编.明清之际西学文本(50种重要文献汇编)4卷本.北京:中华书局,2013.

朱维铮主编.利玛窦中文著译集.上海:复旦大学出版社,2007.10.

李奭学.中国晚明与欧洲文学——明末耶稣会古典型证道故事考诠.北京:三联书店,2010.9.

黄见德.西方哲学东渐史.北京:人民出版社,2006.8.

钱穆.民族与文化.台北:台湾兰台出版社,2001.5.